QUÍMICA GERAL

2ª edição

Volume 1

QUÍMICA GERAL

2ª edição

Volume 1

JOHN B. RUSSELL

Professor de Química

Universidade do Estado de Humboldt, Canadá

Cordenação

Maria Elizabeth Brotto

Tradução e Revisão

Márcia Guekezian

Maria Cristina Ricci

Maria Elizabeth Brotto

Maria Olívia A. Mengod

Paulo César Pinheiro

Sonia Braunstein Faldini

(Departamento de Química das Faculdades Oswaldo Cruz)

Wagner José Saldanha

(Departamento de Letras das Faculdades Oswaldo Cruz)

Pearson

Produtora Editorial: Mônica Franco Jacintho
Produtor Gráfico: José Rodrigues
Capa/layout José Roberto Petroni
Editoração e fotolitos em alta resolução JAG

Dados Internacionais de Catalogação na Publicação (CIP)
(Câmara Brasileira do Livro, SP, Brasil)

Russel, Joh Blair, 1929-
Química geral / John B. Russel ; tradução e revisão Márcia Guekezian ...l et. al. 1 – 2. ed. – São Paulo : Pearson Makron Books, 1994.
Volume 1.
Bibliografia
ISBN: 978-85-346-0192-4

94-0697 CDD-540

Índice para catálogo sistemático:
1. Química : Ciências puras 540

Printed in Brazil by Reproset RPPZ 216272

Direitos exclusivos cedidos à
Pearson Education do Brasil Ltda.,
uma empresa do grupo Pearson Education
Avenida Santa Marina, 1193
CEP 05036-001 - São Paulo - SP - Brasil
Fone: 11 2178-8609 e 11 2178-8653
pearsonuniversidades@pearson.com

Distribuição
Grupo A Educação
www.grupoa.com.br
Fone: 0800 703 3444

Para Barb e Deb

AGRADECIMENTOS

Pelas sugestões e ajuda que eles generosamente ofereceram, sou imensamente grato aos meus colegas da Humboldt State University. Entre eles estão os químicos Tom Borgers, Greg Bowman, Thomas Clark, Clyde Davis, Mervim Hanson, John Hennings, Richard Paselk, M. G. Suryaraman, Robert Wallace, Roger Weiss e William Wood, cuja experiência coletiva proveu-me de uma fonte virtualmente ilimitada. Em várias ocasiões, os físicos Frederick Cranston e Richard Thompson, aos quais estou especialmente grato, mantiveram-me em uma linha de conduta rigorosa.

Os manuscritos para esta revisão foram lidos em vários estágios pelo seguinte grupo de revisores, cujas cuidadosas avaliações resultaram em numerosos melhoramentos significativos para este livro e para os quais estendo meu profundo agradecimento: Robert Allendoerfer, *State University of New York-Buffalo*; Lester Andrews, *University of Virginia*; Norman C. Baenziger, *University of Iowa*; Graeme Baker, *University of Central Florida*; W. G. Baldwin, *University of Manitoba*; Aaron Bertrand, *Georgia Institute of Technology*; George Bodner, *Purdue University*; Bruce Bursten, *Ohio State University*; Alison Butler, *University of Califonia-Santa Barbara*; Roy Caton, *University of New Mexico*; John Chandler, *University of Massachusetts*-Amherst; Thomas J. Cogdell, *University of Texas-Arlington*; Arnold C. Craig, *Montana State University*; Michael I. Davis, *University of Texas-El Paso*; Norman Eatough, *California Polytechnic State University*, San Louis Obispo; Lawrence Epstein, *University of Pittsburgh*; Phillip E. Fanwick, *University of Kentucky*; Normal Fogel, *University of Oklahoma*; Peter Gold, *Pennsylvania State University;* David Gutman, *Illinois Institute of Technology;* Leland Harris, *University of Arizona*; Alton Hassell, *Baylor University*; Jack W. Hausser, *Duquesne University*; Robert E. Holmes, *West Hill College*; J.

E. House, Jr., *Illinois State University*; Reggie L. Hudson, *Eckerd College*; Wilbert Hutton, *Iowa State University*; Ronald Johnson, *Emory University*; Philip keller, *University of Arizona*; Robert Kerber, *State University of New York-Stony Boock*; Brian Kipling, *University of Calgary*; Mary-Beth Krogh-Jespersen, *Pace University*; Michael Lipschytz, *Purdue University*; Siegfried Lodwig, *Centralia College*; Gary Long, *Virginia Polytechnic Institute and State University*; Chris McGowan, *Tennessee Technological University*; Samuel P. Massie, *United States Naval Academy*; Bruce Mattson, *Creighton University*; J. Charles Morrow, *University of North Carolina-Chapel Hill*; George V. Nazaroff, *Indiana University at South Bend*; Dean P. Nelson, *University of Wisconsin-Eau Claire*; Major Thomas R. Noreen, *United States Military Academy*; W. D. Perry, *Auburn University;* William Perry. *Auburn University*; Helen Place, *Washington State University*; John Ragle, *University of Masschusetts-Amherst*; Warren L. Reynolds, *University of Minnesota*; James W. Richardson, *Purdue University*; Roberto Rittenhouse, *Eastern Michigan University*; B. Ken Robertson, *University of Missouri-Rolla*; Edward Rosenberg, *California State University-Northridge*; John J. Rupp, *St. Lawrence University*; Charles R. Russ, *University of Maine at Orono;* Lawrence Scroggins, *Tulsa Junior College-Metro Campus*; Jodye Selco, *University of Redlands*; Harry Sisler, *University of Florida*; Martin Stabb, *University of Wisconsin,* Yi-Noo Tang, *Texas A & M Wisconsin*; J. C. Thompson, *University of Toronto*; Paul Treichel, *University of Wisconsin*; William W. Trigg, *Arkansas Tech University*; Archie S. Wilson, *University of Minnesota*; George Wittenberg, *Arizona State University.*

A preparação dos manuscritos para este livro foi apoiada imensuravelmente por leitura cuidadosa e trabalho de reconhecimento de caráter óptico, feito por Richard Harper da Redwood Software, e para ele eu transmito meu profundo agradecimento. Eric Snyder, um aluno da Humboldt, ajudou-me na pequena etapa de supervisão das partes do manuscrito, e sou-lhe imensamente grato.

O valor das fontes e suporte fornecidos pelo grupo da McGraw-Hill é inestimável. Desejo expressar um carinho especial por Denise Schanck, Susan Tubb, Kirk Emry, Scott Spoolman, Margery Luhrs, Jo Jones e Kathy Bendo – sem suas sugestões, competência técnica, energia e fé, eu teria desanimado em mais de uma ocasião.

Finalmente, devo agradecer pelas contribuições que meus alunos fizeram para este livro. O processo ensino-aprendizagem é realmente, interação, e eu agradeço por tudo que eles me ensinaram.

John B. Russell
Departamento de Química
Humboldt State University
Arcata, CA 95521

TABELA PERIÓDICA DOS ELEMENTOS

Grupos tradicionais (Estados Unidos) / Grupos IUPAC

Períodos	1	2	3	4	5	6	7	8	9	10	11	12	13	14	15	16	17	18	
	IA	IIA	IIIB	IVB	VB	VIB	VIIB	VIIIB	VIIIB	VIIIB	IB	IIB	IIIA	IVA	VA	VIA	VIIA	O	
1									1 **H** 1,008									2 **He** 4,003	1
2	3 **Li** 6,941	4 **Be** 9,012											5 **B** 10,81	6 **C** 12,01	7 **N** 14,01	8 **O** 16,00	9 **F** 19,00	10 **Ne** 20,18	2
3	11 **Na** 22,99	12 **Mg** 24,30											13 **Al** 26,98	14 **Si** 28,09	15 **P** 30,97	16 **S** 32,07	17 **Cl** 35,45	18 **Ar** 39,95	3
4	19 **K** 39,10	20 **Ca** 40,08	21 **Sc** 44,96	22 **Ti** 47,88	23 **V** 50,94	24 **Cr** 52,00	25 **Mn** 54,94	26 **Fe** 55,85	27 **Co** 58,93	28 **Ni** 58,69	29 **Cu** 63,55	30 **Zn** 65,39	31 **Ga** 69,72	32 **Ge** 72,61	33 **As** 74,92	34 **Se** 78,96	35 **Br** 79,90	36 **Kr** 83,80	4
5	37 **Rb** 85,47	38 **Sr** 87,62	39 **Y** 88,91	40 **Zr** 91,22	41 **Nb** 92,91	42 **Mo** 95,94	43 **Tc** [98,91]	44 **Ru** 101,1	45 **Rh** 102,9	46 **Pd** 106,4	47 **Ag** 107,9	48 **Cd** 112,4	49 **In** 114,8	50 **Sn** 118,7	51 **Sb** 121,8	52 **Te** 127,6	53 **I** 126,9	54 **Xe** 131,3	5
6	55 **Cs** 132,9	56 **Ba** 137,3	71 **Lu** 175,0	72 **Hf** 178,5	73 **Ta** 180,9	74 **W** 183,8	75 **Re** 186,2	76 **Os** 190,1	77 **Ir** 192,2	78 **Pt** 195,1	79 **Au** 197,0	80 **Hg** 200,6	81 **Tl** 204,4	82 **Pb** 207,7	83 **Bi** 209,0	84 **Po** [209,0]	85 **At** [210,0]	86 **Rn** [222,0]	6
7	87 **Fr** [223,0]	88 **Ra** [226,0]	103 **Lr** [260,1]	104 **Unq** [261,1]	105 **Unp** [262,1]	106 **Unh** [263,1]	107 **Uns** [262,1]	108 **Uno** [265,1]	109 **Une** [266,1]										7

57 **La** 138,9	58 **Ce** 140,1	59 **Pr** 140,9	60 **Nd** 144,2	61 **Pm** [144,9]	62 **Sm** 150,4	63 **Eu** 152,0	64 **Gd** 157,2	65 **Tb** 158,9	66 **Dy** 162,5	67 **Ho** 164,9	68 **Er** 167,3	69 **Tm** 168,9	70 **Yb** 173,0
89 **Ac** [227,0]	90 **Th** 232,0	91 **Pa** 231,0	92 **U** 238,0	93 **Np** [237,0]	94 **Pu** [244,1]	95 **Am** [243,1]	96 **Cm** [247,1]	97 **Bk** [247,1]	98 **Cf** [251,1]	99 **Es** [252,1]	100 **Fm** [257,1]	101 **Md** [258,1]	102 **No** [259,1]

Chave

Número atômico	27
Símbolo	**Co**
Massa atômica	58,93

Os valores entre colchetes são as massas dos isótopos mais estáveis.

OS ELEMENTOS: NOMES, SÍMBOLOS, NÚMEROS ATÔMICOS E MASSAS ATÔMICAS

Elemento	*Símbolo*	*Número atômico*	*Massa atômica**
Actínio	Ac	89	[227,02](^{227}Ac)
Alumínio	Al	13	26,982
Amerício	Am	95	[243,06](^{243}Am)
Antimônio	Sb	51	121,75
Argônio	Ar	18	39,948
Arsênio	As	33	74,922
Astato	At	85	[209,99](^{210}At)
Bário	Ba	56	137,33
Berílio	Be	4	9,0122
Berquélio	Bk	97	[247,07](^{247}Bk)
Bismuto	Bi	83	208,98
Boro	B	5	10,811
Bromo	Br	35	79,904
Cádmio	Cd	48	112,41
Cálcio	Ca	20	40,078
Califórnio	Cf	98	[251,08](^{251}Cf)
Carbono	C	6	12,011
Cério	Ce	58	140,12
Césio	Cs	55	132,91
Chumbo	Pb	82	207,2
Cloro	Cl	17	35,453
Cobalto	Co	27	58,933
Cobre	Cu	29	63,546

Elemento	*Símbolo*	*Número atômico*	*Massa atômica**
Criptônio	Kr	36	83,80
Crômio	Cr	24	51,996
Cúrio	Cm	96	[247,07](^{247}Cm)
Disprósio	Dy	66	162,50
Einstênio	Es	99	[252,08](^{252}Es)
Enxofre	S	16	32,066
Érbio	Er	68	167,26
Escândio	Sc	21	44,956
Estanho	Sn	50	118,71
Estrôncio	Sr	38	87,62
Európio	Er	63	151,96
Férmio	Fm	100	[257,10](^{257}Fm)
Ferro	Fe	26	55,847
Flúor	F	9	18,998
Fósforo	P	15	30,974
Frâncio	Fr	87	[223,02](^{223}Fr)
Gadolínio	Gd	64	157,25
Gálio	Ga	31	69,723
Germânio	Ge	32	72,61
Háfnio	Hf	72	178,49
Hélio	He	2	4,0026
Hidrogênio	H	1	1,0079
Hólmio	Ho	67	164,93
Índio	In	49	114,82
Iodo	I	53	126,90
Irídio	Ir	77	192,22
Itérbio	Yb	70	173,04
Ítrio	Y	39	88,906
Lantânio	La	57	138,91
Laurêncio	Lw	103	[260,11](^{260}Lw)

Elemento	*Símbolo*	*Número atômico*	*Massa atômica**
Lítio	Li	3	6,941
Lutécio	Lu	71	174,97
Magnésio	Mg	12	24,305
Manganês	Mn	25	54,938
Mendelévio	Md	101	[258,10](^{258}Md)
Mercúrio	Hg	80	200,59
Molibdênio	Mo	42	95,94
Neodímio	Nd	60	144,24
Neônio	Ne	10	20,180
Neptúnio	Np	93	[237,05](^{237}Np)
Nióbio	Nb	41	92,906
Níquel	Ni	28	58,69
Nitrogênio	N	7	14,007
Nobélio	No	102	[259,10](^{259}No)
Ósmio	Os	76	190,2
Ouro	Au	79	196,97
Oxigênio	O	8	15,999
Paládio	Pd	46	106,42
Platina	Pt	78	195,08
Plutônio	Pu	94	[244,06](^{244}Pu)
Polônio	Po	84	[208,98](^{209}Po)
Potássio	K	19	39,098
Praseodímio	Pr	59	140,91
Prata	Ag	47	107,87
Promécio	Pm	61	[144,91](^{145}Pm)
Protactínio	Pa	91	231,04
Rádio	Ra	88	[226,03](^{226}Ra)
Radônio	Rn	86	[222,02](^{222}Rn)
Rênio	Re	75	186,21

Elemento	*Símbolo*	*Número atômico*	*Massa atômica**
Ródio	Rh	45	102,91
Rubídio	Rb	37	85,468
Rutênio	Ru	44	101,07
Samário	Sm	62	150,36
Selênio	Se	34	78,96
Silício	Si	14	28,086
Sódio	Na	11	22,990
Tálio	Tl	81	204,38
Tantálio	Ta	73	180,95
Tecnécio	Tc	43	[97,907](^{98}Tc)
Telúrio	Te	52	127,60
Térbio	Tb	65	158,93
Titânio	Ti	22	47,88
Tório	Th	90	232,04
Túlio	Tm	69	168,93
Tungstênio	W	74	183,85
Unnilennium	Une	109	[266,14](^{266}Une)
Unnilhexium	Unh	106	[263,12](^{263}Unh)
Unniloctium	Uno	108	[265,13](^{265}Uno)
Unnilpentium	Unp	105	[262,11](^{262}Unp)
Unnilquadium	Unp	104	[261,11](^{261}Unp)
Unnilseptium	Uns	107	[262,12](^{262}Uns)
Urânio	U	92	238,03
Vanádio	V	23	50,942
Xenônio	Xe	54	131,29
Zinco	Zn	30	65,39
Zircônio	Zr	40	91,224

* Muitos dos valores representam as massas médias dos átomos dos elementos que se encontram naturalmente na Terra. Para um elemento que não tem característica terrestre (isótopos naturais), a massa atômica é incluída em colchetes e é a massa do elemento do isótopo mais estável. Todos os valores expressos são relativos a exatamente ^{12}C = 12.

CONSTANTES FÍSICAS

Constantes	*Símbolo*	*Valor Numérico*
Número de Avogadro	N	$6{,}022137 \times 10^{23}\ \text{mol}^{-1}$
Constante de Faraday	$\mathfrak{F}$	$9{,}648531 \times 10^{4}\ \text{C mol}^{-1}$
Constante dos gases ideais	R	$8{,}31451\ \text{J K}^{-1}\ \text{mol}^{-1}$ $8{,}31451\ \text{dm}^3\ \text{kPa K}^{-1}\ \text{mol}^{-1}$ $58{,}20578 \times 10^{-2}\ \text{L atm K}^{-1}\ \text{mol}^{-1}$
Constante de Planck	h	$6{,}626076 \times 10^{-34}\ \text{J s}$
Constante de Rydberg	R	$1{,}097373153 \times 10^{7}\ \text{m}^{-1}$
Volume molar dos gases ideais nas CNPT	V_m	$22{,}4141\ \text{L mol}^{-1}$
Carga do elétron	e	$1{,}6021773 \times 10^{-19}\ \text{C}$
Massa de repouso de elétrons	m_e	$9{,}109390 \times 10^{-28}\ \text{g}$ $5{,}485799 \times 10^{-4}\ \text{u}$
Massa de repouso do nêutron	m_n	$1{,}674929 \times 10^{-24}\ \text{g}$ $1{,}008665\ \text{u}$
Massa de repouso do próton	m_p	$1{,}672623 \times 10^{-24}\ \text{g}$ $1{,}007276\ \text{u}$
Velocidade da luz no vácuo	c	$2{,}99792458 \times 10^{8}\ \text{m s}^{-1}$ (exatamente)

EQUAÇÃO DE CONVERSÃO

Conversão	*Equação*
Energia	
Calorias – joules	1 cal = 4,184 J (exatamente)
Eletrovolts – joules	1 eV = $1{,}602 \times 10^{-19}$ J
Litro atmosferas – joules	1 Latm = 101,3 J
Comprimento	
Ångstroms – metros	1 Å = 10^{-10} m
Ångstrom – nanometros	1 Å = 10^{-1} nm
Polegadas – centímetros	1 in = 2,54 cm (exatamente)
Jardas – metros	1 yd = 0, 9144 m (exatamente)
Volume	
Litros – decímetros cúbicos	1 L = 1 dm^3
Quartos (US) –litros	1 qt = 0,9464 L

Conversão	*Equação*
Massa	
Onças-(avovidupios) – gramas	10 z = 28,35 g
Libras (avovidupios) – quilogramas	1 lb = 0,4536 Kg
Pressão	
Atmosferas – quilopascals	1 atm = 101,3 kPa
Atmosferas – milímetros e mercúrio	1 atm = 760,0 mmHg
Atmosferas – pascals	1 atm = $1{,}013 \times 10^5$ Pa
Atmosferas – torr	1 atm = 760,0 torr
Bars – pascals	1 Bar = 10^5 Pa

UNIDADES, CONSTANTES E EQUAÇÕES DE CONVERSÃO (Ver também Apêndice B)

UNIDADES BÁSICAS DO SI

Quantidade física	*Nome da unidade SI*	*Símbolo*
Comprimento	Metro	m
Massa	Quilograma	kg
Tempo	Segundo	s
Corrente elétrica	Ampére	A
Temperatura termodinâmica	Kelvin	K
Intensidade luminosa	Candela	cd
Quantidade de substância	Mol	mol

UNIDADES DERIVADAS DO SI

Quantidade física	*Unidade*	*Símbolo*	*Definição*	
Força	Newton	N	$m\ kg\ s^{-2}$	
Pressão	Pascal	Pa	$N\ m^{-2}$	$= m^{-1}\ kg\ s^{-2}$
Energia, Trabalho	Joule	J	$N\ m$	$= m^{2}\ kg\ s^{-2}$
Potência	Watt	W	$J\ s^{-1}$	$= m^{2}\ kg\ s^{-3}$
Carga elétrica	Coulomb	C	$A\ s$	
Potencial elétrico, Força eletromotriz	Volt	V	$J\ C^{-1}$	$= m^{2}\ kg\ s^{-3}\ A^{-1}$
Freqüência	Hertz	Hz	s^{-1}	

PREFIXOS MÉTRICOS

Múltiplos	10^{18}	10^{15}	10^{12}	10^{9}	10^{6}	10^{3}	10^{2}	10^{1}
Prefixos	exa	peta	tera	giga	mega	quilo	hecto	deca
Símbolo	E	P	T	G	M	K	h	da
Submúltiplos	10^{-1}	10^{-2}	10^{-3}	10^{-6}	10^{-9}	10^{-12}	10^{-15}	10^{-18}
Prefixos	deci	centi	mili	micro	nano	pico	femto	ato
Símbolo	d	c	m	μ	n	p	f	a

SUMÁRIO

Volume I

Capítulo 1 Noções Preliminares 1

Capítulo 2 As Fórmulas, as Equações e a Estequiometria 51

Capítulo 3 Termoquímica 110

Capítulo 4 Gases 140

Capítulo 5 O Átomo 205

Capítulo 6 Os Elétrons 242

Capítulo 7 Periodicidade Química 295

Capítulo 8 Ligações Químicas 341

Capítulo 9 Sólidos 408

Capítulo 10 Líquidos e Mudanças de Estado 453

Capítulo 11 Soluções 501

Capítulo 12 Reações em Soluções Aquosas 563

Volume II

Capítulo 13 Cinética Química ... 622

Capítulo 14 Equilíbrio Químico ... 680

Capítulo 15 Soluções Aquosas: Equilíbrio Ácido-Base ... 721

Capítulo 16 Solução Aquosa: Solubilidade e Equilíbrio dos Íons Complexos ... 786

Capítulo 17 Termodinâmica Química ... 820

Capítulo 18 Eletroquímica ... 866

Capítulo 19 Ligações Covalentes ... 925

Capítulo 20 Os Não-Metais ... 967

Capítulo 21 Os Metais Representativos e os Semi-Metais ... 1047

Capítulo 22 Os Metais de Transição ... 1098

Capítulo 23 Química Orgânica ... 1169

Capítulo 24 Processos Nucleares ... 1235

ÍNDICE

Prefácio XXXV

Ao Aluno XXXV

Ao Instrutor XXXVI

Aspectos Adicionais XXXIX

Volume 1

Capítulo 1 **Noções Preliminares** 1

Tópicos Gerais 1

1.1 Química: o Que, Por Que e Como? 2

O Que É Química? 2

Por Que Estudar Química? 2

Como Estudar Química 3

1.2 A Metodologia Científica 4

Observações e Dados 4

Leis 5

Teorias 6

1.3 A Matéria 8

Massa, Inércia e Peso 8

Substâncias Puras e Misturas 9

Os Estados da Matéria 10

Elementos e Compostos 10

	Fases	11
	Misturas Homogêneas e Heterogêneas	12
1.4	As Transformações da Matéria	15
	As Transformações Físicas	15
	As Transformações Químicas	15
	As Leis das Transformações Químicas	16
1.5	A Energia	18
	A Energia Mecânica	19
	O Calor e a Temperatura	21
	As Unidades de Temperatura	22
1.6	Os Números: Usos e Extrapolações	22
	A Notação Exponencial	22
	Medidas, Exatidão e Precisão	23
	Os Algarismos Significativos	25
	A Precisão em Cálculos Aritméticos: Adição e Subtração	27
	Os Arredondamentos	29
	A Precisão em Cálculos Aritméticos: Multiplicação e Divisão	29
	Outras Operações	30
1.7	As Unidades Métricas	31
	As Unidades Si	31
	Os Múltiplos e os Submúltiplos das Unidades Métricas	32
1.8	Resolução de Problemas Numéricos	34
	Análise Dimensional	34
	Os Fatores Unitários	36
	A Densidade	40
Resumo		43
	Problemas	44
	Problemas Adicionais	48
Capítulo 2	**As Fórmulas, as Equações e a Estequiometria**	51
Tópicos Gerais		51
2.1	A Microestrutura da Matéria	52
	Os Átomos	52
	As Moléculas	53
2.2	As Fórmulas Químicas	53

	As Fórmulas Moleculares	54
	As Fórmulas Empíricas	55
	As Fórmulas Estruturais	57
2.3	Massa Atômica e Outros Tipos de Massa	58
	As Massas Atômicas	58
	As Massas Moleculares	59
	As Massas de Fórmulas	59
2.4	O Mol	61
	O Número de Avogadro	61
	Mols de Átomos	62
	Mols de Moléculas	64
	Mols de Fórmulas Unitárias	64
2.5	A Composição Estequiométrica	65
	Os Significados das Fórmulas Químicas	65
	Determinação da Análise Elementar a Partir de Fórmulas	67
	Determinação da Fórmula Empírica a Partir de Uma Análise Elementar	68
	As Fórmulas Moleculares	70
2.6	Equações Químicas	71
	O Balanceamento das Equações Por Tentativa	72
2.7	Estequiometria de Reações	74
	Os Significados de Uma Equação Química	74
	Cálculos Estequiométricos	75
	A Análise de Combustão	79
	Problemas com Reagentes Limitantes	81
2.8	A Estequiometria de Solução	83
	O Soluto e o Solvente	83
	A Concentração Molar	84
	A Diluição	87
	Os Ácidos e as Bases	89
	As Reações de Neutralização	89
	Titulação	90
2.9	O Mol: Comentários Adicionais	92
	A Terminologia de Mols de Coisas Diferentes	92
	O Tamanho de um Mol	93

2.10 Nomenclatura Química: Primeiro Contato 93
Nomes Triviais e Sistemáticos 94
Os Compostos Binários 94
Os Compostos Ternários Contendo Oxigênio 96
Os Ácidos e as Bases 96
Resumo 99
Problemas 100
Problemas Adicionais 107

Capítulo 3 **Termoquímica** 110
Tópicos Gerais 110
3.1 A Primeira Lei da Termodinâmica 111
O Calor 112
O Trabalho 112
A Energia 115
3.2 O Calor e a Entalpia 117
A Entalpia 117
A Entalpia e a Energia 118
3.3 A Calorimetria 121
A Capacidade Calorífica 122
3.4 As Equações Termoquímicas 126
Lei de Hess 126
As Reações de Formação 127
3.5 A Combustão do Carvão: Uma Ilustração Termoquímica 132
Resumo 134
Problemas 136
Problemas Adicionais 138

Capítulo 4 **Gases** 140
Tópicos Gerais 140
4.1 Variáveis Usadas para Descrever o Comportamento de Gases 141
Volume 141
Pressão 142
Temperatura 145
4.2 Relação Pressão-Volume: Lei de Boyle 146
Lei de Boyle: Representação Gráfica 149

	Cálculos da Lei de Boyle	151
4.3	Efeitos da Temperatura: Lei de Charles	152
	Zero Absoluto	154
	Cálculos da Lei de Charles	154
	Cálculos Combinados	156
4.4	A Lei do Gás Ideal	160
	Lei de Gay-Lussac da Combinação dos Volumes	160
	Princípio de Avogadro	161
	Derivação da Lei do Gás Ideal	161
	Determinação de ***R***	163
	Cálculo da Lei do Gás Ideal	164
	Volume Molar de Um Gás Ideal	165
	Massa Molecular a Partir da Densidade do Gás	166
4.5	Outras Propriedades de Um Gás Ideal	167
	Lei de Dalton das Pressões Parciais	167
	Gases Coletados Sobre Água	169
	Lei de Graham de Difusão e Efusão	172
4.6	Teoria Cinético-molecular	177
	Análise do Modelo	178
	Teoria Cinético-Molecular e as Leis dos Gases	182
4.7	Estequiometria dos Gases	184
4.8	Gases Reais	188
	Desvios da Lei do Gás Ideal	188
	Equações de Estado para Gases Reais	190
	Teoria Cinético-Molecular e Gases Reais	193
	Resfriamento Com Expansão	194
Resumo		196
Problemas		197
Problemas Adicionais		203
Capítulo 5	**O Átomo**	205
Tópicos Gerais		205
5.1	Primeiros Modelos Atômicos	206
	O Átomo de Dalton	207
	Os Primeiros Experimentos de Eletrólise	208

		Experimentos em Tubos de Crookes	208
		O Átomo de Thomson	213
	5.2	O Átomo Nuclear	213
		O Átomo de Rutherford	214
		O Átomo Moderno	217
		Isótopos	219
	5.3	Massas Atômicas	221
		Abundância Isotópica	221
		A Determinação de Massas Atômicas	222
	5.4	Elétrons em Átomos	223
		O Dilema do Átomo Estável	224
		Energia Radiante	225
		Espectroscopia Atômica	227
		O Átomo de Bohr	232
	Resumo		237
	Problemas		238
	Problemas Adicionais		240
Capítulo 6	**Os Elétrons**		242
	Tópicos Gerais		242
	6.1	O Modelo da Mecânica Quântica e as Energias Eletrônicas	243
		O Insucesso da Mecânica Clássica	243
		O Princípio da Incerteza de Heisenberg	244
		Os Níveis Eletrônicos de Energia	245
		Configurações Eletrônicas no Estado Fundamental: Do Hidrogênio ao Neônio	248
		As Configurações Eletrônicas: Representações Alternativas	251
		Configurações Adicionais no Estado Fundamental: Do Sódio ao Argônio	252
		A Convenção Cerne do Gás Nobre	254
		Configurações Adicionais no Estado Fundamental: Do Potássio ao Criptônio	255
		Configurações Adicionais no Estado Fundamental: Átomos Posteriores ao Criptônio	258
	6.2	As Partículas e as Ondas	261
	6.3	As Ondas Estacionárias	265

	Uma Onda Estacionária Unidimensional: Vibração de uma Corda	265
	Uma Onda Estacionária Bidimensional: a Vibração da Parte Superior de Um Tambor	269
	As Ondas Estacionárias Tridimensionais	272
6.4	As Propriedades Ondulatórias dos Elétrons	272
	As Equações de Onda	272
	O Orbital 1*s*	274
	Os Orbitais 2*s* e 3*s*	277
	Os Orbitais 2*p* e 3*p*	280
	Os Orbitais 3*d*	282
	Os Orbitais *f*	283
	As Distribuições de Múltiplos Elétrons	284
6.5	Os Números Quânticos	285
	O Número Quântico Principal, ***n***	285
	O Número Quântico Azimutal, l	286
	O Número Quântico Magnético, m_l	287
	O Número Quântico Spin, m_s	287
	O Princípio de Exclusão de Pauli	288
	Os Números Quânticos e os Nós	288
Resumo		290
Problemas		291
Problemas Adicionais		294

Capítulo 7	**Periodicidade Química**		295
	Tópicos Gerais		295
	7.1	A Descoberta da Lei Periódica	296
		Desenvolvimentos Preliminares	296
		Periodicidade: Uma Descrição Moderna	298
		A Tabela Periódica Moderna	299
	7.2	A Periodicidade nas Configurações Eletrônicas	302
	7.3	A Periodicidade nas Propriedades Atômicas	307
		Raio Atômico	307
		Energia de Ionização	312
		Afinidade Eletrônica	316
	7.4	A Periodicidade nas Propriedades Físicas	320

	Densidades e Pontos de Fusão	320
	Metais e Não-metais	320
7.5	A Periodicidade nas Propriedades Químicas	322
	Metais	323
	Não-metais	328
	Hidroxi-compostos: Ácidos e Bases	332
	A Periodicidade Na Estequiometria	334
Resumo		335
Problemas		336
Problemas Adicionais		339
Capítulo 8	**Ligações Químicas**	341
Tópicos Gerais		341
8.1	Ligações Iônicas	342
	A Formação das Ligações Iônicas	342
	As Estruturas de Lewis dos Átomos	343
	As Estruturas de Lewis dos Íons Monoatômicos	346
	As Estruturas de Lewis de Compostos Iônicos	347
	Ligação Iônica e Energia	350
	A Formação de um Composto Iônico Sólido	353
8.2	Ligação Covalente	355
	A Molécula de Hidrogênio	356
	As Estruturas de Lewis e a Ligação Covalente	359
	Ligações Múltiplas	365
	Ligações Covalentes Normal e Coordenada	366
	A Regra do Octeto: Apenas um Guia	367
	Ressonância	368
8.3	Eletronegatividade	370
	Periodicidade e Eletronegatividade	370
	Eletronegatividade e Tipo de Ligação	372
8.4	Energias de Ligação	376
	Energias de Ligação	376
	Energias Médias de Ligação	378
8.5	Balanço de Cargas, Parte I: Cargas Formais	380
8.6	Repulsão dos Pares Eletrônicos	384

O Método VSEPR ... 384
8.7 A Polaridade das Moléculas ... 394
Moléculas Diatômicas ... 395
Molécula Triatômicas ... 396
Outras Moléculas ... 398
Resumo ... 400
Problemas ... 403
Problemas Adicionais ... 406

Capítulo 9 **Sólidos** ... 408
Tópicos Gerais ... 408
9.1 Os Sólidos: Algumas Observações Preliminares ... 409
Propriedades Gerais dos Sólidos ... 410
Cristais ... 410
9.2 Difração de Raio X ... 411
O Meçanismo da Difração ... 412
A Equação de Bragg ... 415
Aplicações da Difração de Raio X ... 416
9.3 O Retículo Cristalino ... 416
A Cela Unitária ... 417
Alguns Retículos Cristalinos Representativos ... 421
9.4 Empacotamento Denso ... 424
O Empacotamento Denso de Esferas Idênticas ... 425
Cristais com Estruturas de Empacotamento Denso ... 429
Vazios Tetraédricos e Octaédricos ... 431
Estruturas Cristalinas Baseadas no Empacotamento Denso ... 432
9.5 Ligações e Propriedades dos Sólidos ... 434
Sólidos Iônicos ... 434
Sólidos Moleculares ... 435
Sólidos Covalentes ... 437
Sólidos Metálicos ... 437
9.6 Energia Reticular ... 439
9.7 Defeitos em Cristais ... 441
Defeitos Lineares ... 442
Defeitos Puntuais ... 442

Semicondutores 444
Resumo 447
Problemas 448
Problemas Adicionais 452

Capítulo 10 **Líquidos e Mudanças de Estado** 453
Tópicos Gerais 453
10.1 Líquidos 454
Propriedades Gerais dos Líquidos 454
Evaporação 455
10.2 Equilíbrio e Pressão de Vapor 456
Equilíbrio Líquido-Gás 457
Ebulição 459
Calor de Vaporização 461
Superaquecimento 461
10.3 A Variação da Pressão de Vapor com a Temperatura 463
10.4 Equilíbrio Sólido-Líquido 470
Congelamento 470
Calor de Fusão 471
Supercongelamento 472
Vidros 473
10.5 Mudanças de Estado 474
Curvas de Aquecimento 474
Curvas de Congelamento 476
10.6 Equilíbrio e o Princípio de Le Châtelier 478
Equilíbrio Líquido-Gás e Variações de Temperatura 478
Equilíbrio Líquido-Gás e Variações de Pressão 480
Equilíbrio Sólido-Líquido e Variações de Temperatura 482
Equilíbrio Sólido-Líquido e Variações de Pressão 483
Equilíbrio Sólido-Gás 484
Ponto Crítico 486
Outros Equilíbrios de Fase 489
10.7 Diagramas de Fases 489
Água 489
Água: Diagrama de Fases a Alta Pressão 492

Dióxido de Carbono ... 493
Resumo ... 494
Problemas ... 496
Problemas Adicionais ... 499

Capítulo 11 **Soluções** ... 501
Tópicos Gerais ... 501
11.1 Propriedades Gerais das Soluções ... 502
11.2 Tipos de Soluções ... 502
Soluções Gasosas ... 503
Soluções Líquidas ... 504
Soluções Sólidas ... 504
11.3 Unidades de Concentração ... 505
Fração Molar ... 506
Percentagem Molar ... 507
Molaridade ... 508
Molalidade ... 509
Percentagem em Massa ... 510
11.4 Solubilidade ... 511
O Mecanismo de Dissolução ... 511
A Água e as Ligações de Hidrogênio ... 513
Saturação e Solubilidade – Solutos Não-Dissociáveis ... 516
Saturação e Solubilidade – Solutos Dissociáveis ... 518
Calor de Solução ... 519
Solubilidade e Temperatura ... 522
Solubilidade e Pressão ... 524
11.5 Propriedades Coligativas ... 526
O Abaixamento da Pressão de Vapor ... 526
A Lei de Raoult ... 527
A Elevação do Ponto de Ebulição ... 533
A Diminuição do Ponto de Congelamento ... 536
Pressão Osmótica ... 538
Osmose Reversa ... 542
11.6 Eletrólitos ... 543
Dissociação ... 544

A Dissociação de Eletrólitos Iônicos 544
A Dissociação de Eletrólitos Moleculares 545
As Forças dos Eletrólitos 545
Equilíbrio e Grau de Dissociação 547
Ácidos, Bases e Sais 551
Hidratação de Íons 553
Resumo 555
Problemas 557
Problemas Adicionais 561

Capítulo 12 **Reações em Soluções Aquosas** 563
Tópicos Gerais 563
12.1 As Reações Ácidos-Base 564
A Definição de Arrhenius 564
A Definição pelo Sistema Solvente 565
A Definição de Brϕnsted-Lowry 566
A Definição de Lewis 570
12.2 As Reações de Precipitação e Complexação 571
A Precipitação 572
Equações Iônicas Simplificadas 574
A Complexação 575
12.3 Equações Simplificadas para Reações em Soluções Aquosas 577
Tipos de Reações 578
Equações para Reações de Precipitação 578
Equações para Formação de Eletrólitos Fracos 580
Usando as Generalizações 581
12.4 Balanço de Cargas, Parte II: Número de Oxidação 586
Números de Oxidação : Método 1 586
Números de Oxidação: Método 2 588
Exemplos 589
12.5 As Reações de Transferência de Elétrons 591
A Oxidação e a Redução 592
O Balanceamento de Equações Redox 594
Equações para Reações Redox Sem Solvente 594
Equações para Reações Redox – Soluções Aquosas 597

12.6 A Estequiometria de Solução ... 604
Estequiometria Ácido-base ... 604
Equivalentes de Ácidos e Bases ... 607
Equivalente Massa ... 608
Normalidade ... 608
Estequiometria Redox ... 609
Outros Tipos de Reações em Solução ... 611
Resumo ... 613
Problemas ... 613
Problemas Adicionais ... 620

Apêndice A **Glossário de termos importantes** ... A1

Apêndice B **Unidades, Constantes e Equação de Conversão** ... B1
B.1 Unidades ... B1
Unidades Si ... B1
Prefixos Métricos ... B3
B.2 Constantes Físicas ... B4
B.3 Equações de Conversão ... B6

Apêndice C **Nomenclatura Química** ... C1
C.1 Nomes Triviais ... C1
C.2 Nomenclatura Sistemática Inorgânica ... C2
Elementos ... C2
Cátions ... C3
Ânions ... C7
Sais, Óxidos e Hidróxidos ... C11
Ácidos ... C14
Outros Compostos Inorgânicos ... C15
Complexos ... C16
C.3 Nomenclatura Sistemática Orgânica ... C20
Hidrocarbonetos ... C20
Derivados de Hidrocarbonetos ... C24

Apêndice D **Operações Matemáticas** ... D1
D.1 Equações Lineares e Seus Gráficos ... D1

D.2 Equações Quadráticas D2
D.3 Logaritmos D3

Apêndice E **Método de Clark para Representar a Estrutura de Lewis** E1

Apêndice F **Pressão de Vapor da Água** F1

Apêndice G **Algumas Propriedades Termodinâmicas a 25°C** G1

Apêndice H **Constantes de Equilíbrio a 25°C** H1
H.1 Constantes de Dissociação de Ácidos Fracos H1
H.2 Constantes de Dissociação de Bases Fracas H3
H.3 Produtos de Solubilidade H4

Apêndice I **Potenciais de Redução Padrão a 25°C** I1

Apêndice J **Respostas dos problemas numéricos selecionados** J1

Índice Analítico AI1

PREFÁCIO

AO ALUNO

Escrevi este livro por várias razões. Espero que o auxilie e lhe forneça uma base sólida de conhecimento que seja válida em todos os aspectos da vida. Além do mais, espero que o estudo da química forneça fundamentos que o ajudarão a compreender e talvez solucionar alguns dos problemas causados por uma população burguesa em um mundo de recursos minguados. Finalmente, espero convencê-lo com um pouco do entusiasmo, estímulo e prazer que a química me deu.

Características Especiais. Quando começar a ler este livro, você encontrará um número de características especiais que serão úteis enquanto desenvolve sua técnica pessoal para estudar química.

Tópicos Gerais. Alguma vez você já iniciou a leitura do capítulo de um livro-texto perguntando a si mesmo o que o título realmente significaria e onde o capítulo o levaria? Todo capítulo neste livro começa com um *Tópico Geral*. Cada *Tópico Geral* pode ser útil por duas razões: primeira, logo no início da leitura, é apresentado um resumo, com a organização e os pontos principais do capítulo, que agilizam sua habilidade de seguir o fluxo de idéias, como mover-se através do capítulo. Segunda, retornando ao *Tópico Geral*, sua releitura pode ser uma técnica útil para revisão dos conteúdos dentro do capítulo.

Comentários Adicionais. No decorrer deste livro você encontrará um número de seções intituladas *Comentários Adicionais* que são pontos principais da discussão. Muitas estão inseridas em lugares onde eu sei, por experiência, que alguns alunos tendem a ficar "fora dos trilhos". Em algumas dessas seções, descrevo o conceito durante uma discussão usando uma linguagem amena e diferente, ou apresento-o de um ponto de vista alternativo. (Algumas vezes, considerar uma idéia não-familiar sob mais de uma perspectiva fornece um sentimento intuitivo, útil para a compreensão da idéia.) Uma parte dos *Comentários Adicionais* oferece um esclarecimento adicional que, apesar de não ser indispensável para a compreensão de um conceito, fornece uma luz lateral que intensifica sua apreciação.

Notas de Nomenclatura. A palavra "nomenclatura" refere-se a um método ou sistema de nomear coisas. Em química, a nomenclatura é essencial não somente para a comunicação cuidadosa das idéias, mas um conhecimento da nomenclatura química precisa verdadeiramente auxiliar no processo de aprendizagem em uma extensão que é geralmente subestimada pelos alunos. Neste livro, a nomenclatura química é introduzida por pequenas unidades em seções especiais, como *Notas de Nomenclatura*, inseridas no texto sempre que o tópico a ser discutido as requer. Toda a nomenclatura química está resumida no Apêndice C.

Glossário de Termos Importantes. Você encontrará um *Glossário de Termos Importantes* no Apêndice A. Tentei fazê-lo o mais completo possível. Foi elaborado para ser usado a qualquer hora que você se sentir inseguro sobre o significado de um termo ou conceito particular.

Resumos. No final de cada capítulo deste livro há um *Resumo* que focaliza a idéia principal do capítulo. Pode ser de grande valor para revisão do capítulo. Leia cada resumo e veja se todas as idéias nele "se encaixam" para você. Caso contrário, volte para o capítulo e reestude os conceitos obscuros.

Estudando e Aprendendo Química. Muitos dos seus hábitos e técnicas de estudo foram provavelmente formados quando você estava no colégio, talvez antes, e você está indubitavelmente ciente da importância de acompanhá-los com o seu dever de casa. Lembro-me da velha história do aluno em uma aula de história americana que, ao fazer esforço para reaver o lápis caído, perdeu a guerra civil. A química não se move tão rápido, porém seus conceitos tendem a estabelecer conceitos prévios, e, caso fique muito para trás, você se perderá. A recuperação pode ser muito difícil. Não desanime!

Você encontrará algumas sugestões para técnicas de estudo efetivo no final da Seção 1.1.

Um Pedido. Como químico e professor, vibro especialmente quando vejo que um estudante de química passa por cima de um obstáculo mental e domina um conceito desafiador. Escrevendo este livro, tentei ajudar *você* a vencer todas as barreiras. Se estiver disposto, então que tal escrever-me algumas linhas e contar onde este livro foi especialmente útil para você e onde ele fracassou? Tenho recebido alguns dos melhores conceitos de alunos. (Meu endereço está no final dos *Agradecimentos*.)

AO INSTRUTOR

Filosofia. Uma das minhas propostas principais ao escrever este livro-texto é narrar aos leitores aqueles aspectos da realidade física que são revelados pela química. Outra proposta é dar ao aluno uma medida de intuição química proveitosa. Espero ensinar-lhe uma gama de experiências químicas práticas.

O principal foco deste livro está nos conceitos básicos e fundamentais por meio dos quais os alunos podem crescer e obter êxito, tanto em cursos subseqüentes de química como em outros campos e no desempenho de suas vidas. Isto é feito pela química atual de maneira simultaneamente rigorosa e amigável ao usuário, para usar um termo que é correntemente popular.

Os alunos se inscrevem em um típico curso de química geral, formando um grupo heterogêneo. Seus conhecimentos em ciência e matemática, suas leituras de compreensão, seus hábitos de estudos e suas motivações variam grandemente. Em vista da extrema diversificação, é claro que não há um caminho único para ensinar química que seja igualmente adequado para todos os alunos. Entretanto, eu creio que este problema pode ser minimizado – a organização e muitos outros aspectos deste texto foram planejados para fazê-lo.

Organização*. O tópico de estequiometria é introduzido antecipadamente neste texto (Capítulo 2) e inclui uma introdução à solução estequiométrica. Isto permite a incorporação de experimentos estequiométricos em currículos de laboratórios. (O instrutor pode decidir desprezar o assunto de solução estequiométrica. A Seção 12.6 mostrará uma discussão mais rigorosa deste tópico.) O capítulo de estequiometria precede um pequeno capítulo de termoquímica. Isto permite a introdução antecipada da terminologia de ΔH, o que intensifica a discussão de muitos tópicos subseqüentes, tais como energia de ionização, afinidade eletrônica, energia de ligação, energia reticular, cálculo de Born-Haber, e assim por diante. As propriedades dos gases ideal e real são discutidas no Capítulo 4, tão logo seja pertinente a inclusão dos experimentos relativos aos gases nos estágios iniciais de laboratório.

Os Capítulos 5 (O Átomo) e 6 (Os Elétrons) começam uma seqüência modificada de micro para macro. Proporcionam o fundamento para o Capítulo 7 (Periodicidade Química) que inclui uma breve introdução à química inorgânica descritiva, enfatizando as diferenças metal-não-metal. A ligação química é introduzida no Capítulo 8, cuja ênfase está na base das ligações iônica e covalente, a regra do octeto, a estrutura de Lewis, geometria molecular

* O livro original é composto de um volume. Optamos por dividi-lo em dois volumes para atender melhor aos estudantes. O primeiro volume contém os capítulos de 1 a 12 e o segundo, os de 13 a 24. Ambos contêm o prefácio, os apêndices e o índice analítico.

(teoria de VSEPR) e a polaridade molecular. (Conceitos mais avançados, incluindo sobreposição de orbitais, orbitais híbridos e moleculares são adiados até o Capítulo 19.) As propriedades do estado sólido, ideal e não-perfeito, são descritas no Capítulo 9. O comportamento dos líquidos é descrito no Capítulo 10 juntamente com as mudanças de estado, diagramas de fase e o princípio de Le Châtelier (como é aplicado para os equilíbrios de fase).

Os Capítulos 11 e 12 focalizam a atenção dos alunos nas propriedades das soluções, especialmente as das soluções aquosas. O Capítulo 12 discute os tipos comuns de reações em solução aquosa e introduz procedimentos sistemáticos para escrever as equações iônicas líquidas. (Algumas equações são usadas do começo ao fim do livro, sempre que forem apropriadas.)

A cinética química é discutida no Capítulo 13, que serve como um fundamento conceitual para o Capítulo 14 (Equilíbrio Químico). (O problema de como descrever o mecanismo cinético que envolve as etapas do equilíbrio vem sendo abordado em discussões demoradas de tais mecanismos, até uma seção especial dedicada a isso no Capítulo sobre equilíbrio.) Os Capítulos 15 e 16 descrevem os equilíbrios em solução-aquosa (ácido-base, solubilidade e íon complexo) em detalhes. A termodinâmica química é introduzida no Capítulo 17, culminando com a descrição da aproximação do estado de equilíbrio nos termos do vale de Gibbs. A eletroquímica é discutida no Capítulo 18 e inclui uma descrição especial da relação entre as células eletrolíticas e galvânicas.

Como mencionado, os aspectos mais avançados da ligação química estão descritos no Capítulo 19. Isto completa a situação de um fundamento conceitual para uma discussão sistemática da química inorgânica descritiva, nos Capítulos 20 (Não-Metais), 21 (Metais Representativos e Metalóides) e 22 (Metais de Transição). Uma avaliação dos compostos orgânicos e algumas das suas reações características estão propostas no Capítulo 23, e no capítulo final deste livro há uma breve avaliação de processos nucleares.

O problema de como e quando discutir química descritiva em um texto introdutório é um processo permanente. Com o objetivo de estabelecer um extensivo e adequado fundamento teórico, este livro detém uma discussão sistemática da química inorgânica descritiva dos Capítulos 20 a 22; isto possibilita o embasamento descritivo de todos os elementos discutidos nesses capítulos com a mesma base sólida e uniforme. Isto não significa que a química descritiva seja ignorada totalmente nos capítulos iniciais. Por exemplo, como já foi dito, o Capítulo 7 (Periodicidade Química) inclui uma comparação das propriedades dos metais e não-metais. Além disso, qualquer menção às propriedades ou comportamento específico é adequada para a ilustração de um conceito ou princípio que foi incluído. Completando, aplicações da química para o "mundo real" estão descritas nos pontos apropriados.

A organização deste texto foi cuidadosamente planejada, permitindo uma variação na preferência individual do professor. Por exemplo, gases (Capítulo 4) poderá facilmente ser ministrado precedendo os sólidos, os líquidos e as mudanças de estado (Capítulos 9 e 10). Com uma pequena compensação, a discussão da termoquímica (Capítulo 3) pode ser postergada. A cinética química (Capítulo 13) pode ser ministrada um pouco antes do Capítulo 20. Os aspectos mais avançados de ligações (Capítulo 19) podem ser introduzidos imediatamente após o Capítulo 8. Finalmente, muitas outras seqüências de partes dos capítulos podem ser adequados de forma bem-sucedida de acordo com as preferências individuais do instrutor.

ASPECTOS ADICIONAIS

Muitos aspectos deste livro foram discutidos em *Ao Aluno*, citado anteriormente. Os aspectos adicionais seguintes serão do interesse do instrutor.

Exemplos e Problemas Paralelos. Cerca de 200 *Exemplos* elaborados de cálculos químicos estão incluídos nos capítulos. Na seqüência destes está o *Problema Paralelo*, baseado no mesmo conceito do *Exemplo*, mas para o qual somente a resposta é dada. Muitos alunos tendem a ignorar os cálculos simples com uma atitude "Sim, eu sei como é feito" até que uma dúvida ou um exame sejam suficientes para ele ou ela descobrir que a autoconfiança era prematura. Não é possível para a maioria dos alunos aprender química meramente por leitura (ou ouvindo) a respeito. É necessário um esforço mental para a resolução dos seus próprios problemas. Cada *Problema Paralelo* possibilita ao aluno poder testar sua compreensão imediatamente após a resolução do *Exemplo* precedente. (Em muitos casos, o *Problema Paralelo* não é simplesmente uma duplicata do *Exemplo*, com números diferentes, portanto, a mera memorização de um método não capacita o aluno a obter a resposta correta.)

Ilustrações. Há um problema difícil que o professor enfrenta em química geral, associado ao nível de abstração de alguns tópicos. Por exemplo, é difícil para muitos alunos visualizar a natureza tridimensional dos orbitais atômico e molecular. O programa de ilustração neste texto foi cuidosamente planejado, em parte para agir contra o problema de visualização do abstrato. Inclui desenhos, gráficos, e representações geradas por computador. O uso dos tons de cinza realça mais intensamente a aparência das páginas; também há um complexo trabalho de arte representando a construção de objetos abstratos de maneira mais fácil para a compreensão do aluno.

Problemas no Final do Capítulo. Aproximadamente 1.200 *Problemas* são propostos nos finais dos capítulos. A rigor, metade dos problemas numéricos são marcados por quadrinhos cheios, que identificam aqueles problemas cujas respostas são dadas no Apêndice J.

Apêndices. Os apêndices englobam uma variedade de assuntos, seguindo o último capítulo no texto. Os apêndices A (Glossário de Termos Importantes) e J (Respostas para os Problemas Numéricos Selecionados) foram já mencionados. As observações que devem ser especialmente destacadas estão nos apêndices B (Unidades, Constantes e Equações de Conversão), C (Nomenclatura Química), D (Operações Matemáticas) e E (Método de Clark para escrever as Estruturas de Lewis). O restante dos Apêndices fornecem dados de referências numéricas em um número de áreas.

Índice Analítico. O *Índice Analítico* no fim do livro é completo, e foi elaborado para ser especialmente fácil de manusear. Nele, o aluno está sempre em contato com a página de referência, nunca transpondo referências. (Isto faz o Índice um pouco maior que o usual, mas muito mais conveniente de usar.)

Tratamento das "Áreas de Dificuldades Habituais". Um aspecto deste texto, que não é imediatamente óbvio em uma leitura superficial, reside na maneira como as "áreas de dificuldades" estão disponíveis. Alguns tópicos incluídos em todos os cursos introdutórios sempre parecem causar um resultado desordenado de dificuldade para alguns alunos. Tais tópicos incluem estequiometria, ligação covalente, estruturas do estado sólido, como escrever as equações iônicas simplificadas, cinética química, termodinâmica química e eletroquímica. Neste livro, estas "áreas de dificuldades" são desenvolvidas até certo grau, de forma mais lenta e deliberativa do que a habitual em muitos textos introdutórios. Devo enfatizar que isto foi feito sem comprometer o nível de rigor global.

Capítulo 1

NOÇÕES PRELIMINARES

TÓPICOS GERAIS

1.1 QUÍMICA: O QUE, POR QUE E COMO?
O que é química?
Por que estudar química?
Como estudar química

1.2 A METODOLOGIA CIENTÍFICA
Observações e dados
Leis
Teorias

1.3 A MATÉRIA
Massa, inércia e peso
Substâncias puras e misturas
Os estados da matéria
Elementos e compostos
Fases
Misturas homogêneas e heterogêneas

1.4 AS TRANSFORMAÇÕES DA MATÉRIA
As transformações físicas
As transformações químicas
As leis das transformações químicas

1.5 A ENERGIA
A energia mecânica
O calor e a temperatura
As unidades de temperatura

1.6 OS NÚMEROS: USOS E EXTRAPOLAÇÕES
A notação exponencial
Medidas, exatidão e precisão
Os algarismos significativos
A precisão em cálculos aritméticos: adição e subtração
Os arredondamentos
A precisão em cálculos aritméticos: multiplicação e divisão
Outras operações

1.7 AS UNIDADES MÉTRICAS
As unidades SI
Os múltiplos e os submúltiplos das unidades métricas

1.8 RESOLUÇÃO DE PROBLEMAS NUMÉRICOS
Análise dimensional
Os fatores unitários
A densidade

A química, como ciência, representa uma significativa evolução humana – significativa não só na elegância da própria disciplina, mas também na sua capacidade em auxiliar na resolução de muitos problemas de uma população burguesa, num mundo de recursos tão limitados. De qualquer forma, este será o seu primeiro contato com esta importante ciência, e esperamos sinceramente que você, leitor, ache a química interessante, proveitosa e até muito divertida.

Neste capítulo serão mostrados alguns fundamentos. Uma discussão do que é a química, por que é importante e como melhor estudá-la. E, como a química é uma ciência, consideramos, em termos gerais, a natureza da metodologia científica. Após a definição de alguns termos importantes, o capítulo será concluído com alguns tópicos quantitativos, incluindo números, unidades e a resolução de problemas numéricos.

1.1 QUÍMICA: O QUE, POR QUE E COMO?

As ciências naturais incluem disciplinas que procuram mostrar um estudo sistemático da natureza. Entre elas citamos: a física, a biologia, a geologia, a astronomia ... e a química.

O QUE É QUÍMICA?

A **química** *estuda a natureza, as propriedades, a composição e as transformações da matéria.* O campo de interesse e aplicação da química é tão amplo que envolve quase todas as outras ciências; por isso, muitas disciplinas estão interligadas com a química, tais como: a geoquímica, a astroquímica e a físico-química.

POR QUE ESTUDAR QUÍMICA?

Há muitas razões que explicam o porquê do estudo da química. Do ponto de vista prático, a química ajuda a adquirir um útil discernimento dos problemas da sociedade, com aspectos científicos e técnicos. Por exemplo, o que pode ser feito com relação: às influências da chuva ácida no meio ambiente; aos efeitos provocados pelo uso de alguns herbicidas e pesticidas; à destruição da camada de ozônio na parte superior da atmosfera; e à possível elevação no nível dos oceanos provocada pelo aumento da concentração de dióxido de carbono e outros gases na atmosfera (o chamado efeito "estufa")? É prudente o uso dos raios gama na esterilização de alimentos para o consumo humano? É aconselhável o uso da sacarina como um adoçante artificial? Os processos industriais utilizados na manufatura de plásticos, papéis, gessos e tintas confirmam uma ameaça ao meio ambiente? Quais os riscos, se os produtos químicos estão presentes nos materiais de uso doméstico e de consumo, como em detergentes, limpadores de forno, condicionadores de ar, açúcar refinado, café sem cafeína, alvejantes de roupas, antiperspirantes, ervas daninhas, conservantes de madeira e aspirina? Encontrar respostas para tais perguntas é uma forma de amenizar o "peso" ocasionado pelo conhecimento químico.

A química atua como um instrumento prático para o conhecimento e a resolução de problemas em muitas áreas de atuação da vida humana. É usada rotineira e extensivamente em engenharia, agricultura, silvicultura, oceanografia, física, biologia, medicina, tecnologia de recursos ambientais, nutrição, odontologia, metalurgia, eletrônica, ciência espacial, tecnologia fotográfica e em inúmeros outros campos.

Algumas pessoas estudam química simplesmente para satisfazer suas curiosidades naturais a respeito da realidade física. Elas estudam química por gosto próprio, devido ao que se revela sobre a natureza do universo e do nosso pequeno mundo, a Terra. Estudar o comportamento químico da matéria pode ser um interessante passatempo que, algumas vezes, conduz a uma vocação recompensadora.

COMO ESTUDAR QUÍMICA

As técnicas de estudo são muito individuais, e fornecer um ponto de referência de como estudar química (ou alguma outra disciplina) é arriscado. Um método de estudo satisfatório para uma pessoa pode ser inconveniente para outra. Entretanto, considere as seguintes sugestões que podem ser úteis e auxiliares no desenvolvimento de suas próprias técnicas de aprendizagem em química:

1. Leia este livro *lenta* e cuidadosamente. A velocidade de leitura pode ser uma virtude, mas não é provavelmente uma boa idéia para este livro. Não se apresse, utilize o tempo que for necessário.

2. Responda às perguntas e resolva os problemas que se encontram no final de cada capítulo. De qualquer forma eles são propostos pelo seu professor. Cada bloco não deve ser considerado como um apêndice opcional extra, porém como parte integrante do capítulo. Os problemas foram preparados para *auxiliar no aprendizado*, e não simplesmente para testar o seu progresso. A resolução dos problemas é absolutamente essencial. Para aprender química, em primeiro lugar deve-se tentar a resolução dos problemas, e não apenas lê-los ou escutá-los.

3. Estude criticamente e monitore seu próprio processo de aprendizagem. Ao ler os enunciados neste livro, questione-os. Verifique se realmente você entende a palavra, a frase, o parágrafo e a seção. Então, se a resposta for "não", empenhe-se um pouco mais. Ao perceber que o significado de um termo lhe parece vago ou não muito claro, consulte o Glossário ou o Índice Analítico, assim aprenderá a usá-los rotineiramente. Finalmente, deverá estar pronto para inter-relacionar as informações. Com certeza esta forma de estudo é demorada, mas funciona.

4. Em todo o livro há exemplos de problemas numéricos resolvidos. Não ignore estas resoluções. Os problemas resolvidos permitem o entendimento de importantes conceitos químicos, e pode-se aprender muito mais com as resoluções do que com a leitura de páginas e páginas escritas. Segue-se a estes exemplos um segundo problema similar ao primeiro, com a resposta. Não o ignore, tente resolvê-lo sozinho.

5. Não se intimide perante termos e conceitos que à primeira vista parecem estranhos. Na maior parte das vezes "estranho" significa apenas não-familiar; dê a si próprio um certo tempo para familiarizar-se com as novas idéias. Em breve você estará pensando, conversando e escrevendo sobre orbitais, ligantes e tetraedros (ou você já os conhece?), assim como você faz com maçãs, elefantes e videocassetes.

1.2 A METODOLOGIA CIENTÍFICA

O processo de aquisição do conhecimento científico é freqentemente atribuído ao **método científico**, fundamento de toda a ciência.

OBSERVAÇÕES E DADOS

O processo científico é iniciado com **observações**. Embora estas sejam algumas vezes acidentais, são normalmente realizadas sob condições rigorosamente controladas no laboratório. As observações podem ser **qualitativas**[1] (pode-se observar, por exemplo, que a cor de

1 Tem relação com a natureza ou qualidade de alguma coisa, sem considerar a quantidade.

uma certa rosa é simplesmente vermelha) ou **quantitativas**[2] (pode-se usar um instrumento para obter um valor numérico do comprimento de onda da luz refletida nas pétalas de rosa). (Ver a Seção 5.4.)

Os registros das observações são chamados **dados**. Dados de observações quantitativas são freqentemente colocados em tabelas numéricas e podem ser representados em gráficos ou por relações matemáticas.

LEIS

Análises cuidadosas dos dados científicos algumas vezes revelam similaridades, regularidades ou coerências, que podem ser resumidas em uma generalização conhecida como **lei natural**, ou simplesmente uma **lei**. Considere um exemplo: séculos atrás, o cientista britânico Robert Boyle estudou o comportamento do volume de uma amostra de gás, em resposta a uma alteração na pressão do gás quando este é mantido a temperatura constante. A Tabela 1.1 mostra os resultados de algumas medidas semelhantes àquelas feitas por Boyle. Quando observamos os números da tabela, percebemos que o produto da pressão do gás vezes o seu volume tem sempre o mesmo valor, como mostra a coluna do lado direito.

Usando dados de um grande número de experimentos para diferentes gases, Boyle concluiu que para uma amostra de qualquer gás, mantida a determinada temperatura,

$$\text{pressão} \times \text{volume} = \text{constante}$$

Esta conclusão é uma generalização que resume os resultados de muitas medidas experimentais de gases, e é conhecida atualmente como *lei de Boyle*. (Há um estudo pormenorizado do comportamento dos gases no Capítulo 4.)

Tabela 1.1 Pressão e volume de uma amostra de gás a temperatura constante.

Experimento nº	*Pressão do gás, gás, atm*	*Volume observado do gás, L*	*Produto de pressão – volume, L atm*
1	0,10	6,0	0,60
2	0,20	3,0	0,60
3	0,30	2,0	0,60
4	0,40	1,5	0,60

2 Tem relação com a quantidade de alguma coisa, expressa numericamente.

TEORIAS

A curiosidade é uma característica humana natural, e assim dados e leis conduzem à pergunta: "Por quê?". Por exemplo, desejamos saber *por que* os gases comportam-se de um certo modo. *Por que* o produto pressão volume para os gases, em certas condições, tem sempre o mesmo valor? Respostas ou explicações oferecidas para tais perguntas são denominadas **teorias**. No caso de tentativas de respostas ou explicações, temos **hipóteses**. (Estes dois termos, teoria e hipótese, confundem-se em significado, não havendo significativa distinção entre ambos.)

As teorias são as chaves para o progresso científico. Cada uma delas é uma tentativa para explicar o comportamento observado em termos de um *modelo*, coisas que nos são familiares e cujo comportamento poderemos analisar e compreender. Por exemplo, veremos no Capítulo 4 que a lei de Boyle pode ser explicada com base em uma teoria conhecida como a *teoria cinético-molecular*. Esta teoria propõe a visualização do gás, como sendo constituído por pequeninas e inúmeras partículas, as *moléculas*, que estão bastante distanciadas, mas em um movimento contínuo, rápido e ocasional, chocando-se freqüentemente entre si e com as paredes do recipiente que contém o gás. As moléculas assemelham-se a um grupo de bolas de bilhar, com movimentos ao acaso e rápidos na superfície de uma mesa de bilhar, excetuando-se o fato de que as bolas de bilhar movem-se em apenas duas dimensões sobre a mesa. No Capítulo 4 veremos como este modelo de "bola de bilhar" pode ser útil na compreensão de porquê, à temperatura constante, o produto pressão-volume de uma amostra de gás é invariável.

O sucesso de uma teoria está na habilidade em sugerir novas propriedades ou comportamentos que não foram anteriormente observados. Em outras palavras, a teoria é usada para previsões, que podem ser testadas, posteriormente, por meio de novas experiências. Se os novos experimentos concordam com as observações baseadas na teoria, esta se torna ainda mais confiável, caso contrário, poderemos tentar modificá-la, ou talvez abandoná-la inteiramente e procurar uma nova, mais coerente. A teoria cinético-molecular, mencionada anteriormente, é uma teoria bem-sucedida. No Capítulo 4 veremos que é possível utilizá-la para prever muitos aspectos do comportamento dos gases, e como estas previsões são verificadas experimentalmente; pode-se depositar um alto grau de confiança na teoria, utilizando-a com vários propósitos.

Os dados obtidos de novos experimentos sugeridos pelas teorias conduzem o método científico a um ciclo fechado e repetitivo: novas observações são realizadas, novos dados são coletados, novas teorias são geradas etc. O método científico constitui um processo lógico para a compreensão da natureza. Ele está resumido na Figura 1.1.

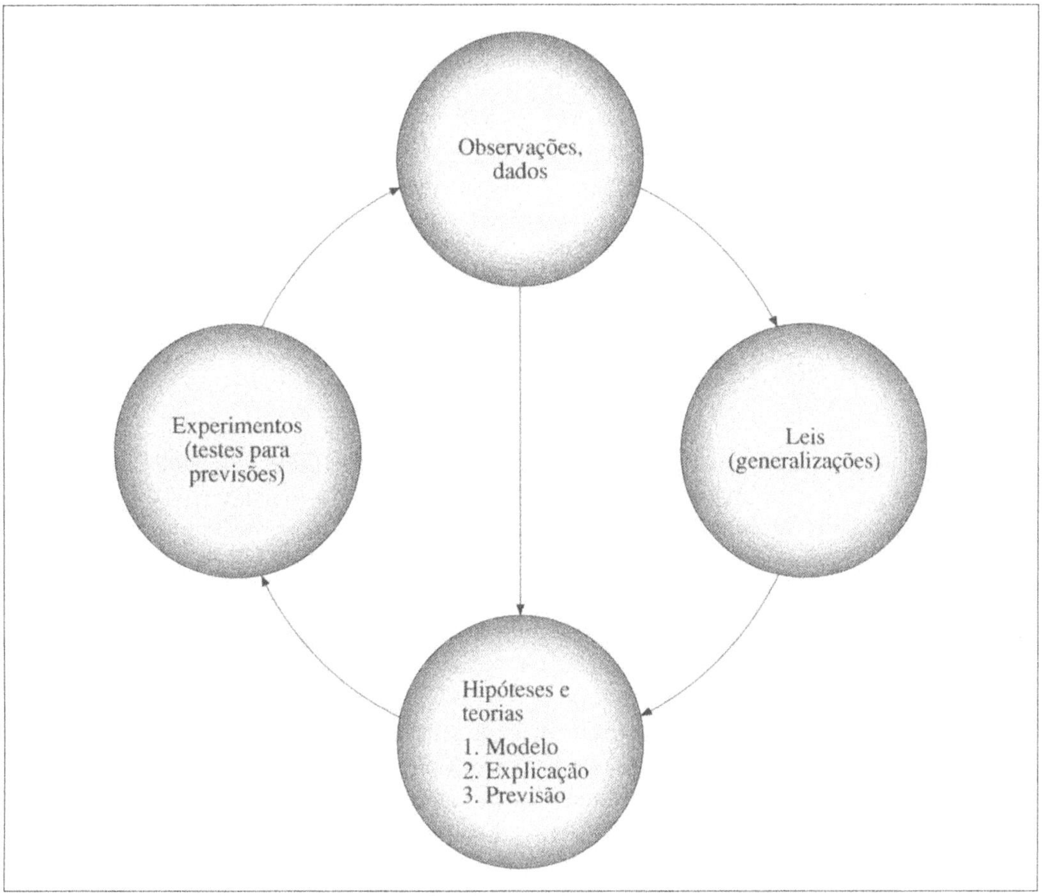

Figura 1.1 A aquisição do conhecimento científico: um ciclo repetitivo.

Por mais consistente que seja um modelo teórico, não devemos esquecer que é apenas um modelo idealizado por seres humanos. Ainda que uma teoria possa explicar satisfatoriamente um comportamento por meio de observações, é somente um modelo, e não se pode afirmar que retrate fielmente a realidade. No caso da teoria cinético-molecular, embora as evidências sejam favoráveis à existência de moléculas, ainda não pode ser comprovado, *com absoluta certeza*, que elas realmente existem. Entretanto, os apoios experimentais para a teoria cinético-molecular são tão rígidos a ponto de podermos considerar que elas realmente existem. Embora a distinção entre o modelo teórico e a realidade tenda a esvaecer-se com os anos, é importante manter a mente aberta e relembrar que qualquer teoria sólida é somente uma criação humana e pode ser algum dia superada. A teoria é a nossa descrição da realidade e não a realidade propriamente dita.

1.3 A MATÉRIA

Matéria é "essência" – esta não é uma definição muito sofisticada, mas um meio para introduzir a idéia de que a matéria tem existência física real. É dito com freqüência que matéria é tudo que tem *massa* e ocupa *espaço*. O conceito de algo ocupando espaço não causa dificuldade, mas o que é massa?

MASSA, INÉRCIA E PESO

A **massa** de um objeto é uma medida numérica direta da *quantidade de matéria* do objeto. Um balde cheio de chumbo tem uma massa maior do que o mesmo balde cheio de água; isso significa que o balde com chumbo tem mais matéria do que o balde com água. A massa de um objeto pode ser determinada pela medida de sua inércia. **Inércia** é a resistência de um objeto a um esforço realizado para modificar o seu estado de movimento. Um objeto em repouso tende a permanecer em repouso, e um objeto em movimento tende a permanecer em movimento na mesma velocidade e na mesma direção. (Esta é a primeira lei do movimento de Newton.) Considere uma ilustração: ao chutar um balde cheio de água, provavelmente você o empurraria, mas no caso de um balde com chumbo o efeito provocado seria pequeno, exceto pelo fato de que a ponta do seu pé ficaria certamente dolorida. Isto porque um balde com chumbo tem uma maior massa (contém mais matéria) e tem uma maior inércia (resistência ao movimento) do que o mesmo balde com água. Outro exemplo: a velocidade e a trajetória de uma bola de golfe arremessada para uma janela de vidro não sofreria modificação, estilhaçaria o vidro. Mas uma bola de pingue-pongue arremessada a uma mesma velocidade sofre uma grande mudança na direção, ricocheteando no vidro. Uma bola de golfe tem mais inércia do que uma bola de pingue-pongue, porque tem mais matéria ("essência"). A massa de uma bola de golfe é maior do que a da bola de pingue-pongue.

No laboratório a massa de um objeto é, geralmente, determinada pela comparação da massa do objeto com outro objeto (ou jogo de objetos) de massa conhecida. A *balança* química ou analítica é comumente utilizada para tal comparação, e na balança química moderna a comparação de massas não é, em geral, visível, pois está oculta no interior da balança e raramente é manipulada. A comparação de massas é, freqüentemente, chamada de "pesagem", devido ao longo e infeliz uso errado da palavra. (Ver a seguir.)

Outra propriedade que é determinada pela massa de um objeto é o seu *peso*. No planeta Terra, o peso de um objeto é a força gravitacional que atrai o objeto para a Terra, e esta depende da massa do objeto e de dois outros fatores: (1) a massa da Terra e (2) a distância entre o objeto e o centro da Terra (centro de massa). O peso de um dado objeto é maior no Pólo Norte ou no Pólo Sul do que na linha do Equador. A Terra é um pouco achatada, e por este motivo os pólos estão mais próximos do centro da Terra do que qualquer ponto da linha do Equador. Finalmente, o peso de um objeto é maior ao nível do mar do que no topo do Monte Everest.

Diferentemente do peso, a massa de um objeto não se altera de um local para outro, pois a quantidade de matéria permanece constante. *Neste livro, não será usada a quantidade peso.*

Comentários Adicionais

Algumas pessoas têm dificuldade em conceituar massa e com certa razão, porque habitualmente o uso da palavra pode ter vários significados, que vão desde algo de grande porte ("uma massa de neve"), até algo grande em número ("uma massa populacional"). Observe que o significado científico da palavra difere destes citados. *Massa é a medida de uma quantidade de matéria.*

SUBSTÂNCIAS PURAS E MISTURAS

Uma **substância pura** é exatamente o que o termo indica: uma única substância com composição característica e definida e com um conjunto definido de propriedades. Exemplos de substâncias puras são: a água, o sal, o ferro, o açúcar comestível e o oxigênio.

A **mistura** consiste em duas ou mais substâncias fisicamente misturadas. Algumas vezes, a mistura pode ser identificada por simples observação visual. O granito, por exemplo, é uma rocha constituída por uma mistura de grânulos de quartzo branco, mica preta e feldspato rosa e, algumas vezes, de outros minérios. Os componentes individuais do granito podem, em geral, ser vistos a "olho nu". Outras misturas requerem o uso de lupas ou microscópios para a individualização de seus componentes. Algumas misturas são ainda mais difíceis de serem caracterizadas: a água salgada, por exemplo, é uma mistura de sal em água, mas aparenta ser água pura.

É importante destacar que a mistura pode ser preparada com várias composições. A composição de sal em água, citada como exemplo, depende da quantidade relativa de sal e de água usada na sua preparação. As propriedades (ponto de congelamento, ponto de ebulição etc.) de tal mistura serão diferentes daquelas dos componentes e dependem da composição da mistura. Por exemplo, se modificarmos a composição de uma mistura de sal em água pela adição de mais sal, o ponto de congelamento da mistura diminuirá. Outros exemplos de misturas são: o leite, a madeira, o concreto, o óleo de motor, o batom, o ar e um elefante.

OS ESTADOS DA MATÉRIA

A matéria pode existir em três **estados**: sólido, líquido e gás. Um **sólido** conserva o seu volume e a sua forma, os quais são, portanto, independentes do tamanho e da forma do recipiente que contém o sólido. Um **líquido** conserva seu volume, mas adquire a forma de seus recipientes. Tanto o volume como a forma dos **gases** são variáveis, assim os gases se expandem e adquirem a forma do recipiente em que são colocados. Os gases e os líquidos apresentam, ainda, uma capacidade de fluir, denominada **fluidez**, e por isso são chamados **fluidos**.

ELEMENTOS E COMPOSTOS

Há duas espécies de substâncias puras: os elementos e os compostos. Um **elemento** é uma substância simples, fundamental e *elementar*. São elementos: o sódio, o cloro, o hidrogênio, o oxigênio, o ferro, o carbono e o urânio. Um elemento não pode ser separado ou *decomposto* em substâncias mais simples. (A palavra "elemento" significa "o mais elementar", ou "o mais simples".) Atualmente são conhecidos 109 elementos, dos quais 90 ocorrem naturalmente na Terra. (Os demais têm sido sintetizados em aceleradores de partículas de alta energia.)

Os elementos podem ser representados por uma abreviação designada por **símbolo** químico. Esta consiste em uma, duas, ou ocasionalmente três letras retiradas do nome do elemento, geralmente em português, porém às vezes de outras línguas, quase sempre latim. A primeira letra de um símbolo químico é sempre maiúscula e as letras subseqüentes são sempre minúsculas. Alguns símbolos e os elementos que eles representam são exemplificados na Tabela 1.2. Uma lista completa é encontrada nas páginas iniciais do livro.

Compostos são constituídos ("compostos") de dois ou mais elementos combinados em uma *relação definida* e, assim, são substâncias mais complexas do que os elementos. Diferentemente das soluções, os compostos têm composição definida. Exemplos de compostos: o sal de cozinha (cujo nome químico é cloreto de sódio) é composto pelos elementos sódio e cloro; a água, composta por hidrogênio e oxigênio; e o dióxido de carbono, composto por carbono e oxigênio. Os compostos podem ser *decompostos* (separados) em seus elementos constituintes, embora, em alguns casos, este processo possa ser complicado. Por exemplo, o cloreto de sódio pode ser decomposto em sódio e cloro. Como mencionado, cada componente tem uma composição definida. No caso, o cloreto de sódio é *sempre* constituído por 39,34% de sódio e 60,66% de cloro. (*Nota*: independentemente da procedência e da maneira de preparação, estas percentagens são expressas *em massa*, o que significa que, em cada 100,00 gramas de cloreto de sódio, 39,34 gramas são de sódio e 60,66 gramas são de cloro; o *grama* é uma unidade de massa que será introduzida na Seção 1.7.)

Assim como os elementos são representados por símbolos, os compostos são representados por **fórmulas** químicas. A fórmula de um composto é a combinação dos símbolos de seus elementos. Então, NaCl, H_2O e CO_2 representam o cloreto de sódio, a água e o dióxido de carbono, respectivamente. No Capítulo 2 serão discutidos os significados das fórmulas químicas e de seus índices numéricos.

Tabela 1.2 Alguns elementos e seus símbolos.

Elemento	*Símbolo*	*Origem do símbolo*
Hidrogênio	H	inglês
Oxigênio	O	inglês
Carbono	C	inglês
Magnésio	Mg	inglês
Manganês	Mn	inglês
Urânio	U	inglês
Crômio	Cr	inglês
Sódio	Na	latim (natrium)
Potássio	K	latim (kalium)
Prata	Ag	latim (argentum)
Tungstênio	W	alemão (wolfram)
Ferro	Fe	latim (ferrum)

FASES

A **fase** é definida como sendo uma região distinta, na qual todas as propriedades são as mesmas. Em uma amostra de água pura há uma só fase, porque em qualquer porção da amostra todas as propriedades são idênticas. Um sistema[3] constituído de água líquida e um ou mais cubos de gelo tem duas fases: a fase gelo e a fase líquida. (Não importa o número de cubos de gelo; doze cubos, por exemplo, constituem uma só fase: gelo.) Quando o óleo

3 N. do R.T.: Sistema é a porção do Universo que está sob observação.

é adicionado à água líquida, o óleo flutua na superfície da água e o sistema resultante tem duas fases: óleo e água. Entretanto, a água e o álcool são miscíveis[4] e a sua mistura é monofásica: uma mistura uniforme e líquida de água e álcool.

As fases podem ser: sólida, líquida ou gasosa. Quase todas as combinações destas fases são possíveis, exceto quando da presença de uma única fase gasosa. (Os gases misturam-se completamente, constituindo, então, uma única fase.) A Figura 1.2 exemplifica diversos sistemas com vários números de fases.

MISTURAS HOMOGÊNEAS E HETEROGÊNEAS

As misturas são classificadas em homogêneas e heterogêneas. A mistura homogênea apresenta uma única fase. São exemplos de misturas homogêneas: a água salgada, a gasolina, o ar, o vinagre e os vidros de janelas. A mistura homogênea é, usualmente, chamada de **solução**. Uma solução pode ser sólida, líquida ou gasosa. Os componentes (elementos ou compostos) das soluções podem estar presentes em qualquer número.

As misturas não apresentam uma composição única. Por exemplo, uma solução de água e álcool pode ter uma composição variável de 99,9999..... % de água até 99,9999 ..... % de álcool.

Nem sempre as soluções podem ser preparadas com qualquer composição: às vezes, a variação de suas composições é limitada. Em outras palavras, as soluções não têm composições fixas, como as dos compostos. Os componentes de uma solução podem ser separados por processos físicos, isto é, sem o uso de reações químicas. (Ver Seção 1.4.)

A distinção entre uma solução e uma substância pura, no laboratório, é feita pela medida da temperatura nas respectivas mudanças de estado. Uma substância pura, tal como a água, ferve a temperatura constante. Por outro lado, o ponto de ebulição de uma solução líquida, por exemplo, água salgada, aumenta gradualmente. Isto ocorre porque o ponto de ebulição da solução depende da sua composição, e quanto maior for a concentração de substância dissolvida (sal, no exemplo citado), maior será o ponto de ebulição. Quando a solução é fervida, a água se evapora e a concentração do sal na solução remanescente aumenta conseqüentemente. A Figura 1.3 mostra a variação do ponto de ebulição da água pura e da solução de água salgada. A Figura 1.4 ilustra uma maneira de classificar as diferentes formas da matéria.

4 Miscíveis: misturam-se em qualquer proporção para formar uma solução.

Sistema	Número de fases (excluindo recipiente e atmosfera)
Água	1 Água
Água salgada	1 Solução de sal e água
Água e areia	2 { Água, Areia
Óleo e água	2 { Óleo, Água
Óleo, água líquida e gelo	3 { Óleo, Água líquida, Gelo
Água gaseificada e gelo	3 { Gelo, Água líquida, Gás dióxido de carbono
Óleo, gelo, água salgada e granito	6 { Óleo, Gelo, Solução de sal e água, Quartzo, Mica, Feldspato

Figura 1.2 Fases.

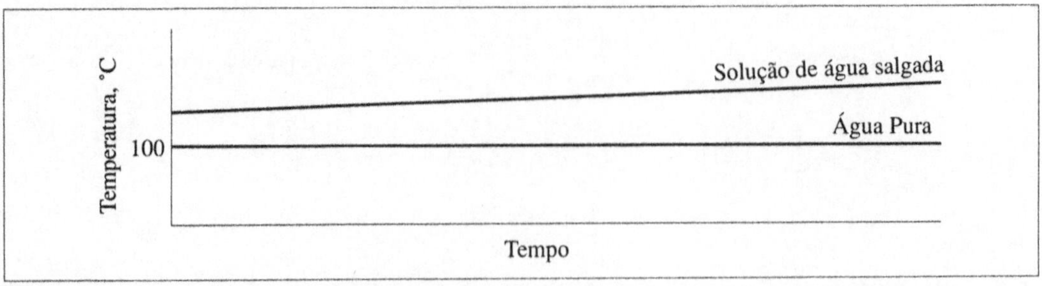

Figura 1.3 A variação do ponto de ebulição com o tempo: água pura e uma solução de água salgada.

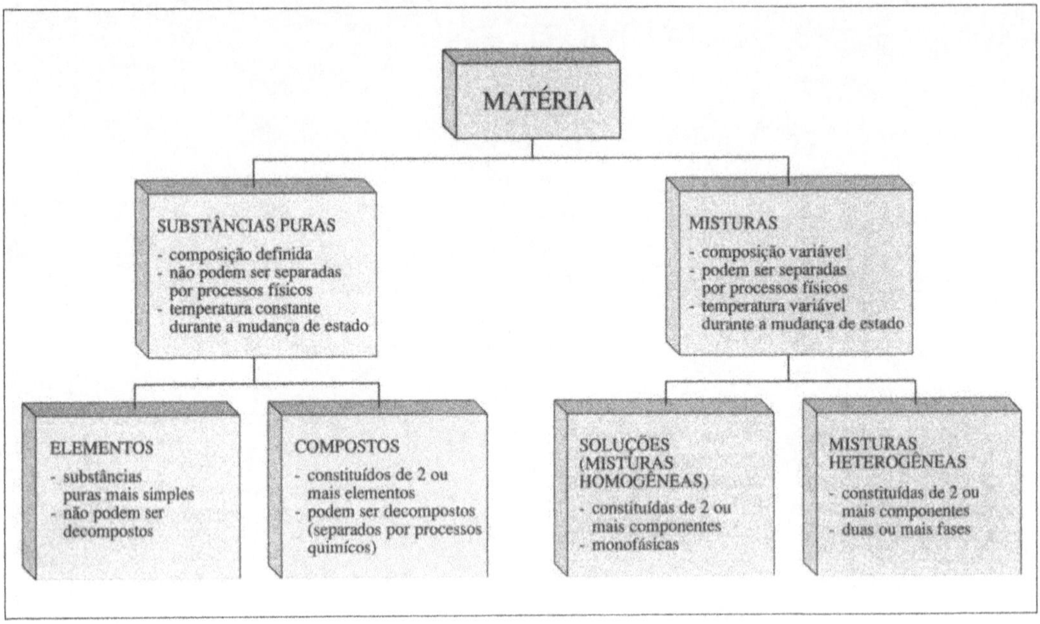

Figura 1.4 Uma classificação da matéria.

Comentários Adicionais

Neste ponto, as diferenças existentes entre um composto e uma solução podem ainda não estar muito nítidas para você, mas saiba que ambos os conceitos são mais complexos do que o dos elementos. A formação de um composto a partir de seus elementos é uma transformação mais significativa do que a formação de uma solução a partir de seus componentes. A formação da solução é apenas uma transformação física, enquanto a formação de um composto envolve uma reação química. (Ver Seção 1.4.) A reação química resulta na formação de novas substâncias. Com a ocorrência da reação química, modificações notáveis algumas vezes podem ser observadas na aparência (cor, forma, textura etc.) do sistema, podendo haver considerável liberação ou absorção de certa quantidade de energia. Por outro lado, a formação de uma solução é um processo mais simples. Entretanto, nem sempre estas diferenças podem ser utilizadas como "regra rigorosa e rápida", pois há exceções. Contudo, é aconselhável ter em mente que a formação de um composto, freqüentemente, envolve alterações mais fundamentais nas propriedades e nas estruturas do que a formação de uma solução.

1.4 AS TRANSFORMAÇÕES DA MATÉRIA

As transformações da matéria são classificadas em físicas e químicas.

AS TRANSFORMAÇÕES FÍSICAS

As **transformações físicas** não alteram a identidade das substâncias. As mudanças de estado são exemplos deste tipo de transformações. O ferro fundido, por exemplo, ainda é ferro. A água gelada, o gelo, é água, mas no estado sólido. Um pedaço de fio de cobre pode ser dobrado e não se transforma em outra substância, podendo até ser finamente dividido em grânulos de pó. Estes são exemplos de transformações físicas.

AS TRANSFORMAÇÕES QUÍMICAS

As **transformações químicas** são mais significativas ou fundamentais do que as transformações físicas. Nestas transformações, substâncias são destruídas e outras, novas, são formadas. A exposição de um prego de ferro ao ar livre e à chuva, causa uma transformação química, porque o ferro é combinado quimicamente ao oxigênio e à água da atmosfera. Se esta exposição for longa, este desaparece e em seu lugar é encontrada uma nova substância, a ferrugem. As transformações químicas são denominadas **reações químicas**. As substâncias que desaparecem durante estas transformações são chamadas **reagentes**, e aquelas formadas são chamadas de **produtos**. Outros exemplos de transformações químicas são: a queima da madeira, a acidez do leite, a explosão de dinamite, o cozimento do pão e o processo a que chamamos vida.

AS LEIS DAS TRANSFORMAÇÕES QUÍMICAS

A observação de muitas reações químicas ao longo do tempo revelou um certo número de consistências conhecidas por **leis das transformações químicas**. A primeira destas leis foi enunciada por um químico francês, A.L. Lavoisier, em 1774, e é agora denominada **lei da conservação da massa**. Esta lei estabelece que *durante uma transformação química não é mensurável*[5] *o ganho ou a perda de massa*; isto é, à soma das massas dos produtos é igual à soma das massas dos reagentes. O enunciado é razoável porque nas reações químicas não há destruição nem criação de matéria, apenas a transformação.

Exemplo 1.1 Quando o composto calcário (carbonato de cálcio) é aquecido, decompõe-se na forma de cal viva (óxido de cálcio) e no gás dióxido de carbono. Supondo que 40,0 g de calcário é decomposto, restando 22,4 g de cal viva, quanto dióxido de carbono é formado?

(*Nota*: neste exemplo é novamente usado o grama, abreviação g, uma unidade de massa. Esta e outras unidades serão discutidas na Seção 1.7.)

Solução: A lei da conservação da massa para uma reação química,

$$\text{calcário} \longrightarrow \text{cal viva} + \text{dióxido de carbono}$$

nos diz que nenhuma variação ocorre na massa total. Isto significa que a massa do calcário decomposto é igual à soma das massas dos dois produtos. Assim, podemos escrever:

$$\text{massa}_{\text{calcário}} = \text{massa}_{\text{cal viva}} + \text{massa}_{\text{dióxido de carbono}}$$

5 A ênfase sobre a medida é feita por duas razões: primeira, a lei é um enunciado que resume os resultados de muitas medidas experimentais, nenhuma das quais mostrou ganho ou perda de massa. Os físicos modernos consideram massa e energia diferentes, mas interconversíveis (Capítulo 24). A conversão de massa em energia e vice-versa pode ser observada em processos nucleares, pois os efeitos são tão pronunciados que até alterações na massa podem ser medidas. Nas reações químicas, as alterações de massa são muito pequenas e não-mensuráveis, pois a quantidade de energia liberada ou absorvida é muito menor do que a das reações nucleares.

então,

$$\text{massa}_{\text{dióxido de carbono}} = \text{massa}_{\text{calcário}} - \text{massa}_{\text{cal viva}}$$

$$= 40{,}0 \text{ g} - 22{,}4 \text{ g}$$

$$= 17{,}6 \text{ g de dióxido de carbono}$$

Problema Paralelo: O ferro combina-se com o oxigênio para formar o composto óxido de ferro. Se 14,3 g de óxido de ferro são formados na reação, usando-se 10,0 g de ferro quanto oxigênio é necessário? **Resposta:** 4,3 g.

A segunda lei das transformações químicas é a **lei da composição definida**, também conhecida como **lei da composição constante** ou **lei das proporções definidas**. Esta lei descreve a mais importante propriedade de um composto, sua composição fixa: *Cada componente de um composto tem sua composição em massa, definida e característica*. Por exemplo, em uma amostra de cloreto de sódio, 39,44% da massa total é sódio e 60,66% é cloro. Similarmente, a água sempre consiste em 11,19% de hidrogênio e 88,91% de oxigênio, em massa.

A Figura 1.5 ilustra o fato de não ser possível "forçar" um composto a ter diferentes composições pela combinação de diferentes quantidades de seus elementos constituintes. Se a quantidade de um elemento é maior do que a necessária para a combinação com um segundo elemento, após a formação do composto certa quantidade do primeiro elemento permanecerá inalterada. (É dito que está *em excesso*.) Em cada um dos três casos mostrados na Figura 1.5, a composição do composto é a mesma, 25% de A e 75% de B.

Exemplo 1.2 Os elementos magnésio (Mg) e bromo (Br) combinam-se para formar o composto brometo de magnésio. Em um experimento, 6,00 g de Mg foram misturadas com 35,0 g de Br. Após a reação observou-se que, embora todo o Br tenha reagido, 0,70 g de Mg permaneceu em excesso. Qual é a composição percentual, em massa, do brometo de magnésio?

Solução:

Massa do bromo usada = 35,0 g
Massa do magnésio usada = 6,00 g − 0,70 g = 5,30 g
Massa do composto formado = 35,0 g + 5,30 g = 40,3 g

$$\%\ \text{Mg} = \frac{\text{massa de Mg}}{\text{massa do composto}} \times 100$$

$$= \frac{5{,}30 \text{ g}}{40{,}3 \text{ g}} \times 100 = 13{,}2\%$$

$$\% \text{ Br} = \frac{35{,}0 \text{ g}}{40{,}3 \text{ g}} \times 100 = 86{,}8\%$$

Problema Paralelo: Os elementos ferro (Fe) e cloro (Cl) combinam-se para formar cloreto de ferro. Em um experimento, 1,25 g de Fe foram misturados a 2,50 g de Cl e a reação teve início. A seguir encontrou-se cloreto de ferro, juntamente com 0,12 g de cloro não-reagente. Qual é a composição percentual, em massa, do cloreto de ferro? **Resposta:** 34,4% Fe, 65,6% Cl.

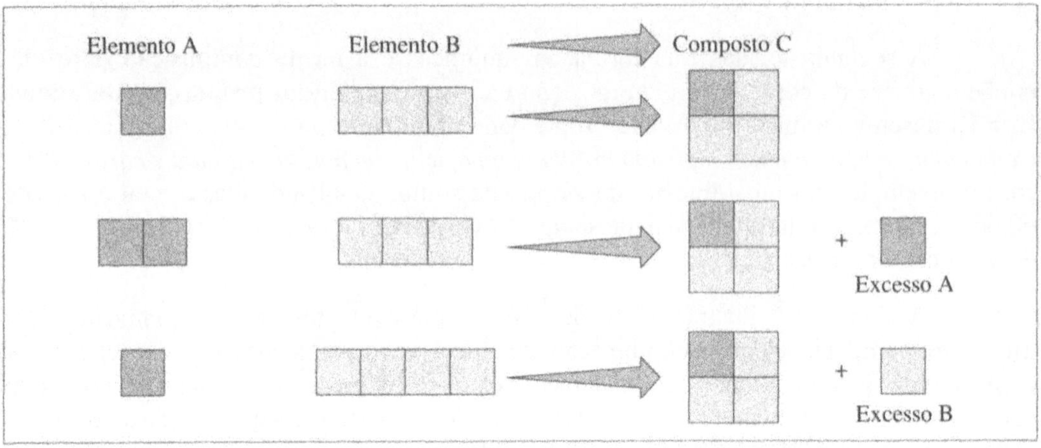

Figura 1.5 As leis de conservação da massa e composição definida: um exemplo hipotético. Proporções diferentes dos elementos A (quadrados sombreados em tom mais escuro) e B (quadrados em tom mais claro) são misturados para a reação formar o composto C, que é composto de 25% de A e 75% de B, em massa. Cada quadrado representa uma massa arbitrária.

1.5 A ENERGIA

A **energia**, como a matéria, é um termo fundamental, comumente usado e de difícil definição. É geralmente dito que energia é a *habilidade ou capacidade de produzir trabalho*. Há muitas formas de energia, por exemplo: mecânica, elétrica, calor, nuclear, química e radiante, todas interconversíveis. Mas o que é **trabalho**? Considerando-se apenas o **trabalho mecânico**, podemos dizer que este é realizado *quando um objeto é movimentado* *contra uma força de oposição*. Por exemplo, ao levantarmos um livro de uma mesa, realizamos um trabalho sobre o livro, porque o *deslocamos* contra a *força de oposição* da gravidade. Há outras formas de trabalho, que são igualmente definidas.

A ENERGIA MECÂNICA

Energia mecânica é a energia que um objeto possui devido a seu movimento ou a sua posição. A energia de movimento é chamada **energia cinética**. Por exemplo, a energia cinética do movimento de um bastão de beisebol é a habilidade do bastão realizar trabalho na condução da bola de beisebol no ar, contra a força da gravidade.

A energia cinética (E_k) de um objeto em movimento depende da massa do objeto (m) e de sua velocidade (v), do seguinte modo:

$$E_k = \frac{1}{2} m v^2$$

Portanto, se dois objetos têm a mesma massa, movimenta-se mais rapidamente o de maior energia cinética, e se dois objetos movimentam-se com a mesma velocidade, o de maior massa tem maior energia cinética.

> **Comentários Adicionais**
>
> Pense a respeito: Você preferiria ser atingido por uma bola de golfe se movendo rápida ou lentamente? Por uma bola de golfe ou uma bala de canhão se movendo à mesma velocidade?

Uma segunda forma de energia é a **energia potencial**. A energia potencial mecânica é a energia que depende da posição do objeto, e não do seu movimento. Os objetos "adquirem" energia potencial ou cinética (ou ambas) quando é realizado trabalho sobre eles. Uma barra de ferro, por exemplo, adquire energia potencial quando é levantada contra a força da gravidade (Figura 1.6*a*), quando é movimentada contra a força exercida por uma mola presa (Figura 1.6*b*), ou quando é afastada de um ímã (Figura 1.6*c*). Em cada caso, a energia potencial da barra aumenta quanto mais se distancia da força de oposição. A energia potencial (E_p) que um objeto adquire depende da distância (d) movida pelo objeto e da força de oposição (F) ao seu movimento:

$$E_p = Fd$$

A energia pode ser transformada de uma para outra forma, porém *não pode ser criada nem destruída*. Este é o enunciado da **lei da conservação de energia**. A energia cinética pode ser convertida em energia potencial e vice-versa (interconversão). Ao levantarmos um objeto acima da superfície da Terra contra a força de oposição da gravidade, sua energia potencial aumenta, e sua distância, em relação à superfície, também. Se o objeto é abandonado ao solo, sua energia potencial decresce, assim como a sua distância em relação à superfície. Mas, simultaneamente, aumenta a energia cinética do objeto, pois sua velocidade é aumentada, como um resultado da aceleração do objeto pela ação da força da gravidade. Em resumo, a energia potencial do objeto foi *convertida* em energia cinética. Ao atingir o solo, ocorrem outras conversões de energia, a energia cinética é convertida em calor, som e em outras formas. As conversões ocorrem sem nenhuma perda na energia *total*.

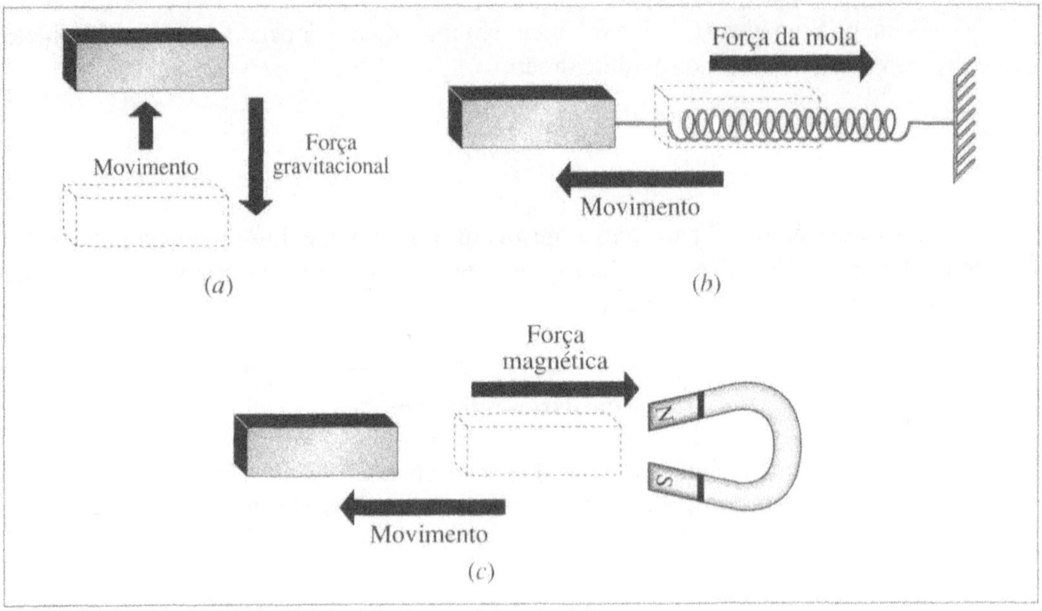

Figura 1.6 Energia potencial. A energia potencial da barra de ferro é aumentada de três maneiras: (*a*) pela sua elevação contra a ação da gravidade, (*b*) pelo seu movimento contra a força exercida por uma mola e (*c*) pela repulsão magnética.

As unidades comumente empregadas para expressar quantidades de energia serão introduzidas na Seção 1.7.

Comentários Adicionais

Os conceitos de energia cinética e potencial são utilizados em química e também em toda a ciência. Estes conceitos foram brevemente comentados porque são utilizados na descrição do comportamento de várias partículas submicroscópicas (moléculas, átomos etc.) constituintes da matéria.

O CALOR E A TEMPERATURA

A distinção entre calor e temperatura é importante. **Calor** (ou **energia calorífica**) é *uma forma de energia que é diretamente transferida de um objeto mais quente para um mais frio*. Tal energia não está na forma de calor antes ou depois da transferência, somente *durante* a transferência. Em outras palavras, calor é energia *em trânsito*. Após a absorção de energia calorífica por um objeto, não é correto dizer que o objeto "contém mais calor". Neste caso, o objeto contém mais energia, mas não calor.

O que acontece com a energia calorífica absorvida por um objeto? Segundo a lei da conservação de energia, a energia total do objeto aumenta. Este aumento pode ocorrer de três modos: ou as energias cinéticas das partículas constituintes do objeto aumentam, ou suas energias potenciais aumentam, ou ambas aumentam simultaneamente. A **temperatura** de um objeto *mede a energia cinética média de suas partículas*. Quando o calor é transferido para um objeto, a energia cinética média de suas partículas componentes é aumentada, estas partículas movem-se então mais rapidamente e a temperatura do objeto aumenta.

Algumas vezes, a transferência de calor para um objeto não provoca o aumento da temperatura. Isto significa que a energia cinética média não está aumentando. Em tal situação, o que ocorreu com a energia calorífica transferida? Esta energia está aumentando a energia potencial média das partículas do objeto. Isto ocorre quando uma substância sofre uma mudança de estado. A adição de calor ao gelo a 0°C, por exemplo, não causa aumento de temperatura (a energia cinética média das moléculas permanece constante). O gelo funde, contudo, formando água líquida, ainda a 0°C. A energia potencial média das moléculas na água líquida é maior do que a das moléculas de gelo, na mesma temperatura.

AS UNIDADES DE TEMPERATURA

Duas escalas de temperatura são muito utilizadas: a escala Celsius e a escala Fahrenheit. Na escala Celsius as unidades são denominadas graus Celsius (°C); nesta escala o ponto do congelamento da água é 0°C e o ponto de ebulição é 100°C, sob pressão atmosférica de 1 atmosfera.

Na América de Norte a **escala Fahrenheit** é comumente usada. As unidades nesta escala são os *graus Fahrenheit* (°F). Sob pressão 1 da atmosfera, a água congela a 32°F e ferve a 212°F. A conversão de graus Fahrenheit para graus Celsius é dada pela expressão:

$$°C = \frac{5}{9}(°F - 32)$$

No Capítulo 4 será introduzida a terceira e mais importante escala de temperatura, a escala *Kelvin*.

1.6 OS NÚMEROS: USOS E EXTRAPOLAÇÕES

A química é uma ciência quantitativa. Muitas relações químicas somente são expressas satisfatoriamente em linguagem matemática. A seguir discutiremos como "tratar" os valores numéricos obtidos experimentalmente.

A NOTAÇÃO EXPONENCIAL

Alguns números são ou muito grandes ou muito pequenos, de modo que o emprego do sistema decimal usual mostra-se inadequado e incômodo. Por exemplo, não só é uma perda de tempo escrever 0,0000000000000000000472 como também tem-se apenas uma vaga impressão do quanto este número é pequeno. É bem mais conveniente escrever $4{,}72 \times 10^{-20}$. Esta notação é conhecida por **notação exponencial** ou científica.

Quando a notação exponencial é utilizada, o número é escrito como o produto de um coeficiente e de um multiplicador. O *coeficiente* é um número com apenas um dígito do lado esquerdo da vírgula. O *multiplicador* é o número 10 elevado a alguma potência. Por exemplo, o número 9.876.543 em notação exponencial é escrito do seguinte modo:

$$9{,}876543 \times 10^6$$

$$(\text{coeficiente}) \times (\text{multiplicador})$$

Comentários Adicionais

Muitas calculadoras de bolso não mostram os expoentes como representados anteriormente, mas mostram o número do exemplo citado, como

9,876543 E6

O uso da notação científica neste livro tornará o estudante capaz de converter um número para a (e da) forma exponencial e realizar operações aritméticas com os números escritos desta forma.

MEDIDAS, EXATIDÃO E PRECISÃO

Os números podem ser exatos ou aproximados. **Números exatos** são aqueles com nenhuma incerteza. Por exemplo: o número de jogadores de um time de basquetebol (exatamente 5), ou ainda o número de esquinas existentes em um cruzamento de duas ruas (exatamente 4). Em ciência e na vida diária, a maioria dos números encontrados não são exatos.

Números aproximados são mais comuns, resultam de medidas diretas ou indiretas e apresentam algum grau de incerteza. Dois são os termos que descrevem a confiança de uma medida numérica: a exatidão e a precisão. A **exatidão** é relativa ao verdadeiro valor da quantidade medida e a **precisão** é relativa à reprodutibilidade do número medido. Por exemplo, imagine um lápis de exatamente 22 centímetros. O comprimento do lápis é medido com um dispositivo que permite aproximações de 0,01 cm. Seis medidas foram realizadas separadamente, e o valor médio foi calculado. Os valores medidos são:

20,14 cm
20,17 cm
20,12 cm
20,16 cm
20,15 cm
20,12 cm

Média = 20,14 cm

Embora estes números oscilem em torno da média, nenhuma medida está próxima do verdadeiro valor do comprimento do lápis (22 cm). Como a reprodutibilidade do comprimento medido (20,14 cm) é boa (nenhuma medida difere por mais de 0,03 cm do valor médio), sua precisão é considerada alta. Mas os números individuais (e sua média) não estão próximos do verdadeiro comprimento do lápis, e portanto a exatidão do resultado é considerada baixa.

Exatidão e precisão em números são comparáveis a exatidão e precisão quando se tem uma série de projéteis atirados em um alvo (ver Figura 1.7). A alta precisão é ilustrada pela proximidade de um grupo de tiros no alvo. A alta exatidão é representada pelo agrupamento centralizado de tiros ao redor do centro do alvo.

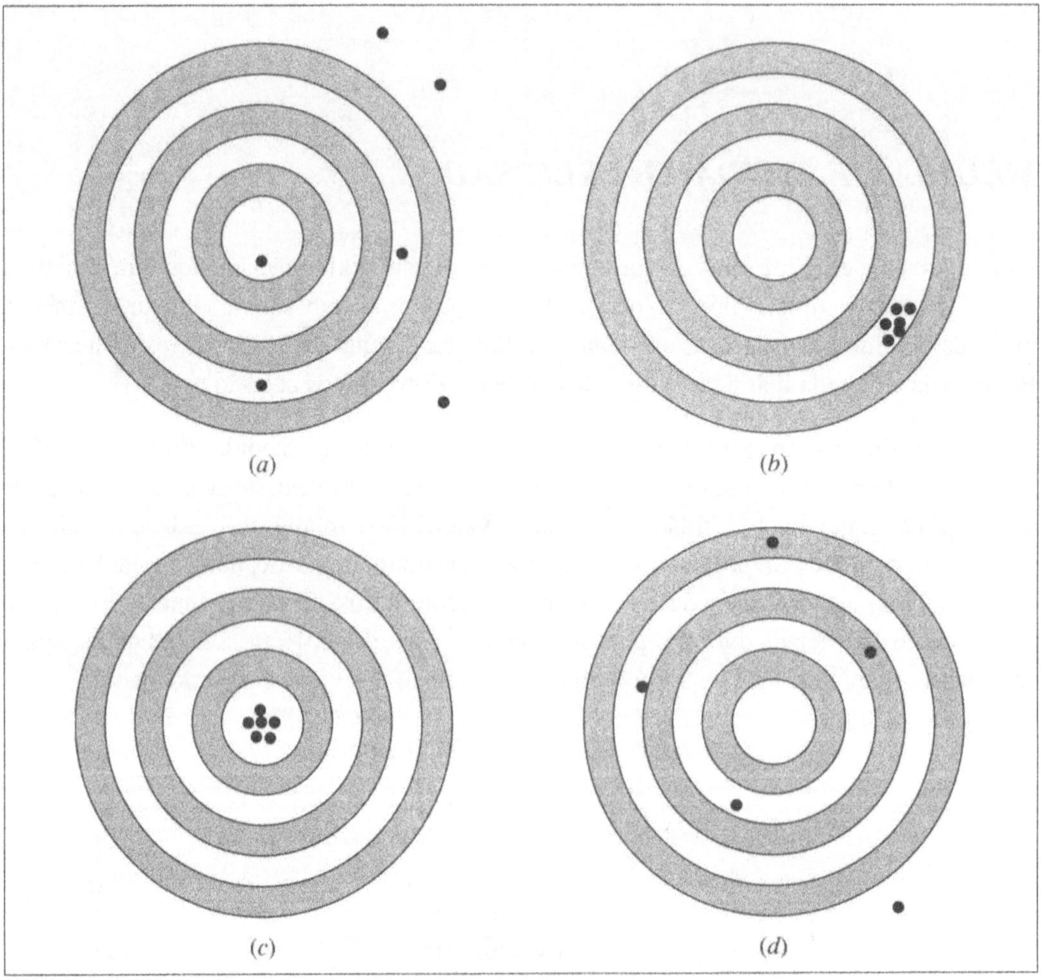

Figura 1.7 Precisão e exatidão em um jogo de tiro ao alvo: (*a*) baixa precisão, baixa exatidão; (*b*) alta precisão, baixa exatidão; (*c*) alta precisão, alta exatidão; (*d*) baixa precisão (acidental?), alta exatidão.

OS ALGARISMOS SIGNIFICATIVOS

Um método conveniente para expressar a precisão de um número é aquele em que o número de *algarismos significativos* do número indica a precisão relativa do próprio número. Como exemplo, imagine você medindo o comprimento de um lápis com o uso de uma régua. Você é experiente em medidas com régua, e é cuidadoso. Numa das extremidades do lápis você demarcou o zero e observou que a medida até a outra extremidade está compreendida entre duas graduações da régua, 20,1 cm e 20,2 cm. Na determinação de uma medida é prudente obter e registrar o maior número de dígitos que o dispositivo e o método de medida permitirem. Portanto, o último dígito deve ser *encontrado*. Na tentativa de medir o comprimento do lápis com a maior precisão possível, você verificou que a ponta do lápis está localizada cerca de quatro décimos entre 20,1 e 20,2, ou seja, a 20,14 cm. O número obtido tem *quatro algarismos significativos*. Em geral, *quanto mais algarismos significativos estiverem presentes em um número, maior será a sua precisão.*

Algarismos significativos ou **dígitos significativos**, como também são chamados, *são dígitos que servem para determinar o valor (tamanho) do número, e não para indicar meramente a posição da vírgula no número decimal.* Quando um número é escrito corretamente, o *último* algarismo significativo (à direita) é aquele que pode apresentar uma certa incerteza ou dúvida. (Os dígitos posteriores a este número não são mostrados porque são completamente desconhecidos.) Quando você expressou o comprimento do lápis como sendo de 20,14 cm, a incerteza está no valor do último número, avaliado como aproximadamente 4.

Na determinação do número de algarismos significativos de um número, seus dígitos são contados, inicialmente pelo primeiro dígito diferente de zero à esquerda. Por exemplo,

Número	*Número de algarismos significativos*
7	1
7,4	2
7,41	3
7,414	4

Os zeros terminais posteriores à vírgula são contados como algarismos significativos, assim como os zeros do interior do número:

Número	*Número de algarismos significativos*
7,40	3
7,04	3
7,0004	5
7,0400	5
7,0000	5
700,40	5

Quando os dígitos *não* são algarismos significativos? Os zeros usados em números menores do que um *com a única finalidade de posicionar a vírgula* e aqueles zeros que algumas vezes são colocados à esquerda da vírgula dos mesmos números (como no número 0,4) não são algarismos significativos. Por exemplo,

Número	*Número de algarismos significativos*
,007	1
0,007	1
0,00746	3
0,00007	1
0,00700	3
700,007	6

Quando um número é escrito em notação exponencial, seu número de algarismos significativos é determinado somente pelos dígitos do coeficiente. Exemplo:

Número	*Número de algarismos significativos*
7×10^{-3}	1
$7{,}46 \times 10^{-3}$	3
7×10^{-5}	1
$7{,}00 \times 10^{-3}$	3
$7{,}00007 \times 10^{2}$	6

(Compare estes números com seus equivalentes escritos convencionalmente na lista anterior.)

Um problema especial surge com uma outra espécie de números, os que terminam com zero. Considere o número "vinte e sete mil". Este número (sem o uso da notação exponencial) é escrito, certamente, como 27.000. A questão é: são estes zeros significativos ou não? Se 27.000 é expresso com aproximação até *mil*, então, como ele tem *dois* algarismos significativos (o 2 e o 7), os zeros servem apenas para posicionar o ponto e não são significativos. Se, por outro lado, ele é expresso com aproximação até *cem*, então ele tem *três* algarismos significativos: o 2, o 7 e o primeiro zero. Somente olhando para "27.000" não temos uma indicação da precisão do número. O número pode ser expresso com aproximação de mil, cem, dez ou de unidades. A saída para o problema consiste em escrever o número de forma exponencial. Então, o número de algarismos significativos é mostrado no próprio número. Por exemplo,

Número	*Número de algarismos significativos*
27.000	?
$2{,}7 \times 10^4$	2
$2{,}70 \times 10^4$	3
$2{,}700 \times 10^4$	4
$2{,}7000 \times 10^4$	5

A PRECISÃO EM CÁLCULOS ARITMÉTICOS: ADIÇÃO E SUBTRAÇÃO

Em operações matemáticas é importante que cada resultado seja expresso com o número exato de algarismos significativos. Isto significa que um resultado calculado não deve expressar uma precisão maior ou menor do que a especificada pelos números usados para o cálculo. Tal pretensão é assegurada com o uso de duas regras. A primeira delas, a regra da adição-subtração, enfatiza o número de dígitos *à direita da vírgula do número decimal.*

Comentários Adicionais

Para um número como 27.000, um método que poderia ser usado para mostrar que um zero é significativo seria simplesmente sublinhá-lo. Desse modo, então, 27.000 tem cinco algarismos significativos e 27.000 apenas dois. (Um método semelhante usa a sobrelinha, em vez da sublinha.) Esta não é uma prática universal e não será usada neste livro. De preferência, usaremos a notação exponencial.

Regra de Adição-Subtração: *No uso destas duas operações aritméticas, o número de dígitos à direita da vírgula no resultado calculado deve ser o mesmo do número com menos dígitos dos números somados ou subtraídos.*

Considere o seguinte exemplo: Uma amostra de açúcar de 11,51 g de massa é colocada em um recipiente de 137 g de massa. Qual a massa total? A resposta é:

Massa de açúcar	11,51 g
Massa do recipiente	137, g
Massa total	149, g

Uma vez que a massa do recipiente é expressa somente com aproximação de grama (não há dígitos à direita da vírgula), a massa total é expressa de modo similar, isto é, com aproximação de grama. (Veja de um outro modo: não há dígitos para serem adicionados ao 5 e ao 1 do primeiro número.)

Um exame mais detalhado da adição do exemplo anterior mostra que houve um arredondamento. O arredondamento pode ser feito de dois modos: o número 11,51 é arredondado *antes* da adição:

11,51	→	12,
137,	→	137,
		149,

ou zeros são adicionados ao número 137, e o resultado é arredondado *após* a adição:

11,51	→	11,51		
137,	→	137,00		
		148,51	→	**149**

Os dois procedimentos conduzem, geralmente, a resultados idênticos; alguma pequena diferença pode ser encontrada no último algarismo significativo, o incerto. Observe que a adição de *zeros* após a vírgula é arbitrária, e mesmo quando feita, os zeros não são algarismos significativos. Em vez de zeros, pontos de interrogação (??) poderiam ser usados:

$$\begin{array}{rcl} 11{,}51 & \rightarrow & 11{,}51 \\ \underline{137,\quad} & \rightarrow & \underline{137{,}??} \\ & & 149{,}?? \rightarrow \mathbf{149} \end{array}$$

OS ARREDONDAMENTOS

A redução do número de dígitos de um número por um arredondamento obedece às seguintes regras: (1) Se o dígito a ser eliminado é maior do que 5, o dígito precedente é aumentado de uma unidade (27,76 é arredondado para 27,8); (2) Se o dígito a ser eliminado é menor do que 5, o dígito precedente é mantido (27,74 é arredondado para 27,7). E o número de final 5, como é arredondado? O número 27,75 é exatamente a metade entre 27,7 e 27,8. Uma prática comum, às vezes arbitrária, é a da manutenção do último dígito, quando for um número par. Então, o arredondamento para três dígitos de 27,75 é para *cima*, 27,8, mas de 27,65 é para *baixo*, 27,6.

Comentários Adicionais

A eliminação de dígitos por arredondamento ocorre em uma única etapa, e não por estágios. O arredondamento do número 3,457 para um algarismo significativo é 3. O processo por partes (3,457 → 3,46 → 3,5 → 4) é incorreto, pois 3,457 está mais próximo de 3 do que de 4.

A PRECISÃO EM CÁLCULOS ARITMÉTICOS: MULTIPLICAÇÃO E DIVISÃO

A regra utilizada é diferente da regra da adição-subtração.

Regra da Multiplicação-Divisão: *Nestas duas operações aritméticas, o número de algarismos significativos, no resultado calculado, deve ser o mesmo que o menor número de algarismos significativos dos termos multiplicados ou divididos.*

A regra é ilustrada pelos exemplos:

$$\frac{1{,}473}{2{,}6} = 0{,}57$$

No caso, o quociente é expresso por dois algarismos significativos, porque o divisor apresenta somente dois algarismos significativos, 2, 6.

Outro exemplo:

$$3{,}94 \times 2{,}122345 = 8{,}36$$

Neste produto, o número de algarismos significativos do resultado é limitado pelo número de algarismos significativos do primeiro termo, 3,94.

Veja a seguir:

$$9 \times 0{,}00043 = 0{,}004$$

Para este exemplo, o produto apresenta um algarismo significativo, pois o número 9 tem somente um algarismo significativo.

Outros exemplos:

$$\frac{6{,}734 \times 10^3}{7{,}41 \times 10^8} = 9{,}09 \times 10^{-6}$$

$$\frac{3{,}6\ (7{,}431 \times 10^8)}{1{,}49\ (6{,}67 \times 10^4)} = 2{,}7 \times 10^4$$

Quando as operações de adição, subtração, multiplicação e divisão estiverem presentes em um problema, resolva-as em etapas, atenciosamente, para que o resultado final apresente o número correto de algarismos significativos. Constate você mesmo:

$$\frac{(4{,}28)\ [60{,}621 - (606{,}1 - 598{,}38)^2]}{\dfrac{146{,}7}{22{,}8} - (6{,}67)\ (1{,}4)} = -2$$

OUTRAS OPERAÇÕES

É importante atentar para o número de algarismos significativos em todas as operações numéricas. Uma consideração a respeito de logaritmos e antilogaritmos será dada posteriormente. (Ver o Apêndice D.)

1.7 AS UNIDADES MÉTRICAS

Há muito tempo as unidades métricas são empregadas, extensivamente, por todas as ciências, com o propósito de expressar quantidades numéricas. Vários sistemas de unidades métricas foram empregados no passado, mas a tendência atual é a do uso de um sistema universal de unidades.

AS UNIDADES SI

As **unidades SI** são as unidades do sistema métrico unificado usado hoje em dia. (SI significa *Systèm International d' Unités*, e é a abreviação adotada em todos os idiomas.) O fundamento das unidades SI compreende o conjunto de sete unidades, conhecidas por *unidades básicas*. Estas são apresentadas na Tabela 1.3. Neste livro usaremos cada uma delas, exceto a unidade candela.

Intimamente relacionadas às unidades fundamentais SI estão as *unidades derivadas*. As unidades derivadas resultam da combinação de duas ou mais *unidades básicas*. Exemplos de unidades derivadas são: o metro quadrado (m^2), uma unidade de área, e o metro cúbico (m^3), uma unidade de volume. Algumas das unidades derivadas têm nomes especiais. A unidade de força, por exemplo, é o *newton* (N). Um newton é a força necessária para imprimir à massa de um quilograma (1 kg) a aceleração (aumento na velocidade) de um metro por segundo a cada segundo (1 m/s^2). Como uma unidade derivada, o newton é definido em termos de unidades básicas:

$$1 \text{ N} = 1 \frac{\text{kg m}}{\text{s}^2}$$

Tabela 1.3 As sete unidades básicas SI.

Nome da unidade	*Símbolo*	*Grandeza física*
Quilograma	kg	Massa
Metro	m	Comprimento
Segundo	s	Tempo
Ampère	A	Corrente elétrica
Kelvin	K	Temperatura
Candela	cd	Intensidade luminosa
Mol	mol	Quantidade de substância

De importância para o químico é a unidade de energia do SI cuja denominação especial é *joule* (J). Um joule é a energia gasta quando a força de um newton desloca um objeto de um metro na direção da força aplicada. Esta unidade derivada também é chamada de *newton-metro* (N m). A Tabela 1.4 mostra algumas unidades derivadas do SI. (Veja o Apêndice B para discussão mais ampla das unidades SI.)

Tabela 1.4 Algumas unidades derivadas SI.

Nome da unidade	*Símbolo*	*Grandeza física*
Metro quadrado	m^2	Área
Metro cúbico	m^3	Volume
Metro por segundo	m/s	Velocidade
Metro por segundo ao quadrado	m/s^2	Aceleração
Newton	N (= kg m/s^2)	Força
Joule	J (= N m)	Energia
Pascal	Pa (= N/m^2)	Pressão

OS MÚLTIPLOS E OS SUBMÚLTIPLOS DAS UNIDADES MÉTRICAS

Uma das grandes vantagens do sistema métrico de unidades é que ele é um sistema decimal. Isto significa que algumas unidades são múltiplas de outras e se relacionam por potências de 10. Por exemplo, a unidade de comprimento, o *quilômetro* (km) é 10^3 (ou 1.000) vezes maior do que sua unidade básica, o *metro* (m). Em outras palavras,

$$1 \text{ km} = 1 \times 10^3 \text{ m}$$

O prefixo *quilo-* designa o fator 10^3, e assim um quilograma é equivalente a 10^3 gramas, ou

$$1 \text{ kg} = 1 \times 10^3 \text{ g}$$

Algumas vezes o prefixo no nome da unidade indica que a unidade é um submúltiplo (uma fração decimal) da unidade da qual é derivada. O prefixo *mili-*, por exemplo, significa 10^{-3} (ou 1/1000). Portanto, 1 milímetro é equivalente a 10^{-3} metro, ou

$$1 \text{ mm} = 1 \times 10^{-3} \text{ m}$$

A Tabela 1.5 mostra os prefixos métricos mais usados, e outros podem ser encontrados no Apêndice B.

Em química as unidades SI são usadas na maioria dos casos. Entretanto, algumas outras unidades são comuns. Por exemplo, duas unidades de volume métricas, mas não pertencentes ao SI, são o *litro* (L) e seu submúltiplo, o *mililitro* (mL). Embora o litro tenha sido definido como o volume ocupado por um quilograma de água a 3,98°C, ele foi redefinido em 1964 como sendo exatamente igual a um decímetro cúbico (dm^3). (A diferença é muito pequena.) Isto significa que, com a definição, o mililitro é idêntico ao centímetro cúbico (cm^3). As unidades mililitro e litro, freqüentemente usadas neste livro, são tradicionais e convenientes para muitas finalidades químicas. Lembre-se de que:

$$1 \text{ L} = 1 \text{ dm}^3$$

e

$$1 \text{ mL} = 1 \text{ cm}^3$$

Tabela 1.5 Prefixos comuns no sistema métrico.

Prefixo	*Abreviação*	*Significado*	*Exemplos*
Quilo	k	10^3	1 quilograma = 10^3 gramas (1 kg = 10^3 g)
Deci	d	10^{-1}	1 decímetro = 10^{-1} metro (1 dm = 10^{-1} m)
Centi	c	10^{-2}	1 centímetro = 10^{-2} metro (1 cm = 10^{-2} m)
Mili	m	10^{-3}	1 miligrama = 10^{-3} grama (1 mg = 10^{-3} g)
Micro	μ*	10^{-6}	1 micrograma = 10^{-6} grama (1 μg = 10^{-6} g)
Nano	n	10^{-9}	1 nanômetro = 10^{-9} metro (1 nm = 10^{-9} m)

* μ é a letra grega mü (pronuncia-se "mi").

Tabela 1.6 Equações de conversão.

Quantidade	*Métrico-inglês*	*Inglês-métrico*
Comprimento	1 km = 0,621 mi	1 mi = 1,61 km
	1 m = 1,09 yd	1 yd = 0,914 m
	1 m = 39,4 in	1 in = $2{,}5410^{-2}$ m (exatamente)
	1 cm = 0,394 in	1 in = 2,54 cm (exatamente)
Massa	1 kg = 2,20 lb	1 lb = 0,454 kg
	1 g = $3{,}5310^{-2}$ oz	1 oz = 28,3 g
Volume ou Capacidade	1 L = 1 dm^3 = 1,06 qt	1 qt = 0,946 L = 0,946 dm^3
	1 mL = 1 cm^3 = $6{,}10 \times 10^{-2}$ in^3	1 in3 = 16,4 mL = 16,4 cm^3

A Tabela 1.6 contém equações que são usadas na conversão entre algumas das unidades do sistema métrico-inglês e inglês-métrico. Neste livro teremos poucas oportunidades de fazer estas conversões, mas se você estiver mais familiarizado com onças, polegadas e quartos (sistema inglês) do que com gramas, centímetros e litros (sistema decimal), então tente assimilar as noções de grandeza das unidades métricas mais comuns. Com esta finalidade, a Tabela 1.7 pode lhe ser útil.

1.8 RESOLUÇÃO DE PROBLEMAS NUMÉRICOS

Um melhor entendimento sobre os princípios quantitativos da química é conseguido não apenas com leituras, mas com o seu uso. Em todo o livro há muitos exemplos de problemas químicos. Acompanhando-os do início ao fim, evite o recurso da simples memorização; em vez disto, concentre a sua atenção no *porquê* do uso de cada método, e qual a sua aplicação.

ANÁLISE DIMENSIONAL

Para a resolução dos problemas faremos uma abordagem em que as dimensões de números (unidades), tais como centímetros, gramas ou segundos, são tratadas como quantidades algébricas. Esta técnica é chamada *análise dimensional*. A princípio, um problema de simples conversão de unidades pode ser considerado como uma ilustração do método.

Suponha que desejemos determinar quantas polegadas são equivalentes a 53,4 cm. Da Tabela 1.6, sabemos que:

$$1 \text{ in} = 2{,}54 \text{ cm}$$

Em outras palavras, há 2,54 cm por polegada. Agora, quantas polegadas há em 53,4 centímetros? Como cada 2,54 centímetros medem o comprimento equivalente a 1 polegada, necessitamos encontrar quantos destes segmentos de 2,54 cm equivalem a 53,4 cm. De um outro modo, precisamos encontrar quantas vezes 2,54 divide 53,4 cm, ou considerando as unidades, quantas vezes 2,54 centímetros por polegada divide 53,4 centímetros. Algebricamente, o problema pode ser escrito:

$$\frac{53{,}4 \text{ cm}}{2{,}54 \dfrac{\text{cm}}{\text{in}}} = 21{,}0 \text{ in}$$

Observe que as unidades são tratadas como quantidades algébricas, isto é:

$$\frac{\text{cm}}{\left(\dfrac{\text{cm}}{\text{in}}\right)} = \text{in}$$

Tabela 1.7 Medidas métricas aproximadas de alguns objetos comuns.

Distância (comprimento)	Diâmetro de um alfinete comum	0,5 mm
	Comprimento de uma colher de chá	15 cm
	Altura de um jogador de basquetebol	2,1 m
	Distância de uma corrida de maratona	42 km
Massa	Alfinete comum	50 mg
	Penny*	3 g
	Maçã	200 g
	Jogador de futebol americano	100 kg
Volume	Colher de chá	5 mL (= 5 cm^3)
	Copo de água	240 mL (= 240 cm^3)
	Bola de basquetebol	7,2 L (= 7,2 dm^3)

* Moeda inglesa.

A conversão consiste na divisão. A multiplicação conduziria a um resultado errôneo,

$$53{,}4 \text{ cm} \times 2{,}54 \frac{\text{cm}}{\text{in}} = 136 \frac{\text{cm}^2}{\text{in}}$$

Como a resposta é em *polegadas*, e não em *centímetros quadrados por polegada*, este fato seria um alerta de que esta não é a conversão correta. Ser cuidadoso com as unidades não evita o erro nos cálculos aritméticos, mas é uma maneira de alertá-lo quanto a resoluções erradas.

OS FATORES UNITÁRIOS

Na resolução de problemas por meio de análise dimensional, são usados os *fatores unitários*. O método de uso destes fatores consiste na multiplicação de um número por uma relação conhecida. A título de exemplo, resolveremos o problema anterior com o uso dos fatores unitários.

Sabemos que 1 polegada e 2,54 centímetros são medidas equivalentes de um mesmo comprimento ou distância. Então,

$$1 \text{ in} = 2{,}54 \text{ cm}$$

A divisão de ambos os membros da igualdade por 2,54 cm resulta em:

$$\frac{1 \text{ in}}{2{,}54 \text{ cm}} = 1$$

A relação

$$\frac{1 \text{ in}}{2{,}54 \text{ cm}}$$

é denominada *fator unitário* por ser um fator igual à unidade, ou um. (Lembre-se: o numerador, 1 in, e o denominador, 2,54 cm, são medidas equivalentes ao mesmo comprimento.)

Além disso, qualquer quantidade multiplicada pela unidade fica inalterada. A multiplicação de 53,4 cm pelo fator unitário

$$\frac{1 \text{ in}}{2{,}54 \text{ cm}}$$

fornece um comprimento equivalente a 53,4 cm, mas expresso em polegadas:

$$53{,}4 \text{ cm} \times \frac{1 \text{ in}}{2{,}54 \text{ cm}} = 21{,}0 \text{ in}$$

Novamente, a unidade cm foi cancelada e a resposta é dada em polegadas.

Exemplo 1.3 Se você tem 58,0 polegadas de altura, qual a sua altura em centímetros?

Solução: Partindo-se da relação 2,54 cm = 1 in e dividindo-se ambos os membros por 1 in

$$\frac{2{,}54 \text{ cm}}{1 \text{ in}} = 1$$

encontramos um fator unitário

$$\frac{2{,}54 \text{ cm}}{1 \text{ in}}$$

assim, podemos converter polegadas em centímetros:

$$58{,}0 \text{ in} \times \frac{2{,}54 \text{ cm}}{1 \text{ in}} = 147 \text{ cm}$$

Se, erroneamente, o fator

$$\frac{1 \text{ in}}{2{,}54 \text{ cm}}$$

fosse utilizado, um exame das unidades revelaria o erro:

$$58{,}0 \text{ in} \times \frac{1 \text{ in}}{2{,}54 \text{ cm}} = 22{,}8 \frac{\text{in}^2}{\text{cm}}$$

Problema Paralelo: Se você mora a 3,25 quilômetros de uma loja próxima, quantas milhas deve dirigir para ir à loja? **Resposta:** 2,02 mi.

Exemplo 1.4 Aviões a jato freqüentemente voam a uma altitude de 8,0 milhas. A quantos metros esta altitude corresponde?

Solução: Da Tabela 1.6 vemos que 1 mi = 1,61 km. Desta informação, encontramos o fator unitário

$$\frac{1{,}61 \text{ km}}{1 \text{ mi}}$$

que podemos usar para converter milhas em quilômetros:

$$8{,}0\ \text{mi} \times \frac{1{,}61\ \text{km}}{1\ \text{mi}} = 13\ \text{km}$$

Agora, para converter quilômetros em metros, necessitamos de outra equação de conversão. Da Tabela 1.5, obtemos:

$$1\ \text{km} = 10^3\ \text{m}$$

assim,

$$\frac{10^3\ \text{m}}{1\ \text{km}} = 1$$

A última conversão pode ser feita:

$$13\ \text{km} \times \frac{10^3\ \text{m}}{1\ \text{km}} = 13 \times 10^3\ \text{m ou } 1{,}3 \times 10^4\ \text{m}$$

Observe que as duas conversões poderiam ser escritas seqüencialmente:

$$8{,}0\ \text{mi} \times \frac{1{,}61\ \text{km}}{1\ \text{mi}} \times \frac{10^3\ \text{m}}{1\ \text{km}} = 1{,}3 \times 10^4\ \text{m}$$

Problema Paralelo: Uma garrafa de bebida comporta $7{,}50 \times 10^2$ mL. A quantos quartos este volume corresponde? **Resposta:** 0,794 qt.

Exemplo 1.5 Você viaja em um carro à velocidade de 55 milhas por hora. A quantos metros por segundo corresponde esta velocidade?

Solução: Neste exemplo precisamos converter milhas em metros e horas em segundos. As equações de conversão e os fatores unitários correspondentes são:

Equação de conversão	*Fator unitário*
1 mi = 1,61 km	$\frac{1{,}61\ \text{km}}{1\ \text{mi}}$
1 km = 10^3 m	$\frac{10^3\ \text{m}}{1\ \text{km}}$
1 h = 60 min	$\frac{1\ \text{h}}{60\ \text{min}}$
1 min = 60 s	$\frac{1\ \text{min}}{60\ \text{s}}$

Usando todos estes fatores de conversão seqüencialmente, obtemos:

$$55\ \frac{\text{mi}}{\text{h}} \times \frac{1{,}61\ \text{km}}{1\ \text{mi}} \times \frac{10^3\ \text{m}}{1\ \text{km}} \times \frac{1\ \text{h}}{60\ \text{min}} \times \frac{1\ \text{min}}{60\ \text{s}} = 25\ \frac{\text{m}}{\text{s}}$$

Problema Paralelo: Um caracol movimenta-se a 1,00 cm/min. A quanto isto corresponde em pés por dia? **Resposta:** 47,2 pés/dia.

Exemplo 1.6 Um pedaço de madeira tem um volume de 4,5 in^3. Qual é o seu volume em centímetros cúbicos?

Solução: Partindo-se da relação 2,54 cm = 1 in (Tabela 1.6) e dividindo-se ambos os membros por 1 in, obtemos:

$$\frac{2{,}54\ \text{cm}}{1\ \text{in}} = 1$$

Como unidades de volume são unidades de comprimento elevadas ao *cubo*, então:

$$\left(\frac{2{,}54\ \text{cm}}{1\ \text{in}}\right)^3 = 1^3 = 1$$

ou

$$\frac{16{,}4\ \text{cm}^3}{1\ \text{in}^3} = 1$$

Isto nos dá um novo fator unitário:

$$\frac{16{,}4\ \text{cm}^3}{1\ \text{in}^3}$$

e agora, podemos converter polegadas cúbicas em centímetros cúbicos,

$$4{,}5\ \text{in}^3 \times \frac{16{,}4\ \text{cm}^3}{1\ \text{in}^3} = 74\ \text{cm}^3$$

Problema Paralelo: Uma garrafa contém 0,750 litros de leite. A quantas polegadas cúbicas corresponde este volume? **Resposta:** 45,8 in^3.

Comentários Adicionais

O uso de fatores unitários ou algum outro tipo de análise dimensional não garante que a sua resposta esteja correta. (Mesmo se as unidades parecerem corretas, você pode ter cometido um erro aritmético.) Por outro lado, se as unidades estiverem *erradas*, considere o fato como um sinal de alerta, pois certamente seu método de resolução está errado.

A DENSIDADE

Uma das propriedades que caracteriza uma substância é a sua densidade. Devido a sua importância, e porque os cálculos de densidade são exemplos do uso da análise dimensional, este é o momento ideal para a discussão desta grandeza. A **densidade** é definida como *a massa da unidade de volume de uma substância*, ou, simplesmente, *massa por unidade de volume*. A densidade de um objeto é calculada pela divisão da massa do objeto por seu volume, ou

$$\text{densidade} = \frac{\text{massa}}{\text{volume}}$$

Qual o significado desta grandeza? A densidade expressa a quantidade de matéria presente em uma dada unidade de volume. Quando dizemos que o chumbo tem maior densidade do que o alumínio, isto significa que num dado volume de chumbo há mais matéria que no mesmo volume de alumínio. (Algumas vezes ouvimos dizer que "o chumbo é mais pesado que o alumínio"; esta afirmação é imprecisa. "Pesar mais" é interpretado por "ter maior massa que". O principal inconveniente da frase é a ausência da especificação do volume. Um metro cúbico de alumínio tem maior massa do que um centímetro cúbico de chumbo.)

As densidades de sólidos e líquidos são comumente expressas em *gramas por centímetro cúbico*, g/cm^3, unidades derivadas SI. (Lembre-se de que por causa da equivalência do mililitro e do centímetro cúbico, a unidade *gramas por mililitro*, g/mL, embora não pertencente às unidades SI, equivale exatamente a gramas por centímetro cúbico.) Os gases são muito menos densos do que os outros estados da matéria, por isso a unidade SI *gramas por decímetro cúbico*, g/dm^3, é a mais conveniente. (A unidade equivalente *gramas por litro*, g/L, não pertencente às unidades SI, é ainda muito usada.) Os valores numéricos das densidades variam bastante, como se pode observar na Tabela 1.8.

Tabela 1.8 Densidades de algumas substâncias comuns (25°C, 1 atm). Os valores para as unidades comumente usadas são dados em negrito.

Substância	*Estado*	*Densidade, g/cm³ (= g/mL)*	*Densidade, g/L (= g/dm³)*
Água	Líquido	**0,997**	$9{,}97 \times 10^2$
Álcool etílico	Líquido	**0,789**	$7{,}89 \times 10^2$
Alumínio	Sólido	**2,70**	$2{,}70 \times 10^3$
Cera de abelha	Sólido	**0,96**	$9{,}6 \times 10^2$
Chumbo	Sólido	**11,3**	$1{,}13 \times 10^4$
Cloro	Gás	$2{,}90 \times 10^{-3}$	**2,90**
Diamante	Sólido	**3,5**	$3{,}5 \times 10^3$
Leite integral	Líquido	**1,03**	$1{,}03 \times 10^3$
Madeira balsa	Sólido	**0,12**	$1{,}2 \times 10^2$
Madeira de ébano	Sólido	**1,2**	$1{,}2 \times 10^3$
Mercúrio	Líquido	**13,6**	$1{,}36 \times 10^4$
Nitrogênio	Gás	$1{,}31 \times 10^{-3}$	**1,31**
Ouro	Sólido	**19,3**	$1{,}93 \times 10^4$
Prata	Sólido	**10,5**	$1{,}05 \times 10^4$
Zinco	Sólido	**7,1**	$7{,}1 \times 10^3$

Exemplo 1.7 Um pedaço de pau-brasil tem uma massa de 238,3 g e ocupa um volume de 545 cm³. Calcule sua densidade em gramas por centímetro cúbico.

Solução:

$$\text{densidade} = \frac{\text{massa}}{\text{volume}}$$

$$= \frac{238{,}3\ \text{g}}{545\ \text{cm}^3} = 0{,}437\ \text{g/cm}^3$$

Problema Paralelo: Um pedaço de carvalho tem um volume de 125 cm³ e uma massa de 96,2 g. Qual a densidade do carvalho? **Resposta**: 0,770 g/cm³.

Exemplo 1.8 A pedra preciosa rubi tem uma densidade de 4,10 g/cm^3. Qual é o volume de um rubi cuja massa é 6,7 g?

Solução:

Método 1 (substituição dos valores na fórmula): Da definição de densidade:

$$\text{densidade} = \frac{\text{massa}}{\text{volume}}$$

por rearranjo,

$$\text{volume} = \frac{\text{massa}}{\text{densidade}}$$

e por substituição, obtemos o volume:

$$\text{volume} = \frac{6{,}7\ \text{g}}{4{,}10\ \text{g/cm}^3} = 1{,}6\ \text{cm}^3$$

Método 2 (Uso do fator unitário): Do enunciado, o valor da densidade sugere a seguinte interpretação: 1 cm^3 de rubi tem uma massa de 4,10 g. Em outras palavras, 1 cm^3 e 4,10 g são *medidas equivalentes* da mesma quantidade de rubi. O símbolo ⇔ é usado para expressar a equivalência:

$$1\ \text{cm}^3 \Leftrightarrow 4{,}10\ \text{g}$$

Desta equivalência podemos obter a relação:

$$\frac{1\ \text{cm}^3}{4{,}10\ \text{g}} = 1$$

A expressão à esquerda da igualdade é um fator unitário, e pode ser usada na conversão de gramas para centímetros cúbicos. Desse modo, 6,7 g de rubi ocupam um volume de

$$6{,}7\ \text{g} \times \frac{1\ \text{cm}^3}{4{,}10\ \text{g}} = 1{,}6\ \text{cm}^3$$

Problema Paralelo: Qual o volume de um diamante (densidade = 3,52 g/cm^3) que tem uma massa de 0,100 g? **Resposta:** $2{,}84 \times 10^{-2}$ cm^3.

RESUMO

A *química* estuda a natureza, as propriedades, a composição e as transformações da matéria.

A aquisição do conhecimento científico em todas as ciências ocorre por meio de um procedimento sistemático e lógico, conhecido por *método científico*, brevemente descrito a seguir: os registros das *observações* são os *dados*, e estes são algumas vezes generalizados em *leis*. As propostas de explicação das observações são as *teorias* ou, quando tentativas, *hipóteses*. A importância das teorias e hipóteses reside na capacidade de previsão de novos comportamentos. Tais previsões sugerem novos experimentos, que fornecem novos dados, conduzindo a novas teorias e assim por diante.

A *matéria* é tudo o que tem massa e ocupa espaço. A *massa* é uma medida direta da quantidade de matéria do objeto. Tanto a inércia (resistência a modificação ao estado de movimento) quanto o peso (força de atração gravitacional da Terra) de um objeto são determinados pela sua massa. A massa de um objeto independe do local onde é medida. O peso, contudo, depende do local e, portanto, seu uso é limitado.

Um exemplo de matéria pode ser uma *substância pura*, ou uma *mistura*. Os três *estados da matéria* são: sólido, líquido e gás. Uma substância pura pode ser um *elemento*, substância simples e fundamental que não pode ser decomposta em outras, ou um *composto*, substância constituída por dois ou mais elementos combinados por uma razão definida em massa. Os elementos são representados por abreviações denominadas *símbolos químicos*, e os compostos, por *fórmulas químicas*.

Uma *fase* é uma região fisicamente distinta com um conjunto de propriedades uniformes. Um sistema (porção de matéria) que apresenta uma única fase é chamado *homogêneo*; e com duas ou mais fases, *heterogêneo*. A mistura homogênea é denominada *solução*.

A matéria pode sofrer *transformações físicas* e *químicas*. As *transformações físicas* são aquelas que não modificam a identidade das substâncias. Nas *transformações químicas*, entretanto, pelo menos uma substância, o *reagente*, é transformado em uma nova substância, o *produto*. Duas das leis das transformações químicas são a *lei da conservação das massas* (a soma das massas dos produtos é igual à soma das massas dos reagentes), e a *lei da composição definida* (cada composto tem sua característica própria e composição em massa definida).

Energia é a capacidade de realizar trabalho. Há muitas formas de energia, entre as quais podemos citar a *energia mecânica*, que pode ser *cinética* (energia de movimento) ou *potencial* (energia de posição). A *lei da conservação de energia* estabelece que a energia pode ser transformada em diferentes formas, mas a energia total é conservada em qualquer transformação. *Calor* é a forma de energia que é transferida de um objeto mais quente para um mais frio. O calor absorvido por um objeto pode aumentar a sua temperatura, ou causar uma mudança de estado, tal como a fusão ou a ebulição. A *temperatura* de uma substância é a medida da energia cinética média das partículas constituintes da substância.

A medida de uma quantidade numérica é caracterizada pela sua *precisão* (reprodutibilidade) e sua *exatidão* (aproximação do valor correto). Um número com alta precisão tem muitos *algarismos significativos*. Os dígitos determinam o tamanho do número, e não meramente os zeros usados para posicionar a vírgula. Nas operações aritméticas, é importante prestar atenção ao número de algarismos significativos do resultado, de modo que este não tenha uma maior precisão do que a dos números usados no cálculo.

Os sistemas de unidades métricas são empregados há anos. Atualmente, a maior parte do mundo científico emprega a versão chamada *unidades SI*. Esta versão compreende sete unidades básicas e muitas unidades derivadas. Os múltiplos e submúltiplos das unidades básicas e derivadas são expressos pelo uso de prefixos que indicam potências de 10 positivas e negativas.

Nos cálculos numéricos atentar para as unidades é uma boa prática. Na *análise dimensional* as unidades representam quantidades algébricas. Um método mais aperfeiçoado nestes cálculos é o do *fator unitário*.

A *densidade* é definida como massa por unidade de volume e expressa a quantidade de matéria presente em uma dada unidade de volume.

PROBLEMAS

Nota: *Aprenda a usar este livro como um texto de referência. Para resolver um problema, consulte o capítulo e o apêndice sempre que necessário. As respostas dos problemas assinalados com* ■ *estão no Apêndice J.*

O Método Científico

1.1 Discuta a função de cada termo para a aquisição do conhecimento científico: (a) observações, (b) dados, (c) leis, (d) hipóteses, (e) teorias, (f) experimentos.

1.2 Dizem que uma teoria bem testada e verificada pode tornar-se uma lei. A afirmação é correta? Explique.

1.3 De que modos as teorias fazem uso dos modelos?

1.4 Sob quais condições podemos provavelmente esquecer a distinção entre fato e teoria?

A Matéria

1.5 Defina: homogêneo, heterogêneo, fase, elemento, composto, solução.

1.6 Comente o ponto de fusão de: (a) uma substância pura, (b) uma mistura homogênea, (c) uma mistura heterogênea. Explicar as diferenças.

1.7 O sal de cozinha é um composto de sódio e cloro. Como você sabe que não é uma mistura?

1.8 Explique como você pode distinguir entre os dois membros de cada um dos seguintes pares, e em cada caso mencione a propriedade usada para fazer a distinção: (a) água líquida e gelo, (b) água pura e água salgada, (c) alumínio e cobre, (d) água pura e álcool puro, (e) oxigênio gasoso puro e nitrogênio gasoso puro, (f) cera de parafina branca e plástico de polietileno branco, (g) fibras de algodão e fibras de lã.

1.9 Da seqüência dada, indique qual é substância pura e qual é mistura: ferro, água, granito, cerveja, cloro, chocolate, magnésio, açúcar, álcool, ar empoeirado, ar limpo.

1.10 Quantas fases estão presentes em cada um dos seguintes sistemas bem-misturados: (a) quartzo puro + areia, (b) areia + sal, (c) areia + sal + açúcar, (d) areia + sal + açúcar + água líquida, (e) areia + sal + açúcar + água + gasolina, (f) areia + sal + açúcar + água + gasolina + cobre metálico, (g) todos os precedentes + gelo, (h) todos os precedentes + cerveja.

1.11 Suponha que lhe foi dada uma amostra de um líquido homogêneo. O que você faria a fim de determinar se é uma solução ou uma substância pura?

1.12 Compostos e soluções representam combinações de substâncias mais simples. Qual é a diferença entre eles? Como podem ser distinguidos no laboratório?

■ **1.13** Um certo composto foi analisado e verificou-se que contém 34,0% do elemento X e 66,0% do elemento Y, em massa. Se X e Y reagem diretamente para formar o composto, quanto do composto pode ser preparado misturando-se (a) 34,0 g de X com 66,0 g de Y?, (b) 34,0 g de X com 100,0 g de Y?, (c) 100,0 g de X com 66,0 g de Y?, (d) 100,0 g de X com 100,0 g de Y?, (e) 1,76 g de X com 2,30 g de Y?

■ **1.14** O composto iodeto de sódio é constituído de 15,3% de sódio e 84,7% de iodo, em massa. A água é constituída de 88,9% de oxigênio e de 11,1% de hidrogênio, em massa. Supondo que 10,0 g de iodeto de sódio são dissolvidas em 65,0 g de água, calcule a percentagem de cada elemento na solução resultante.

A Energia, o Calor, e a Temperatura

1.15 O que é calor? Qual a sua diferença com outras formas de energia?

1.16 Compare e diferencie energia cinética e potencial.

1.17 Descreva o que acontece com a energia cinética e potencial de uma bala que atravessa (a) verticalmente e (b) obliquamente o ar e depois cai na terra.

1.18 Compare a energia cinética de (a) um automóvel de 1×10^3 kg com um de 5×10^2 kg, movendo-se com a mesma velocidade, (b) um automóvel movendo-se a 60 km/h com outro idêntico movendo-se a 30 km/h. (Dê uma resposta numérica para cada caso.)

■ **1.19** Converta cada uma das seguintes temperaturas para graus Celsius: (a) 70°F, (b) 25°F, (c) 230°F.

1.20 Converta cada uma das seguintes temperaturas para graus Fahrenheit: (a) 70°C, (b) 25°C, (c) 230°C.

A Notação Exponencial e os Algarismos Significativos

■ **1.21** Diga quantos algarismos significativos há em cada um dos seguintes números: (a) 26,31, (b) 26,01, (c) 20,01, (d) 20,00, (e) 0,206, (f) 0,00206, (g) 0,002060, (h) 2,06 10^{-3}, (i) $2{,}060 \times 10^{-3}$, (j) 606, (k) $6{,}06 \times 10^2$, (l) $1{,}00 \times 10^{21}$, (m) 9,0000, (n) 0,000004.

■ **1.22** Expresse cada um dos seguintes números em notação exponencial, com um dígito à esquerda da vírgula no coeficiente: (a) 393,68, (b) 0,1762, (c) 1,4 milhão, (d) 0,000000723, (e) 0,000000700, (f) 0,0000007, (g) 100,070, (h) 1200 com dois algarismos significativos, (i) 1200 com quatro algarismos significativos.

■ **1.23** Arredonde cada um dos seguintes números com dois algarismos significativos: (a) 67,8, (b) 0,003648, (c) 0,00365, (d) $9{,}272 \times 10^{-34}$, (e) $4{,}651 \times 10^{22}$, (f) 127, (g) $3240{,}1 \times 10^{-24}$.

■ **1.24** Faça as operações aritméticas indicadas, admitindo que cada número é resultado de uma medida experimental:

(a) 323 + 2,981, (b) 29,368 – 0,004, (c) 26,14 + 1,073 + 2,949, (d) 4,673 – 10,1, (e) 52,565 + 13, (f) 126 × 3,9, (g) 4,638 × 9,00, (h) $\frac{67,6}{38}$, (i) (52,19 + 1,68) (1,0 – 0,4), (j) (67,323 – 67,1)(12,6 + 1,96), (k) $(3,8 \times 10^4)(1,6 \times 10^5)$, (l) $(3,8 \times 10^4) - (1,6 \times 10^5)$, (m) $(3,22 \times 10^6) + (4,62 \times 10^3)$, (n) $(1,87 \times 10^4) + (4,61 \times 10^{-3})$, (o) $(8,6 \times 10^{-4})(9,23 \times 10^8)$, (p) $(9,5 \times 10^{-2})(127 - 8)$, (q) $\frac{6,723 \times 10^{-5}}{1,00 \times 10^9}$, (r) $\frac{1,4 \times 10^{14}}{6,09 \times 10^{-8}}$, (s) $\frac{(121,4)(2,00 \times 10^{29})}{(6,439 \times 10^{21})(4,8389 \times 10^{-3})}$, (t) $\frac{(26,78 - 27,14)(1,628 \times 10^{-3})}{(14,38 + 16,72)(7,234 \times 10^{-6})}$

As Unidades SI

1.25 Indique se cada uma das seguintes unidades é uma medida de comprimento, massa, volume ou tempo: (a) m^3, (b) ms, (c) mg, (d) nm, (e) dm^3, (f) mm, (g) mm^3, (h) kg, (i) ns.

1.26 Qual o significado de cada um dos seguintes prefixos? (a) mili, (b) micro, (c) nano, (d) quilo, (e) centi.

1.27 Converta cada uma das seguintes massas para gramas: (a) $3,89 \times 10^{-6}$ kg, (b) 1,8 10^4 mg, (c) $3,23 \times 10^3$ kg, (d) $1,22 \times 10^9$ ng, (e) 63 μg.

Análise Dimensional e Resolução de Problemas

1.28 Escreva os fatores de unidades para converter:

(a) polegadas em pés, (b) pés em polegadas, (c) milímetros em centímetros, (d) centímetros em milímetros, (e) gramas em miligramas, (f) mililitros em litros.

1.29 Escreva os fatores para converter:

(a) centímetros cúbicos em mililitros, (b) decímetros cúbicos em litros, (c) metros cúbicos em milímetros cúbicos, (d) centímetros quadrados em metros quadrados.

■ **1.30** Converta 17,6 cm em (a) mm, (b) m, (c) km, (d) nm.

1.31 Converta 468 g em (a) kg, (b) mg, (c) ng.

■ **1.32** Converta 5,0 g/cm^3 em (a) g/mL, (b) g/L, (c) kg/mL, (d) kg/L, (e) kg/m^3, (f) g/m^3.

1.33 Uma cesta contém 15 maçãs com uma massa total de 1,5 kg e custa CR$ 1,29. Responda às seguintes perguntas usando o conceito de fator unitário: (a) Qual é a massa (em média) de uma maçã, em gramas?, (b) Qual é o preço (em média) de uma maçã em centavos?

■ **1.34** Um certo automóvel percorre 13 km/L de gasolina. Qual é a sua "quilometragem" em milhas/galão?

Densidade

■ **1.35** Qual é a densidade de (a) um sólido, do qual 125 g ocupam um volume de 127 cm^3?, (b) um líquido, do qual 47 cm^3 têm uma massa de 42 g?, (c) um gás, do qual 10,0 L têm uma massa de 12,6 g?

1.36 As densidades dos gases são menores do que as dos líquidos. Explique.

1.37 Costuma-se dizer que o magnésio é um metal leve. Como este comentário pode ser expresso mais precisamente?

■ **1.38** Um cubo de pau-brasil de 4,00 cm de aresta tem uma massa de 21,0 g. Qual é a densidade desta amostra de pau-brasil?

1.39 Um certo sólido tem uma densidade de 10,7 g/cm^3. Qual o volume ocupado por 155 g deste sólido?

PROBLEMAS ADICIONAIS

1.40 Um cubo de metal de 5,00 cm de aresta tem uma massa de 647 g. A análise química de uma pequena amostra limada do cubo mostra que o metal é ferro (densidade = 7,86 g/cm^3). O que você pode dizer a respeito do cubo?

1.41 Em nível atômico, quais os dois fatores que determinam a densidade de uma substância?

1.42 Por que as densidades da maioria dos líquidos diminuem com o aumento da temperatura?

1.43 A densidade do ósmio é 22,6 g/cm^3. (a) Qual é a massa em quilogramas de 1,00 L de ósmio? (b) A quantas libras esta massa corresponde?

1.44 A regra da multiplicação-divisão dada neste capítulo indica que: quando se divide 7 por 304, o quociente deve ser arredondado para somente um algarismo significativo. Resolva este problema como uma longa divisão e mostre que qualquer dígito posterior ao primeiro no quociente é completamente incerto e conseqüentemente não precisa ser considerado. (Lembre-se de que a adição de zeros no dividendo com a finalidade de "abaixá-los" não os faz algarismos significativos.)

1.45 Cada membro de uma classe usou uma régua para medir a largura da capa de um certo livro. Os resultados, todos expressos em polegadas, são os seguintes: 7,53; 7,90; 7,92; 7,53; 7,51; 7,89; 7,52; 7,54; 7,91; 7,93; 7,53; 7,54; 7,90; 7,91 e 7,52. Discuta estes resultados. Como você explicaria a obtenção destes resultados? Qual é o significado dos termos *precisão* e *exatidão* se aplicados para este conjunto de medidas?

1.46 Se sal de cozinha é adicionado a 100,0 g de água a 25°C, a quantidade máxima de sal que pode ser dissolvida é sempre 36,1 g. Esta constância de composição significa que a água salgada é um composto? Explique.

1.47 Duas substâncias puras, A e B, são misturadas para formar um produto homogêneo C; não há excesso de A ou B. O que pode ser C? (Justifique sua resposta para cada possibilidade.)

1.48 Quando o mármore é aquecido intensamente, decompõe-se em um outro sólido e em um gás. (a) O mármore é um elemento ou um composto? (b) Se tanto o sólido quanto o gás são compostos que consistem em 2 elementos cada, o que se pode dizer do número de elementos do qual o mármore é composto?

1.49 Um certo composto tem uma massa de 17,08 g. Sabe-se que contém 2,70 g do elemento X, 9,64 g de Y, e o restante de Z. Quantos gramas deste composto podem ser preparados de: (a) 27,0 g de X, 96,4 g de Y e 47,4 g de Z?, (b) 2,70 g de X, 9,64 g de Y e 10,0 g de Z?, (c) 2,70 g de X, 10,0 g de Y e 10,0 g de Z?, (d) 10,0 g de X, 10,0 g de Y e 4,74 g de Z?, (e) 10,0 g de X, 10,0 g de Y, 10,0 g de Z?, (f) 62,8 g de X, 243,8 g de Y e 130,1 g de Z?

■ **1.50** O enxofre (S) queima em oxigênio (O) formando o composto dióxido de enxofre, cuja composição é 50,0% S e 50,0% O, em massa. (a) Se 3,71 g de S são queimados, quantos gramas de dióxido de enxofre são formados? (b) Se 4,08 g de O são consumidos na queima de certa quantidade de enxofre, quanto de dióxido de enxofre é formado?

1.51 O magnésio (Mg) queima em oxigênio (O) formando o composto óxido de magnésio, cuja composição é 60,3% de Mg e 39,7% de O, em massa. (a) Se 9,79 g de magnésio são queimados, quantos gramas de oxigênio são consumidos? (b) Se 9,79 g de Mg são queimados, quantos g de óxido de magnésio são formados?

(c) Se 14,0 g de Mg são colocados em um recipiente com 9,0 g de O e queimados, qual elemento sobrará em excesso, após a ocorrência da reação? De quantos gramas é este excesso?

1.52 De cada um dos exemplos seguintes, dados aos pares, qual tem maior energia potencial: (a) uma bola de golfe ou uma bala de canhão, a 1 m acima da superfície da terra?, (b) uma bola de golfe a 1 m acima da superfície da terra ou uma bala de canhão a 2 m acima da superfície da terra?, (c) uma bola de golfe na superfície da terra ou uma bola de golfe a 1 m abaixo da superfície (em um buraco)?

■ **1.53** Uma grande xícara tem uma massa de 122,3417 g e é preenchida com cada uma das seguintes substâncias, sucessivamente (nenhuma das substâncias é removida): (a) 29,4831 g de água, (b) 0,0126 g de sal, (c) 3,232 g de açúcar, (d) 10,99 g de leite, (e) 17,2 g de vinagre, (f) 66 g de molho de pimenta malagueta. Calcule a massa total, após cada adição.

1.54 Proponha algumas razões contrárias à conversão para um sistema decimal de tempo.

■ **1.55** A quanto equivale 65 milhas por hora em (a) pés/s? (b) m/s? (c) km/h? (d) cm/s?

1.56 Se 1,0 cm^3 de água tem uma massa de 1,0 g, qual é a massa em quilogramas de 1,0 galão de água?

Capítulo 2

AS FÓRMULAS, AS EQUAÇÕES E A ESTEQUIOMETRIA

TÓPICOS GERAIS

2.1 A MICROESTRUTURA DA MATÉRIA
Os átomos
As moléculas

2.2 AS FÓRMULAS QUÍMICAS
As fórmulas moleculares
As fórmulas empíricas
As fórmulas estruturais

2.3 MASSA ATÔMICA E OUTROS TIPOS DE MASSA
As massas atômicas
As massas moleculares
As massas de fórmulas

2.4 O MOL
O número de Avogadro
Mols de átomos
Mols de moléculas
Mols de fórmulas unitárias

2.5 A COMPOSIÇÃO ESTEQUIOMÉTRICA
Os significados das fórmulas químicas
Determinação da análise elementar a partir de fórmulas
Determinação da fórmula empírica a partir de uma análise elementar
As fórmulas moleculares

2.6 AS EQUAÇÕES QUÍMICAS
O balanceamento das equações por tentativas

2.7 ESTEQUIOMETRIA DE REAÇÕES
Os significados de uma equação química
Os cálculos estequiométricos
A análise de combustão
Problemas com reagentes limitantes

2.8 A ESTEQUIOMETRIA DE SOLUÇÃO
O soluto e o solvente
A concentração molar
A diluição
Os ácidos e as bases
As reações de neutralização
Titulação

2.9 O MOL: COMENTÁRIOS ADICIONAIS
A terminologia de mols de coisas diferentes
O tamanho de um mol

2.10 NOMENCLATURA QUÍMICA: PRIMEIRO CONTATO
Nomes triviais e sistemáticos
Os compostos binários
Os compostos ternários contendo oxigênio
Os ácidos e as bases

A palavra *estequiometria* vem das palavras gregas *stoicheon*, significando "elemento" e *metron*, significando "medida". Atualmente, é definida como o estudo (1) das quantidades relativas de elementos combinados em compostos e (2) das quantidades relativas de substâncias consumidas e formadas em reações químicas. Em outras palavras, estequiometria é o estudo quantitativo da composição química (composto ou fórmula estequiométrica) e transformações químicas (reação ou equação estequiométrica).

2.1 A MICROESTRUTURA DA MATÉRIA

OS ÁTOMOS

Hoje, muitos de nós estamos familiarizados com o conceito de átomo e estamos cientes de que átomos são partículas submicroscópicas de que toda a matéria é composta.

Ainda que seja composto de partículas menores, o átomo é a unidade fundamental de um elemento. Posteriormente, todos os átomos de um dado elemento são idênticos em quase todos os aspectos (estes aspectos serão discutidos na Seção 5.2) e os átomos de diferentes elementos são diferentes. Conseqüentemente, damos para um elemento e seus átomos o mesmo nome; por exemplo, o elemento cobre é composto de átomos de cobre, e o elemento oxigênio, de átomos de oxigênio. O símbolo para um elemento pode ser usado para representar um átomo daquele elemento; assim, Cu pode representar um átomo de cobre e O um átomo de oxigênio.

Comentários Adicionais

Apesar de acreditarmos na existência de átomos há muitos anos, muitas das evidências são completamente indiretas. Entretanto, em 1980, versões do microscópio eletrônico de alta resolução foram desenvolvidas com suficiente poder de resolução para mostrar a posição de átomos em certos sólidos. As imagens produzidas por meio destas técnicas oferecem uma base forte, quase direta, para se acreditar que os átomos são verdadeiros.

AS MOLÉCULAS

Em muitas substâncias, os átomos são agrupados ou reunidos em agregados de 2 átomos até números maiores, incontáveis. Tal agregado é chamado de molécula e o termo geralmente implica um número comparativamente pequeno de átomos. No interior de uma molécula, os átomos componentes permanecem juntos por forças chamadas *ligações químicas*. Sucintamente: uma molécula é um composto de partículas que consistem em 2 ou mais átomos quimicamente ligados um ao outro. É importante notar que, embora as moléculas possam estar afastadas, como nos gases, no *interior* de uma molécula os átomos estão relativamente presos uns aos outros devido às fortes ligações químicas. (Ver Capítulo 8.)

Alguns elementos são compostos de moléculas. (Nestes casos, todos os átomos em cada molécula são do mesmo elemento.) Em adição, muitos compostos consistem em moléculas. (Cada uma dessas moléculas consiste em pelo menos dois átomos diferentes.) Entretanto, *nem todas as substâncias são moleculares na natureza*. Alguns sólidos e líquidos consistem em agregados de átomos extremamente grandes. Embora estes grandes agregados sejam algumas vezes referidos como "moléculas gigantes", o termo *molécula* normalmente implica um grupo de átomos. Discutiremos mais o assunto sobre as diferenças entre substâncias moleculares e não-moleculares.

2.2 AS FÓRMULAS QUÍMICAS

Apenas símbolos são usados para representar elementos ou seus átomos, as fórmulas são usadas para representar compostos ou agregados de seus átomos. Vários tipos de fórmulas químicas são úteis; as mais importantes são as fórmulas empíricas e as fórmulas estruturais.

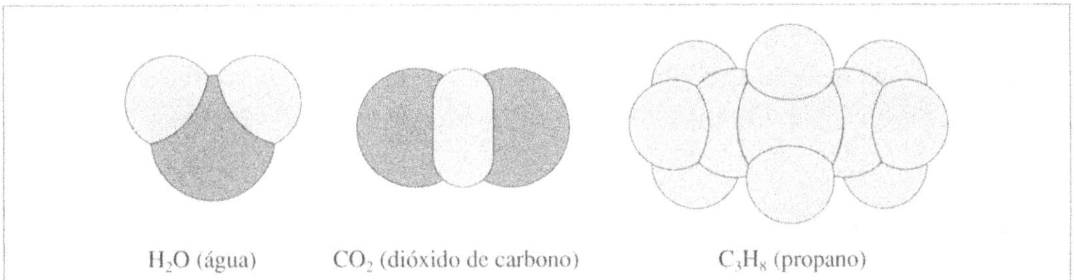

Figura 2.1 Algumas moléculas e suas fórmulas.

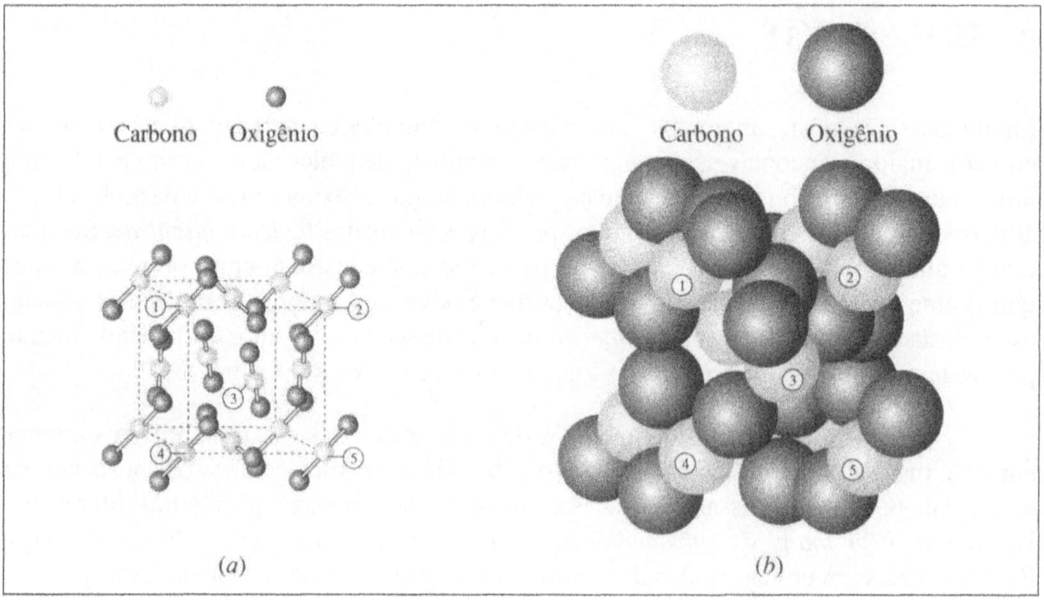

Figura 2.2 Dióxido de carbono sólido (gelo seco), duas representações: (*a*) bola e vareta e (*b*) espacial. O modelo da bola e vareta mostra mais claramente as relações geométricas; o modelo espacial representa mais exatamente os tamanhos atômicos relativos e o empacotamento em um sólido. Em cada modelo, moléculas de CO_2 podem prontamente ser identificadas. Átomos de carbono em 5 moléculas foram enumerados para mostrar a correspondência entre os tipos de modelos.

AS FÓRMULAS MOLECULARES

A fórmula de uma molécula emprega um símbolo e um subíndice para indicar o número de cada tipo de átomo na molécula. (O subíndice é sempre omitido.) Tal fórmula é chamada **fórmula molecular**. Uma molécula de água consiste em 2 átomos de hidrogênio e 1 átomo de oxigênio, e assim a fórmula molecular para a água é H_2O. Outro exemplo: uma molécula de sacarose (cana-de-açúcar) consiste em 12 átomos de C, 22 átomos de H e 11 átomos de O, como é mostrado na fórmula molecular $C_{12}H_{22}O_{11}$. A Figura 2.1 mostra as representações de três moléculas, suas fórmulas e seus nomes.

Nos sólidos e líquidos moleculares, as moléculas estão dispostas juntas e bem próximas. A Figura 2.2 mostra duas representações de dióxido de carbono sólido conhecido como *gelo seco*. (Veja novamente a Figura 2.2.) Observe que as moléculas de CO_2 podem ser identificadas individualmente mesmo estando próximas umas das outras.

Alguns elementos não se combinam, existindo em forma molecular, e geralmente são representados por fórmulas moleculares. O oxigênio é encontrado no ar como molécula *diatômica* O_2 e o nitrogênio, como moléculas N_2. Uma forma do elemento fósforo contém moléculas *tetratômicas* P_4, e o enxofre geralmente consiste em moléculas *octatômicas* S_8.

Comentários Adicionais

As forças *entre os átomos* em uma molécula são tipicamente fortes, e as forças *entre as moléculas* são geralmente muito fracas. Enxofre sólido consiste em moléculas de S_8 no qual os 8 átomos de enxofre estão fortemente ligados entre si, contudo, suas moléculas permanecem juntas devido a forças muito fracas.

AS FÓRMULAS EMPÍRICAS

Um segundo tipo de fórmula, a **fórmula empírica**, dá somente número *relativo* de átomos de diferentes elementos em um composto, sendo que tais números são expressos como uma razão mais simples. A fórmula empírica da glicose, a qual consiste em átomos de carbono, hidrogênio e oxigênio em uma proporção de 1:2:1, é CH_2O. (As fórmulas empíricas são também chamadas de fórmulas *mais simples*.) A fórmula molecular de uma substância é sempre um múltiplo inteiro de sua fórmula empírica. Por exemplo, a fórmula molecular da glicose é $C_6H_{12}O_6$, que é 6 vezes sua fórmula empírica. Enquanto a fórmula empírica dá somente uma *proporção* de átomos, a fórmula molecular dá o *número real* de átomos de cada elemento em uma molécula individual. Em alguns casos a proporção de átomos apresentada na fórmula molecular não pode ser reduzida para números inteiros menores, e como um resultado, as fórmulas molecular e empírica são as mesmas. Este é o caso da sacarose, $C_{12}H_{22}O_{11}$.

Substâncias moleculares são geralmente representadas por fórmulas moleculares, se o número de átomos de cada elemento na molécula é conhecido. Contudo, para substâncias que não são compostas de moléculas, é possível escrever somente uma forma empírica. Uma das substâncias é o carbeto de silício, um sólido duro usado como um abrasivo e conhecido como carborundum. Este composto é constituído dos elementos silício (Si) e carbono (C); em sua estrutura cada átomo de silício é rodeado por (e ligado a) 4 átomos de carbono, e cada átomo de carbono e semelhantemente circundado por 4 átomos de silício, como mostrado na Figura 2.3. A ligação normal de átomos de carbono e silício estende-se em 3 dimensões (ao longo da pequena porção mostrada no esquema) e somente termina no limite físico do cristal carbeto de silício. Pode-se ver que não há pequenos agregados separados de átomos nesta estrutura. Não há moléculas no carbeto de silício.

Em uma amostra de carbeto de silício o número total de átomos de silício é igual ao número total de átomos de carbono. Em outras palavras, a razão dos átomos de silício para os átomos de carbono é 1:1 e, assim, escrevemos a fórmula empírica como SiC. Exemplos de fórmulas empíricas são ilustradas na Tabela 2.1. Note que, embora as fórmulas moleculares possam ser escritas somente para substâncias moleculares, as fórmulas empíricas podem ser escritas para todos os compostos.

Tabela 2.1 As fórmulas molecular e empírica.

Substância	*Fórmula molecular*	*Fórmula empírica*
Água	H_2O	H_2O
Amônia	NH_3	NH3
Dióxido de carbono	CO_2	CO2
Sacarose (açúcar de cana)	$C_{12}H_{22}O_{11}$	$C_{12}H_{22}O_{11}$
Frutose (açúcar de fruta)	$C_6H_{12}O_6$	CH2O
Oxigênio	O_2	O
Enxofre	S_8	S
Acetileno	C_2H_2	CH
Benzeno	C_6H_6	CH
Carbeto de silício (Carborundum)		SiC
Cloreto de sódio (sal de cozinha)		NaCl
Cloreto de cálcio		$CaCl_2$
Nitrato de sódio		$NaNO_3$

Comentários Adicionais

A Tabela 2.1 mostra que o acetileno e o benzeno têm fórmulas empíricas iguais, mas diferentes fórmulas moleculares. Isto não é incomum; uma fórmula empírica pode não ser adequada para especificar um composto. (Realmente, em alguns casos quando a fórmula molecular não distingue especificamente um composto.)

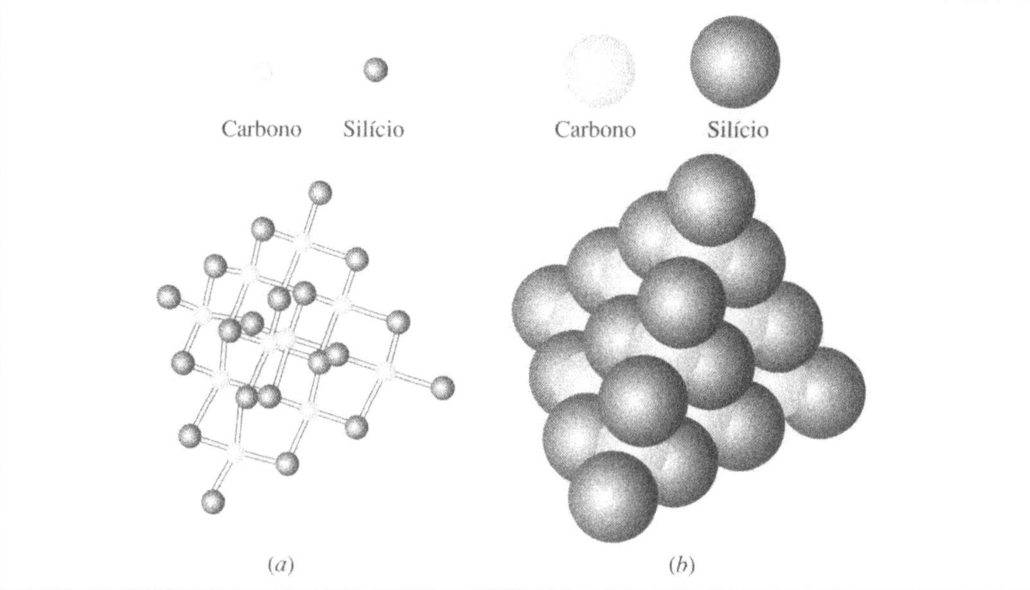

Figura 2.3 Carbeto de silício (Carborundum), duas representações: (*a*) bola e vareta e (*b*) espacial. Em cada um destes modelos pode ser visto que não há moléculas distintas de SiC, mas somente uma rede de átomos de Si e C estendendo-se em três dimensões.

AS FÓRMULAS ESTRUTURAIS

Um terceiro tipo de fórmulas é a fórmula estrutural. A **fórmula estrutural** de uma substância molecular não dá somente o número de cada tipo de átomo na molécula, mas também mostra como eles estão *ligados entre si* no interior da molécula. A Figura 2.4 apresenta fórmulas estruturais de diversas moléculas.

2.3 MASSA ATÔMICA E OUTROS TIPOS DE MASSA

Uma importante propriedade de um átomo é sua *massa*. Expressa em gramas, a massa de uma átomo de oxigênio é $2{,}7 \times 10^{-23}$ g. Este número é extremamente pequeno e um grama é uma massa muito grande em comparação com a massa de um átomo de oxigênio. Quando indicamos massas de átomos é conveniente usarmos uma unidade massa que seja muito menor do que um grama, na qual a massa atômica poderá ser indicada com valores que vão de um a várias centenas. (Indicar a massa de um átomo em gramas é como expressar a massa de uma pulga em toneladas.)

AS MASSAS ATÔMICAS

A massa de um átomo é conhecida como **massa atômica**[1] é normalmente expressa pelo uso de uma unidade extremamente pequena chamada de **unidade de massa atômica**, abreviada **u**[2]. Arredondando para o inteiro mais próximo, a massa de um átomo de oxigênio é 16 u, a massa de um átomo de flúor é 19 u, e a de átomo de ouro, 197 u. O átomo que tem a menor massa é o hidrogênio, 1 u. *Uma unidade de massa atômica é 1/12 avos da massa do isótopo de carbono mais comum.* (Isótopos são variedades de átomos de um elemento; ver conceito em seguida.)

Uma tabela de massas atômicas de todos os elementos é dada no início deste livro. Nesta tabela cada massa atômica é dada com pelo menos quatro algarismos significativos e representa a massa média dos átomos de um elemento.

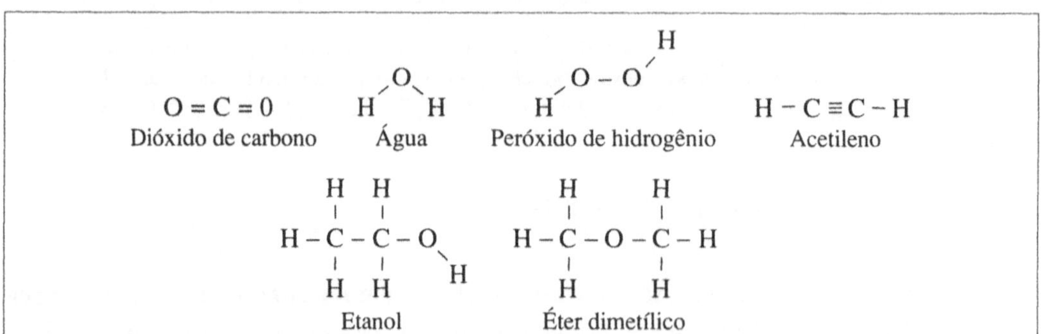

Figura 2.4 Fórmulas estruturais.

1 O termo *peso atômico*, embora tecnicamente incorreto, foi usado na língua portuguesa por muitos anos.

2 Um u é chamado de um *dalton*.

Muito embora massas atômicas sejam normalmente indicadas sem unidades nas tabelas e gráficos, u deve ser sempre subentendido.

Comentários Adicionais

Na tabela de massas atômicas (aquela das páginas iniciais), os valores são dados com vários algarismos significativos. Em muitos casos, quando o número de algarismos significativos apresentado é pequeno, é resultado de limitações experimentais na precisão da determinação. Para outros, a natural variação global na abundância isotópica torna impossível fornecer um valor mais confiável.

Estabelecemos anteriormente que a massa atômica de um elemento é a massa *média* de seus átomos, devido ao fato de que a massa dos átomos de muitos elementos não são todas iguais. Muitos elementos ocorrem na Terra como uma mistura de vários átomos diferentes chamados ***isótopos***, cada um com uma massa diferente. (Nós discutiremos a razão para a existência de isótopos na Seção 5.2.) O valor da massa atômica de cada elemento é a massa de um "átomo médio" de elemento. Com poucas exceções, os isótopos de um elemento têm essencialmente as mesmas propriedades químicas. Veremos rapidamente por que isto é verdade.

AS MASSAS MOLECULARES

A massa de uma molécula é a soma das massas de seus átomos componentes e é chamada **massa molecular.** Por exemplo, sendo que a massa atômica do carbono é 12,0 u e a do hidrogênio é 1,0 u, então a massa molecular do etileno, fórmula molecular C_2H_4, é 2(12,0 u) + 4(1,0 u), ou 28,0 u.

AS MASSAS DE FÓRMULAS

A soma das massas de átomos indicada em uma fórmula *empírica* é chamada massa de fórmula empírica, ou mais simplesmente, **massa de fórmula**. Realmente, o termo **massa de fórmula** significa a soma das massas de átomos representada em *qualquer* fórmula, podendo ser empírica ou molecular. Conseqüentemente, para uma substância molecular, os termos *massa molecular* e *massa de fórmula* podem ser usados permutavelmente. No caso de uma substância não-molecular, o grupo de átomos mostrado na fórmula empírica é chamado uma **fórmula unitária**, e esta massa, a massa de fórmula. Por exemplo, a fórmula empírica de cloreto de cálcio, que não é um composto molecular, é $CaCl_2$. Assim, uma fórmula unitária de cloreto de cálcio consiste em um átomo de Ca e dois átomos de Cl. Das massas atômicas de Ca (40,1 u) e Cl (35,5 u), calculamos que a massa de fórmula do $CaCl_2$ é 40,1 u + 2(35,5 u), ou 111,1 u.

Exemplo 2.1 Parathion é um composto tóxico que tem sido usado como inseticida. Sua fórmula molecular é $C_{10}H_{14}O_5NSP$. Qual é a massa molecular do parathion? (Massas atômicas: C = 12,0; H = 1,0; H = 1,0; O = 16,0; N = 14,0; S = 32,1; P = 31,0.)

Solução

10 átomos de C:	Massa = 10 × 12,0 u	=	120,0 u
14 átomos de H:	Massa = 14 × 1,0 u	=	14,0 u
5 átomos de O:	Massa = 5 × 16,0 u	=	80,0 u
1 átomo de N:	Massa = 1 × 14,0 u	=	14,0 u
1 átomo de S:	Massa = 1 × 32,1 u	=	32,1 u
1 átomo de P:	Massa = 1 × 31,0 u	=	31,0 u
	Massa molecular do parathion	=	291,1 u

Problema Paralelo: Epinephrine, algumas vezes chamado de adrenalina, é um hormônio produzido na glândula supra-renal em humanos e outros animais. Sua fórmula molecular é $C_9H_{13}O_3N$. Qual é a massa molecular de epinephrine? (Massas atômicas: C = 12,0; H = 1,0; O = 16,0; N = 14,0.) **Resposta:** 183 u.

Exemplo 2.2 A fórmula empírica do sulfato de alumínio é $Al_2(SO_4)_3$. Qual é a sua massa de fórmula? (Massas atômicas: Al = 27,0; S = 32,1; O = 16,0.)

Solução: A fórmula $Al_2(SO_4)_3$ indica que uma fórmula unitária consiste em 2 átomos de Al, 3 átomos de S, e 3 × 4, ou 12, átomos de O.

2 átomos de Al:	Massa = 2(27,0 u)	=	54,0 u
3 átomos de S:	Massa = 3(32,1 u)	=	96,3 u
12 átomos de O:	Massa = 12(16,0 u)	=	192 u
	Massa de fórmula do $Al_2(SO_4)_3$	=	342 u

Problema Paralelo: A fórmula empírica do fosfato de cálcio, usado como matéria-prima de fósforo em fertilizantes, é $Ca_3(PO_4)_2$. Qual é sua massa de fórmula? (Massas atômicas: Ca = 40,1; P = 31,0; O = 16,0.) **Resposta**: 310 u.

2.4 O MOL

Um único átomo é tão pequeno que, para que uma amostra de matéria possa ser vista e manipulada, esta precisa consistir em um enorme número de átomos. Por essa razão, é conveniente especificar um número total de átomos em uma amostra, não como átomos individuais, mas, preferencialmente, em termos de "pacotes" consistindo em um certo número de átomos, do mesmo modo que indicamos o número de ovos em uma cartela por dúzia. A "dúzia química" é, entretanto, um número grande.

O NÚMERO DE AVOGADRO

Uma tabela de massas atômicas, tal como as páginas iniciais deste livro, indica que a massa atômica do oxigênio é 16,0 u. Isto significa que a massa de um único átomo de oxigênio é 16,0 u. Agora, consideremos um grupo ou coleção de átomos de oxigênio consistindo em um número extremamente grande de átomos, tão grande que a massa do agrupamento inteiro é 16,0 *gramas*. O número de átomos neste grupo será colossal: $6{,}02 \times 10^{23}$. (Vocês imaginam que este número é extremamente grande. Apesar disso, um único átomo de oxigênio tem uma massa extremamente pequena, e assim deve-se ter um número grande de átomos em 16,0 gramas.) Resumindo: um átomo de oxigênio tem uma massa de 16,0 *u*, e um grupo ou coleção de $6{,}02 \times 10^{23}$ átomos de oxigênio tem uma massa de 16,0 *gramas*.

Considerando-se outro elemento: o enxofre. A tabela indica que a massa atômica do enxofre é 32,1 u. Isto significa que um átomo de enxofre tem uma massa de 32,1 u, o que parece ser mais que duas vezes a massa de um átomo de oxigênio. Agora, imagine o agrupamento de muitos átomos de enxofre e que a massa da coleção inteira é 32,1 *gramas*. Novamente, o número de átomos no grupo inteiro será $6{,}02 \times 10^{23}$. Por que este número aparece novamente? Se um único átomo de enxofre tem uma massa de aproximadamente duas vezes a de um átomo de oxigênio, então $6{,}02 \times 10^{23}$ átomos de enxofre devem ter uma massa de aproximadamente duas vezes a de $6{,}02 \times 10^{23}$ átomos de oxigênio. Ou, mais precisamente, se massas de átomos independentes de enxofre e oxigênio estão em uma razão de 32,1:16,0, então as massas de *números iguais* de átomos de enxofre e oxigênio devem manter a mesma proporção. Isto significa que se $6{,}02 \times 10^{23}$ átomos de oxigênio têm uma massa de 16,0 gramas, então o mesmo número de átomos de enxofre deve ter uma massa de $32{,}1/16{,}0 \times 16{,}0 = 32{,}1$ g. O número $6{,}02 \times 10^{23}$ é um número importante ao qual é dado um nome especial: *número de Avogadro*[3]. Este é o número de átomos de oxigênio,

3 Lorenzo Romano Amedeo Carlos Avogadro di Quaregua e si Cerreto (1776-1856), advogado e físico italiano, foi um dos primeiros cientistas a distinguir átomos de moléculas.

enxofre, ou de qualquer outro elemento, que deve ser reunido com a finalidade de que o grupo inteiro apresente uma massa *em gramas* que é numericamente igual à massa atômica *em u*. Para cada elemento este é $6{,}02 \times 10^{23}$ átomos.

MOLS DE ÁTOMOS

Uma coleção ou grupo de números de Avogadro de átomos recebe um nome especial: um **mol** de átomos. (*Mol* é usado oficialmente pelo SI.) Entretanto, devido à massa atômica do oxigênio ser 16,0, podemos dizer que *um átomo de oxigênio* tem uma massa de 16,0 *u* e, em adição, que *um mol de átomos de oxigênio* tem uma massa de 16,0 *gramas*. Similarmente, podemos dizer que para o elemento enxofre (massa atômica 32,1), a massa de *um átomo* é 32,1 *u*, e a massa de *um mol de átomos* de enxofre é 32,1 *gramas*. E lembrando: um mol de átomos de oxigênio, átomos de enxofre, átomos de ferro ou átomos de qualquer elemento consiste em $6{,}02 \times 10^{23}$ átomos.

Exemplo 2.3 Uma amostra de nitrogênio gasoso contém $4{,}63 \times 10^{22}$ átomos de N. Quantos mols de átomos de N apresenta?

Solução:

Método 1: Desde que $6{,}02 \times 10^{23}$ átomos e 1 mol de átomos são medidas equivalentes, escrevemos $6{,}02 \times 10^{23}$ átomos de N $\Leftrightarrow$ 1 mol de átomos de N, onde, como anteriormente (Capítulo 1), usamos o símbolo $\Leftrightarrow$ para indicar equivalência. Entretanto,

$$\frac{1 \text{ mol de átomos de N}}{6{,}02 \times 10^{23} \text{ átomos de N}} = 1$$

Desta relação obtemos um fator unitário

$$\frac{1 \text{ mol de átomos de N}}{6{,}02 \times 10^{23} \text{ átomos de N}}$$

e a usamos para calcular a quantidade de mols de átomos de N em $4{,}63 \times 10^{22}$ átomos de N:

$$4{,}63 \times 10^{22} \text{ átomos N} \times \frac{1 \text{ mol de átomos de N}}{6{,}02 \times 10^{23} \text{ átomos de N}} = 0{,}0769 \text{ mol de átomos de N}$$

Método 2: Como o número de ovos dividido por 12 ovos dá o número de dúzias de ovos, o número de átomos dividido por $6{,}02 \times 10^{23}$ átomos por mols dá o número de mols de átomos.

$$\frac{4{,}63 \times 10^{22}\text{ átomos de N}}{6{,}02 \times 10^{23}\text{ átomos de N/mol de átomos de N}} = 0{,}0769\text{ mol de átomos de N}$$

Problema Paralelo: Uma amostra de cloro gasoso contém $8{,}98 \times 10^{23}$ átomos de Cl. Quantos mols de átomos de cloro estão contidos nesta amostra? **Resposta:** 1,49 mol.

Exemplo 2.4 Quantos mols de átomos de cobre estão presentes em 3,05 gramas de cobre? (Massa atômica: Cu = 63,5.)

Solução: Um átomo de cobre tem uma massa de 63,5 u, e assim um mol de átomos de Cu tem uma massa de 63,5 g. Entretanto, podemos escrever a equivalência

$$1\text{ mol de átomos de Cu} \Leftrightarrow 63{,}5\text{ g de Cu}$$

3,05 g de Cu é, contudo,

$$3{,}05\text{ g de Cu} \times \frac{1\text{ mol de átomos de Cu}}{63{,}5\text{g de Cu}} = 0{,}0480\text{ mol de átomos de Cu}$$

Problema Paralelo: Um pedaço de ouro tem uma massa de 12,6 g. Quantos mols de átomos de ouro estão presentes? (Massa atômica: Au = 197,0.) **Resposta:** 0,0640 mol.

Exemplo 2.5 Quantos átomos estão presentes em um pedaço de enxofre tendo uma massa de 10,0 g? (Massa atômica: S = 32,1.)

Solução: Um átomo de S tem uma massa de 32,1 u, e assim 1 mol de átomos de S tem uma massa de 32,1 g. Entretanto, 10,0 g de S são

$$10{,}0\text{ g de S} \times \frac{1\text{ mol de átomo de S}}{32{,}1\text{ g de S}} = 0{,}312\text{ mol de átomos de S}$$

Desde que 1 mol de átomos de S consiste em $6{,}02 \times 10^{23}$ átomos de S, 0,312 mol de átomos de S consistem em

$$0{,}312\text{ mol de átomos de S} \times \frac{6{,}02 \times 10^{23}\text{ átomos de S}}{1\text{ mol de átomos de S}} = 1{,}88 \times 10^{23}\text{ átomos de S}$$

Alternativamente, podemos realizar este cálculo em uma etapa composta:

$$10{,}0\text{ g de S} \times \frac{1\text{ mol de átomos de S}}{32{,}1\text{ g de S}} \times \frac{6{,}02 \times 10^{23}\text{ átomos de S}}{1\text{ mol de átomos de S}} = 1{,}88 \times 10^{23}\text{ átomos de S}$$

Problema Paralelo: Quantos átomos estão presentes em um pedaço de ferro que tem uma massa de 65,0 gramas? (Massa atômica: Fe = 55,8.) **Resposta:** $7{,}01 \times 10^{23}$ átomos.

Exemplo 2.6 Qual é a massa de $8{,}46 \times 10^{24}$ átomos de flúor? (Massa atômica: F = 19,0.)

Solução:

$$8{,}46 \times 10^{24} \text{ átomos de F} \times \frac{1 \text{ mol de átomos de F}}{6{,}02 \times 10^{23} \text{ átomos de F}} \times \frac{19{,}0 \text{ g de F}}{1 \text{ mol de átomos de F}} = 267\text{g de F}$$

Problema Paralelo: Uma amostra de magnésio consiste em $1{,}92 \times 10^{22}$ átomos de Mg. Qual é a massa da amostra em gramas? (Massa atômica: Mg=24,3.) **Resposta**: 0,775 g.

MOLS DE MOLÉCULAS

Usamos o mol não somente para quantificar átomos, mas também outras coisas, como por exemplo moléculas. Poderíamos citar um mol de moléculas de água, de moléculas de dióxido de carbono, ou de moléculas de açúcar. Em cada caso um mol de moléculas é $6{,}02 \times 10^{23}$ moléculas, que é o número de Avogadro de moléculas.

Como podemos determinar a massa de um mol de moléculas? Para cada substância a massa de um mol de moléculas *em gramas* é numericamente igual à massa molecular. Isso significa que cada vez que adicionamos massas atômicas para obter a massa molecular (em u), ao mesmo tempo estamos obtendo a massa de um mol de moléculas (em gramas), por serem numericamente as mesmas.

Exemplo 2.7 Qual é a massa de 1,00 mol de moléculas de dióxido de enxofre (SO_2)? (Massas atômicas: S = 32,1; O = 16,0.)

Solução: A massa de uma única molécula SO_2 é a soma de suas massas atômicas: 32,1 u + 2(16,0 u), ou 64,1 u. Assim, se uma molécula de SO_2 tem uma massa de 64,1 u, 1,00 mol de moléculas de SO_2 tem uma massa de 64,1 u.

Problema Paralelo: Qual é massa de 0,674 mol de moléculas de hexaóxido de tetrafósforo (P_4O_6)? (Massas atômicas: P = 31,0; O = 16,0.) **Resposta**: 148 g.

MOLS DE FÓRMULAS UNITÁRIAS

Podemos quantificar fórmulas unitárias pelo mol. Por exemplo, um mol de fórmula unitária de carbeto de silício (SiC) e $6{,}02 \times 10^{23}$ fórmulas unitárias (cada uma consiste em um átomo de Si e um átomo de C). A massa de uma fórmula unitária é igual à soma de suas massas atômicas (expressa em u), e a massa de um *mol* de formulas unitárias é o mesmo número, mas é expresso em *gramas*.

Exemplo 2.8 Calcular a massa de 1,00 mol de fórmulas unitário de nitrato de potássio, KNO_3. (Massas atômicas: K = 39,1; N = 14,0; O = 16,0.)

Solução: A massa de uma fórmula unitária de KNO_3 é a soma de suas massas atômicas: 39,1 u + 14,0 u + 3(16,0 u), ou 101,1 u. Portanto, a massa de 1,00 mol de fórmula unitária é 101,1 g.

Problema Paralelo: A fórmula empírica de fosfato de sódio é Na_3PO_4. Qual é a massa de 0,146 mols de fórmula unitária de Na_3PO_4? (Massas atômicas: Na = 23,0; P = 31,0; O = 16,0.) *Resposta*: 23,9g.

2.5 A COMPOSIÇÃO ESTEQUIOMÉTRICA

A composição estequiométrica, também chamada de fórmula estequiométrica, é o estudo da relação entre a fórmula de um composto e a proporção de seus elementos constituintes.

OS SIGNIFICADOS DAS FÓRMULAS QUÍMICAS

A fórmula química é geralmente usada para representar uma substância. Assim, por exemplo, H_2O representa a substância água, NaCl representa sal de cozinha, e $C_9H_8O_4$, aspirina. *Qualitativamente*, uma fórmula simplesmente representa o nome de uma substância.

Quantitativamente, a fórmula representa uma molécula ou uma fórmula unitária de uma substância, e esta indica o número de cada tipo de átomo em uma molécula ou fórmula unitária. Assim, a fórmula molecular do composto nicotina, $C_{10}H_{14}N_2$, indica que uma molécula de nicotina consiste em 10 átomos de C, 14 átomos de H e 2 átomos de N. Analogamente, a fórmula empírica K_2SO_4 para o composto não-molecular sulfato de potássio indica que uma fórmula unitária de sulfato de potássio consiste em 2 átomos de potássio, 1 átomo de enxofre e 4 átomos de oxigênio.

Quantitativamente, a fórmula química é também usada para representar um mol de moléculas ou fórmulas unitárias de uma substância. Ela descreve a composição de substância especificando o número de mols de átomos de cada elemento em um mol de moléculas ou fórmulas unitárias. Assim, um mol de moléculas de nicotina ($C_{10}H_{14}N_2$)

consiste em 10 mols de átomos de carbono, 14 mols de átomos de hidrogênio e 2 mols de átomos de nitrogênio. Analogamente, 1 mol da fórmula unitária de K_2SO_4 consiste em 2 mols de átomos de potássio, 1 mol de átomos de enxofre e 4 mols de átomos de oxigênio.

Exemplo 2.9 A fórmula empírica para o carbonato de lítio é Li_2CO_3. Uma fórmula unitária de Li_2CO_3 consiste em quantos átomos de cada elemento?

Solução: A partir da fórmula, vemos que em uma fórmula unitária de Li_2CO_3 há 2 átomos de Li, 1 átomo de C e 3 átomos de O.

Problema Paralelo: 2,3,7,8-tetraclorodibenzeno-p-dioxina é um tóxico poderoso obtido pela produção de certos herbicidas. Conhecido simplesmente como dioxina, tem a fórmula molecular $C_{12}H_4O_2Cl_4$. Quantos átomos de C,H,O e Cl estão presentes na molécula de dioxina? **Resposta**: 12 C, 4 H, 2 O e 4 átomos de Cl.

Exemplo 2.10 Em 1,00 mol da fórmula unitária de Li_2CO_3, quantos mols de átomos de Li, C e O estão presentes?

Solução: A fórmula mostra que 1,00 mol de fórmula unitária de Li_2CO_3 consiste em 2,00 mols de átomos de Li, 1,00 mol de átomos de C e 3,00 mols de átomos de O.

Problema Paralelo: Em um mol de molécula de dioxina (ver acima), quantos mols de átomos de C, H, O e Cl estão presentes? **Resposta:** 12,0 mols de átomos de C, 4,00 mols de átomos de H, 2,00 mols de átomos de O e 4,00 mols de átomos de Cl.

Exemplo 2.11 A fórmula molecular da cafeína é $C_8H_{10}O_2N_4$. Em uma amostra contendo 0,150 mol de moléculas de cafeína, quantos mols de átomos de C, H, O e N estão presentes?

Solução: Em 0,150 mol de moléculas de $C_8H_{10}O_2N_4$ há

$$0{,}150 \text{ mol de moléculas de } C_8H_{10}O_2N_4 \times \frac{8 \text{ mol de átomos de C}}{1 \text{ mol de moléculas de } C_8H_{10}O_2N_4}$$

$$= 1{,}20 \text{ mol de átomos de C}$$

$$0{,}150 \text{ mol de moléculas de } C_8H_{10}O_2N_4 \times \frac{10 \text{ mol de átomos de H}}{1 \text{ mol de moléculas de } C_8H_{10}O_2N_4}$$

$$= 1{,}50 \text{ mol de átomos de H}$$

$$0{,}150 \text{ mol de moléculas de } C_8H_{10}O_2N_4 \times \frac{2 \text{ mol de átomos de O}}{1 \text{ mol de moléculas de } C_8H_{10}O_2N_4}$$

$$= 0{,}300 \text{ mol de átomos de O}$$

$$0{,}150 \text{ mol de moléculas de } C_8H_{10}O_2N_4 \times \frac{4 \text{ mol de átomos de N}}{1 \text{ mol de moléculas de } C_8H_{10}O_2N_4}$$

$$= 0{,}600 \text{ mol de átomos de N}$$

Problema Paralelo: A fórmula empírica do sulfito de sódio é Na_2SO_3. Quantos mols de átomos de Na, S e O estão presentes em $3{,}45 \times 10^{-2}$ mol de fórmula unitária de Na_2SO_3? **Resposta:** $6{,}90 \times 10^{-2}$ mol de átomos de Na, $3{,}45 \times 10^{-2}$ mol de átomos de S e $1{,}04 \times 10^{-1}$ mol de átomos de O.

DETERMINAÇÃO DA ANÁLISE ELEMENTAR A PARTIR DE FÓRMULAS

Dada a fórmula empírica ou molecular, podemos facilmente determinar a *análise elementar* de um composto, também conhecida como sua *composição percentual em massa.*

Exemplo 2.12 O ácido butírico, um composto produzido quando a manteiga se deteriora, tem a fórmula $C_4H_8O_2$. Você pode dizer se esta é a fórmula molecular apenas olhando-a? Qual é a análise elementar do ácido butírico?

Solução: Começamos encontrando o número de mols de átomos de C, H e O em um mol de molécula de $C_4H_8O_2$. (Realmente, embora 1 mol torne a aritmética um pouco mais simples, qualquer número de mols também poderá ser usado.) Um mol de moléculas de $C_4H_8O_2$ possui 4 mol de átomos de C, 8 mol de átomos de H e 2 mol de átomos de O.

Agora necessitamos encontrar a massa de cada uma destas quantidades. Da tabela da periódica dos elementos obtemos as seguintes massas atômicas: C = 12,0; H = 1,01 e O = 16,0. Destes dados, sabemos que 1 mol de átomos de C tem uma massa de 12,0 g; 1 mol de átomos de H tem uma massa de 1,01 g; e 1 mol de O tem uma massa de 16,0 g. Agora quais massas destes elementos estão presentes em 1 mol do composto?

4 mol de átomos de C têm a massa de

$$4 \text{ mol de átomos de C} \times \frac{12{,}0 \text{ g de C}}{1 \text{ mol de átomos de C}} = 48{,}0 \text{ g de C}$$

8 mol de átomos de H têm a massa de

$$8 \text{ mol de átomos de H} \times \frac{1{,}01 \text{ g de H}}{1 \text{ mol de átomos de H}} = 8{,}08 \text{ g de H}$$

2 mol de átomos de O têm a massa de

$$2 \text{ mol de átomos de O} \times \frac{16{,}0 \text{ g de O}}{1 \text{ mol de átomos de O}} = 32{,}0 \text{ g de O}$$

Assim, a massa de 1 mol de $C_4H_8O_2$ é 48,0 g + 8,08 g + 32,0 g + 88,1 g. Agora tudo que precisamos fazer é encontrar a contribuição percentual de cada elemento na massa de 88,1 g:

$$\% \text{C} = \frac{48{,}0 \text{ g}}{88{,}1 \text{ g}} \times 100 = 54{,}5\% \text{ em massa}$$

$$\% \text{H} = \frac{8{,}08 \text{ g}}{88{,}1 \text{ g}} \times 100 = 9{,}17\% \text{ em massa}$$

$$\% \text{O} = \frac{32{,}0 \text{ g}}{88{,}1 \text{ g}} \times 100 = 36{,}3\% \text{ em massa}$$

Problema Paralelo: Ácido oxálico, $H_2C_2O_4$, é um composto moderadamente tóxico encontrado em ruibardo e outras plantas. Qual é a análise elementar do ácido oxálico? **Resposta:** 2,24% H; 26,7% C e 71,1% O, em massa.

DETERMINAÇÃO DA FÓRMULA EMPÍRICA A PARTIR DE UMA ANÁLISE ELEMENTAR

Uma fórmula empírica expressa as razões entre os números de mols de átomos e um mol de fórmulas unitárias. Isto fornece um meio de achar a fórmula empírica de um composto pela sua análise.

Exemplo 2.13 Acredita-se que o nitrato de peroxiacetila (NPA) desempenha um papel na formação da neblina fotoquímica. Ele tem a seguinte composição percentual em massa: 19,8% de C; 2,5% de H; 66,1% de O e 11,6% de N. Qual é a fórmula empírica do (NPA)?

Solução: Iniciamos considerando alguma quantidade de NPA e achando quantos gramas de C, H, O e N estão presentes nesta quantidade. Realmente, qualquer quantidade servirá porque estamos somente procurando uma razão, porém é conveniente escolher exatamente 100 g. Isto faz com que o número de gramas de um elemento seja numericamente igual à percentagem daquele elemento (19,8% de 100 g é 19,8 g, por exemplo.) Em 100 g de NPA há, portanto, 19,8 g de C, 2,5 g de H, 66,1 g de O e 11,6 g de N.

A seguir necessitamos encontrar o número de mols de cada espécie de átomos nesta amostra de 100,0 g. Desde que 1 mol de cada elemento tem uma massa que é numericamente igual a sua massa atômica, porém expresso em gramas, os números de mols dos quatros elementos são:

$$19{,}8\text{ g de C} \times \frac{1\text{ mol de átomos de C}}{12{,}0\text{g de C}} = 1{,}65\text{ mol de átomos de C}$$

$$2{,}5\text{ g de H} \times \frac{1\text{ mol de átomos de H}}{1{,}01\text{ g de H}} = 2{,}5\text{ mol de átomos de H}$$

$$66{,}1\text{ g de O} \times \frac{1\text{ mol de átomos de O}}{16{,}0\text{ g de O}} = 4{,}13\text{ mol de átomos de O}$$

$$11{,}6\text{ g de N} \times \frac{1\text{ mol de átomos de N}}{14{,}0\text{ g de N}} = 0{,}829\text{ mol de átomos de N}$$

Agora, precisamos determinar a razão simples entre esses números de mols. Esta razão expressa os números relativos de mols dos átomos de cada elemento no composto e pode ser escrita (para C, H, O e N) como 1,65:2,5:4,13:0,829. E isto conduz a uma fórmula empírica com frações decimais como subíndices:

$$C_{1,65}H_{2,5}O_{4,13}N_{0,829}$$

A fim de converter a razão expressa em números inteiros, dividimos cada um dos números pelo menor deles; neste caso, por 0,829. [*NOTA*: dividindo-se todos os números pelo mesmo número (diferente de zero) a razão nunca muda.]

Elemento	*RAZÃO DE MOLS (forma original)*	*RAZÃO DE MOLS (forma revisada)*
C	1,65	$\frac{1,65}{0,829} = 1,99$
	para	para
H	2,5	$\frac{2,5}{0,829} = 3,0$
	para	para
O	4,13	$\frac{4,13}{0,829} = 4,96$
	para	para
N	0,829	$\frac{0,829}{0,829} = 1,00$

Estes números podem ser arredondados dando-nos 2:3:5:1, desse modo a fórmula empírica do NPA é $C_2H_3O_5N$.

Problema Paralelo: Frutose, ou açúcar de frutas, tem 40,0% C, 6,7% H e 53,3% O, em massa. Qual é a sua fórmula empírica? **Resposta:** CH_2O.

AS FÓRMULAS MOLECULARES

Se a fórmula empírica de um composto molecular é conhecida, então somente um pouco mais de informação é necessária a fim de determinar a fórmula molecular. Esta informação é a sua massa molecular.

Exemplo 2.14 O etano é um composto molecular que tem a fórmula empírica CH_3. A massa molecular do etano determinada experimentalmente é 30,1. Encontre a fórmula molecular do etano.

Solução: A razão indicada na fórmula molecular deve ser equivalente à razão indicada na fórmula empírica, isto é, 1:3. Isto não auxilia muito, porque a fórmula molecular pode ser CH_3 ou C_2H_6 ou C_3H_9 ou C_4H_{12} etc. Entretanto, para cada uma destas possibilidades a molécula teria uma massa diferente. Podemos somar as massas atômicas a fim de encontrar a massa de fórmula correspondente a cada uma das possibilidades até encontrarmos uma que concorde com a massa molecular conhecida. Porém, este tipo de comparação de tentativa e erro não é realmente necessário. Qualquer que seja a fórmula molecular, ela deve ser algum múltiplo da fórmula empírica. Assim, a massa molecular deve ser o mesmo múltiplo da massa de fórmula empírica. Então, tudo que necessitamos fazer é dividir a massa molecular conhecida, 30,1 u/molécula, pela massa de fórmula (empírica) de CH_3, 15,03 u/fórmula unitária:

$$\frac{30{,}1 \text{ u/molécula}}{15{,}03 \text{ u/fórmula unitária}} = 2 \text{ fórmulas unitárias/moléculas}$$

Deste resultado concluímos que há duas fórmulas unitárias (unidades de CH_3) em cada molécula, e assim a fórmula molecular do etano precisa ser $(CH_3)_2$ ou, como é normalmente escrita: C_2H_6.

Problema Paralelo: Frutose é um composto molecular de fórmula empírica CH_2O. Sua massa molecular é 180,2. Qual é a fórmula molecular da frutose? **Resposta**: $C_6H_{12}O_6$.

Comentários Adicionais

Duas observações podem ser feitas: primeiro, como já estabelecemos, as unidades das massas atômicas, molecular e de fórmula são normalmente omitidas para simplificar. (Uma tabela de massas atômicas na qual as unidades são especificadas é uma raridade.) Embora isto pareça um costume em desuso, na prática isto causa um pouco de dificuldade. Na declaração "A massa molecular da água é 18", subentende-se que a unidade é u.

Segundo, após ler muitos exemplos de cálculos numéricos baseados nas fórmulas, você será tentado a resolver cada "tipo de problema" por meio de uma "rotina", acabando por memorizá-la. Isto pode parecer prático, porém é uma armadilha; se usar este procedimento, você perderá o real significado das fórmulas químicas, podendo ocorrer mais tarde resultados desastrosos. Estude cada exemplo cuidadosamente: em vez de tentar meramente memorizar um método, observe a lógica do método anterior e, assim que você se deparar com um problema, será capaz de resolvê-lo, encontrando o método mais adequado.

2.6 AS EQUAÇÕES QUÍMICAS

Assim como os símbolos químicos e as fórmulas representam elementos e compostos, **as equações químicas** representam as reações. Por exemplo, considere a combustão (queima) de carbono pelo oxigênio para formar um composto dióxido de carbono. Esta reação é representada pela equação:

$$C(s) + O_2(g) \rightarrow CO_2(g)$$

À esquerda desta equação estão indicados os **reagentes**, carbono e oxigênio, e à direita, o **produto**, dióxido de carbono. Usamos "O_2" para o oxigênio (em vez de "O"), porque ele representa a molécula de oxigênio. A equação pode ser lida: "Carbono reage (ou combina-se) com o oxigênio para formar dióxido de carbono". A seta pode ser lida "forma", "produz", "reage para formar" etc. As anotações (*s*) e (*g*) não são absolutamente necessárias, porém servem para suplementar a equação básica, dando informação acerca dos estados dos reagentes e produtos. (*s*) significa *sólido*, e (*g*) significa *gás*. Outras abreviações incluem (*l*) para *líquido* e (*aq*) para uma substância dissolvida em água (solução aquosa).

Os símbolos e fórmulas na equação representam não somente os nomes das várias substâncias, mas também átomos, moléculas e fórmulas unitárias. Assim, a equação anterior pode também ser lida: "*Um* átomo de carbono combina-se com *uma* molécula de oxigênio para formar *uma* molécula de dióxido de carbono".

A equação anterior está *balanceada*. Uma **equação balanceada** deve mostrar, entre outras coisas, que os átomos são conservados na reação; todos os átomos nos reagentes devem ter correspondentes nos produtos. Uma equação balanceada é consistente com o fato de que, nas reações químicas, átomos não são criados ou destruídos.

Outra equação,

$$CH_4(g) + 2O_2(g) \rightarrow CO_2(g) + 2H_2O(g),$$

representa a combustão do metano (gás natural) pelo oxigênio para formar dióxido de carbono e água gasosa (vapor). Esta equação tem o coeficiente 2 tanto em O_2 como em H_2O a fim de possibilitar o balanceamento da equação. (Subentende-se que o coeficiente de CH_4 e CO_2 é 1.) Sem estes coeficientes, os átomos de hidrogênio e oxigênio não estariam balanceados; isto é, haveria números desiguais nos lados opostos da equação.

O BALANCEAMENTO DAS EQUAÇÕES POR TENTATIVAS

Muitas das equações químicas mais simples podem ser balanceadas por tentativas, como mostram os seguintes exemplos.

Exemplo 2.15 Balanceie a equação da queima do butano, C_4H_{10}, pelo oxigênio, para formar dióxido de carbono e água (omitimos a notação indicando o estado para simplificar):

$$C_4H_{10} + O_2 \rightarrow CO_2 + H_2O$$

Solução: Examine a equação e escolha um elemento para balancear em primeiro lugar. Um bom procedimento é iniciar com a fórmula que tem o maior número de átomos ou o maior número de elementos diferentes; neste caso, C_4H_{10}.

Etapa 1: Primeiro balanceie o carbono. Notando que há quatro átomos de carbono (em uma molécula de C_4H_{10}) no lado esquerdo da equação e somente um no lado direito (na molécula de CO_2), começaremos colocando um 4 na frente do CO_2:

$$C_4H_{10} + O_2 \rightarrow 4CO_2 + H_2O$$

Etapa 2: Agora, olhe para o outro elemento, H, em C_4H_{10}. Há 10 H átomos (em uma molécula de C_4H_{10}) à esquerda e somente 2 (em uma molécula de H_2O) à direita. A fim de balancear os átomos de H, necessitamos escrever um 5 na frente de H_2O porque $5 \times 2 = 10$:

$$C_4H_{10} + O_2 \rightarrow 4CO_2 + 5H_2O$$

Etapa 3: Os átomos de oxigênio são os únicos que não estão balanceados à esquerda; para serem balanceados, deve-se colocar um coeficiente apropriado em O_2. Contudo, neste caso o coeficiente precisa ser uma fração, por haver um número total de $(4 \times 2) + 5$, ou 13, átomos de oxigênio à direita. Entretanto, escrevemos 13/2, ou 6,5, em frente de O_2.

$$C_4H_{10} + \frac{13}{2} O_2 \rightarrow 4CO_2 + 5H_2O$$

Etapa 4: As frações são muitas vezes pouco práticas, por isso normalmente usamos somente coeficientes inteiros nas equações balanceadas. (Embora coeficientes fracionários sejam adequados para alguns propósitos, por enquanto, será melhor evitá-los.) Nesta equação, então, eliminamos o 13/2 pela multiplicação por 2:

$$2C_4H_{10} + 13O_2 \rightarrow 8CO_2 + 10H_2O$$

Etapa 5: Por último, checamos nosso trabalho de adição de número dos átomos de cada elemento em cada lado da equação:

Átomo	***Lado esquerdo***	***Lado direito***
C	$2 \times 4 = 8$	8
H	$2 \times 10 = 20$	$10 \times 2 = 20$
O	$13 \times 2 = 26$	$(8 \times 2) + 10 = 26$

Problema Paralelo: Balanceie a equação para a queima do etanol (álcool de cereal), C_2H_5OH, pelo oxigênio para formar CO_2 e H_2O. **Resposta:** $C_2H_5OH + 3O_2 \rightarrow 2CO_2 + 3H_2O$.

Ao balancear uma equação, uma regra importante que não deve ser esquecida: *nunca altere a fórmula de um reagente ou produto durante o processo de balanceamento*. Os seguintes exemplos ilustram as conseqüências do não-cumprimento desta regra.

Exemplo 2.16 Balanceie a seguinte equação para a queima de hidrogênio pelo oxigênio para formar água:

$$H_2 + O_2 \rightarrow H_2O$$

Solução Incorreta: Não é correto balancear esta equação colocando-se um subíndice 2 após o O em H_2O.

$$H_2 + O_2 \rightarrow H_2O_2$$

Isto é errado porque altera a equação, não mais descrevendo a mesma reação. Embora balanceada, a nova equação mostra peróxido de hidrogênio, H_2O_2, em vez de água.

Solução Correta: A equação será corretamente balanceada colocando-se inicialmente um coeficiente 2 em frente da H_2O:

$$H_2 + O_2 \rightarrow 2H_2O$$

e então, colocando um 2 em frente do H_2, temos:

$$2H_2 + O_2 \rightarrow 2H_2O$$

Problema Paralelo: Óxido de nitrogênio, NO, reage com oxigênio para formar dióxido de nitrogênio. Escreva a equação para esta reação e inclua a notação, mostrando que todos os reagentes e produtos são gasosos. **Resposta:** $2NO(g) + O_2(g) \rightarrow 2NO_2(g)$.

Comentários Adicionais

Algumas vezes os estudantes têm a idéia errônea de que são capazes de *completar* uma equação quando lhes são dados *somente* os reagentes, imaginando quais devam ser os produtos. Isto não é possível sem um conhecimento químico maior do que o seu neste estágio. Por exemplo, na reação anterior NO com O_2, o produto poderia ser NO_2, N_2O_2, N_2O_3, N_2O_4 ou N_2O_5, os quais sabe-se que todos existem. O produto real depende das condições às quais os reagentes são submetidos. Você eventualmente será capaz de predizer os produtos de muitas reações, mas, por enquanto, não é possível.

2.7 ESTEQUIOMETRIA DE REAÇÕES

OS SIGNIFICADOS DE UMA EQUAÇÃO QUÍMICA

Qualitativamente, uma equação química simplesmente descreve *quais* são os produtos e reagentes de uma reação. Por exemplo,

$$4Fe(s) + 3O_2(g) \rightarrow 2Fe_2O_3(s)$$

representa uma reação na qual o ferro reage com oxigênio para formar o óxido de ferro.

Quantitativamente, uma equação química balanceada especifica uma relação numérica das quantidades de reagentes e produtos de uma reação. Estas relações podem ser expressas em termos de quantidades microscópicas: átomos, moléculas, fórmulas unitárias etc., ou em quantidades macroscópicas: *mols de átomos*, moléculas, fórmulas unitárias etc. A equação

$$4Fe(s) + 3O_2(g) \rightarrow 2Fe_2O_3(s)$$

realmente tem dois significados quantitativos: primeiro, que 4 átomos de ferro combinam-se com 3 moléculas de oxigênio para formar 2 fórmulas unitárias de óxido de ferro e, segundo, que 4 mol de átomos de ferro combinam-se com 3 mol de moléculas de oxigênio para formar 2 mol de fórmula unitária de óxido de ferro.

Os coeficientes na equação balanceada descrevem *razões fixas* das quantidades dos reagentes e produtos. Em escala atômica e molecular, a equação acima estabelece que átomos de ferro e moléculas de oxigênio são consumidos, e fórmulas unitárias de óxido de ferro (óxido de ferro não é um composto molecular) são formadas em uma razão de 4:3:2. Em uma escala real, a equação estabelece que ferro e oxigênio são consumidos, e óxido de ferro é formado em uma razão de 4 mols de átomos de Fe:3 mols de moléculas de O_2:2 mols de fórmulas unitárias de Fe_2O_3.

CÁLCULOS ESTEQUIOMÉTRICOS

Uma equação química balanceada expressa a quantidade química equivalente de reagentes e produtos. Usando o símbolo $\Leftrightarrow$ para indicar esta equivalência, pode-se dizer que na reação anterior as quantidades de reagentes e produtos estão relacionadas do seguinte modo:

$$4 \text{ átomos Fe} \Leftrightarrow 3 \text{ moléculas de } O_2 \Leftrightarrow 2 \text{ fórmulas unitárias de } Fe_2O_3$$

a partir do que obtemos os fatores unitários

$$\frac{4 \text{ átomos de Fe}}{3 \text{ moléculas de } O_2}$$

$$\frac{4 \text{ átomos de Fe}}{2 \text{ fórmulas unitárias } Fe_2O_3}$$

$$\frac{3 \text{ moléculas de } O_2}{2 \text{ fórmulas unitárias de } Fe_2O_3}$$

É mais importante observar que nesta reação

4 *mol* de átomos de Fe ⇔ 3 *mol* de moléculas de O_2 ⇔ 3 *mol* de fórmulas unitárias de Fe_2O_3 a partir do que obtemos os fatores unitários

$$\frac{4 \text{ mol de átomos de Fe}}{3 \text{ mol de moléculas de } O_2}$$

$$\frac{4 \text{ mol de átomos de Fe}}{2 \text{ mol de fórmulas unitárias } Fe_2O_3}$$

$$\frac{3 \text{ mol de moléculas de } O_2}{2 \text{ mol fórmulas de moléculas unitárias de } Fe_2O_3}$$

Fatores unitários como estes podem ser usados para calcular quantidades de reagentes consumidas e produtos formados em reações químicas. Os seguintes exemplos ilustram o procedimento.

Exemplo 2.17 Nitrogênio gasoso e hidrogênio gasoso combinam-se sob condições apropriadas para formar o composto amônia, NH_3, de acordo com a equação

$$N_{2(}g) + 3H_2(g) \rightarrow 2NH_3(g)$$

Quantas (a) moléculas de H_2 são consumidas e (b) moléculas de NH_3 são formadas quando $4{,}20 \times 10^{21}$ moléculas de N_2 reagem?

Solução: (a) A equação indica que uma molécula de N_2 reage com 3 moléculas de H_2. Assim, o número de moléculas de H_2 consumido é

$$4{,}20 \times 10^{21} \text{ moléculas } N_2 \times \frac{3 \text{ moléculas de } H_2}{1 \text{ molécula de } N_2} = 1{,}26 \times 10^{22} \text{ moléculas de } H_2$$

(b) A equação indica que uma molécula de N_2 reage para formar 2 moléculas de NH_3. Assim, o número de moléculas de NH_3 formado é

$$4{,}20 \times 10^{21} \text{ moléculas de } N_2 \times \frac{2 \text{ moléculas de } NH_3}{1 \text{ molécula de } N_2} = 8{,}40 \times 10^{21} \text{ moléculas de } NH_3$$

Problema Paralelo: $8{,}96 \times 10^{21}$ moléculas de H_2 reagem com oxigênio para formar água de acordo com a equação

$$2H_2(g) + O_2(g) \rightarrow 2H_2O(g)$$

Quantas (a) moléculas de O_2 reagem e (b) moléculas de H_2O são formadas? **Resposta:** (a) $4{,}48 \times 10^{21}$ moléculas de O_2; (b) $8{,}96 \times 10^{21}$ moléculas de H_2O.

Exemplo 2.18 Na reação

$$N_2(g) + 3H_2(g) \rightarrow 2NH_3(g)$$

quantos (a) mols de moléculas de H_2 são consumidos e (b) mols de moléculas de NH_3 são formados quando 1,38 mol de moléculas de N_2 reage?

Solução:

(a) A equação indica que 1 mol de moléculas de N_2 combina-se com 3 mol de moléculas de H_2. Assim, o número de mols de moléculas de H_2 consumido é

$$1{,}38 \text{ mol de moléculas de } N_2 \times \frac{3 \text{ mol de moléculas de } H_2}{1 \text{ mol de moléculas de } N_2} = 4{,}14 \text{ mol de moléculas de } H_2$$

(b) A equação indica que 1 mol de moléculas de N_2 reage para formar 2 mol de moléculas de NH_3. Assim, o número de mols de moléculas de NH_3 formado é

$$1{,}38 \text{ mol de moléculas de } N_2 \times \frac{2 \text{ mol de moléculas de } NH_3}{1 \text{ mol de moléculas de } N_2} = 2{,}76 \text{ mol de moléculas de } NH_3$$

Problema Paralelo: Na reação

$$C_2H_4(g) + 3O_2(g) \rightarrow 2CO_2(g) + 2H_2O(g)$$

quantos (a) mols de moléculas de O_2 são consumidos e (b) mols de moléculas de H_2O são formados quando $4{,}16 \times 10^{-2}$ mol de moléculas de C_2H_4 reagem? **Resposta:** (a) $1{,}25 \times 10^{-1}$ mol de moléculas de O_2; (b) $8{,}32 \times 10^{-2}$ mol de moléculas de H_2O.

Exemplo 2.19 Quando o sulfeto de chumbo, PbS, e o óxido de chumbo, PbO, são aquecidos juntos, os produtos são chumbo metálico e dióxido de enxofre, SO_2:

$$PbS(s) + 2PbO(s) \rightarrow 3Pb(l) + SO_2(g)$$

Se 14,0 g de óxido de chumbo reagem de acordo com a equação acima, quantos (a) mols de átomos de chumbo, (b) gramas de chumbo, (c) átomos de chumbo e (d) gramas de dióxido de enxofre são formados? (Massas atômicas: Pb = 207; S = 32,1; O = 16,0.)

Solução: Para cada uma destas quatro partes, devemos usar a equação balanceada, e como a equação estabelece uma relação quantitativa em termos de *mols*, precisamos primeiro encontrar quantos mols de óxido de chumbo estão presentes antes da reação. Somando-se as massas atômicas do chumbo (207) e oxigênio (16,0), encontramos a massa de fórmulas do óxido de chumbo que é 223. (Um mol de fórmulas unitárias de óxidos de chumbo tem uma massa de 223 g.) Portanto, 14,0 g de PbO é

$$14{,}0 \text{ g de PbO} \times \frac{1 \text{ mol de fórmulas unitárias de PbO}}{223 \text{ g de PbO}} =$$

$$6{,}28 \times 10^{-2} \text{ mol de fórmulas unitárias de PbO}$$

(a) A equação balanceada indica que cada 2 mol de fórmulas unitárias de PbO formam 3 mol de átomos de Pb. Então $6{,}28 \times 10^{-2}$ mol de fórmulas unitárias de PbO forma

$$6{,}28 \times 10^{-2} \text{ mol de fórmulas unitárias de PbO} \times \frac{3 \text{ mol de átomos de Pb}}{2 \text{ mol de fórmulas unitárias de PbO}} =$$

$$9{,}42 \times 10^{-2} \text{ mol de átomos de Pb}$$

(b) A massa atômica do chumbo é 207; então, sabemos que 1 mol de átomos de Pb tem uma massa de 207 g. Assim, $9{,}42 \times 10^{-2}$ mol de átomos de Pb tem uma massa de

$$9{,}42 \times 10^{-2} \text{ mol de átomos Pb} \times \frac{207 \text{ g de Pb}}{1 \text{ mol de átomos de Pb}} = 19{,}5 \text{ g de Pb}$$

(c) $9{,}42 \times 10^{-2}$ mol de átomos de Pb é

$$9{,}42 \times 10^{-2} \text{ de átomos de Pb} \times \frac{6{,}02 \times 10^{23} \text{ átomos de Pb}}{1 \text{ mol de átomos de Pb}} = 5{,}67 \times 10^{22} \text{ átomos de Pb}$$

(d) A equação balanceada indica que cada 2 mol de fórmulas unitárias de PbO forma 1 mol de molécula de SO_2. Então, $6{,}28 \times 10^{-2}$ mol de fórmulas unitárias de PbO formam

$$6{,}28 \times 10^{-2} \text{ de fórmulas unitárias de PbO} \times \frac{1 \text{ mol de moléculas de } SO_2}{2 \text{ mol de fórmulas unitárias de PbO}} =$$

$$3{,}14 \times 10^{-2} \text{ mol de moléculas de } SO_2$$

A massa molecular do SO_2 é 32,1 + 2(16,0) , ou 64,1; então, 1 mol de moléculas de SO_2 tem um massa de 63,1 g. Assim, $3{,}14 \times 10^{-2}$ mol de moléculas de SO_2 tem uma massa de

$$3{,}14 \times 10^{-2} \text{ mol de moléculas de } SO_2 \times \frac{64{,}1 \text{ g de } SO_2}{1 \text{ mol de moléculas de } SO_2} = 2{,}01 \text{ g de } SO_2$$

Problema Paralelo Quando sulfeto de hidrogênio, H_2S, queima em excesso de oxigênio, os produtos são água e dióxido de enxofre. Se 16,0 g de água é formada em tal reação, quantos (a) mols de moléculas de O_2, (b) moléculas de O_2, (c) gramas de O_2 são consumidos? (d) quantos gramas de H_2S são consumidos? **Resposta:** (a) 1,33 mol de moléculas de O_2; (b) $8{,}03 \times 10^{23}$ moléculas de O_2; (c) 42,7 g de O_2; (d) 30,3 g de H_2S.

A ANÁLISE DE COMBUSTÃO

Os dados para determinar a fórmula empírica de um composto são geralmente obtidos por uma técnica conhecida como **análise de combustão**. Neste método, o composto é queimado, e as quantidades de produtos da reação de combustão são medidas. Os cálculos são ilustrados no exemplo seguinte.

Exemplo 2.20 Xileno é uma substância composta somente de carbono e hidrogênio. Uma amostra de xileno foi queimada em excesso de oxigênio e este produziu somente como produtos 33,4 g de CO_2 e 8,55 g de água. Determine (a) a análise elementar (composição percentual em massa) e (b) a fórmula empírica do xileno.

Solução: (a) Primeiro, somando-se as massas atômicas, obtém-se a massa molecular do CO_2 e H_2O.

$$CO_2\text{: } 12{,}0 + 2(16{,}0) = 44{,}0$$

$$H_2O\text{: } 2(1{,}01) + 16{,}0 = 18{,}0$$

Calcularemos o número de mols de moléculas de CO_2 e de H_2O formados:

$$33{,}4 \text{ g de } CO_2 \times \frac{1 \text{ mol de moléculas de } CO_2}{44{,}0 \text{ g de } CO_2} = 0{,}759 \text{ mol de moléculas de } CO_2$$

$$8{,}55 \text{ g de } H_2O \times \frac{1 \text{ mol de moléculas de } H_2O}{18{,}0 \text{ g de } H_2O} = 0{,}475 \text{ mol de moléculas de } H_2O$$

Da fórmula de CO_2, cada mol de moléculas de CO_2 contém *um* mol de átomos de C. Analogamente, cada mol de H_2O contém *2* mol de átomos de H. Então, o número de mols de átomos de C e de H nos produtos CO_2 e H_2O *e também originalmente no xileno são*

$$0{,}759 \text{ mol de moléculas de C} \times \frac{1 \text{ mol de átomos C}}{1 \text{ mol de moléculas de } CO_2} = 0{,}759 \text{ mol de átomos de C}$$

$$0{,}475 \text{ mol de moléculas de} H_2O \times \frac{2 \text{ mol de átomos de H}}{1 \text{ mol de moléculas de } H_2O} = 0{,}950 \text{ mol de átomos de H}$$

Sendo que apresentam as seguintes massas:

$$\text{Massa de C} = 0{,}759 \text{ mol de átomos de C} \times \frac{12{,}0 \text{ g de C}}{1 \text{ mol de átomos de C}} = 9{,}11 \text{ g de C}$$

$$\text{Massa de H} = 0{,}950 \text{ mol de átomos de H} \times \frac{1{,}01 \text{ g de H}}{1 \text{ mol de átomos de H}} = 0{,}960 \text{ g de H}$$

Como nenhum outro elemento está presente no xileno, a massa total da amostra original deve ser 9,11 g + 0,960 g = 10,07 g. A análise do composto é, portanto:

$$\% \text{ C} = \frac{\text{massa de carbono}}{\text{massa de xileno}} \times 100 = \frac{9{,}11 \text{ g}}{10{,}07 \text{ g}} \times 100$$

$$\% \text{ H} = \frac{\text{massa de hidrogênio}}{\text{massa de xileno}} \times 100 = \frac{0{,}960 \text{ g}}{10{,}07 \text{ g}} \times 100$$

(b) Em seqüência, para determinar a fórmula empírica, tomemos a razão do número de mols de átomos de C para o número de mols de átomos de H, já determinada:

0,759 para 0,950

Para simplificar tal razão dividimos *ambos os números pelo menor*, transformando a razão para um equivalente:

$$1{,}00 \text{ para } 1{,}25 \quad \text{ou} \quad 1 \text{ para } \frac{5}{4}$$

Então, multipliquemos ambos os números por 4 para remover a fração, e obteremos

4 para 5

Como esta é a razão de mols de átomos de carbono e de hidrogênio, a fórmula empírica é C_4H_5.

Problema Paralelo: O naftaleno, que tem sido usado como conservante, é composto completamente de carbono e hidrogênio. Quando uma amostra de naftaleno foi queimada, 19,6 g de CO_2 e 3,20 g de H_2O foram produzidos. Qual é (a) a composição percentual e (b) a fórmula empírica do naftaleno? **Resposta:** (a) 93,7% de C e 6,30% de H; (b) C_5H_4.

PROBLEMAS COM REAGENTES LIMITANTES

Vimos que os coeficientes em uma equação balanceada indicam a relação de números de mols das espécies dos reagentes e produtos. A razão entre o número de mols de moléculas de hidrogênio e oxigênio na reação

$$2H_2(g) + O_2(g) \rightarrow 2H_2O(g)$$

é 2:1. Esta razão é chamada **razão estequiométrica** dos reagentes. Esta razão é, naturalmente, fixa; se uma quantidade adicional (um excesso) de qualquer um dos reagentes estiver presente além da razão estequiométrica, o excesso permanecerá sem reagir. Por exemplo, se 2,5 mol de moléculas de H_2 e 1,0 mol de moléculas de O_2 estiverem presentes no início da reação anterior, somente 2,0 mol de moléculas de H_2 reagirão, deixando 0,5 mol sem reagir. Neste caso, o oxigênio é o **reagente limitante**, devido à quantidade de água formada ser limitada pela quantidade de oxigênio presente, não pelo hidrogênio. O hidrogênio encontra-se **em excesso**.

	$2H_2(g)$	+ $O_2(g)$	$\rightarrow$ $2H_2O(g)$
Mols da reação:	2,5 (excesso)	1,0 (limitante)	0
Variação:	−2,0	−1,0	+2,0
Mols após a reação:	0,5	0	2,0

Se começamos com 2 mol de moléculas de H_2 e 1,5 mol de moléculas de O_2, o H_2 seria o reagente limitante e o O_2 presente estaria em excesso:

	$2H_2(g)$	+ $O_2(g)$	$\rightarrow$ $2H_2O(g)$
Mols da reação:	2,0 (limitante)	1,5 (excesso)	0
Variação:	−2,0	−1,0	+2,0
Mols após a reação:	0	0,5	2,0

O reagente limitante pode ser prontamente identificado por comparação da razão de mols de moléculas de reagentes realmente presentes com a razão estequiométrica indicada na equação. Considerando novamente a reação entre hidrogênio e oxigênio,

$$2H_2(g) + O_2(g) \rightarrow 2H_2O(g)$$

Se 0,468 mol de moléculas de H_2 de 0,221 mol de moléculas de O_2 são misturados e reagem, a real razão de reagentes é

$$\frac{\text{Mols de moléculas de } H_2}{\text{Mols de moléculas de } O_2} = \frac{0{,}468}{0{,}221} = 2{,}12 \text{ (real)}$$

que é *maior* que a razão estequiométrica,

$$\frac{\text{Mols de moléculas de } H_2}{\text{Mols de moléculas de } O_2} = \frac{2}{1} = 2 \text{ (estequiométrica)}$$

O numerador na razão real do reagente é maior do que a razão estequiométrica, por estar presente mais H_2 do que é necessário para reagir com todo O_2 presente. Em outras palavras, H_2 está presente em excesso, e O_2 é o reagente limitante.

Se, por outro lado, 0,372 mol de moléculas de H_2 e 0,194 mol de moléculas de O_2 estão presentes, então a razão real de reagentes é

$$\frac{\text{Mols de moléculas de } H_2}{\text{Mols de moléculas de } O_2} = \frac{0{,}372}{0{,}194} = 1{,}92 \text{ (real)}$$

e, assim, esta é menor do que a razão estequiométrica de 2/1, ou 2; isto significa que o denominador na razão real foi "muito grande", indicando um excesso de O_2. Neste caso H_2 é o reagente limitante.

Uma vez identificado o reagente limitante, a quantidade deste (em mols) pode ser usada para calcular as quantidades dos produtos formados.

Exemplo 2.21 3,65 g de H_2 e 26,7 g de O_2 são misturados e reagem. Quantos gramas de H_2O são formados? (Massas atômicas: H = 1,01; O = 16,0.)

***Solução*:** Como a equação balanceada é

$$2H_2(g) + O_2(g) \rightarrow 2H_2O(g)$$

a razão estequiométrica (H_2 para O_2) é 2/1, ou 2. Usando as massas moleculares de H_2 ($2 \times 1{,}01 = 2{,}02$) e O_2 ($2 \times 16{,}0 = 32{,}0$), encontramos o seguinte número de mols de moléculas de cada reagente realmente presente:

$$3{,}65 \text{ g de } H_2 \times \frac{1 \text{ mol de moléculas de } H_2}{2{,}02 \text{ g de } H_2} = 1{,}81 \text{ mol de moléculas de } H_2$$

$$26{,}7 \text{ g de } O_2 \times \frac{1 \text{ mol de moléculas de } O_2}{32{,}0 \text{ g de } O_2} = 0{,}834 \text{ mol de moléculas de } O_2$$

A razão de mols é

$$\frac{\text{Mols de moléculas de } H_2}{\text{Mols de moléculas de } O_2} = \frac{1{,}81}{0{,}834} = 2{,}17$$

Visto que a razão é maior do que 2, podemos observar que o H_2 está presente em excesso. Como O_2 é um reagente que limita a formação de H_2O, todas as moléculas (0,834 mol) são usadas, Agora podemos determinar quantos gramas de água são formados. Primeiro, encontramos o número de mols de moléculas de H_2O formado:

$$0{,}834 \text{ mol de moléculas de } O_2 \times \frac{2 \text{ mol de moléculas de } H_2O}{1 \text{ mol de moléculas de } O_2} =$$

$$1{,}67 \text{ mol de moléculas de } H_2O$$

Então, usando a massa molecular de H_2O [2(1,01) + 16,0 = 18,0], calculamos a massa de água formada:

$$1{,}67 \text{ mol de moléculas de } H_2O \times \frac{18{,}0 \text{ g de } H_2O}{1 \text{ mol de moléculas de } H_2O} = 30{,}1 \text{ g de } H_2O$$

Problema Paralelo: Termita é uma mistura de alumínio e óxido de ferro (Fe_2O_3). Quando aquecida a uma temperatura suficientemente alta, reage com uma exibição pirotécnica espetacular para formar ferro fundido (líquido) e óxido de alumínio sólido (Al_2O_3). Se uma mistura de 10,0 g de Al e 50,0 g de Fe_2O_3 reage, quantos gramas de ferro são produzidos? (Massas atômicas: Fe = 55,8; Al = 27,0; O = 16,0.) **Resposta:** 20,7 g.

2.8 A ESTEQUIOMETRIA DE SOLUÇÃO

Até agora, consideramos a estequiometria de reações que usa substâncias puras, como reagentes e produtos. Reações que ocorrem em soluções são também muito comuns.

O SOLUTO E O SOLVENTE

Muito freqüentemente, um componente de uma solução apresenta-se em uma quantidade muito maior do que a dos outros componentes. Este componente é chamado **solvente** e cada um dos outros componentes é chamado **soluto**. Por exemplo, após dissolver um grama de açúcar (uma quantidade relativamente pequena) em um litro de água (uma quantidade relativamente grande), referimo-nos à água como o solvente e ao açúcar como o soluto. Por serem muito comuns, as soluções onde o solvente é água são chamadas **soluções aquosas**.

A CONCENTRAÇÃO MOLAR[4]

A composição de uma solução é expressa pela concentração de um ou mais de seus componentes. Muitas unidades de concentração são comumente usadas; uma familiar é a percentagem em massa, também freqüente e incorretamente chamada de "percentagem de peso". Uma garrafa de vinagre, por exemplo, poderia especificar em seu rótulo "5% ", significando que 5% da massa de alguma amostra de vinagre consiste no composto de ácido acético, o soluto principal. (Os outros 95% consistem principalmente em H_2O.)

Em química, a unidade de concentração mais importante é a *concentração molar*, ou *molaridade*, simbolizada por *M*[5]. Indica *o número de mols de soluto adicionado ao solvente em quantidade suficiente para completar um litro (um decímetro cúbico) de solução.* Ou,

$$\text{Molaridade} = \frac{\text{n}^{\underline{o}} \text{ de mols de soluto}}{\text{n}^{\underline{o}} \text{ de litros de solução}}$$

Se 1,0 L de uma solução foi preparado pela dissolução de 1,0 mol de cloreto de sódio, NaCl, isto significa que esta é "uma solução de cloreto de sódio 1,0 mol/L" e abrevia-se como "1,0 *M* de NaCl."

Comentários Adicionais

Um ponto que pode causar alguma confusão é que *M* não é usado somente como uma abreviação para a palavra *molaridade*, mas também para indicar sua própria unidade, "molar". Note que especificamente "0,1 *M*" não se lê "0,1 molaridade", mas preferencialmente "0,1 molar".

4 N. do R.T.: As normas recentes de nomenclatura recomendam o uso de "concentração em quantidade de matéria" ou simplesmente, "concentração".

5 N. do R.T.: Recomenda-se o uso de mol/L, em vez de *M*.

Exemplo 2.22 Uma solução tem um volume de 0,250 L e contém 26,8 g de cloreto de cálcio, $CaCl_2$. Qual é a concentração molar do $CaCl_2$? (Massas atômicas: Ca = 40,1; Cl = 35,5.)

Solução: Primeiro necessitamos encontrar o número de mols de $CaCl_2$. Usando sua massa de fórmula [40,1 + 2(35,5)] = 111,1], encontramos:

$$26{,}8\text{g de } CaCl_2 \times \frac{1 \text{ mol de } CaCl_2}{111{,}1 \text{ g de } CaCl_2} = 0{,}241 \text{ mol de } CaCl_2$$

Então, aplicando a definição de molaridade,

$$\text{Molaridade} = \frac{\text{mols de soluto}}{\text{litros de solução}} = \frac{0{,}241 \text{ mol}}{0{,}250 \text{ L}} = 0{,}964 \frac{\text{mol}}{\text{L}} = 0{,}964 \text{ mol/L}$$

Problema Paralelo 126 g de cloreto de sódio são adicionados em uma quantidade de água suficiente para preparar 793 cm^3 de solução. Qual é a concentração molar do NaCl? (Massas atômicas: Na = 23,0; Cl = 35,5.) **Resposta**: 2,72 mol/L.

Por duas razões já mencionadas, a molaridade é usualmente a unidade de concentração mais utilizada. A primeira está na facilidade em se preparar uma solução de molaridade conhecida pela pesagem do soluto, e então preparar a solução usando um *balão volumétrico* (um recipiente de volume exato conhecido). A Figura 2.5 apresenta um balão desse tipo. O soluto inicialmente é dissolvido em uma quantidade moderada de solvente. Assim, apenas uma quantidade suficiente de solvente é adicionada para levar o nível do líquido até a marca no pescoço do balão; com isso o volume da solução fica definido precisamente.

Exemplo 2.23 Quantos gramas de nitrato de sódio, $NaNO_3$, precisam ser usados para preparar $5{,}00 \times 10^2$ mL de uma solução 0,100 mol/L? (Massas atômicas: Na = 23,0; N = 14,0; O = 16,0.)

Solução: Primeiro calculamos o número de mols de $NaNO_3$ necessário. Como $5{,}00 \times 10^2$ mL é 0,500 L (lembre-se: 1 L = 10^3 mL),

$$(0{,}100 \text{ mol/L})(0{,}500 \text{ L}) = 5{,}00 \times 10^{-2} \text{ mol}$$

A massa de fórmula de Na_2NO_3 é 23,0 + 14,0 + 3(16,0) = 85,0, e assim a quantidade de Na_2NO_3 necessária é

$$5{,}00 \times 10^{-2} \text{ mol } NaNO_3 \times \frac{85{,}0 \text{ g } NaNO_3}{1 \text{ mol } NaNO_3} = 4{,}25 \text{ g } NaNO_3$$

Problema Paralelo: Quantos gramas de cloreto de magnésio, $MgCl_2$, são necessários para preparar $2{,}50 \times 10^2$ mL de solução 0,240 mol/L? (Massas atômicas: Mg = 24,3; Cl = 35,5.) **Resposta:** 5,72 g.

Uma segunda razão para usar a concentração molar é que, quando transferimos um volume definido de uma solução de molaridade conhecida, podemos facilmente calcular quantos mols de soluto estão distribuídos. Um aparelho conveniente para transferir uma amostra de volume conhecido é a *pipeta* (Figura 2.6). Com a pipeta, um volume pré-determinado de solução pode ser transferido.

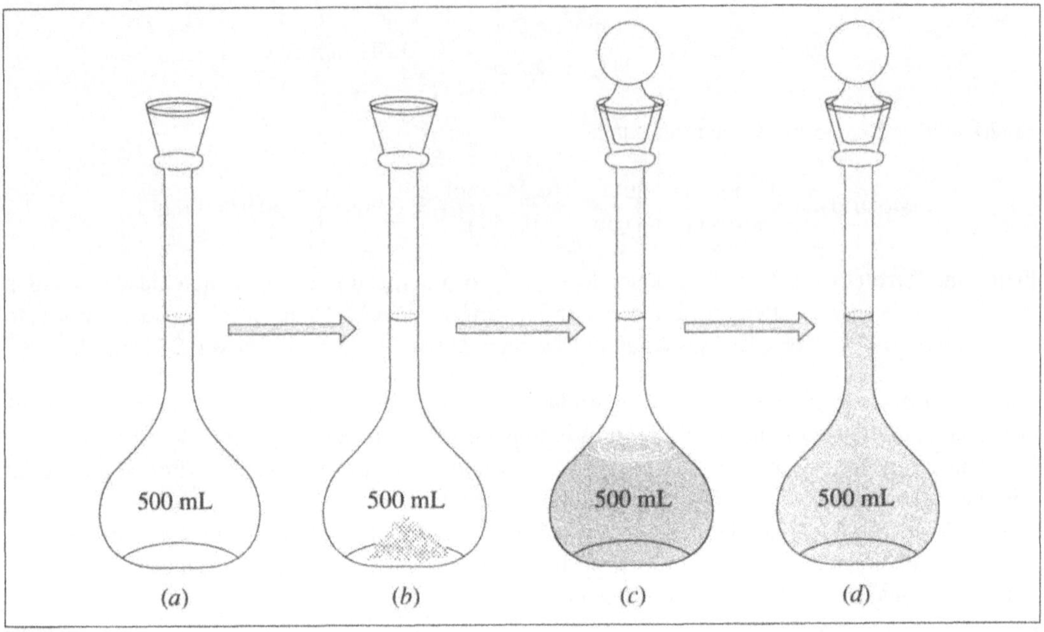

Figura 2.5 O uso de um balão volumétrico na preparação de uma solução de molaridade conhecida. (*a*) Balão volumétrico vazio. (*b*) Adição de uma quantidade de soluto conhecida. (*c*) Adição de solvente, com o balão tampado invertido várias vezes para dissolver o soluto. (*d*) Nível da solução elevado até a marca no pescoço do balão pela adição de mais solvente, e invertido o balão novamente para mistura final.

Exemplo 2.24 Um volume de 10,00 cm^3 de 0,1738 mol/L de NaCl foi transferido por uma pipeta. Quantos mols de NaCl foram transferidos?

Solução: 10,00 cm^3 é 10,00 mL. Em litros, isto é $1{,}000 \times 10^{-2}$ L. A solução contém 0,1738 mol de NaCl por litro. O número de mols transferidos foi então

$$(0{,}1738 \text{ mol/L})(1{,}000 \times 10^{-2} \text{ L}) = 1{,}738 \times 10^{-2} \text{ mol}$$

Problema Paralelo: 25,0 mL de uma solução 0,485 mol/L de sulfato de sódio, Na_2SO_4, foi pipetado em um béquer. Quantos gramas de Na_2SO_4 foram transferidos? (Massas atômicas: Na = 23,0; S = 32,1; O = 16,0.) **Resposta**: 1,72 g.

A DILUIÇÃO

Dois termos geralmente usados para descrever soluções são *concentrado* e *diluído*. Uma **solução concentrada** apresenta uma concentração alta de soluto; uma **solução diluída** apresenta uma concentração baixa. A palavra **diluição** é usada quando uma solução pode ser mais diluída pela adição de mais solvente.

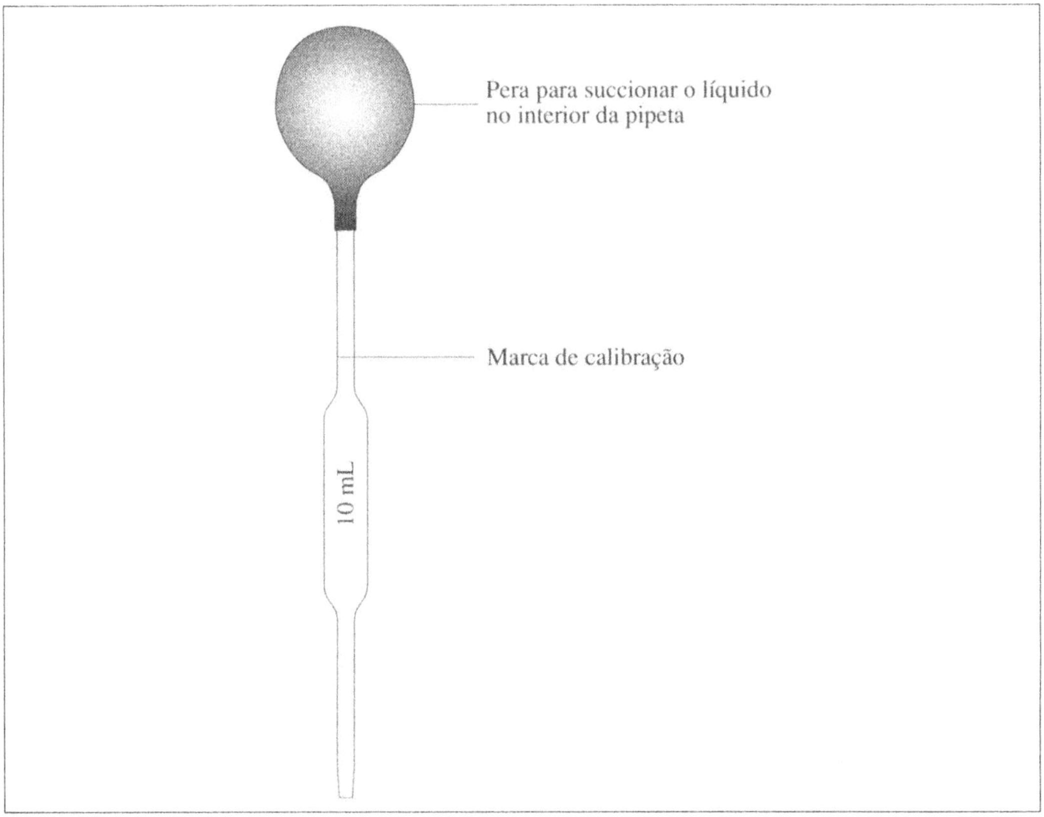

Figura 2.6 Uma pipeta de transferência.

Comentários Adicionais

No dia-a-dia costuma-se usar as palavras "forte" e "fraco" com o sentido de concentrado e diluído, respectivamente. Entretanto, forte e fraco têm diferentes significados em química, como se verá na Seção 11.6.

Exemplo 2.25 50,0 mL de uma solução aquosa de nitrato de potássio, KNO_3, 0,134 mol/L é diluída pela adição de um quantidade de água suficiente para aumentar seu volume para 225 mL. Qual é a nova concentração?

Solução: Em litros, o volume original é 0,0500 L. O número de mols de KNO_3 em solução não muda com a adição de água. Isto é,

$$(0{,}134\text{mol/L})(0{,}0500\text{ L}) = 6{,}70 \times 10^{-3}\text{ mol}$$

Como o novo volume é 225 mL, ou 0,225 L, a nova concentração é

$$\text{Molaridade} = \frac{\text{mols de soluto}}{\text{litros de solução}} = \frac{6{,}70 \times 10^{-3}\text{ mol}}{0{,}225\text{ L}} = 2{,}98 \times 10^{-2}\text{ mol L}^{-1}$$

Note que em um problema de diluição, concentração e volume são inversamente proporcionais. (Por exemplo, se o volume duplica, a concentração cai para a metade.) Então, podemos escrever para uma diluição:

$$\text{Molaridade final} = \text{molaridade inicial} \times \frac{\text{volume inicial}}{\text{volume final}}$$

No caso do problema acima, esta torna-se:

$$\text{Molaridade final} = 0{,}134\text{ mol/L} \times \frac{50{,}0\text{ mL}}{225\text{ mL}} = 2{,}98 \times 10^{-2}\text{ mol/L}$$

Comentários Adicionais

Um problema como este mostra que a concentração final é menor que a concentração inicial. Diluição por adição de solvente não causa um aumento na concentração do soluto.

Problema Paralelo: 50,00 cm^3 de uma solução aquosa de sulfito de sódio, Na_2SO_3, 0,6219 mol/L é diluída com água até um volume final de 80,00 mL. Qual é a concentração final? **Resposta:** 0,3887 mol/L.

OS ÁCIDOS E AS BASES

Os *ácidos* e as *bases* são duas importantes classes de compostos químicos. (As bases são conhecidas também como *álcalis*, um nome antigo.) Provisoriamente os definimos como segue:

> Um **ácido** é um composto capaz de fornecer *íons de hidrogênio*, H^+, em solução aquosa. Um ácido reage com uma base. Uma **base** é um composto capaz de fornecer íons *hidróxidos*, OH^-, em solução aquosa. Uma base reage com um ácido.

Um *íon* é um átomo ou grupo de átomos que carrega uma carga elétrica. Estudaremos como os íons podem ser formados nas Seções 5.1 e 7.3.

AS REAÇÕES DE NEUTRALIZAÇÃO

Em uma **reação ácido-base**, ou **reação de neutralização**, íons hidrogênio de um reagente ácido com íons hidróxido de uma base formam água ou

$$H^+(aq) + OH^-(aq) \rightarrow H_2O$$

A água é um produto em todas as reações de neutralização. Consideremos a neutralização que ocorre quando soluções aquosas de ácidos clorídrico, HCl, e hidróxido de sódio, NaOH, são misturadas. A equação para a reação pode ser escrita na suposta forma molecular:

$$HCl(aq) + NaOH(aq) \rightarrow H_2O + NaCl(aq)$$

Nesta reação, um mol de íons H^+ (do HCl) combina-se com um mol de íons OH^- (do NaOH) para formar um mol de moléculas de H_2O. Neste caso, a razão estequiométrica do HCl para NaOH é 1:1.

A situação é diferente no caso da reação de ácido clorídrico com hidróxido de bário, $Ba(OH)_2$,

$$2HCl(aq) + Ba(OH)_2(aq) \rightarrow 2H_2O + BaCl_2(aq)$$

Desta vez a razão estequiométrica (ácido para base) será 2:1. Em algumas reações de neutralização, um H^+ (do ácido) combina-se com um OH^- (da base) para formar uma molécula de H_2O. Daqui pode-se ver que a razão estequiométrica (mols de ácido para mols de base) é determinada pelo número de íons de H^+ reagentes por moléculas de ácido, e íons de OH^- por fórmulas unitárias de base. Na equação anterior, *duas* moléculas de HCl são necessárias para fornecer *dois* íons H^+ necessários para combinarem-se com *dois* íons OH^- fornecidos por *uma* única fórmula unitária $Ba(OH)_2$.

TITULAÇÃO

As reações de neutralização são importantes em um procedimento de laboratório conhecido como **titulação ácido-base**, no qual a concentração molar de um ácido em uma solução aquosa é determinada pela adição vagarosa de uma solução básica de concentração conhecida na solução do ácido. (As funções do ácido e da base podem ser invertidas; ver a seguir.)

Uma solução de ácido é comumente transferida com uma pipeta e, assim, seu volume é conhecido. A solução da base é usualmente transferida por um tubo de medição chamado *bureta*, e a adição desta solução é interrompida no ponto em que o número de mols de íons H^+ do ácido é igual ao número de mols de íons OH^- da base, que foram misturados. (Ver Figura 2.7.) A isto denominamos **ponto de equivalência**, geralmente observado por uma mudança de cor de um composto, chamado **indicador**, uma pequena quantidade que foi adicionada previamente na mistura reagente. *No ponto de equivalência, a razão do número de mols de ácidos no início para mols da base que foi adicionada é igual à razão estequiométrica.* A bureta permite medir o volume de base adicionado, e esse volume, juntamente com a concentração da solução de base e o volume da solução de ácido, permite calcular a concentração da solução de ácido.

Como mencionado anteriormente, o papel do ácido e da base pode ser invertido, isto é, a concentração de uma solução pode se determinada por titulação com uma solução de ácido de concentração conhecida. Quando a titulação ácido-base é concluída, *no ponto de equivalência, a quantidade de mols de ácido e base que está misturada encontra-se em um razão estequiométrica.*

Exemplo 2.26 25,00 mL de uma solução de ácido sulfúrico, H_2SO_4, de concentração desconhecida, é titulada com uma solução de hidróxido de sódio, NaOH, 0,1200 mol/L. A reação pode ser representada pela equação "molecular":

$$H_2SO_4(aq) + 2NaOH(aq) \rightarrow 2H_2O + Na_2SO_4(aq\}$$

Se são necessários 38,14 mL de solução NaOH para atingir o ponto de equivalência, qual é a concentração molar do ácido?

Solução: O número de mols de base que reagiu é encontrado pela multiplicação da molaridade da base pelo seu volume em litros:

$$(0{,}1200 \text{ mol/L})(0{,}03814 \text{ L}) = 4{,}577 \times 10^{-3} \text{ mol de base}$$

A razão estequiométrica (ácido para base) quando obtida da equação é 1:2. Em outras palavras,

$$1 \text{ mol } H_2SO_4 \Leftrightarrow 2 \text{ mol NaOH}$$

de onde obtemos o fator unitário

$$\frac{1 \text{ mol } H_2SO_4}{2 \text{ mol NaOH}}$$

e usa-se este para encontrar o número de mols de H_2SO_4 usado:

$$4{,}577 \times 10^{-3} \text{ mol de NaOH} \times \frac{1 \text{ mol } H_2SO_4}{2 \text{ mol NaOH}} = 2{,}288 \times 10^{-3} \text{ mol de } H_2SO_4$$

Então, para encontrar a molaridade do ácido original, dividimos este número de mols pelo volume da *solução original* na qual foi dissolvido. (25,00 mL, ou 0,02500 L).

$$\text{Molaridade} = \frac{\text{mols de } H_2SO_4}{\text{litros de solução}} = \frac{2{,}228 \times 10^{-3} \text{ mol}}{0{,}02500 \text{ L}} = 0{,}09514 \text{ mol/L}$$

Problema Paralelo: 15,00 mL de uma solução de hidróxido de bário, $Ba(OH)_2$, são exatamente neutralizados por 31,40 mL de ácido clorídrico 0,1428 mol/L. A reação na titulação pode ser escrita:

$$Ba(OH)_2(aq) + 2HCl(aq) \rightarrow BaCl_2(aq) + 2H_2O$$

Qual é a concentração da base? **Resposta:** 0,1495 mol/L.

Comentários Adicionais

Nossas definições de ácido e base são preliminares. Mais detalhes sobre soluções, ácidos, bases e neutralização serão vistos nos Capítulos 11,12 e 15.

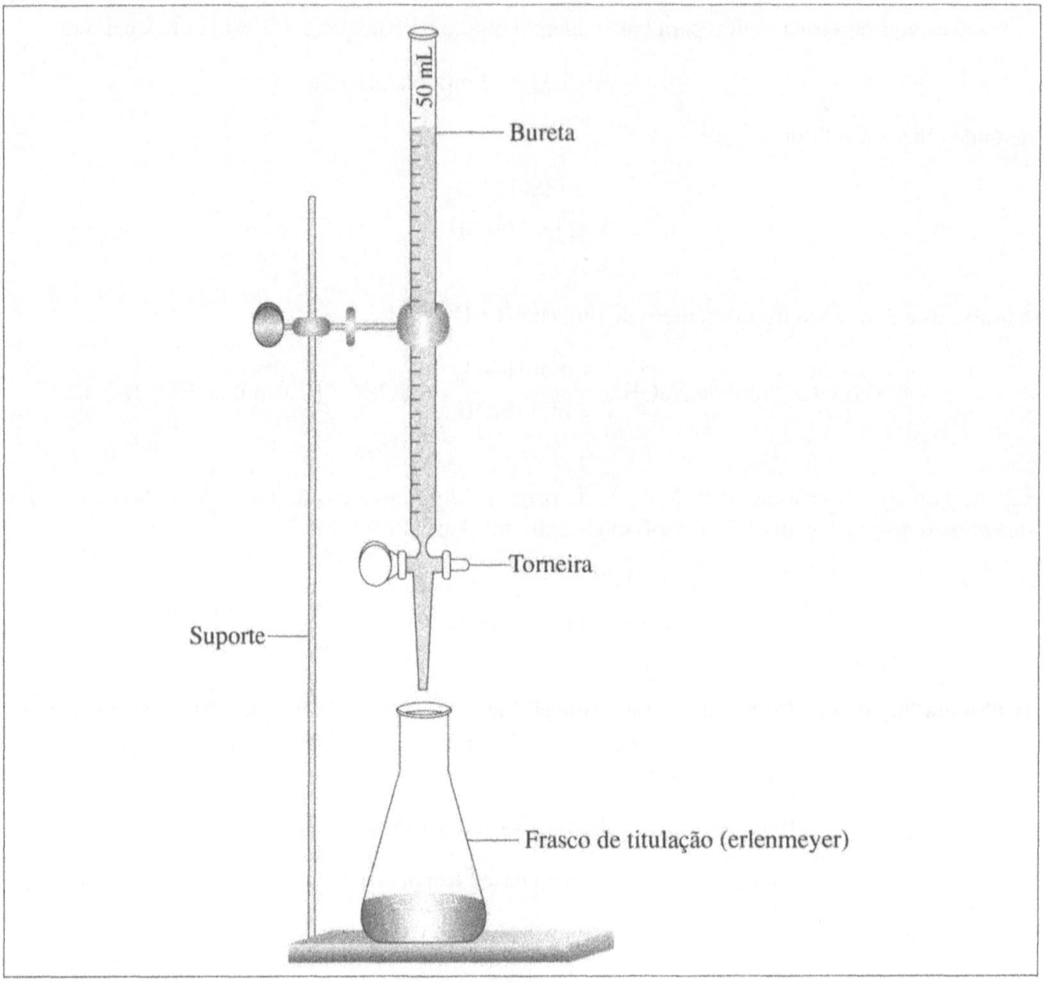

Figura 2.7 Bureta semelhante à usada em titulação.

2.9 O MOL: COMENTÁRIOS ADICIONAIS

A TERMINOLOGIA DE MOLS DE COISAS DIFERENTES

O conceito de mol é simples, conveniente e importante. Até agora, temos sido cuidadosos em especificar em palavras a unidade contida por um mol. Assim, falamos de 4,14 mol de *moléculas* de hidrogênio, 6,28 × 10^{-2} mol de *fórmulas unitárias* de óxido de chumbo, 3 mol de *átomos* de ferro etc. Desta vez podemos tranqüilamente simplificar nossa terminologia. Se já escrevemos a fórmula da entidade que está contida pelo mol, podemos desprezar este nome. Usando as quantidades anteriores, por exemplo, pode-se escrever 4,14 mol de H_2, 6,28 × 10^{-2} mol de PbO e 3 mol de Fe. Note que é importante escrever a *fórmula* da substância, não o seu nome. Por exemplo, suponha que você tenha escrito ou dito "um mol de hidrogênio". Não há maneira de saber se significa 1 mol de átomos de H ou um mol de moléculas de H_2. Uma expressão tal como "um mol de hidrogênio" é vaga.

Nota: Deste ponto em diante, omitimos termos tais como átomos, moléculas e fórmulas unitárias quando quantidades forem especificadas por mol. Fazer isto é uma prática comum.

O TAMANHO DE UM MOL

Quanto é um mol? Ambas as palavras *mol* e *moléculas* têm sua origem na palavra latina *moles*, que significa "porção" ou "quantidade". É importante compreendermos quanta matéria está presente em um mol de alguma coisa. Um mol de água líquida, por exemplo, é uma quantidade menor do que uma colher cheia; um mol de gás de nitrogênio (N_2) inflará um balão com um diâmetro de aproximadamente 14 polegadas; um mol de áçucar de cana ($C_{12}H_{22}O_{11}$) é aproximadamente 3/4 de uma libra. Um mol de cada elemento consiste em 6,02 × 10^{23} moléculas.

Note que o número de Avogadro é incrivelmente grande, impossível de compreender ou visualizar. É maior, por exemplo, do que o número de grãos de areia de todas as praias do mundo. Um número de Avogadro de moedas tem uma massa de aproximadamente 2 × 10^{18} (isto é, 2 septilhões) de toneladas. Se o número de Avogadro de folhas de papel de arroz com somente um milésimo de polegada de espessura for posicionado em uma única pilha, sua altura será 100 milhões de vezes maior do que a distância da Terra ao Sol.

2.10 NOMENCLATURA QUÍMICA: PRIMEIRO CONTATO

Neste capítulo demos nomes e fórmulas para muitos compostos químicos. O número de compostos conhecidos excede 10 milhões, e embora haja um caminho sistemático para denominá-los, nós nos demoraremos em uma discussão mais profunda da nomenclatura química posteriormente neste livro. Por ser importante começar a associar a fórmula com a sua nomenclatura, uma breve introdução à nomenclatura será dada.

NOMES TRIVIAIS E SISTEMÁTICOS

Na prática, dois tipos de nomes são usados para identificar compostos: nomes triviais (também chamados nomes comuns) e nomes sistemáticos. Um nome trivial é aquele que ganhou uma aceitação de uso comum por um considerável período de tempo, porém não concorda com o conjunto de regras sistemáticas. Sal de cozinha, carborundum, gelo seco, amônia e cal virgem são todos nomes comuns. Em contraste, os nomes sistemáticos dos produtos químicos obedecem a um conjunto de regras que atualmente são recomendadas pela International Union of Pure and Applied Chemistry (União Internacional de Química Pura e Aplicada), ou **IUPAC**. O nome sistemático para um composto é geralmente ligado à sua fórmula, assim, um nome pode ser determinado a partir de outro.

OS COMPOSTOS BINÁRIOS

Um **composto binário** é formado somente por dois elementos. Seu nome sistemático consiste em duas palavras: o nome de um elemento seguido pelo nome do outro, modificando a terminação para *eto*.

Compostos Binários Metal-Não-Metal. Compostos binários que consistem em um metal, tal como sódio, quimicamente combinado com um não-metal, tal como cloro, são denominados primeiro dando o nome do não-metal com a terminação *eto* seguido pelo nome do metal. Na fórmula de tal composto, o símbolo do elemento metálico é colocado primeiro. Assim, o composto formado de sódio e cloro é denominado cloreto de sódio (NaCl). Note que, quando "cloro" é transformado em "cloreto", somente a raiz da palavra original permanece. Isso também ocorre com o "iodo", que torna-se "iodeto", e assim por diante. Os nomes sistemáticos e fórmulas de alguns compostos binários de metal-não-metal são dados na Tabela 2.2.

Compostos Binários Não-Metal-Não-Metal. Alguns compostos binários consistem em dois elementos não-metálicos. Um dos dois será mais metálico em suas propriedades do que o outro. (Discutiremos propriedade metálicas e não-metálicas no Capítulo 7.) Estes compostos são denominados primeiro pelo elemento menos metálico, adicionando-se *eto* à raiz do nome, como anteriormente, seguido pelo nome do elemento mais metálico.

Tabela 2.2 Nomes de alguns compostos binários metal-não-metal.

	Elementos constituintes		
Fórmula	***Metal***	***Não-metal***	***Nome sistemático***[6]
NaCl	Sódio	Cloro	Cloreto de sódio
CaO	Cálcio	Oxigênio	Óxido de cálcio
NaI	Sódio	Iodo	Iodeto de sódio
CaI_2	Cálcio	Iodo	Iodeto de cálcio
NaO_2	Sódio	Oxigênio	Óxido de sódio
K_2S	Potássio	Enxofre	Sulfeto de potássio
$MgBr_2$	Magnésio	Bromo	Brometo de magnésio
Al_2O_3	Alumínio	Oxigênio	Óxido de alumínio
Li_3N	Lítio	Nitrogênio	Nitreto de lítio
NaH	Sódio	Hidrogênio	Hidreto de sódio
CaC_2	Cálcio	Carbono	Carbeto de cálcio
Ba_3P_2	Bário	Fósforo	Fosfeto de bário

Assim, o nome sistemático para um composto de nitrogênio e oxigênio que tem a fórmula NO é óxido de nitrogênio. (O oxigênio é menos metálico que o nitrogênio.)

Como você pode decidir qual dos dois elementos é mais metálico e qual é menos metálico? Nas páginas iniciais deste livro, encontra-se uma lista de elementos (representados por seus símbolos) chamada *tabela periódica.* Estudaremos esta tabela detalhadamente no Capítulo 7, mas por ora é suficiente saber que, ao longo de uma linha horizontal na tabela da esquerda para a direita, os elementos tornam-se geralmente menos metálicos (e, assim, mais não-metálicos). Para uma mesma coluna vertical na tabela periódica, os elementos tornam-se mais metálicos no sentido de cima para baixo.

Quando um par de não-metais combinam-se em mais de uma razão de átomos além de 1:1, prefixos gregos são usados no nome do composto resultante para identificar o número relativo de átomos presentes. O prefixo mais importante e os seus números estão representados:

6 N. do R. T.: Em português, compostos binários de metal-não-metal, em que o não-metal é o oxigênio, têm seu nome iniciando-se pela palavra *óxido*, seguido pelo nome do metal.

mono-	1	hexa-	6
di-	2	hepta-	7
tri-	3	octa-	8
tetra-	4	nona-	9
penta-	5	deca-	10

(O prefixo *mono* é geralmente omitido.) A Tabela 2.3 lista alguns compostos binários não metal-não-metal pela fórmula e nome.

OS COMPOSTOS TERNÁRIOS CONTENDO OXIGÊNIO

Os compostos de três elementos, **compostos ternários**, geralmente consistem em um metal, iniciando a fórmula, combinado com um segundo elemento e oxigênio. Os últimos dois elementos constituem um grupo, que recebe um nome especial, *o qual deve ser memorizado.* Os nomes destes compostos são formados primeiro pelo nome do grupo seguido pelo nome do metal. Por exemplo, no composto de sódio, nitrogênio e oxigênio que tem a fórmula $NaNO_3$, o grupo de um átomo de N mais 3 átomos de O, que é NO_3, é chamado *nitrato*, e o composto é denominado *nitrato de sódio.* Na palavra nitrato, o *nitr* nos diz que nitrogênio está presente, e o *ato* indica a presença de oxigênio. Similarmente, Na_2SO_4 é denominado *sulfato de sódio.* (SO_4 é o grupo *sulfato.*)

Quando for possível formar dois compostos ternários contendo oxigênio diferindo somente no número de átomos de oxigênio, indicados na fórmula, então o sufixo *ato* será usado para o composto com mais átomos de oxigênio, e *ito* para o de menor número de átomos de oxigênio. Assim, $NaNO_2$ é denominado *nitrito de sódio.* (Compare com $NaNO_3$, acima.) Exemplos de alguns compostos ternários, contendo oxigênio, são dados na Tabela 2.4.

OS ÁCIDOS E AS BASES

A fórmula de um ácido é usualmente escrita com os átomos de hidrogênio reativos primeiro, como no HCl e H_2SO_4. Um ácido, particularmente um ácido binário, pode ser denominado como outros compostos. (Por exemplo, HCl é cloreto de hidrogênio.) Contudo, ácidos são mais comumente denominados *como ácidos* da seguinte maneira sistemática: *ácidos binários* são denominados iniciando-se primeiro com a palavra ácido seguida pela raiz do nome do segundo elemento acrescida do sufixo *ídrico.* Assim, HCl é denominado *ácido clorídrico.*

Tabela 2.3 Nomes de alguns compostos binários não-metal-não-metal.

Fórmula	*Elementos constituintes*	*Nome sistemático*
SO_2	enxofre, oxigênio	dióxido de enxofre
SO_3	enxofre, oxigênio	trióxido de enxofre
PCl_3	fósforo, cloro	tricloreto de fósforo
PCl_5	fósforo, cloro	pentacloreto de fósforo
NO	nitrogênio, oxigênio	óxido de nitrogênio
N_2O	nitrogênio, oxigênio	óxido de dinitrogênio
N_2O_3	nitrogênio, oxigênio	trióxido de dinitrogênio
IF	iodo, flúor	fluoreto de iodo
IF_3	iodo, flúor	trifluoreto de iodo
IF_5	iodo, flúor	pentafluoreto de iodo
IF_7	iodo, flúor	heptafluoreto de iodo

Comentários Adicionais

De acordo com as recomendações da IUPAC, os prefixos na Tabela 2.3 podem também ser usados em compostos metal-não-metal, mas geralmente não são necessários, como veremos adiante.

Ácidos ternários contendo oxigênio são denominados iniciando-se com a palavra *ácido* seguida da raiz do nome do principal elemento do composto acrescido do sufixo *ico* ou *oso*. Assim, H_2SO_4 é *ácido sulfúrico*, e H_2SO_3 é *ácido sulfuroso*. O sufixo *ico* indica mais átomos de oxigênio por molécula, e *oso*, menos. (Abordaremos mais extensamente o significado destes sufixos posteriormente.)

As bases são denominadas apenas como se fossem compostos binários, com a palavra *hidróxido* seguida do nome do elemento metálico no composto. Assim, NaOH é hidróxido de sódio, e $Ca(OH)_2$ é hidróxido de cálcio. Algum exemplos de ácidos e bases, suas fórmulas e nomes são dados na Tabela 2.5.

Tabela 2.4 Nomes de alguns compostos ternários contendo oxigênio.

Fórmula	*Elementos constituintes*	*Nomes sistemáticos*
$NaNO_3$	sódio, nitrogênio e oxigênio	nitrato de sódio
$NaNO_2$	sódio, nitrogênio e oxigênio	nitrito de sódio
K_2SO_4	potássio, enxofre e oxigênio	sulfato de potássio
K_2SO_3	potássio, enxofre e oxigênio	sulfito de potássio
Na_2CO_3	sódio, carbono e oxigênio	carbonato de sódio
K_3PO_4	potássio, fósforo e oxigênio	fosfato de potássio
$MgSO_4$	magnésio, enxofre e oxigênio	sulfato de magnésio
$Al_2(SO_4)_3$	alumínio, enxofre e oxigênio	sulfato de alumínio

Tabela 2.5 Nomes de alguns ácidos e bases.

Ácidos		*Bases*	
Fórmulas	*Nome sistemático*	*Fórmulas*	*Nome sistemático*
Binários		LiOH	hidróxido de lítio
HCl	ácido clorídrico	NaOH	hidróxido de sódio
HBr	ácido bromídrico	KOH	hidróxido de potássio
H_2S	ácido sulfídrico	$Mg(OH)_2$	hidróxido de magnésio
Ternários contendo oxigênio		$Ca(OH)_2$	hidróxido de cálcio
HNO_3	ácido nítrico	$Ba(OH)_2$	hidróxido de bário
H_2CO_3	ácido carbônico	$Ga(OH)_3$	hidróxido de gálio
H_2SO_4	ácido sulfúrico		
H_3PO_4	ácido fosfórico		

Comentários Adicionais

Consideremos novamente o composto nitrato de sódio, $NaNO_3$. Neste composto, o grupo de 1 átomo de nitrogênio e 3 átomos de oxigênio é o *íon* nitrato. Este pode ser escrito como NO_3^-; o sinal de menos significa que o grupo tem uma carga elétrica negativa.

Esta foi uma breve introdução à nomenclatura química. Mais tarde suplementaremos esta introdução dando regras e comentários nas seções **Notas de Nomenclatura**.

RESUMO

A *estequiometria* é um estudo quantitativo da composição de substâncias químicas (*compostos, fórmulas, estequiometria*) e das substâncias consumidas e formadas em reações químicas (*reação, equação, estequiometria*).

Uma *fórmula química* é usada não somente para representar o nome de um composto, mas também para indicar sua composição em termos de (1) número relativo de átomos e (2) número relativo de mols de átomos. Uma *fórmula molecular* mostra (1) o número de átomos em uma molécula da substância e (2) o número de mols de átomos em um mol de moléculas. Uma *fórmula empírica* indica somente a razão de (1) átomos e (2) mols de átomos no composto. A fórmula empírica de um composto pode ser determinada de sua análise elementar. Em seqüência para determinar a fórmula molecular de um composto, a massa molecular precisa ser também conhecida.

As *massas atômicas* são normalmente especificadas em unidades conhecidas *como unidades de massa atômica* (*u*), onde um u é definido exatamente como 1/12 da massa do isótopo de carbono mais comum. A soma das massas de átomos em uma molécula é chamada *massa molecular*, e é normalmente dada em u. A soma de massas de átomos indicados em uma fórmula é chamada *massa de fórmula*, e é a mesma que a massa molecular se o composto é formado de moléculas (e uma fórmula unitária é então uma molécula).

Um *mol* de objetos é *o número de Avogadro* de objetos (átomos, moléculas etc.), onde o número de Avogadro é (para três algarismos significativos) $6{,}02 \times 10^{23}$. A massa de um mol de átomos (ou moléculas ou fórmula unitária) é igual numericamente à massa atômica (ou molecular ou de fórmula), mas é expressa em gramas.

As *equações químicas* especificam não somente as identidades das substâncias consumidas e formadas em uma reação, mas também as quantidades relativas destas substâncias em termos de (1) átomos, moléculas e fórmulas unitárias e de (2) mols destas identidades. Uma equação química *balanceada* demonstra que todos os átomos presentes nos reagentes estão quantificados para dar os produtos; átomos não são criados nem destruídos em uma reação. As *razões estequiométricas* entre os mols de reagentes indicados em uma equação balanceada são úteis na determinação de qual substância é completamente consumida (o *reagente limitante*) e qual(is) substância(s) está (estão) em excesso.

Molaridade é uma expressão de concentração de um soluto em uma solução. Esta é definida como o número de mols de soluto por litro de solução e é útil nos cálculos estequiométricos para reações que ocorrem em solução. Um importante tipo de reação em solução é a *ácido-base*, ou *reação de neutralização*. No laboratório, tais reações são básicas para *titulações* ácido-base, nas quais a concentração de um ácido ou base pode ser experimentalmente determinada.

A nomenclatura química sistemática fornece um modo de denominar substâncias químicas e de relacionar o nome da substância com sua fórmula. Neste capítulo foi fornecida uma rápida introdução destes tópicos.

PROBLEMAS

Nota: *Você precisará dos valores de massas atômicas para responder a alguns dos seguintes problemas, assim como muitos daqueles que estão no fim dos próximos capítulos. Utilize a tabela periódica dos elementos.*

Átomos e Mols de Átomos

■ **2.1** Indique com 3 algarismos significativos as massas de cada um dos itens seguintes em unidade de massa atômica: (a) 1 átomo de carbono, (b) 1 átomo de ouro, (c) 200 átomos de cloro, (d) $6{,}02 \times 10^{23}$ átomos de magnésio.

■ **2.2** Calcule a massa atômica do elemento X, dado que $2{,}02 \times 10^6$ átomos de X têm uma massa de $1{,}70 \times 10^8$ u.

■ **2.3** Com 3 algarismos significativos, qual é a massa em gramas de cada um dos itens seguintes?

(a) 1 mol de átomos de Cl, (b) 1 mol de átomos de Ag, (c) 3,46 mol de átomos de enxofre, (d) $6{,}02 \times 10^{23}$ átomos de cálcio.

■ **2.4** Se um mosquito tem uma massa de $4{,}0 \times 10^{-3}$ gramas, qual é (a) a massa em gramas de 1,0 mol de mosquitos? (b) a massa em u de um mosquito?

■ **2.5** (a) Qual é a massa em gramas de um átomo de ferro?

(b) Qual é a massa em gramas de 1,0 mol de átomos de Fe?

(c) Quantos mols de átomos de Fe estão presentes em 0,150 g?

(d) Quantos átomos de ferro estão presentes em 0,150 g?

2.6 Calcule a massa atômica do elemento Z, dado que $2{,}14 \times 10^{-3}$ mol de átomos de Z têm uma massa de $9{,}11 \times 10^{-2}$ g.

■ **2.7** Quantos átomos estão presentes em (a) 27,0 g de Al? (b) 23,0 g de Cr? (c) 146 g de Lu? (d) 0,00143 g de Mg?

Moléculas, Fórmulas Unitárias e Mols

■ **2.8** Qual é a massa de cada um dos seguintes itens em gramas? (a) 1,00 mol de átomos de Cl, (b) 1,00 mol de moléculas de Cl_2, (c) 6,00 mol de átomos de P, (d) 6,00 mol de molécula de P_4, (e) 0,300 mol de fórmulas unitárias de $AlBr_3$.

■ **2.9** Quantos mols estão presentes em cada item?

(a) 52,0 g de Cr, (b) 44,0 g de CO_2, (c) 1,00 g de CH_4, (d) 122 g de $C_6H_{12}O_6$.

■ **2.10** Qual é a massa expressa em gramas de : (a) 0,475 mol de NO_2, (b) $8{,}85 \times 10^{22}$ moléculas de NO_2, (c) 1 molécula de NO_2.

2.11 Expresse a massa de 0,600 mol de moléculas de CBr_4 em (a) gramas, (b) u.

2.12 Qual é a massa molecular de um composto em u, se uma de suas moléculas tem uma massa de $4{,}08 \times 10^{-23}$ g?

Estequiometria de Compostos

2.13 Em cada um dos itens está escrita corretamente a fórmula molecular. Escreva a fórmula empírica em cada caso: (a) H_2O_2, (b) P_4O_6, (c) $H_2C_2O_4$, (d) C_6H_{14}, (e) S_8.

2.14 Uma amostra de um certo composto contém 6×10^{22} átomos de Na, 2×10^{22} átomos de P e 8×10^{22} átomos de O. Qual é a fórmula empírica do composto?

2.15 Uma amostra de um certo composto consiste em 2,4 mol de átomos de C, 7,2 mol de átomos de H e 1,2 mol de átomos de O. Qual é a fórmula empírica do composto?

2.16 Uma amostra de etano consiste em $2,0 \times 10^{19}$ moléculas de etano e contém $4,0 \times 10^{19}$ átomos de C e $1,2 \times 10^{20}$ átomos de H. Qual é (a) a fórmula empírica e (b) a fórmula molecular do etano?

2.17 Uma amostra de propano consiste em 0,220 mol de moléculas de propano e contém 0,660 mol de átomos de C e 1,76 mol de átomos de H. Qual é (a) a fórmula empírica e (b) a fórmula molecular do propano?

■ **2.18** Uma amostra de éter etílico (anestésico), C_2H_6O, consiste em 0,724 mol de moléculas de C_2H_6O. Quantos mols de (a) átomos de C, (b) átomos de H e (c) átomos de O estão presentes?

2.19 Uma amostra de glicerol (nome comum glicerina), fórmula molecular $C_3H_8O_3$, contém 4,18 mol de átomos de O. Quantos mols de (a) átomos de H e (b) moléculas de $C_3H_8O_3$ estão presentes?

■ **2.20** Quantos mols de átomos de hidrogênio são necessários para combinar com $5,4 \times 10^{-3}$ mol de átomos de nitrogênio para formar amônia, NH_3?

2.21 Qual é o maior número de moléculas de cada um dos seguintes compostos que pode ser formado a partir de 12 átomos de carbono? (a) CH_4, (b) C_4H_8, (c) C_4H_{10}, (d) C_2H_6, (e) C_6H_8.

■ **2.22** Qual é o número máximo de mols de moléculas de cada composto que pode ser formado a partir de 0,498 mol de átomos de carbono? (a) CH_4, (b) C_4H_8, (c) C_4H_{10}, (d) C_2H_6, (e) C_6H_8.

■ **2.23** Qual é o número máximo de mols de cada composto que pode formar-se a partir de 35,00 g de carbono? (a) CH_4, (b) C_4H_8, (c) C_4H_{10}, (d) C_2H_6, (e) C_6H_8.

2.24 Qual é o número máximo de gramas de cada composto que pode formar-se a partir de $5,00 \times 10^{-3}$ g de carbono? (a) CH_4, (b) C_4H_8, (c) C_4H_{10}, (d) C_2H_6, (e) C_6H_8.

■ **2.25** O gás mostarda foi usado na Primeira Guerra Mundial. Sua fórmula molecular é $C_4H_8Cl_2S$. Qual é a sua análise elementar (composição percentual) em massa?

2.26 Glutamato monosódio (MSG) é um intensificador de aroma usado na preparação de alimentos. Sua fórmula é $NaC_5H_8O_4N$. Qual é sua análise elementar?

■ **2.27** Análise de clorato de potássio, um composto químico usado na confecção de roupas a prova de fogo, indica que é 31,90% K, 28,93% Cl e 39,17% O em massa. Qual é a fórmula empírica do clorato de potássio?

2.28 O ácido ascórbico (vitamina C) tem a seguinte análise elementar: 40,91% C, 4,58% H e 54,51% O em massa. Qual é sua fórmula empírica?

■ **2.29** O composto *para-diclorobenzeno* é usado em conservantes. Sua análise é 49,02% C, 2,74% H e 48,24% Cl em massa, e tem um massa molecular de 147,0. Qual é sua (a) fórmula empírica e (b) sua fórmula molecular?

2.30 Adenina, uma importante substância bioquímica, tem massa molecular de 135,1 e contém 44,45% C, 3,73% H e 51,82% N em massa. Qual é sua fórmula molecular?

Equações Químicas

2.31 Balanceie cada uma das seguintes equações usando coeficientes inteiros:

(a) $C_3H_4 + O_2 \rightarrow CO_2 + H_2O$

(b) $C_3H_4 + O_2 \rightarrow CO + H_2O$

(c) $C_6H_{12} + O_2 \rightarrow CO_2 + H_2O$

(d) $C_6H_{12} + O_2 \rightarrow CO + H_2O$

(e) $C_5H_{12} + O_2 \rightarrow CO_2 + H_2O$

(f) $C_5H_{12} + O_2 \rightarrow CO + H_2O$

2.32 Balanceie cada uma das seguintes equações usando coeficientes inteiros:

(a) $Fe_2O_3 + H_2 \rightarrow Fe + H_2O$

(b) $Fe_2O_3 + C \rightarrow Fe + CO$

(c) $Fe_3O_4 + C \rightarrow Fe + CO$

(d) $Fe_3O_4 + C \rightarrow Fe + CO_2$

(e) $Fe_3O_4 + C \rightarrow FeO + CO_2$

2.33 Balanceie cada uma das seguintes equações usando coeficientes inteiros:

(a) $C_3H_8O_2 + O_2 \rightarrow CO_2 + H_2O$

(b) $NO + NH_3 \rightarrow N_2 + H_2O$

(c) $P_4 + O_2 \rightarrow P_4O_{10}$

(d) $H_2 + NO \rightarrow NH_3 + H_2O$

(e) $FeCl_3 + O_2 \rightarrow Fe_2O_3 + Cl_2$

(f) $P_4 + Cl_2 \rightarrow PCl_5$

(g) $Fe(OH)_2 + O_2 + H_2O \rightarrow Fe(OH)_3$

(h) $CO + NO \rightarrow N_2 + CO_2$

(i) $CaSO_4 + CaS \rightarrow CaO + SO_2$

(j) $FeTiO_3 + C + Cl_2 \rightarrow FeCl_3 + TiCl_4 + CO_2$

Estequiometria de Reação

■ **2.34** A amônia é produzida industrialmente pela reação entre nitrogênio e hidrogênio gasoso:

$$N_2(g) + 3H_2(g) \rightarrow 2NH_3(g)$$

Quantas moléculas de amônia podem ser produzidas de (a) 1 molécula de N_2? (b) 27 moléculas de N_2? (C) 9 moléculas de H_2? (d) 180 moléculas de H_2?

■ **2.35** Quantos mols de moléculas de NH_3 podem ser produzidos de acordo com a equação do problema 2.34 de (a) 0,200 mol de moléculas de N_2? (b) 0,982 mol de moléculas de N_2? (c) 50,0 mol de moléculas de H_2? (d) 0,782 mol de H_2?

■ **2.36** Quantos gramas de NH_3 podem ser produzidos conforme a reação do problema 2.34 de (a) 0,207 mol de N_2? (b) 0,207 mol de H_2? (c) 22,6 g de N_2? (d) 22,6 g de H_2? (e) $5{,}47 \times 10^{24}$ moléculas de N_2? (f) $5{,}47 \times 10^{24}$ moléculas de H_2? Em cada caso, assuma que haja pelo menos uma quantidade estequiométrica do outro reagente presente.

2.37 Hidrogênio gasoso, H_2, reage com óxido de ferro, Fe_2O_3, a temperaturas elevadas para formar água gasosa e ferro metálico. Produzindo 3.333 g de ferro por esta reação, quantos gramas de (a) óxido de ferro e (b) hidrogênio são necessários?

2.38 Quantos gramas de (a) dióxido de carbono e (b) água são formados quando 525 g de propano, C_3H_8, são aquecidos com oxigênio, O_2? (Nenhum outro produto é formado.)

Problemas com Reagentes Limitantes

■ **2.39** Dióxido de enxofre, SO_2, reage com oxigênio gasoso sob condições apropriadas para formar trióxido de enxofre, SO_3. Para cada um dos seguintes casos, determine o maior número de moléculas de SO_3 que podem ser produzidas a partir das quantidades dadas dos reagentes:

(a) 100 moléculas de SO_2 e 100 moléculas de O_2

(b) 400 moléculas de SO_2 e 100 moléculas de O_2

(c) 381 moléculas de SO_2 e 185 moléculas de O_2

(d) 185 moléculas de SO_2 e 381 moléculas de O_2

■ **2.40** Considere a reação do Problema 2.39. Para cada um dos seguintes casos, determine o maior número de gramas de SO_3 que poderia ser produzido das quantidades dadas dos reagentes:

(a) 0,300 mol de SO_2 e 0,300 mol de O_2

(b) 0,700 mol de SO_2 e 0,300 mol de O_2

(c) 2,61 g de SO_2 e 1,40 g de O_2

(d) 28,4 g de SO_2 e 12,1 g de O_2

2.41 Suponha que 0,460 mol de ferro, Fe, reagem com 0,290 mol de oxigênio, O_2, para formar óxido de ferro, Fe_2O_3. Qual substância está presente em excesso? Quantos gramas desta substância encontram-se em excesso?

Nomenclatura Química

2.42 Dê o nome sistemático para cada um dos seguintes compostos: (a) KCl, (b)Na_2O, (c) LiI, (d) BaS, (e) Ca_3P_2, (f) Na_3N, (g) $AlBr_3$, (h) N_2O_5, (i) P_4O_6, (j) SO_3, (k) SiO_2.

2.43 Escreva uma fórmula para cada um dos seguintes compostos, fazendo uso da proporção de combinação atômica dada após cada nome: (a) cloreto de magnésio (1:2), (b) brometo de lítio (1:1), (c) óxido de potássio (2:1), (d) óxido de alumínio (2:3), (e) cloreto de cobalto (1:2), (f) iodeto de crômio (1:3).

2.44 Escreva uma fórmula para cada um dos seguintes compostos: (a) tetraóxido de dinitrogênio, (b) pentafluoreto de iodo, (c) hexacloreto de enxofre, (d) difluoreto de dioxigênio, (e) dióxido de cloro, (f) trióxido de selênio.

Estequiometria de Solução

■ **2.45** Calcule a concentração molar de NaCl em uma solução preparada pela adição de 0,423 mol de NaCl com suficiente água para preparar 0,479 L de solução.

2.46 56,7 g de $NaNO_3$ são adicionados com água para formar uma solução com um volume de 525 cm^3. Qual é a molaridade de $NaNO_3$ na solução?

■ **2.47** A água é adicionada a 58,9 g de KI para formar uma solução que é 3,61 mol/L. Qual é o volume da solução em centímetros cúbicos?

2.48 Calcule a molaridade de uma solução que tem um volume de 425 mL e que contém 25,0 g de (a) Na_2SO_4, (b) K_3PO_4, (c) $Al(NO_3)_3$.

■ **2.49** Quantos mols de $MgCl_2$ estão presentes em uma solução de $MgCl_2$ 0,448 mol/L que tem um volume de (a) 1,00 dm^3, (b) 2,68 L, (c) 122 mL?

2.50 Quantos mililitros de $CaBr_2$ 0,140 mol/L são necessários para obter um solução que contém $5{,}24 \times 10^{-3}$ mol de $CaBr_2$?

■ **2.51** 125 cm^3 de NaCl 2,46 mol/L são diluídos para um volume final de 845 cm^3. Qual é a molaridade do NaCl na solução final?

2.52 Deseja–se adicionar água a 50,00 mL de uma solução de Na_3PO_4 0,900 mol/L para diminuir a concentração para 0,245 mol/L. Qual deve ser o volume final?

■ **2.53** 40,0 mL de NaCl 0,150 mol/L e 65,0 mol de NaCl 0,190 mol/L são misturados. Se o volume final é 105,0 mL, qual é a molaridade do NaCl na solução final?

Ácidos e Bases

2.54 Dê o nome dos seguintes ácidos:

(a)HCl, (b)HBr, (c)HI, (d)HF, (e)H_2SO_4, (f)H_2SO_3, (g)H_3PO_4.

2.55 Escreva a fórmula de cada um dos seguintes compostos: (a) ácido bromídrico, (b) ácido nítrico, (c) ácido nitroso, (d) ácido carbônico, (e) ácido sulfúrico, (f) ácido sulfuroso.

2.56 Dê o nome das seguintes bases:

(a) NaOH (b)$Ca(OH)_2$ (c)$Al(OH)_3$ (d)$Mg(OH)_2$

2.57 Quantos mols de NaOH podem ser neutralizados por (a) 0,40 mol de HCl? (b) 0,50 mol de H_2SO_4? (c) 0,60 mol de H_3PO_4?

2.58 Quantos mols de H_2SO_4 podem ser completamente neutralizados por (a) 0,40 mol de NaOH? (b) 0,50 mol de $Ca(OH)_2$? (c) 0,60 mol de $Ga(OH)_3$?

2.59 Quantos centímetros cúbicos de NaOH 0,148 mol/L são necessários para a completa neutralização de 144 cm^3 de H_2SO_4 0,109 mol/L?

■ **2.60** Se 25,0 mL de H_3PO_4 0,142 mol/L são titulados com KOH, 0,414 mol/L e o ácido é completamente neutralizado, quantos mililitros de solução de base são necessários?

■ **2.61** Se 47,8 mL de HCl 0,105 mol/L são necessários para a completa neutralização de 25,0 mL de uma solução de $Ba(OH)_2$, qual é a concentração molar desta base?

2.62 Se 47,8 mL de $Ba(OH)_2$ 0,105 mol/L são necessários para a completa neutralização de 25,0 mL de HCl, qual é a concentração molar do ácido?

PROBLEMAS ADICIONAIS

■ **2.63** Qual é a massa em gramas de: (a) 1,74 mol de O_2, (b) oxigênio em 1,74 mol de N_2O_5, (c) 4,32 × 10^{22} átomos de O, (d) oxigênio em 8,02 × 10^{23} moléculas de SO_3?

2.64 Quantos mols de átomos de oxigênio estão presentes em: (a) 1,76 mol de P_4O_6, (b) 0,176 mol de $Al(NO_3)_3$, (c) 65,0 g de $CaSO_3$, (d) 1,67 × 10^{18} fórmulas unitárias de $Ca_3(PO_4)_2$.

2.65 Ferroceno é um composto molecular em que cada molécula contém 1 átomo de ferro e igual número de átomos de carbono e hidrogênio. Se ferroceno é 30,02% Fe, 64,56% C e 5,42% H em massa, qual é sua fórmula molecular?

■ **2.66** Hidroquinona, um composto químico usado em alguns tipos de revelação fotográfica, tem uma massa molecular de 110,1 e contém 65,45% C, 5,49% H e 29,06% O em massa. Qual é sua fórmula molecular?

2.67 Quando aquecido a uma temperatura alta, o calcário (carbonato de cálcio, $CaCO_3$) decompõe-se para formar cal virgem (óxido de cálcio sólido, CaO) e dióxido de carbono gasoso. Um cadinho contendo algum calcário tem uma massa total de 27,133 g. Após o aquecimento, quando todo o calcário foi decomposto, o cadinho foi resfriado até a temperatura ambiente, e depois de pesado apresentou uma massa de 26,847 g. Qual é a massa do cadinho?

■ **2.68** Um composto consiste em 7,81% C e 92,19% Cl em massa. Se uma molécula deste composto tem uma massa de $2{,}555 \times 10^{-22}$ g, qual é a sua fórmula molecular?

2.69 Se 1,97 g de um composto consiste em $9{,}94 \times 10^{21}$ moléculas e contém 0,198 g de carbono, $9{,}94 \times 10^{21}$ átomos de hidrogênio e 0,0496 mol de átomos de cloro, qual é a fórmula molecular do composto?

2.70 Uma mistura de dois sólidos, carbonato de cálcio, $CaCO_3$, e carbonato de magnésio, $MgCO_3$, foi aquecida. Cada composto sofreu decomposição, e os únicos produtos foram óxido de cálcio sólido, CaO, óxido de magnésio sólido, MgO e CO_2 gasoso. Se a mistura original de carbonatos tinha uma massa de 24,91 g e a massa da mistura final de óxidos foi 12,75 g, qual era a percentagem de $CaCO_3$ na mistura original?

■ **2.71** Deseja-se preparar 100,0 g de acetileno, C_2H_2, pela reação:

$$CaC_2(s) + 2H_2O(l) \rightarrow Ca(OH)_2(s) + C_2H_2(g)$$

Quantos gramas de CaC_2 (carbeto de cálcio) e de H_2O são necessários?

■ **2.72** Sob apropriadas condições, octano, C_8H_{18}, queima em oxigênio para formar dióxido de carbono e água. Se 12,0 g de octano e 50,0 g de oxigênio são misturados e reagem, qual reagente está em excesso? De quanto será esse excesso?

2.73 37,2 mL de NaOH 0,142 mol/L são necessários para a completa neutralização de 25,0 mL de uma solução de H_2SO_4. Qual é a concentração molar do ácido?

2.74 Certa quantidade de $Ca(OH)_2$ puro foi completamente neutralizada por 67,4 mL de H_2SO_4 mol/L. Qual era a massa de $Ca(OH)_2$?

■ **2.75** 166 cm^3 de uma solução de HCl foram neutralizados pela primeira adição de 23,6 g de $Ba(OH)_2$ e então titulados até o ponto de equivalência com 26,7 cm^3 de NaOH 0,146 mol/L. Qual era a concentração original do HCl?

2.76 Quando o sulfeto de zinco, ZnS, é aquecido com oxigênio gasoso, forma-se o óxido de zinco, ZnO, e o dióxido de enxofre, SO_2. Quanto ZnO pode ser produzido de 46,0 g de ZnS e 20,5 g de O_2?

2.77 Uma mistura de metano, CH_4, e etano, C_2H_6, foi queimada em oxigênio para formar CO_2 e H_2O como únicos produtos. Se nos produtos da mistura foram encontrados 58,7 % de CO_2 e 41,3 % de H_2O em massa, qual era a composição da mistura original?

2.78 Qual volume de H_2SO_4 0,142 mol/L é necessário para a completa neutralização de uma mistura de 125 ml de NaOH 0,106 mol/L e 145 ml de $Ba(OH)_2$ 0,0654 mol/L?

Capítulo 3

TERMOQUÍMICA

TÓPICOS GERAIS

3.1 A PRIMEIRA LEI DA TERMODINÂMICA

O calor

O trabalho

A energia

3.2 O CALOR E A ENTALPIA

A entalpia

A entalpia e a energia

3.3 CALORIMETRIA

A capacidade calorífica

3.4 AS EQUAÇÕES TERMOQUÍMICAS

Lei de Hess

As reações de formação

3.5 A COMBUSTÃO DO CARVÃO: UMA ILUSTRAÇÃO TERMOQUÍMICA

As reações químicas sempre estão acompanhadas de uma liberação ou absorção de energia, ainda que a quantidade de energia seja às vezes pequena. Se a energia dos produtos é menor que a energia dos reagentes, então, enquanto a reação avança, energia é liberada. Por outro lado, se a energia dos produtos é maior que aquela dos reagentes, o sistema absorve energia das vizinhanças durante o curso da reação. Em qualquer caso, a quantidade de energia liberada ou absorvida expressa a variação da energia na mistura que reage. Isto, por certo, está de acordo com a lei da conservação de energia.

Num sistema é possível ganhar ou perder energia de muitas maneiras; neste capítulo, contudo, consideraremos somente o *calor* e o *trabalho mecânico*. Na Seção 1.5, estabelecemos que o calor é uma forma de energia *em trânsito* de um objeto para outro. Pode-se imaginar o calor como uma forma adquirida de energia, quando ele passa naturalmente de um objeto mais quente para outro mais frio. Contudo, lembre que após um objeto ter absorvido, digamos, 200 joules de calor das vizinhanças, ele não tem mais os 200 joules de *calor* que tinha anteriormente. Após absorver o calor, o objeto realmente possui mais energia, mas essa energia já não está mais na forma de calor.

O trabalho também pode ser considerado como uma forma de energia em trânsito. Uma maneira de aumentar a energia de um sistema é realizando trabalho sobre ele, mas depois, o sistema não "contém mais trabalho". Além disso, se o sistema realiza trabalho sobre as vizinhanças, então ele não "perde trabalho", ainda que experimente uma diminuição na energia. Veremos que a relação entre o calor, o trabalho e a variação de energia de um sistema é basicamente uma.

A **termoquímica** refere-se ao estudo das transferências de calor que ocorrem durante as transformações químicas e algumas transformações físicas. É uma parte da disciplina *termodinâmica*, que será o o assunto do Capítulo 17.

3.1 A PRIMEIRA LEI DA TERMODINÂMICA

Em química, muitas vezes falamos sobre *sistemas*. Um **sistema** é uma parte do universo que desejamos estudar, discutir, ou talvez só visualizar. Freqüentemente, as dimensões de um sistema são escolhidas de maneira que possamos trabalhar com ele (ou imaginar que trabalhamos) convenientemente no laboratório; pode estar contido num tubo de ensaio, num béquer ou num balão, por exemplo.

Um sistema pode ser uma substância pura ou uma mistura, e pode ser um gás, um líquido, um sólido ou alguma combinação destes. Como já mencionado, a relação entre o calor, o trabalho e a variação de energia de um sistema é importante; de fato, é a pedra fundamental da ciência. Começaremos este capítulo introduzindo esta idéia básica.

O CALOR

Representamos a quantidade de calor pelo símbolo q, definido como segue:

$$q = \text{quantidade de calor absorvida por um sistema}$$

Esta definição significa que q é um número *positivo* quanto o sistema *absorve* calor das vizinhanças. Quando o fluxo de calor está na direção oposta, isto é, quando o sistema *perde* calor para as vizinhanças, q é um número *negativo*. O processo pelo qual um sistema *absorve* calor é chamado de *endotérmico*, e aquele no qual o sistema *perde* calor é chamado *exotérmico*. Em resumo:

Processo	*Sinal de q*	*Nome do processo*
O sistema ganha calor	Positivo ($q > 0$)	Endotérmico
O sistema perde calor	Negativo ($q < 0$)	Exotérmico

Como o calor é uma forma de energia, q pode ser expresso em joules (J). (Ver Seção 1.7.) Quando estão envolvidas grandes quantidades de calor (ou alguma outra forma de energia) é usado freqüentemente o quilojoule (kJ).

Talvez a característica mais importante do calor seja a de fluir natural ou espontaneamente de um sistema mais quente (temperatura mais alta) para um sistema mais frio (temperatura mais baixa). Embora seja possível "transferir" calor de um sistema mais frio para um outro mais quente (isto é, aquilo que um refrigerador e um condicionador de ar fazem), um gasto de energia é requerido para produzir a transferência de calor em um sentido não-natural. Assim como os objetos físicos caem naturalmente e não sobem, o calor flui naturalmente de uma região mais quente para uma mais fria, e não da região fria para a mais quente.

O TRABALHO

Na Seção 1.5, estabelecemos que o trabalho mecânico é realizado quando um objeto se movimenta contra uma força oposta. Depois disto, o objeto tem mais energia do que tinha anteriormente. Em outras palavras, realizar trabalho sobre um sistema é uma maneira de aumentar a energia do sistema. O trabalho é geralmente representado pelo símbolo w e é definido como segue:

w = quantidade de trabalho realizado sobre o sistema.

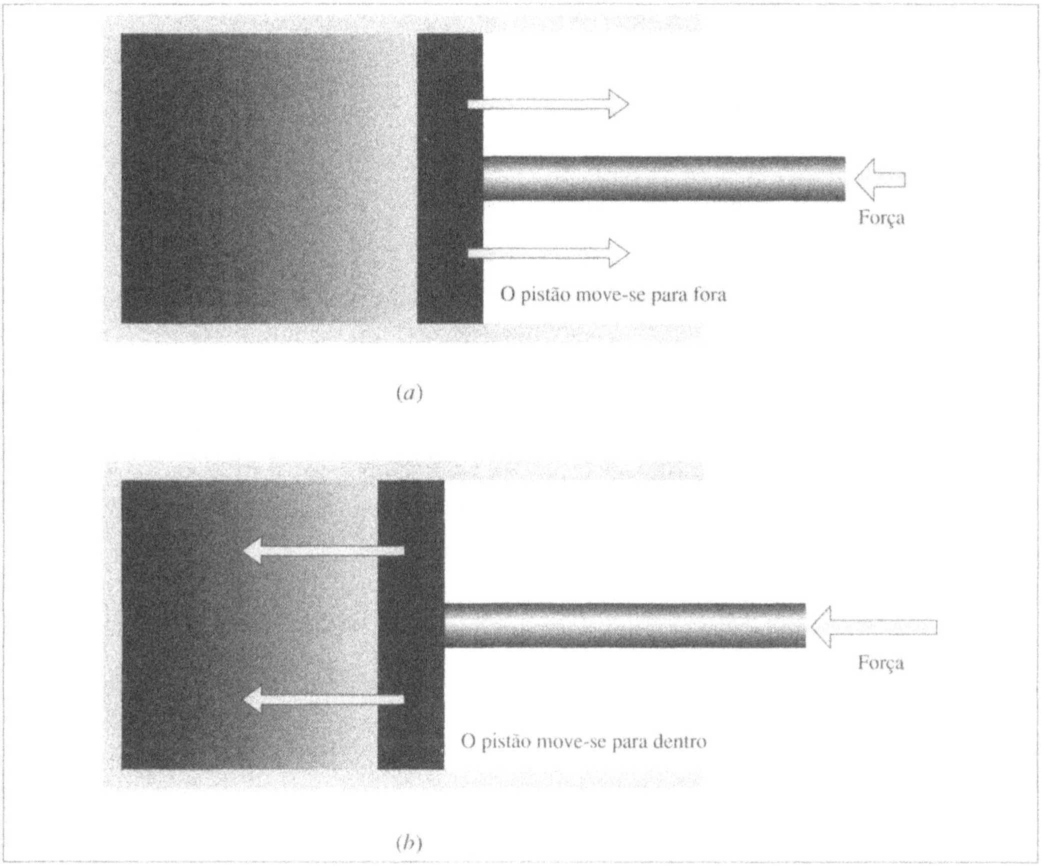

Figura 3.1 O trabalho feito durante a expansão e a compressão.
(*a*) O sistema exerce sobre o pistão uma força maior que a força oposta; $w_{sistema} < 0$. (O sistema se expande e realiza trabalho sobre as vizinhanças.)
(*b*) O sistema exerce sobre o pistão uma força menor que a força oposta; $w_{sistema} > 0$. (O sistema é comprimido; as vizinhanças realizam trabalho sobre o sistema.)

O trabalho pode ser feito sobre o sistema, ou as vizinhanças de um sistema podem realizar trabalho sobre este. Para qualquer sistema, w é um número *positivo* quando *as vizinhanças realizam trabalho sobre o sistema* e *negativo* quando *o sistema realiza trabalho sobre as vizinhanças*. Resumindo:

Processo	***Sinal de w***
As vizinhanças realizam trabalho sobre o sistema	Positivo ($w > 0$)
O sistema realiza trabalho sobre as vizinhanças	Negativo ($w < 0$)

Para nós, a maneira mais importante pela qual o sistema pode realizar trabalho é por expansão, assim, ele empurra suas vizinhanças. A Figura 3.1*a* mostra um sistema que realiza trabalho enquanto se expande e empurra um pistão. Para que ocorra a expansão a força exercida pelo sistema sobre o pistão deve ser maior que a força externa exercida pelo pistão (vizinhanças). Trabalho é feito *sobre* o sistema por suas vizinhanças quando ele é comprimido. A Figura 3.1*b* mostra tal processo; neste caso, a força exercida sobre o pistão pelo sistema é menor que a força externa e, assim, produz-se a compressão, ao invés de expansão. Em resumo:

Processo	***Trabalho realizado***	***Sinal de w***
Expansão	O sistema realiza trabalho	Negativo ($w < 0$)
Compressão	Trabalho é feito sobre o sistema	Positivo ($w > 0$)

Enquanto não há calor transferido entre o sistema e suas vizinhanças, a quantidade de trabalho feita sobre o sistema é igual ao aumento da energia do sistema. Do mesmo modo, a quantidade de trabalho feita pelo sistema sobre suas vizinhanças é igual à diminuição de energia do sistema. É conveniente expressar o trabalho em joules ou quilojoules.

A ENERGIA

A energia é geralmente representada pelo símbolo U. Ainda que a energia absoluta de um sistema não possa ser medida, *variações* na energia de um sistema são mensuráveis.

Agora nós introduziremos um importante símbolo: a letra maiúscula grega Δ (delta) que é geralmente usada para designar "variações em". Em geral, a variação no valor de alguma quantidade de X é representada como ΔX, que é definida como o valor de X no estado final menos seu valor no estado inicial, isto é,

$$\Delta X = X_{\text{final}} - X_{\text{inicial}}$$

Utilizando esta convenção, a variação na energia de um sistema se escreve como ΔU, onde

$$\Delta U = U_{\text{final}} - U_{\text{inicial}}$$

Vimos que a energia de um sistema pode ser aumentada adicionando calor ao sistema ($q > 0$) ou realizando trabalho sobre ele ($w > 0$). A energia de um sistema pode diminuir retirando-se calor dele ($q < 0$) ou permitindo que o sistema realize trabalho sobre a vizinhança ($w < 0$). Se nenhum trabalho é realizado sobre ou pelo sistema, o aumento da energia do sistema simplesmente iguala-se a qualquer calor absorvido, ou

$$\Delta U = q \text{ (não há trabalho realizado)}$$

Por outro lado, se trabalho é realizado pelo ou sobre o sistema, mas não há calor absorvido ou liberado,

$$\Delta U = w \text{ (não há calor transferido)}$$

Quando calor e trabalho estão envolvidos, a variação da energia de um sistema está relacionada com estas quantidades por:

$$\Delta U = q + w$$

Esta relação é conhecida como a **primeira lei da termodinâmica**[1].

1 Em alguns textos, especialmente os mais antigos, w é definido como o trabalho realizado *pelo* em vez de *sobre* o sistema. De acordo com esta velha convenção, a primeira lei é escrita como $\Delta U = q - w$.

Comentários Adicionais

A primeira lei da termodinâmica é uma definição algébrica da lei de conservação de energia e a pedra fundamental da ciência. Ela simplesmente estabelece que, se a energia de um sistema é acrescida por alguma quantidade, então uma quantidade equivalente de calor ou trabalho deve ser fornecida ao sistema.(Em outras palavras, a energia deve vir de algum lugar.) Do mesmo modo, se a energia de um sistema diminui, então a perda de energia não é realmente perdida, ela é gasta como calor ou como trabalho. (Em outras palavras, a energia de um sistema deve ir para algum lugar.) A primeira lei é perfeitamente geral, visto que nós podemos classificar todas as formas de energia transferida como calor ou trabalho. (Em alguns casos, quando isto não é conveniente, outros termos são adicionados ao lado direito da relação $\Delta U = q + w$ de maneira a incluir explicitamente outras formas de energias.) Por enquanto, consideraremos apenas as maneiras como o calor e o trabalho alteram a energia de um sistema.

Exemplo 3.1 4,0 kJ de calor são fornecidos a uma quantidade de ar. Calcule ΔU para o ar se (a) nenhum trabalho é realizado pelo ar, (b) o ar se expande e realiza 0,5 kJ de trabalho; (c) 1,0 kJ de trabalho é realizado na compressão do ar ao mesmo tempo que ele é aquecido.

Solução: (a) Nenhum trabalho é realizado, e assim o w é igual a zero

$$\Delta U = q + w = 4{,}0 \text{ kJ} + 0 = 4{,}0 \text{ kJ}$$

(b) Como alguma energia do sistema é utilizada para realizar trabalho de expansão ($w = -0{,}5$ kJ), o aumento de energia do sistema será menor que na Parte a.

$$\Delta U = q + w = 4{,}0 \text{ kJ} + (-0{,}5 \text{ kJ}) = 3{,}5 \text{ kJ}$$

(c) Desta vez, o trabalho de comprimir o ar ($w = 1$ kJ) origina um aumento na energia do ar ainda maior do que aquele realizado na Parte a.

$$\Delta U = q + w = 4{,}0 \text{ kJ} + 1{,}0 \text{ kJ} = 5{,}0 \text{ kJ}$$

Problema Paralelo: Uma quantidade de ar é expandida e realiza 5,0 kJ de trabalho. Quanto calor é fornecido ao ar se a energia do ar aumenta em (a) 5,0 kJ, (b) 2,0 kJ, (c) 0 kJ? **Resposta:** (a) 10,0 kJ, (b) 7,0 kJ, (c) 5,0 kJ.

3.2 O CALOR E A ENTALPIA

A primeira lei da termodinâmica mostra que a quantidade de calor que é absorvida ou liberada pelo sistema durante uma variação depende de como a variação ocorre. Especificamente, depende de quanto trabalho é feito durante o processo. Por enquanto, limitaremos nossas considerações sobre trabalho ao *trabalho de expansão*. Sob esta restrição, se o sistema é impedido de se expandir (ou de se contrair), isto é, se é mantido em *volume constante*, não pode fazer trabalho nem pode ser feito trabalho sobre ele durante qualquer transformação. Para processos onde nenhum trabalho de expansão pode ser realizado, a primeira lei mostra que:

$$q = \Delta U - w = \Delta U - 0 = \Delta U \text{ (à volume constante)}$$

o que quer dizer que o calor absorvido durante um processo a volume constante é igual à variação da energia do sistema.

A ENTALPIA

Em geral, os processos a volume constante não são tão importantes para nós como os processos onde o trabalho de expansão ou compressão podem ser realizados. No laboratório, a maioria dos processos são conduzidos à pressão constante, ou quase constante, e não a volume constante. A quantidade de calor, q, absorvido durante o processo tem um valor fixo. Da primeira lei vemos que:

$$q = \Delta U - w$$

o que quer dizer que o calor absorvido durante o processo é igual ao aumento na energia do sistema menos qualquer trabalho realizado sobre o sistema. O calor absorvido sob condições de pressão constante é representado de um modo especial. É chamado variação de **entalpia**, H, do sistema[2]. Isto é,

$$q = \Delta H \text{ (à pressão constante)}$$

e por isso

$$\Delta H = \Delta U - w$$

2 A palavra *entalpia* provém do alemão *enthalten*, "conter". Um nome antigo mas impróprio para entalpia é "conteúdo calórico". (Daqui para frente consideraremos H como símbolo para esta quantidade.) Nós definiremos entalpia rigorosamente na Seção 17.1.

Comentários Adicionais

Por enquanto, consideremos que a expressão "ΔH" é uma forma simples de dizer "calor absorvido à pressão constante".

Uma razão para focalizar processos à pressão constante é que freqüentemente observamos reações que se realizam sob condições de pressão constante ou quase constante, tal como a pressão constante da atmosfera.

A ENTALPIA E A ENERGIA

Em muitos processos que ocorrem sob pressão atmosférica simples, o trabalho realizado sobre ou pelo sistema é comparativamente pequeno, algumas vezes insignificante.

Quando um mol de gelo funde a uma atmosfera[3] de pressão, por exemplo, pouco trabalho é realizado porque a variação em volume da água é muito pequena. Neste caso, como o sistema contrai um pouco enquanto o gelo funde, as vizinhanças realizam uma pequena quantidade de trabalho sobre o sistema. Contudo, como a variação de volume é tão pequena, este trabalho chega somente a 0,0002 kJ. Em comparação, a quantidade de calor, q, absorvido durante este processo à pressão constante é muito maior, 6,01 kJ. Neste caso, w é tão pequeno que é desprezível quando comparado com o calor absorvido, e como $\Delta H = \Delta U - w$,

$$\Delta H \approx \Delta U$$

Isto significa que quando o gelo funde à pressão constante, o aumento na energia da água é essencialmente igual ao calor absorvido. (O símbolo ≈ significa "é aproximadamente igual a".) Isto pode ser mostrado assim

$$H_2O(s) \rightarrow H_2O(l) \quad \Delta H \approx \Delta U = 6{,}01 \text{ kJ/mol}$$

Nas transformações físicas e químicas que envolvem somente líquidos e sólidos, é comum ΔH e ΔU diferirem somente numa pequena quantidade. Mesmo nos casos onde o trabalho de expansão é maior, como ocorre freqüentemente quando gases estão envolvidos, é ainda comum que o w seja uma quantidade consideravelmente menor que ΔU. Por

3 A *atmosfera*, abreviada atm, é uma unidade de pressão que não faz parte do sistema SI, embora seja usada normalmente. A definição desta unidade e a relação desta com outras unidades de pressão são encontradas no Capítulo 4. A pressão (ar) barométrica ao nível do mar muitas vezes não está longe de 1 atm.

exemplo, quando 1,00 mol de água é fervido a 100°C e a 1 atmosfera de pressão, ΔH, o calor absorvido pela água é 40,7 kJ, e w é –3,1 kJ. (O sinal de menos em w significa que o sistema realiza trabalho sobre as vizinhanças, assim como a expansão que ocorre durante a variação de líquido a gás.) Por isso, como

$$\Delta H = \Delta U - w$$

$$\Delta U = \Delta H + w = 4{,}07 \text{ kJ mol}^{-1} + (-3{,}1 \text{ kJ mol}^{-1}) = 37{,}6 \text{ kJ mol}^{-1}$$

O processo de ebulição pode ser mostrado como:

$$H_2O(l) \rightarrow H_2O(g)$$

$$\Delta H = \Delta U - w = 37{,}6 \text{ kJ mol}^{-1} - (-3{,}1 \text{ kJ mol}^{-1}) = 40{,}7 \text{ kJ mol}^{-1}$$

Isto significa que, dos 40,7 kJ de calor para ferver um mol de água, 37,6 kJ são empregados para realizar a conversão do líquido a gás, e um adicional de 3,1 kJ é empregado para realizar o trabalho de empurrar a atmosfera.

A equação termoquímica (ver Seção 3.4),

$$H_2O(l) \rightarrow H_2O(g) \qquad \Delta H = 40{,}7 \text{ kJ mol}^{-1}$$

diz que 40,7 quilojoules de calor são absorvidos por um mol de água líquida quando é fervida a uma pressão constante de 1 atm. Isto também significa que a 100°C e 1 atm, a entalpia de 1,00 mol de água gasosa é 40,7 kJ maior que a água líquida.

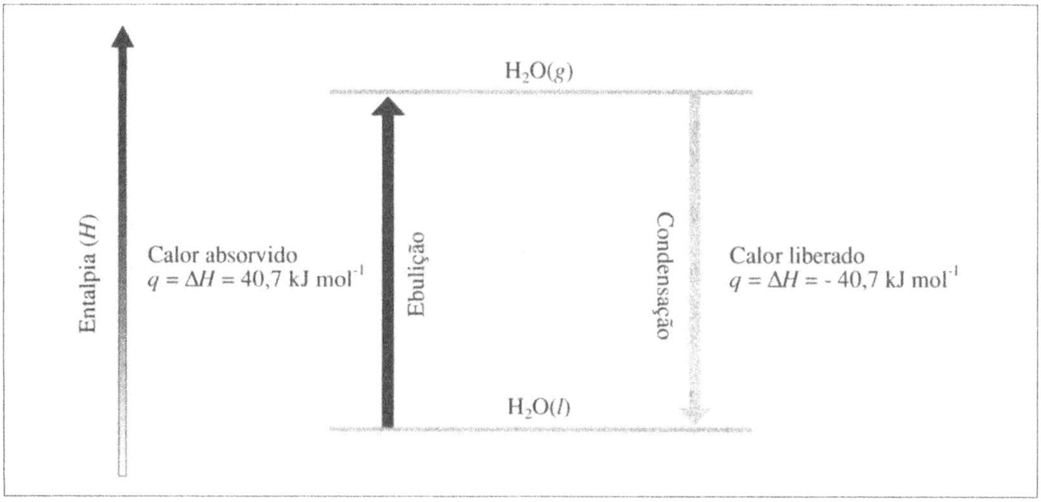

Figura 3.2 As variações de entalpia que acompanham a ebulição e condensação de 1 mol de água.

Sob as mesmas condições, 40,7 kJ de calor devem ser *removidos* de 1,00 mol de água gasosa (vapor) a 100°C para ser condensada:

$$H_2O(g) \rightarrow H_2O(l) \qquad \Delta H = -40{,}7 \text{ kJ mol}^{-1}$$

Observe que o sinal de menos significa que o calor é perdido pelo sistema. As variações de entalpia na ebulição e condensação da água são mostradas esquematicamente na Figura 3.2.

Exemplo 3.2 Uma certa reação se realiza à pressão constante. Durante o processo, o sistema absorve das vizinhanças 125 kJ de calor, e como o sistema se expande no decorrer da reação, ele realiza um trabalho de 12 kJ sobre as vizinhanças. Calcule o valor de q, w, ΔU, ΔH do sistema.

Solução: Do enunciado do problema,

$$q = 125 \text{ kJ}$$

$$w = -12 \text{ kJ}$$

Como o processo se realiza à pressão constante,

$$\Delta H = q = 125 \text{ kJ}$$

Da primeira lei, temos que:

$$\Delta U = q + w = 125 \text{ kJ} + (-12 \text{ kJ}) = 113 \text{ kJ}$$

Problema Paralelo: Uma certa reação química se realiza à pressão constante e libera 225 kJ de calor. Enquanto o processo se realiza, o sistema se contrai quando as vizinhanças realizam trabalho de 15 kJ. Calcule os valores de q, w, ΔU, e ΔH do sistema. **Resposta:** $q = -225$ kJ, w = 15 kJ, $\Delta H = -225$ kJ, $\Delta U = -210$ kJ.

Comentários Adicionais

É bem possível que neste ponto você não se sinta seguro o suficiente quanto à compreensão do conceito de entalpia. De fato, é verdade que ainda não definimos rigorosamente esta quantidade. (Ela virá mais tarde no Capítulo 17.) Por enquanto, é suficiente lembrar que a variação de entalpia, ΔH, é uma quantidade usada para indicar o total de calor absorvido ou liberado durante um processo realizado à pressão constante. Daqui em diante neste livro, virtualmente toda absorção e emissão de calor serão indicadas especificando o valor de ΔH para cada processo.

3.3 CALORIMETRIA

O calor liberado ou absorvido durante as transformações físicas e químicas é medido no laboratório por meio de um **calorímetro**[4]. Um tipo de calorímetro é a *bomba calorimétrica*, mostrada na Figura 3.3. Os reagentes são colocados num recipiente de aço de paredes resistentes chamado *bomba*, o qual está imerso numa quantidade de água contida num recipiente isolado. Após terem sido medidas as temperaturas inicial da água e do interior do calorímetro, a reação inicia-se, muitas vezes, pela passagem de uma corrente elétrica através de um fio para ignição, como foi mostrado. A variação de temperatura é acompanhada, e a temperatura final é determinada.

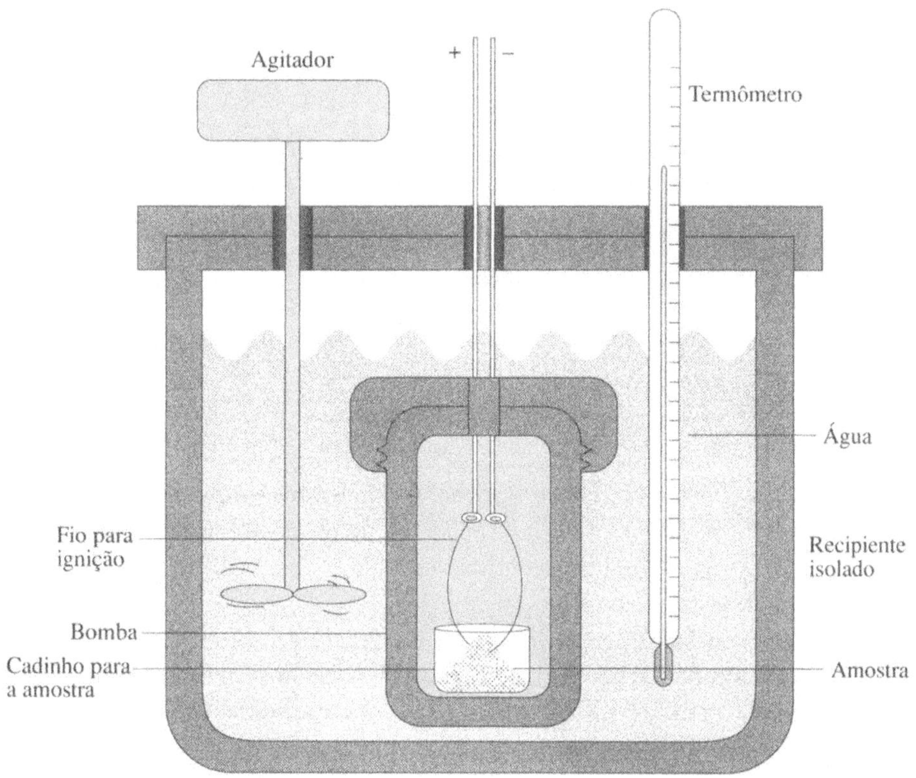

Figura 3.3 Bomba calorimétrica.

4 O nome *calorímetro* provém da palavra *calorie* (cal), que não é uma unidade SI de energia. A princípio uma caloria foi definida como a quantidade de calor necessária para aumentar a temperatura da água de 14,5°C para 15,5°C. Agora é definida em termos de unidade SI, o joule: 1 cal = 4,184 J, exatamente.

A CAPACIDADE CALORÍFICA

Para calcular a quantidade de calor liberada ou absorvida durante a reação, é necessário conhecer *a capacidade calorífica* do interior do calorímetro, incluindo a bomba, os seus componentes e a água. A **capacidade calorífica** de um sistema é a quantidade de calor necessária para elevar a temperatura de um sistema em 1°C. Para uma substância pura, como a água num calorímetro, a capacidade calorífica é muitas vezes expressa *por mol* daquela substância e então é chamada **capacidade calorífica molar**, C[5]. *As unidades SI para a capacidade calorífica molar são joules por grau Celsius por mol*, abreviadas

$$\frac{\text{J}}{{}^\circ\text{C mol}}$$

Nota: *É comum escrever unidades complexas como estas numa única linha, como neste caso*

$$J\,{}^\circ C^{-1}\,mol^{-1}$$

Isto é dito do mesmo modo como joule por grau Celsius por mol.

Comentários Adicionais

Observe que quando uma unidade complexa se escreve desta maneira, as unidades individuais são tratadas como se fossem símbolos algébricos. Tal como $\frac{x}{yz}$ *pode ser escrita como* $xy^{-1}z^{-1}$, pode também $\frac{\text{J}}{{}^\circ\text{C mol}}$ ser escrito como J °C^{-1} mol^{-1}. Esta é uma forma normal de escrever unidades complexas e as empregaremos freqüentemente deste ponto em diante. Um outro exemplo é "quilojoules por mol", ou kJ/mol , que pode ser escrito kJ mol^{-1}.

A capacidade calorífica relaciona a quantidade de calor, q, absorvida por uma substância ao aumento de temperatura de um sistema. Se nós representarmos ΔT como a variação de temperatura ($\Delta T = T_{\text{final}} - T_{\text{inicial}}$), C, a capacidade calorífica molar, e n, o número de mols de substância, então:

$$q = nC\Delta T$$

5 Relacionado à capacidade calorífica de uma substância está o seu *calor específico*, a razão de sua capacidade calorífica e a da água. Os calores específicos não têm dimensões; eles são numericamente iguais às capacidades caloríficas quando estas são expressas em termos de calorias e gramas, isto é, como cal/°C g.

As capacidades caloríficas molares de algumas substâncias são dadas na Tabela 3.1. Ainda que as capacidades caloríficas variem um pouco com a temperatura, o efeito é muitas vezes insignificante. Além disso, elas dependem de a pressão ou o volume serem mantidos constantes. (Ver Seção 3.2.) Os valores dados na Tabela 3.1 estão em condições de pressão constante.

Tabela 3.1 Capacidades caloríficas molares à pressão constante e 25°C.

Substância	C, $J°C^{-1}\ mol^{-1}$
Al(*s*)	24,3
Ag(*s*)	25,4
AgCl(*s*)	50,8
Au(*s*)	25,4
Cu(*s*)	24,4
Fe(*s*)	25,1
$H_2(g)$	28,8
$H_2O(l)$	75,3
Mn(*s*)	26,3
$MnCl_2(s)$	72,9
$MnO_2(s)$	54,1
$N_2(g)$	29,1
$NH_3(g)$	35,1
NaCl(*s*)	50,5
$SiO_2(s)$	44,4

Comentários Adicionais

A aplicação da análise dimensional a uma relação algébrica do "mundo real" muitas vezes fornece a compreensão dessa relação. Por exemplo, considere a fórmula $q = nC\Delta T$ e substitua as unidades de cada termo pelo mesmo termo correspondente, isto é, J por q, mol por n, J °C^{-1} mol^{-1} por C, e °C por ΔT. É possível visualizar que ambos os membros da equação têm unidades de energia? Entender as partes de uma fórmula ou equação torna mais fácil sua memorização.

Exemplo 3.3 Uma amostra de 15,0 g de ouro (capacidade calorífica 25,4 J °C^{-1} mol^{-1}) é aquecida de 16,1°C para 49,3°C. Na hipótese de que a capacidade calorífica do ouro seja constante neste intervalo, calcule a quantidade de calor absorvida pelo ouro.

Solução: A massa atômica do ouro é 197. Portanto, 15,0 g de ouro é

$$\frac{15{,}0\ \text{g}}{197\ \text{g mol}^{-1}} = 7{,}61 \times 10^{-2}\ \text{mol}$$

$$\Delta T = 49{,}3°\text{C} - 16{,}1°\text{C} = 33{,}2°\text{C}$$

$$q = nC\Delta T$$

$$= (7{,}61 \times 10^{-2}\ \text{mol})(2{,}54\ \text{J °C}^{-1}\ \text{mol}^{-1})(33{,}2°\text{C})$$

$$= 64{,}2\ \text{J}$$

Problema Paralelo: Um pedaço de cobre de 75,0 g é resfriado de 128,2 para 24,1°C. Empregando os dados da Tabela 3.1, calcule quanto calor é liberado pelo cobre. **Resposta:** 3,00 kJ.

Os calorímetros são projetados para manter a transferência de calor entre o interior e as vizinhanças a um mínimo valor absoluto. Numa bomba calorimétrica, assume-se que a quantidade de calor absorvido (ou liberado) pela combinação de água, o interior do calorímetro, a bomba e a mistura reagente seja igual à produzida (ou absorvida) pela reação que ocorre na bomba.

O método para calcular a quantidade de calor produzido ou absorvido durante uma reação é melhor mostrado num exemplo:

Exemplo 3.4 Uma amostra de 0,828 g de metanol (álcool de madeira, CH_3OH) é colocada numa bomba calorimétrica com uma quantidade de gás oxigênio (sob pressão) suficiente para assegurar a combustão completa. O calorímetro contém 1,35 kg de água, e a capacidade calorífica do interior do calorímetro (sem água) é 1,06 kJ °C^{-1}.

Quando o metanol queima, a temperatura aumenta de 23,10 para 25,90°C. Qual é o calor molar de combustão do metanol? (Quanto calor é liberado durante a combustão de 1,00 mol de metanol?)

Solução: O calor liberado quando 0,828 g de metanol queima é absorvido em parte pela água e em parte pelo calorímetro. O número de mols de água (massa molecular 18,0) é

$$\frac{1{,}35 \times 10^{3}\ \text{g}}{18{,}0\ \text{g mol}^{-1}} = 75{,}0\ \text{mol}$$

A variação de temperatura é

$$\Delta T = 25{,}90°C - 23{,}10°C = 2{,}80°C$$

Da Tabela 3.1, achamos a capacidade calorífica molar da água, C_{H_2O}, sendo 75,3 J °C^{-1} mol^{-1}.

O calor absorvido pela água é então:

$$\begin{aligned} q_{H_2O} &= n_{H_2O} C_{H_2O} \Delta T \\ &= (75{,}0 \text{ mol})\,(75{,}3 \text{ J °C}^{-1} \text{ mol}^{-1})\,(2{,}80°C) \\ &= 1{,}58 \times 10^4 \text{ J} \end{aligned}$$

O calor absorvido pelo interior do calorímetro, q_{cal}, é

$$\begin{aligned} q_{cal} &= C_{cal}\,\Delta T \\ &= (1{,}06 \times 10^3 \text{ J °C}^{-1})(2{,}80°C) \end{aligned}$$

onde C_{cal} é a capacidade calorífica do interior do calorímetro. O calor *total* absorvido é:

$$\begin{aligned} q_{total} &= q_{H_2O} + q_{cal} \\ &= 1{,}58 \times 10^4 \text{ J} + 2{,}97 \times 10^3 \text{ J} \\ &= 1{,}88 \times 10^4 \text{ J} \end{aligned}$$

E deve ser igual à quantidade de calor liberado na queima de 0,828 g de metanol. Como a massa molecular do metanol é 32,0, o número de mols de metanol é

$$\frac{0{,}828 \text{ g}}{32{,}0 \text{ g mol}^{-1}} = 2{,}59 \times 10^{-2} \text{ mol}$$

Por isso, a quantidade de calor liberado quando 1,00 mol de metanol queima é:

$$\frac{1{,}88 \times 10^4 \text{ J}}{2{,}59 \times 10^{-2} \text{ mol}} = 7{,}25 \text{ J mol}^{-1}$$

Problema Paralelo: Uma amostra de 0,728 g de etanol (álcool de cereais, C_2H_5OH) é queimada no mesmo calorímetro do exemplo anterior. Neste experimento, a quantidade de água no calorímetro é 1,20 kg, e a temperatura aumenta de 24,86 para 29,18°C. Qual é o calor molar de combustão do etanol? **Resposta:** $1{,}66 \times 10^3$ kJ mol^{-1}.

O calorímetro é utilizado no laboratório para inúmeros propósitos, incluindo a determinação da energia produzida na queima de combustíveis, e o "conteúdo calórico" dos alimentos. (Acidentalmente, a caloria nutricional é realmente a quilocaloria – uma caloria nutricional é igual a 4,184 kJ.) As medidas calorimétricas são utilizadas para ajudar a melhorar a eficiência da energia dos processos químicos industriais.

3.4 AS EQUAÇÕES TERMOQUÍMICAS

Podemos observar (Seção 3.2) que, quando uma reação química se realiza à pressão constante, a quantidade de calor liberado ou absorvido é expressa pela variação da entalpia do sistema. Isto é chamado usualmente de **calor de reação**, ou **entalpia da reação** e é representado por ΔH ou $\Delta H_{\text{reação}}$, e seu sinal algébrico indica se a reação é endotérmica ou exotérmica (Ver Seção 3.1.) Revendo:

Sinal de ΔH	*Reação*
+	Endotérmica
–	Exotérmica

LEI DE HESS

A combinação de uma equação química balanceada e o correspondente valor de ΔH para a reação é chamada **equação termoquímica**.

Quando 1,00 mol de carvão é queimado com um excesso de oxigênio à pressão constante, 1,00 mol de oxigênio é consumido, 1,00 mol de dióxido de carbono é formado e 393,5 kJ de calor é liberado. A equação termoquímica para esta reação é:

$$C(s) + O_2(g) \rightarrow CO_2(g) \quad \Delta H = -393{,}5 \text{ kJ} \tag{3.1}$$

É possível realizar este processo em duas etapas. Primeiro, o carvão é queimado em uma quantidade limitada de oxigênio para formar monóxido de carbono:

$$C(s) + \tfrac{1}{2}O_2(g) \rightarrow CO(g) \quad \Delta H = -110{,}5 \text{ kJ} \tag{3.2}$$

Logo depois, o monóxido de carbono é queimado em oxigênio adicional para formar dióxido de carbono:

$$CO(g) + \tfrac{1}{2}O_2(g) \rightarrow CO_2(g) \quad \Delta H = -283{,}0 \text{ kJ} \tag{3.3}$$

Observe que o efeito líquido ou geral das reações (3.2) e (3.3) é o mesmo da reação (3.1). Observe, também, que *a soma algébrica dos valores de ΔH das reações (3.2) e (3.3) iguala-se ao valor de ΔH da reação (3.1).*

Isto ilustra o fato de que, quando as equações químicas são adicionadas como se fossem equações algébricas, os valores de ΔH correspondentes podem também ser adicionados.

$$\begin{array}{rcl} C(s) + \frac{1}{2}O_2(g) \rightarrow CO(g) & \Delta H = -110{,}5\ \text{kJ} \\ CO(g) + \frac{1}{2}O_2(g) \rightarrow CO_2(g) & \Delta H = -283{,}0\ \text{kJ} \\ \hline C(s) + O_2(g) \rightarrow CO_2(g) & \Delta H = -393{,}5\ \text{kJ} \end{array}$$

Este é um exemplo da *Lei de Hess da soma de calor constante*, geralmente conhecida simplesmente como *Lei de Hess*.

Lei de Hess: *a variação de entalpia para qualquer processo depende somente da natureza dos reagentes e produtos e independe do número de etapas do processo ou da maneira como é realizada a reação. A Figura 3.4 ilustra esquematicamente a Lei de Hess para o processo* $C \rightarrow CO \rightarrow CO_2$.

AS REAÇÕES DE FORMAÇÃO

A Lei de Hess simplifica muito o trabalho de tabelar as variações de entalpia das reações, eliminando a necessidade de uma imensa lista de todas as possíveis reações e seus correspondentes valores de ΔH. Em vez disso, os valores de somente um tipo de reação, a *reação de formação*, são tabelados, e estes podem ser utilizados para calcular os valores de ΔH das outras reações. A **reação de formação** é aquela em que *um mol de um único produto é formado a partir de seus elementos (não-combinados)*. A reação de carvão com oxigênio para formar dióxido de carbono é um exemplo de uma reação de formação:

$$C\,(s) + O_2\,(g) \rightarrow CO_2\,(g)$$

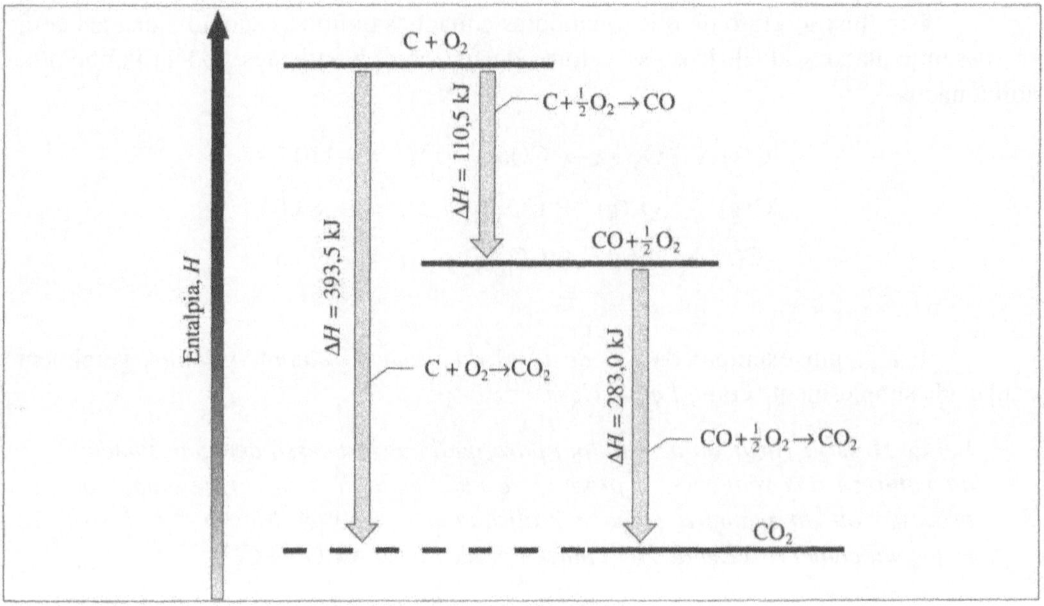

Figura 3.4 Lei de Hess.

Comentários Adicionais

Por que a seguinte reação *não* é classificada como reação de formação?

$$CO(g) + \frac{1}{2}O_2(g) \rightarrow CO_2(g)$$

Resposta: Porque o reagente, CO, não é um elemento não-combinado.

Os valores de ΔH das reações de formação são geralmente tabelados, no caso em que cada substância está no seu **estado padrão**, ou seja, *na forma mais estável a 1 atmosfera de pressão*. Então, o valor de ΔH da reação de formação é chamado **calor padrão de formação, ou entalpia-padrão de formação** do produto. Ele é representado pelo símbolo ΔH_f°, onde o índice superior $^\circ$ indica *estado padrão*, e o índice subscrito $_f$, *formação*. Ainda que a temperatura não esteja contida no termo *estado padrão* e a substância tenha, portanto, um estado padrão para cada temperatura, os calores-padrão de formação são geralmente tabelados à temperatura de 25°C. A Tabela 3.2 fornece os calores-padrão de formação de algumas substâncias. Mais valores são dados no Apêndice G.

Tabela 3.2 Calores-padrão de formação a 25°C.

Substância	ΔH°_f, ***kJ mol^{-1}***
$CH_4(g)$	− 74,8
$CH_3OH(l)$	−239,0
$C_2H_2(g)$	226,8
$C_2H_4(g)$	52,3
$C_2H_6(g)$	− 84,6
$C_2H_5OH(l)$	−277,6
$CO(g)$	−110,5
$CO_2(g)$	−393,5
$HCl(g)$	− 92,3
$H_2O(g)$	−241,8
$H_2O(l)$	−285,8
$H_2O_2(l)$	−187,6
$H_2S(g)$	− 20,6
$H_2SO_4(l)$	−814,0
$NH_3(g)$	− 46,1
$NH_4Cl(s)$	−314,4
$NaCl(s)$	−410,9
$Na_2O(s)$	−415,9
$NaOH(s)$	−426,7
$O_3(s)$	143
$SO_2(g)$	−296,8
$SO_3(g)$	−395,7

Observe que na Tabela 3.2 aparecem os calores-padrão de formação para alguns *compostos*. Isto ocorre porque na formação de um elemento a partir dele mesmo, tal como $H_2(g) \rightarrow H_2(g)$, não há realmente nenhuma variação e, desse modo, o valor de $\Delta H°$ para essa "não-reação" deve ser zero. ($H_{produtos} - H_{reagentes} = 0$.) Assim, *a entalpia-padrão de formação de um elemento não-combinado é zero.*

A variação da entalpia de uma reação química é o calor absorvido quando a reação se verifica sob condições de pressão constante. Quando todos os reagentes e produtos estão no estado padrão, $\Delta H°$, dá-se o nome de **calor padrão de reação**, ou **entalpia-padrão de reação.**

O exemplo seguinte ilustra o uso dos calores-padrão de formação no cálculo do calor padrão da reação. Observe que a *inversão* da equação da reação ocasiona uma *mudança de sinal algébrico* no valor de ΔH, pois reagentes se transformam em produtos e vice-versa.

Exemplo 3.5 Utilizando a Tabela 3.2, calcule $\Delta H°$ para a seguinte reação a 25°C:

$$NH_3(g) + HCl(g) \rightarrow NH_4Cl(s)$$

Solução Da tabela podemos obter os seguintes calores molares de formação:

$$\frac{1}{2}N_2(g) + \frac{3}{2}H_2(g) \rightarrow NH_3(g) \qquad \Delta H°_f = -46{,}1 \text{ kJ mol}^{-1}$$

$$\frac{1}{2}H_2(g) + \frac{1}{2}Cl_2(g) \rightarrow HCl(g) \qquad \Delta H°_f = -92{,}3 \text{ kJ mol}^{-1}$$

$$\frac{1}{2}N_2(g) + 2H_2(g) + \frac{1}{2}Cl_2(g) \rightarrow NH_4Cl(s) \qquad \Delta H°_f = -314{,}4 \text{ kJ mol}^{-1}$$

Comentários Adicionais

O "mol^{-1}" em cada uma das unidades anteriormente citadas é lido "por mol" e refere-se ao fato de que, em cada caso, um mol de uma substância é formado. Nas reações em que "mol^{-1}" não é apropriado, ele é omitido e a unidade é dada só com "kJ". De qualquer forma, *o valor de ΔH sempre corresponde aos números de mols mostrados na equação.*

Além disso, observe que, porque escrevemos cada equação para mostrar a formação de somente um mol de produto a partir de seus elementos, foi necessário utilizar coeficientes fracionários nos reagentes.

Se invertermos as primeiras duas equações anteriores mudando o sinal de cada valor de ΔH, e logo as adicionarmos à terceira equação, obtemos

$$\begin{array}{lcll}
NH_3(g) & \rightarrow & \frac{1}{2}N_2(g) + \frac{3}{2}H_2(g) & \Delta H_f^\circ = +46{,}1 \text{ kJ} \\
HCl(g) & \rightarrow & \frac{1}{2}H_2(g) + \frac{1}{2}Cl_2(g) & \Delta H_f^\circ = +92{,}3 \text{ kJ} \\
\frac{1}{2}N_2(g) + 2\,H_2(g) + \frac{1}{2}Cl_2(g) & \rightarrow & NH_4Cl(s) & \Delta H_f^\circ = -314{,}4 \text{ kJ} \\
\hline
NH_3(g) + HCl(g) & \rightarrow & NH_4Cl(s) & \Delta H_f^\circ = -176{,}0 \text{ kJ}
\end{array}$$

Problema Paralelo: Calcule ΔH° a 25°C para a reação:

$Na_2O(s) + H_2O(l) \rightarrow 2NaOH(s)$ **Resposta:** –151,7 kJ.

Se você observar de perto o Exemplo 3.5 verá que a resolução utilizada para calcular o valor de ΔH° da reação

$$NH_3(g) + HCl(g) \rightarrow NH_4Cl(s)$$

pode ser resumida como segue:

$$\begin{aligned}
\Delta H^\circ_{\text{reação}} &= (\Delta H_f^\circ)_{NH_4Cl(s)} - [(\Delta H_f^\circ)_{NH_3(g)} + (\Delta H_f^\circ)_{HCl(g)}] \\
&= (1 \text{ mol})(-314{,}4 \text{ kJ mol}^{-1}) - \\
&\quad - [(1 \text{ mol})(-46{,}1 \text{ kJ mol}^{-1}) + (1 \text{ mol})(-92{,}3 \text{ kJ mol}^{-1})]
\end{aligned}$$

Observe que cada termo do lado direito das igualdades consiste em produto de um coeficiente na equação balanceada vezes o calor molar de formação da substância. (Neste exemplo todos os coeficientes são iguais a 1.) Isto ilustra o fato de que o calor da reação é igual à soma dos calores de formação dos produtos menos a soma dos calores de formação dos reagentes, ou, em notação matemática,

$$\Delta H^\circ_{\text{reação}} = \Sigma(\Delta H_f^\circ)_{\text{produtos}} - \Sigma(\Delta H_f^\circ)_{\text{reagentes}}$$

[A letra grega maiúscula Σ (sigma) significa "soma".]

Exemplo 3.6 Determine o calor padrão molar de combustão do metanol, CH_3OH, em oxigênio para formar dióxido de carbono e vapor de água.

Solução: A equação balanceada para esta reação é:

$$CH_3OH\,(l) + \tfrac{3}{2}\,O_2(g) \rightarrow CO_2(g) + 2H_2O(g)$$

$$\Delta H^\circ = \Sigma\,(\Delta H_f^\circ)_{produtos} - \Sigma\,(\Delta H_f^\circ)_{reagentes}$$

$$= [(\Delta H_f^\circ)_{CO_2(g)} + 2(\Delta H_f^\circ)_{H_2O(g)}] - [(\Delta H_f^\circ)_{CH_3OH(l)} - \tfrac{3}{2}(\Delta H_f^\circ)_{O_2(g)}]$$

$$= [-393{,}5 + 2(-241{,}8)] - [-239{,}0 + \tfrac{3}{2}(0)]$$

$$= -638{,}1\ \text{kJ}$$

Observe que cada calor molar de formação é multiplicado pelo número de mols da substância que aparece na equação balanceada.

Problema Paralelo: Repita o cálculo anterior, assumindo que há formação de água *líquida*. (Antes de começar, pergunte-se: deve ser produzido mais ou menos calor? **Resposta:** –726,1 kJ. (Uma quantidade maior é liberada quando nenhum calor é usado para vaporizar a água.)

3.5 A COMBUSTÃO DO CARVÃO: UMA ILUSTRAÇÃO TERMOQUÍMICA

No mundo de hoje, o carvão é o combustível mais usado. Além disso, mais energia química está potencialmente disponível de conhecidas reservas de carvão do que de qualquer outra fonte na terra, com a possível exceção do óleo de xisto. O carvão está longe de ser uma substância pura; é composto em grande parte de carbono, mas podem estar presentes outros elementos, incluindo enxofre, oxigênio, nitrogênio, cálcio, ferro, hidrogênio, silício e alumínio. Como o carvão é uma mistura complexa, não é possível escrever uma equação termoquímica única que represente corretamente sua combustão.

Quando a forma mais estável de carbono puro, o grafite, é queimado com um excesso de oxigênio, forma-se o dióxido de carbono. Quando ele é queimado por uma quantidade limitada de oxigênio, o monóxido de carbono é formado. As equações termoquímicas para estas duas reações são:

$$C(s) + O_2(g) \rightarrow CO_2(g) \qquad \Delta H^\circ = -393{,}5 \text{ kJ mol}^{-1}$$

$$C(s) + \tfrac{1}{2}O_2(g) \rightarrow CO(g) \qquad \Delta H^\circ = -110{,}5 \text{ kJ mol}^{-1}$$

Os carvões são classificados tomando-se por base o seu conteúdo de carbono e o calor que produzem quando queimam. Na Tabela 3.3 são registrados quatro tipos de carvões, junto com seus calores de combustão aproximados, por grama. Além disso, o correspondente calor de combustão do carbono puro (grafite) é mostrado para efeito de comparação.

Tabela 3.3 Calores de combustão de alguns carvões, por grama.

Carvão	*%C aproximada*	ΔH_{comb}, *kJ* g^{-1} *aproximado*
Antracito	85	–30
Betuminoso	60	–28
Sub-etuminoso	40	–25
Linhito	30	–15
Carbono puro	(100)	(–32,8)

O carvão é muito usado como fonte de carbono para obter outros combustíveis. Um importante combustível industrial, o *gás de água*, é uma mistura de gases hidrogênio e monóxido de carbono. Ele é obtido pela reação do vapor com o carbono do carvão, a temperaturas elevadas.

$$C(s) + H_2O(g) \rightarrow CO(g) + H_2(g) \qquad \Delta H^\circ = 131{,}3 \text{ kJ} \qquad (3.4)$$

A mistura resultante é mais fácil de queimar em grandes fornos e queimadores do que o carvão, por ser um gás e não produzir cinzas. A mistura pode ser queimada diretamente e as duas reações de combustão são:

$$CO(g) + \tfrac{1}{2} O_2(g) \rightarrow CO_2(g) \qquad \Delta H^\circ_{\text{combustão}} = -282{,}0 \text{ kJ mol}^{-1} \qquad (3.5)$$

$$H_2(g) + \tfrac{1}{2} O_2(g) \rightarrow H_2O(l) \qquad \Delta H^\circ_{\text{combustão}} = -285{,}9 \text{ kJ mol}^{-1} \qquad (3.6)$$

ou pode ser tratado com mais vapor para converter CO em CO_2:

$$CO(g) + H_2O(g) \rightarrow CO_2(g) + H_2(g) \qquad \Delta H^\circ = -41{,}2 \text{ kJ} \qquad (3.7)$$

O hidrogênio na mistura pode reagir com mais carbono do carvão para formar metano:

$$C(s) + 2H_2(g) \rightarrow CH_4(g) \qquad \Delta H° = -74{,}8 \text{ kJ} \tag{3.8}$$

O processo global para converter carvão e água em metano (e o subproduto dióxido de carbono) é a soma das Equações (3.4), (3.7) e (3.8):

$$2C(s) + 2H_2O(g) \rightarrow CH_4(g) + CO_2(g) \qquad \Delta H° = 15{,}3 \text{ kJ}$$

Na mistura resultante dos gases, o dióxido de carbono não tem valor combustível, mas o calor molar de combustão do metano é alto:

$$CH_4(g) + 2O_2(g) \rightarrow CO_2(g) + 2H_2O(g) \qquad \Delta H°_{\text{combustão}} = -802 \text{ kJ mol}^{-1}$$

Por grama, o calor de combustão do metano é ainda mais alto do que o do carvão, e a mistura combustível é mais fácil de ser introduzida nos queimadores.

Comentários Adicionais

Observe de novo as Equações (3.5) e (3.6); elas mostram o que acontece na queima de uma mistura de monóxido de carbono e hidrogênio. Observe ainda que devem ser escritas *duas equações separadas*, uma para a queima de cada uma das duas substâncias na mistura. Seria incorreto combiná-las em uma única equação. (Você consegue entender por quê? Pense na estequiometria que estaria envolvida.)

RESUMO

A termoquímica é o ramo da química que diz respeito à relação entre calor e transformações químicas. A quantidade de calor liberado ou absorvido num sistema reagente depende (1) da natureza da reação, isto é, dos reagentes e produtos, (2) das quantidades dos reagentes, e (3) das condições impostas na mistura reagente. A termoquímica diz respeito também à transferência de calor durante certos processos físicos, tais como as mudanças de estado.

Quando a reação se verifica num recipiente fechado a volume constante, evitando assim que a mistura que reage realize qualquer trabalho de expansão, o *calor absorvido* (q) é igual ao *aumento de energia* (ΔU) do sistema.

$$q = \Delta U \text{ (à volume constante)}$$

Quando o calor é *absorvido*, q e ΔU são quantidades *positivas*; quando o calor é *liberado*, são *negativas*.

Quando a reação se verifica à *pressão constante*, a mistura que reage pode expandir-se contra a pressão exercida pelas vizinhanças. Nesse caso, o *calor absorvido* durante o processo é igual ao *aumento de entalpia* (ΔH) do sistema.

$$q = \Delta H \text{ (à pressão constante)}$$

Quando a pressão é constante, a variação da entalpia, ΔH, é igual à variação da energia, ΔH, menos o trabalho realizado sobre o sistema, w.

$$q = \Delta H = \Delta U - w \text{ (à pressão constante)}$$

ΔH é *positivo* quando o calor é *absorvido* e *negativo* quando o calor é *liberado*.

A relação

$$q = \Delta U - w$$

muitas vezes escreve-se

$$\Delta U = q + w$$

Esta relação representa a *primeira lei da termodinâmica*.

O calor liberado ou absorvido durante uma reação pode ser medido num *calorímetro*, instrumento que contém uma quantidade de água conhecida e que ganha ou perde o calor perdido ou ganho pelo sistema reagente. Esta quantidade pode ser calculada a partir do aumento ou diminuição da temperatura da água e do calorímetro.

O aumento da temperatura de uma substância está relacionado à quantidade de calor que ela absorve, de acordo com a equação

$$q = nC\Delta T$$

onde q é o calor absorvido, n é o número de mols da substância, ΔT é o aumento da temperatura, e C é a *capacidade calorífica molar* da substância, que é a quantidade de calor necessária para elevar a temperatura de um mol de 1°C.

A *equação termoquímica* expressa a relação entre a estequiometria molar de uma reação e a quantidade de energia calorífica liberada ou absorvida. $\Delta H_{\text{reação}}$ depende das identidades dos reagentes e produtos, mas não do número ou natureza das etapas entre eles; este é um enunciado da *lei de Hess*.

O *calor-padrão* ou *entalpia de formação* (ΔH_f°) de um composto é o valor de ΔH° da reação onde um mol do composto é formado a partir de seus elementos, todos em seu estado padrão. O *estado padrão* de uma substância é a forma mais estável da substância a 1 atm de pressão. Os valores de ΔH_f° são úteis para calcular os valores ΔH_f° dos vários tipos de reações.

PROBLEMAS

O Calor, a Energia e a Entalpia

■ **3.1** Quando uma determinada reação se verifica a volume constante, 10,0 kJ de calor é absorvido pelo sistema das vizinhanças. Calcule o valor de (a) q? (b) ΔU? (c) ΔH? (d) w?

■ **3.2** Uma determinada reação se realiza a pressão constante. Se 8,0 kJ de calor é absorvido pelo sistema, e 3,0 kJ de trabalho é realizado pelo sistema sobre as vizinhanças, qual é o valor de (a) q? (b) ΔH? (c) w?

■ **3.3** Uma reação se realiza a pressão constante. Se 8,0 kJ de calor é liberado pelo sistema, e 2,0 kJ de trabalho é realizado pelo sistema sobre as vizinhanças, qual é o valor de (a) q? (b) ΔU? (c) ΔH? (d) w?

3.4 Por que ΔU e ΔH são aproximadamente iguais nos processos de fusão e congelamento, mas são diferentes nos processos de vaporização e condensação?

3.5 Para quais dos seguintes processos são significativamente diferentes as medidas de ΔU e ΔH?

(a) Fusão do CO_2 sólido, (b) Sublimação do naftaleno sólido (mudança diretamente para gás), (c) CaO sólido e CO_2 gasoso juntos para formar $CaCO_3$ sólido, (d) HCl gasoso e NH_3 gasoso combinados para formar NH_4Cl sólido, (e) H_2 gasoso e Cl_2 gasoso combinados para formar HCl gasoso.

3.6 Para cada um dos processos descritos no problema 3.5 onde ΔU e ΔH são significativamente diferentes, determine qual das duas quantidades é maior.

Capacidade Calorífica

■ **3.7** Calcule a quantidade de calor necessária para elevar a temperatura de 1,00 g de ferro de 1,6 para 92,8°C.

3.8 Quando 4,4 kg de NaCl resfria de 67,2 para 25,0°C, quanto calor é ganho pelas vizinhanças?

■ **3.9** Uma amostra de 185 g de cobre a 72,1°C é resfriada pela perda de 45,0 J de calor. Qual é a temperatura final do cobre?

3.10 Um pedaço de 262 g de alumínio a 128,1°C é imerso em 142 g de água a 14,6°C. Qual é a temperatura final, se não há perda de calor no sistema?

■ **3.11** Um pedaço de 25,0 g de ferro à temperatura de 14,4°C é colocado em contato com um pedaço de 35,0 g de ouro à temperatura de 64,1°C.
(a) Assumindo que não há perda de calor pelo sistema combinado, calcular a temperatura final. (b) Quanto calor ganha o ferro? (c) Quanto calor perde o ouro?

3.12 Um anel de ouro à temperatura do corpo (isto é, 37,00°C) é imerso em 20,0 g de água a 10,0°C. Se a temperatura final é 10,99°C, qual é a massa do anel? (Assuma que não há perda ou ganho de calor pelo sistema combinado.)

Calorimetria

■ **3.13** Uma amostra de 1,000 g de sacarose (açúcar de cana, $C_{12}H_{22}O_{11}$) é colocada numa bomba calorimétrica e queimada em oxigênio. O calorímetro contém 1,200 kg de água, e sua temperatura aumenta de 22,90 para 25,54°C. Se a capacidade calorífica total do interior do calorímetro (sem água) é 1,230 kJ°C^{-1}, qual é o calor molar de combustão da sacarose?

3.14 Uma amostra de 1,626 g de cânfora, $C_{10}H_{16}O$, é queimada em oxigênio num calorímetro que contém 1,460 kg de água a uma temperatura inicial de 22,14°C. A capacidade calorífica do interior do calorímetro (sem água) é 1,226 kJ°C^{-1}. Se a temperatura final é 30,74°C, qual é o calor molar de combustão da cânfora?

■ **3.15** Uma amostra de 1,349 g de cafeína pura, $C_8H_{10}O_2N_4$, é queimada em oxigênio num calorímetro que contém 1,828 kg de água. A capacidade calorífica total do interior do calorímetro (sem água) é 1,648 kJ°C^{-1}. Se a temperatura do sistema muda de 21,32 para 24,99°C, qual é o calor molar de combustão da cafeína?

Calores de Reação e a Lei de Hess

■ **3.16** Calcule o calor-padrão molar de combustão do etanol, C_2H_5OH, para formar $CO_2(g)$ e $H_2O(l)$.

3.17 Calcule o calor-padrão molar de combustão do metanol, CH_3OH, para formar $CO_2(g)$ e $H_2O(l)$.

3.18 A 25°C o calor-padrão molar de formação da água líquida é -285,8 kJ mol^{-1}, e da água gasosa -241,8 kJ mol^{-1}. Calcule o calor molar de vaporização da água a esta temperatura. Compare sua resposta com o valor publicado, 40,7 kJ mol^{-1}, e explique qualquer diferença.

■ **3.19** O calor padrão de combustão do butano gasoso, C_4H_{10}, a 25°C é $-2{,}880 \times 10^3$ kJ mol^{-1} quando os produtos são $CO_2(g)$ e $H_2O(l)$. Calcule o valor de $\Delta H°_{combustão}$ se os produtos são (a) $CO_2(g)$ e $H_2O(g)$ (b) $CO(g)$ e $H_2O(l)$.

■ **3.20** Calcule o valor de $\Delta H°$ a 25°C para cada uma das seguintes reações:

(a) $SO_2(g) + \frac{1}{2}O_2(g) \rightarrow SO_3\ (g)$.

(b) $SO_3(g) \rightarrow SO_2(g) + \frac{1}{2}O_2(g)$.

(c) $2SO_3(g) + S(s) \rightarrow 3SO_2(g)$.

3.21 Calcule $\Delta H°$a 25°C para combustão do $H_2S(g)$ formando $SO_2(g)$ e $H_2O(l)$.

PROBLEMAS ADICIONAIS

3.22 Em algumas reações químicas, $\Delta U \approx \Delta H$. Dê uma característica dos reagentes e produtos e uma característica das vizinhanças que conduzem a esta situação.

3.23 Calcule $\Delta H°$ a 25°C para a reação

$$2H_2O_2(l) \rightarrow 2H_2O(l) + O_2(g)$$

3.24 Quanto calor é necessário para elevar a temperatura de 525 g de cobre de 35 para 345°C?

■ **3.25** Uma amostra de 2,326 g de antraceno sólido, $C_{14}H_{10}$, é colocada num calorímetro e queimada em oxigênio. O calorímetro tem uma capacidade calorífica de 1,626 kJ°C^{-1} e contém 1,148 kg de água. Se a temperatura medida aumenta de 24,126 para 38,667°C, qual é o calor molar de combustão do antraceno? (Use 75,29 J °C^{-1} mol^{-1} para a capacidade calorífica molar da água.)

3.26 Para a água o calor molar de fusão é 6,01 kJ mol^{-1} a 0°C, e o calor molar de vaporização é 40,66 kJ mol^{-1} a 100°C. Se a capacidade calorífica média da água entre 0 e 100°C é 75,48 J °C mol^{-1}, qual o valor de ΔH para o processo

$$H_2O(s,0°C) \rightarrow H_2O(g,100°C)$$

3.27 Calcule o valor de $\Delta H°$ a 25°C para a reação

$$Na_2O(s) + 2HCl(g) \rightarrow 2NaCl(s) + H_2O(g)$$

3.28 O que é mais eficiente energeticamente: a conversão, por queima do carbono, presente no carvão, para metanol (CH_3OH), ou a queima do carbono diretamente? Explique.

3.29 O que é mais eficiente energeticamente, a conversão, por queima do carbono, presente no carvão para água gasosa, ou a queima do carbono diretamente? Explique.

3.30 O $\Delta H°$ de combustão de ácido benzóico, $HC_7H_5O_2$, é –3227 kJ mol^{-1}. Num experimento, 0,8624 g de ácido benzóico é colocado num calorímetro e queimado em oxigênio. A água no calorímetro tem uma massa de 1, 046 kg, e sua temperatura aumenta de 23,812 para 27,920°C. Num segundo experimento, 0,7421 g de codeína, $C_{18}H_{23}O_4N$, é colocado no mesmo calorímetro e queimado igualmente. Desta vez, o calorímetro tem 1,089 kg de água e sua temperatura aumenta de 24,126 para 28,102°C. Usando 75,29 J°C^{-1} mol^{-1} como capacidade calorífica da água, calcule (a) a capacidade calorífica do calorímetro (sem a água) e (b) o calor molar de combustão da codeína.

3.31 Calcule $\Delta H°$ para a reação

$$Na_2O(s) + H_2O(g) \rightarrow 2NaOH(s)$$

■ **3.32** Se o calor de combustão do hexano, C_6H_{14}, a 25°C é –4163 kJ mol^{-1}, qual é o calor-padrão de formação do hexano nesta temperatura?

Capítulo 4

GASES

TÓPICOS GERAIS

4.1 VARIÁVEIS USADAS PARA DESCREVER O COMPORTAMENTO DE GASES

Volume

Pressão

Temperatura

4.2 RELAÇÃO PRESSÃO-VOLUME: LEI DE BOYLE

Lei de Boyle: representação gráfica

Cálculos da lei de Boyle

4.3 EFEITOS DA TEMPERATURA: LEI DE CHARLES

Zero absoluto

Cálculos da lei de Charles

Cálculos combinados

4.4 A LEI DO GÁS IDEAL

Lei de Gay-Lussac da combinação dos volumes

Princípio de Avogadro

Derivação da lei do gás ideal

Determinação de *R*

Cálculos da lei do gás ideal

Volume molar de um gás ideal

Massa molecular a partir da densidade do gás

4.5 OUTRAS PROPRIEDADES DE UM GÁS IDEAL

Lei de Dalton das pressões parciais

Gases coletados sobre água

Lei de Graham de difusão e efusão

4.6 TEORIA CINÉTICO-MOLECULAR

Análise do modelo

Teoria cinético-molecular e as leis dos gases

4.7 ESTEQUIOMETRIA DOS GASES

4.8 GASES REAIS

Desvios da lei do gás ideal

Equações de estado para gases reais

Teoria cinético-molecular e gases reais

Resfriamento com expansão

Dos três estados da matéria, o estado gasoso é o que exibe as propriedades mais simples e é o mais fácil de ser entendido. Diferente dos sólidos e líquidos, muitos gases são surpreendentemente semelhantes em suas propriedades físicas, e por essa razão é útil definir e descrever um gás hipotético, chamado *gás ideal*, que pode então ser usado como um padrão de referência com o qual os gases reais podem ser comparados. Dessa forma podemos voltar nossa atenção às diferenças entre o comportamento do gás ideal e do gás real.

Essa aproximação é útil, pois as propriedades físicas de muitos gases reais, a temperaturas e pressões ambiente, são similares àquelas do gás ideal. Portanto, a menos que uma grande exatidão seja necessária, é comum uma aproximação adequada para assumir o comportamento do gás ideal para muitos gases reais. Como veremos, esta chamada *aproximação do gás ideal* funciona bem, a não ser que a temperatura do gás seja muito baixa ou a pressão, muito alta.

4.1 VARIÁVEIS USADAS PARA DESCREVER O COMPORTAMENTO DE GASES

Um **gás** é definido como *uma substância que se expande espontaneamente para preencher completamente seu recipiente de maneira uniforme*. Três variáveis são especialmente usadas para descrever o comportamento dos gases: *volume* (V), *pressão* (P) e *temperatura* (T). Antes de desenvolver uma relação entre essas variáveis, necessitamos considerar o significado de cada um destes termos.

VOLUME

O **volume** de um gás ocupa todo o recipiente que o contém. A unidade fundamental SI de comprimento (Seção 1.7) é o metro, portanto, a unidade diretamente derivada do metro é o metro cúbico (m^3), uma unidade um tanto grande para a maioria das propostas laboratoriais (um metro cúbico é um pouco maior do que uma jarda cúbica). Um *decímetro cúbico* (dm^3), baseado no decímetro (um décimo do metro), é uma unidade mais conveniente de volume para nossos propósitos. (Um decímetro cúbico é ligeiramente maior que um quarto.) Como já mencionamos, o decímetro cúbico é equivalente ao *litro* (L), uma unidade que não pertence ao SI, porém é muito usada. (Considere que "decímetro cúbico" e "litro" são nomes alternativos para a mesma unidade.) Para volumes menores usaremos o *centímetro cúbico* (cm^3), uma unidade do SI que é o mesmo que *mililitro* (mL).

PRESSÃO

Pressão é definida como a *força por unidade de área*, isto é, a força total sobre a *superfície* dividida pela *área* desta superfície. A unidade de pressão derivada SI é o *pascal*[1] (Pa), que é um newton de força por metro quadrado de área. Expresso algebricamente:

$$1 \text{ Pa} = 1 \text{ N m}^{-2}$$

Como o pascal é uma unidade pequena de pressão, o quilopascal (kPa) é freqüentemente usado.

Várias unidades de pressão não-pertencentes ao SI são ainda usadas e provavelmente permanecerão por muito tempo, pois muitas informações úteis têm sido registradas com o seu uso. Incluem a *atmosfera padrão*, chamada simplesmente de *atmosfera* (atm), que é definida em termos de Pascal:

$$1 \text{ atm} = 1{,}01325 \times 10^5 \text{ Pa}$$

Quando a pressão do ar é 1 atm, a altura de uma coluna de mercúrio em um barômetro (a 0°C e sob a gravidade padrão) é 760 mm. (Isso fornece as bases para a definição original da atmosfera padrão.) Um barômetro de mercúrio é mostrado na Figura 4.1. Note que a atmosfera é uma unidade de pressão maior que o quilopascal. (1 atm = 101,325 kPa.)

Também expressaremos pressão por outra unidade não-pertencente ao SI, ainda em uso, que é o **milímetro de mercúrio**, abreviado por mmHg. Como a atmosfera, é definido em termos de Pascal[2]:

$$1 \text{ mmHg} = 1{,}33322 \times 10^2 \text{ Pa}$$

O milímetro de mercúrio é usado para medir altas e baixas atmosferas de pressão. 1 mmHg é a pressão no fundo de uma coluna de mercúrio líquido de 1 mm de altura a 0°C e sob gravidade padrão. (760 mmHg ≈ 1 atm.)

1 Blaise Pascal foi um físico e matemático francês que viveu no século XVII.

2 A princípio, o mmHg foi definido como 1/760 de uma atmosfera.

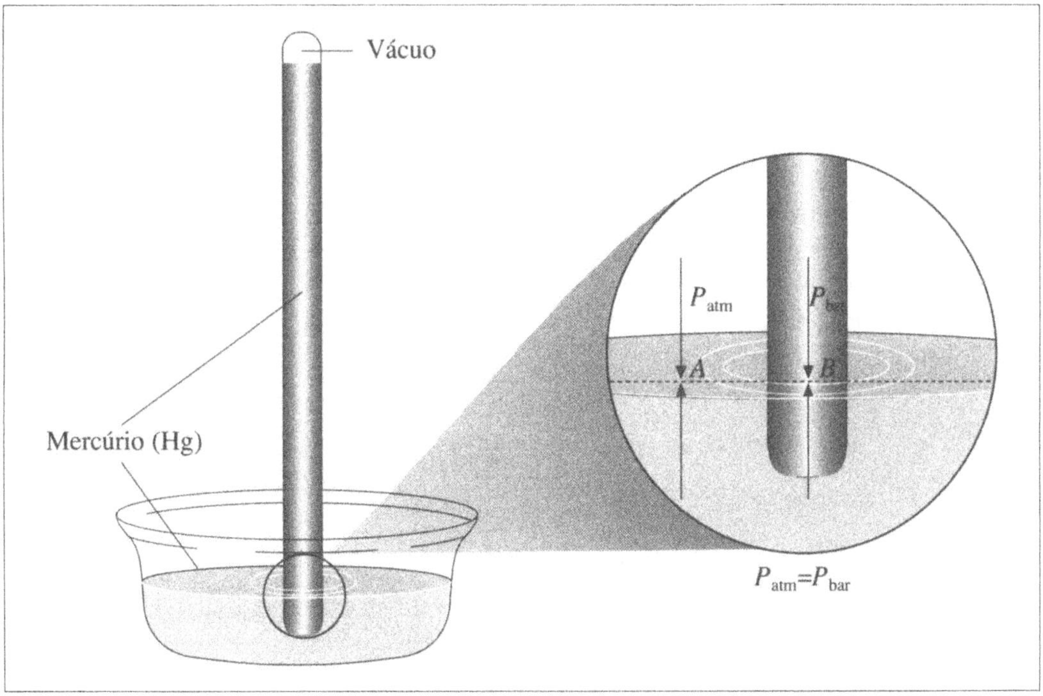

Figura 4.1 Um barômetro de mercúrio. Ponto *A*, a pressão atmosférica (seta para baixo) é igual à pressão exercida para cima pelo mercúrio (seta para cima). (Se não fosse, o mercúrio se moveria.) No ponto *B*, a pressão exercida para baixo pela coluna de mercúrio (seta para baixo) é perfeitamente igual à pressão para cima (seta para cima). Porém, a pressão para cima no ponto *B* deve ser igual àquela para cima do ponto *A* , porque *A e B* estão no mesmo nível. Portanto, a pressão atmosférica P_{atm} iguala a pressão produzida pela coluna de mercúrio no barômetro, P_{bar}.

Uma outra unidade não-pertencente ao SI, o **torr**, **(símbolo Torr), é usado para propósitos idênticos aos do milímetro de mercúrio**[3].

Um parente próximo do barômetro, o **manômetro**, é um instrumento empregado para medir a pressão do gás em um recipiente. Um tipo de manômetro simples é o manômetro de mercúrio de *extremidade aberta*, apresentado na Figura 4.2. Em tal manômetro a pressão do gás *é igual à* pressão atmosférica em milímetros de mercúrio mais a diferença, em milímetros, entre as alturas dos dois níveis líquidos. No esquema, o nível de

3 A unidade torr é assim denominada em homenagem a Evangelista Torricelli, o físico italiano do século XVII que inventou o barômetro. Originalmente, o torr era simplesmente um nome para substituir o milímetro de mercúrio. De acordo com as atuais definições, a diferença entre essas duas unidades é menor que 2×10^{-7} Torr.

mercúrio é mais alto no tubo do lado direito do que do lado esquerdo, porque a pressão do gás é *maior que* aquela da atmosfera. Se esta diferença e as pressões do gás e da atmosfera são todas expressas em mmHg, então:

$$P_{\text{gás}} = P_{\text{atm}} + P_{\text{Hg}}$$

Se o nível de mercúrio no tubo do lado direito do manômetro na Figura 4.2 fosse *mais baixo* do que aquele da esquerda, isto significaria que a pressão do gás é *menor* do que a da atmosfera. Como antes, a diferença entre os dois níveis de mercúrio nos dois tubos é a diferença entre $P_{\text{gás}}$ e P_{atm}.

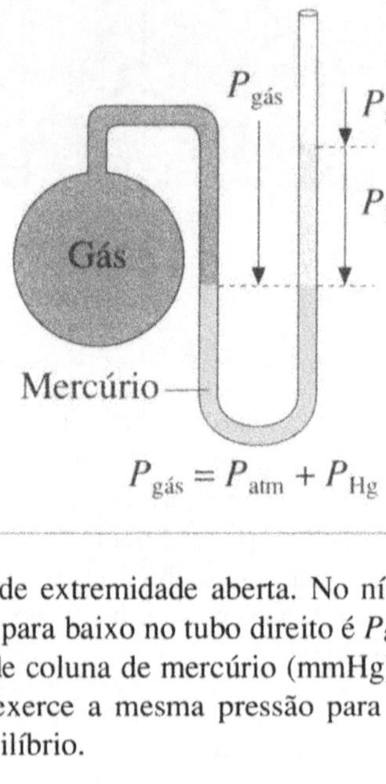

Figura 4.2 Um manômetro de extremidade aberta. No nível da linha tracejada mais baixa a pressão exercida para baixo no tubo direito é $P_{\text{atm}} + P_{\text{Hg}}$, onde P_{Hg} é simplesmente o comprimento de coluna de mercúrio (mmHg) entre as linhas tracejadas. No tubo esquerdo o gás exerce a mesma pressão para baixo, fornecendo a condição para estabelecer o equilíbrio.

Outro tipo de manômetro (Figura 4.3) é o de *extremidade fechada*. Neste manômetro a extremidade do tubo é fechada, o espaço acima do mercúrio é evacuado ($P \approx 0$) e a pressão do gás, expressa em mmHg, é simplesmente igual à diferença entre as alturas das colunas de mercúrio.

A diferença entre os níveis do líquido no manômetro depende da densidade do líquido. Manômetros contendo líquidos com menores densidades que o mercúrio – água, por exemplo – são usados para medir pressões mais baixas.

Como os manômetros de vidro são geralmente frágeis e como o mercúrio é bastante tóxico e também de difícil limpeza quando é derramado, muitos laboratórios modernos não usam manômetros de mercúrio para medir pressão. Em vez disso é comum usar um instrumento no estado sólido chamado *medidor de pressão* ou *condutor de pressão*, que traduz alterações de pressão em um sinal elétrico mostrado em uma tela.

TEMPERATURA

Na Seção 1.5 descrevemos a escala da temperatura *Celsius*, usada em quase todo o mundo. Nas ciências físicas, a escala mais usada é a escala SI. É a **escala de temperatura Kelvin**[4], na qual a unidade é chamada *Kelvin* (K). A escala Kelvin é definida em termos de duas temperaturas fixas: o ponto zero na escala Kelvin é chamado de *zero absoluto* de temperatura, que é a mais baixa temperatura atingida (Seção 4.3).

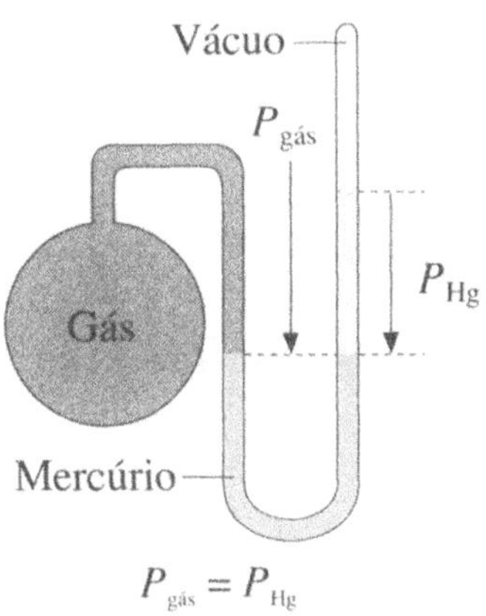

Figura 4.3 Um manômetro de extremidade fechada. A pressão do gás $P_{gás}$ é igual à pressão P_{Hg} exercida para baixo pelo mercúrio na coluna da direita entre as linhas tracejadas. Esta pressão é expressa como a altura desta coluna, isto é, em milímetros de mercúrio.

O segundo ponto fixo na escala Kelvin é o *ponto triplo da temperatura da água* (Seção 10.7), a temperatura na qual a água coexiste nos três estados, isto é, sólido, líquido e gasoso. Para esta temperatura é atribuído o valor exato 273,15 kelvins (273,15 K).

4 Lord Kelvin (William Thomson) foi um matemático e físico irlandês do século XIX.

As unidades de temperatura nas escalas Kelvin e Celsius são da mesma grandeza: a *diferença* de temperatura de 1°C é a mesma *diferença* de temperatura de 1 K. Isso é verdadeiro, pois a temperatura em Celsius (t) foi definida em função da temperatura Kelvin (T), como segue:

$$t\,(^\circ C) = T\,(K) - 273{,}15$$

Justificaremos e daremos a origem dessa definição na Seção 4.3.

Comentários Adicionais

Note que a unidade na escala Kelvin (letra maiúscula K) é chamada kelvin, que tem como símbolo a letra maiúscula K. [Exemplo: "A temperatura ambiente na escala Kelvin é aproximadamente 295 kelvins (295 K)"]. Note também que não existem "graus" no nome da unidade. A escala Kelvin é uma das muitas escalas de temperatura absoluta, todas as quais começam (têm seus pontos zero) em zero absoluto, mas elas possuem unidades de diferentes grandezas.

4.2 RELAÇÃO PRESSÃO-VOLUME: LEI DE BOYLE

Robert Boyle, um químico irlandês do século XVII, é atualmente conhecido devido à *Lei de Boyle*. Boyle e Edme Mariotte, um físico francês, estudaram independentemente o modo como o volume ocupado por um gás a uma determinada temperatura varia quando a pressão sob o gás varia. Cada um usou um aparelho semelhante ao ilustrado na Figura 4.4, no qual uma amostra do gás foi introduzida na extremidade fechada de um manômetro calibrado. A pressão do gás pode ser alterada adicionando mercúrio na extremidade aberta do manômetro, e o volume ocupado pelo gás é medido a cada pressão.

Os resultados de uma série de medidas de pressão-volume determinados no hidrogênio à temperatura ambiente são resumidos na Tabela 4.1. Os dados são obtidos usando uma certa quantidade de gás (o número de mols do gás é fixo), variando sua pressão e registrando o volume ocupado pelo gás a cada pressão. Cada medida foi realizada à temperatura de 25°C. Podemos perceber duas coisas destes dados: a primeira é que, quando a pressão (P) no hidrogênio aumenta, seu volume (V) diminui. A segunda é que o aumento da pressão e a diminuição no volume ocorrem de tal modo que *o produto da pressão e volume permanece constante*. Boyle e Mariotte observaram comportamentos semelhantes com muitos gases. Seus resultados podem ser resumidos em:

$$PV = c \qquad \text{(a } T, n \text{ constantes)}$$

onde T é a temperatura, n é o número de mols do gás, e c é uma constante, isto é, um número que sempre tem o mesmo valor para uma quantidade do gás a certa temperatura. Esta relação é conhecida como a **lei de Boyle**[5]. Um gás ideal é aquele que obedece à lei de Boyle.

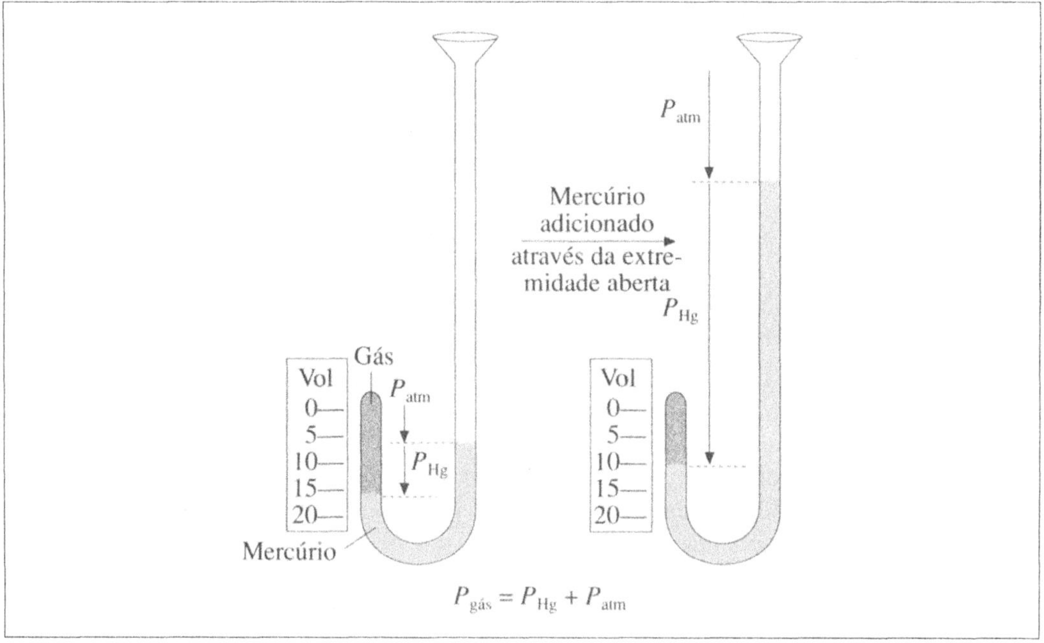

Figura 4.4 Aparelho da lei de Boyle. A pressão do gás introduzido na extremidade fechada do tubo pode ser variada pela adição de mais mercúrio através da extremidade aberta. Quando a pressão no gás aumenta, seu volume diminui.

A lei de Boyle pode ser enunciada de outro modo. Dividindo ambos os lados da igualdade acima por P, obtemos

$$V = c\,\frac{1}{P} \qquad \text{(a } T, n \text{ constantes)}$$

onde c é uma constante de proporcionalidade.

> **Lei de Boyle**: *À temperatura constante, o volume ocupado por uma determinada quantidade (número de mols) de um gás é inversamente proporcional à sua pressão.*

5 Em grande parte da Europa continental, é conhecida como *lei de Mariotte*.

Comentários Adicionais

O conceito de proporcionalidade inversa não é complicado. No caso da lei de Boyle, considere uma quantidade determinada (determinado número de mols) de um gás à temperatura constante:

Se *dobrarmos* a pressão, o volume será *dividido ao meio.*

Se *triplicarmos* a pressão, o volume transformar-se-à *num terço* de seu valor original.

Se a pressão é *aumentada* a 7/4 do seu valor original, o volume *diminuirá* a 4/7 do que era no início.

Diminuindo a pressão pelo fator de 700/760, o volume *aumentará* por um fator de 760/700.

A expressão $PV = c$ pode ser transformada em uma relação que é usada para calcular o efeito de uma mudança de pressão num volume de amostra de gás ou o efeito de uma mudança de volume na pressão, tão logo a mudança ocorra à temperatura constante.

Para uma amostra de gás mantido à temperatura constante, o produto $P \times V$ é uma constante, se P_1 e V_1 representam a pressão e o volume iniciais de um gás, e P_2 e V_2, a pressão e o volume finais, então:

$$P_1V_1 = P_2V_2 \qquad \text{(a } T, n \text{ constantes)}$$

Esta relação permite-nos calcular o valor de qualquer uma das quatro variáveis P_1, V_1, P_2, V_2.

Tabela 4.1 Compressão do gás hidrogênio a 25°C.

Medida	*Pressão, mmHg*	*Volume, mL*	*Pressão × volume, mmHg mL*
1	700	25,0	$1{,}75 \times 10^4$
2	830	21,1	$1{,}75 \times 10^4$
3	890	19,7	$1{,}75 \times 10^4$
4	1060	16,5	$1{,}75 \times 10^4$
5	1240	14,1	$1{,}75 \times 10^4$
6	1510	11,6	$1{,}75 \times 10^4$

LEI DE BOYLE: REPRESENTAÇÃO GRÁFICA

Quando dados experimentais são representados em um gráfico, suas tendências ou comportamentos são freqüentemente revelados. A maneira mais convencional de representar os dados da Tabela 4.1 em um gráfico de P em função de V é mostrada na Figura 4.5. Para cada uma das seis medidas, a pressão é representada no eixo horizontal (abscissa) e o volume correspondente é observado no eixo vertical (ordenada). A linha que liga os pontos é uma curva conhecida como *hipérbole*, e é mostrado claramente que se a pressão de um gás aumenta, seu volume diminui.

Algumas vezes, a melhor maneira de representação de dados não é a mais óbvia. Vejamos o que acontece se representarmos graficamente os dados da Tabela 4.1 com uma pequena diferença: na Figura 4.6, o produto pressão-volume, PV, é representado na ordenada em função da pressão na abscissa. O resultado é uma linha reta sem inclinação porque o produto PV é constante:

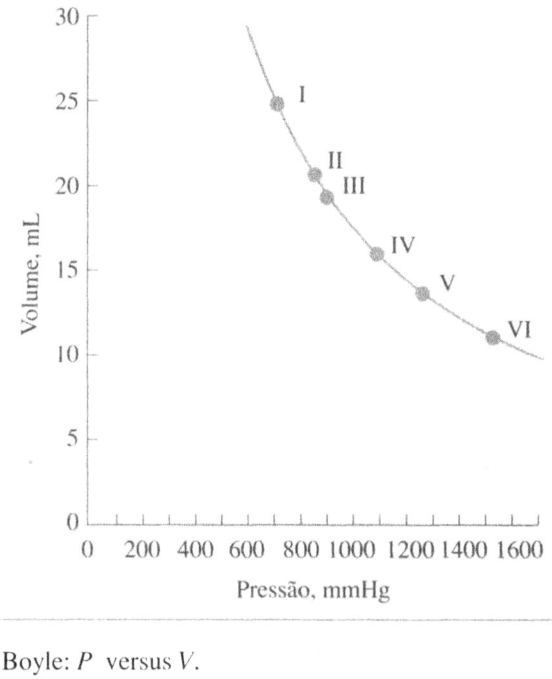

Figura 4.5 Lei de Boyle: P versus V.

$$PV = \text{constante} \qquad (a\ T, n \text{ constantes})$$

como vemos representado na lei de Boyle.

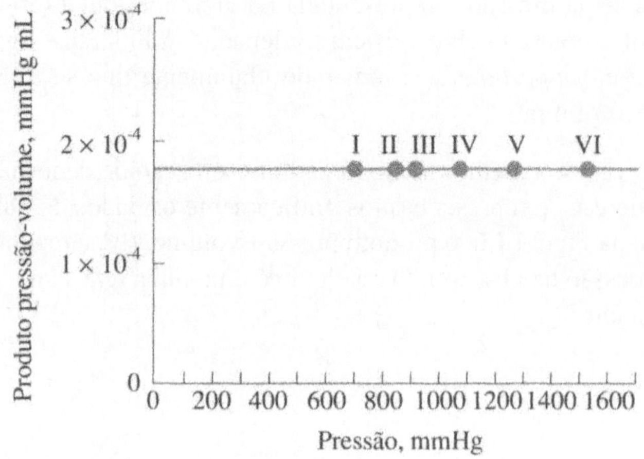

Figura 4.6 Lei de Boyle *PV* versus *P*.

Comentários Adicionais

A lei de Boyle descreve a mudança de pressão e volume que ocorre em uma amostra de gás à *temperatura constante*. Neste ponto faremos uma pausa para considerarmos as aplicações dessa restrição. A princípio, parece simples: a temperatura do gás é mantida constante durante a compressão e expansão. Mas isso é mais fácil de dizer do que fazer. Qualquer variação na temperatura em um ensaio da lei de Boyle pode ser evitada por meio de uma alteração do sistema experimental. A condição de temperatura constante é geralmente alcançada por um aparelho completamente isolado, à temperatura constante. Freqüentemente usamos um banho de água como controle de temperatura, que age como fonte de calor, isto é, quando necessário, troca calor com os aparelhos. (Para experimentos que não envolvem grandes mudanças de pressão, o ar do ambiente serve para manter a temperatura do aparelho rigorosamente constante.)

CÁLCULOS DA LEI DE BOYLE

Exemplo 4.1 Uma certa quantidade de um gás ideal é encerrada em um aparelho que obedece à lei de Boyle. Seu volume é 247 cm^3 a uma pressão de 62,5 kPa. Se a pressão do gás é aumentada para 82,5 kPa com redução de seu volume, qual será o novo volume ocupado pelo gás, se a temperatura é mantida constante?

Solução:

Método 1 (*substituindo na fórmula*): De acordo com a lei de Boyle, à temperatura constante o produto da pressão do gás vezes o seu volume permanece invariável, embora a pressão e o volume variem individualmente. Usando subíndices 1 e 2 para representar os estados inicial e final, respectivamente, podemos escrever.

$$P_1V_1 = P_2V_2$$

ou, resolvemos para V_2, o volume final,

$$V_2 = \frac{P_1V_1}{P_2} = \frac{(62{,}5\text{ kPa})(247\text{ cm}^3)}{82{,}5\text{ kPa}} = 187\text{ cm}^3$$

Método 2 (*proporcionalidade*): A pressão do gás *aumenta* de 62,5 para 82,5 kPa, por um fator de

$$\frac{82{,}5}{62{,}5}$$

Como o volume e a pressão são *inversamente* proporcionais, o volume deve *diminuir* por um fator

$$\frac{62{,}5}{82{,}5}$$

Dividindo V_1 e V_2 como no método 1 acima, podemos escrever:

$$V_2 = 247\text{ cm}^3 \times (\text{razão de pressão})$$

$$V_2 = 247\text{ cm}^3 \times \frac{62{,}5\text{ kPa}}{82{,}5\text{ kPa}} = 187\text{ cm}^3$$

(O que fizemos aqui foi multiplicar o volume original 247 cm^3 pela razão das duas pressões. Neste caso sabemos *a priori* que, se a pressão *aumenta*, causará um *decréscimo* de volume, assim expressamos a razão das pressões como uma fração menor que 1, isto é, colocamos o número menor (62,5 kPa) no numerador e o maior (82,5 kPa) no denominador. Isto faz o volume final calculado parecer *menor que* 247 cm^3.)

Problema Paralelo: Qual será o novo volume de um gás ideal que ocupou inicialmente 1,46 dm^3 a 142 kPa, depois que a pressão foi reduzida para 116 kPa, à temperatura constante? **Resposta:** 1,79 dm^3.

Exemplo 4.2 Uma amostra de um gás ideal, mantida à temperatura constante, tem uma pressão de 765 mmHg e um volume de 10,9 mL. O gás é expandido pelo aumento de volume do seu recipiente. Se o volume final do gás é 38,1 mL, qual é sua pressão final?

Solução:

Método 1 (*substituindo na fórmula*):

$$P_1V_1 = P_2V_2$$

$$P_2 = \frac{P_1V_1}{V_2} = \frac{(765 \text{ mmHg})(10,9 \text{ mL})}{38,1 \text{ mL}} = 219 \text{ mmHg}$$

Método 2 (*proporcionalidade*): O volume aumenta de um fator 38,1/10,9. Como sabemos que a pressão e o volume são inversamente proporcionais, prevemos que a pressão *diminuirá*, e por um fator de 10,9/38,1. Assim,

$$P_2 = 765 \text{ mmHg} \times \frac{10,9 \text{ mL}}{38,1 \text{ mL}} = 219 \text{ mmHg}$$

(Note que multiplicamos por uma fração menor que 1 (10,9/38,1), porque sabemos que a pressão final deve ser menor que a inicial.)

Problema Paralelo: A pressão de uma amostra de 45,5 mL de um gás ideal é 2,25 atm. Se o gás é comprimido à temperatura constante até seu volume atingir 20,0 mL, qual será a pressão final? **Resposta:** 5,12 atm.

4.3 EFEITOS DA TEMPERATURA: LEI DE CHARLES

Por volta de 1800, dois físicos franceses, Jacques Charles e Joseph Gay-Lussac pesquisaram como os gases se expandem quando suas temperaturas aumentam. Eles estudaram vários gases e descobriram que, para cada grau Celsius de aumento de temperatura, o gás se expande cerca de 1/273 de seu volume a 0°C, contanto que a pressão seja mantida constante.

Resultados de experimentos semelhantes àqueles de Charles e Gay-Lussac são mostrados na Figura 4.7. Aqui, três séries de pontos são apresentadas. Cada ponto em uma série representa o volume medido de uma amostra do gás hidrogênio em diferentes temperaturas e cada série de cinco pontos foi obtida de uma quantidade diferente de hidrogênio. Todas as medidas foram feitas à pressão constante. Vemos que todos os pontos em cada série pertencem a uma linha reta e todas as três linhas, quando extrapoladas para

$V = 0$, interceptam o eixo horizontal à mesma temperatura, cerca de $-273°C$. Em adição, experimentos semelhantes com *diferentes gases* fornecem dados que, quando representados graficamente, descrevem linhas retas, interceptando o eixo de temperatura próximo a $-273°C$. Para cinco algarismos significativos a intersecção é a $t = -273{,}15°C$.

A equação para cada linha reta mostrada na Figura 4.7 pode ser escrita:

$$V = d(t + 273{,}15) \qquad \text{(a } P, n \text{ constantes)}$$

onde V é o volume do gás, t é a temperatura Celsius e d é a inclinação da linha reta. (Como visto anteriormente, P representa a pressão do gás é n o número de mols.) Como a temperatura na escala Celsius é relacionada à da escala Kelvin (Seção 4.1) pela fórmula $T = t + 273{,}15$, podemos escrever

$$V = dT \qquad \text{(a } P, n \text{ constantes)}$$

onde T representa temperatura Kelvin. Este é um enunciado da *lei de Charles*.

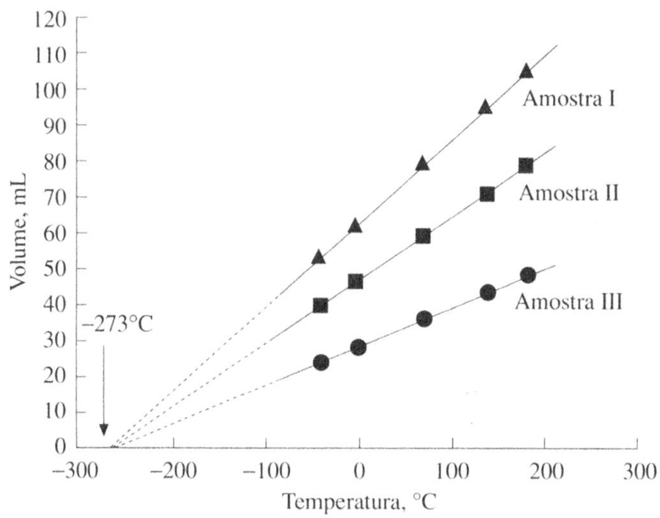

Figura 4.7 Lei de Charles: V *versus* T. Cada conjunto de pontos representa uma série de medidas do volume de uma amostra de gás hidrogênio a diferentes temperaturas, com a pressão mantida constante. Dados para três amostras de *massas diferentes* são representados graficamente. Para cada amostra os pontos aparecem em linhas retas, as quais, quando extrapoladas, interceptam o eixo de temperaturas a –273°C.

Lei Charles: *A pressão constante, o volume ocupado por uma quantidade de gás é diretamente proporcional a sua temperatura absoluta Kelvin.*

Um gás ideal é definido, parcialmente, como aquele que obedece à lei de Charles.

A expressão $V = dT$ pode ser usada para calcular o efeito de uma mudança de temperatura sobre o volume de uma amostra de gás à pressão constante. Se dividirmos cada lado da igualdade por T, obteremos

$$\frac{V}{T} = d \qquad \text{(a } P, n \text{ constantes)}$$

que indica que, para um gás à temperatura constante, o quociente $\frac{V}{T}$ é uma constante. Em outras palavras, para uma mudança do estado 1 (inicial) para o estado 2 (final),

$$\frac{V_1}{T_1} = \frac{V_2}{T_2} \qquad \text{(a } P, n \text{ constantes)}$$

Esta relação permite-nos calcular o valor de qualquer uma das quatro variáveis, V_1, T_1, V_2, e T_2 tendo-se os valores das outras três variáveis.

ZERO ABSOLUTO

A Figura 4.7 indica que se um gás ideal pode ser resfriado a –273,15°C ou 0 K, seu volume seria reduzido a zero, significando que ele deixaria de existir. Felizmente, o gás ideal não é uma entidade verdadeira, assim, não precisamos nos preocupar com esse paradoxo. (O gráfico para um gás real começa com uma curva, descendente na maioria dos casos, quando o gás é resfriado a temperaturas progressivamente mais baixas. Eventualmente, em algumas temperaturas acima do zero absoluto, o gás real condensa-se formando um líquido.) Zero absoluto é a temperatura na qual o volume de um gás *será* reduzido a zero, *se* não condensar, e *se* seu comportamento for idealmente abaixo desta temperatura. Isto mostra que não são alcançadas temperaturas mais baixas que o zero absoluto. Contudo, em laboratório é possível alcançar temperaturas tão baixas quanto 10^{-8} K.

CÁLCULOS DA LEI DE CHARLES

Exemplo 4.3: Uma amostra de gás ideal ocupa um volume de 1,20 L a 25°C. Se a temperatura aumenta a 50°C, qual é o novo volume do gás se a pressão permaneceu constante?

Solução:

Método 1 (*substituindo na fórmula*): Vimos que para uma dada quantidade de gás a temperatura muda de T_1 para T_2 à pressão constante,

$$\frac{V_1}{T_1} = \frac{V_2}{T_2}$$

Resolvendo para V_2

$$V_2 = \frac{V_1 T_2}{T_1}$$

As temperaturas absolutas são $T_1 = 25 + 273{,}15 = 298{,}2$ K e $T_2 = 50 + 273{,}15 = 323{,}2$ K. Assim, temos

$$V_2 = \frac{(1{,}28 \text{ L})(323{,}2 \text{ K})}{298{,}2 \text{ K}} = 1{,}39 \text{ L}$$

Método 2 (*proporcionalidade*): Inicialmente transformamos as temperaturas iniciais e finais em Kelvin: 25,0°C é 25,0 + 273,15 ou 298,2 K; e 50,0°C é 50,0 + 273,15 ou 323,2 K.

A temperatura aumenta por um fator de 323,2/298,2, e como o volume e a temperatura são diretamente proporcionais, sabemos que o volume do gás também aumentará por um fator de 323,2/298,2. (O gás se expande, visto que sua temperatura aumenta.)

$$V_2 = 1{,}28 \text{ L} \times (\text{razão de temperatura})$$

$$= 1{,}28 \text{ L} \times \frac{323{,}2 \text{ K}}{298{,}2 \text{ K}} = 1{,}39 \text{ L}$$

Multiplicamos o volume inicial (1,28 L) pela razão das temperaturas em Kelvin, isto é, 323,2/298,2, tomando o cuidado de colocar a temperatura maior no numerador de razão, pois sabemos que o volume final deverá ser maior que o inicial.

Problema Paralelo: Uma amostra de um gás ideal ocupa um volume de 473 dm^3 a 146°C. Se a temperatura é diminuída a 48°C, qual será o novo volume do gás? **Resposta:** 362 dm^3.

Exemplo 4.4 Uma amostra de um gás ideal tem um volume de 128 cm^3 a –27°C. A que temperatura em °C deve ser aquecido, à pressão constante, se o volume final passa a ser 214 cm^3?

Solução:

Método 1 (*substituindo na fórmula*): Primeiro convertemos a temperatura dada em kelvins: – 27°C é (–27 + 273) ou 246 K. Assim,

$$\frac{V_1}{T_1} = \frac{V_2}{T_2}$$

$$T_2 = \frac{V_2 T_1}{V_1} = \frac{(214 \text{ cm}^3)(246 \text{ K})}{128 \text{ cm}^3} = 411 \text{ K}$$

Se desejarmos expressar a temperatura final em graus Celsius,

$$t_2 = 411 - 273 = 138°\text{C}$$

Método 2 (proporcionalidade): $T_1 = -27 + 273 = 246$ K. À pressão constante, o único modo de expandir um gás é aumentar sua temperatura. Assim, multiplicaremos a temperatura inicial pela razão de volumes maior do que um, isto é, por 214/128.

$$T_2 = 246 \text{ K} \times \frac{214 \text{ cm}^3}{128 \text{ cm}^3} = 411 \text{ K}$$

Portanto,

$$t_2 = 411 - 273 = 138°\text{C}$$

Problema Paralelo: Uma amostra de um gás ideal ocupa um volume de 23,3 cm^3 a 125°C. A que temperatura deve o gás ser resfriado, à pressão constante, se o volume final for reduzido a 20,0 cm^3? **Resposta:** 342 K ou 69°C.

CÁLCULOS COMBINADOS

A mesma abordagem pode ser empregada para calcular uma variação no volume de uma amostra de gás, acompanhando uma mudança de pressão e temperatura ou, para este caso, uma variação em qualquer uma das três variáveis determinada por mudança em outras duas.

Podemos facilmente deduzir uma equação que relacione valores das três variáveis nos estados inicial e final. A proporcionalidade inversa da lei de Boyle pode ser expressa como:

$$V \propto \frac{1}{P} \qquad \text{(a } T, n \text{ constantes)}$$

onde $\propto$ significa "é proporcional a". A proporcionalidade direta entre volume e temperatura, expressa pela lei de Charles, pode ser igualmente escrita:

$$V \propto T \qquad \text{(a } P, n \text{ constantes)}$$

Combinando estes dois enunciados de proporcionalidade, temos

$$V \propto \frac{T}{P} \qquad \text{(a } n \text{ constante)}$$

ou, reescrevendo a proporcionalidade acima como uma igualdade, vemos que:

$$V = e\,\frac{T}{P} \qquad \text{(a } n \text{ constante)}$$

onde e é uma constante de proporcionalidade. A última equação é rearranjada para

$$\frac{PV}{T} = e \qquad \text{(a } n \text{ constante)}$$

que é algumas vezes referida como *lei combinada dos gases*. Assim, quando todos – pressão, volume e temperatura – variam, a razão PV para T permanece constante, e desse modo podemos escrever

$$\frac{P_1V_1}{T_1} = \frac{P_2V_2}{T_2}$$

onde os subíndices 1 e 2 referem-se, como citado anteriormente, aos estados inicial e final.

Exemplo 4.5 Suponha que 2,65 L de um gás ideal a 25°C e 1,00 atm sejam simultaneamente aquecidos e comprimidos até que a temperatura final seja 75°C e a pressão final 2,00 atm. Qual é o volume final?

Solução

Método 1 (*substituindo na fórmula*): As pressões, temperaturas e volumes iniciais e finais estão resumidos a seguir:

	P	*T*	*V*
Inicial (1)	1,00 atm	25 + 273 = 298 K	2,65 L
Final (2)	2,00 atm	75 + 273 = 348 K	?

Começando com a relação PVT deduzida acima e resolvendo a equação para V_2, temos

$$V_2 = \frac{P_1V_1T_2}{P_2T_1}$$

$$= \frac{(1{,}00\text{ atm})(2{,}65\text{ L})(348\text{ K})}{(2{,}00\text{ atm})(298\text{ K})} = 1{,}55\text{ L}$$

Método 2 (*proporcionalidade*): Solucionando este problema, é útil perceber que não faz nenhuma diferença variar primeiro a temperatura, a pressão ou ambos simultaneamente. O volume final depende apenas dos valores inicial e final das variáveis. Arbitrariamente, assumimos que há primeiro um aumento da temperatura e depois da pressão. (Se assumirmos uma mudança de pressão antes da temperatura, o comportamento será o mesmo.) Seguindo a lógica e procedimento do Método 2 no exemplo anterior, sabemos que um aumento na temperatura somente provocará um aumento no volume. Isso nos leva para:

$$V = 2{,}65\ \text{L} \times \frac{348\ \text{K}}{298\ \text{K}} = 3{,}09\ \text{L}$$

Agora, o que vai acontecer aos 3,09 L do gás quando a pressão é aumentada? Um *aumento* de pressão provoca a *diminuição* do volume e, assim, obtemos

$$V_2 = 3{,}09\ \text{L} \times \frac{1{,}00\ \text{atm}}{2{,}00\ \text{atm}} = 1{,}55\ \text{L}$$

Este cálculo pode ser executado mais convenientemente numa única etapa

$$V = 2{,}65\ \text{L} \times \frac{348\ \text{K}}{298\ \text{K}} \times \frac{1{,}00\ \text{atm}}{2{,}00\ \text{atm}} = 1{,}55\ \text{L}$$

Volume inicial

Volume depois que
somente a temperatura variou

Volume final depois que tanto a
temperatura como o volume variaram

Problema Paralelo Uma amostra de 148 cm^3 de um gás ideal a 148°C e 462 kPa é resfriada e expandida até sua temperatura final alcançar 22°C, e sua pressão final, 108 kPa. Qual será o volume final? **Resposta:** 444 cm^3.

Exemplo 4.6 Uma amostra de um gás ideal ocupa um volume de 68,1 mL a 945 kPa e 18°C. Qual será sua temperatura em graus Celsius após ser expandida para 116 mL a 745 kPa?

Solução:

	P	***V***	***T***
Inicial	945 kPa	68,1 mL	18 + 273 = 291 K
Final	745 kPa	116 mL	?

Método 1 (substituindo na fórmula):

$$T_2 = \frac{P_2V_2T_1}{P_1V_1}$$

$$= \frac{(745\ \text{kPa})(116\ \text{mL})(291\ \text{K})}{(945\ \text{kPa})(68{,}1\ \text{mL})}$$

$$\frac{P_1V_1}{T_1} = \frac{P_2V_2}{T_2}$$

$$= 391\ \text{K}$$

Na escala Celsius será 391 – 273, ou 118°C.

Método 2 (proporcionalidade): A pressão *diminui* por um fator de 745/795. A fim de produzir esta variação, a temperatura deve *diminuir* por um fator de 745/795. O volume *aumenta* por um fator de 116/68,1; para produzir essa variação, a temperatura deve *aumentar* pelo mesmo fator de 116/68,1.

$$T_2 = 291\ \text{K} \times \frac{745}{945} \times \frac{116}{68{,}1} = 391\ \text{K}$$

que é 391 – 273, ou 118°C.

Problema Paralelo: Uma amostra de um gás ideal ocupa um volume inicial de 20,5 L a 0,465 atm e 38°C antes da compressão para 9,76 L. Se a nova pressão for 0,686 atm, qual será a nova temperatura em °C? **Resposta:** –55°C.

4.4 A LEI DO GÁS IDEAL

Mencionamos que duas das propriedades de um gás ideal obedecem às leis de Boyle e Charles. Agora, mostraremos como é possível incluir essas leis em um enunciado mais geral do comportamento dos gases ideais.

LEI DE GAY-LUSSAC DA COMBINAÇÃO DOS VOLUMES

Quando os gases hidrogênio e oxigênio reagem para formar água gasosa, existe uma relação simples entre os volumes dos reagentes e dos produtos, se estes forem todos medidos na mesma pressão e temperatura:

2 volumes de hidrogênio + 1 volume de oxigênio → 2 volumes de água

Compare isto com a equação balanceada para a reação:

$$2H_2(g) + O_2(g) \rightarrow 2H_2O(g)$$

A simples relação entre os volumes dos reagentes e produtos gasosos foi inicialmente observada por Gay-Lussac e resumida na *lei de Gay-Lussac da combinação dos volumes*.

Lei de Gay-Lussac da combinação dos volumes: *Quando medidos sob as mesmas condições de temperatura e pressão, os volumes dos reagentes e produtos gasosos de uma reação estão na razão de números inteiros e pequenos.*

Um segundo exemplo da lei de Gay-Lussac da combinação dos volumes é encontrado na reação em que o gás amônia (NH_3) é sintetizado industrialmente a partir dos gases nitrogênio e hidrogênio. Os volumes relativos (todos medidos à mesma temperatura e pressão) são:

1 volume de nitrogênio + 3 volumes de hidrogênio → 2 volumes de amônia

Compare estes números com os coeficientes na equação balanceada para esta reação:

$$N_2(g) + 3H_2(g) \rightarrow 2NH_3(g)$$

PRINCÍPIO DE AVOGADRO

Por que a relação entre os *volumes* é exatamente igual à relação entre os *números de moléculas* das diferentes substâncias, como mostrado pelos coeficientes na equação balanceada? A resposta é que *volumes iguais de gases diferentes contêm números iguais de moléculas quando medidos nas mesmas condições de pressão e temperatura*. Esta sugestão foi primeiramente feita por Avogadro em 1811 e o enunciado é agora conhecido como **princípio de Avogadro**.

Por meio do princípio de Avogadro, podemos ver que em qualquer pressão e temperatura dadas, o volume de uma amostra de *qualquer* gás é proporcional ao número de moléculas na amostra e, portanto, ao número de mols de moléculas. Em outras palavras,

$$V \propto n \qquad \text{(a } T, P \text{ constantes)}$$

Comentários Adicionais

O volume de um gás ideal depende do número de mols do gás. É também verdade que um gás constituído de qualquer número de mols expandirá quando colocado em um recipiente até o seu volume ser igual à capacidade deste. Estas afirmações são inconsistentes uma com a outra? Não. Lembre-se de que V e n são proporcionais apenas a uma dada (fixa) temperatura e pressão. Quando colocado em um recipiente, um gás certamente expandirá para preencher o recipiente, porém sua pressão diminuirá. O volume final do gás é determinado pela capacidade do recipiente, e a pressão e temperatura adquirirem valores que são compatíveis com as leis de Boyle e Charles.

DERIVAÇÃO DA LEI DO GÁS IDEAL

As leis de Boyle, de Charles e o princípio de Avogadro são todos enunciados de proporcionalidade que descrevem o gás ideal. Podemos resumi-la como

Lei de Boyle: $V \propto \frac{1}{P}$ (a T, n constantes)

Lei de Charles: $V \propto T$ (a P, n constantes)

Princípio de Avogadro: $V \propto n$ (a T, P constantes)

Pela combinação das três proporcionalidades, obtemos

$$V \propto \frac{1}{P}Tn$$

(Que esta proporcionalidade é equivalente às outras três anteriores pode ser visto mantendo-se constantes *duas* grandezas quaisquer entre P, T e n e então vendo como o volume depende da variável restante.)

Se agora reescrevermos a proporcionalidade combinada acima como uma *igualdade*, podemos ver que:

$$V = R\frac{1}{P}Tn$$

onde R é uma constante de proporcionalidade e é conhecida como **constante do gás ideal**. Esta relação é mais comumente escrita como

$$PV = nRT$$

e é conhecida como a ***lei do gás ideal.***

Tabela 4.2 Cálculo de R para gases diferentes a O°C e 1 atm.

Gás	*n, mol*	*V, L*	$\frac{PV}{nT}$, *L atm K^{-1} mol^{-1}*
Hélio	0,13641	3,0591	0,082101
Oxigênio	0,12394	2,7755	0,081984
Metano	0,10912	2,4399	0,081859
Dióxido de carbono	0,12722	2,8441	0,081844
Etileno	0,11398	2,5350	0,081423

Comentários Adicionais

A lei do gás ideal é também conhecida como **equação de estado para o gás ideal**. Em geral, uma equação de estado é uma equação algébrica que relaciona variáveis, tais como P, V, T e n, que podem servir para definir o estado de um sistema. (Aqui estamos empregando *estado* para significar a condição exata de um sistema, não para indicar se ele é sólido, líquido ou gás.) Especificando todas exceto uma das variáveis em uma equação de estado, inequivocamente descobre-se a que falta e, portanto, define-se o estado de um sistema.

DETERMINAÇÃO DE R

Para usar a lei do gás ideal necessitamos conhecer o valor numérico de R. Para determiná-lo, podemos tomar os dados de P, V e T para qualquer gás e calcular R de

$$R = \frac{PV}{nT}$$

Valores de R calculados deste modo para diferentes gases a 0°C e 1 atm de pressão são apresentados na Tabela 4.2. Esses valores calculados de R não são idênticos. A razão disto é que estes gases diferem ligeiramente no comportamento PVT e nenhum é verdadeiramente ideal.

Existe a possibilidade de determinar o valor exato de R de um gás ideal por meio de medidas? A solução é fazer uma série de PVT de um gás real a pressões progressivamente mais baixas. Cada valor P, V e T obtido a determinada pressão é substituído na lei do gás ideal para calcular o valor aparente de R para a pressão. Como veremos a seguir, quando a pressão do gás é diminuída, o gás torna-se muito parecido com um gás ideal. Ao compararmos os valores aparentes de R, percebemos que, quando a pressão alcança zero, $\frac{PV}{nT}$ alcança um valor limite, o real valor de R.

O valor numérico de R depende das unidades escolhidas para P, V e T. (Contudo, T sempre representa temperatura absoluta.) Quando a pressão é expressa em atmosferas, o volume em litros e a temperatura em kelvins,

$$R = 0{,}0820578 \frac{\text{L atm}}{\text{K mol}}, \text{ ou } 0{,}0820578 \text{ L atm K}^{-1} \text{ mol}^{-1}.$$

Quando a pressão é expressa em quilopascal, o volume em decímetros cúbicos e a temperatura em kelvins,

$$R = 8{,}31451 \frac{\text{dm}^3 \text{ kPa}}{\text{K mol}}, \text{ ou, } 8{,}31451 \text{ dm}^3 \text{ kPa K}^{-1} \text{ mol}^{-1}$$

O mesmo valor limite de R (por um dado número de unidades) é obtido para *todos* os gases, demonstrando o fato de que o comportamento de *qualquer* gás real aproxima-se de um gás ideal, quando a pressão se torna progressivamente mais baixa.

Comentários Adicionais

Valores de R podem ser encontrados em livros de referência para uso com muitas combinações de unidades, ou podem ser derivados. (Ver Apêndice B.2.) É importante ter certeza de que o valor de R usado em um cálculo é compatível com as unidades de volume, pressão e temperatura.

CÁLCULOS DA LEI DO GÁS IDEAL

A relação entre P, V, n e T expressa pela lei de um gás ideal pode ser usada para calcular qualquer uma destas variáveis a partir das outras três.

Exemplo 4.7 Suponha que 0,176 mol de um gás ideal ocupa 8,64 litros à pressão de 0,432 atm. Qual é a temperatura do gás em graus Celsius?

Solução:

$$PV = nRT$$

$$T = \frac{PV}{nR}$$

$$= \frac{(0{,}432 \text{ atm})(8{,}64 \text{ L})}{(0{,}176 \text{ mol})(0{,}0821 \text{ L atm K}^{-1} \text{ mol}^{-1})} = 258 \text{ K}$$

Em graus Celsius, 258 – 273 = –15°C.

Problema Paralelo: Suponha uma amostra de 1,28 mol de um gás ideal sob uma pressão de 842 mmHg a 38°C. Qual será o volume em litros que o gás ocupará? **Resposta:** 29,5 L.

Exemplo 4.8 Suponha que uma amostra de 5,00 g de gás oxigênio, O_2, a 35°C é encerrada em um recipiente com a capacidade de 6,00 L. Considerando o comportamento do gás ideal para o oxigênio, calcule a pressão do oxigênio em milímetros de mercúrio. (Massa atômica: O = 16,0.)

Solução: Um mol de O_2 tem uma massa de 2(16,0) = 32,0 g. 5,00 g de O_2 é, portanto, $\frac{5{,}00 \text{ g}}{32{,}0 \text{ g mol}^{-1}}$, ou 0,156 mol. A 35°C é 35 + 273 = 308 K

$$PV = nRT$$

$$P = \frac{nRT}{V}$$

$$= \frac{(0,156 \text{ mol})(0,0821 \text{ L atm K}^{-1} \text{ mol}^{-1})(308 \text{ K})}{6,00 \text{ L}} = 0,657 \text{ atm}$$

Finalmente,

$$0,657 \text{ atm} \times \frac{760 \text{ mmHg}}{1 \text{ atm}} = 5,00 \times 10^2 \text{ mmHg}$$

Problema Paralelo: Uma amostra de gás CO_2 a 328 mmHg e 262°C ocupa um volume de 168 mL. Assumindo o comportamento do gás ideal, determine o número de mols de CO_2 presente. **Resposta:** $1,65 \times 10^{-3}$ mol.

VOLUME MOLAR DE UM GÁS IDEAL

Utilizando a lei do gás ideal, podemos calcular qual o volume ocupado por 1 mol de um gás ideal a qualquer temperatura e pressão. A condição de referência que é usada comumente para descrever as propriedades do gás é 0°C (273,15 K) e 1,0000 atm, chamada **pressão e temperatura padrão** ou **condições normais de temperatura e pressão** ou, mais sucintamente, **CNTP**. O volume ocupado por um mol de um gás ideal nas CNTP é:

$$V = \frac{nRT}{P}$$

$$= \frac{(1,0000 \text{ mol})(0,082058 \text{ L atm K}^{-1} \text{ mol}^{-1})(273,15 \text{ K})}{1,0000 \text{ atm}} = 22,414 \text{ L}$$

Este é o chamado **volume molar de um gás ideal nas CNTP**. Os volumes molares dos gases reais nas CNTP não estão longe deste valor, como é mostrado na Tabela 4.3.

Tabela 4.3 Volume molar dos gases nas CNTP.

Gás	*Volume molar, L mol* $^{-1}$
Hidrogênio	22,428
Hélio	22,426
Oxigênio	22,394
Dióxido de carbono	22,256
Amônia	22,094
Gás ideal	22,414

MASSA MOLECULAR A PARTIR DA DENSIDADE DO GÁS

Um método experimental para determinar a massa molecular de um gás está baseado na medida de sua densidade. O exemplo a seguir ilustra o método de cálculo.

Exemplo 4.9 A densidade do gás fosfina é 1,26 g L^{-1} a 50°C e 747 mmHg. Calcule a massa molecular da fosfina.

Solução: Primeiro calculamos a temperatura em kelvins:

$$50°C \text{ é } 50,0 + 273,2 \text{ ou } 323,2 \text{ K}$$

e a pressão em atmosferas

$$747 \text{ mmHg} \times \frac{1 \text{ atm}}{760 \text{ mmHg}} = 0,983 \text{ atm}$$

Sabemos a partir da densidade que 1,00 L possui uma massa de 1,26 g. A lei do gás ideal pode ser usada para encontrar quantos mols estão presentes em 1,00 L:

$$PV = nRT$$

$$n = \frac{PV}{RT}$$

$$= \frac{(0,983 \text{ atm})(1,00 \text{ L})}{(0,0821 \text{ L atm K}^{-1} \text{ mol}^{-1}(323,2 \text{ K})} = 0,371 \text{ mol}$$

Agora sabemos que nas condições especificadas 1,00 litro de fosfina apresenta uma massa de 1,26 g e possui 0,0371 mol. Assim, podemos concluir que 1,00 mol de fosfina possui uma massa de :

$$\frac{1{,}26\ \text{g}}{0{,}0371\ \text{mol}} = 34{,}0\ \text{g mol}^{-1}$$

A massa molecular da fosfina é, portanto, 34,0.

Problema Paralelo Qual será a massa molecular do aleno gasoso, se ele se comporta idealmente, e se 2,79 g ocupam um volume de 1,56 L a CNTP? **Resposta:** 40,1 L.

4.5 OUTRAS PROPRIEDADES DE UM GÁS IDEAL

LEI DE DALTON DAS PRESSÕES PARCIAIS

Em 1801, John Dalton, um professor inglês, observou que gases diferentes em uma mistura parecem exercer pressão nas paredes do recipiente, independentemente um do outro. Assim, a pressão medida de uma mistura de gases é a soma das pressões que os gases exerceriam se cada um estivesse sozinho no recipiente.

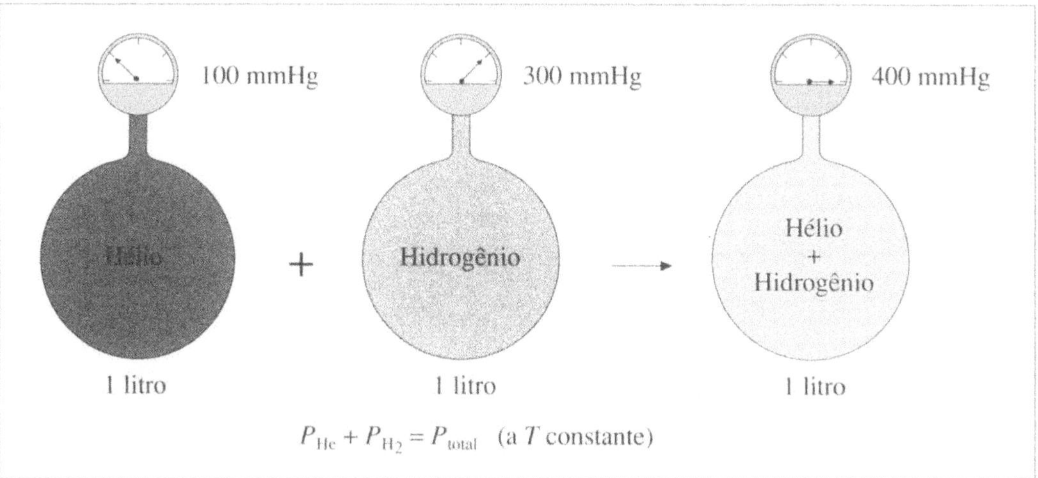

Figura 4.8 Lei de Dalton das pressões parciais. Um litro de cada: hélio (a 100 mmHg) e um litro de hidrogênio (a 300 mmHg) são transferidos conjuntamente a um único recipiente de 1 litro. Se as temperaturas de cada gás e da mistura são iguais, a pressão da mistura é de 400 mmHg.

Lei de Dalton das Pressões Parciais: *A lei de Dalton das pressões parciais estabelece que a pressão total exercida por uma mistura de gases é igual à soma das pressões parciais dos gases individuais.*

Pressão Parcial é definida como a pressão que um gás exerceria se ele fosse o único gás do recipiente. Como ilustração da lei de Dalton, considere a mistura dos gases hidrogênio e hélio mostrada na Figura 4.8. O medidor de pressão na ilustração indica a pressão total. Visto que cada gás exerce uma pressão independentemente do outro, a pressão total, 400 mmHg, é igual à soma da pressão parcial do hélio, 100 mmHg e a do hidrogênio, 300 mmHg. A lei de Dalton das pressões parciais é obedecida rigorosamente pela maioria das misturas gasosas, desde que os gases não reajam.

Exemplo 4.10 Amostras de H_2, O_2 e N_2 contêm, cada uma, massa de 1,00 g. Suponha que os gases sejam colocados conjuntamente em um recipiente de 10,0 L a 125°C. Considere o comportamento ideal e calcule a pressão total em atmosferas. (Massas atômicas: H = 1,01; O = 16,0; N = 14,0.)

Solução: Primeiro, calculamos o número de mols de cada gás:

$$n_{H_2} = 1{,}00 \text{ g} \times \frac{1 \text{ mol}}{2(1{,}01) \text{ g}} = 0{,}495 \text{ mol}$$

$$n_{O_2} = 1{,}00 \text{ g} \times \frac{1 \text{ mol}}{2(16{,}0) \text{ g}} = 0{,}0313 \text{ mol}$$

$$n_{N_2} = 1{,}00 \text{ g} \times \frac{1 \text{ mol}}{2(14{,}0) \text{ g}} = 0{,}0357 \text{ mol}$$

Segundo, calculamos cada pressão parcial a $T = 125 + 273 = 398$ K. Para cada gás, $PV = nRT$; assim,

$$P_{H_2} = \frac{n_{H_2} RT}{V}$$

$$= \frac{(0{,}495 \text{ mol})(0{,}0821 \text{ L atm K}^{-1} \text{ mol}^{-1})(398 \text{ K})}{10{,}0 \text{ L}} = 1{,}62 \text{ atm}$$

$$P_{O_2} = \frac{n_{O_2} RT}{V}$$

$$= \frac{(0{,}0313 \text{ mol})(0{,}0821 \text{ L atm K}^{-1} \text{ mol}^{-1})(398 \text{ K})}{10{,}0 \text{ L}} = 0{,}102 \text{ atm}$$

$$P_{N_2} = \frac{n_{N_2} RT}{V}$$

$$= \frac{(0{,}0357 \text{ mol})(0{,}0821 \text{ L atm K}^{-1} \text{ mol}^{-1})(398 \text{ K})}{10{,}0 \text{ L}} = 0{,}117 \text{ atm}$$

Terceiro, adicionamos as pressões parciais:

$$P_{\text{total}} = P_{H_2} + P_{O_2} + P_{N_2} = 1{,}62 \text{ atm} + 0{,}102 \text{ atm} + 0{,}117 \text{ atm} = 1{,}84 \text{ atm}$$

Observe que a pressão total depende, na realidade, do número total de mols de moléculas no recipiente, *independentemente de quais sejam*. Em outras palavras, poderíamos ter equacionado este problema como segue:

$$n_{\text{total}} = n_{H_2} + n_{O_2} + n_{N_2}$$

$$= 0{,}495 \text{ mol} + 0{,}0313 \text{ mol} + 0{,}0357 \text{ mol} = 0{,}562 \text{ mol}$$

$$P_{\text{total}} = \frac{n_{\text{total}}RT}{V}$$

$$= \frac{(0{,}562 \text{ mol})(0{,}0821 \text{ L atm K}^{-1} \text{ mol}^{-1})(398 \text{ K})}{10{,}0 \text{ L}} = 1{,}84 \text{ atm}$$

Problema Paralelo: Se 1,62 g de CO_2, 4,14 g de CO e 3,08 g de CH_4 são colocados juntos em um recipiente de 14,8 L a 28°C, qual será a pressão total medida em mmHg? **Resposta:** 479 mmHg.

GASES COLETADOS SOBRE ÁGUA

Uma prática comum em laboratório consiste em coletar um gás pelo deslocamento de água (Figura 4.9). Neste caso, ou em qualquer outro caso em que um gás se encontre em contato com água líquida, diz-se que o gás está "úmido", porque não é puro, consistindo em uma mistura de moléculas de oxigênio e água. Quando é permitido ao oxigênio seco entrar em contato com a água líquida, um pouco de água evapora: isto é, moléculas de água deixam o líquido e misturam-se com moléculas de oxigênio. (Examinaremos o processo de evaporação mais rigorosamente na Seção 10.6.) As moléculas de água continuam a deixar o líquido até que a pressão parcial de vapor de água atinja um valor máximo. (Em um pequeno recipiente, isto leva pouco tempo, talvez um segundo ou mais.) Este valor é chamado de *pressão de vapor de água*. De acordo com a lei de Dalton, a pressão total de mistura de oxigênio e vapor de água é igual à soma das duas pressões parciais. A pressão parcial do oxigênio é, portanto, igual à pressão total menos a pressão parcial da água ou

$$P_{O_2} = P_{\text{total}} - P_{H_2O}$$

A pressão parcial da água é chamada *pressão de vapor* da água, e *depende apenas da temperatura*. (É independente do volume do recipiente, da pressão parcial e da natureza do outro gás, oxigênio, neste exemplo.)

Valores das pressões parciais da água a temperaturas diferentes estão indicados na Tabela 4.4 e, mais extensamente, para um número maior de temperaturas, no Apêndice F.

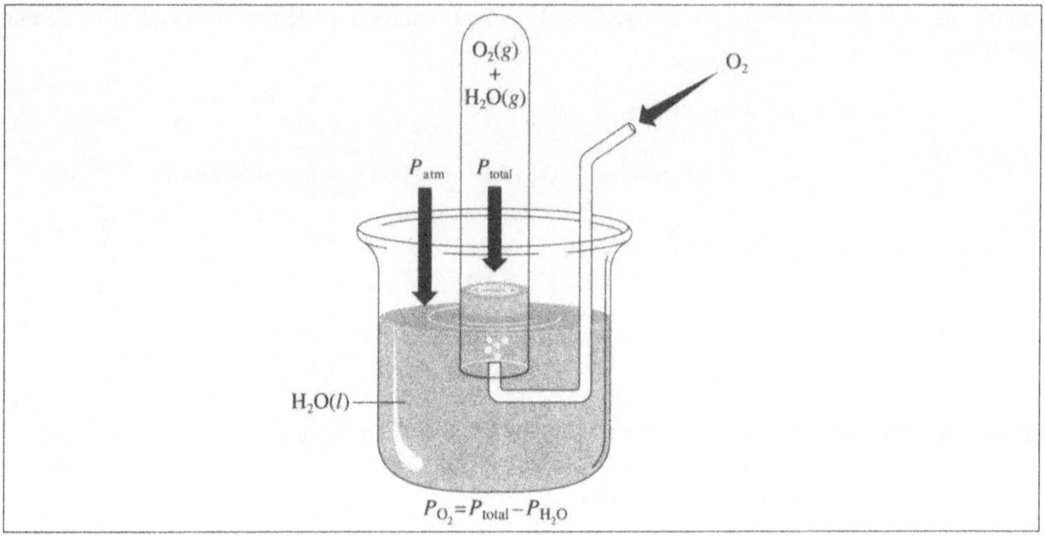

Figura 4.9 O gás oxigênio é coletado pelo deslocamento da água. Quando o nível dentro do recipiente coletor do gás é o mesmo que o nível de fora, $P_{total} = P_{atm}$, que pode ser medida usando-se um barômetro. Se a temperatura é conhecida, a pressão de vapor da água, P_{H_2O}, pode ser obtida e, assim, P_{O_2} pode ser calculada por subtração.

Exemplo 4.11 Suponha que 0,157 g de um certo gás coletado sobre água ocupa um volume de 135 mL a 25°C e 745 mmHg. Considerando o comportamento ideal, determine a massa molecular do gás.

Solução: A 25°C a pressão de vapor da água é 23,76 mmHg (Tabela 4.4). Visto que esta é a pressão parcial da água na mistura,

$$T = 25 + 273 = 298 \text{ K}$$

$$P_{gás} = P_{total} - P_{H_2O} = 745 \text{ mmHg} - 23{,}76 \text{ mmHg} = 721 \text{ mmHg}$$

Em atmosferas, a pressão é:

Tabela 4.4 Pressão de vapor da água.

	Pressão de Vapor		
Temperatura, °C	*mm Hg*	*atm*	*k Pa*
0	4,58	$6{,}03 \times 10^{-3}$	0,611
5	6,54	$8{,}61 \times 10^{-3}$	0,872
10	9,21	$1{,}21 \times 10^{-2}$	1,23
15	12,79	$1{,}683 \times 10^{-2}$	1,705
20	17,54	$2{,}308 \times 10^{-2}$	2,338
25	23,76	$3{,}126 \times 10^{-2}$	3,168
30	31,82	$4{,}187 \times 10^{-2}$	4,242
35	42,18	$5{,}550 \times 10^{-2}$	5,622
40	55,32	$7{,}279 \times 10^{-2}$	7,375
45	71,88	$9{,}458 \times 10^{-2}$	9,583
50	92,51	$1{,}217 \times 10^{-1}$	12,33
55	118,0	$1{,}553 \times 10^{-1}$	15,74
60	149,4	$1{,}966 \times 10^{-1}$	19,92
65	187,5	$2{,}648 \times 10^{-1}$	25,00
70	233,7	$3{,}075 \times 10^{-1}$	31,16
75	289,1	$3{,}804 \times 10^{-1}$	38,54
80	355,1	$4{,}672 \times 10^{-1}$	47,34
85	433,6	$5{,}705 \times 10^{-1}$	57,81
90	525,8	$6{,}918 \times 10^{-1}$	70,10
95	633,9	$8{,}341 \times 10^{-1}$	84,51
100	760,0	1,000	101,3

$$P_{gás} = \frac{721 \text{ mmHg}}{760 \dfrac{\text{mmHg}}{\text{atm}}} = 0{,}949 \text{ atm}$$

O volume dado como 135 mL, é transformado para 0,135 L.

Usando a lei do gás ideal, o número de mols do gás é:

$$n = \frac{PV}{RT}$$

$$= \frac{(0{,}949 \text{ atm})(0{,}135 \text{ L})}{(0{,}0821 \text{ L atm K}^{-1} \text{ mol}^{-1})(298 \text{ K})} \quad 5{,}24 \times 10^{-3} \text{ mol}$$

Como $5{,}24 \times 10^{-3}$ mol de gás apresentam uma massa de 0,157 g, 1 mol corresponde a uma massa de

$$\frac{0{,}157 \text{ g}}{5{,}24 \times 10^{-3} \text{ mol}} = 30{,}0 \text{ g mol}^{-1}$$

Portanto, a massa molecular do gás é 30,0.

Problema Paralelo: Se 1,42 g de gás oxigênio é coletado sobre água a 35°C e a pressão total é 742 mmHg, qual será o volume em litros que o gás ocupará? **Resposta:** 1,22 L.

LEI DE GRAHAM DE DIFUSÃO E EFUSÃO

Difusão é o termo dado à passagem de uma substância através de outra. Em sólido, a difusão é tão lenta que métodos especiais são necessários para detectar e medir sua velocidade. Nos líquidos, a difusão ocorre mais rapidamente. Quando adicionamos cuidadosamente à água líquida um gota de tinta solúvel em água, podemos ver a tinta difundindo-se vagarosamente neste líquido. (Esta demonstração é difícil de ser realizada, pois a adição de uma gota provoca turbulência, que mascara a difusão.) Os gases difundem-se mais rapidamente. Quando sentimos o cheiro de algo, é o resultado da difusão de gás através do ar para os nossos sensores olfativos (nariz). (A difusão é freqüentemente auxiliada pelas correntes de convecção no ar.) A Figura 4.10*a* ilustra a difusão de dois gases entre si.

Em 1829, Thomas Graham, um químico inglês, mediu as velocidades de difusão e gases. Um resumo de seus resultados agora é conhecido com a *lei de difusão de Graham.*

Lei da Difusão de Graham: *A velocidade de difusão de um gás através de outro é inversamente proporcional à raiz quadrada da densidade do gás.*

Se representarmos a densidade por d, podemos escrever

$$\text{Velocidade de difusão} \propto \frac{1}{\sqrt{d}}$$

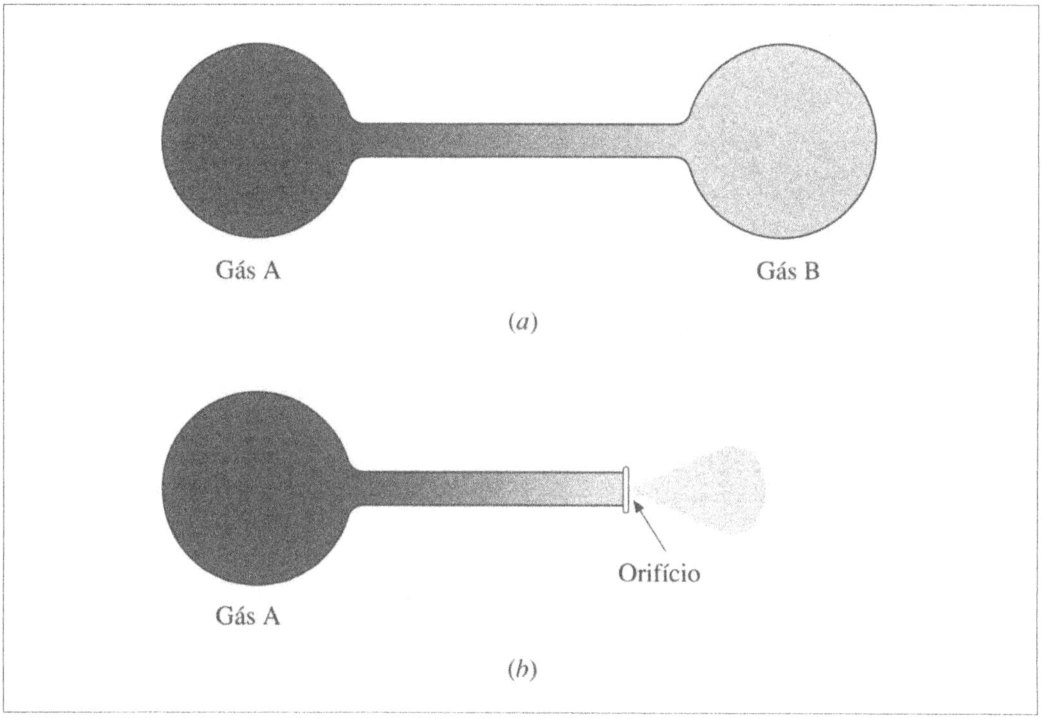

Figura 4.10 Difusão e efusão de gases: (*a*) Difusão entre dois gases. (*b*) Efusão através de um orifício.

A lei de difusão de Graham pode ser rearranjada em termos da massa molecular. A uma dada pressão e temperatura, a densidade e a massa molecular de um gás ideal são diretamente proporcionais, como é mostrado algebricamente a seguir. Representando a densidade por d e a massa por m temos:

$$d = \frac{m}{V} = \frac{m}{\left(\dfrac{nRT}{P}\right)} = \frac{mP}{nRT}$$

Agora, se M representa a massa molecular, então $n = \dfrac{m}{M}$ · Assim, por substituição, temos:

$$d = \frac{mP}{\left(\dfrac{m}{M}\right)RT} = \frac{P}{RT}\,M$$

portanto, a equação anterior mostra que para uma dada temperatura e pressão:

$$d \propto \mathrm{M}$$

Comentários Adicionais

As conclusões anteriores podem ser interpretadas de outra forma: volumes iguais de dois gases diferentes contêm o mesmo número de moléculas, se forem mantidas as mesmas condições de pressão e temperatura. Se a massa molecular do primeiro gás for o dobro do segundo, então a massa da primeira amostra deve ser o dobro da segunda. Finalmente, visto que duas amostras ocupam o mesmo volume, a densidade do primeiro gás será o dobro da densidade do segundo gás.

Visto que a densidade e a massa molecular são diretamente proporcionais, podemos ampliar a lei de difusão de Graham.

Lei da Difusão de Graham (ampliada): *A velocidade de difusão de um gás é inversamente proporcional (1) à raiz quadrada de sua densidade e (2) à raiz quadrada de sua massa molecular.*

Matematicamente, isto significa que:

$$\text{Velocidade de difusão} \propto \frac{1}{\sqrt{d}}$$

e que

$$\text{Velocidade de difusão} \propto \frac{1}{\sqrt{M}}$$

Efusão é a passagem de um gás através de uma abertura de um buraco de agulha ou orifício, como mostra a Figura 4.10*b*. Em 1846, Graham relatou uma segunda generalização conhecida como **lei da efusão de Graham**. Essa lei é estendida tanto para a massa molecular como também para a densidade.

Lei da Efusão de Graham: *A velocidade de efusão de um gás através de um dado orifício é inversamente proporcional à raiz quadrada de sua densidade ou de sua massa molecular.*

$$\text{Velocidade de efusão} \propto \frac{1}{\sqrt{d}}$$

$$\text{Velocidade de efusão} \propto \frac{1}{\sqrt{M}}$$

As leis de difusão e efusão de Graham podem ser utilizadas para determinar a massa molecular de um gás desconhecido. A proporcionalidade inversa significa que para dois gases A e B submetidos a difusão ou efusão:

$$\frac{\text{Velocidade}_A}{\text{Velocidade}_B} = \frac{\sqrt{M_B}}{\sqrt{M_A}} = \sqrt{\frac{M_B}{M_A}}$$

Esta relação pode ser usada para determinar a massa molecular de um gás desconhecido por meio da velocidade de difusão ou efusão, se a velocidade correspondente for determinada por um gás de massa molecular conhecida.

Exemplo 4.12 A velocidade de efusão de um gás desconhecido X através de um orifício de agulha é 0,279 vezes a velocidade de efusão do gás hidrogênio (H_2) através do mesmo, orifício, ambos os gases nas mesmas condições de temperatura e pressão. Qual é a massa molecular de X? (Massa atômica: H = 1,01.)

Solução:

$$\frac{\text{Velocidade}_X}{\text{Velocidade}_{H_2}} = \frac{\sqrt{M_{H_2}}}{\sqrt{M_X}}$$

$$\sqrt{M_X} = \frac{\text{Velocidade}_{H_2}}{\text{Velocidade}_X} \times \sqrt{M_{H_2}}$$

$$= \frac{1}{0{,}279} \times \sqrt{2(1{,}01)} = 5{,}09$$

$$M_X = 26{,}0$$

A massa do gás desconhecido é 26,0.

Problema Paralelo: Um gás Z leva 1,46 min para expandir-se em 25 mL através de um orifício de agulha, enquanto apenas 1,42 min são necessários para que o mesmo volume de gás oxigênio se expanda a pressão e temperatura constantes. Qual será a massa molecular de Z? **Resposta:** 33,8.

Comentários Adicionais

Esteja certo de que você está atento para a proporcionalidade *inversa*. Isto significa que quanto maior for a massa molecular, *menor* será a velocidade de difusão ou efusão do gás. Note também que velocidade e tempo são inversamente proporcionais entre si. (Quanto *mais alta* é a velocidade de um carro, *menor* é seu tempo de percurso para um certo destino, por exemplo.) Assim, se a massa molecular de A é 9 vezes a de B, levará 3 vezes ($\sqrt{9} = 3$) mais tempo para um dado número de mols de A fazer a efusão ou difusão do que o mesmo número de mols de B sob as mesmas condições. Antes de concluir *qualquer* cálculo, certifique-se de que seu resultado é coerente.

O elemento urânio ocorre naturalmente numa mistura de isótopos (Seção 2.3 e 5.2), sendo que o mais abundante é o urânio 238, ou ^{238}U (99,28%). Outro isótopo, o urânio 235, ou ^{235}U, tem uma abundância natural de apenas 0,72%, e sofrerá imediatamente uma fissão nuclear. (Veja as Seções 5.2 e 24.5.) Durante a Segunda Guerra Mundial, foram feitas muitas pesquisas pelos Estados Unidos a fim de encontrar meios de separar quantidades suficientes de ^{235}U da mistura isotópica natural para se produzir a primeira arma nuclear, a "bomba atômica". Um método que obteve sucesso usa a diferença entre as velocidades de difusão de gases como o hexafluoreto de urânio (UF_6), que possui uma mistura dos isótopos ^{235}U e ^{238}U. Apesar da pequena diferença entre as massas dos dois isótopos, há uma vantagem quando enriquecemos o $^{235}UF_6$ que ocorre durante a passagem da mistura através dos aparelhos de difusão repetidas vezes. Este método teve êxito na produção de hexafluoreto de urânio que foi altamente enriquecido em $^{235}UF_6$. Deste modo, uma quantidade de urânio metálico foi utilizada quando a bomba foi produzida.

Exemplo 4.13 Para o composto UF_6, calcular a razão entre as velocidades de difusão das moléculas de $^{235}UF_6$ e $^{238}UF_6$, a temperatura e pressão constantes. (Massas isotópicas: ^{235}U = 235,044; ^{238}U = 238,051; massa atômica: F = 18,9984.)

Solução: A massa de uma molécula $^{235}UF_6$ é 235,044 + 6(18,9984), ou 349,034 u, a de uma molécula de $^{238}UF_6$ é 238,051 + 6(18,9984), ou 352,041.

Substituindo pela relação da lei de Graham, temos:

$$\frac{\text{Velocidade, } ^{235}UF_6}{\text{Velocidade, } ^{238}UF_6} = \sqrt{\frac{M,\ ^{238}UF_6}{M,\ ^{235}UF_6}}$$

$$= \sqrt{\frac{352{,}041}{349{,}034}}$$

$$= 1{,}00430.$$

Problema Paralelo: Para a água no estado gasoso, calcular a razão das velocidades de difusão entre a molécula ^1H_2O e ^2H_2O, a temperatura e pressão constantes. (Massa isotópica: ^1H = 1,0078; ^2H = 2,0141; massa atômica: O = 15,9994.) **Resposta:** 1,05438.

4.6 TEORIA CINÉTICO-MOLECULAR

As propriedades mais importantes dos gases ideais estão resumidas nos postulados da lei de Boyle, lei de Charles, lei de Dalton e lei de Graham, conhecidas coletivamente como *leis dos gases*. Como apontamos na Seção 1.2, observações e leis freqüentemente nos levam a teorias e, nesse ponto, é apropriado perguntar: *Por que* a pressão e o volume de uma amostra de gás são inversamente proporcionais à temperatura constante? *Por que* cada gás na mistura exerce uma pressão parcial independentemente de outros gases? Respostas a estas e outras questões sobre o comportamento de gases proporcionaram a **teoria cinético-molecular**.

Aplicada para gases, a teoria cinético-molecular é baseada em um modelo "bola de bilhar" que é descrito nos postulados a seguir:

1. Um gás é composto de grande número de pequenas partículas, moléculas, (ou algumas vezes átomos) que são tão pequenas que a soma dc seus volumes individuais é desprezível se comparada com o volume do recipiente que contém o gás. Isto significa que o diâmetro molecular (ou atômico) efetivo é muito pequeno em comparação com a distância média entre as moléculas. A maior parte do volume medido de um gás é apenas espaço vazio.

2. As moléculas de um gás estão em movimento retilíneo constante, rápido, ao acaso. Devido ao movimento de translação, as moléculas colidem freqüentemente umas com as outras e com as paredes do recipiente. Todas as colisões são *elásticas*, isto é, não há *perda* (ou ganho) resultante de energia cinética em cada colisão. (Embora uma molécula possa perder energia para uma outra durante a colisão, a energia *total* do par que colide permanece inalterada.)

3. Exceto durante colisões, as moléculas de um gás são completamente independentes entre si: não há forças de atração ou repulsão entre as moléculas de um gás.

4. As moléculas apresentam um ampla faixa de velocidades. A qualquer instante há um intervalo de velocidades moleculares, com algumas moléculas se movendo muito rapidamente, enquanto outras estão por um tempo curto sem movimento. Isto dá origem a um intervalo amplo igual de energias cinéticas moleculares. A *energia cinética média de todas as moléculas é*, contudo, *proporcional à temperatura absoluta.*

De acordo com este modelo, um retrato instantâneo de um gás tomado por meio de um microscópio de alto poder resolutivo mostraria algo parecido com o representado na Figura 4.11.

ANÁLISE DO MODELO

Até que ponto o modelo descrito anteriormente se correlaciona com as propriedades observadas dos gases? O postulado 1 (a maior parte de um gás é espaço vazio) explica por que os gases são tão facilmente compressíveis. É necessário, por exemplo, somente dobrar a pressão de um gás para duplicar seu volume. Compressão significa forçar a matéria para ocupar menos espaço, e comprimir o gás é fácil, já que a maior parte do volume é um espaço vazio. (Para comprimirmos sólidos ou líquidos demandaríamos enorme pressão, até mesmo para pequenas frações de seu volume.)

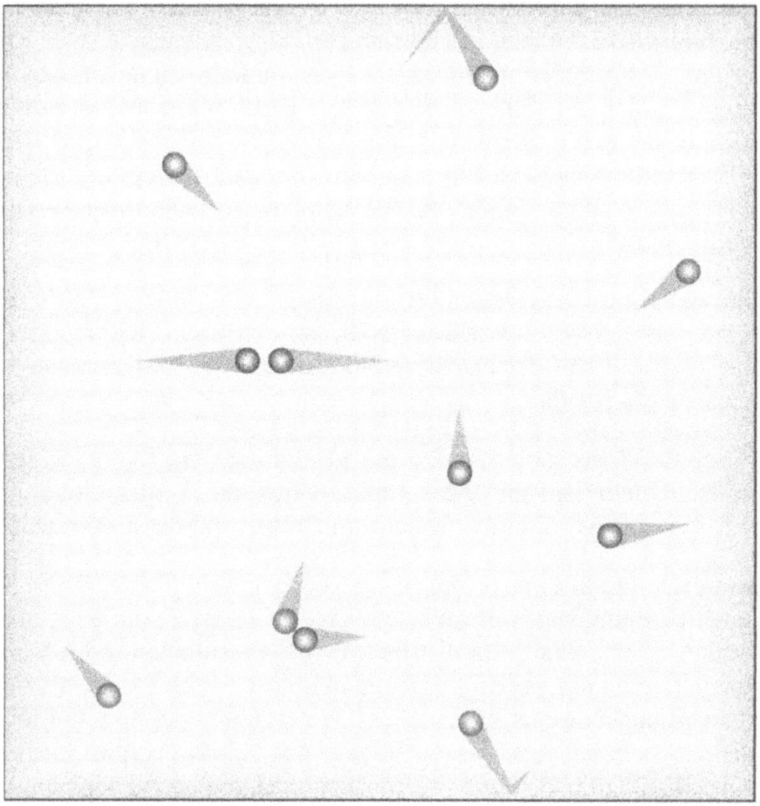

Figura 4.11 Modelo cinético-molecular de um gás.

O postulado 2 (as moléculas de um gás estão em movimento rápido e aleatório) ajuda a explicar porque um gás se expande espontaneamente para preencher seu recipiente completamente. (Isto não ocorreria se as moléculas estivessem estacionárias.) Se as colisões intermoleculares não fossem elásticas, isto é, se as colisões de moléculas sofressem uma perda de energia, elas reduziriam suas velocidades. Sabemos, entretanto, que ao menos que se retire energia do gás, removendo calor ou realizando trabalho, suas moléculas não "vão para baixo". Em um recipiente bem isolado de volume constante, as moléculas de um gás mantêm sua energia cinética média constante; a temperatura não diminui.

O postulado 2 também é apoiado na observação do **movimento browniano**, relatado primeiramente por Robert Brown, botânico escocês, que em 1827 observou que pequenos grãos de pólen, suspensos na água, sofrem um "movimento tremulante", observável em microscópio. Mais tarde o mesmo movimento foi observado em pequenas partículas tais como partículas de fumaça e poeiras finas, suspensas no ar. Quanto menor a partícula, mais violento é o movimento brusco em zigue-zague. O fenômeno do movimento browniano apóia diretamente a noção de moléculas do ar que se movem rapidamente, como é apresentado na Figura 4.12. Se num instante um partícula pequena, que aparece com grande aumento na Figura 4.12a, é bombardeada por um número muito grande de moléculas movendo-se mais rapidamente da esquerda do que da direita, ela será vista pular rapidamente para a direita. Se num instante mais tarde ela for atingida mais pela direita, ela pulará para a esquerda, como indicado na Figura 4.12b. Os rápidos zigue-zagues do movimento browniano são resultado de um bombardeio desigual de partículas pequenas por moléculas vindas de direções opostas.

O fato de os gases exercerem pressão nas paredes do recipiente é o resultado de muitas colisões. Essas colisões contra as paredes, por unidade de tempo, ocorrem freqüentemente porque elas não são detectadas individualmente e porque apenas uma pressão estável e constante é observada.

O postulado 3 (as moléculas de um gás não sofrem forças de suas moléculas vizinhas) é apoiado pelo fato de que a rápida expansão do gás tende a preencher o recipiente. As forças atrativas intermoleculares inibiriam o processo de expansão.

O postulado 4 indica que há uma distribuição de velocidades moleculares, portanto, energias cinético-moleculares em um gás. Apesar de não podermos mostrar aqui, é possível determinar a natureza desta distribuição, e os resultados são mostrados graficamente na Figura 4.13 para um gás em três temperaturas. Note que até a baixas temperaturas há uma ampla distribuição de energias cinéticas. A altas temperaturas a fração de moléculas com altas energias cinéticas é maior, e a fração com baixas energias cinéticas é menor. Como resultado, a média das energias cinéticas moleculares aumenta com a elevação da temperatura de um gás.

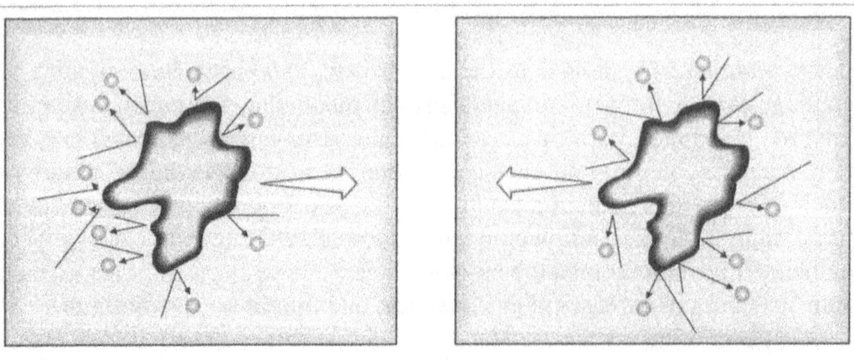

(*a*) (*b*)

Figura 4.12 Movimento browniano. (*a*) Mais moléculas bombardeiam a partícula pela esquerda de que pela direita; as partículas movem-se para a direita. (*b*) No instante posterior a situação se inverte.

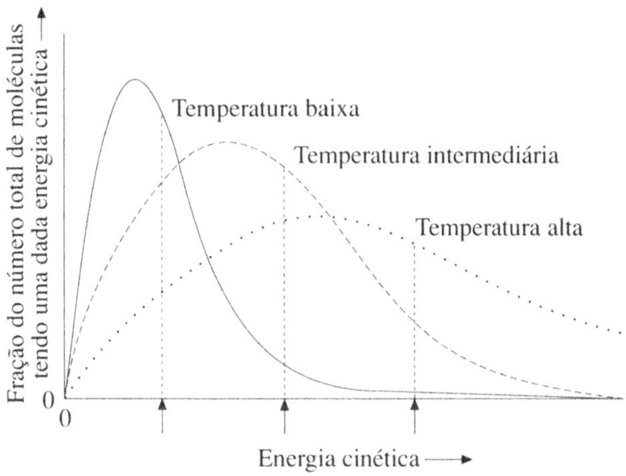

Figura 4.13 Distribuições da energia cinético-molecular em três temperaturas. Energias cinéticas *médias* são indicadas pelas linhas tracejadas verticais. Observe como a distribuição "se achata" quando a temperatura aumenta. (Mais moléculas movem-se mais rapidamente quando a temperatura aumenta.)

O fato de a energia cinética ser diretamente proporcional à temperatura absoluta é apoiado pelas leis de Graham da difusão e efusão, e pode ser *mostrado* como segue: como mencionamos na Seção 1.5, a energia cinética de uma única molécula é dada por

$$E_k = \frac{1}{2} m\upsilon^2$$

De acordo com a teoria cinético-molecular, dois gases diferentes, A e B, na mesma temperatura teriam a mesma energia cinético-molecular média. Sendo E_k a energia cinética média, temos:

$$(E_k)_A = (E_k)_B$$

Agora, sendo M a massa molecular e υ^2 a média das velocidades quadradas,

$$\frac{1}{2} M_A \upsilon_A^2 = \frac{1}{2} M_B \upsilon_B^2$$

ou, rearranjando, obtemos,

$$\frac{\upsilon_A^2}{\upsilon_B^2} = \frac{M_B}{M_A}$$

Finalmente, tomando a raiz quadrada de cada lado, obtemos:

$$\frac{\upsilon_A}{\upsilon_B} = \frac{\sqrt{M_B}}{\sqrt{M_A}}$$

Visto que a velocidade de difusão ou de efusão é proporcional à velocidade média, as leis de Graham seguem-se imediatamente:

$$\frac{\text{Velocidade}_A}{\text{Velocidade}_B} = \frac{\sqrt{M_B}}{\sqrt{M_A}}$$

TEORIA CINÉTICO-MOLECULAR E AS LEIS DOS GASES

A teoria cinético-molecular prova ser muito bem-sucedida na justificativa do comportamento observado do gás.

Lei de Boyle. De acordo com a lei de Boyle, a pressão e o volume de um gás são inversamente proporcionais entre si, à temperatura constante. A pressão de um gás aumenta à medida que seu volume diminui, à temperatura constante. A Figura 4.14 ilustra duas amostras de gás contendo o mesmo número de moléculas, à mesma temperatura. O volume do gás na Figura 4.14*b* é metade do volume do gás na Figura 4.14*a*. Como resultado, as moléculas têm menos espaço em *b* para se mover e colidem mais freqüentemente com as paredes do recipiente. A velocidade média das moléculas não é maior em *b* do que em *a*, porque os gases estão à mesma temperatura, mas o número aumentado de colisões das moléculas por unidade de área por parede do recipiente produz o efeito que observamos como pressão mais alta.

Lei de Charles. De acordo com a lei de Charles, o volume de um gás é diretamente proporcional à sua temperatura absoluta, à pressão constante. Um aumento na temperatura produz um aumento no volume. A Figura 4.15 representa um gás que sofre expansão térmica em dois estágios. Inicialmente (Figura 4.15*a*), o gás ocupa um certo volume, a uma dada pressão e temperatura. Então (Figura 4.15*b*), a temperatura é aumentada, mas o volume é mantido constante, causando um aumento de pressão. À alta temperatura, a energia cinética média das moléculas é maior, o que significa que elas têm maior velocidade média. Maior velocidade média significa que as moléculas colidem com as paredes do recipiente (1) mais freqüentemente e (2) com maior "força" média por colisão (na realidade, isto é chamado *impulso*). Na Figura 4.15*c*, vemos que o gás se expande até sua pressão ficar reduzida ao seu valor original, para que o aumento do espaço ocupado pelas moléculas tenha sido compensado pelo aumento da velocidade média das moléculas. Assim, em temperaturas mais altas, o gás ocupa um volume maior.

Lei de Dalton das Pressões Parciais. Cada molécula de uma mistura gasosa comporta-se essencialmente de modo independente das outras, exceto durante colisões. Assim, nenhuma molécula é influenciada por outras nas suas colisões com as paredes do recipiente. A molécula de A contribui para a pressão total como se a molécula de B não estivesse lá, por exemplo. Assim, na mistura dos gases, cada um exercerá sua própria pressão parcial independente da presença de outros gases e a pressão total será a soma das pressões parciais.

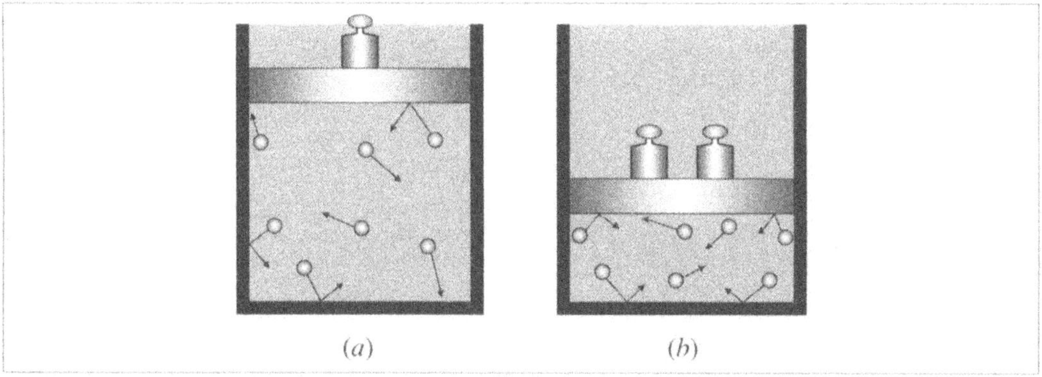

Figura 4.14

Lei de Boyle e teoria cinético-molecular. Cada amostra do gás é encerrada em um cilindro adaptado com um pistão deslizante. As amostras contêm números iguais de moléculas na mesma temperatura. Por causa do menor volume disponível em (*b*), as moléculas colidem mais freqüentemente com as paredes, produzindo uma pressão maior do que em (*a*).

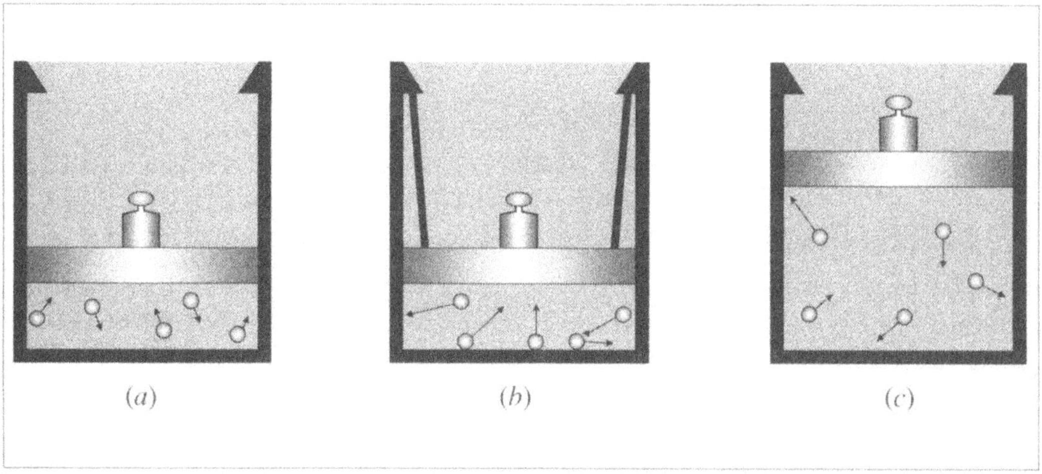

Figura 4.15

Lei de Charles e teoria cinético-molecular. Em (*a*), o gás a baixa temperatura está a uma pressão baixa, igual àquela fornecida pelo "peso" e pelo pistão deslizante. Em (*b*), o gás foi aquecido e, assim, a velocidade molecular média é mais alta, porém a expansão foi impedida e a pressão é mais alta. Em (*c*), para permitir que a pressão caia para seu valor original, deixa-se que o volume aumente. (A temperatura é mantida constante na última etapa.)

Lei do Gás Ideal. A lei do gás ideal, $PV = nRT$, é deduzida matematicamente pela aplicação de alguns princípios básicos de mecanismo para os sistemas de movimentos. A colisão de moléculas é descrita pela teoria cinético-molecular. Essa dedução é encontrada em muitos livros básicos de física e isto aumenta a qualidade da discussão, dando suporte quantitativo a essa teoria.

4.7 ESTEQUIOMETRIA DOS GASES

Vimos na Seção 4.4 que os volumes dos gases, à mesma temperatura e pressão, consumidos ou formados em reação química são relacionados pelas razões dos coeficientes destas substâncias na equação balanceada, se o volumes são medidos à mesma pressão e temperatura (lei de Gay-Lussac da combinação dos volumes). Essas razões dos volumes dos gases são úteis para os cálculos esquiométricos.

Exemplo 4.14 Quando o etano, C_2H_6, queima em oxigênio, os produtos são dióxido de carbono e água. Se 1,26 L de etano é queimado em 4,5 L de oxigênio, quantos litros de dióxido de carbono e vapor de água são formados, se todos os volumes são medidos a 400°C e 4,00 atm de pressão?

Solução: Primeiro, escrevemos a equação balanceada da reação:

$$2C_2H_6(g) + 7O_2(g) \rightarrow 4CO_2(g) + 6H_2O(g)$$

Como os volumes dos gases foram todos medidos na mesma pressão e temperatura, podemos comparar os volumes imediatamente. A partir da equação balanceada, vemos que a razão estequiométrica (C_2H_6 para O_2) é $\frac{2\text{ mol}}{7\text{ mol}}$, ou 0,286. De acordo com a lei do gás ideal há uma proporcionalidade direta entre volume e número de mols, a T e P constantes. A razão de mols dos reagentes presentes é a mesma que seus volumes, pois são medidos nas mesma condições. Esta razão (C_2H_6 para O_2) é $\frac{1,26\text{ L}}{4,50\text{ L}}$ ou 0,280. Visto que a razão real é menor que a razão estequiométrica, sabemos que C_2H_6 presente é insuficiente para reagir com todo oxigênio. Concluímos, assim, que o oxigênio está em excesso, enquanto o etano é o reagente limitante. Assim, 1,26 L de etano produz

$$1,26\text{ L }C_2H_6 \times \frac{4\text{ L }CO_2}{2\text{ L }C_2H_6} = 2,52\text{ L }CO_2$$

e

$$1{,}26\ \text{L}\ C_2H_6 \times \frac{6\ \text{L}\ H_2O}{2\ \text{L}\ C_2H_6} = 3{,}78\ \text{L}\ H_2O$$

Problema Paralelo: A amônia, NH_3, é produzida comercialmente reagindo-se N_2 com H_2. Quantos litros de NH_3 podem ser produzidos de 4,62 L de H_2 se os dois gases são medidos nas mesmas condições de temperatura e pressão? **Resposta:** 3,08 L.

No Exemplo 4.14, resolvemos o problema rapidamente porque todos os volumes foram medidos à mesma temperatura e pressão. Quando volumes são medidos a pressões e temperaturas diferentes, o processo é um pouco mais complexo.

Exemplo 4.15 Propano, C_3H_8, é um gás que queima em excesso de oxigênio para formar CO_2 e H_2O gasosos. Se 1,00 dm^3 de propano a 21°C e 8,44 kPa queima em excesso de oxigênio, quantos decímetros cúbicos de dióxido de carbono medidos a 925°C e 1,00 kPa são formados?

Solução: A equação balanceada resultou ser:

$$C_3H_8(g) + 5O_2(g) \rightarrow 3CO_2(g) + 4H_2O(g)$$

Método 1: Primeiro calculamos o volume que seria ocupado pelo propano a 925°C e 1,00 kPa:

21°C é 273 +21, ou 294 K

925°C é 925 + 273, ou 1198 K

$$V = 1{,}00\ \text{dm}^3 \times \frac{1198\ \text{K}}{294\ \text{K}} \times \frac{8{,}44\ \text{kPa}}{1{,}00\ \text{kPa}} = 34{,}4\ \text{dm}^3$$

Agora, a partir da equação balanceada, calcularemos o volume ocupado pelo CO_2 formado.

$$V_{CO_2} = 34{,}4\ \text{dm}^3\ C_3H_8 \times \frac{3\text{dm}^3\ CO_2}{1\ \text{dm}^3\ C_3H_8} = 103\ \text{dm}^3\ CO_2$$

Método 2: Primeiro calculamos o número de mols de C_3H_8 pela lei do gás ideal:

$$n = \frac{PV}{RT}$$

$$= \frac{(8{,}44\ \text{kPa})(1{,}00\ \text{dm}^3)}{(8{,}315\ \text{dm}^3\ \text{kPa}\ \text{K}^{-1}\ \text{mol}^{-1})(294\ \text{K})} = 3{,}45 \times 10^{-3}\ \text{mol}$$

Isto formará

$$3{,}45 \times 10^{-3}\ \text{mol}\ C_3H_8 \times \frac{3\ \text{mol}\ CO_2}{1\ \text{mol}\ C_3H_8} = 1{,}04 \times 10^{-2}\ \text{mol}\ CO_2$$

O volume de CO_2 a 1,00 kPa e 1198 K é:

$$V = \frac{nRT}{P}$$

$$= \frac{(1{,}04 \times 10^{-2}\ \text{mol})(8{,}315\ \text{dm}^3\ \text{kPa K}^{-1}\ \text{mol}^{-1})(1198\ \text{K})}{1{,}00\ \text{kPa}} = 104\ \text{dm}^3\ CO_2$$

Comentários Adicionais

O resultado do cálculo do método 2 difere um pouco do método 1 (pela diferença de uma unidade no último algarismo significativo) por causa dos arredondamentos feitos nos primeiros estágios do cálculo. A pequena diferença poderia ter sido eliminada se considerássemos quatro algarismos significativos em cada cálculo e, finalmente, arredondando para três dígitos na última etapa. (Esta é uma forma viável caso deseje eliminar estes pequenos "erros de arredondamento" em seus cálculos.)

Problema Paralelo: Quantos centímetros cúbicos de NH_3 a 16,8 kPa e 38°C podem ser produzidos quando reagimos 59,2 cm^3 de N_2 a 38,2 kPa e 92°C com H_2 em excesso? **Resposta:** 229 cm^3.

Exemplo 4.16 Suponhamos que 1,00 L de etano, C_2H_6, medido a 25°C e 745 mmHg, é colocado em um recipiente resistente de 5,00 L com 6,00 g de gás oxigênio. A reação de combustão (explosão, neste caso) é iniciada por meio de uma faísca. Após a reação altamente exotérmica ter parado, o recipiente resistente é resfriado a 150°C. Assumindo que os produtos são dióxido de carbono gasoso e vapor de água, determine a pressão total final em mmHg no recipiente. (Massa atômica: O = 16,0.)

Solução: Primeiro encontramos a temperatura em kelvins e a pressão em atmosferas:

$$25°\text{C é } 25 + 273, \text{ ou } 298\ \text{K}$$

$$745\ \text{mmHg é } 745\ \text{mmHg} \times \frac{1\ \text{atm}}{760\ \text{mmHg}}, \text{ ou } 0{,}980\ \text{atm}$$

A seguir, encontramos o número de mols de C_2H_6. Da lei do gás ideal:

$$n_{C_2H_6} = \frac{PV}{RT}$$

$$= \frac{(0{,}980\ \text{atm})(1{,}00\ \text{L})}{(0{,}0821\ \text{L atm K}^{-1}\ \text{mol}^{-1})(298\ \text{K})} = 0{,}0401\ \text{mol}$$

Agora, para o número de mols de O_2,

$$n_{O_2} = 6{,}0 \text{ g } O_2 \times \frac{1 \text{ mol } O_2}{2(16{,}0) \text{ g } O_2} = 0{,}188 \text{ mol } O_2$$

A equação balanceada é:

$$2C_2H_6(g) + 7O_2(g) \rightarrow 4CO_2(g) + 6H_2O(g)$$

Desta forma, vemos que a razão estequiométrica (C_2H_6 para O_2) é $\frac{2 \text{ mol}}{7 \text{ mol}}$, ou 0,286. A razão real dos reagentes presentes é, contudo, $\frac{0{,}0401 \text{ mol}}{0{,}188 \text{ mol}}$, ou 0,213.

Podemos ver que há um excesso de oxigênio e que o etano é o reagente limitante.

Agora podemos calcular quanto de CO_2 e H_2O serão formados a partir de 0,0401 mol de etano.

$$0{,}0401 \text{ mol } C_2H_6 \times \frac{4 \text{ mol } CO_2}{2 \text{ mol } C_2H_6} = 0{,}0802 \text{ mol } CO_2$$

e

$$0{,}0401 \text{ mol } C_2H_6 \times \frac{6 \text{ mol } H_2O}{2 \text{ mol } C_2H_6} = 0{,}120 \text{ mol } H_2O$$

Mas um terceiro gás está presente no recipiente: o excesso de oxigênio. Para encontrarmos quanto oxigênio permanece no recipiente, precisamos calcular primeiro o número de mols de oxigênio O_2 consumido na reação:

$$0{,}0401 \text{ mol } C_2H_6 \times \frac{7 \text{ mol } O_2}{2 \text{ mol } C_2H_6} = 0{,}140 \text{ mol } O_2 \text{ consumido}$$

O número de mols de O_2, que permanece no recipiente, é o número de mols inicial menos o número de mols consumidos, isto é, 0,188 mol – 0,140 mol, ou 0,048 mol de O_2.

Poderíamos agora usar o número de mols de cada gás no recipiente após a reação e, assim, calcular a pressão parcial de cada gás. A soma das pressões parciais nos dá a pressão total. O cálculo é muito rápido, entretanto primeiro devemos encontrar o número de mols total do gás,

$$\begin{aligned} n_{\text{total}} &= n_{CO_2} + n_{H_2O} + n_{O_2} \\ &= 0{,}0802 \text{ mol} + 0{,}120 \text{ mol} + 0{,}048 \text{ mol} \\ &= 0{,}248 \text{ mol} \end{aligned}$$

e então usar a lei do gás ideal para calcular a pressão final (total). A temperatura final é 150 + 273, ou 423 K.

$$P_{\text{total}} = \frac{n_{\text{total}}RT}{V}$$

$$= \frac{(0{,}248 \text{ mol})(0{,}0821 \text{ L atm K}^{-1} \text{ mol}^{-1})(423 \text{ K})}{5{,}00 \text{ L}} = 1{,}72 \text{ atm}$$

Em milímetros de mercúrio, isto é

$$1{,}72 \text{ atm} \times 760 \frac{\text{mmHg}}{\text{atm}} = 1{,}31 \times 10^3 \text{ mmHg}$$

Problema Paralelo: Uma mistura de 1,00 g de H_2 e 6,00 g de O_2 é colocada em um recipiente resistente de 10,0 L e a reação é iniciada por meio de uma faísca. Após a reação, os gases contidos no recipiente são resfriados a 25°C. Qual será a pressão total da mistura final em mmHg? (Pode-se desprezar o volume ocupado pela água no estado líquido, mas não esqueça de incluir sua pressão de vapor.) **Resposta:** 247 mmHg.

4.8 GASES REAIS

Em um gás ideal, não há forças intermoleculares, e o volume ocupado pelas moléculas individuais é desprezível em relação ao volume total ocupado pelo gás. Como estas condições não são encontradas nos gases reais, é comum observarmos desvios do comportamento ideal. (Contudo, muitos gases podem ser considerados praticamente ideais a temperatura e pressão ambiente.)

A aproximação do gás ideal é falha quando temos baixas temperaturas ou altas pressões, porque nestas condições as forças intermoleculares ou os volumes moleculares não são desprezíveis, e desvios significativos do comportamento ideal são observados.

DESVIOS DA LEI DO GÁS IDEAL

Para um mol de gás ideal, $PV = nRT$ *torna-se* $PV = RT$, ou, quando rearranjamos a equação, temos:

$$\frac{PV}{RT} = 1 \qquad \text{(um mol de gás ideal)}$$

Uma forma de comparar um gás real com um gás ideal hipotético é fazer uma série de medidas de P, V e T em um mol de gás e então avaliar a quantidade $\frac{PV}{RT}$ para cada medida. Isto foi feito com o nitrogênio, e os resultados são mostrados na Figura 4.16, colocando-se $\frac{PV}{RT}$ em função de P em três temperaturas diferentes. Note que o desvio do comportamento do gás ideal é mais pronunciado a altas pressões e baixas temperaturas.

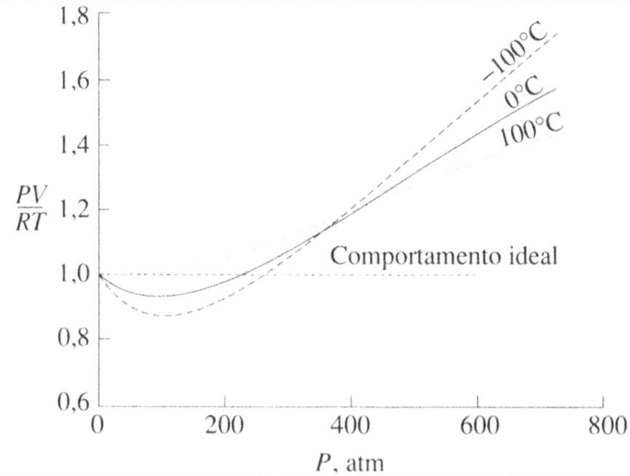

Figura 4.16 Um mol de gás N_2: comportamento não-ideal.

Curvas semelhantes são obtidas para outros gases, como mostra a Figura 4.17. Em cada caso a razão $\frac{PV}{RT}$ está próxima de 1 a baixas temperaturas, mas também pode ser maior ou menor que 1 a pressões mais altas. A altas pressões, a razão é sempre maior que a unidade.

O que causa o desvio do comportamento ideal a altas pressões e baixas temperaturas? A altas pressões, as moléculas dos gases são forçadas a se aproximarem umas das outras, e sob estas condições há pouco espaço vazio no gás. O volume ocupado pelas moléculas sob estas condições não é desprezível em comparação com o volume do gás total. Além disso, a aproximação das moléculas tende a produzir forças intermoleculares que não são insignificantes.

A altas temperaturas, as moléculas movem-se tão rapidamente que o intervalo de tempo no qual elas permanecem próximas é relativamente curto e o efeito das forças intermoleculares tende a ser pequeno. A baixas temperaturas, porém, as moléculas movimentam-se mais vagarosamente, e as atrações intermoleculares são significativas. De fato, a temperaturas suficientemente baixas, as atrações tornam-se bastante fortes para manter as moléculas próximas, e o gás condensa-se.

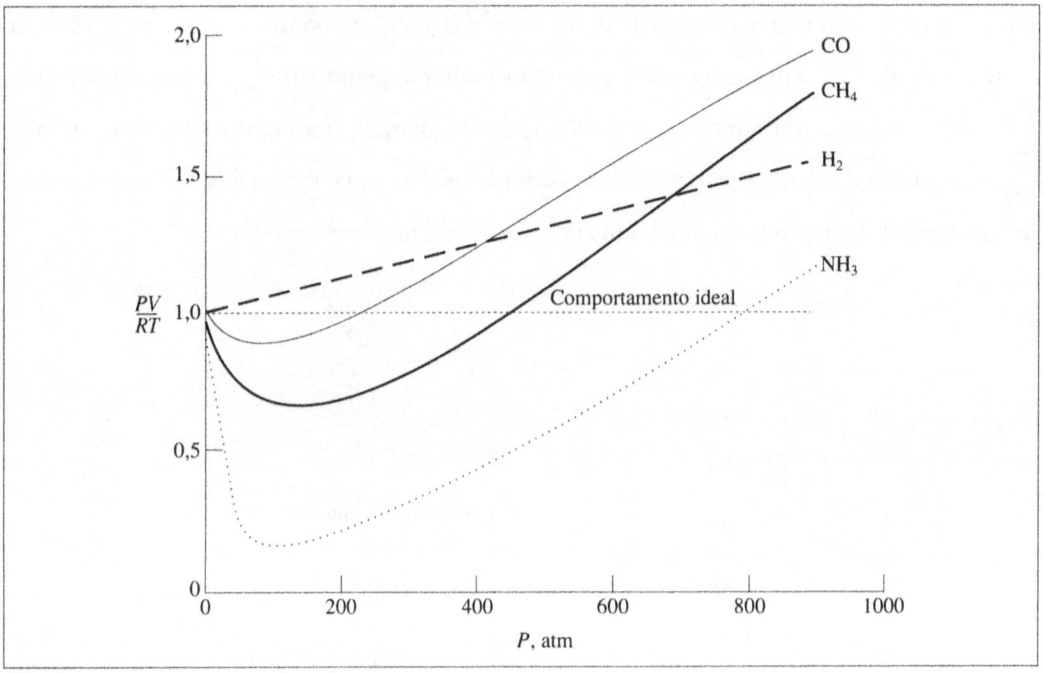

Figura 4.17 Gases reais: comportamento de um mol de gás a 0°C.

EQUAÇÕES DE ESTADO PARA GASES REAIS

As quatro variáveis *n*, *P*, *V* e *T*, para qualquer gás, não são independentes umas da outras e três delas automaticamente fixam a quarta; por isso especificam o estado (condição exata) do gás. Por exemplo, 0,1 mol de O_2 a 75 kPa e 39°C pode ter um volume definido. Como mencionamos na Seção 4.4, a relação *P*, *V* e *T* e *n* mols de um gás é chamada de *equação de estado*. A equação de estado para um gás ideal é $PV = nRT$, mas, como vimos, o comportamento do gás real é aproximado por esta equação, especialmente a altas pressões e baixas temperaturas. Assim, dois gases reais não exibem exatamente o mesmo comportamento *PVT*.

Muitas equações de estado têm sido desenvolvidas para gases reais. Algumas são bem exatas, mas essa exatidão depende de cada equação, que contém no mínimo três constantes em vez de uma (*R*) da lei do gás ideal. Além disso, duas das constantes não são universais, mas possuem valores específicos para cada gás. A equação de estado mais conhecida para os gases reais é a **equação de van der Waals**:

$$\left(P + \frac{n^2 a}{V^2}\right)(V - nb) = nRT$$

Nesta equação, P, V, T, R e n possuem significados usuais, mas a e b, comumente conhecidos como *constantes de van der Waals*, possuem valores que devem ser determinados experimentalmente para cada gás. Como veremos, a constante a de van der Waals corrige valores das pressões dos gases devido ao efeito das forças intermoleculares, e b corrige o volume do gás devido ao efeito dos volumes moleculares. Na Tabela 4.5, são mostrados alguns valores das constantes de van der Waals para alguns gases (valores para a pressão em atmosferas e para o volume em litros).

Tabela 4.5 Constantes de van der Waals.

Gás	*a, L^2 atm mol^{-2}*	*b, L mol^{-1}*
H_2	0,244	0,0266
He	0,034	0,0237
N_2	1,39	0,0391
O_2	1,36	0,0318
CO_2	3,59	0,0427
CH_4	2,25	0,0428
NH_3	4,17	0,0371

Exemplo 4.17 Use: (a) a lei do gás ideal e (b) a equação de van der Waals, para calcular a pressão em atmosferas exercida por 10,0 g de metano, CH_4, colocado em um recipiente de 1,00 L a 25°C.

Solução: O peso molecular do CH_4 é 16,0, e n, o número de mols de metano, é:

$$\frac{10{,}0 \text{ g}}{16{,}0 \text{ g mol}^{-1}} = 0{,}625 \text{ mol.}$$

(a) Assumindo que o gás é ideal, obtemos para P:

$$P = \frac{nRT}{V} = \frac{(0{,}625 \text{ mol})(0{,}0821 \text{ L atm K}^{-1} \text{ mol}^{-1})(298 \text{ K})}{1{,}00 \text{ L}} = 15{,}3 \text{ atm}$$

(b) Usando a equação de van der Waals para P, temos:

$$P = \frac{nRT}{V - nb} - \frac{n^2 a}{V^2}$$

Usando os valores das constantes de van der Waals para o metano da Tabela 4.5 e substituindo, obtemos:

$$P = \frac{(0{,}625 \text{ mol})(0{,}0821 \text{ L atm K}^{-1}\text{mol}^{-1})(298 \text{ K})}{1{,}00 \text{ L} - (0{,}625 \text{ mol})(0{,}0428 \text{ L mol}^{-1})}$$

$$- \frac{(0{,}625 \text{ mol})^2(2{,}25 \text{ L}^2 \text{ atm mol}^{-2})}{(1{,}00 \text{ L})^2} = 14{,}8 \text{ atm}$$

Problema Paralelo: Use: (a) a lei do gás ideal e (b) a equação de van de Waals para calcular a temperatura em °C, na qual um recipiente de 5,00 L manterá 7,00 g de oxigênio (O_2) à pressão de 1,00 atm. **Resposta:** (a) 5°C; (b) 6°C.

Comentários Adicionais

A temperatura e a pressão são facilmente obtidas pela equação de van der Waals, porém isto não ocorre quando a usamos para encontrar valores de V ou n. É mais prático estimar V pela lei dos gases ideais e em seguida ajustar o valor estimado usando o método iterativo, substituindo os valores ajustados na equação de van der Waals, até que o lado esquerdo se iguale ao lado direito da equação. Este *método das aproximações sucessivas* minimiza o tempo de cálculo, especialmente se você usar uma calculadora aritmética. As variáveis da equação de van der Waals são rapidamente solucionadas quando utilizamos um computador.

A equação de van der Waals descreve com maior exatidão o comportamento de um gás real do que a lei do gás ideal. A Figura 4.18 compara o comportamento PV de 1 mol de gás CO_2 a 350 K, previsto tanto pela lei do gás ideal quanto pela equação de van der Waals com o comportamento experimental observado.

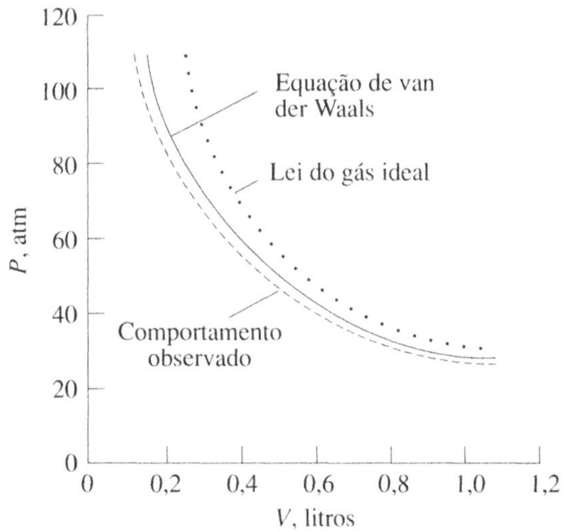

Figura 4.18 Comparação entre o comportamento observado experimentalmente e o encontrado pelas equações de estado para 1 mol de CO_2 a 350 K.

TEORIA CINÉTICO-MOLECULAR E GASES REAIS

Uma das suposições da teoria cinético-molecular (Seção 4.6) é que o espaço total disponível para cada molécula de gás é o mesmo que o volume do recipiente que contém o gás. Isso só é possível se as moléculas ocuparem um volume zero, para que todo o interior do recipiente seja acessível a cada molécula. Em outras palavras, para um gás ideal

$$V = V_{\text{ideal}}$$

onde V é o volume do recipiente e V_{ideal} é o volume acessível para cada molécula. Em um *gás real*, as moléculas ocupam um certo espaço. Assim, o volume ocupado por 1 mol de um gás é *maior do que* aquele ocupado por 1 mol de um gás ideal à mesma temperatura e pressão. O termo de correção que leva em consideração o volume das moléculas para 1 mol é a constante b de van der Waals. Para n mols, é nb. Assim, o volume de um gás real é:

$$V = V_{\text{ideal}} + nb$$

e portanto

$$V_{\text{ideal}} = V - nb$$

Podemos desta forma dar o primeiro passo para modificar a lei do gás ideal

$$P_{ideal}V_{ideal} = nRT$$

escrevendo

$$P_{ideal}(V - nb) = nRT \quad (4.1)$$

E sobre o efeito das forças intermoleculares? Em um gás ideal isto não existe, e o bombardeamento molecular nas paredes do recipiente produz a pressão ideal, P_{ideal}. Em um gás real, contudo, as moléculas não se chocam tão fortemente com as paredes do recipiente, porque cada molécula é levemente reprimida, ou batem e voltam, pelas atrações das moléculas vizinhas. A pressão P é *um pouco menor que* P_{ideal}. É possível mostrar que esta diferença de pressão é proporcional ao quadrado da concentração das moléculas, isto é, a $\left(\frac{n}{V}\right)^2$, e a constante de proporcionalidade é a constante de van der Waals.

Se P representar a pressão do gás e P_{ideal} sua pressão se ele se comportar idealmente, temos:

$$P = P_{ideal} - a\left(\frac{n}{V}\right)^2$$

ou

$$P_{ideal} = P + \frac{n^2a}{V^2}$$

Substituindo na Equação (4.1), temos

$$\left(P + \frac{n^2a}{V^2}\right)(V - nb) = nRT$$

que é a equação de van der Waals.

RESFRIAMENTO COM EXPANSÃO

Um *processo adiabático* é aquele no qual nenhum calor entra ou sai do sistema. (O sistema é termicamente isolado das vizinhanças.) Quando um gás sofre uma expansão adiabática contra uma força de oposição (Figura 4.19*a*), há um resfriamento, que ocorre pelo fato de que a energia do gás deve ser consumida a fim de realizar um trabalho de expansão. Como esta energia vem somente do gás, a energia cinética média das moléculas diminui.

Em uma expansão *livre* (Figura 4.19*b*), como a expansão ocorre no vácuo, nenhuma força impede o aumento no volume. Na maioria dos casos, quando um gás real passa por uma expansão livre e adiabática, há ainda o efeito de resfriamento, apesar de o gás não efetuar trabalho sobre as vizinhanças. Como podemos explicar isto? Em uma expansão livre, as moléculas movem-se e, se não houvesse atrações intermoleculares, não haveria nenhum resfriamento. Quando as moléculas de um gás real se distanciam, entretanto, fazem isto contra suas forças atrativas que tendem a mantê-las juntas, isto é, elas necessitam realizar um trabalho para que fiquem separadas. O gasto de energia necessário para se realizar esse trabalho diminui sua energia cinética média, o que é observado com a diminuição da temperatura. O resfriamento na maioria dos gases reais ocorre durante a expansão livre, o qual evidencia existência das forças atrativas intermoleculares.

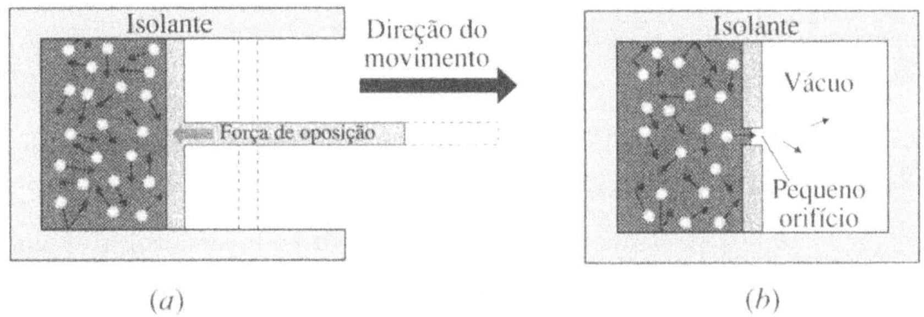

Figura 4.19 Expansão adiabática. (*a*) Contra uma força de oposição. (*b*) Livre.

Como estudamos, *a maioria* dos gases mostra um efeito de resfriamento durante a expansão adiabática livre. Para ser específico, à temperatura ambiente todos os gases exceto o hidrogênio e o hélio apresentam este comportamento. Esses dois gases mostram o efeito oposto, tornam-se mais quentes. O aquecimento de um gás durante uma expansão adiabática livre é uma evidência da existência de forças *repulsivas* entre as moléculas. Esse tipo de repulsão existe porque as moléculas não têm volume zero e não podem simultaneamente ocupar o mesmo espaço. Na verdade, cada gás mostra este efeito de aquecimento durante a expansão livre se estiver acima da *temperatura de inversão*, que depende da pressão e da natureza do gás. A temperaturas e pressões usuais, apenas o hidrogênio e o hélio estão acima da temperatura de inversão; todos os outros estão abaixo e, assim, eles mostram um resfriamento durante tal expansão. (O aquecimento do hidrogênio é devido à expansão, muitas vezes causando dificuldades de se trabalhar com este gás, inflamável a altas pressões.) Exatamente *na* sua temperatura de inversão, o gás não apresenta aquecimento ou resfriamento.

Ambas as forças de atração e repulsão existem entre as moléculas de um gás. Acima de sua temperatura de inversão, o gás torna-se mais aquecido durante a expansão livre por causa da predominância das forças de repulsão. Abaixo de sua temperatura de inversão, há predominância das forças de atração e, assim, ocorre o resfriamento. Na temperatura de inversão, as forças de repulsão e atração são iguais.

RESUMO

Um *gás* é uma substância que se expande para ocupar todo o volume do recipiente que o contém. Gases são descritos dando-se valores às variáveis: pressão (P), volume (V), temperatura (T) e número de mols (n). Quando os valores de três destas quatro variáveis são conhecidos, o valor da quarta variável também pode ser conhecido. (O estado do gás já foi descrito anteriormente.) A equação matemática que relaciona essas variáveis é chamada *equação de estado do gás*.

O *gás ideal* é um estado hipotético. É um gás que obedece exatamente a cada uma das leis apresentadas como *lei dos gases*.

A *lei de Boyle* descreve uma proporcionalidade inversa entre o volume e a pressão, à temperatura constante. A *lei de Charles* descreve uma proporcionalidade direta entre volume e temperatura absoluta (Kelvin), à pressão constante. De acordo com a lei de Charles, se um gás ideal fosse resfriado até o zero absoluto, seu volume se tornaria zero. O *princípio de Avogadro* estabelece que volumes iguais de gases diferentes, à mesma temperatura e pressão, contêm números iguais de moléculas. Essa é a base da *lei de Gay-Lussac das combinações de volumes*: quando medidas à mesma temperatura e pressão, as razões dos volumes dos gases reagentes e produtos de uma reação são expressos em números inteiros e pequenos. Esses números inteiros são os mesmos dos coeficientes em uma equação de reação balanceada.

Quando o princípio de Avogadro é combinado com as leis de Boyle e Charles, o resultado é uma generalização extremamente útil, *a lei do gás ideal*. Usando esta relação, $PV = nRT$, qualquer das quatro variáveis P, V, T e n pode ser determinada para um gás se as outras forem conhecidas. R, a *constante do gás ideal*, tem vários valores e unidades, dependendo somente das unidades para P, V e T. A lei do gás ideal é um exemplo de uma equação de estado.

A *pressão parcial* de um gás em uma mistura é a pressão que ele exerceria se estivesse sozinho no recipiente. A *lei de Dalton das pressões parciais* estabelece que a soma das pressões parciais dos gases em uma mistura é igual à pressão total. A pressão de um gás em contato com a água é igual à soma da pressão parcial do gás mais a *pressão de vapor* da água.

Difusão de um gás através de outro e *efusão* de um gás através de um orifício de agulha são descritos pelas *leis de Graham*. A velocidade de difusão (ou efusão) é inversamente proporcional à raiz quadrada da massa molecular do gás e à raiz quadrada da densidade do gás.

O comportamento observado dos gases pode ser explicado tanto qualitativa como quantitativamente em termos da *teoria cinético-molecular*. Essa teoria fornece uma descrição de um gás em termos das moléculas minúsculas que se movem rapidamente, as quais colidem elasticamente entre si (sem perdas de energia) e com as paredes do recipiente. Exceto durante as colisões, as moléculas são independentes entre si e sua energia cinética média é proporcional à temperatura absoluta (Kelvin). Utilizando este modelo, podemos justificar o comportamento observado do gás como descrito pelas leis dos gases e pela existência do *movimento browniano*, o movimento em zigue-zague mostrado por pequenas partículas suspensas em um gás, um movimento causado pelo bombardeio irregular das partículas pelo movimento ao acaso das moléculas do gás.

Cálculos estequiométricos baseados nas reações que possuem gases como reagentes e/ou produtos são facilitados pela lei de Gay-Lussac dos volumes combinados. Nesses cálculos, razões estequiométricas podem ser expressas em termos de volumes dos gases, tão logo esses volumes sejam medidos à mesma temperatura e pressão.

Gases reais podem ser convenientemente descritos comparando-os com o gás ideal hipotético. Equações de estado para gases reais descrevem o comportamento de tais gases mais precisamente do que a lei do gás ideal, especialmente a baixas temperaturas e altas pressões. Tais equações de estado são, contudo, menos universais em suas aplicações, porque contêm constantes adicionais além de R, e essas constantes são específicas para cada gás. Uma das equações de estado mais usadas para gases reais é a *equação de van der Waals*.

PROBLEMAS

Nota: Ao responder a cada um dos seguintes itens, considere que cada gás se comporta como um gás ideal, a menos que outro comportamento seja especificado.

Pressão do Gás

4.1 Por que a altura de uma coluna de mercúrio em um barômetro é independente de seu diâmetro?

■ **4.2** A 25°C a densidade do mercúrio é 13,5 g cm^{-3} e a da água é 1,00 g cm^{-3}. Num dia, quando a pressão atmosférica é 715 mmHg e a temperatura é 25°C, qual é a altura que teria a coluna em um barômetro cheio de água? (Despreze a pressão de vapor da água.)

Lei de Boyle

■ **4.3** Se 30,0 L de O_2 nas CNTP são comprimidos para 16,8 L a 0°C, qual será a pressão final em (a) atm? (b) mmHg? (c) Pa? (d) kPa?

4.4 Se 255 cm^3 de H_2 nas CNTP são expandidos até a pressão diminuir para 442 mmHg a 0°C, qual será o volume final em (a) cm^3? (b) mL? (c) L? (d) dm^3?

Lei de Charles

■ **4.5** Se 123 cm^3 de dióxido de carbono nas CNTP são aquecidos a 165°C e 1,00 atm, qual será o volume final em (a) cm^3? (b) mL? (c) L? (d) dm^3?

4.6 O volume de uma amostra de nitrogênio é 332 mL a 100°C e 42,6 kPa. Qual o volume em mL que o gás ocuparia a 140°C e à mesma pressão?

4.7 Um frasco de 2,50 L é preenchido com metano, CH_4, a 845 mmHg e 35°C. Se o frasco for aquecido a 185°C, qual será a nova pressão em atm?

Difusão e Efusão

4.8 Qual é a diferença entre difusão e efusão? Como podem as medidas destas propriedades ser usadas para obtenção das massas moleculares dos gases?

4.9 Como as leis de Graham apóiam os postulados básicos da teoria cinético-molecular?

4.10 Admitindo as mesmas condições de pressão e temperatura, confronte quantitativamente as velocidades de difusão de cada um dos seguintes pares de gases: (a) O_2 e H_2, (b) CO_2 e H_2, (c) O_2 e CH_4, (d) UF_6 e H_2.

■ **4.11** Um certo gás, X, efunde através de um orifício de agulha, a velocidade de 2,43 mL min^{-1}. Se metano, CH_4, efunde através do mesmo orifício de agulha sob condições comparáveis à velocidade de 6,68 mL min^{-1}, qual a massa molecular de X?

Volume Molar

■ **4.12** Qual é o volume do gás CO_2 a: (a) CNTP?, (b)2,00 atm e 100°C?, (c) 100 kPa e 50°C?

4.13 Qual é o volume molar do gás Cl_2 a: (a) 2,00 atm e 125°C?, (b) 348 mmHg e 54°C?, (c) 1,00 mmHg e 0°C?, (d) 100 kPa e 50°C?, (e) 535 Pa e 145°C?

Leis das Combinações dos Gases

■ **4.14** Se 60,0 dm^3 de dióxido de carbono a 44°C e 125 kPa são comprimidos até que a pressão final seja 585 kPa a 74°C, qual é o volume final?

4.15 Uma amostra de gás nitrogênio ocupa um volume de 21,0 L a 128°C e 747 mmHg. Qual é o volume que o gás ocuparia nas CNTP?

■ **4.16** Se 7,28 L de metano a 1,50 atm e 66°C são comprimidos para 4,56 L a 66°C, qual é a pressão final em atmosferas?

4.17 Se 234 dm^3 de gás etano a 233 kPa e 35°C são expandidos para 401 dm^3 a 187 kPa, qual a temperatura final em graus Celsius?

■ **4.18** Determine quantos litros 4,00 g de gás CO_2 ocupariam a: (a) CNTP, (b) 185°C e 4,00 atm,(c) –10°C e 125 kPa.

■ **4.19** Determine a massa em gramas de : (a) 1,00 L de O_2 nas CNTP, (b) 636 mL de N_2 a 3,55 atm e 68°C, (c) 9,25 dm^3 de F_2 a 945 kPa e 25°C.

■ **4.20** Determine a pressão de: (a) $3,35 \times 10^{22}$ moléculas de O_2 em um recipiente de 7,80 L a 35°C, (b) uma mistura consistindo em $3,76 \times 10^{22}$ moléculas de CO_2 e $6,37 \times 10^{22}$ moléculas de O_2 em um recipiente de 4,20 L a 45°C.

4.21 Um frasco de 4,00 dm^3 contém gás metano (CH_4) a 343 kPa e –23°C. Qual é a massa do metano?

Lei de Dalton das Pressões Parciais

■ **4.22** Suponha que 40,0 mL de hidrogênio e 50,0 mL de nitrogênio nas CNTP são transferidos para o mesmo recipiente. Qual é a pressão da mistura em atm a 0°C se o volume do recipiente é: (a) 90,0 mL? (b) 155 mL? (c) 75mL?

■ **4.23** Suponha que 35,0 cm^3 de oxigênio a 85°C e 92,0 kPa são adicionados a um recipiente de 40,0 cm^3 que já contém dióxido de carbono a 40°C e 70 kPa. Se a temperatura da mistura final é elevada a 55°C, qual é a sua pressão final em kPa?

4.24 Suponha que 0,600 g de O_2 são coletados a 25°C. Calcule o volume ocupado pelo gás em milímetros se ele é coletado: (a) seco a 745 mmHg, (b) sobre água a uma pressão total de 745 mmHg, (c) sobre água a uma pressão total de 127 kPa.

Densidade do Gás e Massa Molecular

■ **4.25** Determinar a densidade do gás metano (CH_4) em g L^{-1} (a) nas CNTP, (b) a 1,20 atm e 45°C, (c) a 92,4 kPa e 28°C.

■ **4.26** A densidade do gás oxigênio é 1,47 g L^{-1} a 125°C e 1,50 atm. (a) Quantos gramas de O_2 e (b) quantas moléculas de O_2 estão presentes em 4,00 L sob estas condições?

4.27 A densidade do gás nitrogênio é 1,25 g L^{-1} nas CNTP. Qual é a sua densidade a 398°C e 3,00 atm?

■ **4.28** Qual é a massa molecular de um gás , se a sua densidade nas CNTP é 1,44 g L^{-1}?

4.29 Qual é a massa molecular de um gás, se a sua densidade é 2,43 g dm^3 a 74,5 kPa e 109°C?

■ **4.30** Qual é a massa molecular de um gás se 0,535 g ocupam um volume de 134 mL a 44°C e 715 mmHg?

Teoria Cinético-molecular

4.31 Dê uma explicação baseada na teoria cinético-molecular para cada um dos seguintes enunciados: (a) o aquecimento aumenta a pressão de um gás encerrado em um recipiente de volume constante; (b) partículas minúsculas de pó no ar exibem movimento browniano; (c) um gás expande-se muito rapidamente para encher o volume do recipiente; (d) um balão cheio de gás fica maior quando sua temperatura aumenta; (e) dobrar o número de gramas de nitrogênio em um recipiente resulta na duplicação da pressão de um gás, se a temperatura permanece constante.

■ **4.32** Dois recipientes de capacidades idênticas são inicialmente evacuados e mantidos à mesma temperatura constante. Uma certa quantidade de gás H_2 é colocada no primeiro recipiente e exatamente a mesma massa de um gás CH_4 é colocada no segundo. Compare as duas amostras *quantitativamente* no que diz respeito a: (a) número de moléculas no recipiente, (b) pressão, (c) energia cinético-molecular média, (d) velocidade molecular média.

4.33 Dois recipientes de capacidades idênticas são inicialmente evacuados. O recipiente 1 é mantido a 400 K constante e o recipiente 2 a 200 K constante. O recipiente 1 é depois enchido com gás oxigênio e o recipiente 2 com gás hidrogênio, cada um a 1,2 kPa. Compare as duas amostras de gás *quantitativamente* no que diz respeito a: (a) número de moléculas, (b) energia cinético-molecular média, (c) massa, (d) velocidade molecular média.

Fórmulas Moleculares

4.34 A fórmula empírica de um certo composto é CH_2. Se sua densidade nas CNTP é 1,88 g L^{-1}, qual é sua fórmula molecular?

4.35 A análise elementar de um certo composto é de 14,31% de C, 1,20% de H e 84,49% de Cl em massa. Sua densidade é 4,71 g L^{-1} a 742 mmHg e 151°C. Qual é a fórmula molecular do composto?

Estequiometria dos Gases

■ **4.36** Se 4,44 L do gás H_2, medidos a 74,5 kPa e 25°C, são queimados em excesso de oxigênio para formar água, quantos litros de oxigênio medidos à mesma temperatura e pressão são consumidos?

4.37 Se o gás oxigênio consumido na reação descrita no Problema 4.36 fosse medido a 1,18 kPa e 88°C, qual seria seu volume?

■ **4.38** Diborano, B_2H_6, pode ser queimado em gás oxigênio para formar óxido bórico, B_2O_3, e água. Quantos litros de O_2 são necessários para produzir 10,0 g de B_2O_3 por esta reação, se O_2 é medido a: (a) CNTP? (b) 2,12 atm e 28°C?

4.39 Uma quantidade de O_2 de massa a 0,426 g é colocada em um recipiente e é irradiada com luz ultravioleta, à temperatura de 85°C, convertendo 0,110 g de O_2 para ozônio, O_3, o único produto. Calcule o volume da mistura a 725 mmHg.

■ **4.40** Quando clorato de potássio, $KClO_3$, sofre decomposição térmica, os produtos são cloreto de potássio e oxigênio (gás). Se 15,0 g de $KClO_3$ são decompostos, quantos litros de O_2 são formados: (a) nas CNTP? (b) a 25°C e 0,984 atm? (c) a 50°C e 131 kPa?

Gases Reais

4.41 Quais os dois fatores que contribuem para que o gás seja não-ideal? Como cada fator afeta a pressão de um gás real, num recipiente, num certo volume e temperatura?

4.42 Explique em termos da teoria cinético-molecular por que a maioria dos gases resfria quando sofrem uma expansão adiabática.

4.43 O volume de um mol de gás N_2 a 25°C aumenta de 15 para 75 L. Qual método resfriará mais: a expansão livre ou a expansão contra um pistão? Explique.

4.44 Qual o significado físico para cada uma das constantes *a* e *b* de van der Waals?

4.45 Que tipos de gases teriam valores maiores que a constante *a* de van der Waals?

4.46 Para cada um dos seguintes pares, qual das duas substâncias tem a maior constante *b* de van der Waals: (a) CH_4 ou C_2H_6?, (b) NH_3 ou CH_4? Em cada caso, justifique sua resposta.

■ **4.47** Use: (a) a lei do gás ideal e (b) a equação de van der Waals para calcular a pressão exercida por 10,0 g de N_2 num recipiente de $2{,}000 \times 10^{-2}$ L de volume a 25°C.

4.48 Considere um gás composto de moléculas que não ocupam volume, mas entre as quais existem forças atrativas. Como o comportamento desse gás difere de um gás ideal? Escreva a equação de estado para esse gás.

4.49 Considere um gás composto de moléculas que ocupam um volume diferente de zero, mas entre as quais não existem forças. Como o comportamento desse gás difere de um gás ideal? Escreva a equação de estado para este gás.

PROBLEMAS ADICIONAIS

■ **4.50** Determine quantos litros ocupam cada um dos seguintes compostos: (a) 25,0 g de propano, C_3H_8, nas CNTP, (b) 35,0 g de butano (C_4H_{10}) a 34°C e 3,40 atm, (c) 20,2 g de Cl_2 a 46°C e 228 kPa, (d) $4{,}28 \times 10^{21}$ moléculas de dióxido de carbono a 1°C e 785 mmHg.

4.51 A pressão mais baixa alcançada no laboratório foi calculada em torno de 1×10^{-15} mmHg, uma pressão mais baixa do que a do espaço sideral. Calcular quantas moléculas de gás estariam presentes em um recipiente de 1,0 L a 25°C e a esta pressão.

■ **4.52** Suponha que lhe é dada uma amostra de dois gases diferentes, A e B, que possuem o mesmo volume. A massa molecular de A é duas vezes a de B. A velocidade média das moléculas de A é duas vezes a das moléculas de B. Se ambas as amostras contêm o mesmo número de moléculas e se a pressão de B é 3,0 atm, qual é a pressão de A?

4.53 Oxigênio pesando 1,25 g é colocado em um recipiente que contém um líquido desconhecido. O oxigênio não se dissolve apreciavelmente no líquido e o volume da fase gasosa é 0,800 L. Se a pressão da mistura do gás é 998 mmHg e sua temperatura é 38°C, qual é a pressão de vapor do líquido desconhecido a esta temperatura?

■ **4.54** Qual o volume ocupado por 2,00 g de CH_4 coletados sobre água a 45°C e 0,894 atm?

4.55 Quando nitrato de potássio sólido, KNO_3, sofre decomposição térmica, os produtos são nitrito de potássio sólido, KNO_2, e gás O_2. Se 8,00 g de KNO_3 são decompostos, quantos decímetros cúbicos de gás oxigênio são formados, se o O_2 é coletado sobre água a 30°C e 45 kPa?

4.56 Gás amônia, NH_3, reage com óxido cúprico sólido, CuO, para formar cobre metálico, água e gás nitrogênio. Suponha que 3,40 g de CuO são consumidos nesta reação. (a) Quantos litros de N_2 a 38°C e 1,20 atm são também formados? (b) Quantas moléculas de N_2 são formadas? (c) Se H_2O e N_2 são retidos em um recipiente de 1,20 litros, qual é a pressão total em mmHg a 250°C?

■ **4.57** Quando nitroglicerina, $C_3H_5N_3O_9$, explode, os produtos são todos gasosos: CO_2, N_2, NO e H_2O. Se 10,0 g de nitroglicerina explodem, qual é o volume da mistura dos produtos a 1,00 atm e $2{,}00 \times 10^3$ °C?

4.58 O poder propulsor para certos foguetes é fornecido pela reação de hidrazina líquida, N_2H_4, com tetróxido de nitrogênio líquido, N_2O_4. Os produtos da reação são: N_2 e H_2O gasosos. Se $1{,}00 \times 10^2$ kg de hidrazina reage, qual o volume total dos produtos a $1{,}50 \times 10^3$°C e 1,00 atm?

4.59 Qual o valor da constante do gás ideal em: (a) cm^3 Pa K^{-1} mol^{-1}? (b) mL atm K^{-1} mol^{-1}? (c) L mmHg K^{-1} mol^{-1}?

■ **4.60** Quando clorato de potássio sólido, $KClO_3$, sofre decomposição térmica, os produtos são cloreto de potássio sólido KCl e gás oxigênio. Uma mistura de $KClO_3$ e KCl com uma massa de 7,44 g é aquecida até todo o clorato de potássio se decompor. Se 789 mL de gás são coletados sobre água a 742 mmHg e 30°C, qual será a porcentagem de $KClO_3$ na mistura original?

4.61 Usando (a) a lei do gás ideal e (b) a equação de van der Waals, calcular a temperatura em graus Celsius para que 12,0 g de CH_4 num recipiente de 1,000 L sejam aquecidos para que sua pressão seja 80,0 atm.

4.62 A temperatura de um certo gás está acima do seu ponto de condensação. Quando 2,0 L do gás são comprimidos para um volume de 1,0 L, à temperatura constante, sua pressão aumenta apenas 1,6 vezes o valor inicial. Sugira uma razão para esse desvio aparentemente grande da lei de Boyle.

4.63 Use a equação de van der Waals para calcular o volume ocupado por 1,00 mol de dióxido de carbono a $4{,}00 \times 10^2$ K e $6{,}00 \times 10^2$ atm.

Capítulo 5

O ÁTOMO

TÓPICOS GERAIS

5.1 PRIMEIROS MODELOS ATÔMICOS
O átomo de Dalton
Os primeiros experimentos de eletrólise
Experimentos em tubos de Crookes
O átomo de Thomson

5.2 O ÁTOMO NUCLEAR
O átomo de Rutherford
O átomo moderno
Isótopos

5.3 MASSAS ATÔMICAS
Abundância isotópica
A determinação de massas atômicas

5.4 ELÉTRONS EM ÁTOMOS
O dilema do átomo estável
Energia radiante
Espectroscopia atômica
O átomo de Bohr

Embora os filósofos gregos tenham suposto corretamente a existência de átomos, eles não podiam imaginar algo tão sutil como a estrutura de um átomo. (Um átomo não poderia ser composto de partes menores se nada menor existisse.) Entretanto, átomos não são esferas homogêneas sem estrutura. Neste capítulo começaremos o estudo da sua estrutura.

Por que é importante conhecer a estrutura de um átomo? Um dos temas em química é a inter-relação entre a estrutura e as propriedades da matéria. O comportamento físico e químico da matéria depende da maneira pela qual os átomos interagem e esta, por sua vez, depende da sua estrutura.

No final deste capítulo introduziremos a teoria de Bohr do átomo. Em suas leituras rotineiras, você provavelmente tem encontrado figuras de supostos átomos mostrando elétrons circundando um núcleo central, assim como os planetas estão em volta do sol. Tal conceito artístico em jornais e revistas populares é a teoria da estrutura atômica de Bohr, a primeira tentativa importante de estabelecer uma ponte entre o mundo macroscópico e o mundo microscópico dos átomos.

Embora a teoria de Bohr represente o átomo como se fosse facilmente visível, muito da teoria não pode ser provado por experimentos e por esta razão grande parte da teoria de Bohr é considerada hoje imprecisa. Todavia, a teoria de Bohr forneceu uma valiosa contribuição ao nosso conhecimento sobre o átomo e o conceito da quantização da energia dos elétrons.

5.1 PRIMEIROS MODELOS ATÔMICOS

Na história da química, os séculos XVII e XVIII caracterizaram-se pela aquisição de um grande número de informações obtidas experimentalmente. Deu-se uma certa preferência aos processos químicos, e como conseqüência o conhecimento químico cresceu em quantidade e, em alguma extensão, em qualidade. (Muitos experimentos eram rudimentares e logo percebeu-se a necessidade de observações mais cuidadosas e medidas mais exatas.) No final deste período, um grande número de fatos químicos floresceram, porém as perguntas aumentavam e poucas explicações eram apresentadas. Por exemplo, embora se tivesse conhecimento de que o ácido sulfúrico dissolvia zinco e ferro, e não prata e ouro, a razão para essa diferença permanecia indefinida. No início do século XIX acreditava-se que havia diferenças fundamentais entre os elementos, compostos e misturas. As leis da conservação da massa e da composição definida haviam sido propostas e, embora fossem sustentadas por alguns dos químicos mais progressistas da época, não podiam satisfatoriamente explicar *por que* massas eram conservadas durante uma transformação química e *por que* certos tipos de matéria pareciam ter a mesma composição.

O ÁTOMO DE DALTON

Em 1803, John Dalton, acreditando nas leis da conservação de massa e da composição definida, propôs uma teoria que explicava estas e outras generalizações químicas. De fato, Dalton ressuscitou o conceito grego da existência dos átomos e foi capaz de sustentar este conceito com evidências experimentais que ele e outros obtiveram. A **teoria atômica de Dalton** foi baseada no seguinte modelo:

1. Toda matéria é composta de partículas fundamentais, os átomos.

2. Os átomos são permanentes e indivisíveis, eles não podem ser criados nem destruídos.

3. Os elementos são caracterizados por seus átomos. Todos os átomos de um dado elemento são idênticos em todos os aspectos. Átomos de diferentes elementos têm diferentes propriedades.

4. As transformações químicas consistem em uma combinação, separação ou rearranjo de átomos.

5. Compostos químicos são formados de átomos de dois ou mais elementos em uma razão fixa.

Usando estas idéias simples, Dalton fez com que as observações químicas da época parecessem muito razoáveis. Sua teoria, por exemplo, explicou com sucesso por que a *massa é conservada* nas reações químicas. (Se cada átomo tem sua própria característica e se os átomos são rearranjados, permanecendo inalterados durante uma reação química, então a massa total dos átomos dos reagentes deve ser a mesma que a dos átomos dos produtos.) *A lei da composição definida* é também explicada com sucesso: se cada composto é caracterizado por proporções fixas entre os números de átomos dos seus elementos componentes e se cada átomo de um dado elemento tem a mesma massa, então a composição de cada composto deve ser sempre a mesma.

Muitas das idéias básicas que fazem parte da teoria de Dalton ainda são aceitas hoje em dia, embora saibamos que átomos são formados de pequenas partículas e que, devido à existência de isótopos (Seção 2.3), todos os átomos de um dado elemento não têm a mesma massa. Contudo, Dalton deixou dúvidas em vários pontos, por exemplo, na distinção entre um átomo e uma molécula. (Isto o levou a propor fórmulas incorretas para certos compostos.) Ainda assim, sua contribuição para o entendimento químico foi de grande valor; não somente foi capaz de fornecer respostas satisfatórias para alguns problemas químicos complexos, mas também forneceu estímulo ao mundo científico para começar a pensar seriamente sobre a existência dos átomos.

OS PRIMEIROS EXPERIMENTOS DE ELETRÓLISE

Atualmente, evidencia-se uma íntima relação entre a matéria e a eletricidade. A primeira alusão surgiu em 1800, quando dois químicos ingleses, William Nicholson e Anthony Carlisle, demonstraram a decomposição da água nos gases hidrogênio e oxigênio por eletrólise. (*Eletrólise* é o uso de eletricidade para produzir uma transformação química, geralmente uma decomposição.) Mais tarde dois outros químicos ingleses, Humphry Davy e seu assistente Michael Faraday, estudaram a eletrólise extensivamente. Em 1832, Faraday foi capaz de mostrar que a quantidade de um produto formado em uma eletrólise depende (1) da quantidade de eletricidade usada e (2) da identidade do produto. Suas observações são resumidas em afirmações que conhecemos como *leis de Faraday*. (Ver Seção 18.2.)

EXPERIMENTOS EM TUBOS DE CROOKES

O primeiro experimento dá indícios de que átomos poderiam ser constituídos de partes menores; ainda partículas mais simples surgiram em 1850. William Crookes, um físico britânico, foi o primeiro de vários cientistas a construir *tubos de descarga de gás*, geralmente chamados de *tubos Crookes* (Figura 5.1*a*) Os eletrodos de um tubo Crookes são primeiro ligados a uma fonte de alta voltagem digamos, 20.000 volts, e o tubo é então conectado a uma bomba de vácuo e evacuado gradualmente por meio de um pequeno tubo lateral mostrado no diagrama.

Como a pressão no tubo diminui, uma série de fenômenos podem ser observados. A pressões próximas à atmosférica, nada parece acontecer dentro do tubo. Com a saída do gás, o gás residual no interior do tubo começa a emitir uma leve incandescência, a cor que depende da identidade do gás no tubo. (Ver Figura 5.1*b*.) Posteriormente, a pressão no tubo diminui, o interior incandescente desaparece gradualmente e o vidro na extremidade do tubo com o eletrodo de carga positiva, o *ânodo*, começa a emitir uma incandescência esverdeada, mostrada em um tom mais escuro na Figura 5.1*c*.

Se um tubo Crookes especial contendo uma amostra de sulfeto de zinco[1] é operado como descrito anteriormente (Figura 5.1*d*), o lado da amostra voltado para o eletrodo carregado negativamente, o *cátodo*, emite um incandescência fosforescente brilhante e uma sombra da amostra pode ser vista no ânodo no final do tubo. Quando a

1 Sulfeto de zinco é uma substância fosforescente que emite luz quando bombardeada por uma partícula de alta energia. A tela da televisão é revestida do lado interno com uma mistura de substâncias fosforescentes que produz luz quando bombardeada por elétrons lançados do interior do tubo de imagem.

superfície incandescente de sulfeto de zinco é examinada com um microscópio de baixa resolução, a incandescência pode ser vista como sendo composta de incontáveis e minúsculos *flashes* de luz brilhante. Todos estes resultados podem ser obtidos usando qualquer metal como eletrodo e qualquer gás no tubo, exceto para aqueles gases que emitem cor a pressões intermediárias (a cor emitida pelo gás depende de sua identidade).

Os experimentos dos tubos Crookes podem ser interpretados da seguinte forma: a baixas pressões, é evidente que alguma coisa deixa o cátodo e viaja para o ânodo. Originalmente, pensou-se que se tratasse de um raio, semelhante a um raio de luz, que foi denominado *raio catódico*, um nome que é usado até hoje. Entretanto, um raio catódico é composto realmente de um fluxo de minúsculas partículas, e cada vez que uma partícula individual bate na superfície do sulfeto de zinco, um flashe de luz é emitido. Além do mais, é necessário que as partículas emitidas do cátodo viajem em linhas retas; se elas pudessem seguir vários caminhos em torno do sulfeto de zinco, a sombra no ânodo na extremidade do tubo seria indefinida. A incandescência emitida pelo gás no interior do tubo a pressões intermediárias resulta das colisões das partículas em movimento com moléculas do gás. (A baixas pressões, a concentração de moléculas de gás é muito baixa para produzir luz visível, e sob estas condições muitas partículas atingem o vidro no ânodo na extremidade do tubo, causando incandescência.)

Em 1887, o físico inglês J. J. Thomson mostrou que as partículas em raio catódico são *carregadas negativamente*. Provou a afirmação mostrando que o raio pode ser desviado se passar entre placas de metais carregados opostamente em um tubo de Crookes (Figura 5.2*a*). A direção do desvio (para a placa carregada positivamente) mostra que as partículas do raio catódico carregam um carga elétrica negativa. Hoje, geralmente provamos a existência desta carga negativa mostrando o desvio das partículas em um campo magnético, como mostrado na Figura 5.2*b*.

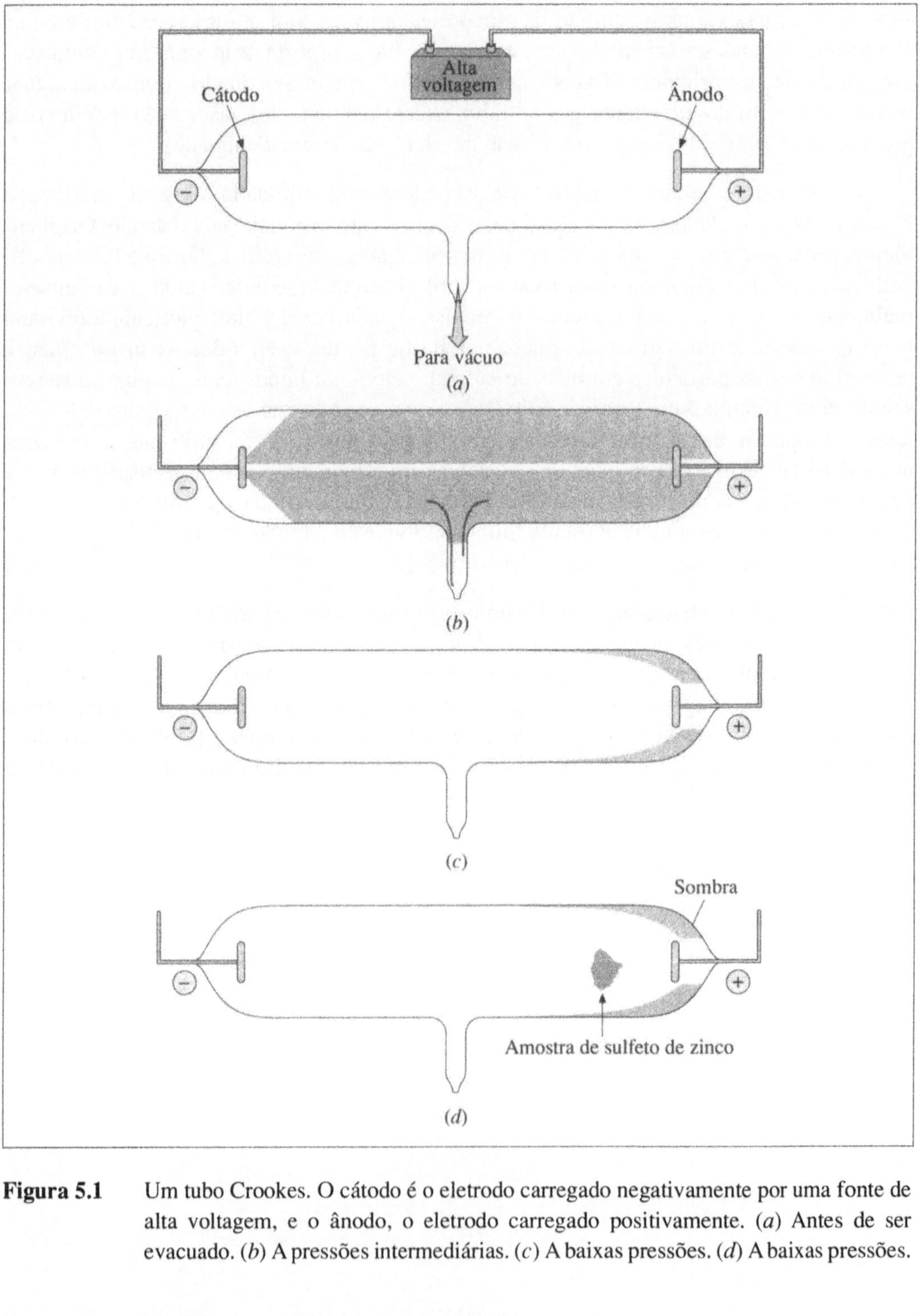

Figura 5.1 Um tubo Crookes. O cátodo é o eletrodo carregado negativamente por uma fonte de alta voltagem, e o ânodo, o eletrodo carregado positivamente. (*a*) Antes de ser evacuado. (*b*) A pressões intermediárias. (*c*) A baixas pressões. (*d*) A baixas pressões.

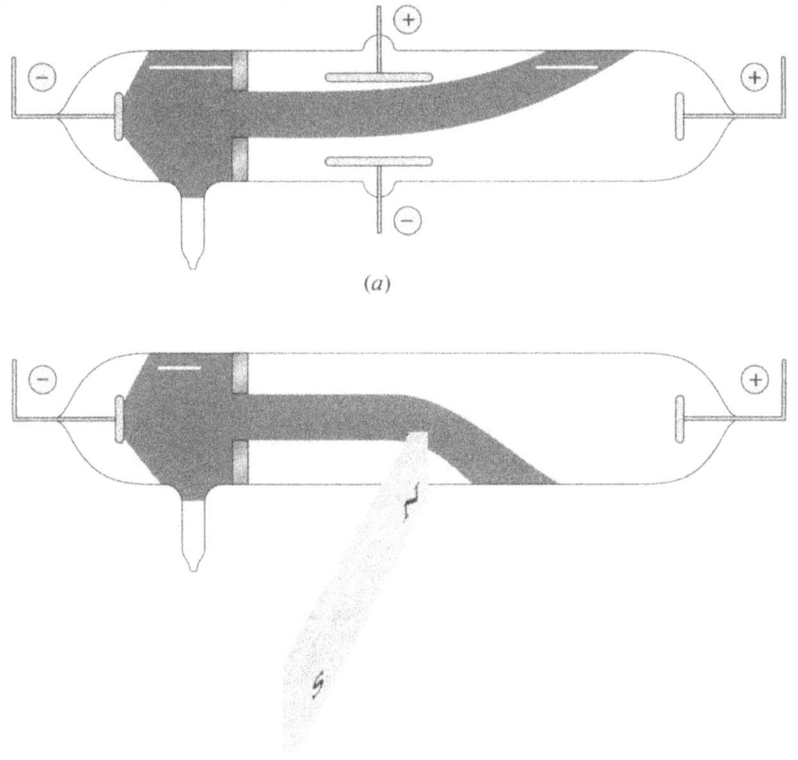

Figura 5.2 Deflexão dos raios catódicos por campos aplicados. (*a*) Campo elétrico. (*b*) Campo magnético.

Devido às partículas que emergem do cátodo em um tubo Crookes sempre terem as mesmas propriedades e serem independentes do material do cátodo, pode-se concluir que *elas estão presentes em toda a matéria*. Atualmente estas partículas são chamadas **elétrons**.

Em 1908, o físico americano Robert Millikan realizou um experimento clássico que determinou a magnitude da carga negativa no elétron. Ele vaporizou gotas de óleo entre duas placas metálicas carregadas opostamente e, por meio de um microscópio, observou que tais gotículas caíam pelo ar sob influência da gravidade. Ele então irradiou o espaço entre as placas com raios x. Estes, chocando-se com moléculas do ar, refletiam elétrons de tais moléculas e alguns destes elétrons eram capturados pelas gotículas de óleo. Carregando a placa superior positivamente e a inferior negativamente, ele poderia parar a queda de uma gota de óleo por meio de um ajuste da quantidade de carga elétrica nas placas. Assim, ele determinaria esta carga e calcularia o tamanho da carga em uma única gotícula. Ele repetiu o experimento várias vezes e determinou a carga de muitas gotículas de óleo individualmente.

Millikan acreditava que os raios x chocavam-se com os elétrons das moléculas do ar que circundavam as gotículas de óleo e que as gotículas poderiam captar estes elétrons. Mais tarde, uma gotícula poderia captar apenas um número *inteiro* de elétrons, e quando ele descobriu que cada gotícula era carregada por um múltiplo inteiro de $-1{,}6 \times 10^{-19}$ C (coulombs), concluiu que cada elétron precisava carregar a carga: $-1{,}6 \times 10^{-19}$ C.

J. J. Thomson já tinha mostrado que a razão carga-massa é a mesma para todos os elétrons e havia determinado sua magnitude. De posse desta informação, Millikan pôde calcular a massa do elétron, $9{,}1 \times 10^{-28}$ g. Millikan foi assim capaz de mostrar que *todos os elétrons são idênticos, isto é, todos têm a mesma massa e carga.*

Comentários Adicionais

Os elétrons estão presentes em toda a matéria. Eles são um dos seus constituintes subatômicos e são realmente todos idênticos.

Todos os átomos contêm elétrons. O que mais eles contêm? Em 1886, o físico alemão E. Goldstein usou um tubo Crookes modificado para produzir um novo tipo de raio. (Ver Figura 5.3.) O cátodo no tubo de Goldstein tinha uma fenda montada próximo ao meio do tubo. Goldstein observou um fluxo incandescente que parecia começar na fenda e mover-se em direção ao ânodo. Chamou este fluxo de um *raio canal* e, pela observação da direção da deflexão do raio canal em um campo elétrico ou magnético, ele foi capaz de provar que o raio consistia em partículas carregadas *positivamente*. Contudo, diferentemente dos elétrons de um raio catódico, as partículas de um raio canal não são todas semelhantes, mesmo se um único gás puro estiver presente no tubo. Ao contrário, eles têm diferentes cargas, embora cada carga seja um múltiplo inteiro de $+1{,}6 \times 10^{-19}$ C. Além do mais, as massas destas partículas não dependem somente da identidade do gás no tubo de descarga, mas são *muito* maiores do que aquelas de um elétron.

Todas as observações experimentais feitas com tubos de Crookes podem ser resumidas como segue: os elétrons estão presentes em qualquer substância usada como cátodo. Sob influência de alta voltagem localizada nos eletrodos do tubo, os elétrons deixam o cátodo, e alguns deles colidem com as moléculas do gás no tubo, chocando-se um ou mais elétrons adicionais, que deixam as moléculas com uma carga elétrica positiva. Desde que as moléculas são normalmente descarregadas (neutras), essas moléculas e seus átomos consistem em partículas carregadas positivamente e elétrons carregados negativamente. A soma das cargas positivas em uma molécula normal precisa ser igual à soma das cargas negativas dos elétrons, assim, a molécula não carrega carga *líquida*.

Quando uma molécula (ou um único átomo) perde um ou mais de seus elétrons, adquire uma carga *líquida* positiva igual ao número de elétrons perdidos, porque agora a soma de suas cargas positivas é maior do que a de suas cargas negativas. A partícula resultante é chamada de **íon positivo**, e sua carga é indicada por um sinal de mais na sua fórmula: H_2^+, Na^+, O_2^+, Ca^{2+} etc. O índice "2+" no último exemplo mostra que o átomo de cálcio perdeu *dois* elétrons para tornar-se o íon de cálcio. (As moléculas e os átomos também podem *ganhar* elétrons para tornarem-se **íons negativos**, tais como: Cl^-, O^{2-}, S^{2-} etc.)

Comentários Adicionais

Expressa em coulombs, a carga de um íon é o produto da carga apresentada na sua fórmula vezes a magnitude da carga do elétron, também em coulombs. Por exemplo, a carga do íon de cálcio, Ca^{2+}, é $(+2)(1{,}6 \times 10^{-19}$ coulombs), ou $3{,}2 \times 10^{-19}$ coulombs. Entretanto, há algum tempo, cargas já são expressas em termos de carga eletrônica por simplicidade. Por exemplo, geralmente podemos dizer que a carga do íon de cálcio é 2+ ou +2.

O ÁTOMO DE THOMSON

A partir de 1890, ficou evidente para a maioria dos cientistas que os átomos consistem em uma parte carregada positivamente e alguns elétrons, mas isto não era totalmente claro. De que os átomos são constituídos? Em 1898, J. J. Thomson sugeriu que um átomo poderia ser uma esfera carregada positivamente na qual alguns elétrons estão incrustados, e apontou que isto levaria a uma fácil remoção de elétrons dos átomos. Este modelo de átomo, algumas vezes chamado de modelo de "pudim de ameixas", é ilustrado na Figura 5.4. (Mais tarde, Thomson postulou que os elétrons estavam arranjados em anéis e circundavam completamente em órbitas a esfera positiva.)

5.2 O ÁTOMO NUCLEAR

O modelo atômico de Thomson (descrito anteriormente) foi bem aceito por muitos anos. Pouco depois do início do século XX, experimentos realizados na Inglaterra pelos físicos E. Rutherford, E. Marsden e H. Geiger levaram à substituição do modelo de Thomson.

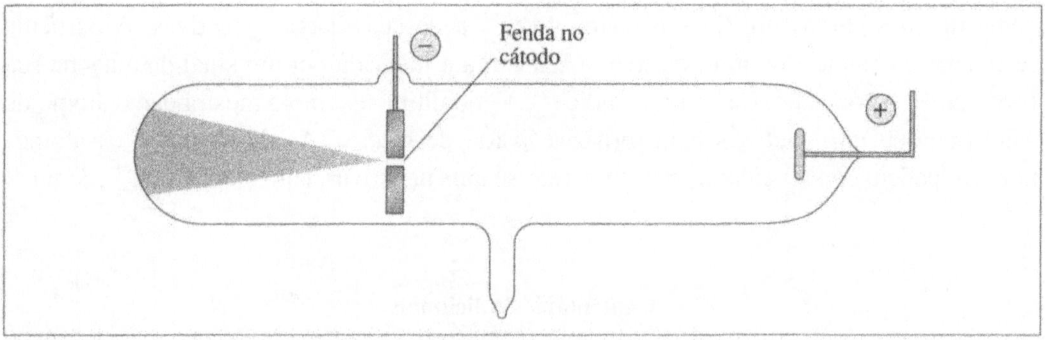

Figura 5.3 Tubo de raio canal de Goldstein.

O ÁTOMO DE RUTHERFORD

Em 1890 descobriu-se que certos elementos são *radioativos*. Isto significa que eles emitem radiação de alta energia, da qual há três tipos: partículas alfa (α), partículas beta (β) e raios gama (γ). Uma partícula alfa carrega uma carga positiva e tem uma massa que é muito maior do que um elétron. Rutherford, Geiger e Marsden lançaram uma fluxo de partículas alfa emitidas por uma pequena quantidade do elemento radioativo polônio em várias folhas finas de diversos materiais como mica, papel e ouro. Observaram que, embora muitas partículas atravessasem as folhas em linha reta, algumas foram *espalhadas*, ou desviadas da linha reta. Os três cientistas ficaram intrigados pelo espalhamento da partícula alfa (o que causou o desvio e por que somente algumas das partículas foram desviadas?) e projetaram um aparelho para medir o ângulo do desvio sofrido pelas partículas alfa, quando estas passavam através de uma folha extremamente fina de ouro. Neste aparelho, indicado esquematicamente na Figura 5.5, as partículas alfa foram detectadas por um clarão formado sobre um anteparo revestido com uma camada de sulfeto de zinco fosforescente. O anteparo era móvel e o espalhamento dos partículas através de diferentes ângulos poderia ser detectado e os ângulos, medidos.

Os resultados dos experimentos foram surpreendentes. Embora muitas das partículas atravessassem a folha com pouco ou nenhum desvio, algumas, ao contrário, foram desviadas, como os experimentos previamente mostravam. O surpreendente foi que a amplitude do ângulo medido variava de valores muito pequenos até valores acima de 90°. O espalhamento de ângulos maiores que 90° não foi previsto pelos cientistas; isto significa que algumas partículas alfa realmente emergiam da superfície do ouro, ou seja, as partículas eram rebatidas após o choque, sem atravessar a folha. Por que somente poucas partículas se desviavam, e por que alguns dos ângulos medidos eram tão grandes?

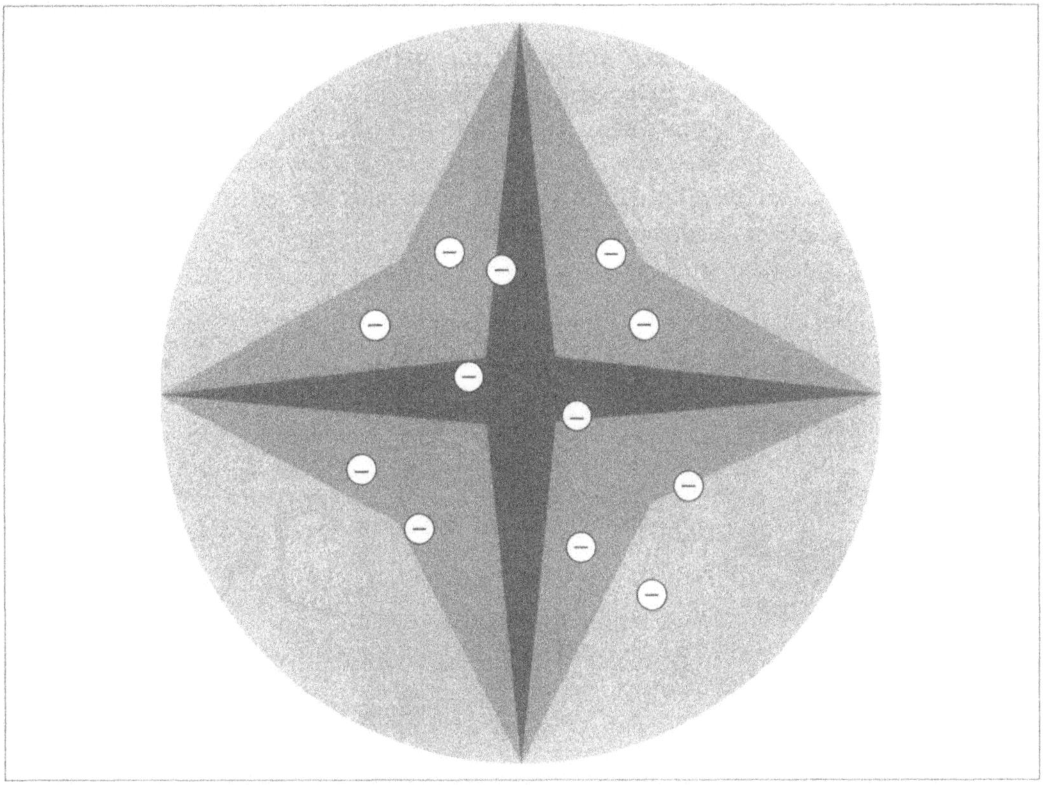

Figura 5.4 O modelo atômico de Thomson ("pudim de ameixas").

Em 1911, Rutherford foi capaz de mostrar o que os resultados experimentais realmente significavam. Pensando em termos do modelo de Thomson, a princípio ele não foi surpreendido pelo fato de que muitas das partículas alfa atravessavam em linha reta a folha com pouca ou nenhuma deflexão. Ele raciocinou que isto ocorreria se a massa e carga elétricas positiva e negativa estivessem espalhadas mais ou menos ao acaso através de cada átomo na folha. (Ver Figura 5.6*a*.) Tal distribuição difusa de massa poderia significar que nada seria muito sólido para um partícula alfa atravessar, e a carga positiva carregada pela partícula não seria influenciada por nenhuma concentração alta de carga positiva ou negativa localizada na folha. Como, então, os maiores desvios experimentados por algumas partículas alfa poderiam ser explicados?

Neste ponto Rutherford retomou um idéia proposta em 1904 pelo físico japonês H. Nagaoka: um átomo poderia ser composto por um pequeníssimo núcleo carregado positivamente (no centro do átomo) rodeado por uma região comparativamente maior, contendo os elétrons. Rutherford compreendeu que se (1) elétrons carregados negativamente estavam distribuídos na maior parte do átomo e se (2) a carga positiva compreendendo a maior parte da massa estava concentrada em um minúsculo núcleo no centro do átomo, então não somente muitas partículas alfa passariam em linha reta sem apresentar deflexão, mas aquelas partículas alfa que passassem próximas do núcleo seriam fortemente repelidas por sua carga positiva (Figura 5.6*b*). Rutherford concluiu que tais repulsões intensas poderiam justificar os maiores ângulos de espalhamento apresentados por poucas das partículas alfa, e assim imediatamente realizou uma série de cálculos detalhados que constatavam que o fato era realmente provável.

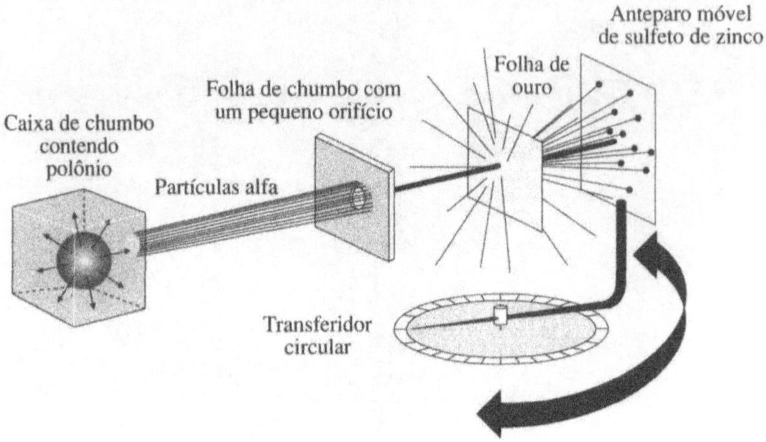

Figura 5.5 O experimento de Rutherford, Geiger e Marsden. O anteparo de sulfeto de zinco pode ser movido para detectar o espalhamento das partículas e o ângulo.

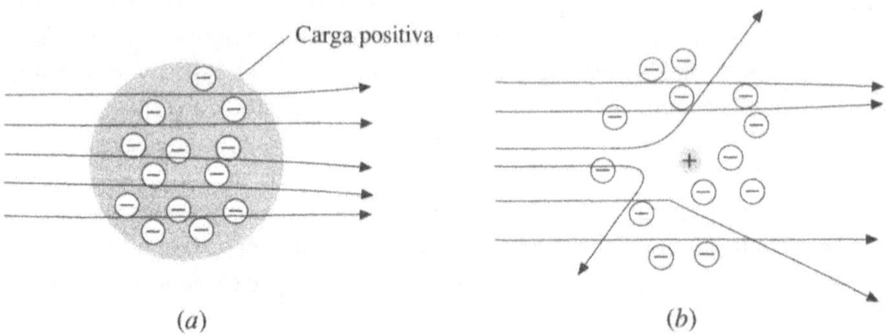

Figura 5.6 Desvios esperados das partículas alfa. (*a*) Átomo de Thomson: desvios pequenos.(*b*) Átomo de Rutherford: deflexões variando de pequenas a muito grandes.

Em resumo: o modelo de Rutherford representa o átomo consistindo em um pequeno núcleo rodeado por um grande volume no qual os elétrons estão distribuídos. O núcleo carrega toda a carga positiva e a maior parte da massa do átomo. Devido ao modelo atômico de Thomson não ser normalmente usado para interpretar os resultados dos experimentos de Rutherford, Geiger e Marsden, o modelo de Rutherford logo o substituiu. De fato, isto é a base para o conceito do átomo.

O ÁTOMO MODERNO

O modelo atual do átomo está fundamentado no de Rutherford. Acreditamos que o átomo seja composto de duas regiões: (1) um **núcleo** minúsculo compreendendo toda a carga positiva e praticamente toda a massa do átomo, e (2) uma **região extranuclear** (alguma coisa em volta do núcleo), que é principalmente um espaço vazio, onde estão distribuídos os elétrons. Este modelo é apresentado esquematicamente na Figura 5.7.

Comentários Adicionais

É importante perceber como o núcleo é extremamente pequeno em comparação com o restante do átomo. Se um átomo pudesse ser aumentado suficientemente para fazer com que seu núcleo tivesse o tamanho de uma bola de tênis, o átomo inteiro teria um diâmetro aproximado de 6,4 km.

Do que o núcleo é composto? Em 1914, Rutherford demonstrou a existência de uma partícula que tem uma massa muito maior do que o elétron e tem a carga igual em grandeza à de um elétron, mas de sinal oposto, isto é, positivo ao invés de negativo. Rutherford sugeriu que a carga positiva de um núcleo atômico deve-se à presença de um número destas partículas, que em 1920 ele denominou **prótons**.

Rutherford concluiu que, embora os prótons contivessem toda a carga do núcleo, eles sozinhos não podem compor sua massa. O problema da massa extra foi resolvido quando, em 1932, o físico inglês J. Chadwick descobriu uma partícula que tinha aproximadamente a mesma massa de um próton, mas não era carregada eletricamente. Por ser a partícula eletricamente neutra, Chadwick a denominou de **nêutron**. Hoje, acreditamos que, com uma exceção, o núcleo de muitos átomos contém ambas as partículas: prótons e nêutrons, chamados **núcleons**. (A exceção é o núcleo de muitos isótopos comuns de hidrogênio que contém um próton e nenhum nêutron.) Como mencionamos, é geralmente conveniente designar cargas em partículas em termos de carga em um elétron. De acordo com esta convenção, um próton tem uma carga de +1, um elétron, de −1, e um nêutron, de 0.

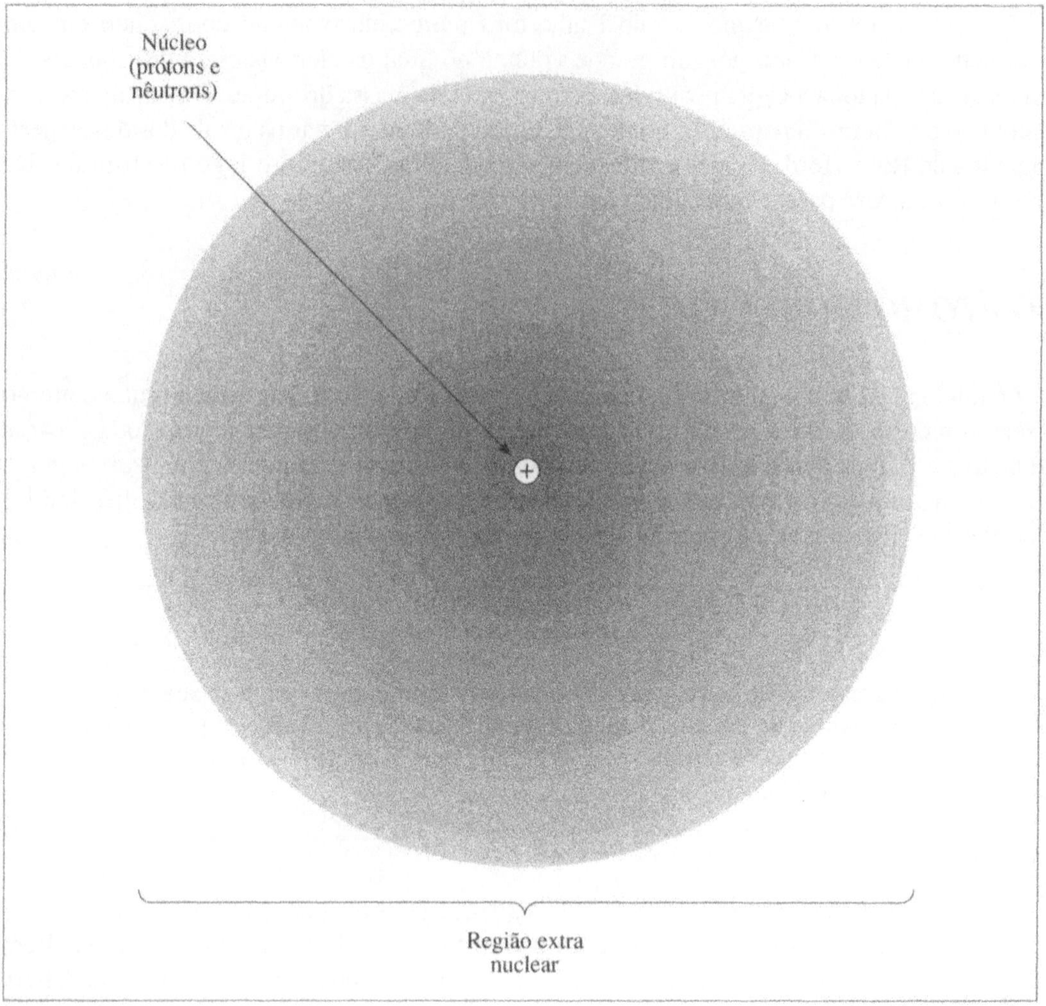

Figura 5.7 O átomo moderno.

Em resumo, podemos então descrever um átomo como apresentando um núcleo central, que é pequeníssimo, mas que contém a maior parte da massa do átomo e é circundado por uma enorme região extranuclear contendo elétrons (carga –1). O núcleo contém prótons (carga +1) e nêutrons (carga 0). O átomo como um todo não tem carga devido ao número de prótons ser igual ao número de elétrons. A soma das massas dos elétrons em um átomo é praticamente desprezível em comparação com a massa dos prótons e nêutrons.

Um átomo individual (ou seu núcleo) é geralmente identificado especificando dois números inteiros: o **número atômico Z** e o **número de massa A**.

O *número atômico Z* é o número de prótons no núcleo.

O *número de massa A* é o número total de núcleons (prótons mais nêutrons) no núcleo.

Pode-se ver destas definições que o número de nêutrons no núcleo é igual a $A - Z$.

Um átomo específico é identificado pelo símbolo do elemento com número atômico Z como um índice inferior e o número de massa como um índice superior. Assim,

$$^{A}_{Z}\mathrm{X}$$

indica um átomo do elemento X com o número atômico Z e número de massa A. Por exemplo,

$$^{16}_{8}\mathrm{O}$$

refere-se a um átomo de oxigênio com um número atômico 8 e um número de massa 16.

Todos os átomos de um dado elemento têm o mesmo número atômico, porque todos têm o mesmo número de prótons no núcleo. Por esta razão, o índice inferior representando o número atômico é algumas vezes omitido na identificação de um átomo individual. Por exemplo, em vez de escrever $^{16}_{8}\mathrm{O}$, é suficiente escrever $^{16}\mathrm{O}$, para representar um átomo de oxigênio-16.

ISÓTOPOS

Átomos de um dado elemento podem ter diferentes números de massa e, portanto, massas diferentes porque eles podem ter diferentes números de nêutrons em seu núcleo. Como mencionado, tais átomos são chamados **isótopos**.[2] Como exemplo, considere os três isótopos de oxigênio de ocorrência natural: $^{16}_{8}\mathrm{O}$, $^{17}_{8}\mathrm{O}$ e $^{18}_{8}\mathrm{O}$; cada um destes tem 8 prótons no seu núcleo. (Isto é o que faz com que seja um átomo de oxigênio.)

2 A palavra *isótopos* vem da palavra grega que significa "mesmo lugar". Na tabela periódica, ou em algumas listagens de elementos em ordem de número atômico, todos os isótopos de um elemento ocupam o mesmo lugar.

Tabela 5.1 Números de núcleons e elétrons em vários átomos.

	População do núcleo		*População da região extranuclear*
Átomos	***Prótons***	***Nêutrons***	***Elétrons***
${}^{1}_{1}H$	1	0	1
${}^{2}_{1}H$	1	1	1
${}^{3}_{1}H$	1	2	1
${}^{16}_{8}O$	8	8	8
${}^{17}_{8}O$	8	9	8
${}^{18}_{8}O$	8	10	8
${}^{234}_{92}U$	92	142	92
${}^{235}_{92}U$	92	143	92
${}^{238}_{92}U$	92	146	92

Cada isótopo também apresenta $(A - Z)$ nêutrons, ou 8, 9 e 10 nêutrons, respectivamente. Devido aos isótopos de um elemento apresentarem diferentes números de nêutrons, eles têm diferentes massas. Os números de núcleons e elétrons em vários átomos diferentes são dados na Tabela 5.1.

5.3 MASSAS ATÔMICAS

Vimos (Seção 2.3) que as massas atômicas são normalmente expressas em unidades de massa atômica (u). Uma unidade de massa atômica (1 u) é definida como sendo exatamente um doze avos da massa de um átomo de $^{12}_{6}C$, o mais comum isótopo de carbono. Isto equivale a especificar o valor 12 u como sendo a massa de um átomo de $^{12}_{6}C$, e as massas de todos os outros átomos são expressas relativamente à massa deste átomo.

ABUNDÂNCIA ISOTÓPICA

A maioria dos elementos é encontrada como uma mistura de isótopos. O boro, por exemplo, ocorre na natureza como uma mistura de 19,9% de átomos de $^{10}_{5}B$ e 80,1% de átomos de $^{11}_{5}B$. As percentagens citadas são *percentagens em números*, isto é, de cada 100 átomos de boro, 19,9 são $^{10}_{5}B$ e 80,1 são $^{11}_{5}B$. (Se átomos fracionários o desagradam, considere que de cada 1000 átomos de boro, 199 são $^{10}_{5}B$ e 801 são $^{11}_{5}B$.) As abundâncias relativas dos isótopos de um elemento variam ligeiramente, dependendo da origem da amostra, mas tais variações são normalmente muito pequenas.

As massas e abundâncias isotópicas são atualmente determinadas por meio de uma técnica denominada *espectrometria de massas*. O *espectrômetro de massa* é um descendente do dispositivo empregado por J. J. Thomson para determinar a relação carga/massa do elétron. Numa versão moderna desse instrumento (ver Figura 5.8), os átomos são primeiramente transformados em íons positivos, *ionizados* por meio de um bombardeio por elétrons de alta energia. Estes elétrons removem alguns dos elétrons na região extranuclear dos átomos, e os íons positivos resultantes são acelerados por um campo elétrico. Um campo magnético então desvia o caminho de um feixe luminoso de íons com um ângulo que depende da relação carga/massa dos íons no feixe luminoso. Se a amostra original consiste em uma mistura de isótopos, então o feixe de íons é separado em uma série de feixes, cada um contendo íons com uma relação carga-massa específica. Os feixes podem então ser individualmente detectados ou por meio de um filme fotográfico (num *espectrógrafo de massa*) ou por um detector de íons eletrônico (num *espectrômetro de massa*). A Figura 5.8*a* mostra a separação de isótopos de neônio; a Figura 5.8*b* é o *espectro de massa* resultante mostrando os picos produzidos pelos três isótopos de ocorrência natural deste elemento.

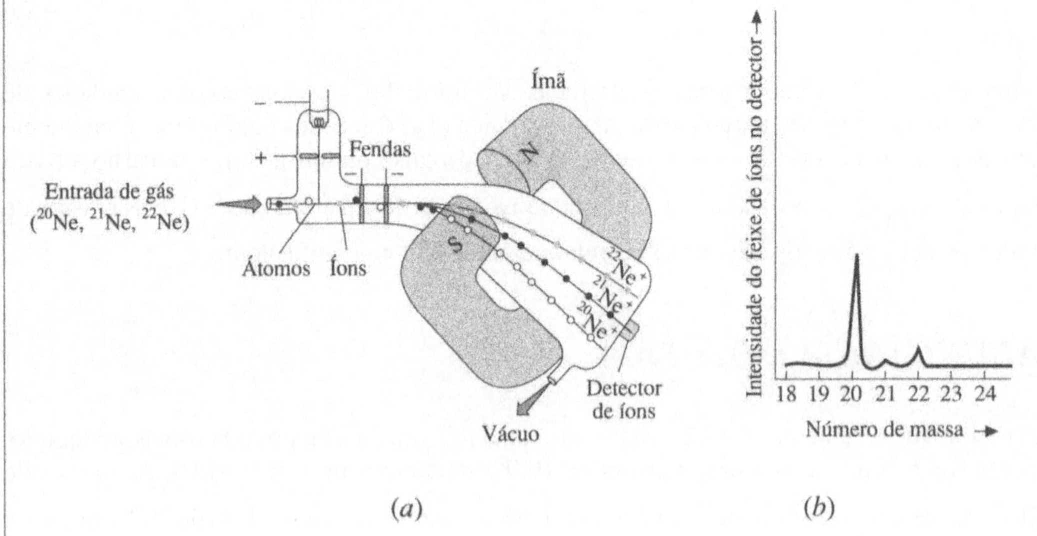

Figura 5.8 O espectro de massa. (*a*) Diagrama esquemático: é demonstrada a separação de três isótopos do neônio. Átomos de neônio tornam-se ionizados pelo impacto com elétrons. Estes íons são então acelerados e passam através de fendas em duas placas metálicas que são carregadas negativamente, a segunda mais fortemente que a primeira. Eles então entram no campo magnético. O percurso dos íons $^{20}Ne^+$ é o mais desviado pelo campo magnético e o dos íons $^{22}Ne^+$ é o menos desviado. A voltagem nas fendas é aumentada gradativamente para provocar a passagem dos feixes de íons Ne^+ um por um, através do detector de íons que está conectado a um registrador. (*b*) Espectro de massa do neônio: os três isótopos de neônio deixam seus picos num gráfico desenhado no papel do registrador. Pelas alturas destes três picos podem ser calculadas as abundâncias relativas: 90,92% de ^{20}Ne; 0,257% de ^{21}Ne; 8,82% de ^{22}Ne.

A DETERMINAÇÃO DE MASSAS ATÔMICAS

A massa atômica de um elemento é calculada pele média das massas dos isótopos deste elemento. A média precisa ser *ponderada* para levar em conta a abundância relativa dos isótopos. O método de cálculo é ilustrado no seguinte problema.

Exemplo 5.1 O cobre ocorre na natureza como uma mistura isotópica de 69,09% de ^{63}Cu (massa = 62,93 u por átomo) e 30,91% de ^{65}Cu (massa = 64,95 u por átomo). Qual é a massa atômica do cobre?

Solução: Resolvemos este problema achando a massa média de algum número, por exemplo 100, de átomos de cobre. Como 100 átomos de Cu consistem em 69,09 átomos de ^{63}Cu e 30,91 átomos de ^{65}Cu, a massa total destes 100 átomos de cobre é

$$(69{,}09 \text{ átomos})(62{,}93 \text{ u átomo}^{-1)} + (30{,}91 \text{ átomos})(64{,}93 \text{ u átomos}^{-1}) = 6355 \text{ u}$$

A massa média de um átomo de cobre é, portanto,

$$\frac{6355\,\text{u}}{100 \text{ átomos}} = 63{,}55\,\text{u átomo}^{-1}$$

A massa atômica do cobre é 63,55.

Problema Paralelo: O enxofre é encontrado na terra com uma mistura isotópica de 95,02% de ^{32}S (massa = 31,972 u por átomo), 0,75% ^{33}S (massa = 32,972 u por átomo), 4,21% ^{34}S (massa, = 33,968 u por átomo) e 0,02% de ^{36}S (massa = 35,967 u por átomo). Qual é a massa atômica do enxofre? **Resposta:** 32,07.

Comentários Adicionais

Devemos ser cuidadosos para não confundir *número de massa* com *massa atômica*. Um número de massa é sempre um número inteiro por representar o número de partículas no núcleo. Em contraste, a massa atômica de um elemento é a massa média das massas de todos os seus isótopos de ocorrência natural. Esta é expressa um u e indica a massa do "átomo médio" de um elemento, relativa à do átomo de ^{12}C, que tem uma massa de 12 u. As massas atômicas não são números inteiros.

5.4 ELÉTRONS EM ÁTOMOS

Assim que o modelo atômico de Rutherford foi aceito, o mundo científico começou a perguntar: "O que *fazem* os elétrons? O próprio Rutherford primeiramente sugeriu que o átomo tinha uma estrutura *planetária*, com o núcleo correspondendo ao sol em nosso sistema solar e os elétrons aos planetas que se movem por um espaço vazio em órbitas fixas.

Tal modelo da estrutura atômica certamente é atraente: objetos em movimento tendem a descrever uma trajetória em linha reta (primeira lei do movimento de Newton), mas um objeto descrevendo uma órbita requer que uma força atue neste para mantê-lo em contínua trajetória curva. A atração da força da gravidade proveniente do sol mantém a terra em sua órbita e é fácil imaginar que a atração elétrica do núcleo carregado positivamente mantém um elétron carregado negativamente em órbita. Contudo, o próprio Rutherford reconheceu que havia uma imperfeição neste simples modelo planetário.

O DILEMA DO ÁTOMO ESTÁVEL

Imagine que você está olhando para um átomo de hidrogênio tão ampliado que possa ver seu núcleo e, bastante distante deste, seu único elétron. Existem apenas duas possibilidades do estado de movimento do elétron: ou ele está (1) estacionário ou está (2) em movimento.

Possibilidade 1 (o elétron está parado): se o elétron não estivesse em movimento, apenas "sentado" na região extranuclear, então, de acordo com a física clássica, a atração entre o núcleo carregado positivamente e o elétron carregado negativamente provocaria a movimentação do elétron em direção ao núcleo, o que aconteceria (cálculos mostram) em uma pequena fração de segundo. Em outras palavras, o elétron deixaria a região extranuclear e "cairia" no núcleo. Se este é o comportamento de todos os elétrons em átomos, então todos os átomos tenderiam a um colapso quase imediatamente. De fato, o universo inteiro entraria num colapso. Uma vez que isto obviamente não aconteceu, rejeitamos este modelo absurdo do átomo.

Possibilidade 2 (o elétron está em movimento): agora, considere a alternativa do modelo do elétron em movimento. Desde que o elétron é parte do átomo, este precisa descrever algum tipo de trajetória em torno do núcleo – sua órbita. O modelo planetário simples considerado brevemente por Rutherford é um exemplo desse tipo de modelo. Em tal modelo, a direção do movimento do elétron precisa constantemente mudar para permanecer na sua órbita sem escapar do núcleo. Entretanto, Rutherford estava bem ciente de que, de acordo com a física clássica, quando uma partícula carregada experimenta uma mudança na direção de seu movimento (uma forma de aceleração), esta emite energia radiante. De um átomo com um elétron orbitando espera-se que ele emita energia continuamente, mas nem sempre isto é observado. Ou, pior ainda, se o elétron perdesse energia por radiação, cairia lentamente e alteraria o raio de sua órbita, e sua distância ao núcleo diminuiria. Em outras palavras, com esta perda de energia, o elétron espiralaria para o núcleo, e como com o modelo do elétron estacionário, os cálculos mostram que isto aconteceria em uma pequena fração de segundo. Assim, obtém-se a mesma conclusão absurda: o colapso do átomo, e por isso todos os elétrons em todos os átomos do universo apresentariam o mesmo comportamento. Rutherford conclui, assim como nós também devemos concluir, que o modelo planetário do elétron em movimento também é incorreto.

Estas conclusões apresentaram realmente um dilema para os cientistas do início do século XX. Qualquer uma das alternativas de um elétron em movimento ou parado em um átomo conduz a conclusões inconsistentes com a realidade. Neste ponto, você pode começar a pensar que deve haver algo errado com a física clássica usada por Rutherford e outros para dispor as duas alternativas para o movimento do elétron e isto, de certo modo, é correto. Hoje sabemos que há algo de errado com a física clássica, tanto que ela não é adequada para descrever o que ocorre em escala atômica. As leis da física clássica são excelentes para descrever o movimento de objetos grandes, de galáxias a mosquitos, mas são completamente insatisfatórias quando aplicadas a partículas tão pequenas quanto elétrons.

A primeira tentativa importante para desenvolver um novo modelo atômico não-clássico foi feito por Niels Bohr, um físico dinamarquês. Embora seu modelo não fosse um sucesso completo e tenha sido efetivamente descartado por 20 anos, ele introduziu alguns conceitos revolucionários que conduziram finalmente ao desenvolvimento do modelo moderno da estrutura atômica. Bohr percebeu que a elucidação da estrutura atômica seria encontrada na natureza da luz emitida pelas substâncias a temperaturas altas ou sob influência de uma descarga elétrica. Mais especificamente, Bohr acreditava que esta luz era produzida quando elétrons nos átomos sofriam alterações de energia. Entretanto, antes de vermos o que Bohr propôs, examinaremos algumas das características da luz e outras formas de energia radiante.

ENERGIA RADIANTE

A *energia radiante*, também chamada *energia eletromagnética*, percorre $3{,}00 \times 10^8$ metros por segundo no vácuo. Tal energia apresenta movimento ondulatório e sua passagem direta no espaço é semelhante em alguns aspectos à passagem de uma onda sobre a superfície da água (Figura 5.9). Uma onda de água é caracterizada pela sucessão de cristas alternadas (pontos altos) e calhas (pontos baixos). A *freqüência* de uma onda é geralmente representada pela letra grega υ (nu) e corresponde ao número de cristas (ou de calhas) que passam num dado ponto por segundo. O *comprimento da onda* é representad por λ (lambda) e corresponde à distância entre cristas sucessivas. O produto da freqüência e comprimento de onda é igual à *velocidade* v da onda, ou

$$\upsilon\lambda = v$$

Comentários Adicionais

Se o significado da equação anterior não está claro, imagine a analogia: um trem de carga de carros passa por um cruzamento. Você poderia calcular a velocidade do trem pelo produto da freqüência dos carros que passa (o número que passam por segundo) vezes o comprimento de cada carro. A freqüência vezes o comprimento é igual à velocidade.

A energia radiante inclui luz visível, radiação infravermelha e ultravioleta, ondas de rádio, microondas, raios x e outras formas que deslocam-se via *ondas eletromagnéticas*[3]. A Figura 5.10 representa esquematicamente três exemplos de ondas eletromagnéticas. A forma de cada onda é semelhante à de uma onda senoidal, e a freqüência, o comprimento e a velocidade estão todos relacionados, como no caso de uma onda de água. Como a velocidade de todas as ondas eletromagnéticas (freqüentemente referida à *velocidade da luz*) é uma constante, pelo menos no vácuo, ela é designada por c. Portanto, podemos escrever

$$\upsilon\lambda = c$$

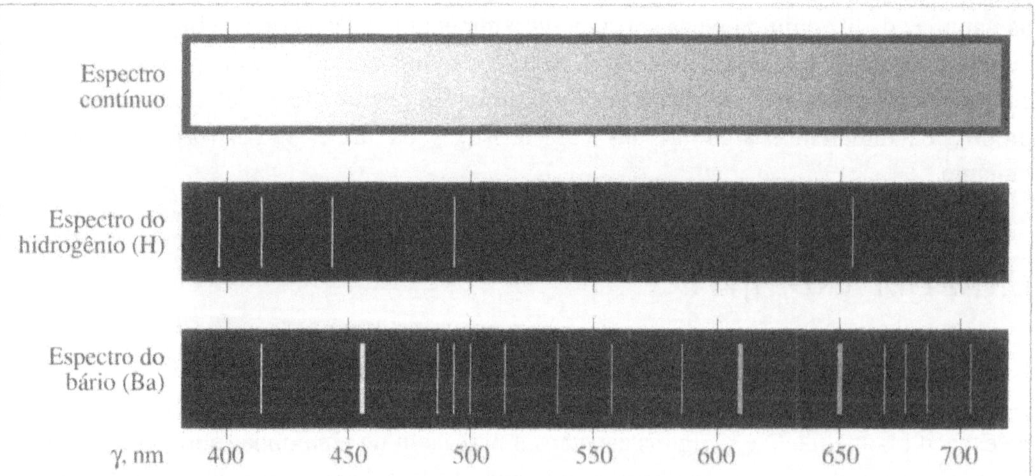

Espectro contínuo e de linhas. As séries de linhas espectrais formadas por cada elemento são uma característica daquele elemento e podem ser usadas como uma "impressão digital" para identificação em laboratório. Este espectro mostra somente a região visível do espectro eletromagnético.

3 Uma onda eletromagnética é a combinação da oscilação dos campos elétrico e magnético percorrendo o espaço.

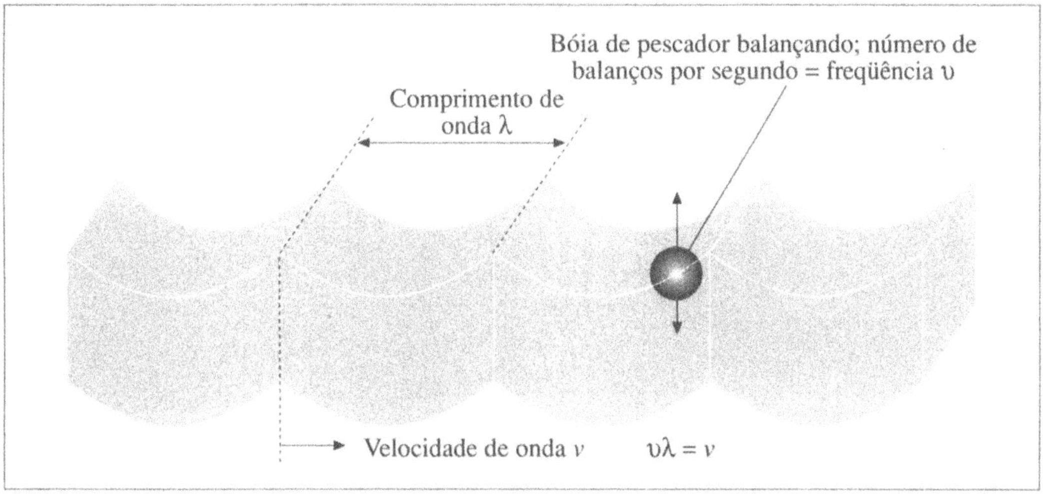

Figura 5.9 Uma onda de água. Uma bóia de pescador flutua e não é levada ao longe com a onda, ao contrário, esta bóia sobe e desce quando a onda passa. A distância entre dois pontos quaisquer comparáveis em uma onda é chamada *comprimento de onda* λ. Como a cada comprimento de onda que passa corresponde um balanço da bóia, o produto do número de balanços por segundo (a freqüência υ) pelo comprimento de onda é igual à distância percorrida pela onda em um segundo, a *velocidade* de onda, ou $\upsilon\lambda = v$.

O intervalo de freqüências eletromagnéticas e correspondentes comprimentos de onda está representado na Figura 5.11. O espectro visível é a banda estreita de comprimento de onda que os nossos olhos são capazes de detectar. Dentro do espectro visível, vemos ondas de comprimento curto como o violeta, e ondas de comprimento longo como o vermelho. Na Figura 5.11, as freqüências estão indicadas em unidades de *hertz* (Hz), o que corresponde a *ciclos por segundo*, ou s^{-1} (ler "inverso de segundo" ou "por segundo"). Os comprimentos de onda são indicados em metros, exceto para o espectro visível, onde eles são indicados em nanômetros (1 nm = 10^{-9} m).

ESPECTROSCOPIA ATÔMICA

A luz branca é composta de uma mistura de ondas eletromagnéticas de todas as freqüências no espectro visível, abrangendo do violeta profundo (aproximadamente 400 nm) para vermelho profundo (aproximadamente 700 nm). Esta mistura de ondas pode ser separada usando-se um prisma ótico, que não só desvia o raio de luz (o que é chamado *refração*), mas também desvia a luz de diferentes comprimentos, de quantidades diferentes (*dispersão*). A

Figura 5.12 mostra um raio de luz branca sendo refratado e disperso por um prisma em uma continuidade de cores. Tal espectro é chamado *espectro contínuo*. (O processo de obtenção de um espectro é conhecido como *espectroscopia*.)

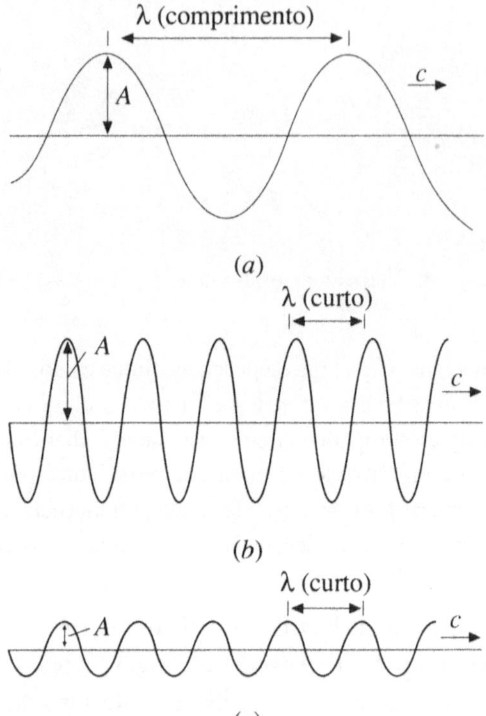

Figura 5.10 Ondas eletromagnéticas. (*a*) Comprimento de onda λ longo e baixa freqüência υ. (*b*) Comprimento de onda λ curto e alta freqüência υ. (*c*) Mesmo comprimento de onda e freqüência como em *b*, mas baixa amplitude *A*. Em cada caso a velocidade *c* da onda é a mesma, e $\upsilon\lambda = c$.

Quando eletricidade passa através do gás hidrogênio (em um arco elétrico ou uma faísca), ou quando o gás é aquecido a uma alta temperatura, o hidrogênio emite luz. Entretanto, quando sua luz atravessa um prisma, o resultado não é um espectro contínuo. Ao contrário, uma *linha espectral* é produzida (Figura 5.13), ou seja, um conjunto de linhas distintas, cada uma produzida pela luz de um comprimento de onda discreta.

As séries de linhas mostradas na Figura 5.13 são encontradas na região visível do espectro e são chamadas de séries de Balmer (por causa do físico suíço J. J. Balmer, que as estudou em 1885). Esta é uma das várias séries de linhas espectrais que podem ser obtidas do hidrogênio; outras séries são encontradas nas regiões ultravioleta e infravermelha do espectro eletromagnético. Por muitos anos, pesquisadores estudaram a linha espectral obtida do hidrogênio e outros elementos pesquisados para um indício da origem do espectro.

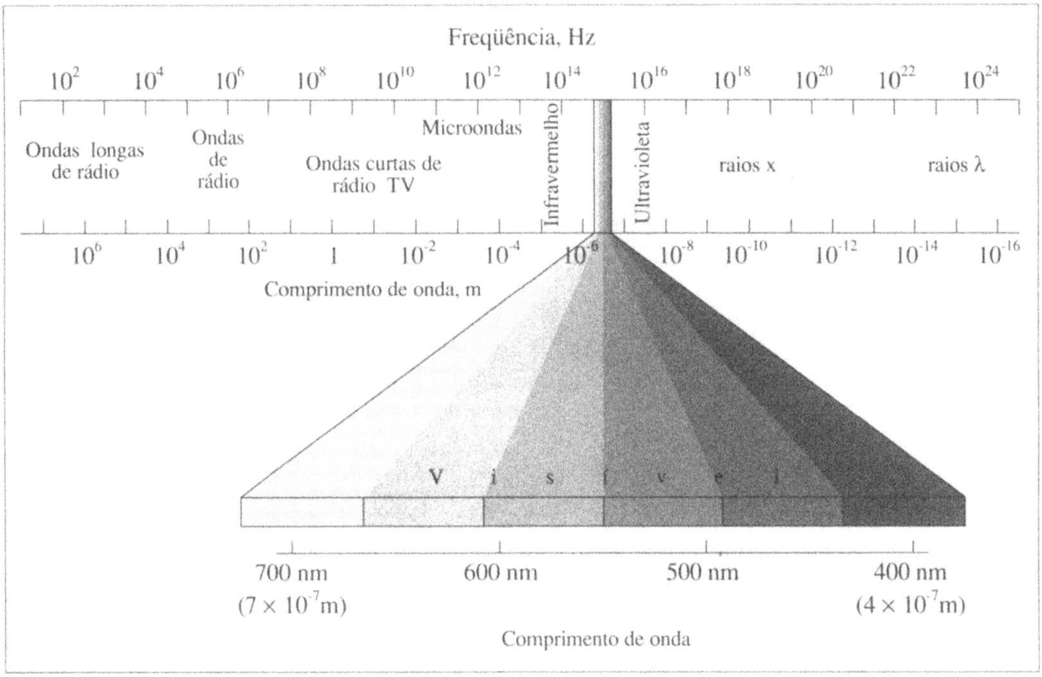

Figura 5.11 O espectro eletromagnético.

No fim do século XIX, descobriu-se que os comprimentos de ondas da luz responsáveis pelas linhas nas séries de Balmer do hidrogênio estão relacionados pela equação

$$\frac{1}{\lambda} = R\left(\frac{1}{2^2} - \frac{1}{n^2}\right)$$

onde λ é o comprimento de onda e n é um número inteiro, maior ou igual a 3. R é uma constante chamada *constante de Rydberg*, que tem o valor $1{,}0974 \times 10^{-2}$ nm^{-1}. Pela substituição de diferentes valores de n (3, 4, 5, 6 etc.) na equação, pode-se obter comprimentos de onda de todas as linhas espectrais nas séries Balmer.

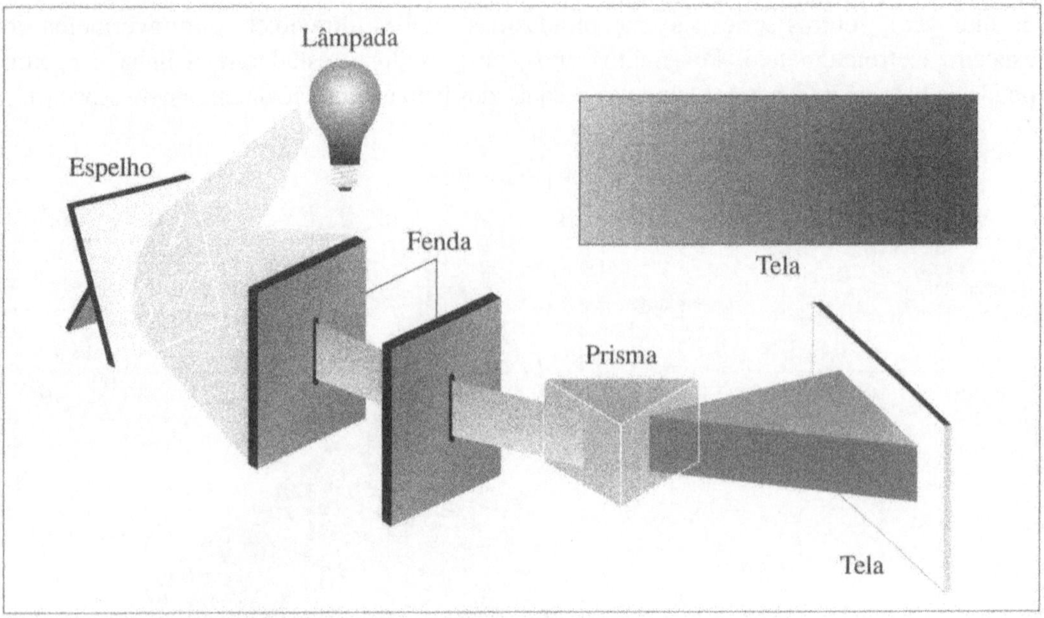

Figura 5.12 O espectro da luz branca de um filamento incandescente de uma lâmpada. As cores da tela formam uma banda contínua que vai do violeta para o vermelho.

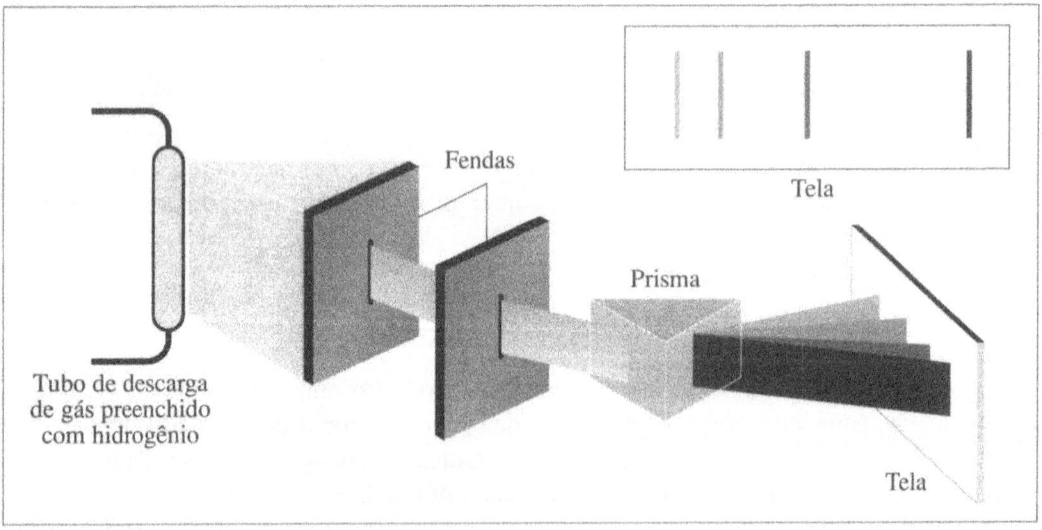

Figura 5.13 O espectro de linhas do hidrogênio, série Balmer. (Compare com o espectro contínuo da Figura 5.12.)

Como já foi mencionado, outras séries de linhas espectrais podem ser obtidas do hidrogênio; isto inclui as *séries de Lyman* no ultravioleta e as *séries de Paschen* no infravermelho. Os comprimentos de onda das linhas em cada uma dessas séries também podem ser obtidos da equação que gera os comprimentos de onda de todas as linhas naquelas séries. As equações diferentes (para as diferentes séries) podem ser combinadas em uma única relação simples, algumas vezes chamada *equação de Rydberg*:

$$\frac{1}{\lambda} = R\left(\frac{1}{n_1^2} - \frac{1}{n_2^2}\right) \tag{5.1}$$

onde $n_2 > n_1$. Pela substituição integral para n_1 e n_2 pode-se usar esta equação para obter os comprimentos de todas as linhas em cada série no espectro do hidrogênio. Por exemplo, os comprimentos de onda das linhas nas três séries citadas são obtidos por substituição, como a seguir:

Séries Lyman $n_1 = 1$ $n_2 = 2, 3, 4, 5, \ldots, \infty$

Séries Balmer $n_1 = 2$ $n_2 = 3, 4, 5, 6, \ldots, \infty$

Séries Paschen $n_1 = 3$ $n_2 = 4, 5, 6, 7, \ldots, \infty$

Por muitos anos, o mundo científico não foi capaz de oferecer uma explicação para o sucesso desta relação; o trabalho de Bohr (a seguir) produziu finalmente algum discernimento em seu significado.

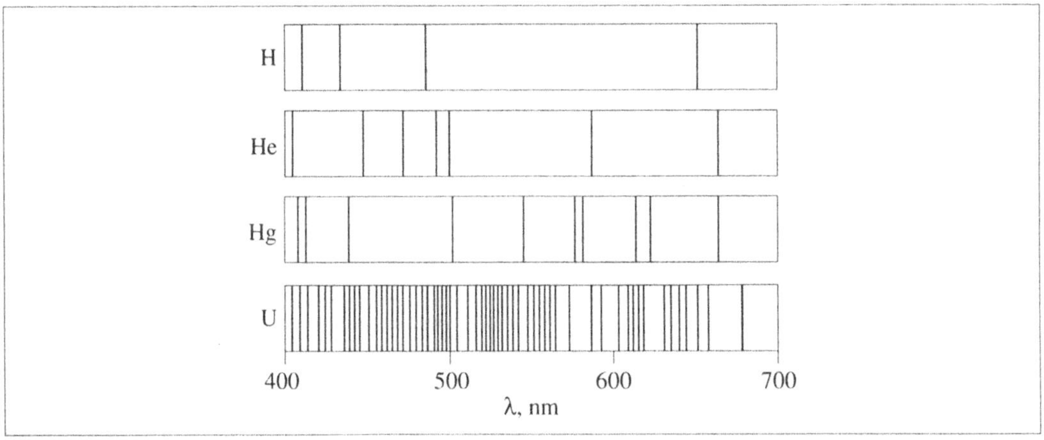

Figura 5.14 Os espectros de linhas de alguns elementos.

Finalmente, deve-se observar que cada elemento produz seu próprio espectro de linhas. (Veja Figura 5.14.)

Comentários Adicionais

Por que tanta preocupação em torno de espectros? Principalmente porque a existência dos espectros de linhas fornece a mais importante prova experimental para o modelo atômico de Bohr e, ultimamente, para o modelo atual. Os experimentos de Rutherford, Geiger e Marsden mostraram, de maneira geral, a localização dos elétrons no átomo, mas esta informação criou um novo problema: como pode um átomo nuclear ser uma partícula estável? Os físicos clássicos pareciam incapazes de encontrar a resposta. Para encontrar a solução do problema, Bohr inspirou-se na existência do espectro de linhas do hidrogênio e de outros elementos e pela forma matemática de Rydberg.

O ÁTOMO DE BOHR

Em 1913, Bohr refletiu sobre o dilema do átomo estável. Ele imaginou que deveriam existir princípios físicos ainda desconhecidos que descrevessem os elétrons nos átomos. Embora se tenha demonstrado que a teoria de Bohr apresenta sérias imperfeições, Bohr foi suficientemente corajoso para questionar a física clássica e seu trabalho encorajou outros a descobrirem porque a física clássica é falha para partículas pequenas.

Bohr começou admitindo que um gás emite luz quando uma corrente elétrica passa através deste, devido aos elétrons em seus átomos primeiro absorverem energia da eletricidade e posteriormente liberarem aquela energia na forma de luz. Ele imaginou, contudo, que a radiação emitida é limitada para um certo comprimento de onda. Havia somente uma explicação racional para os discretos comprimentos de onda; ele deduziu que, em um átomo, um elétron não está livre para ter qualquer quantidade de energia. Preferencialmente, *um elétron em um átomo pode ter somente certas quantidades específicas de energia*; isto é, a energia de um elétron em um átomo é **quantizada**.

Logo no início do século XX, os físicos alemães Max Planck e Albert Einstein mostraram independentemente que todas as radiações eletromagnéticas comportavam-se como se fossem compostas de minúsculos pacotes de energia chamados **fótons**. Eles mostraram que cada fóton tinha uma *energia* que é proporcional à *freqüência* da radiação:

$$E_{\text{fóton}} = h\upsilon \qquad (5.2)$$

na qual a constante de proporcionalidade h é agora chamada de **constante de Planck** e tem o valor de $6{,}63 \times 10^{-34}$ J s. Já vimos que a freqüência, o comprimento de onda e a velocidade da luz estão relacionadas pela equação:

$$\nu\lambda = c$$

ou

$$\nu = \frac{c}{\lambda}$$

e assim, substituindo na equação (5.2), obtemos

$$E_{\text{fóton}} = \frac{hc}{\lambda} \tag{5.3}$$

Desta equação, podemos ver que um fóton de energia eletromagnética tem sua energia e comprimento de onda relacionado em uma proporcionalidade inversa. (Lembre-se: h e c são ambas constantes.)

> **Comentários Adicionais**
>
> Qual é a relação entre a energia de um elétron e o comprimento de onda da luz emitida de um átomo? Como Bohr foi capaz de ver que as energias eletrônicas quantizadas poderiam ser atribuídas à existência de espectros de linhas? E quanto ao dilema do problema do átomo estável? Continue lendo.

Bohr descreveu a origem do espectro de linha como segue: de todos os valores de energias quantizadas, um elétron em um átomo pode ter somente um valor de energia. Ele estabeleceu que um átomo tem um conjunto de energias quantizadas, ou *níveis de energia*, disponível para seus elétrons. Posteriormente, só um certo número de elétrons pode ter energia particular, isto é, cada nível de energia tem uma "população" máxima de elétrons. Um átomo está normalmente em seu **estado fundamental**, *o estado no qual todos os seus elétrons estão nos níveis de energia mais baixos que lhes são disponíveis*. Quando um átomo absorve energia de uma chama ou descarga elétrica, alguns de seus elétrons ganham energia e são elevados a um nível de energia maior. O átomo é agora dito estar em um **estado excitado**. Alguns dos níveis de energia mais baixos ficam livres e, assim, um elétron pode cair de um nível mais alto, designado por $(E_2)_{\text{elétron}}$, para um nível de energia mais baixo, $(E_1)_{\text{elétron}}$. Quando isto acontece, a energia é liberada do átomo em uma quantidade igual a $(E_2)_{\text{elétron}} - (E_1)_{\text{elétron}}$, isto é, a *diferença* entre as duas energias do elétron. De acordo com Bohr, a energia é liberada na forma de fóton de radiação eletromagnética. Se representamos a energia deste fóton por $E_{\text{fóton}}$, então

$$(E_2)_{\text{elétron}} - (E_1)_{\text{elétron}} = E_{\text{fóton}}$$

Agora, aqui está a parte importante: desde que os níveis mais alto e mais baixo de energia sejam ambos quantizados, a diferença de energia entre eles precisa também ser quantizada, como precisa ser a energia de um fóton de energia eletromagnética irradiada quanto o elétron cai de um nível mais alto para outro mais baixo quantizado. Finalmente, isto significa que, devido à relação simples entre a energia e o comprimento de onda de um fóton [Equação (5.3)], o comprimento de onda da radiação precisa também ser quantizado. Em resumo, pelo fato de $(E_2)_{\text{elétron}}$ e $(E_1)_{\text{elétron}}$ terem valores fixos discretos, e porque

$$(E_2)_{\text{elétron}} - (E_1)_{\text{elétron}} = E_{\text{fóton}} = \frac{hc}{\lambda} \tag{5.4}$$

o comprimento de λ de onda da radiação emitida pode ter somente um valor discreto e fixo. Entretanto, uma *linha* espectral, que pode ser produzida somente da radiação de um *único* comprimento de onda λ, é observada.

Em algum estado excitado do átomo, muitas transições de níveis de energia eletrônica mais altos para mais baixos são possíveis. Os elétrons pertencentes a muitos átomos podem sofrer todas as possíveis transições de níveis mais altos para mais baixos, e todas as transições eletrônicas entre um par específico de níveis em um átomo contribuem para a produção de uma linha individual no espectro daquele elemento.

Comentários Adicionais

O conceito da quantização de energia eletrônica é importante. Considere a analogia com uma escada. Você pode ficar de pé em um degrau, mas não entre dois degraus. Existem, portanto, apenas elevações distintas, certas e específicas acima do solo onde você possa descansar seus pés. Sua elevação, ou ao menos a elevação de seus pés, é quantizada. De maneira semelhante, a energia de um elétron em um átomo é quantizada porque não pode ter uma quantidade qualquer de energia, mas apenas certas quantidades *permitidas*. (Como a maioria das analogias, esta não pode ser desprezada.)

A teoria de Bohr foi melhor comprovada quando aplicada ao átomo de hidrogênio. Ao fazê–lo, Bohr foi capaz de *obter* a equação de Rydberg [Equação (5.1)], o que significa que ele poderia prever os comprimentos de onda da luz que produzem as linhas no espectro de hidrogênio. Ele também obteve a energia quantizada de cada nível no átomo de hidrogênio. (Estas derivações podem ser encontradas em muitos textos de física elementar.) Como obtido por Bohr, os níveis de energia quantizados no átomo de hidrogênio estão mostrados esquematicamente na Figura 5.15. Cada nível de energia no desenho representa uma quantidade de energia *permitida*; o elétron não pode ter quantidades intermediárias.

De acordo com a teoria de Bohr, o elétron do átomo de hidrogênio no estado fundamental pode absorver várias quantidades discretas de energia e, assim, elevar-se a um nível de energia mais alto. O comprimento de cada flecha na Figura 5.16*a* é uma medida relativa da quantidade de energia absorvida pelo átomo, quando este sofre uma transição. (As transições para o nível $n = \infty$ correspondem à completa perda do elétron pelo átomo, o que é conhecido como *ionização*.) Cada linha num espectro de hidrogênio resulta da emissão de luz de um comprimento de onda específico, processo que ocorre quando elétrons sofrem uma transição específica de um nível de energia maior para um de energia menor. Algumas destas "transições descendentes" são mostradas no Figura 5.16*b*.

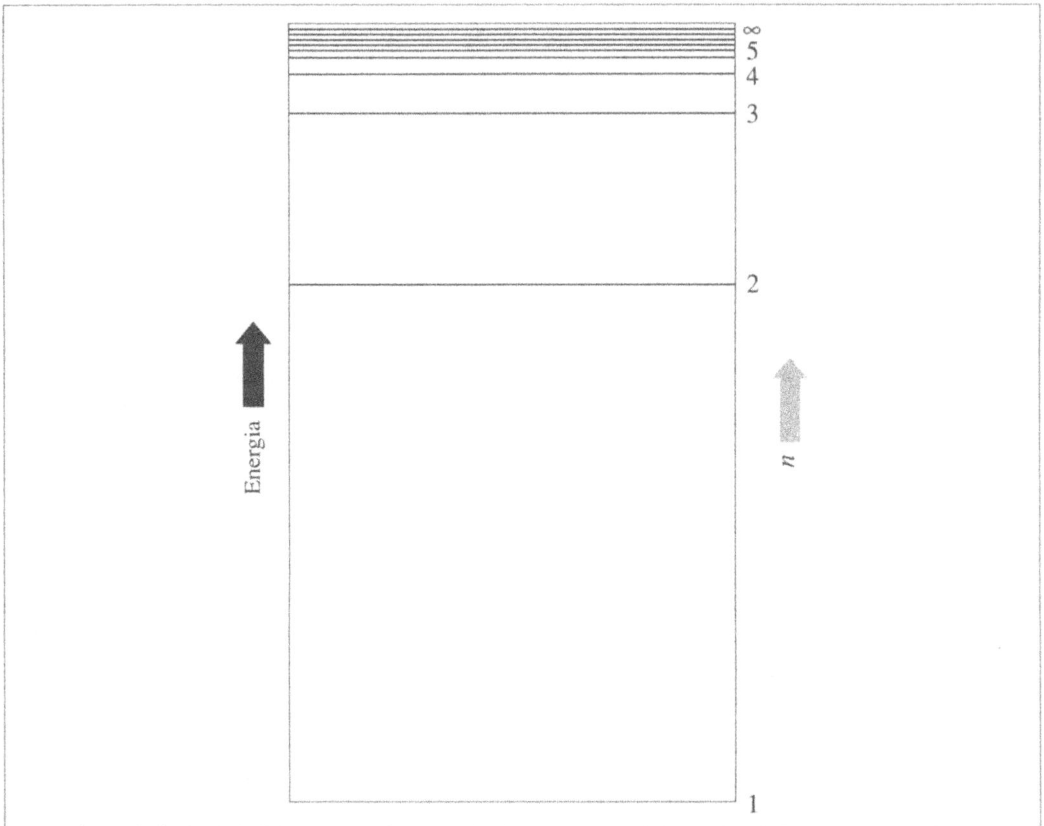

Figura 5.15 Níveis de energia no átomo de hidrogênio.

O maior sucesso de Bohr reside no fato de que ele foi capaz não somente de deduzir a equação (5.1), mas também de calcular um valor de R que concorda com o valor experimental para cinco algarismos significativos. Assim, pela suposição da quantização da energia (e de algumas outras propriedades) do elétron em um átomo de hidrogênio, Bohr foi capaz de obter todos os comprimentos de onda no espectro de linhas do hidrogênio. Em 1913, tal concordância entre a teoria e a prática foi muito animadora para o mundo científico.

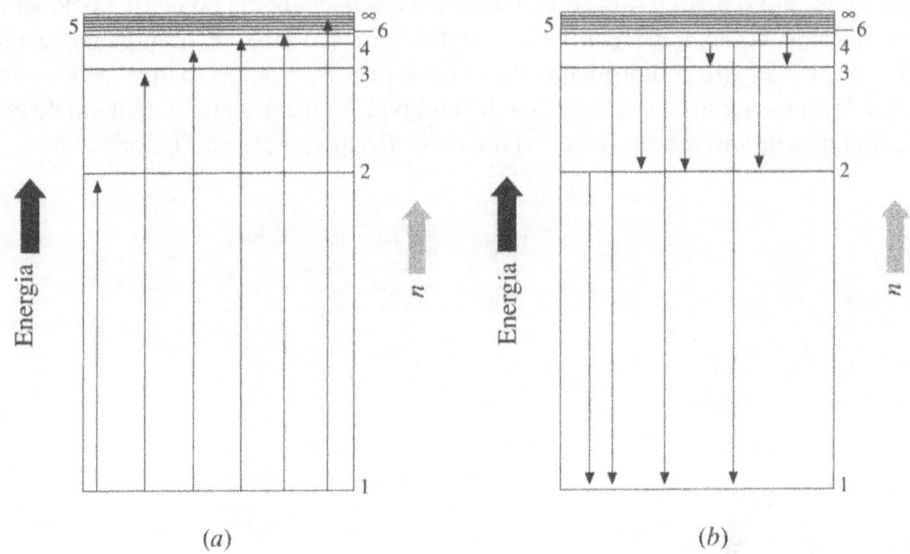

Figura 5.16 Transições eletrônicas em um átomo de hidrogênio. (*a*) Algumas transições do nível de energia mais baixo ($n = 1$) para o nível mais alto (*a energia é absorvida pelo átomo*). (*b*) Algumas transições do nível de energia mais alto para o mais baixo (*a energia é emitida*).

O que Bohr disse sobre o que os elétrons estão *fazendo* nos átomos? Ele propôs um modelo planetário *modificado* no qual cada nível de energia quantizado corresponde a uma órbita eletrônica circular, específica e estável com raio quantizado. (Outros mais tarde estenderam o modelo original de Bohr a órbitas elípticas.) De acordo com Bohr, órbitas com raios grandes correspondem a níveis de energia altos. Por razões que se tornarão evidentes no Capítulo 6, entretanto, o aspecto do modelo planetário de Bohr é uma de suas características mais fracas. Por esta razão, após este capítulo não falaremos mais de elétrons percorrendo órbitas ao redor do núcleo.

Como Bohr encarou o fato de que elétrons em átomos não irradiam energia continuamente, o que causaria o colapso no átomo? Em primeiro lugar, desde que a energia de um elétron é quantizada, a radiação contínua não é possível. (A energia de um elétron teria de variar continuamente para que o elétron fosse capaz de perder energia continuamente.) Em segundo lugar, Bohr foi capaz de mostrar que a *menor* energia utilizável para um elétron não é zero. Ele interpretou isto como significando que há um tamanho mínimo permitido para a órbita de um elétron. (Acreditamos hoje que, embora os conceitos de órbitas de Bohr sejam incorretos, há realmente uma energia mínima constante, maior do que zero, que um elétron pode ter.) De acordo com Bohr, os átomos não entram em colapso porque um átomo não pode ter menos energia do que apresenta no seu estado fundamental.

A agitação da excitante teoria de Bohr aquietou-se quando ficou evidente que ela apresentava várias falhas. Algumas delas serão mencionadas mais tarde; por ora é suficiente saber que a teoria concorda com observações experimentais no caso de somente um átomo-hidrogênio. Isto pode ser adaptado para vários outros átomos, mas para muitos elementos é uma desoladora falha, devido às linhas espectrais previstas pela teoria simples não corresponderem àquela observada.

Comentários Adicionais

Por que, considerando o breve sucesso da teoria de Bohr, nós nos detivemos tanto tempo com ela? Primeiro, ainda hoje a população continua descrevendo os átomos de acordo com o modelo de Bohr, quase sem exceção, e parece razoável que leve um tempo para explicar o que há de errado com aquele modelo. Segundo, a teoria de Bohr da estrutura de um átomo foi uma importante ajuda para os conceitos atuais da estrutura do átomo. O conceito da quantização da energia foi intrigante e causou perplexidade no início do século XX, e o trabalho de Planck, Einstein e Bohr pareceu revolucionário, pois por muitos anos acreditou-se que não existia descontinuidade finita na natureza[4]. O conceito da quantização tem sobrevivido; contudo, o restante do modelo de Bohr, não.

Um comentário final: embora neste capítulo tenhamos descrito um número de modelos da estrutura atômica que não funcionam, não temos ainda proporcionado uma alternativa satisfatória. A (aparente) resposta final para a questão sobre o que "fazem" os elétrons no átomo terá de esperar até o próximo capítulo.

RESUMO

O *modelo atômico de Dalton* foi baseado na proposição de que os átomos são indivisíveis, imutáveis, e aparentemente sem estrutura, e este foi o sucesso na explicação de muitas das características de transformações químicas. No século XIX, contudo, os experimentos com

4 Esta é uma tradução grosseira do latim *Natura non facit saltum*, ou "A natureza não dá saltos".

tubos Crookes mostraram que os átomos têm partes positivas e negativas, sendo esta última chamada *elétrons*. J. J. Thomson propôs que o átomo é constituído de uma esfera positiva grande e difusa, no qual os elétrons eram encaixados. Mais tarde, Rutherford e seus colaboradores mostraram que o átomo consiste em um minúsculo *núcleo*, que contém toda a carga positiva e quase toda a massa do átomo, rodeado pelos elétrons. Este modelo é ainda considerado essencialmente correto.

Hoje, acreditamos que o núcleo dos átomos consiste em *prótons* carregados positivamente e, exceto para $^{1}_{1}H$, *nêutrons*, que não apresentam carga. O número de prótons no núcleo é chamado *número atômico* Z, e o número total de núcleons (prótons mais nêutrons) é o *número de massa A*. Os átomos de um dado elemento têm o mesmo número de prótons, mas *isótopos* de um elemento têm diferentes números de nêutrons e, conseqüentemente, diferentes massas. A *massa atômica* de um elemento é a média ponderada das massas de seus isótopos de ocorrência natural, expressa na escala na qual a massa de um átomo de $^{12}_{6}C$ é fixada como exatamente igual a 12 u.

O modelo atômico de Rutherford aumentou a dúvida sobre a localização e movimento dos elétrons no átomo. De acordo com a física clássica, seria de esperar que os átomos entrassem em colapso e, assim, deixassem de existir. Bohr apontou que a física clássica falha ao descrever o movimento e outras propriedades de partículas muito pequenas. Começando com o fato de que elementos exibem um *espectro de linhas*, desenvolveu um modelo atômico no qual postulou a existência de *níveis de energia eletrônica quantizada*. Embora atrativa em muitos aspectos, a teoria de Bohr é inadequada para explicar satisfatoriamente o espectro de alguns elementos além do hidrogênio. O conceito de quantização de energia eletrônica de Bohr é ainda considerado essencialmente correto, embora suas idéias sobre órbitas não o sejam.

PROBLEMAS

Modelos Atômicos

5.1 Delineie os elementos-chave da teoria atômica de Dalton. Quais deles não são consistentes com a visão moderna do átomo?

5.2 Como os experimentos de descarga de gases em tubos Crookes e outros mostraram que o átomo é composto de pequenas partículas?

5.3 Compare os modelos atômicos de Dalton, Thomson, Rutherford e Bohr.

5.4 Descreva o modelo atômico de Thomson e mostre como este foi inconsistente com os resultados dos experimentos de Rutherford, Geiger e Marsden.

O Átomo Nuclear

5.5 Imagine por um momento que o núcleo de um átomo carrega uma carga elétrica *negativa*, ao invés de uma positiva. Esboce um modo possível de partículas alfa aproximarem-se do núcleo. Se os átomos tivessem os núcleos negativos, poderiam as partículas alfa serem refletidas de volta na direção que elas estavam?

5.6 Quais seriam os resultados dos experimentos de Rutherford, Geiger e Marsden, relativos à dispersão de partículas alfa, se a maior parte da massa de um átomo fosse atribuída aos seus elétrons, com todas as outras características permanecendo as mesmas?

5.7 Qual é a natureza dos raios catódicos? E dos raios canais? Como e por que os raios canais mudam o seu caráter quando é trocado o gás dentro do tubo de descarga?

5.8 Compare as características das três partículas subatômicas: próton, nêutron e elétron.

5.9 Um certo átomo tem um raio de 0,15 nm. Se seu núcleo tem um raio de $1,5 \times 10^{-6}$ nm, compare a densidade do núcleo com a do átomo inteiro. (O volume da esfera é $4/3\pi r^3$.)

5.10 Como as experiências de tubos Crookes mostram que os elétrons estão presentes em toda a matéria?

5.11 Quando um ou mais elétrons são removidos de um átomo, a partícula resultante é um íon positivo. Explique.

5.12 Dê o número de: (a) prótons e (b) nêutrons que estão presentes no núcleo dos seguintes átomos: ^{14}N, ^{15}N, ^{179}Ta, ^{233}U.

5.13 Dê o número total de elétrons presentes nos seguintes átomos ou íons: N, O, U, O^{2-}, K^+, P^{3-}, Ba^{2+}, Al^{3+}, Ti^{4+}.

■ **5.14** (*a*) Qual é a carga em coulombs num núcleo de um átomo de cobre? (*b*) Qual é sua carga em unidades de carga eletrônica?

■ **5.15** A massa de um próton é 1,007 u. Qual é a massa em gramas de: (*a*) 1,000 mol de prótons? (*b*) um próton?

Massa Atômica

■ **5.16** O cloro ocorre naturalmente como uma mistura de dois isótopos: ^{35}Cl (massa de 34,97 *u*) e ^{37}Cl (massa de 36,97 *u*). Se a abundância relativa do isótopo ^{35}Cl é 75,77%, qual é a massa atômica de Cl?

5.17 O boro ocorre naturalmente como uma mistura de dois isótopos: ^{10}B (massa 10,01 u) e ^{11}B (massa 11,01 u). Se a massa atômica do boro é 10,81, quais são as abundâncias relativas dos dois isótopos?

O Átomo de Bohr

5.18 Descreva o modelo do átomo de Bohr. Como ele difere do modelo planetário baseado na física clássica?

5.19 Como a existência de um espectro de linha favorece o modelo atômico de Bohr?

5.20 Nos termos da teoria da estrutura do átomo de Bohr, por que os elétrons não se movem em espiral para dentro do núcleo?

5.21 Dê uma falha séria inerente à teoria de Bohr.

PROBLEMAS ADICIONAIS

5.22 O que é um fóton? Como a energia de um fóton está relacionada com (*a*) freqüência? (*b*) comprimento de onda?

■ **5.23** O magnésio ocorre naturalmente como uma mistura de três isótopos: 78,99% de ^{24}Mg (massa de 23,99 u), 10,00% de ^{25}Mg (massa de 24,99 u) e 11,01% de ^{26}Mg (massa de 25,98 u). Qual é a massa atômica do Mg?

5.24 Um formador de ondas percorre cruzando a superfície de um lago. Se o comprimento de onda é 6,0 cm e a freqüência é 2,0 Hz, qual é a velocidade de uma onda em centímetros por segundo?

■ **5.25** Qual é o comprimento de onda (em nanômetros) da luz vermelha que tem uma freqüência de $4{,}20 \times 10^{14}$ Hz?

5.26 O canal 2 da televisão americana tem uma banda de freqüência de 54,0 a 60,0 MHz. A que intervalo de comprimento de onda este corresponde?

5.27 Se a energia de cada elétron em um átomo não fosse quantizada mas pudesse variar entre certos limites, qual seria o aspecto do espectro atômico?

5.28 Usando a equação de Rydberg (5.1), calcule para três algarismos significativos o comprimento de onda das linhas nas séries Lyman ($n_1 = 1$) para $n_2 = 2$ até 8. À medida que n_2 se aproxima do infinito, de que valor-limite λ se aproxima? A que $n_2 = \infty$ corresponde?

5.29 A prata (massa atômica = 107,87) ocorre na natureza como uma mistura de 51,84% ^{107}Ag e o resto ^{109}Ag. Se a massa isotópica da ^{107}Ag é 106,91, qual é a massa da ^{109}Ag?

Capítulo 6

OS ELÉTRONS

TÓPICOS GERAIS

6.1 O MODELO DA MECÂNICA QUÂNTICA E AS ENERGIAS ELETRÔNICAS

O insucesso da mecânica clássica

O princípio da incerteza de Heisenberg

Os níveis eletrônicos de energia

Configurações eletrônicas no estado fundamental: do hidrogênio ao neônio

As configurações eletrônicas: representações alternativas

Configurações adicionais no estado fundamental: do sódio ao argônio

A convenção cerne do gás nobre

Configurações adicionais no estado fundamental: do potássio ao criptônio

Configurações adicionais no estado fundamental: átomos posteriores ao criptônio

6.2 AS PARTÍCULAS E AS ONDAS

6.3 AS ONDAS ESTACIONÁRIAS

Uma onda estacionária unidimensional: a vibração de uma corda

Uma onda estacionária bidimensional: a vibração da parte superior de um tambor

As ondas estacionárias tridimensionais

6.4 AS PROPRIEDADES ONDULATÓRIAS DOS ELÉTRONS

As equações de onda

O orbital 1*s*

Os orbitais 2*s* e 3*s*

Os orbitais 2*p* e 3*p*

Os orbitais 3*d*

Os orbitais *f*

As distribuições de múltiplos elétrons

6.5 OS NÚMEROS QUÂNTICOS

O número quântico principal, n

O número quântico azimutal, l

O número quântico magnético, m_l

O número quântico spin, m_s

O princípio de exclusão de Pauli

Os números quânticos e os nós

Neste capítulo, introduziremos alguns aspectos da teoria atual da estrutura atômica, a *mecânica quântica*. Felizmente, esta poderosa teoria considera os conceitos da quantização da energia eletrônica, a mais importante contribuição de Bohr. (Apenas a idéia das órbitas de elétrons deve ser esquecida.) Assim, a mecânica quântica extrapola a teoria de Bohr, porque fornece uma explicação legítima do *porquê* da quantização da energia eletrônica. A mecânica quântica representa um papel importante na química; explica satisfatoriamente muitas propriedades atômicas, algumas, talvez, de maior interesse, como as maneiras pelas quais os átomos unem-se uns aos outros.

6.1 O MODELO DA MECÂNICA QUÂNTICA E AS ENERGIAS ELETRÔNICAS

Durante a primeira parte do século XX, a física sofreu uma revolução que acabou por influenciar todas as outras ciências. Esta revolução teve início na *mecânica*, parte da física que estuda as forças e seus efeitos sobre o movimento dos objetos.

O INSUCESSO DA MECÂNICA CLÁSSICA

A **mecânica clássica**, freqüentemente chamada *mecânica newtoniana*, é a mecânica baseada nas leis do movimento, formuladas no século XVII pelo físico inglês Isaac Newton. Até a observação dos efeitos quânticos, no início do século XX, a mecânica clássica foi um sucesso completo, na explicação da influência de várias forças no movimento de objetos. Infelizmente, ela é falha na descrição do movimento de pequenas partículas, tais como os elétrons. Foi este insucesso que, recentemente, contribuiu para o surgimento da **mecânica quântica**[1].

Embora uma comparação superficial entre a mecânica clássica e a mecânica quântica mostre poucas semelhanças, quando se aplica a mecânica quântica a objetos *grandes*, suas relações matemáticas podem ser simplificadas e reduzidas às da mecânica clássica. Assim sendo, a mecânica clássica pode ser considerada como uma versão simpli-

1 A palavra *quantum* refere-se à quantização de energia (Seção 5.4). A teoria é também denominada de *ondas mecânicas* para dar ênfase ao caráter ondulatório dos elétrons e de outras pequenas partículas, que, como visto anteriormente, é a suposição básica da teoria.

ficada da mecânica quântica, que é perfeitamente adequada para a explicação e previsão do movimento de objetos grandes. Entretanto, para objetos pequenos como os elétrons, a simplificação é falha.

O PRINCÍPIO DA INCERTEZA DE HEISENBERG

Em 1927, o físico alemão Werner Heisenberg desenvolveu uma relação importante que mostra a existência de uma limitação rígida e natural, em nossa capacidade de aprender e descrever o movimento de partículas extremamente pequenas. O **princípio da incerteza de Heisenberg** estabelece que é *impossível conhecer simultaneamente e com certeza a posição e o momento*[2] *de uma pequena partícula, tal como um elétron.*

O ponto crucial do princípio da incerteza é que, para se saber algo sobre a posição e o momento de uma partícula, temos de interagir de qualquer maneira com esta partícula. Consideremos a seguinte analogia: imagine que você deseje estudar o movimento de uma pequena pena de ave flutuando lentamente para o chão, num quarto isento de correntes de ar. A seguir, imagine a mesma situação, mas com o quarto *totalmente escuro.* Se você for bastante hábil, e seus dedos suficientemente sensíveis, poderia estender sua mão deixando a pena tocá-la levemente, e desta sensação obter uma idéia sobre a posição e o momento da pena. O ato de tocar a pena, porém, modificaria ligeiramente seu movimento, fazendo-a não cair, portanto, da maneira como faria se não fosse tocada. A sua tentativa em determinar a posição e o momento da pena causou uma alteração nas muitas quantidades que você deseja determinar. O ato de efetuar a "medida" introduziu uma incerteza nos resultados.

A situação é semelhante para qualquer partícula tão minúscula como um elétron. Nenhum instrumento pode "sentir" ou "ver" um elétron *sem influenciar intensamente* o seu movimento. Se, por exemplo, construíssemos um "supermicroscópio" imaginário para localizar um elétron, teríamos de usar uma radiação com um comprimento de onda muito menor do que o da luz. (Para que um objeto diminuto possa ser visto num microscópio, o comprimento da luz utilizada deve ser menor que o diâmetro do objeto.) O supermicroscópio imaginário deveria, por isso, usar raios x ou raios γ. Mas a energia destas radiações é tão grande que modificaria a velocidade e, conseqüentemente, o momento do elétron, numa quantidade grande e incerta.

O princípio da incerteza pode ser assim interpretado: quanto mais de perto tentarmos olhar uma partícula diminuta, tanto mais difusa se torna a visão da mesma. O problema não é tão importante para objetos comparativamente maiores como fragmentos de rochas, bolas de beisebol ou partículas de pó. Nestes casos, a incerteza de Heisenberg

2 Momento é o produto da *massa* vezes a *velocidade.*

associada a cada medida é desprezível em relação à grandeza da própria medida. Para um elétron, entretanto, somos forçados a concluir que qualquer retrato físico ou qualquer modelo mental da estrutura eletrônica do átomo não poderá precisa e simultaneamente (1) localizar o elétron e (2) descrever o seu movimento. Em outras palavras, devemos ter esperanças de encontrar um modelo fisicamente concreto do átomo, que descreva exatamente qual a posição e como é o movimento do elétron.

OS NÍVEIS ELETRÔNICOS DE ENERGIA

Embora não ignoremos o problema de como descrever as posições dos elétrons em átomos, inicialmente as considerações serão sobre as energias eletrônicas. Segundo a teoria de Bohr, a mecânica quântica descreve (realmente deduz) um conjunto de níveis de energias eletrônicas quantizadas, quantidades discretas e específicas de energia, que um elétron em um átomo pode possuir. As energias dos elétrons são semelhantes às energias dos livros, em um conjunto de livros empilhados. A energia potencial de um livro depende da distância em que ele se encontra acima do solo. (Quanto maior a altura, maior a sua capacidade em potencial de realizar trabalho na queda.) Desde que um conjunto empilhado atribui a apenas um livro certo nível de energia potencial, podemos então dizer que a energia potencial de um livro no conjunto empilhado é quantizada. A energia de um elétron em um átomo é semelhante à do livro, exceto que esta é a energia total do elétron (cinética mais potencial), a qual é quantizada.

Orbitais. Os **orbitais** correspondem aos estados individuais que podem ser ocupados por um elétron em um átomo. (A escolha desta palavra é algumas vezes imprópria, porque a palavra *orbital* é derivada da palavra *órbita* usada por Bohr, mas não tem este significado.) Por ora, é conveniente imaginar um orbital simplesmente como um nível de energia. Adiante (Seção 6.4), veremos que a palavra também corresponde à região do espaço de maior manifestação eletrônica. Cada orbital no átomo acomoda no máximo dois elétrons e, quando dois elétrons ocupam o mesmo orbital, são ditos *emparelhados*.

Spin Eletrônico. O **spin** é uma propriedade possuída pelos elétrons. Evidências de que um elétron se comporta como se pudesse apresentar spin em qualquer das duas direções opostas (contrárias) foram obtidas em 1921 pelos físicos alemães Otto Stern e Walther Gerlach. Em uma série de experimentos, eles empregaram amostras de diferentes metais aquecidos a altas temperaturas em um forno, com um pequeno orifício lateral. A experiência reproduzida na Figura 6.1 consiste na passagem de um feixe de átomos metálicos, vaporizados, por um campo magnético não-homogêneo (não-uniforme). Com alguns metais não houve desvio do feixe. Com outros, tais como o sódio, Stern e Gerlach observaram que o feixe dividiu-se em dois componentes, um sendo desviado para cima e outro para baixo, como mostra a Figura 6.1.

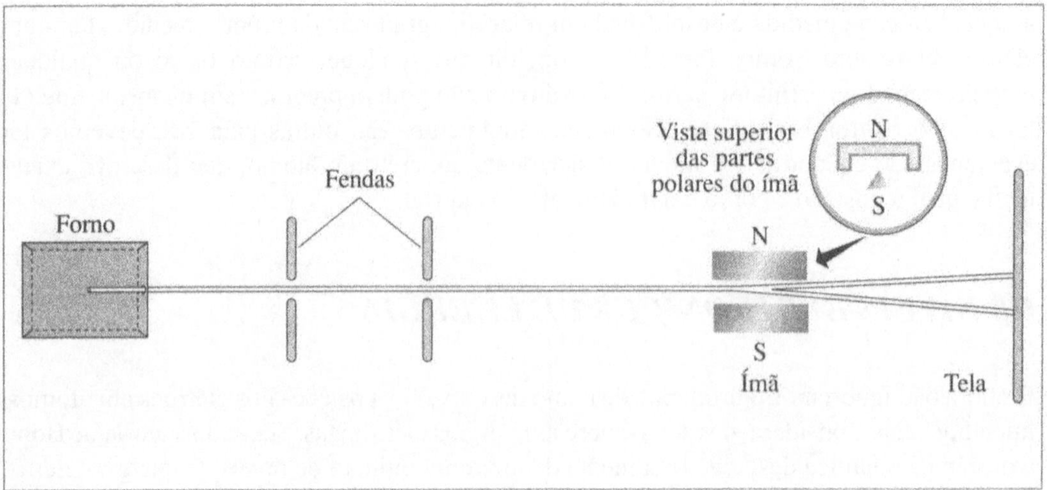

Figura 6.1 A experiência de Stern-Gerlach.

O que causa o desvio de um feixe de átomos neutros, como o observado na experiência de Stern-Gerlach? (Na Seção 5.1 consta que um feixe de partículas com carga, como elétrons ou íons, sofre desvio ao passar por um campo magnético. Contudo, átomos não têm carga elétrica.) De acordo com os princípios da física, qualquer partícula com carga ou com spin tem um momento magnético. (Isto significa que ela atua como se fosse um pequenino ímã.) Se tal partícula atravessar um campo magnético não-homogêneo, uma força é exercida sobre ela e a direção desta força depende da direção do spin da partícula. Estas considerações explicam o desvio do feixe de átomos de sódio na experiência citada, do seguinte modo: um átomo de sódio contém 11 elétrons dos quais 10 estão emparelhados em 5 orbitais. O spin do último elétron está em uma das duas direções. (Imagine-o movendo-se no sentido horário ou anti-horário.) Quando dois elétrons estão aos pares em um mesmo orbital, seus spins estão em direções opostas, havendo assim uma compensação de forças magnéticas. Entretanto, o décimo-primeiro elétron do átomo de sódio está *desemparelhado* em um sexto orbital, e a força no átomo devido à presença deste elétron produz o desvio do feixe. O fato de que o feixe de átomos de sódio é dividido em dois componentes mostra que numa metade dos átomos os spins, inclusive do elétron desemparelhado, estão em uma direção, e na outra metade os spins estão na direção oposta. (Os átomos com todos os elétrons emparelhados não sofrem desvio.) A experiência de Stern-Gerlach é a mais direta evidência de que os elétrons possuem spin.

Comentários Adicionais

Esta explicação dos resultados de Stern e Gerlach foi feita em uma perspectiva moderna. A experiência original destes físicos alemães precedeu o nascimento da mecânica quântica em alguns anos.

Paramagnetismo. Em uma terminologia química, dois elétrons com spins em direções opostas são ditos *spins antiparalelos*. (Dois elétrons em um átomo podem ter *spins paralelos*, isto é, na mesma direção, mas somente se estes elétrons estiverem em orbitais diferentes.) Por causa do efeito magnético produzido pela presença de um elétron desemparelhado em um átomo, uma substância que contém um ou mais elétrons desemparelhados é fracamente atraída em um campo magnético (em direção a um ímã). Este comportamento é chamado **paramagnetismo** e, pelo uso de grandes ímãs, medidas precisas do efeito podem ser realizadas. Os resultados podem ser utilizados na determinação do número de elétrons desemparelhados na substância.

Os Elétrons em Átomos de Hidrogênio e Hélio. Introduziremos aqui um dispositivo para representar elétrons em átomos. Esquematicamente, os orbitais serão representados por pequenas linhas horizontais, __. (Às vezes, pequenos quadrados, □, ou círculos, O, também são usados.) Um elétron em um orbital é representado por uma "meia seta", orientada para cima ou para baixo. Assim, o único elétron do átomo de hidrogênio é representado por

$$\underline{\upharpoonleft}$$

O átomo de hélio tem dois elétrons, emparelhados no mesmo orbital,

$$\underline{\upharpoonleft\downharpoonright}$$

sendo que as duas meias-setas estão orientadas em sentidos opostos, indicando que os elétrons têm spins antiparalelos.

Subcamadas. Os orbitais em um átomo são agrupados em conjuntos chamados **subcamadas**. (Na ausência de qualquer campo magnético aplicado externamente, todos os orbitais em uma dada subcamada têm a mesma energia.) Em átomos no seu estado fundamental, quatro tipos de subcamadas são ocupadas por elétrons, designadas por *s*, *p*, *d* e *f*, que consistem em 1, 3, 5 e 7 orbitais, respectivamente.

A representação esquemática dos grupos de orbitais em subcamadas é a seguinte:

— — — — — — —

subcamada *f*

— — — — —

subcamada *d*

— — —

subcamada *p*

—

subcamada *s*

Camadas[3]**.** Um agrupamento de subcamadas é denominado **camada.** Todos os elétrons em uma dada camada estão a mesma distância média do núcleo. Dois métodos equivalentes são normalmente utilizados para a designação das camadas. O primeiro é a especificação do valor do *número quântico principal,* representado pela letra n.

De acordo com este método, a camada mais próxima do núcleo será enumerada por $n = 1$, a seguinte por $n = 2$ etc. O segundo método utiliza letras na designação das camadas: K, L, M, N etc.; isto é, a primeira camada ($n = 1$) é denominada camada K, a segunda camada (n = 2) é L, e assim por diante.

Não há duas camadas de um mesmo átomo com o mesmo número de subcamadas. A camada K ($n = 1$), por exemplo, consiste em apenas uma subcamada, chamada 1*s*. A camada L ($n = 2$) consiste em duas subcamadas, a 2*s* e a 2*p*, e a camada M ($n = 3$) em três, 3*s*, 3*p* e 3*d*. O número da subcamada é o mesmo valor do número quântico principal da camada correspondente. Na Figura 6.2 estão representadas, esquematicamente, as duas primeiras camadas, com suas subcamadas e orbitais. O número máximo de elétrons em uma camada depende do número total de orbitais e é dado por $2n^2$.

CONFIGURAÇÕES ELETRÔNICAS NO ESTADO FUNDAMENTAL: DO HIDROGÊNIO AO NEÔNIO

A dimensão vertical na Figura 6.2 representa a energia. O diagrama pode ser usado na previsão das **configurações eletrônicas** dos átomos no estado fundamental dos dez primei-

3 N. do R.T.: Por ora, uma camada constitui um conjunto de níveis de energia.

ros elementos químicos. "Estado fundamental" significa menor energia. As configurações eletrônicas são obtidas pelo preenchimento do diagrama, elétron por elétron, *da base para cima*. Como visto, a configuração para o átomo de hidrogênio é

$$\mathrm{H}\ (Z = 1)\text{:}\ \frac{\uparrow}{1s}$$

e para o hélio

$$\mathrm{He}\ (Z = 2)\text{:}\ \frac{\uparrow\downarrow}{1s}$$

Diagramas como estes são denominados **diagramas de orbitais**.

Para a configuração eletrônica do lítio é necessário representar mais um elétron. Da Figura 6.2, podemos observar que o próximo nível de energia (crescente) é do orbital $2s$, assim a configuração eletrônica do Li é

$$\mathrm{Li}\ (Z = 3)\text{:}\ \frac{\uparrow\downarrow}{1s}\ \Big|\ \frac{\uparrow}{2s}$$

em que a linha vertical separa a primeira da segunda camada. A adição de mais um elétron no orbital do diagrama de energia da Figura 6.2 resulta na configuração do berílio:

$$\mathrm{Be}\ (Z = 4)\text{:}\ \frac{\uparrow\downarrow}{1s}\ \Big|\ \frac{\uparrow\downarrow}{2s}$$

Observe que os elétrons são adicionados ao orbital $2s$, antes do que ao orbital $2p$, porque o orbital $2s$ é de menor energia.

Dando seqüência à distribuição, os próximos elétrons serão adicionados na subcamada $2p$. Esta subcamada consiste em três orbitais e pode acomodar seis elétrons. As configurações eletrônicas dos próximos seis átomos são mostradas a seguir:

$$\text{B (Z = 5):}\ \underset{1s}{\underline{\uparrow\downarrow}}\ \Big|\ \underset{2s}{\underline{\uparrow\downarrow}}\ \underbrace{\underline{\uparrow}\ \underline{}\ \underline{}}_{2p}$$

$$\text{C (Z = 6):}\ \underset{1s}{\underline{\uparrow\downarrow}}\ \Big|\ \underset{2s}{\underline{\uparrow\downarrow}}\ \underbrace{\underline{\uparrow}\ \underline{\uparrow}\ \underline{}}_{2p}$$

$$\text{N (Z = 7):}\ \underset{1s}{\underline{\uparrow\downarrow}}\ \Big|\ \underset{2s}{\underline{\uparrow\downarrow}}\ \underbrace{\underline{\uparrow}\ \underline{\uparrow}\ \underline{\uparrow}}_{2p}$$

$$\text{O (Z = 8):}\ \underset{1s}{\underline{\uparrow\downarrow}}\ \Big|\ \underset{2s}{\underline{\uparrow\downarrow}}\ \underbrace{\underline{\uparrow\downarrow}\ \underline{\uparrow}\ \underline{\uparrow}}_{2p}$$

$$\text{F (Z = 9):}\ \underset{1s}{\underline{\uparrow\downarrow}}\ \Big|\ \underset{2s}{\underline{\uparrow\downarrow}}\ \underbrace{\underline{\uparrow\downarrow}\ \underline{\uparrow\downarrow}\ \underline{\uparrow}}_{2p}$$

$$\text{Ne (Z = 10):}\ \underset{1s}{\underline{\uparrow\downarrow}}\ \Big|\ \underset{2s}{\underline{\uparrow\downarrow}}\ \underbrace{\underline{\uparrow\downarrow}\ \underline{\uparrow\downarrow}\ \underline{\uparrow\downarrow}}_{2p}$$

Um exame desta seqüência mostra como os elétrons foram adicionados na subcamada $2p$, um elétron por vez é adicionado a *cada* orbital (do átomo de B ao átomo de N) e não aos pares. Por exemplo, o diagrama orbital do estado fundamental para o carbono é

$$\underset{1s}{\underline{\uparrow\downarrow}}\ \Big|\ \underset{2s}{\underline{\uparrow\downarrow}}\ \underbrace{\underline{\uparrow}\ \underline{\uparrow}\ \underline{}}_{2p}$$

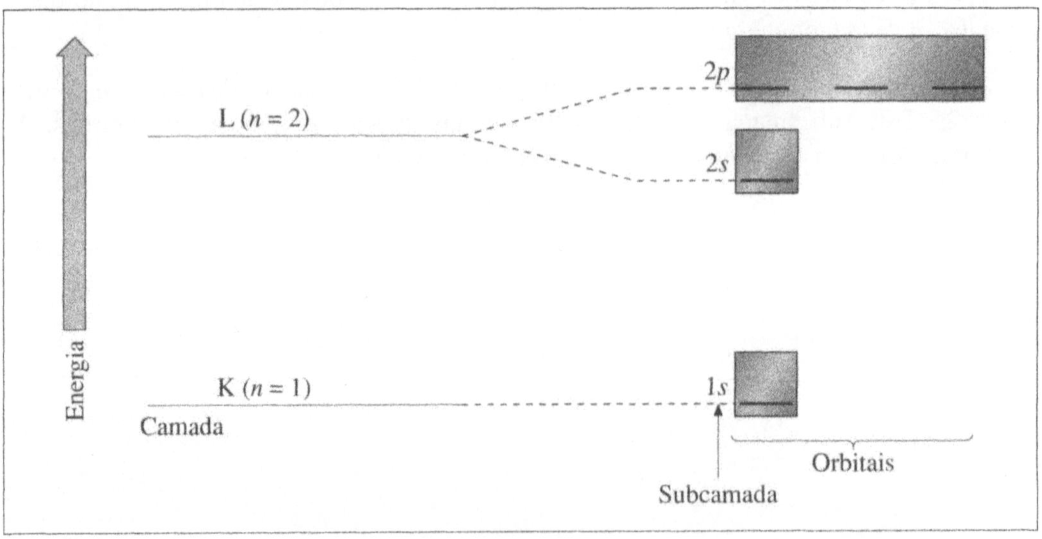

Figura 6.2 As subcamadas e orbitais das duas primeiras camadas.

e não

$$\underset{1s}{\uparrow\downarrow}\ \Big|\ \underset{2s}{\uparrow\downarrow}\ \underbrace{\uparrow\downarrow\ \_\ \_}_{2p}$$

(Nos átomos da seqüência do O ao Ne, o emparelhamento de elétrons é inevitável, pois a subcamada consiste em apenas três orbitais.) Observe, também, que os elétrons desemparelhados nos diferentes orbitais têm spins paralelos. Esta observação ilustra uma importante generalização conhecida como **regra de Hund**.

> ***Regra de Hund:*** *Os elétrons numa mesma subcamada tendem a permanecer desemparelhados (em orbitais separados), com spins paralelos.*

AS CONFIGURAÇÕES ELETRÔNICAS: REPRESENTAÇÕES ALTERNATIVAS

Uma representação mais simples mostra em cada orbital as subcamadas ocupadas e introduz um índice para indicar o número de elétrons. Esta representação é denominada notação espectroscópica. As configurações dos átomos de hidrogênio e hélio, de acordo com esta representação, são

$$\text{H}\ (Z = 1) : 1s^1$$

$$\text{He}\ (Z = 1) : 1s^2$$

(Compare esta notação com a do diagrama de orbital.) As configurações dos átomos de lítio ao neônio são

$$\text{Li}\ (Z = 3) : 1s^2\ 2s^1$$

$$\text{Be}\ (Z = 4) : 1s^2\ 2s^2$$

$$\text{B}\ (Z = 5) : 1s^2\ 2s^2\ 2p^1$$

$$\text{C}\ (Z = 6) : 1s^2\ 2s^2\ 2p^2$$

$$\text{N}\ (Z = 7) : 1s^2\ 2s^2\ 2p^3$$

$$\text{O}\ (Z = 8) : 1s^2\ 2s^2\ 2p^4$$

$$\text{F}\ (Z = 9) : 1s^2\ 2s^2\ 2p^5$$

$$\text{Ne}\ (Z = 10) : 1s^2\ 2s^2\ 2p^6$$

Esse método de representação é mais simples do que o método do diagrama orbital, entretanto, não indica o número de elétrons em cada orbital individual.

> **Comentários Adicionais**
>
> $1s^2$ é lido "um esse dois" e não "um esse ao quadrado". (O número dois não é um expoente matemático.)

CONFIGURAÇÕES ADICIONAIS NO ESTADO FUNDAMENTAL: DO SÓDIO AO ARGÔNIO

O método utilizado para a determinação das configurações eletrônicas no estado fundamental é conhecido como **procedimento de Aufbau** (cujo significado em alemão é "construção"). Segundo este método, os elétrons são adicionados sucessivamente, de acordo com um diagrama semelhante ao da Figura 6.2, iniciando pela base e avançando para cima. Tais diagramas são denominados de *diagramas de preenchimento.* Para os átomos subseqüentes ao neônio é necessária a terceira camada, para o uso do diagrama de preenchimento, como ilustrado na Figura 6.3. As configurações eletrônicas no estado fundamental dos próximos oito átomos, do sódio ao argônio, são obtidas de maneira análoga às anteriores, pela adição sucessiva de elétrons, primeiro à subcamada $3s$ e depois à subcamada $3p$.

Exemplo 6.1 Faça a distribuição eletrônica do átomo de silício (Z = 14), no estado fundamental.

Solução: Tomando por base a distribuição do átomo de neônio (Z = 10), adicione 4 elétrons para obter um total de 14. Destes 4 elétrons, os dois primeiros ocupam o orbital $3s$, e o terceiro e o quarto ocupam orbitais separados na subcamada $3p$, de acordo com a Regra de Hund. Segundo o diagrama orbital, a configuração eletrônica do silício é

$$\text{Si } (Z = 14)\text{:}\ \underset{1s}{\underline{\uparrow\downarrow}}\ \Big|\ \underset{2s}{\underline{\uparrow\downarrow}}\ \underbrace{\underline{\uparrow\downarrow}\ \underline{\uparrow\downarrow}\ \underline{\uparrow\downarrow}}_{2p}\ \Big|\ \underset{3s}{\underline{\uparrow\downarrow}}\ \underbrace{\underline{\uparrow}\ \underline{\uparrow}\ \underline{\ \ }}_{3p}$$

e para a notação espectroscópica

$$1s^2\ 2s^2\ 2p^6\ 3s^2\ 3p^2$$

Problema Paralelo: Faça a distribuição eletrônica do átomo de enxofre (Z = 16), no estado fundamental. **Resposta:**

$$\underset{1s}{\uparrow\downarrow}\ \Big|\ \underset{2s}{\uparrow\downarrow}\ \underbrace{\uparrow\downarrow\ \uparrow\downarrow\ \uparrow\downarrow}_{2p}\ \Big|\ \underset{3s}{\uparrow\downarrow}\ \underbrace{\uparrow\downarrow\ \uparrow\ \ \uparrow}_{3p}$$

ou

$$1s^2\ 2s^2\ 2p^6\ 3s^2\ 3p^4$$

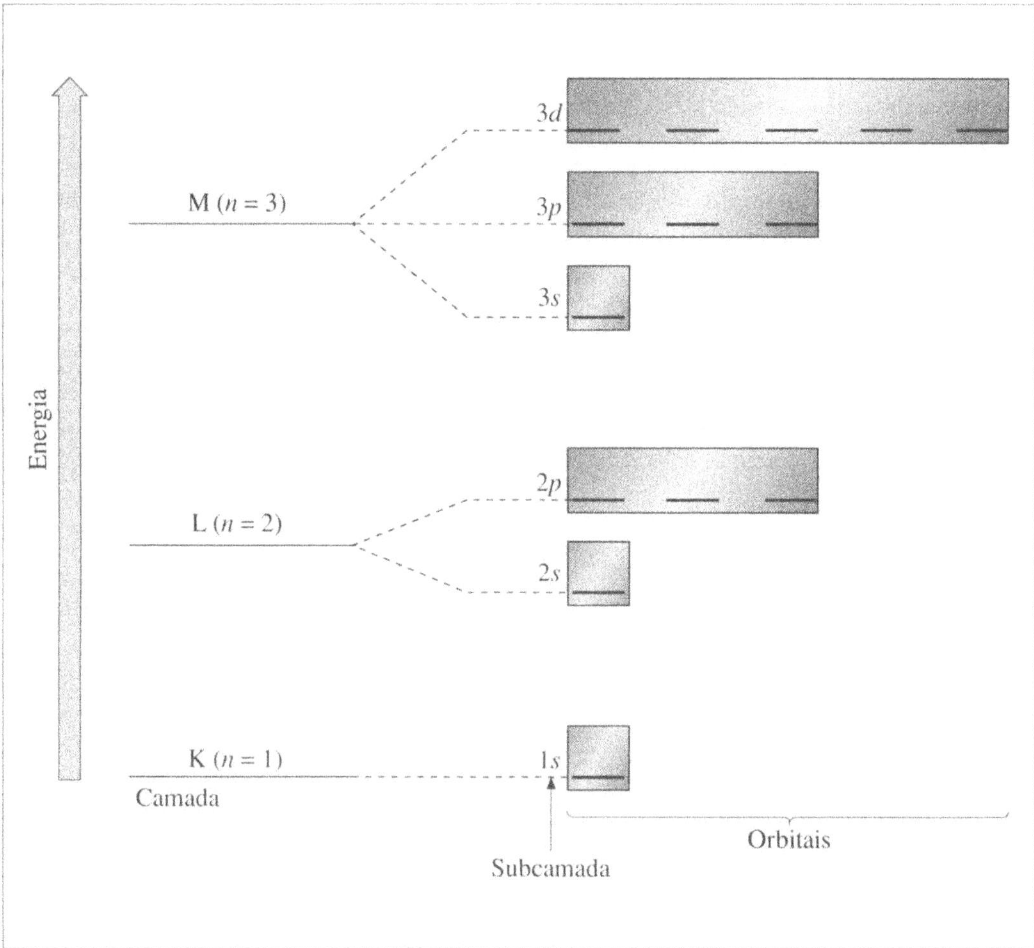

Figura 6.3 As subcamadas e os orbitais das três primeiras camadas.

A CONVENÇÃO CERNE DO GÁS NOBRE

Uma outra simplificação é freqüentemente usada na representação de configurações eletrônicas. É a *convenção cerne do gás nobre*. Os *gases nobres* compreendem os elementos hélio, neônio, argônio, criptônio, xenônio e radônio, cujos números atômicos são 2, 10, 18, 36, 54 e 86, respectivamente. Cada um destes elementos é um gás a temperatura e pressão ambiente, e é *nobre*, significando que estes elementos têm pouca tendência a reagir quimicamente. (Ver Seção 7.1.) Excetuando-se o hélio, as configurações eletrônicas dos demais gases nobres são semelhantes para a última camada: dois elétrons no orbital s e seis nos três orbitais p desta camada. Esta configuração geral é representada por ns^2np^6, onde n é o número quântico principal da camada mais externa. A exceção, hélio, tem a configuração ns^2.

Seguindo o procedimento de Aufbau, periodicamente encontramos um átomo de um gás nobre. Para um átomo posterior ao do gás nobre, na seqüência, a parte da configuração eletrônica do gás nobre pode ser abreviada, colocando-se o símbolo do gás nobre entre colchetes e findando a configuração. Por exemplo, como visto anteriormente, a configuração eletrônica do átomo de silício é

$$1s^2\ 2s^2\ 2p^6\ 3s^2\ 3p^2$$

Como a primeira parte desta seqüência ($1s^2\ 2s^2\ 2p^6$) é a configuração eletrônica do neônio (Ne), abreviamos a configuração do neônio por [Ne] e expressamos a configuração do silício como

$$[\text{Ne}]\ 3s^2\ 3p^2$$

Desse modo, podemos representar a configuração eletrônica de um átomo de potássio de uma forma mais simplificada, de

$$1s^2\ 2s^2\ 2p^6\ 3s^2\ 3p^6\ 4s^1$$

para

$$[\text{Ar}]\ 4s^1$$

Outros exemplos do uso da convenção cerne do gás nobre incluem:

$$\text{Li}\ (Z = 3) : [\text{He}]\ 2s^1$$

$$\text{O}\ (Z = 8) : [\text{He}]\ 2s^2\ 2p^4$$

$$\text{Na}(Z = 11) : [\text{Ne}]\ 3s^1$$

$$\text{S}\ (Z = 16) : [\text{Ne}]\ 3s^2\ 2p^4$$

CONFIGURAÇÕES ADICIONAIS NO ESTADO FUNDAMENTAL: DO POTÁSSIO AO CRIPTÔNIO

Da Figura 6.3, espera-se que a próxima subcamada a ser preenchida com elétrons seja a subcamada $3d$. Entretanto, após o argônio (cuja configuração no estado fundamental é [Ne] $3s^2\ 3p^6$), o próximo elétron ocupará a subcamada $4s$, mesmo que a terceira camada não esteja completa. Do diagrama de preenchimento da Figura 6.4, é possível observar que a energia da subcamada $4s$ é *menor* do que a energia da subcamada $3d$. Portanto, o último elétron do átomo de potássio (Z = 19) será colocado na subcamada $4s$.

Com a representação cerne do argônio (gás nobre) por [Ar], as configurações eletrônicas dos próximos dois elementos, potássio e cálcio, são

$$\text{K}\ (Z = 19) : [\text{Ar}]\ 4s^1$$

$$\text{Ca}\ (Z = 20) : [\text{Ar}]\ 4s^2$$

Somente para os átomos posteriores ao átomo de cálcio é que a camada M, a terceira, será completada pela adição de elétrons à subcamada d. O preenchimento obedece à regra de Hund, de forma que os primeiros elétrons distribuídos ocupam os orbitais d em separado, e somente após estarem semipreenchidos, é que os próximos elétrons completarão os orbitais. A adição sucessiva de um total de dez elétrons até o preenchimento dos cinco orbitais é feita nas configurações dos próximos dez átomos:

$$\text{Sc}\ (Z = 21) : [\text{Ar}]\ 3d^1\ 4s^2$$

$$\text{Ti}\ (Z = 22) : [\text{Ar}]\ 3d^2\ 4s^2$$

$$\text{V}\ (Z = 23) : [\text{Ar}]\ 3d^3\ 4s^2$$

$$\text{Cr}\ (Z = 24) : [\text{Ar}]\ 3d^5\ 4s^1$$

$$\text{Mn}\ (Z = 25) : [\text{Ar}]\ 3d^5\ 4s^2$$

$$\text{Fe}\ (Z = 26) : [\text{Ar}]\ 3d^6\ 4s^2$$

$$\text{Co}\ (Z = 27) : [\text{Ar}]\ 3d^7\ 4s^2$$

$$\text{Ni}\ (Z = 28) : [\text{Ar}]\ 3d^8\ 4s^2$$

$$\text{Cu}\ (Z = 29) : [\text{Ar}]\ 3d^{10}\ 4s^1$$

$$\text{Zn}\ (Z = 30) : [\text{Ar}]\ 3d^{10}\ 4s^2$$

Uma análise destas configurações mostra que, na seqüência de Aufbau, os elétrons são adicionados na subcamada $3d$, enquanto a subcamada $4s$ permanece completa (dois elétrons), exceto para os átomos de crômio (Z = 24) e cobre (Z = 29). Em cada um destes dois elementos, a subcamada $4s$ apresenta apenas um elétron e o elétron "ausente" está na subcamada $3d$.

As irregularidades na seqüência de preenchimento do crômio e do cobre são explicadas assim: os diagramas de orbital destes dois elementos são

$$\text{Cr (Z = 24): [Ar]}\ \underbrace{\underline{\uparrow}\ \underline{\uparrow}\ \underline{\uparrow}\ \underline{\uparrow}\ \underline{\uparrow}}_{3d}\ \Big|\ \underset{4s}{\underline{\uparrow}}$$

$$\text{Cu (Z = 29): [Ar]}\ \underbrace{\underline{\uparrow\downarrow}\ \underline{\uparrow\downarrow}\ \underline{\uparrow\downarrow}\ \underline{\uparrow\downarrow}\ \underline{\uparrow\downarrow}}_{3d}\ \Big|\ \underset{4s}{\underline{\uparrow}}$$

Observe que no átomo de crômio a subcamada $3d$ está *semipreenchida* (com um elétron em cada orbital) e no átomo de cobre está completamente *preenchida* (dois elétrons em cada orbital). Há evidências de que a presença de subcamadas totalmente ou semipreenchidas conferem um grau adicional de estabilidade aos átomos. Como as camadas $3d$ e $4s$ estão próximas em termos de energia, nos átomos de Cr e Cu, um dos elétrons da subcamada $4s$ "desloca-se" para a subcamada $3d$.

Os próximos seis elétrons são adicionados à subcamada $4p$, de maneira análoga à seqüência de preenchimento da subcamada $3p$.

Exemplo 6.2 Usando a convenção cerne do gás nobre e a notação espectroscópica, escreva a distribuição eletrônica do arsênio (Z = 33), no estado fundamental.

Solução: O átomo de arsênio tem três elétrons a mais do que o átomo de zinco, mostrado anteriormente. De acordo com a regra de Hund, estes três elétrons ocupam orbitais $4p$ em separado. (Ver Figura 6.4.) A distribuição eletrônica do As é então

$$[\text{Ar}]\ 3d^{10}\ 4s^2\ 4p^3$$

Problema Paralelo: Usando a convenção cerne do gás nobre e a notação espectroscópica, escreva a distribuição eletrônica do bromo (Z = 35), no estado fundamental. **Resposta:** [Ar] $3d^{10}\ 4s^2\ 4p^5$.

Observe que, após a adição do sexto elétron no orbital p, teremos a configuração do criptônio (Z = 36), e a configuração da camada mais externa, ns^2np^6, é novamente obtida; o criptônio é um gás nobre.

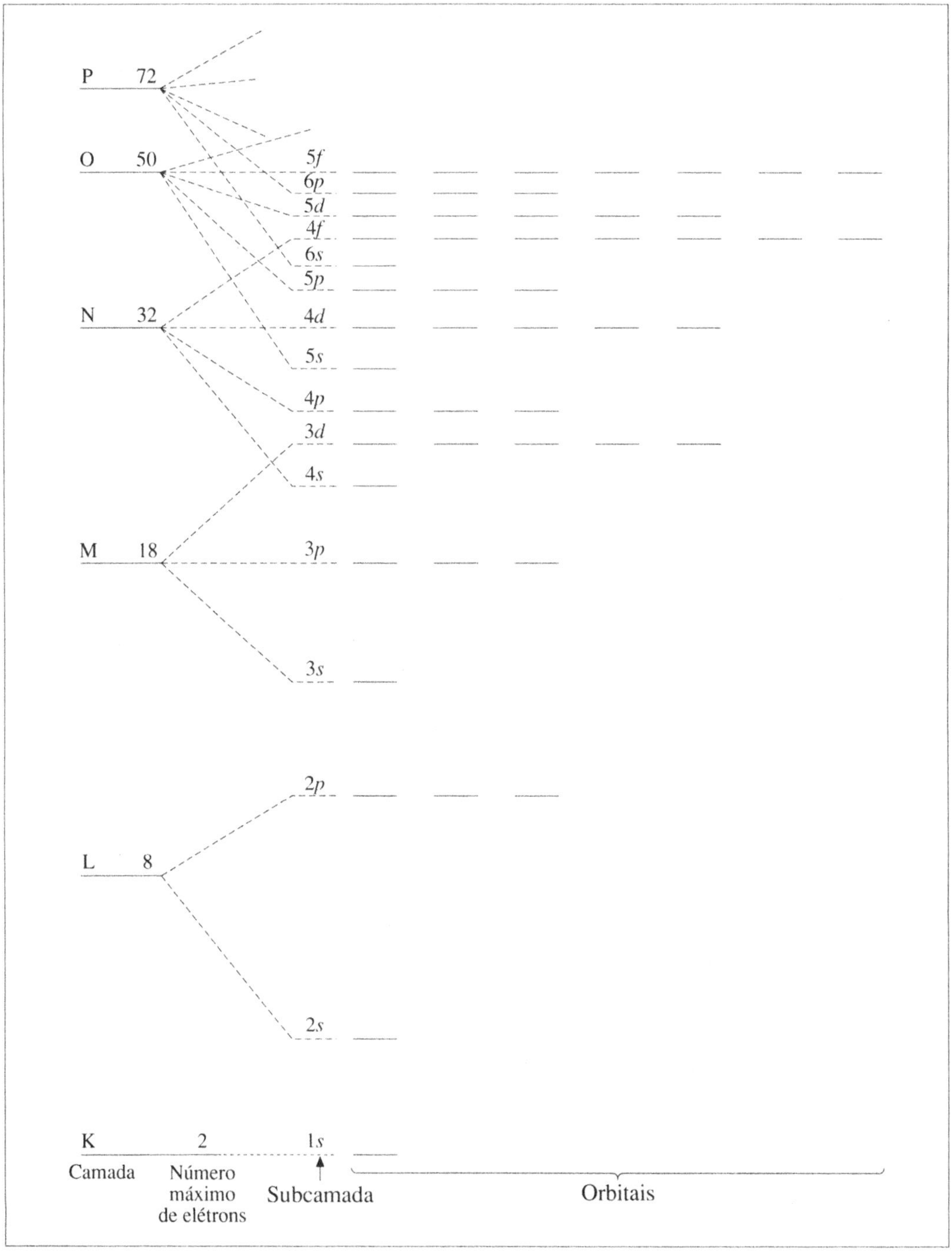

Figura 6.4 Diagrama de preenchimento (parcial).

CONFIGURAÇÕES ADICIONAIS NO ESTADO FUNDAMENTAL: ÁTOMOS POSTERIORES AO CRIPTÔNIO

Para os átomos posteriores ao criptônio, o procedimento de Aufbau fornece a seqüência de preenchimento de subcamadas de forma semelhante às já vistas. Em geral, para $n = 4$ ou maior, após cada subcamada ns preenchida, a subcamada $(n-1)d$ é a próxima a preencher. Depois, os elétrons são adicionados à subcamada np, que, quando completa, resulta na configuração ns^2np^6 de um gás nobre. Em outras palavras, o preenchimento da subcamada d da segunda camada mais externa é intermediário ao preenchimento das subcamadas s e p da camada exterior.

Tabela 6.1. As configurações eletrônicas dos elementos.

			Camada (*n* em parênteses)																		
			K(1)	L(2)		M(3)			N(4)				O(5)				P(6)				Q(7)
Elementos	*Z*		*s*	*s*	*p*	*s*	*p*	*d*	*s*	*p*	*d*	*f*	*s*	*p*	*d*	*f*	*s*	*p*	*d*	*f*	*s*
H	1		1																		
He	2		2																		
Li	3		2	1																	
Be	4		2	2																	
B	5		2	2	1																
C	6		2	2	2																
N	7	[He]	2	2	3																
O	8		2	2	4																
F	9		2	2	5																
Ne	10		2	2	6																
Na	11		2	2	6	1															
Mg	12		2	2	6	2															
Al	13		2	2	6	2	1														
Si	14		2	2	6	2	2														
P	15	[Ne]	2	2	6	2	3														
S	16		2	2	6	2	4														
Cl	17		2	2	6	2	5														
Ar	18		2	2	6	2	6														
K	19		2	2	6	2	6		1												
Ca	20		2	2	6	2	6		2												
Sc	21		2	2	6	2	6	1	2												
Ti	22		2	2	6	2	6	2	2												
V	23		2	2	6	2	6	3	2												
Cr	24		2	2	6	2	6	5	1												
Mn	25		2	2	6	2	6	5	2												
Fe	26		2	2	6	2	6	6	2												
Co	27		2	2	6	2	6	7	2												
Ni	28	[Ar]	2	2	6	2	6	8	2												
Cu	29		2	2	6	2	6	10	1												
Zn	30		2	2	6	2	6	10	2												
Ga	31		2	2	6	2	6	10	2	1											
Ge	32		2	2	6	2	6	10	2	2											
As	33		2	2	6	2	6	10	2	3											
Se	34		2	2	6	2	6	10	2	4											
Br	35		2	2	6	2	6	10	2	5											
Kr	36		2	2	6	2	6	10	2	6											

Tabela 6.1. As configurações eletrônicas dos elementos. (*continuação*)

			Camada (*n* em parênteses)																		
			K(1)	L(2)		M(3)			N(4)				O(5)				P(6)				Q(7)
Elementos	*Z*		*s*	*s*	*p*	*s*	*p*	*d*	*s*	*p*	*d*	*f*	*s*	*p*	*d*	*f*	*s*	*p*	*d*	*f*	*s*
Rb	37		2	2	6	2	6	10	2	6			1								
Sr	38		2	2	6	2	6	10	2	6			2								
Y	39		2	2	6	2	6	10	2	6	1		2								
Zr	40		2	2	6	2	6	10	2	6	2		2								
Nb	41		2	2	6	2	6	10	2	6	4		1								
Mo	42		2	2	6	2	6	10	2	6	5		1								
Tc	43		2	2	6	2	6	10	2	6	6		2								
Ru	44		2	2	6	2	6	10	2	6	7		1								
Rh	45		2	2	6	2	6	10	2	6	8		1								
Pd	46	[Kr]	2	2	6	2	6	10	2	6	10										
Ag	47		2	2	6	2	6	10	2	6	10		1								
Cd	48		2	2	6	2	6	10	2	6	10		2								
In	49		2	2	6	2	6	10	2	6	10		2	1							
Sn	50		2	2	6	2	6	10	2	6	10		2	2							
Sb	51		2	2	6	2	6	10	2	6	10		2	3							
Te	52		2	2	6	2	6	10	2	6	10		2	4							
I	53		2	2	6	2	6	10	2	6	10		2	5							
Xe	54		2	2	6	2	6	10	2	6	10		2	6							
Cs	55		2	2	6	2	6	10	2	6	10		2	6			1				
Ba	56		2	2	6	2	6	10	2	6	10		2	6			2				
La	57		2	2	6	2	6	10	2	6	10		2	6	1		2				
Ce	58		2	2	6	2	6	10	2	6	10	1	2	6	1		2				
Pr	59		2	2	6	2	6	10	2	6	10	3	2	6			2				
Nd	60		2	2	6	2	6	10	2	6	10	4	2	6			2				
Pm	61		2	2	6	2	6	10	2	6	10	5	2	6			2				
Sm	62		2	2	6	2	6	10	2	6	10	6	2	6			2				
Eu	63		2	2	6	2	6	10	2	6	10	7	2	6			2				
Gd	64		2	2	6	2	6	10	2	6	10	7	2	6	1		2				
Tb	65		2	2	6	2	6	10	2	6	10	9	2	6			2				
Dy	66		2	2	6	2	6	10	2	6	10	10	2	6			2				
Ho	67		2	2	6	2	6	10	2	6	10	11	2	6			2				
Er	68		2	2	6	2	6	10	2	6	10	12	2	6			2				
Tm	69		2	2	6	2	6	10	2	6	10	13	2	6			2				
Yb	70		2	2	6	2	6	10	2	6	10	14	2	6			2				
Lu	71	[Xe]	2	2	6	2	6	10	2	6	10	14	2	6	1		2				
Hf	72		2	2	6	2	6	10	2	6	10	14	2	6	2		2				
Ta	73		2	2	6	2	6	10	2	6	10	14	2	6	3		2				
W	74		2	2	6	2	6	10	2	6	10	14	2	6	4		2				
Re	75		2	2	6	2	6	10	2	6	10	14	2	6	5		2				
Os	76		2	2	6	2	6	10	2	6	10	14	2	6	6		2				
Ir	77		2	2	6	2	6	10	2	6	10	14	2	6	7		2				
Pt	78		2	2	6	2	6	10	2	6	10	14	2	6	9		1				
Au	79		2	2	6	2	6	10	2	6	10	14	2	6	10		1				
Hg	80		2	2	6	2	6	10	2	6	10	14	2	6	10		2				
Tl	81		2	2	6	2	6	10	2	6	10	14	2	6	10		2	1			
Pb	82		2	2	6	2	6	10	2	6	10	14	2	6	10		2	2			
Bi	83		2	2	6	2	6	10	2	6	10	14	2	6	10		2	3			
Po	84		2	2	6	2	6	10	2	6	10	14	2	6	10		2	4			
At	85		2	2	6	2	6	10	2	6	10	14	2	6	10		2	5			
Rn	86		2	2	6	2	6	10	2	6	10	14	2	6	10		2	6			

Tabela 6.1. As configurações eletrônicas dos elementos. (*continuação*)

			Camada (*n* em parênteses)																		
			K(1)	L(2)		M(3)			N(4)				O(5)				P(6)				Q(7)
Elementos	***Z***		*s*	*s*	*p*	*s*	*p*	*d*	*s*	*p*	*d*	*f*	*s*	*p*	*d*	*f*	*s*	*p*	*d*	*f*	*s*
Fr	87		2	2	6	2	6	10	2	6	10	14	2	6	10		2	6			1
Ra	88		2	2	6	2	6	10	2	6	10	14	2	6	10		2	6			2
Ac	89		2	2	6	2	6	10	2	6	10	14	2	6	10		2	6	1		2
Th	90		2	2	6	2	6	10	2	6	10	14	2	6	10		2	6	2		2
Pa	91		2	2	6	2	6	10	2	6	10	14	2	6	10	2	2	6	1		2
U	92		2	2	6	2	6	10	2	6	10	14	2	6	10	3	2	6	1		2
Np	93		2	2	6	2	6	10	2	6	10	14	2	6	10	4	2	6	1		2
Pu	94		2	2	6	2	6	10	2	6	10	14	2	6	10	6	2	6			2
Am	95		2	2	6	2	6	10	2	6	10	14	2	6	10	7	2	6			2
Cm	96	[Rn]	2	2	6	2	6	10	2	6	10	14	2	6	10	7	2	6	1		2
Bk	97		2	2	6	2	6	10	2	6	10	14	2	6	10	9	2	6			2
Cf	98		2	2	6	2	6	10	2	6	10	14	2	6	10	10	2	6			2
Es	99		2	2	6	2	6	10	2	6	10	14	2	6	10	11	2	6			2
Fm	100		2	2	6	2	6	10	2	6	10	14	2	6	10	12	2	6			1
Md	101		2	2	6	2	6	10	2	6	10	14	2	6	10	13	2	6			2
No	102		2	2	6	2	6	10	2	6	10	14	2	6	10	14	2	6			2
Lr	103		2	2	6	2	6	10	2	6	10	14	2	6	10	14	2	6	1		2
Unq	104		2	2	6	2	6	10	2	6	10	14	2	6	10	14	2	6	2		2
Unp	105		2	2	6	2	6	10	2	6	10	14	2	6	10	14	2	6	3		2
Unh	106		2	2	6	2	6	10	2	6	10	14	2	6	10	14	2	6	4		2

Para $n = 6$, ou maior, o preenchimento da subcamada $(n-2)f$ (a subcamada f da terceira camada exterior) se interpõe ao preenchimento das subcamadas ns e $(n-1)d$. Estas considerações podem ser verificadas pelo exame das configurações eletrônicas dos átomos de todos os elementos, na Tabela 6.1. Esta tabela mostra que a seqüência de preenchimento não é perfeitamente regular, ainda que siga aproximadamente a seqüência mostrada na Figura 6.5. Esta pode ser utilizada como um dispositivo mnemônico. Alguns dos desvios da seqüência de preenchimento perfeitamente regular são explicados pela estabilidade da subcamada semi ou totalmente preenchida.

Comentários Adicionais

As configurações eletrônicas descritas pelo procedimento Aufbau são para átomos gasosos, isolados, no estado fundamental, isto é, átomos em seus estados de menor energia e que estão totalmente livres de influências externas. Um átomo submetido a um campo elétrico ou magnético externo, ou ainda ligado a um outro átomo, terá, provavelmente, uma configuração diferente.

6.2 AS PARTÍCULAS E AS ONDAS

Até há pouco, consideramos as energias dos elétrons em átomos; agora voltaremos a nossa atenção para o caráter ondulatório do elétron. Como mencionado na Seção 5.4, Planck e Einstein mostraram que a energia é "acondicionada" em pequenos corpúsculos. Estes corpúsculos são chamados *quanta* (singular, *quantum*). O nome *fóton* é dado a um quantum de qualquer espécie de energia radiante (eletromagnética), sendo a luz um exemplo. Entretanto, a energia radiante tem uma natureza dualística, podendo exibir as propriedades de um feixe de partículas (fótons) ou de um trem de ondas, dependendo das condições experimentais sob as quais é estudada.

A dualidade partícula-onda da energia eletromagnética é similar à dualidade dos elétrons, considerados até o presente momento simplesmente como partículas. A energia total E de qualquer partícula está relacionada com a sua massa m pela equação

$$E = mc^2 \qquad \text{(Energia de uma partícula de massa } m\text{)}$$

relação esta, demonstrada por Einstein, onde c é a velocidade da luz no vácuo (constante). A expressão de Planck, introduzida na Seção 5.4, relaciona a energia de uma onda com a sua freqüência:

$$E = h\upsilon \qquad \text{(Energia de uma onda de freqüência } \upsilon\text{)}$$

Em 1924, o físico francês Louis De Broglie atentou para o seguinte fato: da combinação das expressões de Einstein e Planck, uma relação é obtida entre a massa de um fóton de energia eletromagnética e sua freqüência ou comprimento de onda:

$$mc^2 = h\upsilon$$

Isolando-se m, De Broglie obteve:

$$m = \frac{h\upsilon}{c^2}$$

Como $\upsilon\lambda = c$ (Seção 5.4), $\upsilon = \frac{c}{\lambda}$. Portanto, por substituição:

$$m = \frac{h}{\lambda c}$$

onde λ é o comprimento de onda. A proposta de De Broglie foi relacionar os dois aspectos da natureza dualística da luz.

De Broglie tentou associar a natureza dualística da luz ao comportamento do elétron. Diferentemente da luz, os elétrons movimentam-se em diferentes velocidades; a substituição de c (velocidade da luz) por v (velocidade de um elétron), na equação obtida por De Broglie, conduz a:

$$m = \frac{h}{\lambda v}$$

e, isolando-se o comprimento de onda, λ

$$\lambda = \frac{h}{mv}$$

Admitindo-se que um elétron tem propriedades ondulatórias, de acordo com esta equação, seu comprimento de onda depende de sua velocidade.

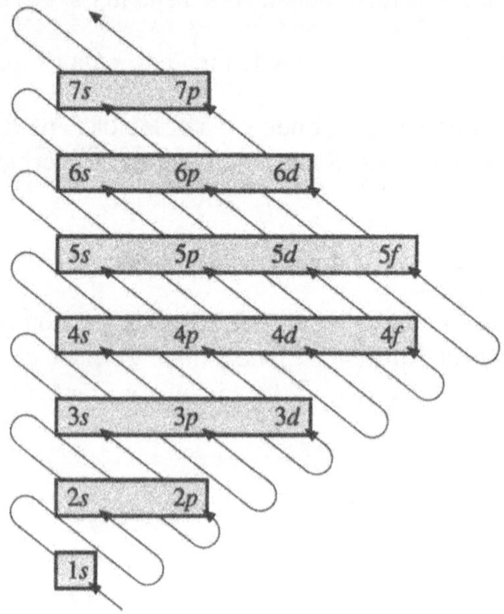

Figura 6.5 Seqüência de preenchimento das subcamadas. Este diagrama é útil para lembrar a ordem na qual as subcamadas devem ser preenchidas. Observe que ele é construído de maneira que na mesma linha horizontal estejam colocadas todas as subcamadas com um dado valor de n. A seqüência de preenchimento é encontrada seguindo-se as setas diagonais que iniciam embaixo à esquerda.

Comentários Adicionais

A princípio, a noção de que uma *partícula* como o elétron tivesse propriedades de uma *onda* não foi muito bem aceita. Muitos cientistas foram inteiramente céticos e quiseram evidências experimentais que sustentassem (ou desmentissem) o que era comparável a uma fantasia de De Broglie.

A sustentação para a hipótese de De Broglie foi obtida por dois grupos de físicos: C. Davisson e L. H. Germer nos Estados Unidos e G. P. Thomson (o filho de J. J. Thomson) e A. Reid na Escócia. Os dois grupos demonstraram que é possível conseguir a *difração* dos elétrons. Nesta época a difração da luz já era um fenômeno conhecido. A curvatura ou a reflexão da luz, por meio de ângulos específicos, é obtida quando a luz é transmitida ou refletida por uma *grade de difração*. A grade de difração corresponde a uma série de linhas próximas uma das outras, regularmente distanciadas e traçadas na superfície de um plano transparente ou um espelho. O ângulo de difração depende do comprimento de onda da luz. De fato, o fenômeno de difração pode ser explicado *somente em termos do movimento da onda*. A difração da luz pela reflexão de uma grade de difração é mostrada na Figura 6.6*a*. A difração da luz se dá quando seu comprimento de onda é aproximadamente igual à distância entre as linhas traçadas.

A relação de De Broglie,

$$\lambda = \frac{h}{m\,v}$$

pode ser usada na previsão da distância entre as linhas de uma grade de difração, quando o feixe é de elétrons difratados. O valor de h, constante de Planck, é $6{,}63 \times 10^{-34}$ J s. Por definição 1 J = 1 kg m^2 s^{-2}, e assim $h = 6{,}63 \times 10^{-34}$ kg m^2 s^{-1}. A massa m de um elétron é $9{,}1 \times 10^{-31}$ kg e, considerando-se um valor razoável para a velocidade de um elétron no feixe como 4×10^6 m s^{-1}, o comprimento de onda do elétron é calculado:

$$\lambda = \frac{6{,}63 \times 10^{-34}\ \text{kg m}^2\ \text{s}^{-1}}{(9{,}1 \times 10^{-31}\ \text{kg})(4 \times 10^6\text{m s}^{-1})} = 2 \times 10^{-10}\ \text{m}$$

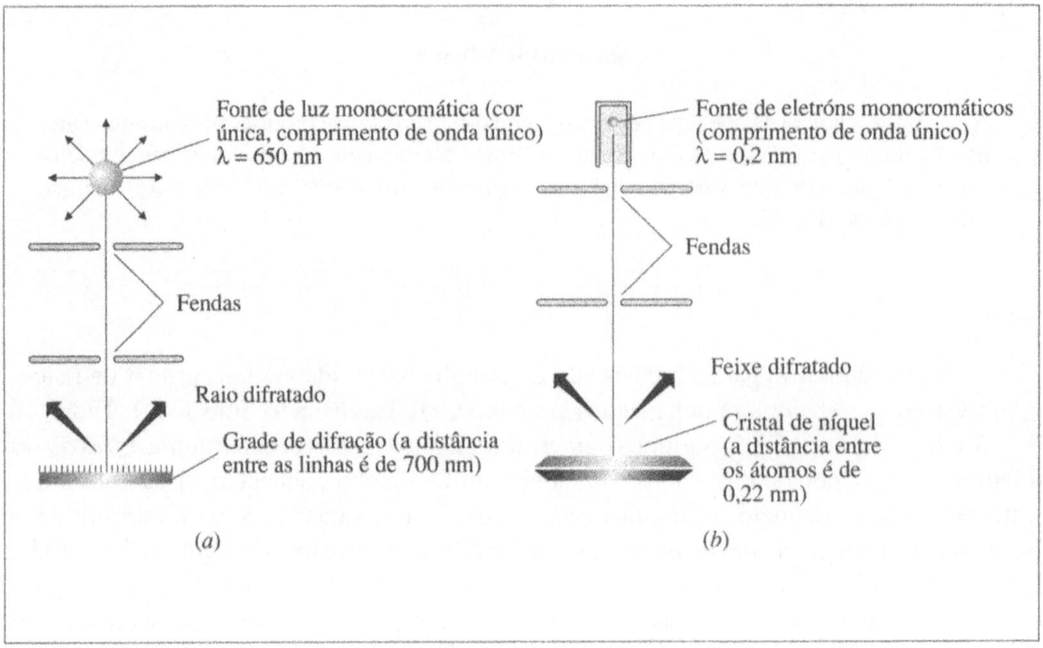

Figura 6.6 A difração da luz e de elétrons. (*a*) Luz monocromática (único comprimento de onda) difratada por uma grade de reflexão. (*b*) Elétrons monocromáticos são difratados por um cristal (experimento de Davisson-Germer).

Os cálculos indicam que, se um elétron tem este comprimento de onda, é possível difratar um feixe de elétrons com o uso de uma grade com linhas distanciadas de 2×10^{-10} m, ou 0,2 nm. Entretanto, esta distância é menor do que um milionésimo de uma polegada, e traçar tal grade é impossível. Felizmente, grades apropriadas, já prontas para o uso, estão disponíveis na natureza na forma de cristais. No Capítulo 9 veremos que, num material cristalino, camadas de átomos situadas perto umas das outras podem servir como grade de difração. Davisson e Germer usaram um cristal de níquel (distância de 0,22 nm entre as camadas de átomos) e observaram que a difração dos elétrons ocorria conforme é visto na Figura 6.6*b*. Como a difração somente pode ser explicada em termos do movimento de ondas, os resultados de Davisson-Germer são uma forte sustentação da controvérsia de De Broglie: os elétrons têm propriedades ondulatórias.

De acordo com a equação de De Broglie,

$$\lambda = \frac{h}{m v}$$

todas as partículas deveriam ter propriedades semelhantes às das ondas. Os objetos relativamente grandes do nosso dia-a-dia, como projéteis e bolas de beisebol, provavelmente possuem as propriedades de ondas, porém estes objetos têm massas tão grandes comparativamente à constante de Planck, *h*, que seus comprimentos de ondas são extremamente pequenos, e seu caráter ondulatório é desprezível. A Tabela 6.2 mostra os comprimentos de onda de várias "partículas".

Tabela 6.2 Comprimentos de ondas de várias partículas.

Partícula	*Massa, kg*	*Velocidade, m s^{-1}*	*Comprimento de onda, nm*
Elétron	$9{,}1 \times 10^{-31}$	$4{,}0 \times 10^{6}$	0,18
Próton	$1{,}7 \times 10^{-27}$	$2{,}0 \times 10^{5}$	$2{,}0 \times 10^{-3}$
Molécula de N_2 (25°C)	$4{,}7 \times 10^{-26}$	$5{,}0 \times 10^{2}$	$2{,}8 \times 10^{-2}$
Bala de fuzil	$6{,}0 \times 10^{-3}$	$1{,}0 \times 10^{3}$	$1{,}1 \times 10^{-25}$
Bola de beisebol	0,15	$4{,}5 \times 10^{1}$	$9{,}8 \times 10^{-26}$
Tartaruga	2,2	$1{,}0 \times 10^{-2}$	$3{,}0 \times 10^{-23}$

6.3 AS ONDAS ESTACIONÁRIAS

As ondas descritas em seções anteriores são todas *ondas correntes*, ou *ondas viajantes*. Em muitos aspectos, o comportamento de um elétron em um átomo é semelhante ao de uma *onda estacionária* tridimensional. Contrariamente a uma onda corrente, uma onda estacionária não se movimenta em uma única direção. As propriedades das ondas estacionárias serão consideradas previamente às características ondulatórias do elétron, em átomos.

UMA ONDA ESTACIONÁRIA UNIDIMENSIONAL: VIBRAÇÃO DE UMA CORDA

A onda produzida pelo toque de uma corda de guitarra é um bom exemplo de uma onda estacionária unidimensional.

Modos de Vibração. A Figura 6.7*a* apresenta os *n* sucessivos estágios (separados por frações de segundo) do modo de vibração, que é produzido pelo toque de uma corda esticada em seu centro. A Figura 6.7*o* é um composto de todos os estágios. Se a corda é esticada fora do centro e depois é solta, um segundo modo de vibração é produzido (Figura 6.8*a* até *n*). A Figura 6.8*o* é a representação de um conjunto deste modo.

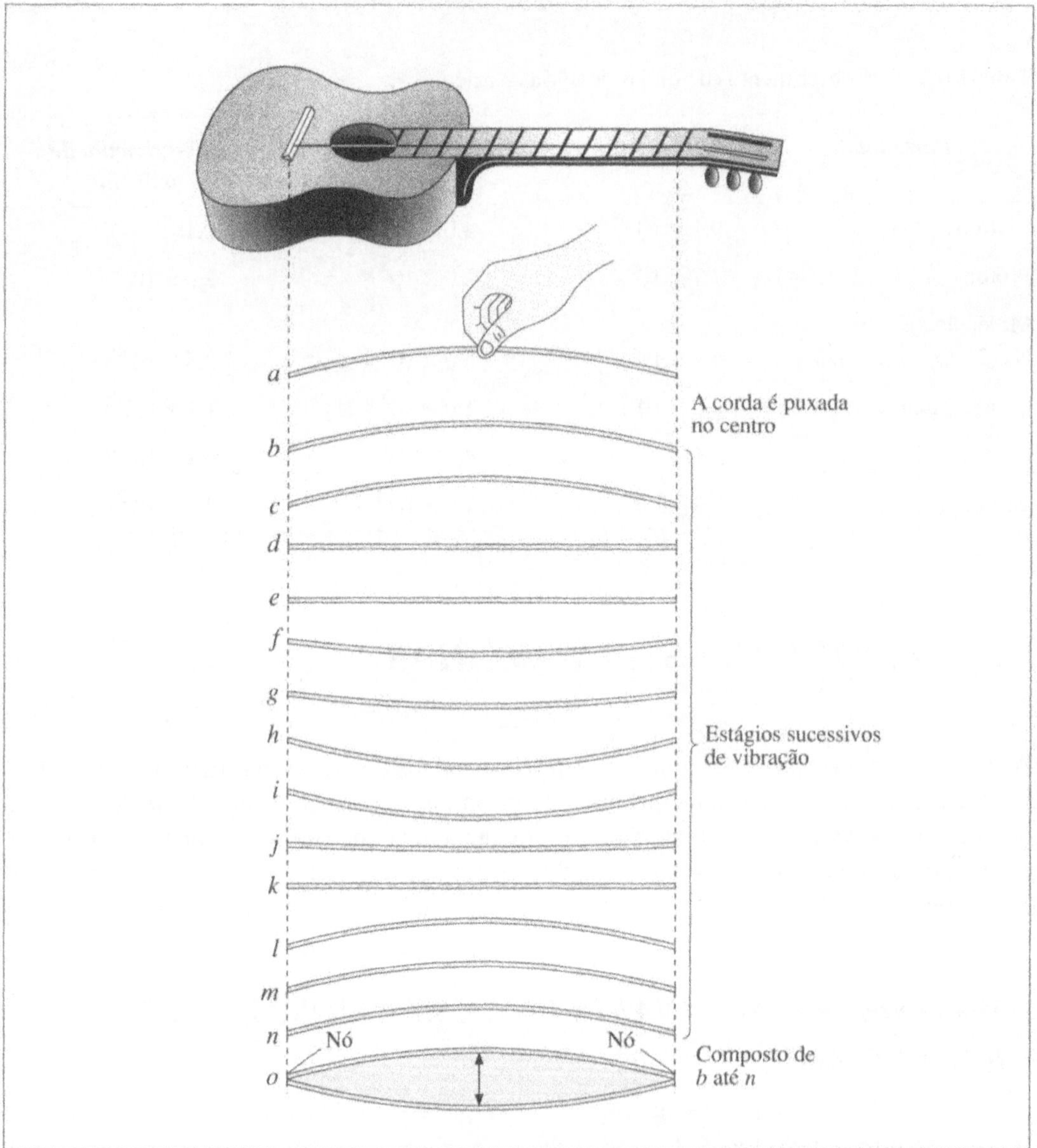

Figura 6.7 Uma onda estacionária em uma corda de guitarra.

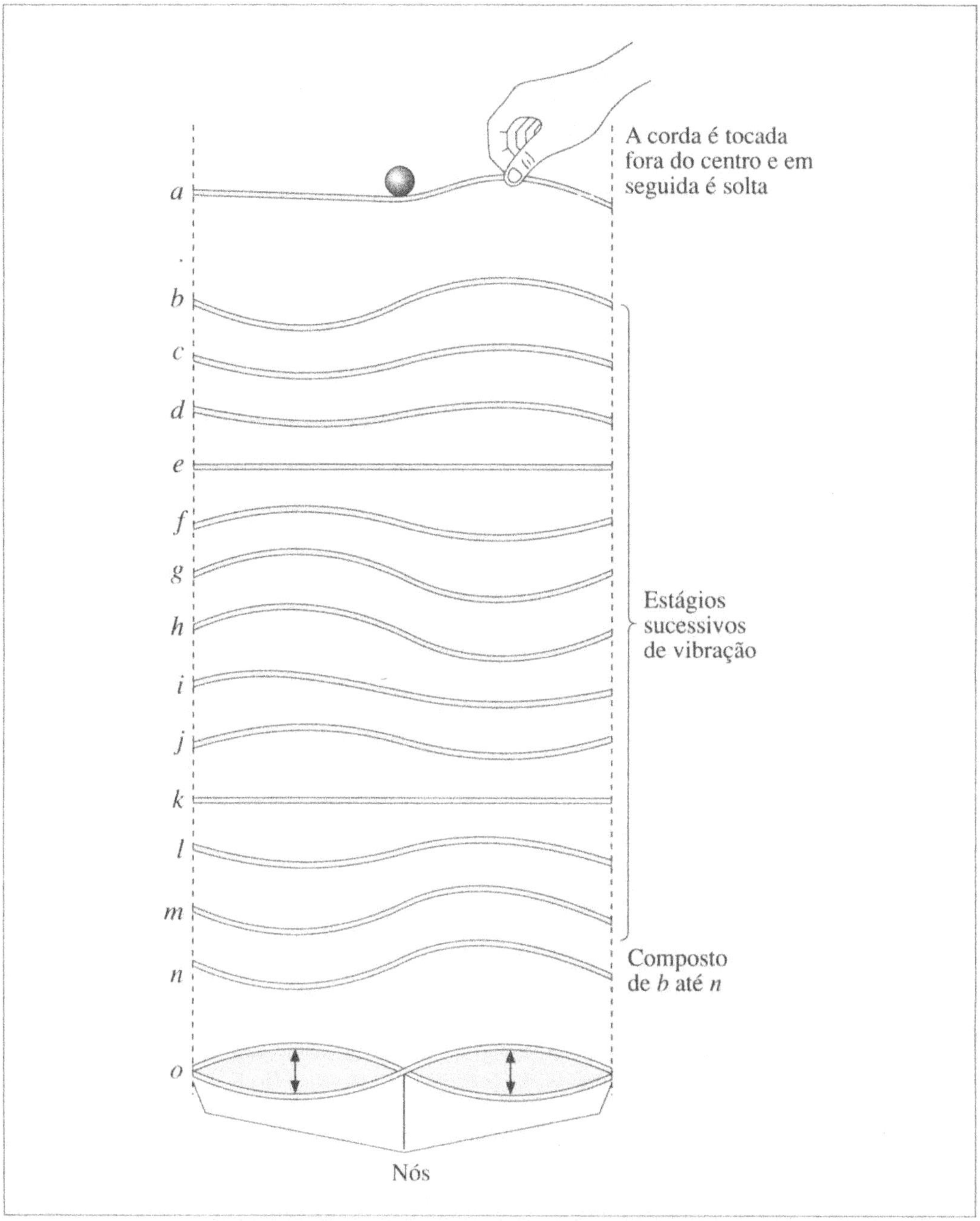

Figura 6.8 O toque da corda: um segundo modo de vibração.

Nós e antinós. Nos dois modos de vibração ilustrados nas Figuras 6.7 e 6.8, os extremos das cordas estão fixados; tais pontos, em que não há movimento, são chamados **nós**. O modo de vibração mostrado na Figura 6.8 tem um nó adicional, no centro da corda. Não há deslocamento da corda em um nó. Nos **antinós**, localizados no meio de dois nós adjacentes, o deslocamento lateral da corda é máximo. Uma corda esticada pode vibrar de muitos modos diferentes, dependendo de onde é tocada, sendo cada modo caracterizado por um certo número de nós e antinós. Alguns dos modos de vibração de uma corda esticada estão ilustrados na Figura 6.9.

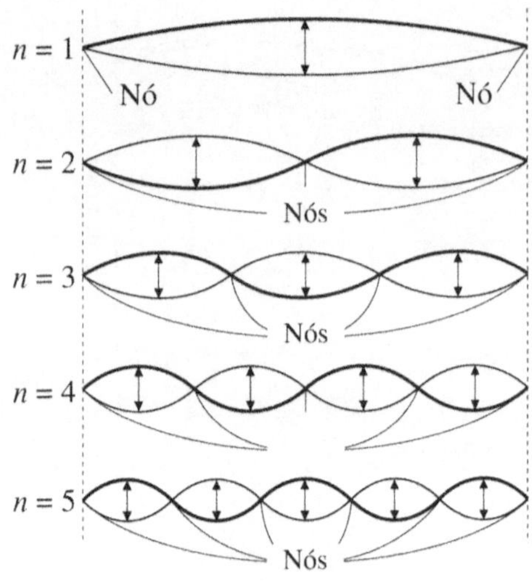

Figura 6.9 Alguns modos permitidos de vibração de uma corda esticada.

Os modos de vibrações apresentados na Figura 6.9 são ditos *admitidos*, ou *permitidos*. O que na realidade significa que estes modos são possíveis. Outros tipos de vibração podem ser imaginados, tais como os da Figura 6.10. Estes são os modos *proibidos*, o que significa que não é possível vibrar uma corda de guitarra em um destes modos. Para um modo de vibração ser permitido, o espaçamento dos nós deve ser regular e deve haver nós nas extremidades da corda.

Resumindo, uma corda esticada pode vibrar de várias maneiras, cada uma com seu próprio número de nós e antinós. Cada modo de vibração deve ter ao menos dois nós, um em cada extremidade da corda. (A prescrição de que os nós devem estar presentes nas extremidades é conhecida como *condição limite* e deve ser encontrada para todas as vibrações.)

A Quantização. As vibrações de uma corda esticada podem ser ditas quantizadas, pois certos modos específicos de vibração são permitidos. Podemos rotular os modos permitidos de vibração atribuindo um número n a cada um deles. Os modos permitidos na Figura 6.9 podem ser designados por $n = 1, 2, 3, 4$ e 5, por exemplo. Observe que o número de nós é igual a $n + 1$. Cada modo de vibração tem uma energia característica e, quanto maior for o valor de n, tanto mais alta é a energia de vibração.

UMA ONDA ESTACIONÁRIA BIDIMENSIONAL: A VIBRAÇÃO DA PARTE SUPERIOR DE UM TAMBOR

Ondas estacionárias podem ser produzidas em um meio bidimensional. Considere, por exemplo, a vibração da parte superior de um tambor.

Modos de Vibração. A vibração do couro de um tambor nem sempre é um simples movimento para cima e para baixo. Um tambor percutido em diferentes pontos de seu couro emite sons diferentes, porque coloca em movimento diferentes modos de vibração. Alguns dos modos de vibração permitidos de um couro de tambor são mostrados na Figura 6.11. (Nas ilustrações a escala vertical foi exagerada para tornar os modelos mais evidentes.)

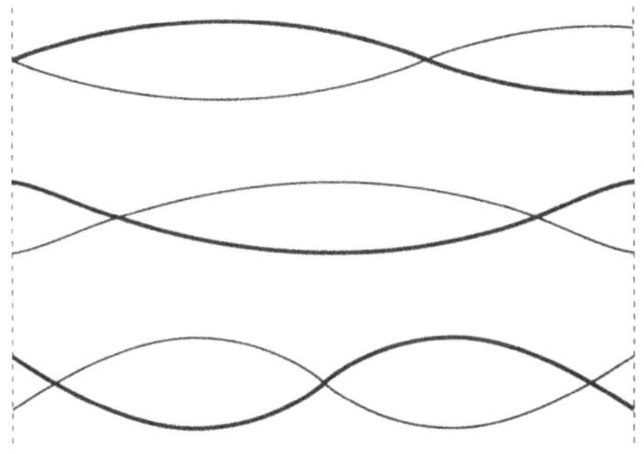

Figura 6.10 Alguns modos proibidos de vibração de uma corda esticada.

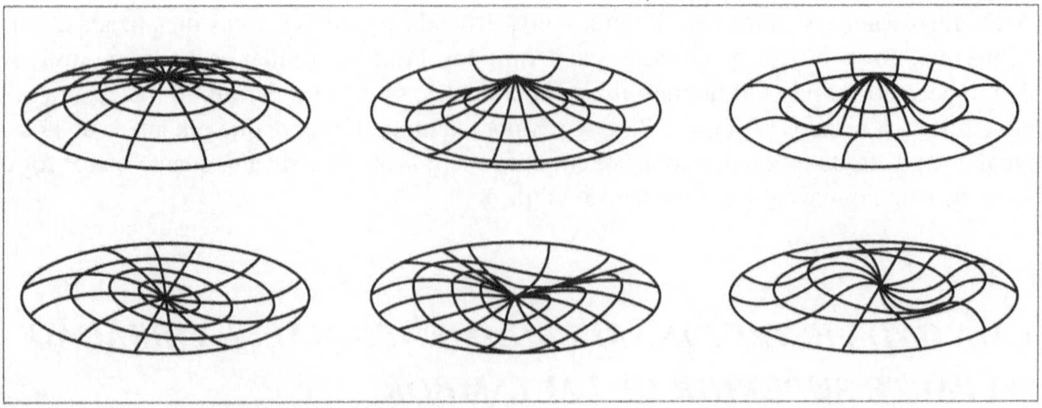

Figura 6.11 A vibração de um couro de tambor. Estas são representações instantâneas de um couro de tambor, vibrando em seis modos diferentes. Linhas radiais e angulares foram traçadas no couro do tambor, e o deslocamento vertical está exagerado por motivos de clareza. Para cada modo de vibração os nós são mostrados com linhas pretas mais fortes.

As Vibrações Radiais. Na Figura 6.12 aparece um tambor sendo percutido *exatamente* no centro de seu couro. Dependendo da força com que é percutido, o couro vibrará em um ou mais modos *radiais* de vibração, dos quais os três primeiros são mostrados. No primeiro, o couro executa um simples deslocamento para cima e para baixo. Este modo tem apenas um nó, um círculo ao redor da beirada do tambor. Ao contrário de uma corda esticada, um couro de tambor apresenta nós que são *linhas*. O nó circular da circunferência do couro do tambor está presente em todos os modos de vibração.

O segundo modo de vibração radial de um couro de tambor possui um nó circular adicional, também ilustrado na Figura 6.12. Ao mesmo tempo em que o couro se movimenta para cima perto da beirada, movimenta-se para baixo perto do centro. Em qualquer ponto no nó circular que separa estas regiões, não há nenhum movimento do couro.

O terceiro modo de vibração radial tem mais um nó circular, resultando num total de três. Como no caso anterior, os nós separam regiões do couro de tambor que se movimentam em sentidos opostos.

As Vibrações Angulares. Se o tambor é percutido *fora do centro*, modos de vibração *angulares* são produzidos no couro do tambor. (São assim denominados porque seus nós são linhas retas a ângulos específicos um com o outro.) Quatro destes são ilustrados na Figura 6.13. Os dois primeiros possuem, além do nó radial circundando a beirada, sempre presente, um nó angular, uma linha reta passando pelo centro do couro do tambor. De um lado do *nó angular* o couro do tambor se movimenta para cima, ao passo que do outro lado se movimenta para baixo. Um instante depois, as localizações dos lados são invertidas e a alternação continua enquanto prossegue a vibração.

O terceiro e o quarto modos angulares de vibração são mostrados na Figura 6.13 e possuem, cada um, dois nós angulares que, como sempre, separam regiões onde o couro se movimenta em sentidos opostos.

Quantização. Como no caso da corda vibratória unidimensional, as vibrações de um couro de tambor são quantizadas em energia. Ao mesmo tempo, contudo, são também quantizadas em forma e orientação dentro do plano do couro do tambor. Em outras palavras, formas diferentes de vibração e orientação angular de nós são permitidas.

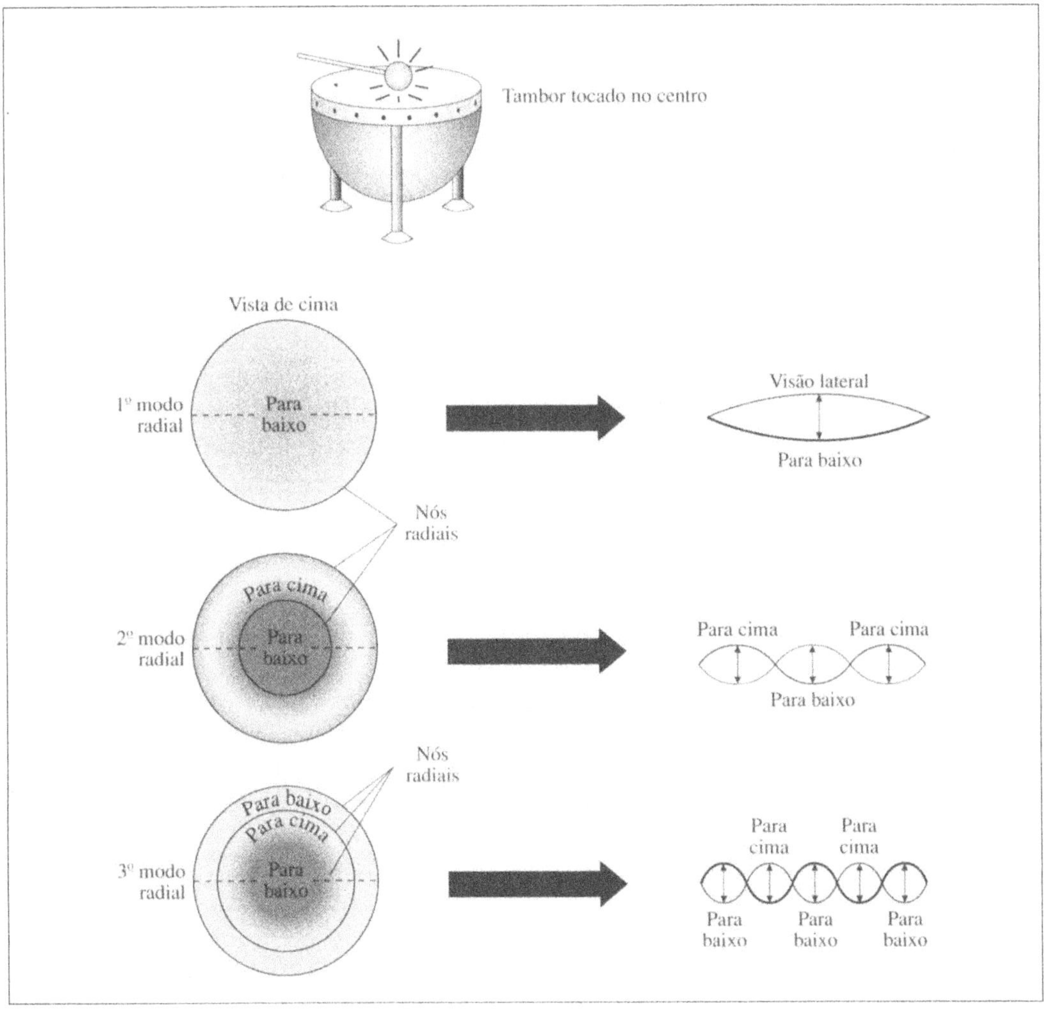

Figura 6.12 Modos de vibração radial de um couro de tambor, tocado exatamente no centro. Vistas laterais seccionadas ao longo da linha tracejada e as correspondentes vistas de cima.

AS ONDAS ESTACIONÁRIAS TRIDIMENSIONAIS

Estas ondas são muito comuns, mas são de difícil visualização. Estão presentes em sinos soando, no ar de uma sala fechada com alto-falantes em seu interior, na terra durante a ocorrência de um terremoto e na vibração de recipientes contendo gelatina. (Este último exemplo pode ser o mais fácil de se imaginar.) Uma análise completa dos modos vibracionais em três dimensões revela a possibilidade da existência de diferentes modos de vibração, da mesma maneira que nos casos de uma e duas dimensões, cada um com um número e espécies de nós e antinós característicos. Nas vibrações tridimensionais, os nós não são pontos ou linhas, mas sim *superfícies*.

6.4 AS PROPRIEDADES ONDULATÓRIAS DOS ELÉTRONS

Até o momento, discutimos algumas das propriedades gerais das ondas uni, bi e tridimensionais; agora será feita uma exposição dos conceitos do comportamento ondulatório de elétrons em átomos, que é o fundamento da mecânica quântica. A experiência de Davisson e Germer mostrou que um feixe de elétrons tem características ondulatórias. Vimos que um elétron em um átomo tem o comportamento de uma onda estacionária, possuindo diversos modos naturais de "vibração" com vários números, formas e orientações de nós e antinós.

AS EQUAÇÕES DE ONDA

É possível descrever qualquer movimento ondulatório por um tipo de equação matemática conhecida como **equação de onda**. Em 1926, o físico austríaco Erwin Schrödinger, que juntamente com Heisenberg é considerado co-fundador da mecânica quântica, escreveu uma equação de onda para descrever o elétron num átomo de hidrogênio. Esta equação é conhecida, atualmente, como a **equação de Schrödinger**.

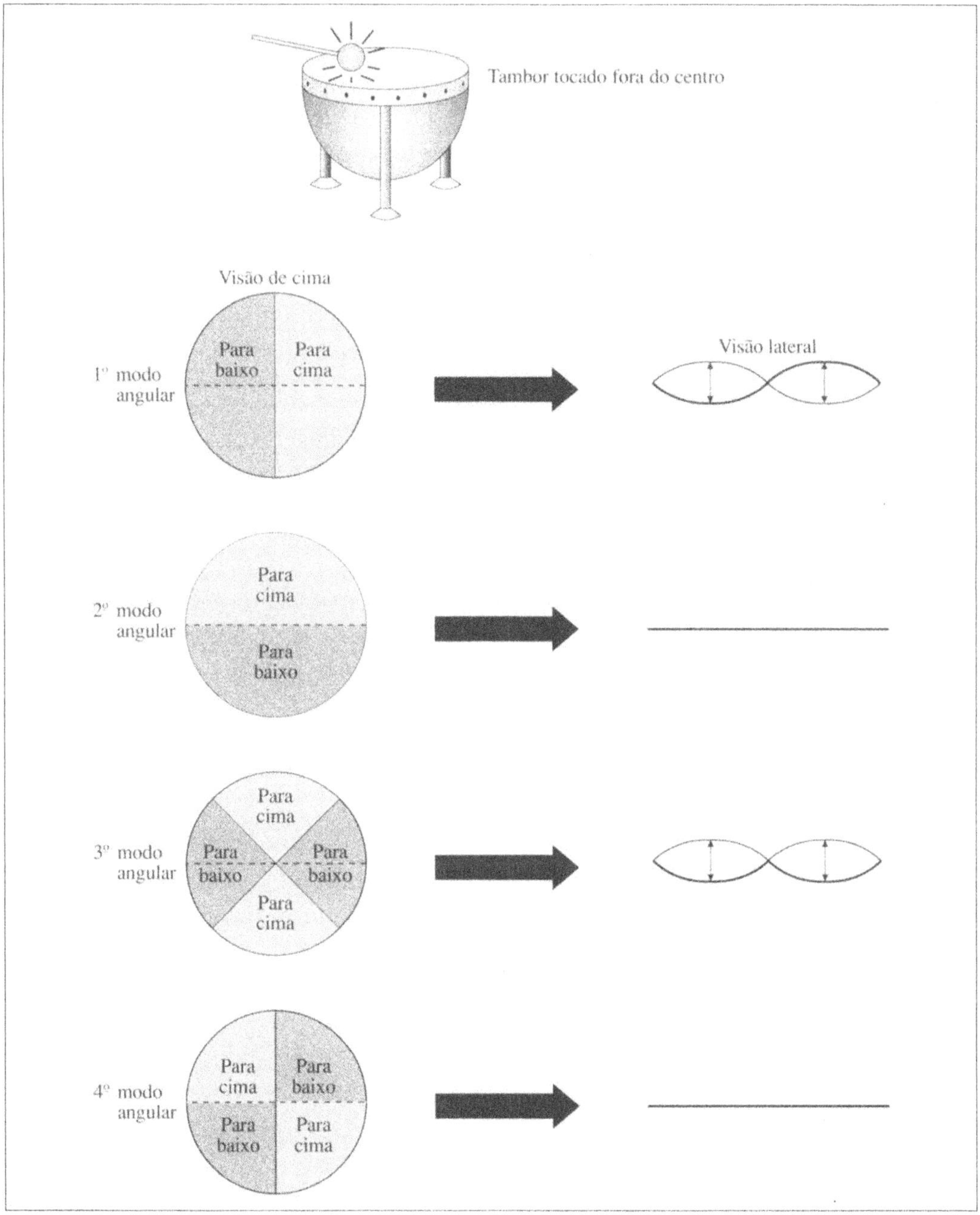

Figura 6.13 Modos de vibração angular produzidos quando um tambor é tocado fora do centro.

A equação de onda é uma equação do tipo diferencial, sendo baseada em cálculos. Diferentemente de uma equação algébrica, uma equação diferencial tem uma série e até um número infinito de soluções. Cada solução de uma equação de onda, para uma onda estacionária, corresponde a um modo de vibração normal e dá informações tais como: a freqüência, o comprimento de onda, a energia e os números de nós e antinós para este modo. Segundo Schrödinger, cada solução da equação de onda, para o elétron em um átomo de hidrogênio, corresponde a um nível quantizado de energia, e o uso desta solução possibilita a determinação das propriedades ondulatórias do elétron naquele nível. Na mecânica quântica não é necessário *admitir* a quantização de níveis de energia, como foi no caso da teoria de Bohr. A energia quantizada de um elétron ocorre como uma conseqüência natural de seu caráter ondulatório. Assim como uma onda esticada *pode* vibrar somente em certos modos, o elétron como onda *pode* "vibrar" somente em certos modos em um átomo.

Cada solução de uma equação de onda de Schrödinger é chamada de *função de onda* e é representada pela letra grega Ψ (psi). Freqüentemente usa-se um índice para sua identificação; assim, Ψ_{2p} representa a função de onda para um elétron em um orbital da subcamada $2p$. O valor de Ψ corresponde à amplitude (ver Figura 5.9) da onda do elétron. Mais importante é o valor de Ψ^2, que de acordo com a mecânica quântica representa a *probabilidade de encontrar um elétron numa estreita região específica do espaço*. A mecânica quântica evita contradizer o princípio da incerteza (Seção 6.1) do seguinte modo: em vez de especificar exatamente a posição e o movimento de um elétron, a teoria fornece *probabilidades* de encontrar um elétron em várias posições. Como Ψ^2 é a probabilidade de encontrar um elétron numa pequena região ou volume, isto é, uma probabilidade por *unidade de volume*, é chamado **densidade de probabilidade**. (Lembre-se de que a densidade comum é massa por unidade de volume.)

O ORBITAL 1s

Que tipo de informações a mecânica quântica pode fornecer sobre elétrons em átomos? Consideremos um elétron no orbital $1s$, para o qual a função de onda é designada por Ψ_{1s}. Do gráfico de densidade de probabilidade, ψ_{1s}^2, em função da distância do núcleo, r, (ver a Figura 6.14), observamos que a probabilidade de encontrar este elétron é grande nas proximidades do núcleo e decresce com o aumento da distância ao núcleo, atingindo o zero, quando $r = \infty$.

A forma da curva da densidade de probabilidade para 1 elétron $1s$ (Figura 6.14) independe da direção; isto é, a probabilidade de encontrar 1 elétron $1s$ diminui com a distância do núcleo, da mesma maneira, em todas as direções. Portanto, podemos dizer que a distribuição da densidade de probabilidade para um elétron $1s$ é *esfericamente simétrica*.

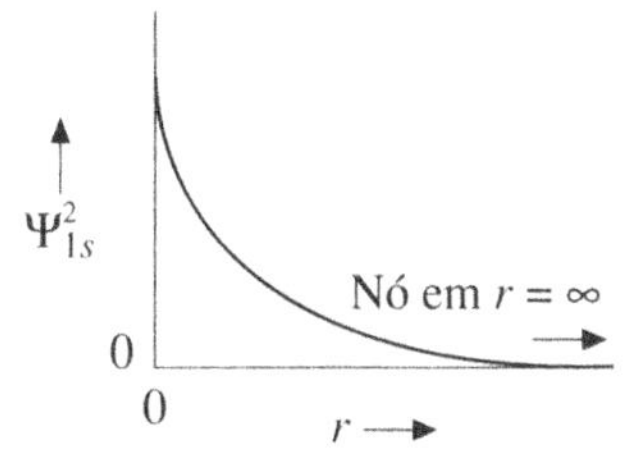

Figura 6.14 Gráfico da densidade de probabilidade para um elétron 1*s*. Mostra a probabilidade de encontrar um elétron 1*s* num volume estreito a uma distância *r* do núcleo.

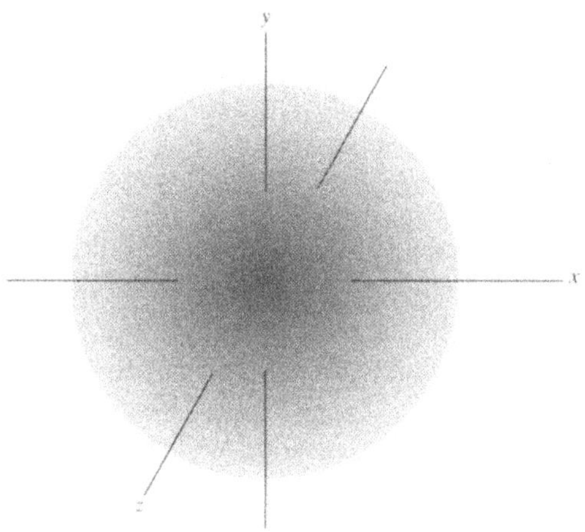

Figura 6.15 A nuvem eletrônica de um elétron 1s.

Rigorosamente falando, a mecânica quântica fornece informações sobre as probabilidades de encontrar um elétron dentro de estreitas unidades de volume, em várias posições. Entretanto, uma perspectiva alternativa também é útil. Porque a probabilidade de encontrar um elétron 1*s* é maior no núcleo, a carga negativa do elétron é, em efeito, mais densa (mais concentrada) nesta região, e torna-se progressivamente menos densa (mais difusa) com o afastamento do núcleo, em qualquer direção. De fato, a carga negativa do elétron é difundida para fora, em uma formação esférica, denominada **nuvem eletrônica**, que é centrada no núcleo. Se pudéssemos enxergar esta nuvem de carga negativa de um elétron 1*s* veríamos algo parecido com a Figura 6.15. Um corte transversal desta nuvem esférica de carga negativa é mostrado na Figura 6.16. Observe que a intensidade do sombreamento no desenho (Figura 6.15) é maior no núcleo, onde a densidade ou concentração da carga eletrônica é maior, de acordo com a Figura 6.14.

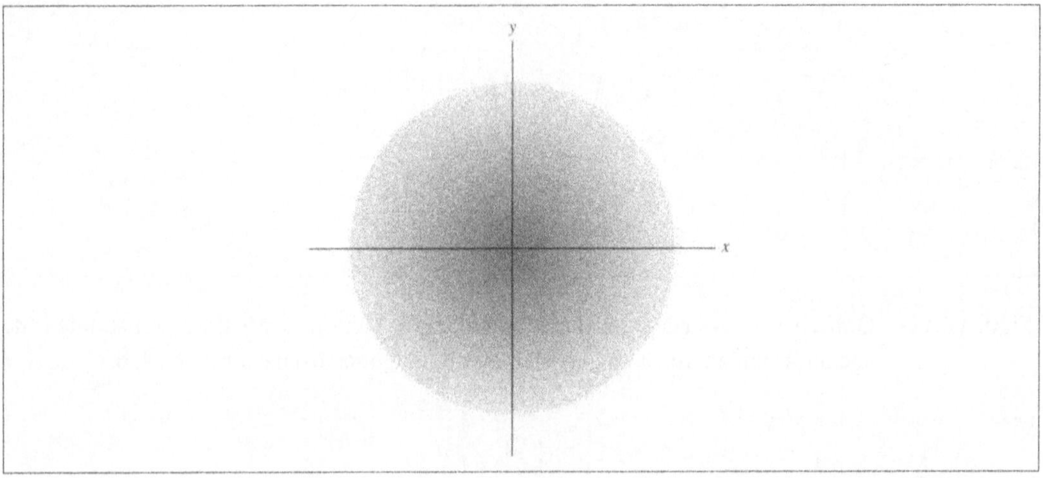

Figura 6.16 Densidade de probabilidade para um elétron 1*s*. Vista do corte transversal da nuvem eletrônica, apresentado na Figura 6.15.

Uma outra maneira de descrever a distribuição da densidade de probabilidade é construir uma superfície (em três dimensões), na qual todo ponto possui o mesmo valor de Ψ^2. Para um elétron em um orbital 1*s*, tal superfície é uma esfera, como na Figura 6.17. Como a forma de uma nuvem eletrônica é esférica, um número qualquer de esferas concêntricas poderia ser construído, a maior apresentando uma grande percentagem de carga eletrônica total. Estas superfícies de densidade de probabilidade constante, Ψ^2, são chamadas **superfícies-limites** e geralmente são construídas encerrando uma grande percentagem, digamos, 70%, da carga eletrônica. (Em outras palavras, a probabilidade que o elétron tem de estar dentro de *algum lugar* da esfera é de 70%.) A Figura 6.17 mostra as superfícies-limites para três probabilidades diferentes.

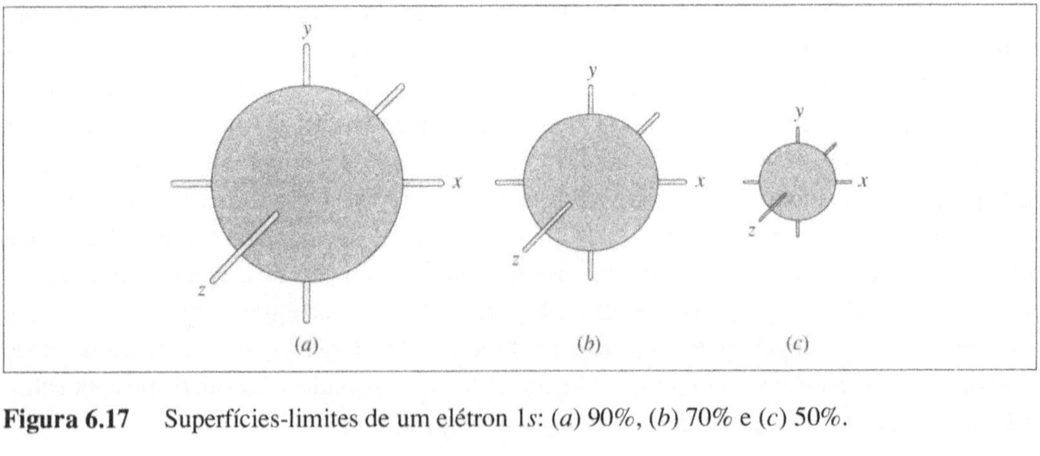

Figura 6.17 Superfícies-limites de um elétron 1*s*: (*a*) 90%, (*b*) 70% e (*c*) 50%.

Uma última maneira de mostrar a forma da distribuição de densidade de probabilidade é apresentada na Figura 6.18. Cada círculo no diagrama representa a *secção transversal* de uma superfície-limite, sendo que os círculos maiores incluem, obviamente, mais carga eletrônica do que os menores. A fatia bidimensional da superfície-limite é conhecida como **diagrama de contorno**, pois cada linha representa um contorno da densidade de probabilidade constante, semelhantemente às linhas de um mapa topográfico que representam os contornos de altitudes constantes.

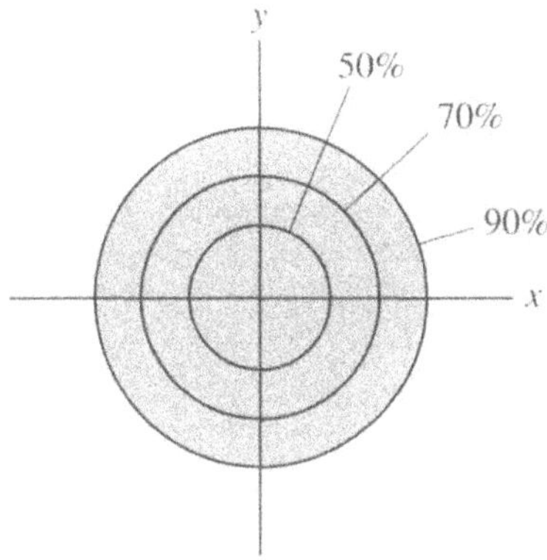

Figura 6.18 Diagrama de contorno para um elétron 1*s*.

Um **nó** é a extremidade de uma superfície onde a probabilidade de encontrar aquele elétron é zero. A probabilidade de encontrar um elétron 1*s* (qualquer elétron) é praticamente nula no infinito, em *qualquer direção*. Este é o chamado **nó esférico** no infinito. Os nós esféricos são também chamados **nós radiais.**

OS ORBITAIS 2s E 3s

A distribuição da densidade-probabilidade para um elétron em qualquer orbital *s* (1*s*, 2*s*, 3*s* etc.) é esfericamente simétrica e tem um nó esférico no infinito. Um orbital 2*s* tem, ainda, um outro nó esférico encerrado no núcleo (Figura 6.19). Um corte transversal da representação da nuvem eletrônica do elétron 2*s* é também ilustrado na Figura 6.19. O nó é uma superfície esférica que separa a região central de alta densidade de uma região de alta densidade em forma de camada situada mais afastada do núcleo.

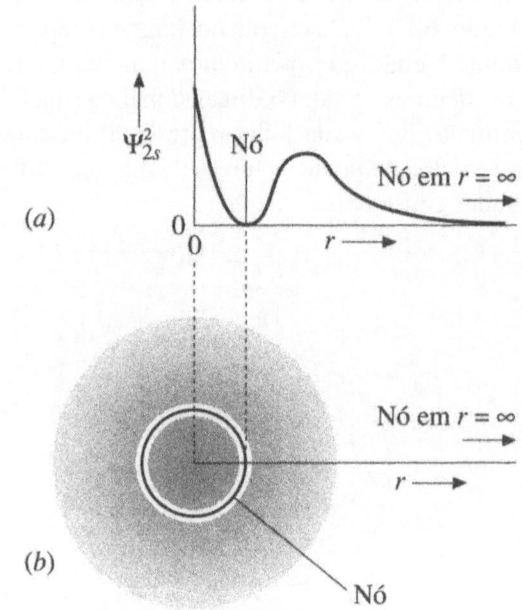

Figura 6.19 Um orbital 2*s*. (*a*) Gráfico da densidade de probabilidade (não desenhado em escala). (*b*) Secção transversal da nuvem eletrônica.

Um elétron 3*s* possui as características mostradas na Figura 6.20. Observe que este elétron tem *dois* nós esféricos a distâncias intermediárias do núcleo, além do nó esférico no infinito. (Lembre-se de que a probabilidade de encontrar um elétron é zero em qualquer lugar no nó.)

Comentários Adicionais

A mecânica quântica evita responder concretamente a questão da localização do elétron, propondo *probabilidades* de encontrá-lo em várias posições. E ainda descreve o comportamento ondulatório do elétron.

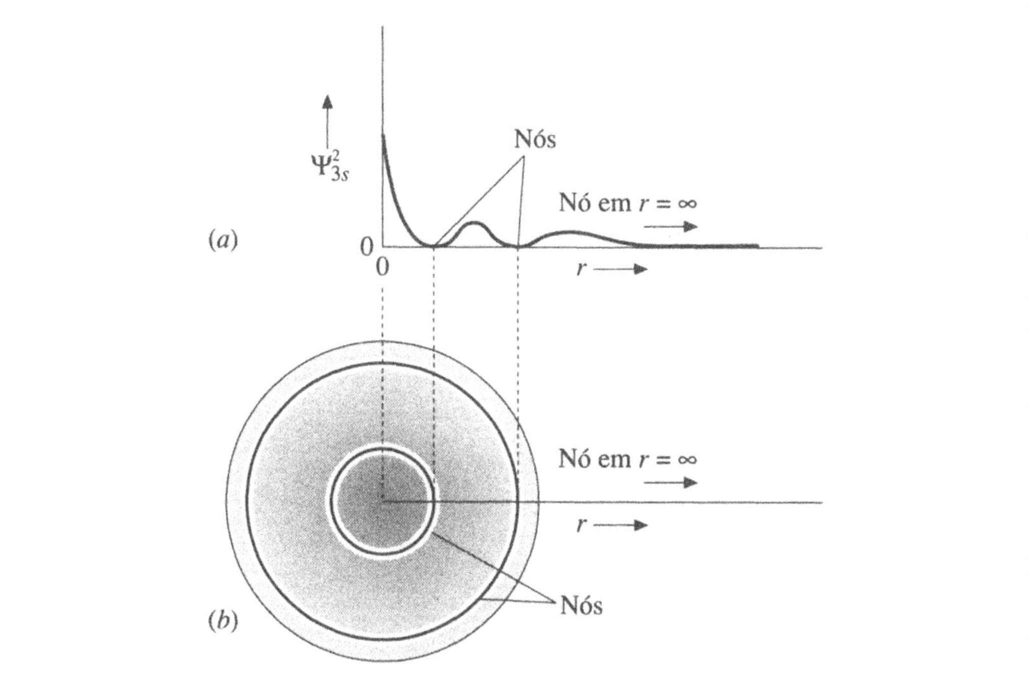

Figura 6.20 Um orbital $3s$. (*a*) Gráfico da densidade de probabilidade (não desenhado em escala). (*b*) Secção transversal da nuvem eletrônica.

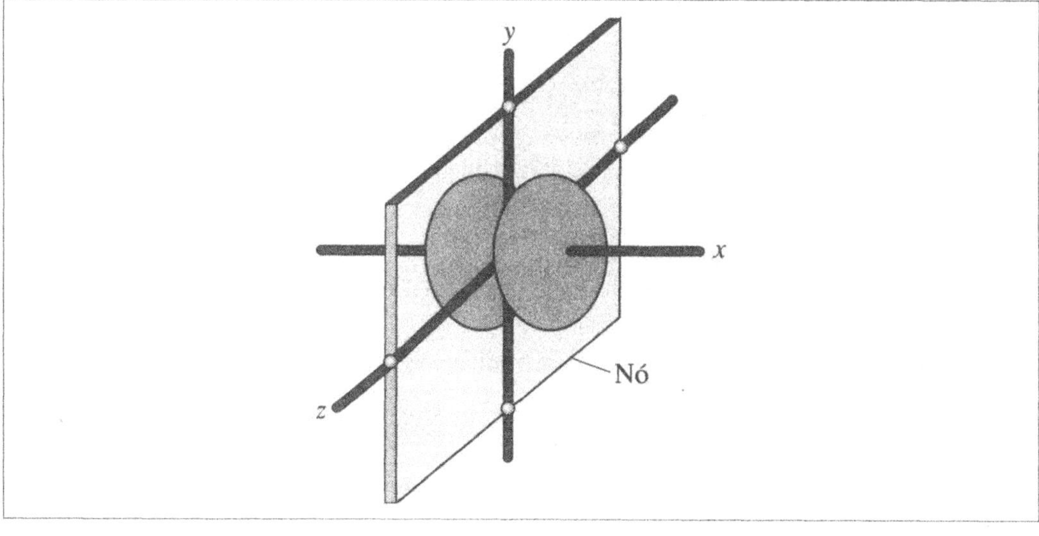

Figura 6.21 A nuvem eletrônica de um elétron $2p_x$.

OS ORBITAIS 2p E 3p

Como visto na Seção 6.1, a subcamada 2*p* de um átomo contém três orbitais. Os elétrons nestes orbitais têm a mesma energia no átomo isolado e a forma da distribuição densidade-probabilidade da nuvem eletrônica é a mesma para os três orbitais (Figura 6.21). As duas partes de um orbital 2*p* são chamadas **lobos**, e estão separadas por um **nó angular**. O nó angular é um plano que atravessa os núcleos. Um diagrama de contorno para o orbital 2*p* é mostrado na Figura 6.22.

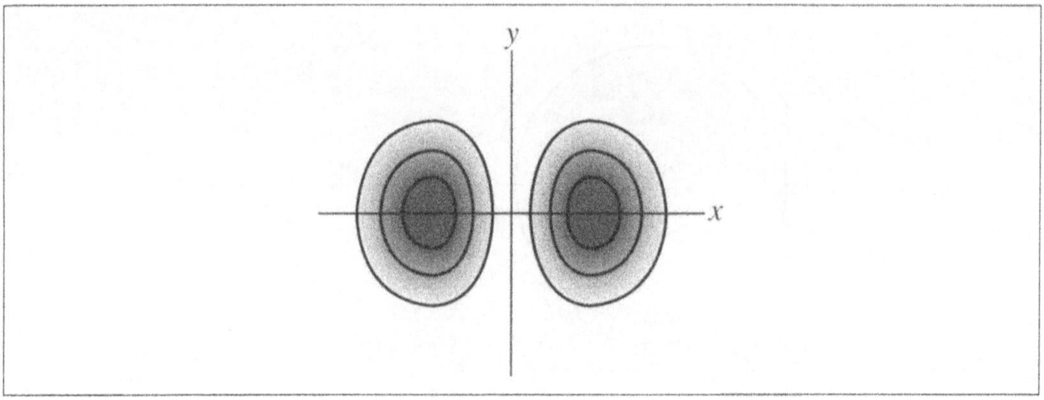

Figura 6.22 Diagrama de contorno para um orbital $2p_x$.

Os três orbitais 2*p* diferem entre si quanto à sua orientação no espaço. Usando um sistema de coordenadas tridimensionais cartesianas, *xyz*, podemos representar os três como: $2p_x$, $2p_y$ e $2p_z$. Os índices indicam os três eixos coordenados e são os *eixos de simetria* dos orbitais. As superfícies-limites destes orbitais são representadas na Figura 6.23. O nó angular do orbital $2p_x$ é o plano *yz* (definido pelos eixos *y* e *z*). Os outros orbitais *p* têm nós planares similares separando os dois lobos do orbital. O nó do orbital $2p_y$ é o plano *xz*, e do orbital $2p_z$ é o plano *xy*.

A curva da densidade de probabilidades para um elétron 2*p* é quase sempre traçada de modo que os valores de Ψ^2 apareçam a diversas distâncias do núcleo, ao longo do eixo de simetria do orbital. Tal gráfico é representado na Figura 6.24*a*, juntamente com um corte da secção transversal da nuvem eletrônica (Figura 6.24*b*).

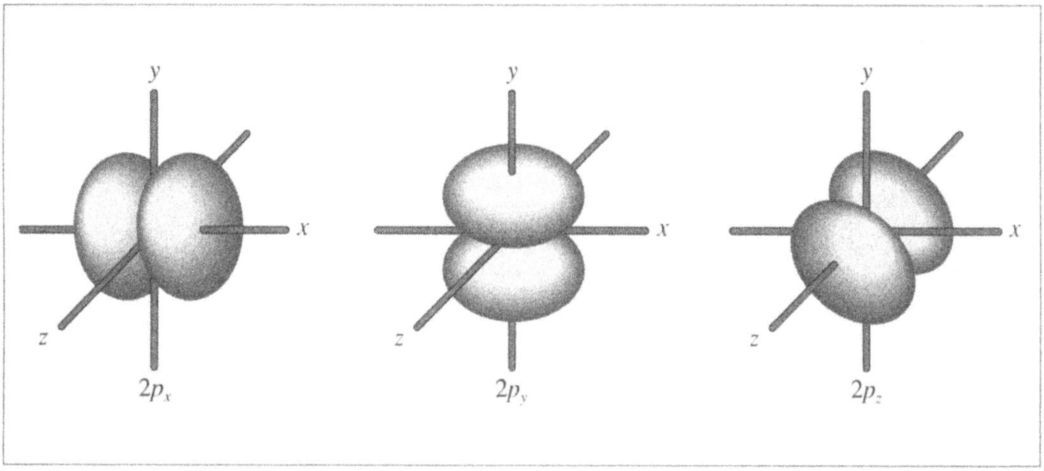

Figura 6.23 Superfícies-limites dos três orbitais $2p$.

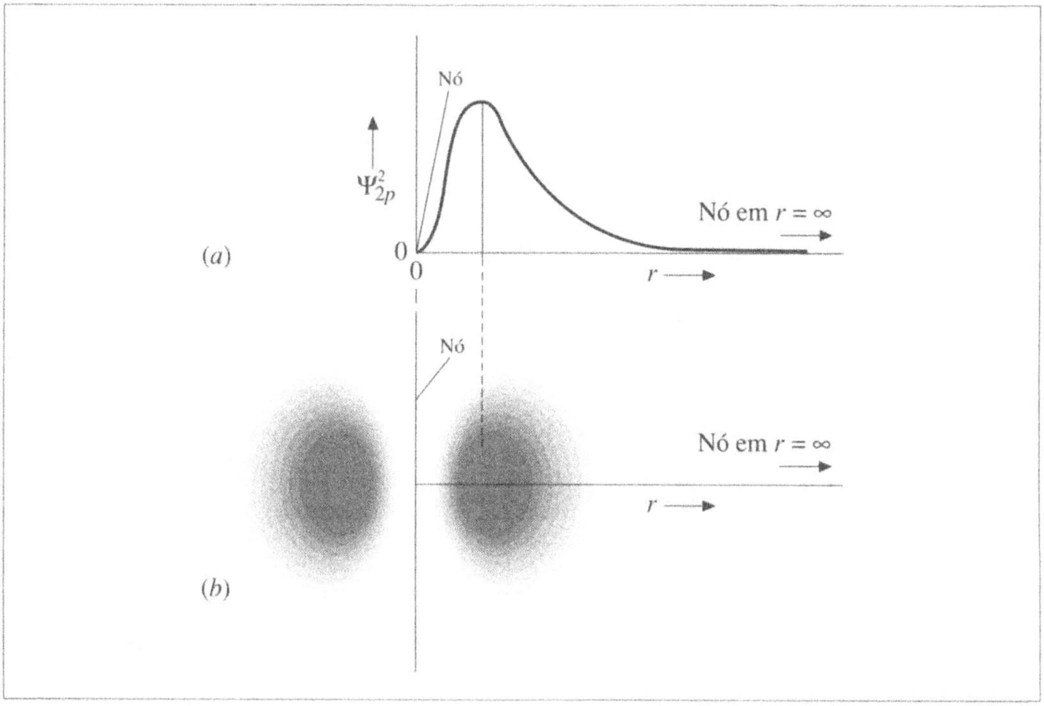

Figura 6.24 Um orbital $2p$. (a) Gráfico da densidade de probabilidade. (b) Secção transversal da nuvem eletrônica.

Um orbital 3*p* é semelhante a um orbital 2*p*, exceto que possui um nó esférico adicional. Os gráficos da densidade de probabilidade e da secção transversal da nuvem eletrônica para um orbital 3*p* estão representados na Figura 6.25.

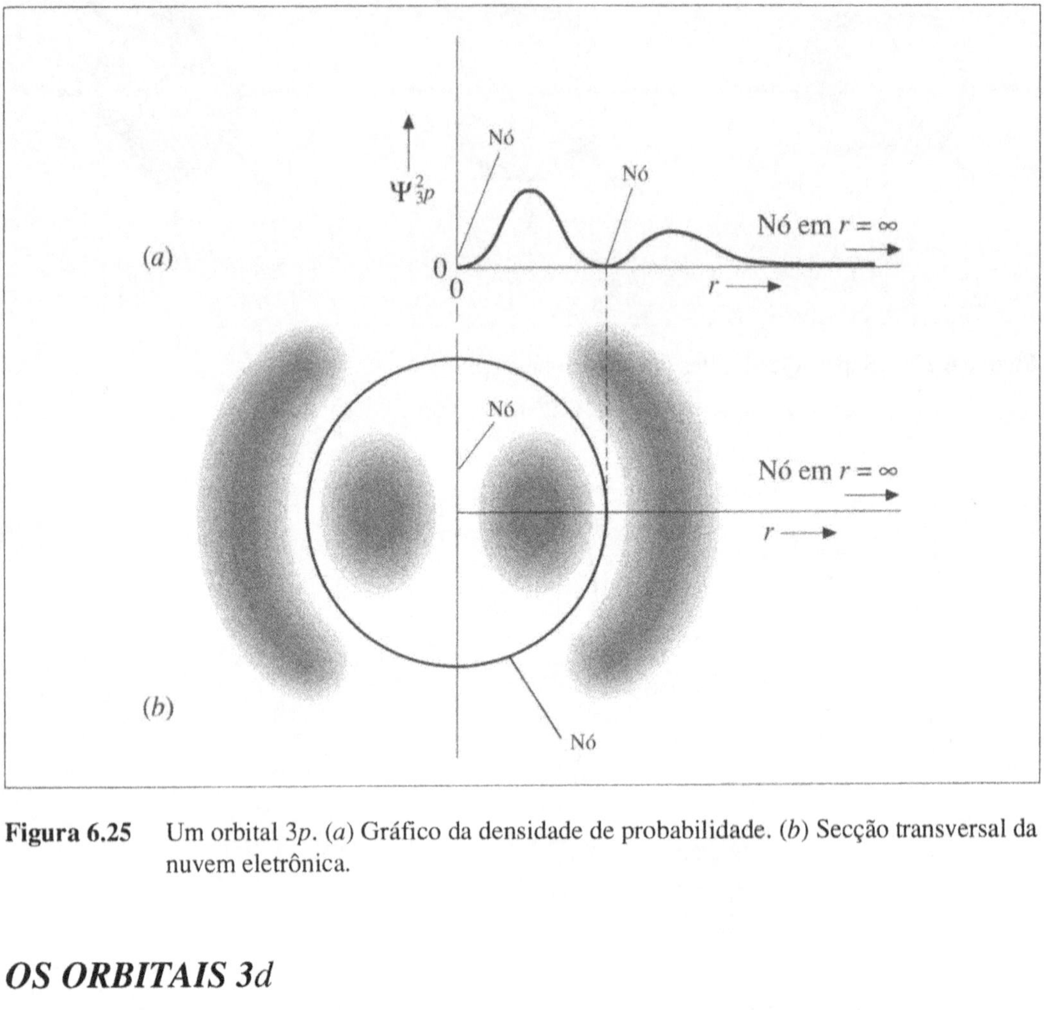

Figura 6.25 Um orbital 3*p*. (*a*) Gráfico da densidade de probabilidade. (*b*) Secção transversal da nuvem eletrônica.

OS ORBITAIS 3d

A subcamada 3*d* consiste em um grupo de cinco orbitais, representados por suas superfícies-limites na Figura 6.26. Estes orbitais são designados por $3d_{xy}$, $3d_{yz}$, $3d_{xz}$, $3d_{x^2-y^2}$ e $3d_{z^2}$. Nos átomos isolados, os elétrons destes orbitais têm energias equivalentes. Os primeiros quatro dos cinco orbitais apresentam quatro lobos e dois nós angulares que são planos, em adição a um nó esférico no infinito. O orbital $3d_{z^2}$ é diferente, apresenta um par de lobos com uma região rosqueada ao meio, entre os lobos. Como os outros orbitais 3*d*, tem dois nós angulares, mas cada um deles é um cone com ápices no núcleo. (Os cones separam os lobos da "rosca".) Os orbitais 4*d* são semelhantes aos 3*d*, exceto que cada um deles tem um nó esférico adicional. Mais tarde veremos que a importância dos orbitais *d* está na explicação das ligações e de outras propriedades dos elementos de transição (Seção 7.1).

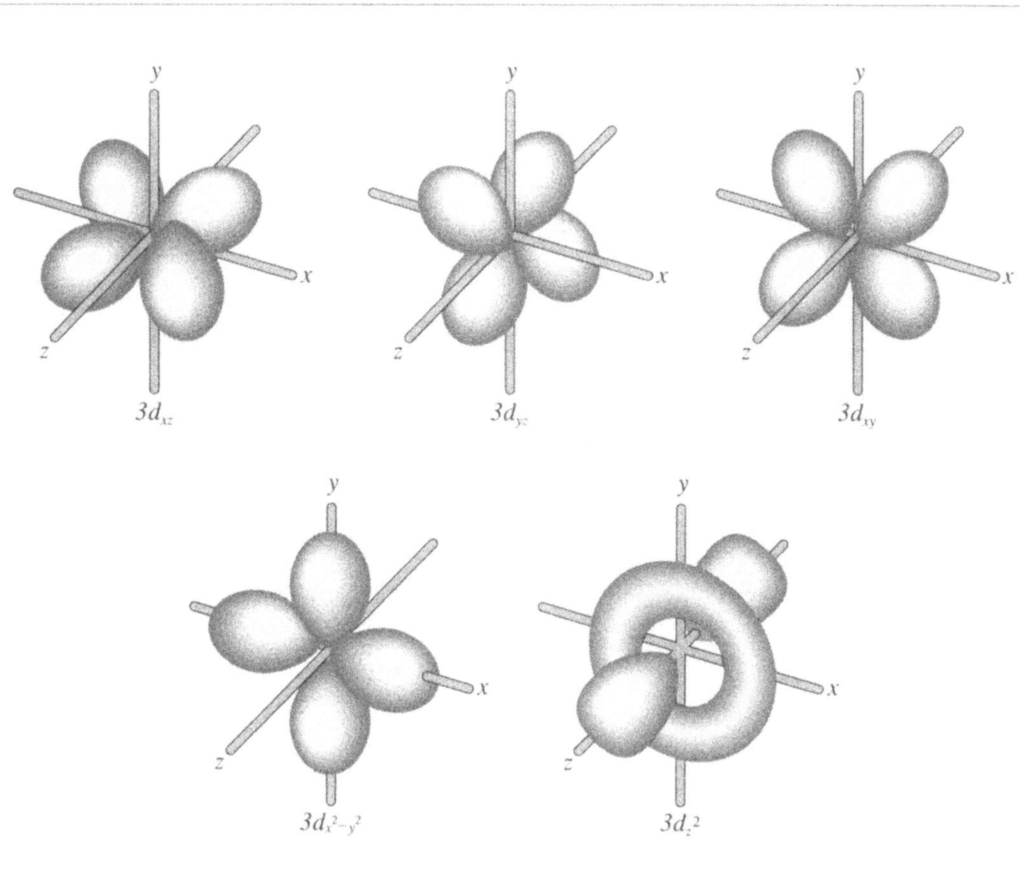

Figura 6.26 Superfícies-limites dos cinco orbitais 3*d*.

OS ORBITAIS f

Os orbitais *f* são ainda mais complexos que os orbitais *d*. Estes orbitais são importantes para a química dos elementos dos lantanóides e actinóides (Seção 7.1.)

Comentários Adicionais

No Capítulo 19 aprenderemos que as formas dos orbitais e as orientações espaciais de seus lobos são importantes na determinação dos ângulos das ligações químicas entre os átomos. Esta informação é útil para a determinação das formas geométricas das moléculas.

AS DISTRIBUIÇÕES DE MÚLTIPLOS ELÉTRONS

Como visto na Seção 6.1, um orbital pode conter um ou dois elétrons. Qual seria a diferença entre a densidade da nuvem eletrônica *total* associada a um elétron num dado orbital quando comparada à de dois elétrons no mesmo orbital? Embora a forma da distribuição de densidade de probabilidade de um orbital seja independente do número de elétrons no orbital, a densidade de probabilidade total Ψ^2 em qualquer ponto no espaço é duas vezes maior para dois elétrons do que para um único elétron, no mesmo orbital. Em outras palavras, para qualquer orbital, a probabilidade de encontrar um elétron num local específico do espaço é duplicada quando um segundo elétron está no orbital. (Isto significa que a densidade da nuvem eletrônica total em qualquer ponto é duas vezes maior para dois elétrons em um orbital do que para somente um.)

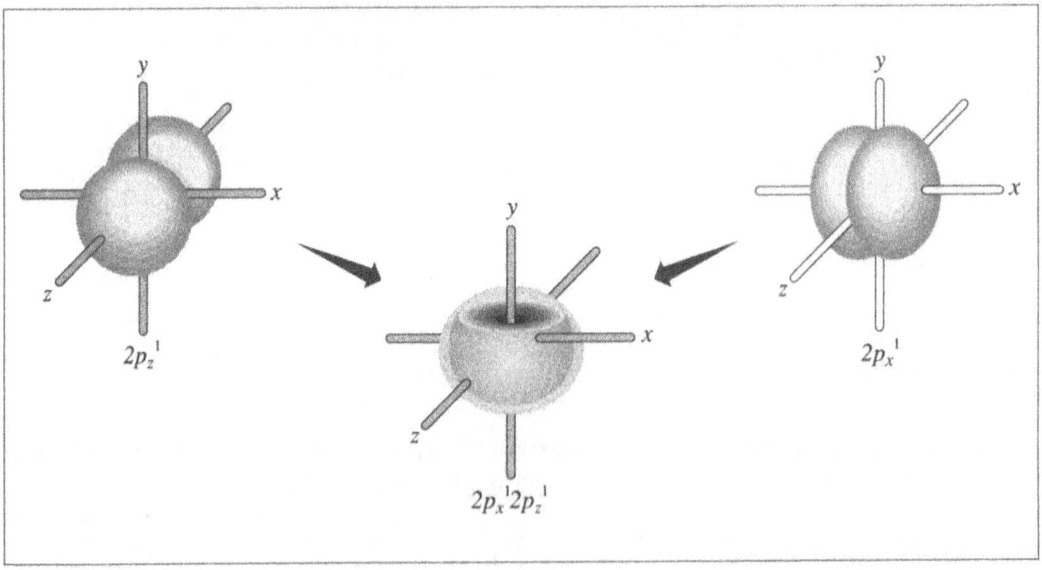

Figura 6.27 Uma nuvem eletrônica. $2p_x^1 2p_z^1$

Qual seria a forma da distribuição da nuvem eletrônica total para a configuração $2p_x^1 2p_z^1$? Neste caso, apesar de os elétrons estarem em orbitais separados, as bordas do orbital $2p_x$ se sobrepõem às do orbital $2p_z$, formando uma distribuição que parece uma "rosca" (Figura 6.27).

Qual seria a forma da distribuição da nuvem eletrônica total para uma subcamada $2p$ semipreenchida, isto é, uma configuração $2p_x^1 2p_y^1 2p_z^1$? Uma superposição das bordas dos três orbitais produz uma nuvem esférica de carga global (Figura 6.28). Em geral, qualquer subcamada semi ou totalmente preenchida exibe uma distribuição total esfericamente simétrica.

Comentários Adicionais

Da discussão precedente, perguntamos: será que as nuvens eletrônicas se interpenetram? A resposta é positiva. Isso significa, então, que dois elétrons podem ocupar o mesmo lugar no espaço ao mesmo tempo? Novamente, a resposta é positiva. Esta idéia é aceitável com os seguintes lembretes: os elétrons possuem propriedades ondulatórias e, portanto, nem sempre têm o comportamento de partículas.

6.5 OS NÚMEROS QUÂNTICOS

Para denominar a camada, a subcamada e o orbital para um elétron, usamos até agora designações tais como: $2p_x$ e $3d_{xy}$. Uma outra maneira de designar um elétron é usando os quatro **números quânticos**.

O NÚMERO QUÂNTICO PRINCIPAL, n

O primeiro número quântico, representado pela letra n, é o **número quântico principal.** Como visto na Seção 6.1, este número designa a *camada* em que o elétron se encontra. Os valores permitidos para n são números inteiros positivos: 1, 2, 3, 4, ... O valor do número quântico principal indica para o elétron sua *distância média do núcleo*, iniciando por $n = 1$, a camada mais próxima do núcleo.

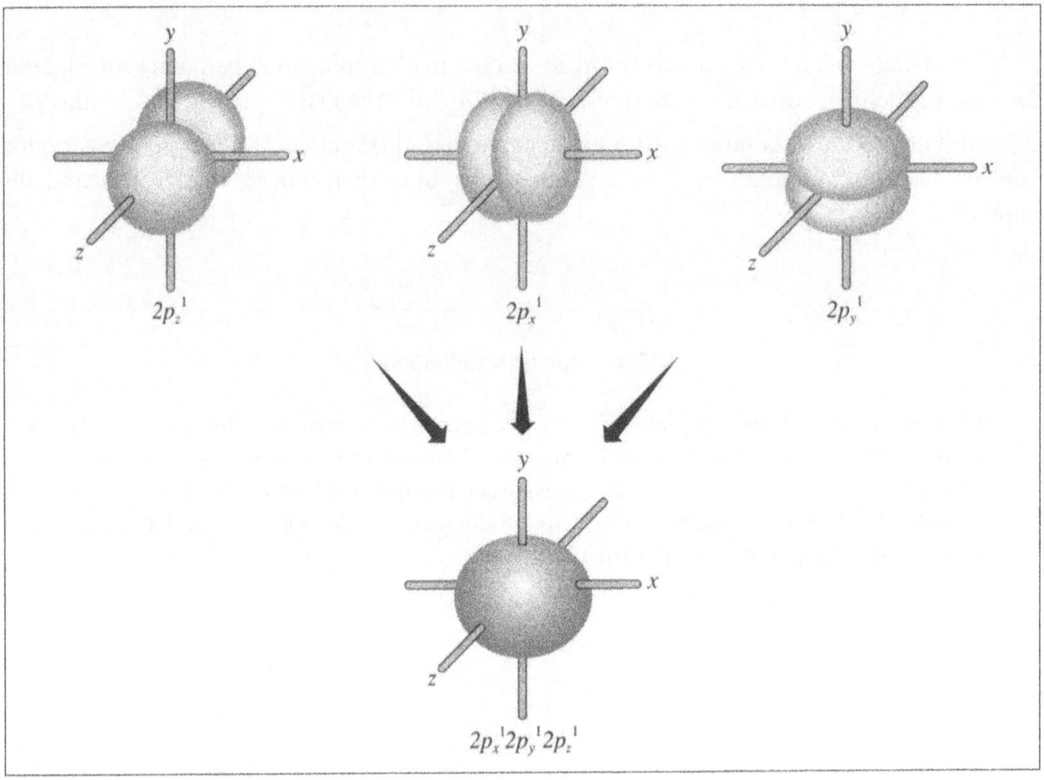

Figura 6.28 Uma nuvem eletrônica $2p_x^1 2p_y^1 2p_z^1$..

O NÚMERO QUÂNTICO AZIMUTAL, l

O segundo número quântico, l, geralmente é chamado de **número quântico azimutal.** Este especifica a subcamada e, assim, a *forma* do orbital. O número quântico azimutal pode apresentar valores inteiros de zero até $n - 1$. $l = 0$ designa uma subcamada s, o que significa que o orbital s é esfericamente simétrico. $l = 1$ designa uma subcamada p, o que quer dizer que o orbital apresenta a forma típica de dois lobos de um orbital p. Da mesma forma, $l = 2$ designa uma subcamada d e $l = 3$, uma subcamada f.

O NÚMERO QUÂNTICO MAGNÉTICO, m_l

O terceiro número quântico é o **número quântico magnético**, m_l. (O termo *magnético* é relativo ao fato de que os orbitais de uma dada subcamada possuem diferentes energias quantizadas na presença de um campo magnético.) m_l fornece informação sobre a *orientação* de um orbital no espaço. Pode assumir valores inteiros no intervalo de $-l$ a $+l$. Vimos que para a subcamada *d*, $l = 2$; então, para esta subcamada, m_l pode ser igual *a* -2, -1, 0, $+1$ ou $+2$, cinco valores correspondentes aos cinco orbitais da subcamada *d*.

Seria conveniente se existisse uma correspondência direta entre cada valor de m_l e um dos orbitais já descritos no capítulo. Por exemplo, vamos considerar os três orbitais de uma subcamada *p* ($l = 1$). Os valores de m_l são iguais a -1, 0 e $+1$, e poderíamos esperar que cada um destes valores correspondesse a um dos orbitais designados por p_x, p_y e p_z. Infelizmente, este não é o caso, pela seguinte razão: cada um dos três orbitais independentes *p* (p_x, p_y e p_z) realmente representa uma densidade de probabilidade e apresenta uma energia associada que pode ser calculada de uma função de onda específica, isto é, de uma solução particular da equação de onda de Schrödinger (Seção 6.4). Há, contudo, mais de um modo para escolher um conjunto de três soluções independentes do "tipo *p*". (Esta situação é característica de uma equação diferencial, do tipo da equação de Schrödinger.) Uma maneira para escolher um conjunto de soluções independentes admite o conjunto dos três orbitais rotulados de m_l com valores de -1, 0 e $+1$; estes são usados na descrição das propriedades magnéticas e espectrais dos átomos. Um outro modo admite os orbitais p_x, p_y e p_z, que são usados na explicação de outros comportamentos atômicos, tais como as ligações químicas. O último conjunto será o de maior utilidade neste livro.[4]

O NÚMERO QUÂNTICO SPIN, m_s

O quarto número quântico é o **número quântico spin**, m_s. Ele especifica o spin do elétron e possui um valor de $+ 1/2$ ou $- 1/2$.

Na Tabela 6.3 há um sumário dos quatro números quânticos com informações que fornecem os seus possíveis valores.

4 Os dois conjuntos de orbitais *p* contêm um elemento em comum: o orbital *p* para o qual $m_l = 0$ é idêntico ao orbital p_z. Correspondências idênticas são encontradas para os orbitais $m_l = 0$ das subcamadas *d* e *f*.

Tabela 6.3 Os quatro números quânticos.

Nome	*Símbolo*	*Característica especificada*	*Informação fornecida*	*Valores possíveis*
Principal	n	Camada	Distância média do núcleo	1,2,3,4,....
Azimutal	l	Subcamada	Forma do orbital	$0,1,2,....(n-1)$
Magnético	m_l	Orbital	Orientação do orbital	$-l, (-l+1),...0,...,(l-1), l$
Spin	m_s	Spin	Spin	$+\frac{1}{2}, -\frac{1}{2}$

O PRINCÍPIO DE EXCLUSÃO DE PAULI

Não podem existir dois elétrons num dado átomo no mesmo estado. Este é um enunciado grosseiro do **princípio de exclusão de Pauli**, que, em geral, é escrito da seguinte maneira: *Não existem dois elétrons num átomo que possuam os mesmos valores para todos os números quânticos.*

Os valores dos quatro números quânticos podem ser atribuídos para cada elétron de um átomo, de acordo com as regras precedentes e o princípio de exclusão de Pauli. Os valores dos números quânticos dos elétrons de um átomo de cloro ($Z = 17$), por exemplo, estão na Tabela 6.4.

OS NÚMEROS QUÂNTICOS E OS NÓS

Os valores dos números quânticos principal e azimutal são relativos ao número de nós, ou à distribuição da densidade de probabilidade da nuvem eletrônica. O número quântico principal n especifica o *número total de nós* na nuvem eletrônica.

Tabela 6.4 Números quânticos para cada um dos 17 elétrons de um átomo de cloro.

Eletrons	n		l		m_l		m_s
1	1	Camada K	0	Subcamada s	0	orbitais $1s$	$+\frac{1}{2}$
2	1		0		0		$-\frac{1}{2}$
3	2	Camada L	0	Subcamada s	0	orbitais $2s$	$+\frac{1}{2}$
4	2		0		0		$-\frac{1}{2}$
5	2		1	Subcamada p	+1	orbitais $2p_x$, $2p_y$, $2p_z$	$+\frac{1}{2}$
6	2		1		0		$+\frac{1}{2}$
7	2		1		−1		$+\frac{1}{2}$
8	2		1		+1		$-\frac{1}{2}$
9	2		1		0		$-\frac{1}{2}$
10	2		1		−1		$-\frac{1}{2}$
11	3	Camada M	0	Subcamada s	0	orbitais $3s$	$+\frac{1}{2}$
12	3		0		0		$-\frac{1}{2}$
13	3		1	Subcamada p	+1	orbitais $3p_x$, $3p_y$, $3p_z$	$+\frac{1}{2}$
14	3		1		0		$+\frac{1}{2}$
15	3		1		−1		$+\frac{1}{2}$
16	3		1		+1		$-\frac{1}{2}$
17	3		1		0		$-\frac{1}{2}$

O número quântico azimutal especifica o *número de nós angulares*. Nós angulares são superfícies que passam pelo núcleo e, para os orbitais considerados, são planos ou cones.

O *número de nós esféricos*, ou *radiais*, é obtido pela diferença entre n e l, isto é por, $n - l$.

Das explicações dadas, vemos que a nuvem eletrônica de qualquer elétron s (l = 0) não tem nós angulares, somente esféricos. (Ver as Figuras 6.16, 6.19 e 6.20; lembre-se do nó esférico no infinito.) A nuvem eletrônica de cada elétron p (l = 1) tem um nó angular. (Ver Figuras 6.21, 6.24 e 6.25). Do mesmo modo, elétrons d (l = 2) e elétrons f (l = 3) têm dois e três nós angulares em suas nuvens eletrônicas, respectivamente.

Comentários Adicionais

Há semelhanças entre as distribuições da densidade de probabilidade eletrônica e os nós das ondas estacionárias. Por exemplo, no caso do elétron $1s$ há um antinó no centro do átomo (alta probabilidade de encontrar o elétron; maior densidade da nuvem eletrônica) e um nó nas extremidades do átomo (probabilidade zero de encontrar o elétron; carga eletrônica zero). Semelhantemente, no primeiro modo de vibração de uma corda estirada (Figura 6.7), há um antinó no centro da corda e um nó em cada extremidade.

A existência de nós na distribuição da densidade de probabilidade eletrônica algumas vezes estimula a pergunta: se a probabilidade de encontrar um elétron é zero em um nó, como o elétron se movimenta de um lado para o outro? (Por exemplo, como nó no orbital $2p$ representa uma superfície na qual o elétron nunca é encontrado, como o elétron se movimenta pelo nó, de um lobo para o outro?) Realmente, o problema deixa de existir se pensarmos no elétron como se fosse uma onda. Compare um elétron com uma corda vibrando: nenhuma parte da corda se move sobre o nó, e um elétron não passa sobre um nó. Pense no elétron $2p$ como sendo uma mancha pelos dois lobos separados por um nó. Pense no elétron como se fosse uma onda.

Finalmente, mencionaremos que em 1928 o físico inglês Paul A. M. Dirac desenvolveu uma elegante versão da mecânica quântica, incorporando aspectos da teoria da relatividade. Os resultados mostram que a probabilidade de encontrar um elétron em um nó é ligeiramente maior do que zero. De acordo com esta teoria, os nós são superfícies em que Ψ^2 é extremamente pequena, praticamente zero.

RESUMO

Devido às limitações quanto à certeza da posição e do momento de um elétron, *o princípio da incerteza de Heisenberg* mostra que o modelo do átomo de Bohr é insatisfatório. A *mecânica quântica* evita contrariar o princípio da incerteza descrevendo os elétrons em átomos como se fossem ondas. As soluções da *equação de onda de Schrödinger* são chamadas *funções de onda* e podem ser usadas na obtenção de diferentes estados quantizados de energia e nas distribuições espaciais da densidade de probabilidade de elétrons em átomos.

A quantização de energias eletrônicas pode ser descrita em termos de *orbitais*, separados, discretos e que são níveis de energia. Os orbitais são agrupados em *subcamadas* (*s*, *p*, *d*, *f*, ...) que são por sua vez agrupados em camadas (K, L, M, N, ...). Cada orbital pode conter no máximo dois elétrons, com *spins antiparalelos*. A atribuição detalhada dos elétrons num átomo para estes orbitais, subcamadas e camadas é chamada *configuração eletrônica* do átomo. Esta configuração pode ser mostrada em um *diagrama de orbital* ou pelo uso da *notação espectroscópica*. As *configurações no estado fundamental* são aquelas em que cada elétron tem a mais baixa energia possível, e podem ser previstas com considerável exatidão para muitos elementos seguindo o *procedimento de Aufbau* e usando um *diagrama de preenchimento*. A forma da distribuição eletrônica, geralmente chamada *forma do orbital*, depende da subcamada: um orbital *s* é esférico, um orbital *p* possui dois lobos etc. Orbitais diferentes numa dada subcamada têm orientações diferentes. Assim, os três orbitais 2*p* são idênticos na forma, mas estão orientados em ângulos retos um em relação ao outro.

A cada elétron num átomo podem ser atribuídos os valores dos quatro *números quânticos* n, l, m_l e m_s. Ao especificar estes valores para um elétron, determinamos a camada, a subcamada, o orbital e o spin do elétron. De acordo com o *princípio da exclusão de Pauli*, não podem existir num átomo dois elétrons que tenham o mesmo conjunto de números quânticos. Os valores de n e l podem ser usados na especificação do número de *nós esféricos (radiais) e angulares*, em cada orbital.

PROBLEMAS

As Ondas e os Elétrons

6.1 Como pode ser mostrado experimentalmente que os elétrons possuem propriedades ondulatórias?

■ **6.2** Calcule o comprimento de onda de um elétron (massa = $9{,}1 \times 10^{-31}$ kg) viajando a $1{,}0 \times 10^{6}$ m s^{-1}.

■ **6.3** Calcule o comprimento de onda de um elefante (massa = 5.500 kg) viajando a 1,0 m s^{-1}.

6.4 Discuta os pontos em que a teoria do átomo de Bohr contraria o princípio da incerteza de Heisenberg.

6.5 Se todas as partículas possuem características ondulatórias, por que não observamos a difração em balas de revólver e bolas de beisebol?

As Configurações Eletrônicas

6.6 Usando a notação espectroscópica, escreva as configurações eletrônicas, no estado fundamental, dos seguintes átomos: (a) C (Z = 6), (b) P (Z = 15), (c) Ti (Z = 22), (d) Co (Z = 27), (e) As (Z = 33), (f) Kr (Z = 36).

6.7 Desenhe um diagrama de orbital para cada átomo no estado fundamental considerado no Problema 6.6.

6.8 Dê o número de orbitais em: (a) uma subcamada *s*; (b) uma subcamada *p*, (c) uma subcamada *d*, (d) uma subcamada *f*, (e) uma camada M, (f) uma camada O.

6.9 Dê o número máximo de elétrons: (a) na camada M, (b) na camada L, (c) no orbital $4p_y$, (d) no orbital $5s$, (e) na subcamada $3p$, (f) na subcamada $3d$.

6.10 Quais dos seguintes átomos nos estados fundamentais devem ser paramagnéticos: (a) Na (Z = 11), (b) Ca (Z = 20), (c) Se (Z = 34), (d) Mn (Z = 25), (e) Co (Z = 27), (f) Zn (Z = 30), (g) Cd (Z = 48), (h) Te (Z = 52).

6.11 As seguintes configurações representam subcamadas onde o "último" elétron foi adicionado de acordo com o procedimento de Aufbau. Escreva, em cada caso, o símbolo do átomo e a sua configuração eletrônica completa: (a) $2p^2$, (b) $4s^1$, (c) $4p^2$, (d) $3d^3$, (e) $3d^8$, (f) $2p^5$, (g) $5s^2$.

6.12 Explique o fato da configuração da camada N em Cr (Z = 24) e Cu (Z = 29) ser $4s^1$ e não $4s^2$.

6.13 Discuta dois tipos de evidências experimentais para demonstrar que o elétron possui spin.

Os Elétrons: Distribuições Espaciais

6.14 A probabilidade de encontrar um elétron $1s$ e $2s$ é maior no núcleo, em ambos os casos. Considerando que isto é verdade, será correto dizer que a subcamada $2s$ está mais afastada do núcleo do que a subcamada $1s$? Explique.

6.15 Compare, em termos de tamanho e forma, os seguintes orbitais: (a) $2s$ e $3s$, (b) $2s$ e $2p_x$, (c) $2p_x$ e $2p_y$, (d) $2p_x$ e $3p_x$.

6.16 Quantos nós esféricos (radiais) e angulares estão presentes em cada um dos seguintes orbitais? (a) 4*s*, (b) 3*d*, (c) 2*p*, (d) 5*p*, (e) 4*f*.

6.17 Desenhe um diagrama de contorno para cada um dos seguintes orbitais: (a) 1*s*, (b) 2*s*, (c) $2p_x$, (d) $3d_{xy}$, (e) $3d_{z^2}$.

6.18 Uma corda em vibração sempre tem nós nas extremidades, independentemente de como seja o modo de vibração. Explique.

6.19 Todo orbital tem um nó no infinito. Explique.

6.20 Desenhe um diagrama de contorno para cada um dos seguintes orbitais: (a) $n = 1$, $l = 0$, (b) $n = 2$, $l = 1$, (c) $n = 3$, $l = 1$.

6.21 Considere um átomo de N, isolado, no estado fundamental: (a) Qual é a sua configuração eletrônica? (b) Compare as energias dos três elétrons *p*. (c) Como poderiam ser modificadas estas energias se duas cargas negativas se aproximassem do átomo, cada uma em direção ao longo do eixo *z*? Se quatro cargas negativas se aproximassem do átomo ao longo dos eixos *z* e *y*, como modificariam as energias dos orbitais?

6.22 Usando a curva da densidade de probabilidade, mostre que um elétron 2*p* está menos fortemente ligado ao núcleo do que um elétron 2*s*.

6.23 Considere um elétron de um átomo na ponta do seu nariz. Quais serão as chances de encontrar este elétron no planeta Marte? Explique.

6.24 Descreva a distribuição da nuvem eletrônica *total* (considere todos os elétrons) dos átomos de $Z = 1$ a $Z = 6$.

6.25 Descreva o significado de um *nó*, para os casos: (a) uma corda em vibração, (b) um couro de tambor em vibração, (c) uma onda eletrônica num átomo.

6.26 Compare as formas dos orbitais nos seguintes pares: (a) 1*s* e 2*s*, (b) 2*s* e 2*p*, (c) $3p_x$ e $3p_y$, (d) $3p_x$ e $3d_{xy}$, (e) $3d_{xy}$ e $3d_{z^2}$.

6.27 Indique o número de nós radiais e angulares em cada uma das seguintes distribuições da nuvem eletrônica: (a) 1*s*, (b) 2*s*, (c) 3*s*, (d) $2p_x$, (e) $3p_y$, (f) $4p_x$, (g) $4f_{xyz}$.

6.28 Descreva os nós angulares associados com cada um dos seguintes orbitais: (a) $2p_x$, (b) $3p_x$, (c) $4p_x$, (d) $3d_{xy}$, (e) $3d_{z^2}$.

Números Quânticos

6.29 Quais são os nomes e os símbolos dos quatro números quânticos usados na especificação de elétrons em átomos? Quais são seus valores? Qual o significado de cada um?

6.30 Considerando os valores possíveis que podem ser atribuídos ao número quântico magnético m_l, mostre que cada subcamada *d* pode conter 10 elétrons.

6.31 Enuncie a regra geral que possibilita prever o número e o tipo de nós, em um orbital, a partir dos seus números quânticos principal e azimutal.

6.32 Quais dos seguintes conjuntos de números quânticos (citados na ordem n, l, m_l, m_s) são impossíveis para um elétron num átomo, no estado fundamental?

(a) 4, 2, 0, + ½, (b) 3, 3, -3, – ½ (c) 2, 0, +1, + ½, (d) 4, 3, 0, + ½, (e) 3, 2, –2, –1.

6.33 Elabore uma tabela mostrando os valores dos quatro números quânticos, para cada elétron, dos seguintes átomos no estado fundamental: (a) N, (b) S, (c) Si, (d) Cr.

PROBLEMAS ADICIONAIS

6.34 Considerando que cada elétron desemparelhado em um átomo contribui com ½ do spin *total*, qual o spin eletrônico total para cada um dos seguintes átomos: (a) Na (Z = 11), (b) Si (Z = 14), (c) Co (Z = 27), (d) Se (Z = 34), (e) Rb (Z = 37).

6.35 Quais dos seguintes conjuntos de números quânticos (citados na ordem: n, l, m_l, m_s) são impossíveis para um elétron num átomo?

(a) 3, 2, -2, + ½; (b) 3, 4, +3, – ½; (c) 3, 2, –1, –1; (d) 3, 0, –1, – ½, (e) 3, 0, 0, + ½.

6.36 Descreva as formas e as orientações espaciais dos cinco orbitais $3d$.

6.37 Esboce um diagrama de contorno para cada um dos seguintes orbitais: (a) $4s$, (b) $4p_x$, (c) $5p_x$, (d) $4d_{xz}$.

6.38 Esboce alguns dos modos de vibração de uma fina vara, saltando, fixada rigidamente numa extremidade.

6.39 A energia de um elétron $2p$ é maior do que a de um elétron $2s$. Justifique sua resposta com base nos diagramas de contorno.

Capítulo 7

PERIODICIDADE QUÍMICA

TÓPICOS GERAIS

7.1 A DESCOBERTA DA LEI PERIÓDICA

Desenvolvimentos preliminares

Periodicidade: uma descrição moderna

A tabela periódica moderna

7.2 A PERIODICIDADE NAS CONFIGURAÇÕES ELETRÔNICAS

7.3 A PERIODICIDADE NAS PROPRIEDADES ATÔMICAS

Raio atômico

Energia de ionização

Afinidade eletrônica

7.4 A PERIODICIDADE NAS PROPRIEDADES FÍSICAS

Densidades e pontos de fusão

Metais e não-metais

7.5 A PERIODICIDADE NAS PROPRIEDADES QUÍMICAS

Metais

Não-metais

Hidroxi-compostos: ácidos e bases

A periodicidade na estequiometria

No começo do século XIX, um considerável número de elementos e compostos foi descoberto com semelhanças e tendências em suas propriedades. Este fato chamou a atenção dos novos químicos, e desde que as massas atômicas de diversos elementos passaram a ser conhecidas (ou previstas), o que seria mais natural do que observar as relações entre as massas atômicas e as outras propriedades? Com o grande número de informações adquiridas ao longo dos anos, tornou-se evidente para os pesquisadores que as relações de fato existiram, e que as propriedades atômicas, tais como a massa, foram evidentemente responsáveis pelo comportamento químico. Eventualmente esta constatação conduziu ao estabelecimento de uma poderosa generalização pertinente às propriedades dos elementos: a *lei periódica*.

7.1 A DESCOBERTA DA LEI PERIÓDICA

DESENVOLVIMENTOS PRELIMINARES

Desde os primórdios, os químicos são responsáveis pela evolução do conceito de periodicidade[1] química. O alemão Lothar Meyer e o russo Dmitri Mendeleev fizeram mais do que quaisquer outros, posicionando-a sobre um firme fundamento experimental. Trabalhando independentemente, eles descobriram a lei periódica e publicaram a tabela periódica dos elementos. Meyer publicou primeiro em 1864 e em 1869 expandiu sua tabela para mais de 50 elementos. Ele demonstrou a variação de propriedades periódicas, como o volume molar, o ponto de ebulição e a dureza, como uma função da massa atômica. No mesmo ano Mendeleev publicou os resultados de seu trabalho, incluindo sua própria versão de tabela periódica. Nos anos seguintes, ele prosseguiu em seu estudo, e em 1871 publicou a versão mostrada na Tabela 7.1. Com esta tabela ele previu a existência de elementos ainda não conhecidos na época e que ocupariam os espaços vazios da mesma. Deste modo, previu a existência dos elementos gálio e germânio e estimou suas propriedades com grande exatidão. Demonstrou-se assim o valor da tabela periódica na organização do conhecimento químico.

Em suas tabelas periódicas, Meyer e Mendeleev listaram os elementos em ordem crescente de massa atômica. (Nesta época, as massas atômicas eram conhecidas, mas os números atômicos não.) Atualmente, sabemos que a periodicidade é mais facilmente visualizada se a listagem for feita em ordem crescente do *número atômico*. Este fato ocasiona, em alguns casos, uma pequena diferença na seqüência dos elementos, pois, numa comparação entre dois elementos, o que tem o maior número atômico em geral tem a maior massa atômica. (Entretanto, existem umas poucas exceções; compare o potássio, $Z = 19$, com o argônio, $Z = 18$, ou o iodo, $Z = 53$, com o telúrio, $Z = 52$.)

1 Periodicidade significa ocorrer regularmente ou intermitentemente. Um exemplo familiar de periodicidade é a ocorrência da maré alta no oceano, duas vezes ao dia.

Tabela 7.1 Tabela periódica de Mendeleev com "pesos atômicos" (1871).

	Grupo I	*Grupo II*	*Grupo III*	*Grupo IV*	*Grupo V*	*Grupo VI*	*Grupo VII*	*Grupo VIII*		
1	H 1									
2	Li 7	Be 9,4	B 11	C 12	N 14	O 16	F 19			
3	Na 23	Mg 24	Al 27,3	Si 28	P 31	S 32	Cl 35,5			
4	K 39	Ca 40	— 44	Ti 48	V 51	Cr 52	Mn 55	Fe 56	Co 59	Ni 59
5	Cu 63	Zn 65	— 68	— 72	As 75	Se 78	Br 80			
6	Rb 85	Sr 87	Yt 88	Zr 90	Nb 94	Mo 96	— 100	Ru 104	Rh 104	Pd 106
7	Ag 108	Cd 112	In 113	Sn 118	Sb 122	Te 125	I 127			
8	Cs 133	Ba 137	Di 138?	Ce 140?						
9										
10			Er 178	La 180	Ta 182	W 184		Os 195	Ir 197	Pt 198
11	Au 199	Hg 200	Tl 204	Pb 207	Bi 208					
12				Th 231		U 240				

PERIODICIDADE: UMA DESCRIÇÃO MODERNA

A **lei periódica** estabelece que *quando os elementos são listados, seqüencialmente, em ordem crescente do número atômico, é observada uma repetição periódica em suas propriedades.* Para entender o significado deste comentário, considere a seqüência mostrada na Figura 7.1, que é a primeira parte desta lista de elementos. Nesta ilustração a posição de cada elemento, na seqüência, é marcada por um círculo, quadrado ou triângulo. Ao examinarmos esta lista, um conjunto de elementos que atrai nossa atenção é o dos **gases nobres** (quadrados, no diagrama). Como mencionado na Seção 6.1, recebem esta denominação porque todos são gases a temperaturas e pressões ordinárias ou comuns, e pouco ativos quimicamente, ou *nobres*. (A palavra tem sido usada deste modo, uma vez que os metais preciosos, notadamente prata, ouro e platina, todos pouco reativos, foram a princípio denominados metais nobres.). Os gases nobres são:

Hélio	(He, $Z = 2$)
Neônio	(Ne, $Z = 10$)
Argônio	(Ar, $Z = 18$)
Criptônio	(Kr, $Z = 36$)
Xenônio	(Xe, $Z = 54$)
Radônio	(Ra, $Z = 86$)

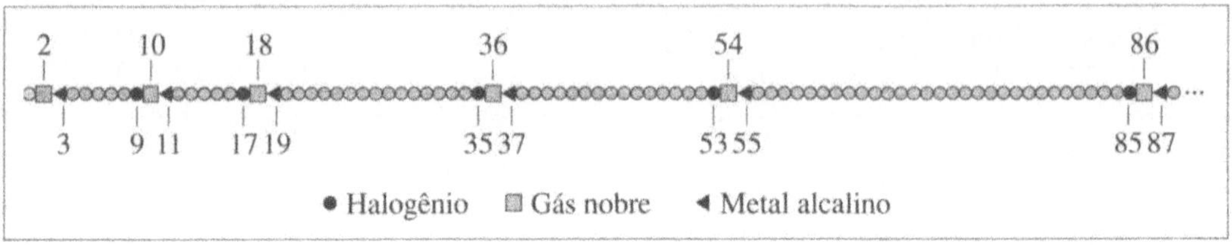

Figura 7.1 A lei periódica.

Ao olharmos para um elemento imediatamente posterior a um gás nobre, encontramos um metal altamente ativo que reage vigorosamente com uma grande variedade de substâncias, inclusive com a água. Esta família de elementos é chamada de **metais alcalinos**, e cada elemento é designado por um triângulo na Figura 7.1. Os metais alcalinos são:

Lítio	(Li, $Z = 3$)
Sódio	(Na, $Z = 11$)

Potássio	(K, $Z = 19$)
Rubídio	(Rb, $Z = 37$)
Césio	(Cs, $Z = 55$)
Frâncio	(Fr, $Z = 87$)

Os elementos imediatamente anteriores aos gases nobres, exceto o hidrogênio, são todos altamente reativos, semelhantes quimicamente aos não-metais, e são chamados **halogênios**. Estão designados por círculos na Figura 7.1. Os halogênios são:

Flúor	(F, $Z = 9$)
Cloro	(Cl, $Z = 17$)
Bromo	(Br, $Z = 35$)
Iodo	(I, $Z = 53$)
Astato	(At, $Z = 85$)

(Embora algumas das propriedades do hidrogênio sejam semelhantes às dos halogênios, o hidrogênio não é classificado como um halogênio. As propriedades do hidrogênio ocupam uma classe particular.)

Considerando estas três famílias de elementos, encontramos a seqüência halogênio-gás-nobre-metal alcalino que se *repete periodicamente*. (A periodicidade química pode ser posteriormente demonstrada pela inclusão de outras famílias de elementos em um estudo similar.)

A TABELA PERIÓDICA MODERNA

A repetição verificada na lei períodica é a base da estrutura da **tabela períodica** moderna, na qual as famílias de elementos com propriedades químicas semelhantes são distribuídas em colunas verticais chamadas **grupos**. Uma tabela periódica é mostrada na Figura 7.2.

Grupos. Os grupos maiores consistem em cinco ou seis elementos e são chamados **grupos representativos, principais** ou **grupos A**. São enumerados de IA até VIIA, mais o grupo 0. (O grupo 0 consiste nos gases nobres e algumas vezes é chamado grupo VIIIA.) Comumente, o "A" é omitido nestas designações, e assim os halogênios correspondem ao grupo VIIA ou grupo VII. Os elementos destes grupos são conhecidos como **elementos representativos**.

Os grupos menores encontrados na região central da tabela periódica são chamados **grupos de transição**, **subgrupos** ou **grupos B**. São enumerados por algarismos romanos e pela letra B. Os elementos deste grupo são conhecidos como **elementos de transição**.

Por muitos anos, houve um desacordo internacional quanto aos grupos que seriam designados por A e por B. O sistema descrito há pouco e usado neste livro é comum nos Estados Unidos, mas alguns publicam tabelas periódicas, comercialmente, usando as letras A e B de forma trocada. Em 1990, a IUPAC (Seção 2.10) publicou a recomendação final para um novo sistema que não usa letras e os grupos passariam a ser enumerados com algarismos arábicos de 1 até 18 (da esquerda para a direita). Na Figura 7.2, a numeração dos grupos de acordo com este novo sistema é mostrada acima da designação tradicional.

Períodos. As filas horizontais da tabela periódica são chamadas **períodos** e são enumeradas com algarismos arábicos de 1 a 7. Observe que os períodos variam grandemente em comprimento: o primeiro período consiste em somente dois elementos, o sexto período consiste em 32 elementos, em parte porque estão incluídos os **lantanóides**[2], que são 14 elementos do lantânio ($Z = 57$) até o itérbio ($Z = 70$). O sétimo período também consiste (potencialmente) em 32 elementos, pois estão incluídos os 14 elementos **actinóides**[3], do actínio ($Z = 89$) ao nobélio ($Z = 102$). Os lantanóides e actinóides são conjuntamente chamados **elementos de transição interna**.

A tabela periódica mostrada na Figura 7.2 é longa e embaraçosa, por este motivo é usualmente mostrada na forma mais compacta na Figura 7.3, na qual os lantanóides e actinóides são colocados abaixo da tabela principal. Esta forma é mostrada nas páginas iniciais do livro, de modo a ser uma referência[4] prontamente utilizável.

---

2 O termo *lantanóide* é recomendado pela IUPAC, embora não seja de uso comum dos Estados Unidos. Um termo mais antigo é *elemento terra-rara*.

3 A IUPAC recomenda o termo *actinóide*. Um termo mais antigo *é elemento terra-rara pesado*.

4 Muitas tabelas periódicas comerciais publicadas posicionam o lantânio ($Z = 57$) e o actínio ($Z = 89$) sob o ítrio ($Z = 39$), e concordam em designar os elementos do cério ($Z = 58$) ao lutécio ($Z = 71$) como lantanóides e do tório ($Z = 90$) ao laurêncio ($Z = 103$) como actinóides. Contudo, as evidências experimentais sustentam a disposição usada neste livro. Para um resumo desta evidência, veja o artigo de William B. Jensen no *Journal of Chemical Education*, vol. 59, p. 634 (1982).

Grupos IUPAC	1	2															3	4	5	6	7	8	9	10	11	12	13	14	15	16	17	18
Grupos tradicionais (Estados Unidos)	IA	IIA															IIIB	IVB	VB	VIB	VIIB	VIIIB			IB	IIB	IIIA	IVA	VA	VIA	VIIA	0
Períodos 1													1 H																			2 He
2	3 Li	4 Be																									5 B	6 C	7 N	8 O	9 F	10 Ne
3	11 Na	12 Mg																									13 Al	14 Si	15 P	16 S	17 Cl	18 Ar
4	19 K	20 Ca															21 Sc	22 Ti	23 V	24 Cr	25 Mn	26 Fe	27 Co	28 Ni	29 Cu	30 Zn	31 Ga	32 Ge	33 As	34 Se	35 Br	36 Kr
5	37 Rb	38 Sr															39 Y	40 Zr	41 Nb	42 Mo	43 Tc	44 Ru	45 Rh	46 Pd	47 Ag	48 Cd	49 In	50 Sn	51 Sb	52 Te	53 I	54 Xe
6	55 Cs	56 Ba	57 La	58 Ce	59 Pr	60 Nd	61 Pm	62 Sm	63 Eu	64 Gd	65 Tb	66 Dy	67 Ho	68 Er	69 Tm	70 Yb	71 Lu	72 Hf	73 Ta	74 W	75 Re	76 Os	77 Ir	78 Pt	79 Au	80 Hg	81 Tl	82 Pb	83 Bi	84 Po	85 At	86 Rn
7	87 Fr	88 Ra	89 Ac	90 Th	91 Pa	92 U	93 Np	94 Pu	95 Am	96 Cm	97 Bk	98 Cf	99 Es	100 Fm	101 Md	102 No	103 Lr	104 Unq	105 Unp	106 Unh	107 Uns	108 Uno	109 Une	110	111	112	113	114	115	116	117	118

Figura 7.2 A tabela periódica dos elementos, forma expandida.

Observe que o hidrogênio é posicionado, isoladamente, na parte superior da tabela periódica. Isto é feito porque as propriedades do hidrogênio são particulares. Algumas versões da tabela periódica posicionam o hidrogênio acima do lítio (grupo IA) e/ou acima do flúor (grupo VIIA). Contudo, o hidrogênio pouco apresenta das propriedades dos metais alcalinos ou dos halogênios.

Cada novo período, após o primeiro na tabela periódica, tem início com um metal alcalino (grupo IA) e termina com um gás nobre (grupo 0). Entre os elementos, alguns têm nomes especiais: **metais alcalinos terrosos**, do grupo IIA, **calcogênios** do grupo VIA e, como mencionado anteriormente, os elementos do grupo VIIA são denominados halogênios. As famílias dos elementos são mostradas na Figura 7.4.

7.2 A PERIODICIDADE NAS CONFIGURAÇÕES ELETRÔNICAS

A periodicidade nas propriedades dos elementos é o resultado da periodicidade nas configurações eletrônicas de seus átomos.

A Tabela 6.1 apresenta as configurações eletrônicas de todos os átomos. Ao compararmos estas configurações com a tabela periódica, vemos que cada período tem ínicio com um átomo de configuração ns^1. (Lembre-se: neste contexto, n representa a camada mais externa de elétrons. Veja Seção 6.1.) Estes átomos são de hidrogênio e elementos do grupo IA (os metais alcalinos). Os átomos imediatamente seguintes a estes têm configuração ns^2; incluem o hélio no primeiro período e demais elementos do grupo IIA, os metais alcalino-terrosos. Pode-se dizer que cada período é iniciado pela adição de um elétron a uma nova (previamente desocupada) camada. Como a distância média do núcleo é maior para um elétron nesta camada, denominamos tal camada de *camada externa*. É ainda mais comumente chamada de **camada de valência**. A palavra *valência* significa "capacidade de combinação", e os elétrons na camada mais externa são grandemente, embora não exclusivamente, responsáveis pela maneira dos átomos se combinarem (formarem ligações) entre si.[5]

5 Alguns autores e professores preferem a definição do termo *camada de valência* de modo a incluir alguns elétrons em uma subcamada incompleta *d* da segunda camada mais externa.

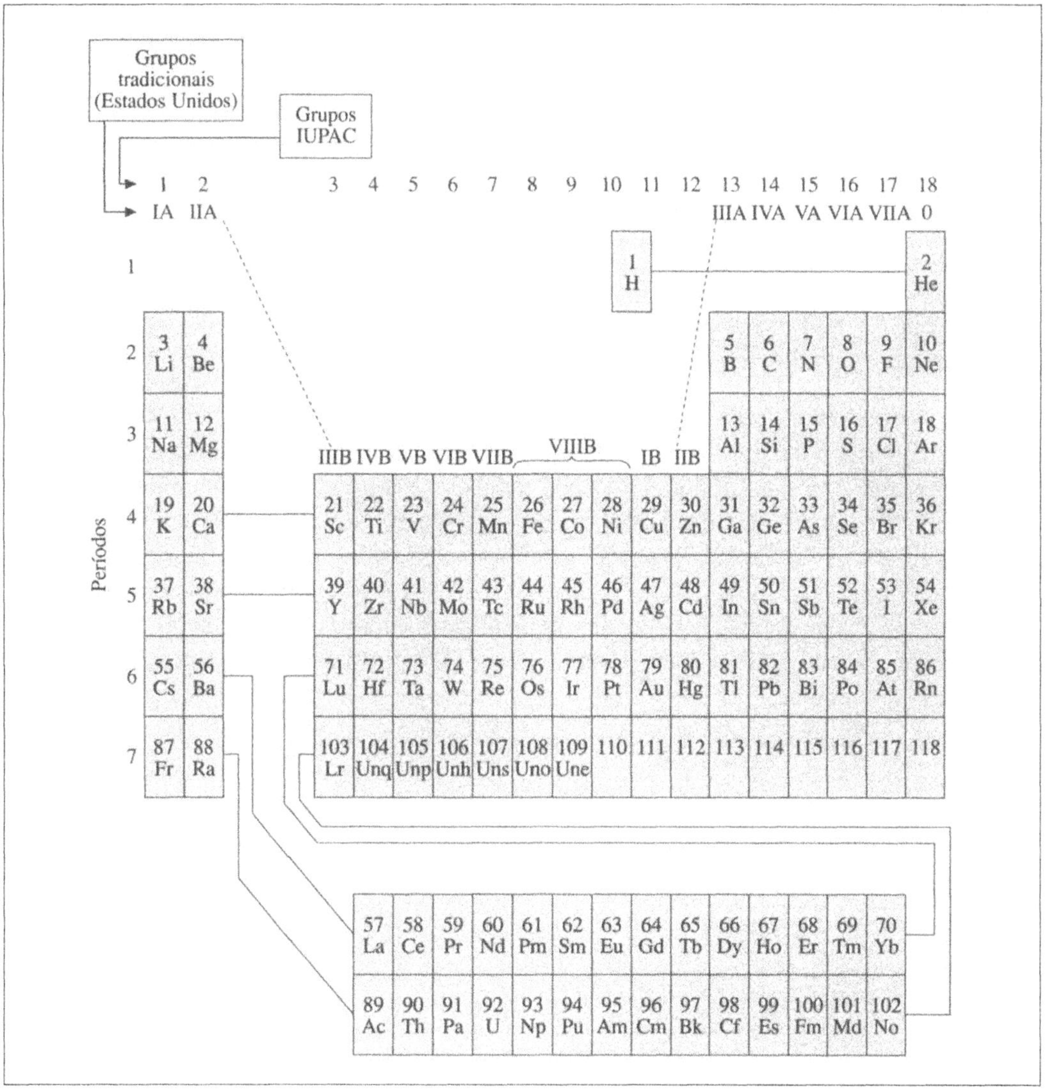

Figura 7.3 A tabela periódica dos elementos, forma convencional.

A Figura 7.5 é um diagrama de preenchimento na forma de tabela periódica. Neste diagrama estão agrupados juntamente todos os átomos no qual o elétron *s* é o último elétron adicionado com o procedimento de Aufbau (Seção 6.1). Os átomos com configurações ns^1 ou ns^2 na camada de valência pertencem aos elementos do *bloco s*.

O primeiro período consiste em somente dois elementos porque a camada K tem apenas um orbital. O segundo período e o subseqüente completam-se com a subcamada *p* da camada de valência (a subcamada *np*), que pode comportar seis elétrons. Neste caso, ao longo do segundo e terceiro períodos as camadas de valência dos átomos podem conter de um a oito elétrons, como as configurações de ns^1 e ns^2 para os grupos IA e IIA a ns^2np^1 e ns^2np^6 para os grupos IIIA a 0. O "último elétron" em cada um destes grupos é um elétron *p*, e eles compreendem o bloco *p* de elementos, como mostrado na Figura 7.5.

Quando oito elétrons estão presentes na camada de valência, sua configuração é ns^2np^6 e o elemento é um gás nobre. Esta é uma configuração estável, e os gases nobres têm pouca tendência a reagir. A configuração ns^2np^6 é chamada **octeto** porque consiste em um total de oito elétrons, e a generalização desta configuração de especial estabilidade é conhecida por **regra do octeto**.

No quarto período, uma progressão regular de configurações eletrônicas iniciando com ns^1 e terminando com ns^2np^6 é interrompida pelo atraso de complementação de terceira camada, pois os elétrons são adicionados previamente na subcamada 3*d*. Um preenchimento similar da subcamada $(n-1)d$ ocorre no quinto, sexto e sétimo período. Desse modo, os elementos de transição (grupo B) têm vários números de életrons na sua subcamada $(n-1)d$. A subcamada *d* pode conter 10 elétrons; este preenchimento explica o fato de que há dez elementos na série dos elementos de transição. Porque o "último elétron" em cada um destes átomos é um elétron *d*, os elementos compreendem o *bloco d* de elementos. (Ver Figura 7.5.)

Comentários Adicionais

Um gás nobre não apresenta a configuração ns^2np^6; a configuração do hélio é somente ns^2 porque a camada K não inclui a subcamada *p*.

Ao longo da série de lantanóides e actinóides, a subcamada a ser preenchida com o procedimento de Aufbau é a subcamada $(n-2)f$, que é a subcamada *f* da terceira camada externa. Uma subcamada *f* tem um número máximo de 14 elétrons e, assim, são 14 lantanóides e 14 actinóides que juntamente constituem o *bloco f*, como mostra a Figura 7.5.

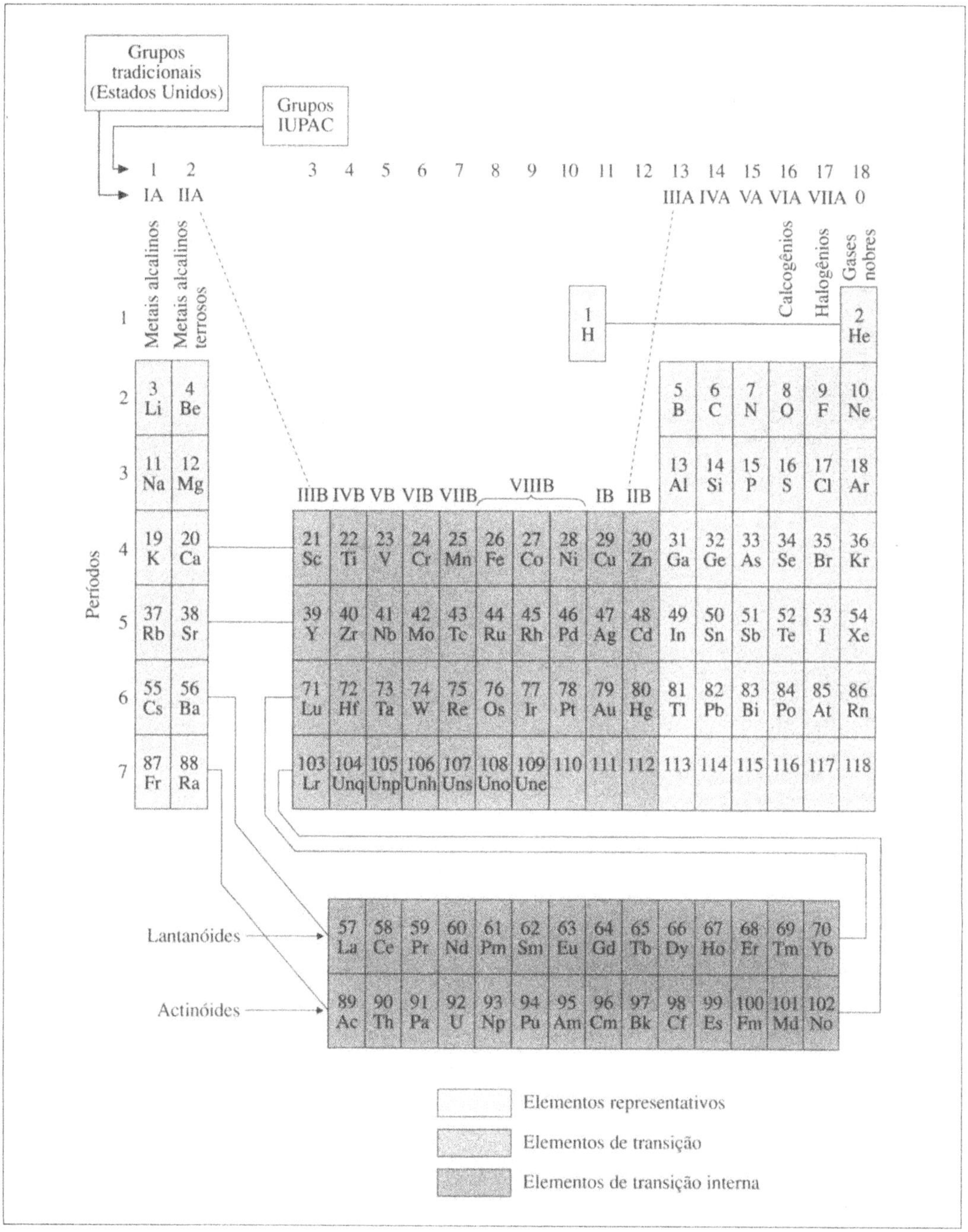

Figura 7.4 Famílias dos elementos na tabela periódica.

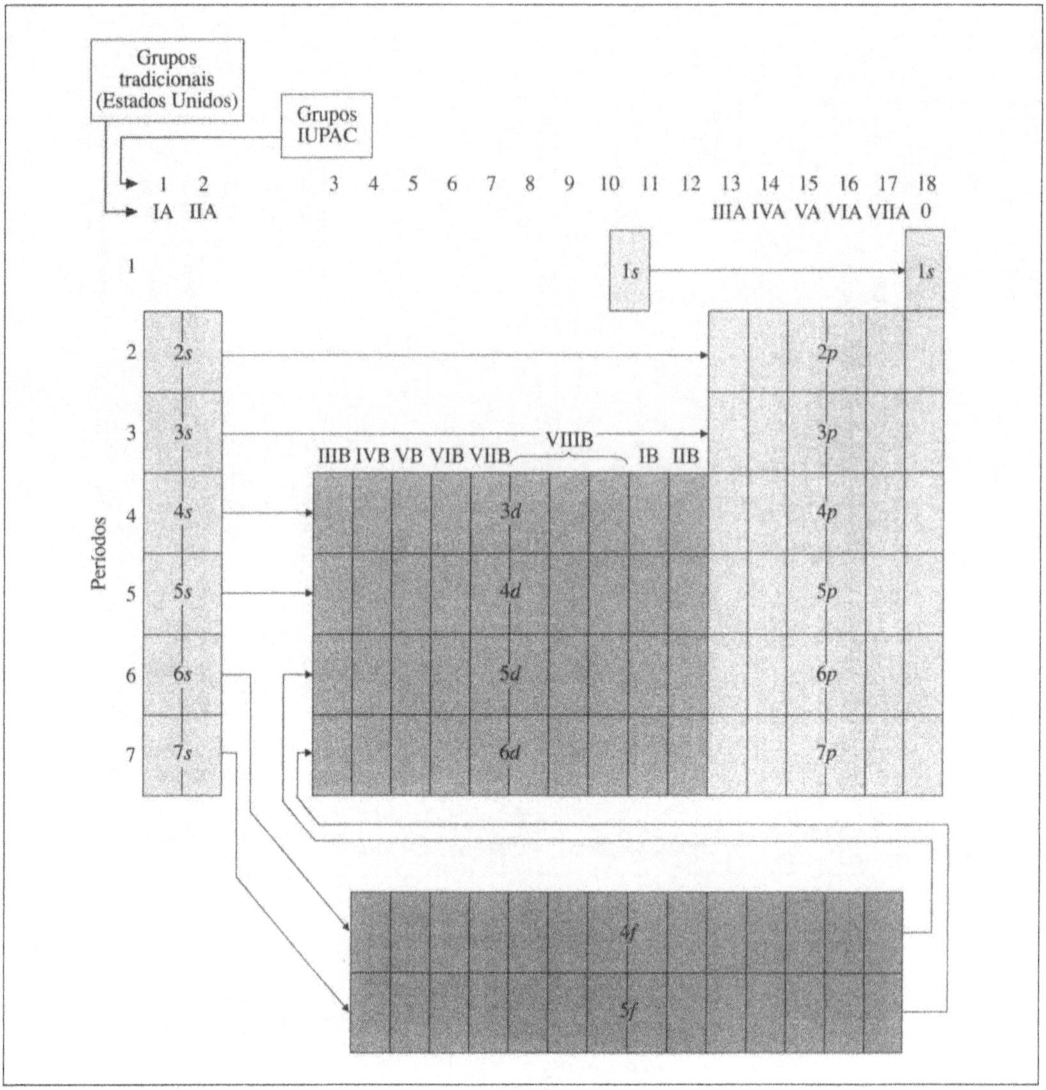

Figura 7.5 A tabela periódica e a ordem de preenchimento.

Comentários Adicionais

Podemos observar na Tabela 6.1 que as configurações eletrônicas de Aufbau não são perfeitamente regulares e, para alguns elementos dos blocos *d* e, *f*, o "último" elétron não se encontra na subcamada esperada. Em geral, contudo, tais exceções geralmente têm pouco significado químico.

Por que as configurações eletrônicas são importantes? Um dos objetivos da química é a capacidade de prever as propriedades físicas e químicas das substâncias e de conhecer as propriedades e estruturas dos átomos individuais e moléculas. Ainda que distante da possibilidade de fazer previsões exatas em todos os casos, as tentativas têm-se mostrado produtivas na maioria das pesquisas químicas.

7.3 A PERIODICIDADE NAS PROPRIEDADES ATÔMICAS

Algumas das propriedades dos átomos mostram variações periódicas em função do número atômico. Nesta seção descreveremos a variação de três destas propriedades: raio atômico, energia de ionização e afinidade eletrônica.

RAIO ATÔMICO

Qual é o "tamanho" de um átomo? Esta não é uma questão fácil de ser respondida. Embora a nuvem eletrônica de um átomo se estenda a um nó no infinito, o conceito do átomo infinitamente grande não é certamente útil. Algumas vezes o tamanho de um átomo é arbitrariamente definido como o tamanho da superfície-limite (ver a Seção 6.4) que contém a maior parte, digamos 90%, de sua carga eletrônica total. Contudo, uma medida *experimental* segura do tamanho atômico é mais proveitosa.

As medidas experimentais dos tamanhos dos átomos são dificultadas por uma série de problemas. A dificuldade não é devido às técnicas experimentais, mas reside na interpretação dos resultados. Consideremos o caso da molécula de hidrogênio, H_2, por exemplo. A distância de ligação nesta molécula foi determinada e é de 0,074 nm. O termo *distância de ligação* é referente à *distância entre os núcleos de dois átomos ligados*, e, portanto, é razoável considerar que, na molécula de H_2, metade de 0,074 nm, ou 0,037 nm, é o raio de um único átomo de hidrogênio. Agora, consideraremos o diamante, que é constituído por átomos de carbono, e cuja distância de ligação é 0,154 nm. A metade deste valor 0,077 nm, pode ser considerada como sendo o raio atômico do carbono. Considerando, por fim, o composto metano, CH_4, um composto molecular em que quatro átomos de hidrogênio estão ligados a um átomo de carbono, verificamos que, se verdadeiramente os raios dos átomos de carbono e hidrogênio são fixos e característicos, a distância internuclear de carbono para hidrogênio no metano é dada por 0,037 nm + 0,077 nm, ou seja, 0,114 nm. Mas a distância de ligação determinada experimentalmente é de 0,110 nm. Os métodos empregados são bem precisos, e a discrepância de 0,004 nm não pode ser desprezada. O obstáculo aparece porque o raio efetivo do átomo não é constante. A contribuição de cada átomo na distância de ligação total depende da natureza da ligação, que por sua vez depende, em parte, das propriedades dos átomos.

Apesar destas dificuldades é possível reunir um conjunto de dados de raios atômicos aproximados obtidos de medidas de distâncias interatômicas. Os resultados são mostrados graficamente na Figura 7.6, demonstrando claramente a variação periódica dos raios atômicos em função do número atômico. Observe que cada período inicia com um átomo grande e que os raios geralmente decrescem através do período.

Como poderíamos explicar este decréscimo do raio atômico ao longo do período? De acordo com as configurações eletrônicas, no estado fundamental de Aufbau, ao longo do segundo e terceiro períodos, os elétrons são adicionados na camada de valência. Simultaneamente, é importante relembrar que *prótons são adicionados ao núcleo*, aumentando a carga nuclear. Este aumento atrai *todos* os elétrons, aproximando-os do núcleo; como resultado, o raio atômico diminui. A Tabela 7.2 mostra os raios atômicos e as configurações dos elementos do segundo período.

Nos períodos 4, 5 e 6, o decréscimo nos raios atômicos ao longo do período é moderado pela intervenção da série dos elementos de transição. Por quê? A estruturação de configurações eletrônicas da série dos elementos de transição é caracterizada por um aumento gradual do número de elétrons na segunda camada externa ($n - 1$), e não na camada de valência, n. Uma vez que os elétrons são colocados em $(n - 1)d$, entre o núcleo e a camada de valência, eles protegem parcialmente os elétrons da camada de valência da força de atração exercida pelo núcleo. Este *efeito protetor* reduz a carga nuclear efetiva mantendo os elétrons de valência do átomo. Portanto, ao longo da série dos elementos de transição, o raio atômico não decresce tão rapidamente como nas séries dos elementos representativos. No final da série dos elementos de transição, a subcamada $(n - 1)d$ se aproxima de sua população máxima, 10 elétrons, aumentando o efeito de blindagem; conseqüentemente, as repulsões inter-eletrônicas entre a camada ($n - 1$) e a camada de valência acarretam um menor aumento no tamanho. Somente após o preenchimento completo da subcamada $(n - 1)d$, no término da série dos elementos de transição, os elétrons serão novamente adicionados à camada de valência. A partir daí, o aumento na carga nuclear reassume uma pronunciada contração para o resto do período.

Comentários Adicionais

O tamanho efetivo de um átomo depende de vários fatores, e seu tamanho é alterado com as transformações que o cercam. *Os átomos não são esferas rígidas.*

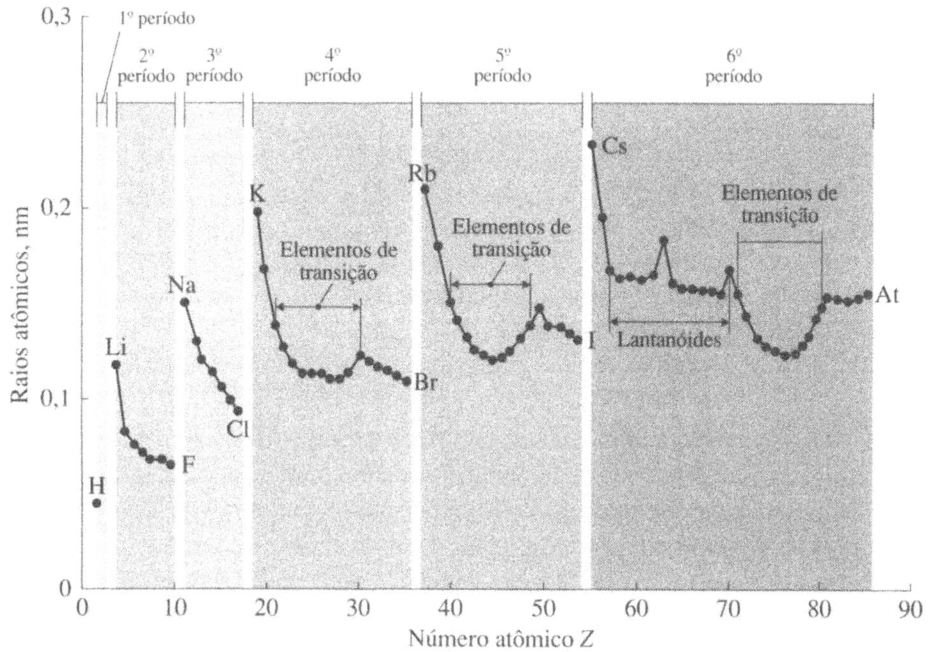

Figura 7.6 Raios atômicos.

Os lantanóides mostram ainda um maior efeito de blindagem pelos elétrons internos. Percorrendo esta série os elétrons são adicionados à subcamada $(n-2)f$, enquanto aumenta, simultaneamente, a carga nuclear. O aumento do efeito de blindagem dos elétrons da subcamada f compensa quase completamente o aumento da carga nuclear, resultando numa pequena contração através da série.

De um lantanóide para o próximo, o aumento do efeito de blindagem exercido pelos elétrons da camada interna resulta num aumento da carga nuclear. Assim, a contração do raio é de 0,001 nm de um átomo para o outro, mas como eles são 14 elementos na série, a contração total é de 0,013 nm. Esta contração total é significativa e é denominada **contração lantanóidica**.

Tabela 7.2 Raios atômicos dos elementos do segundo período.

Átomo	*Carga nuclear*	*Configuração eletrônica*	*Raio, nm*
Li	3+	$[He]2s^1$	0,123
Be	4+	$[He]2s^2$	0,089
B	5+	$[He]2s^22p^1$	0,080
C	6+	$[He]2s^22p^2$	0,077
N	7+	$[He]2s^22p^3$	0,074
O	8+	$[He]2s^22p^4$	0,074
F	9+	$[He]2s^22p^5$	0,072

Os raios atômicos aumentam em um mesmo grupo da tabela periódica. Em cada um dos grupos representativos (A), o aumento é bastante pronunciado, como é mostrado na Tabela 7.3 para os metais alcalinos (grupo IA). Este efeito pode parecer surpreendente, pois a carga nuclear é crescente no grupo e, assim, tende a atrair os elétrons mais fortemente. Entretanto, o número total de elétrons nas camadas aumenta, causando um aumento na distância entre a camada de valência e o núcleo. Conseqüentemente, percorrendo um grupo, o aumento do número de camadas internas de elétrons implica no aumento do efeito blindagem que compensa o aumento na carga nuclear, resultando num aumento do raio atômico.

Para os grupos de transição (B), a variação no tamanho do átomo é menos pronunciada do que a verificada para os elementos representativos (A). Analisando qualquer elemento de transição do quarto período e um outro imediatamente abaixo, do quinto período, notamos um apreciável aumento no raio atômico. Do quinto para o sexto período, no entanto, não há praticamente nenhuma alteração, como mostrado na Tabela 7.4 para o grupo IV B. (Observe que o zircônio e o háfnio têm, praticamente, o mesmo raio atômico.) Por que o raio atômico de qualquer elemento do sexto período não difere do raio do elemento imediatamente superior na tabela? A resposta é encontrada na *contração lantanóidica*, anteriormente mencionada. Conforme o procedimento de Aufbau para os 14 lantanóides, o preenchimento da subcamada 4*f* ocorre de modo que o raio do itérbio ($Z = 70$), o último da série, seja 0,013 nm menor do que o do lantânio ($Z = 57$), o primeiro. A blindagem da camada interna compensa completamente o efeito do aumento na carga nuclear. Uma conseqüência desta compensação é que os elementos de transição seguintes ao itérbio têm átomos pequenos, contrariamente ao esperado. A contração lantanóidica é quase compensada pelo fato de que no sexto período os átomos têm uma camada a mais de elétrons do que no quinto, e assim os átomos correspondentes aos elementos de transição nestes dois períodos são semelhantes em dimensões atômicas. A similaridade no tamanho e na configuração eletrônica entre elementos de transição do quinto e sexto períodos, conduz a semelhanças notáveis em suas propriedades. O zircônio e o háfnio por exemplo, além de formarem compostos químicos com fórmulas similares, têm propriedades semelhantes (pontos de fusão, pontos de ebulição, solubilidades etc). Estes elementos, geralmente, são encontrados juntos na natureza e requerem técnicas especiais para sua separação no laboratório.

Tabela 7.3 Raios atômicos dos metais alcalinos (Grupo IA).

Átomos	*Carga nuclear*	*Configuração eletrônica*	*Raio, nm*
Li	3+	$[He]2s^1$	0,123
Na	11+	$[Ne]3s^1$	0,157
K	19+	$[Ar]4s^1$	0,203
Rb	37+	$[Kr]5s^1$	0,216
Cs	55+	$[Xe]6s^1$	0,235

Tabela 7.4 Raios atômicos dos elementos do Grupo IVB.

Átomos	*Carga nuclear*	*Configuração eletrônica*	*Raio, nm*
Ti	22+	$[Ar]3d^2 4s^2$	0,132
Zr	40+	$[Kr]4d^2 5s^2$	0,145
Hf	72+	$[Xe]5d^2 6s^2$	0,144

ENERGIA DE IONIZAÇÃO

Quando um átomo isolado, em seu estado fundamental, absorve energia, o elétron pode se transferir de um nível energético quantizado para outro. Se a energia fornecida for suficiente, o elétron pode ser completamente removido do átomo (atingindo o nível $n = \infty$), originando um *íon positivo*. (O elétron mais facilmente removível é aquele menos firmemente preso ao núcleo, e o de mais alta energia.) *A ionização* é o processo de formação de um íon positivo pela remoção de um elétron. A **energia de ionização** é a *mínima energia necessária para remover um elétron de um átomo isolado, no seu estado fundamental.*(Uma vez que um átomo isolado está livre da influência de átomos vizinhos, o termo implica um átomo no estado gasoso.) Então, a energia de ionização é a energia necessária para provocar o seguinte processo:

$$M(g) \rightarrow M^+(g) + e^-(g)$$

Como mais de um elétron pode ser removido do átomo, a energia requerida para causar o processo anterior é, mais precisamente, a *primeira* energia de ionização. A *segunda* energia de ionização é a energia necessária para remover um segundo elétron:

$$M^+(g) \rightarrow M^{2+}(g) + e^-(g)$$

As energias de ionização são comumente expressas em elétron-volts[6] por átomo, quilocalorias por mol ou quilojoules por mol. Neste livro usaremos a unidade do SI, kJ mol^{-1}. (Os fatores de conversão são dados no Apêndice B.)

A maneira pela qual a energia de ionização varia com o número atômico é uma ilustração da periodicidade química. A Figura 7.7 mostra esta variação para os primeiros seis períodos. Em geral, a carga nuclear aumenta através do período e os elétrons da camada de valência são atraídos mais fortemente para o núcleo. Conseqüentemente, mais energia é necessária para remover um elétron do átomo. Em outras palavras, a primeira energia de ionização tende a aumentar através de um período.

Note, contudo, que o comportamento no período apresenta algumas irregularidades, mesmo nos períodos 2 e 3, onde não há elementos de transição. A Tabela 7.5 e a Figura 7.7 mostram que a primeira energia de ionização do boro ($Z = 5$) é menor do que a do berílio ($Z = 4$). O mesmo vale para o oxigênio ($Z = 8$) comparado ao nitrogênio ($Z = 7$). Estas irregularidades podem ser explicadas da seguinte maneira: no boro o elétron a ser removido está no orbital $2p$, enquanto o berílio está no orbital $2s$. Um elétron $2s$ está mais firmemente

6 Um elétron-volt é a energia necessária para elevar o potencial de um elétron em um volt. As energias de ionização são geralmente chamadas *potenciais de ionização*, mas não usaremos este termo, que pode ser mal-interpretado.

preso ao núcleo do que um elétron 2*p*, o que conduz à baixa energia de ionização do boro. (Observe as Figuras 6.19 e 6.24 novamente. A curva da densidade de probabilidade 2*s* tem um máximo no núcleo, enquanto a correspondente curva 2*p*, não. Ainda que a carga nuclear do boro seja maior, os elétrons 2*s* no boro podem blindar parte desta carga do seu elétron 2*p*.) Portanto, menor energia é requerida para remover o elétron 2*p* do boro, do que o elétron 2*s* do berílio, mesmo com a maior carga nuclear do boro.

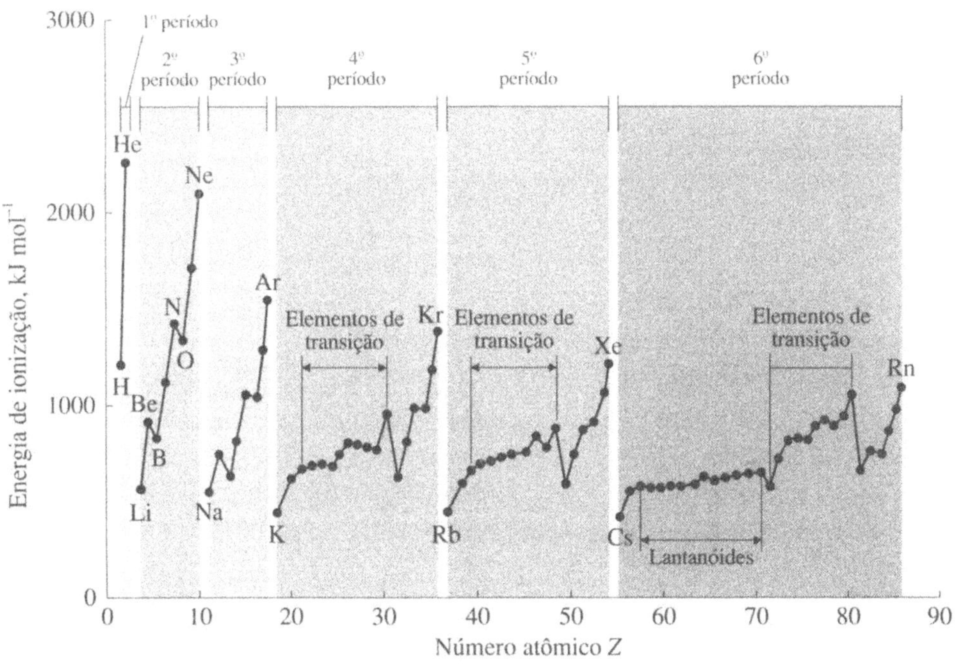

Figura 7.7 Primeiras energias de ionização.

O caso do oxigênio é ligeiramente diferente. A primeira energia de ionização é mais baixa do que a esperada, porque o elétron é removido de um orbital 2*p* que contém um segundo elétron. Dois elétrons no mesmo orbital ocupam a mesma região do espaço e se repelem com maior intensidade do que se estivessem em orbitais diferentes. A repulsão inter-eletrônica facilita a remoção do elétron do átomo de oxigênio. No átomo de nitrogênio não há tal repulsão. (Veja do seguinte modo: quando o elétron abandona o orbital 2*p* do oxigênio, é como se ele fosse "empurrado" pelo outro elétron daquele orbital.) Irregularidades análogas às encontradas no boro e oxigênio são igualmente explicáveis nos demais períodos sucessivos.

Tabela 7.5 Primeiras energias de ionização dos elementos do segundo período.

Átomo	*Carga nuclear*	*Configuração eletrônica*	*Energias de ionização kJ mol $^{-1}$*
Li	3+	$1s^2 2s^1$	520
Be	4+	$1s^2 2s^2$	899
B	5+	$1s^2 2s^2 2p_x^1$	801
C	6+	$1s^2 2s^2 2p_x^1 2p_y^1$	1086
N	7+	$1s^2 2s^2 2p_x^1 2p_y^1 2p_z^1$	1402
O	8+	$1s^2 2s^2 2p_x^2 2p_y^1 2p_z^1$	1314
F	9+	$1s^2 2s^2 2p_x^2 2p_y^2 2p_z^1$	1681
Ne	10+	$1s^2 2s^2 2p_x^2 2p_y^2 2p_z^2$	2081

Note que há também um ligeiro aumento na energia de ionização em cada série dos.elementos de transição. Isto é causado pelo efeito de blindagem da camada interna de elétrons, praticamente compensado pelo aumento de carga nuclear. Observação: *os elétrons mais facilmente removíveis dos átomos, dos elementos de transição, são os elétrons da camada de valência*, ou seja, aqueles com o maior valor de *n*, número quântico principal. Assim, o primeiro elétron a ser removido do átomo de titânio ocupa o orbital 4*s* e não o orbital 3*d*:

$$\text{Ti}\ \{[\text{Ar}]3d^2 4s^2\} \rightarrow \text{Ti}^+\ \{[\text{Ar}]3d^2 4s^1\} + e^-$$

A remoção do segundo, terceiro e quarto elétrons admite as respectivas configurações: [Ar] $3d^2$, [Ar] $3d^1$ e [Ar]. Embora este procedimento pareça contrariar a seqüência de Aufbau, lembre-se de que eles não são processos contraditórios. Segundo o procedimento de Aufbau (um processo imaginário), as configurações são obtidas, uma após outra, pela adição de um elétron à região extranuclear e *pela adição simultânea de um próton ao núcleo.* Na ionização (um processo real), os elétrons são removidos da região extranuclear, mas a carga nuclear permanece a mesma. (Podemos citar, por exemplo, $Z = 22$, para o Ti e Ti^+.) Nos elementos de transição os elétrons *ns* são mais facilmente removíveis, seguidos pelos elétrons $(n - 1)d$.

Observe as altas energias de ionização dos gases nobres. Para todos eles, exceto o hélio, a remoção de um elétron quebra o octeto de elétrons na camada de valência. A alta energia de ionização é uma das razões de sua pequena tendência a sofrerem reações. O hélio tem somente a camada K, que pode acomodar dois elétrons. Estes dois elétrons dão ao hélio uma estabilidade comparável à que o octeto dá ao resto dos gases nobres. (Poderíamos dizer que o *dueto* do hélio é especialmente estável.)

A energia de ionização é decrescente em um grupo da tabela periódica, como pode ser visto na Figura 7.7 e na Tabela 7.6. O aumento de carga nuclear em um grupo é amplamente compensado pelo efeito de blindagem, relativo ao aumento do número de camadas internas. A principal causa do decréscimo da energia de ionização é o aumento do raio atômico, o que diminui a atração do átomo pelos elétrons da camada de valência.

A segunda, terceira, quarta etc. energias de ionização são aquelas necessárias para remover o segundo, terceiro, quarto etc. elétrons, respectivamente. Na Figura 7.8 são mostradas da primeira à décima-sexta energias de ionização para o enxofre ($Z = 16$). O aumento sucessivo e pronunciado das energias de ionização resulta do fato de que cada elétron retirado deixa o íon mais positivamente carregado, do que o íon deixado pelo elétron anterior. A remoção seqüencial de elétrons implica no aumento gradual das cargas positivas, e cada vez mais energia é necessária para a remoção do "próximo" elétron. A sucessiva remoção de elétrons diminui o tamanho dos íons e aumenta a energia de ionização. Contudo, este aumento não é uniforme. Observe, por exemplo, o grande aumento da sétima para a décima-quinta energia de ionização do enxofre. Em cada um destes casos, o elétron deixa uma camada mais próxima do núcleo do que a camada deixada pelo elétron precedente. A quebra de uma nova camada requer uma quantidade extra de energia, porque a nova camada está mais próxima do núcleo.

Tabela 7.6 Primeiras energias de ionização dos metais alcalinos (grupo IA).

Átomo	*Carga nuclear*	*Configuração eletrônica*	*Energias de ionização kJ mol^{-1}*
Li	3+	[He]$2s^1$	520
Na	11+	[Ne]$3s^1$	496
K	19+	[Ar]$4s^1$	419
Rb	37+	[Kr]$5s^1$	403
Cs	55+	[Xe]$6s^1$	376

AFINIDADE ELETRÔNICA

Um átomo também pode receber um elétron produzindo um íon *negativo*:

$$X(g) + e^-(g) \rightarrow X^-(g)$$

Este processo é normalmente acompanhado por uma *liberação* de energia, e tal quantidade mede o quão fortemente o elétron se liga ao átomo. A **afinidade eletrônica** de um átomo é definida como a quantidade de energia, ΔH, envolvida no processo em que um átomo isolado gasoso, no seu estado fundamental, recebe um elétron, formando um íon negativo. Quando um átomo tende a ganhar um elétron, energia é liberada e, assim, a quantidade ΔH para o processo é negativa. Quanto mais negativo o valor da afinidade eletrônica, maior é a tendência do átomo em receber o elétron. (Note que este é o resultado esperado do termo *afinidade eletrônica*[7].)

7 Por muitos anos, a afinidade eletrônica foi definida como a quantidade de energia liberada durante o processo do átomo ganhar um elétron e, portanto, muitos livros trazem as afinidades eletrônicas como quantidades positivas. No entanto, esta colocação contraria a convenção termodinâmica usual, que adota um sinal negativo para a quantidade de energia liberada. Obviamente, é importante definir a convenção de sinal usada na tabela de afinidades eletrônicas. A convenção usada neste livro assemelha-se à mais aceita na maior parte do mundo.

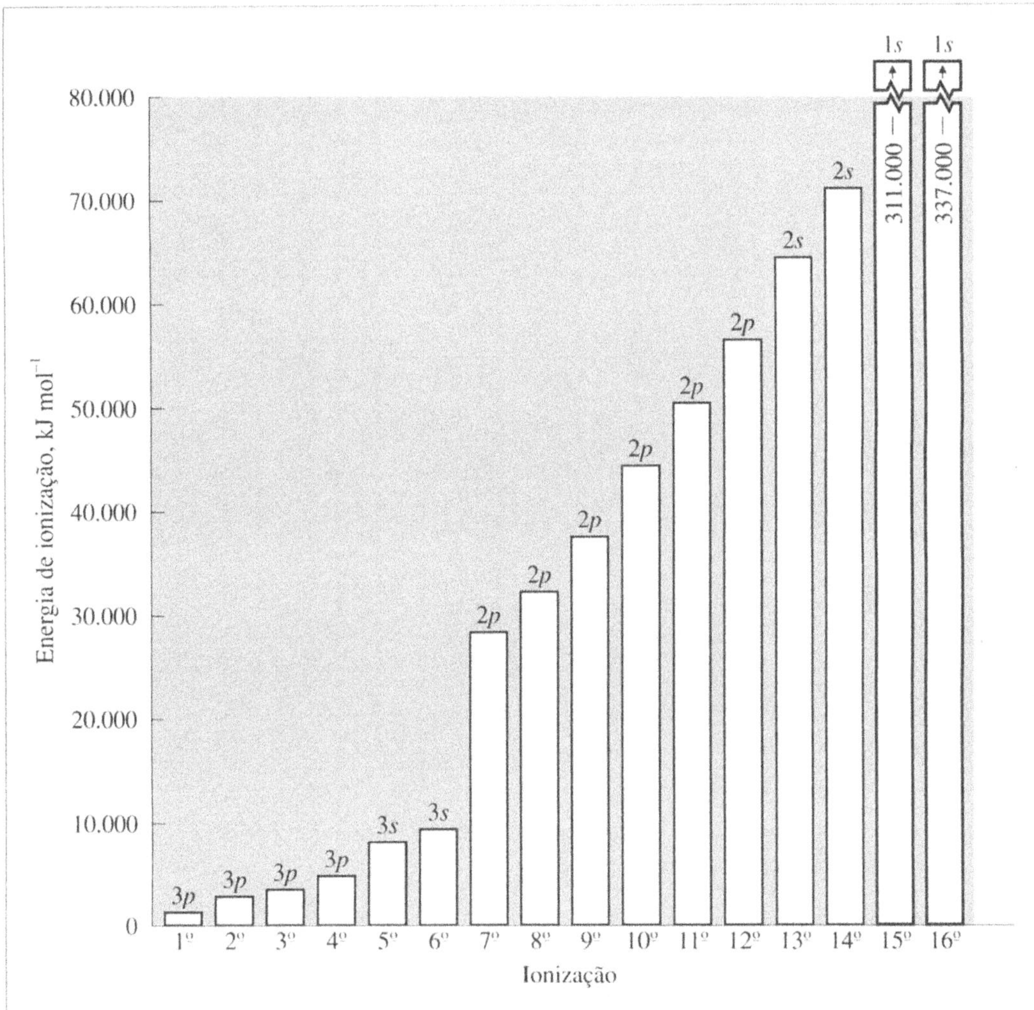

Figura 7.8 Energias de ionização para o enxofre. (A subcamada de "origem" de cada elétron é mostrada.)

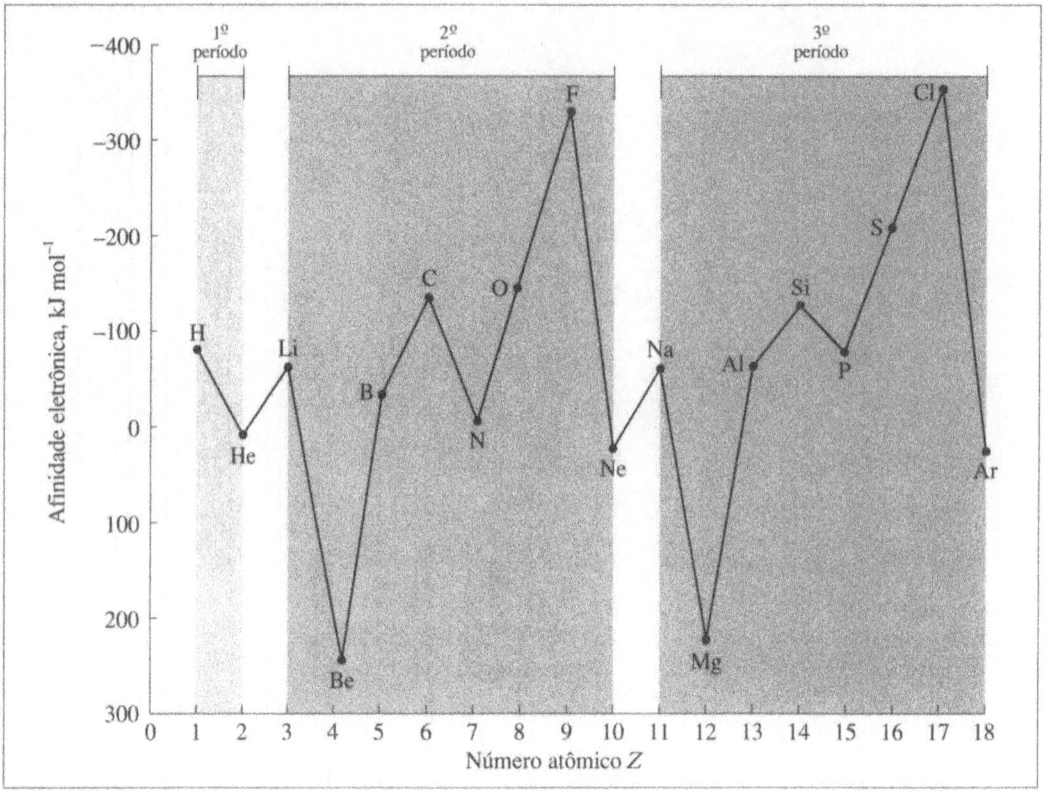

Figura 7.9 Afinidades eletrônicas de elementos dos três primeiros períodos. (Alguns valores foram calculados teoricamente.)

As afinidades eletrônicas são difíceis de medir e não são conhecidos valores exatos para todos os elementos. Os valores para os elementos dos três primeiros períodos estão colocados em função dos números atômicos na Figura 7.9. (Nem todos estes valores foram obtidos experimentalmente, alguns foram calculados teoricamente.) Algumas das afinidades eletrônicas listadas na Figura 7.9 têm valores positivos; isto significa que energia é *absorvida* das vizinhanças quando o átomo recebe um elétron.

A periodicidade na afinidade eletrônica é demonstrada na Figura 7.9. Embora o comportamento através de um período não seja uniforme, as afinidades eletrônicas tornam-se mais negativas (mais energia é perdida) do grupo IA ao grupo VIIA, em parte devido ao aumento da carga nuclear. Os elementos do grupo IA, Li e Na têm afinidades eletrônicas ligeiramente negativas. Estes elementos têm pouca tendência para ganhar elétrons.

Tabela 7.7 Afinidades eletrônicas dos halogênios (Grupo VIIA).

Átomo	*Carga nuclear*	*Configuração eletrônica*	*Afinidade eletrônica kJ mol –1*
F	9+	$[He]2s^2 2p^5$	–333
Cl	17+	$[Ne]3s^2 3p^5$	–348
Br	35+	$[Ar]4s^2 4p^5$	–324
I	53+	$[Kr]\ 5s^2 5p^5$	–296

As afinidades eletrônicas dos elementos Be e Mg, do grupo IIA, têm valores positivos. Para que estes elementos possam ganhar elétrons, terão de absorver simultaneamente uma grande quantidade de energia, pois os elétrons deverão ser adicionados na subcamada *p*, que é parcialmente blindada pela carga nuclear da subcamada *s*, da mesma camada. Isto reduz a atração entre o elétron e o núcleo, sendo muito pequenas as probabilidades de estes átomos ganharem elétrons. De fato, o elétron deve ser "forçado" a se unir ao átomo.

As afinidades eletrônicas dos elementos N e P do grupo VA são menos negativas do que a dos elementos precedentes. Nestes casos, os elétrons adicionados ocuparão a subcamada *p* semipreenchida. Como resultado, a repulsão inter-eletrônica diminui a tendência do átomo em ganhar um elétron.

As afinidades eletrônicas, em geral, têm valores mais positivos ao longo de um grupo, porque a camada de valência (em que o elétron é adicionado) está progressivamente mais distante do núcleo, e a blindagem da camada interna é efetiva na compensação do aumento da carga nuclear. Os valores para os halogênios (grupo VIIA) são mostrados na Tabela 7.7. Observe que todos os valores nesta tabela são bastante negativos. A grande facilidade dos halogênios em ganhar elétrons está relacionada com o fato de que cada életron adicionado na camada de valência completa o octeto, e o átomo adquire a configuração de um gás nobre. No entanto, o valor para o flúor é menos negativo do que o esperado. (Esperava-se que o flúor tivesse uma maior tendência em ganhar o elétron do que o cloro, pois a sua camada de valência está mais próxima do núcleo.) Realmente, as afinidades eletrônicas de todos os elementos do segundo período não são tão negativas como se poderia esperar. Uma explicação para este resultado é relativa aos pequenos tamanhos destes átomos. A repulsão inter-eletrônica na camada L geralmente não-compacta parece compensar a alta atração do núcleo, reduzindo a afinidade eletrônica.

A afinidade eletrônica é tradicionalmente expressa em elétron-volts por átomo. Neste livro, contudo, usaremos a unidade do SI: kJ mol^{-1}.

7.4 A PERIODICIDADE NAS PROPRIEDADES FÍSICAS

DENSIDADES E PONTOS DE FUSÃO

As propriedades físicas dos elementos também demonstram a lei periódica. A Figura 7.10 mostra as densidades dos elementos a 25°C, em função do número atômico. (Para os elementos que são normalmente gases a 25°C, a densidade considerada é a do líquido na sua temperatura de ebulição.) A periodicidade na densidade é ilustrada pela sucessão de máximos e mínimos em um gráfico, embora estas variações não sejam muito regulares, pois diferentes características estruturais influenciam na densidade da substância.

A Figura 7.11 exibe uma periodicidade irregular e relativa aos pontos de fusão dos elementos. Novamente observamos uma sucessão de máximos e mínimos. Uma comparação das Figuras 7.10 e 7.11 com a tabela periódica demonstra uma relação entre a periodicidade na densidade e no ponto de fusão com a configuração eletrônica. Os melhores exemplos desta comparação podem ser os mínimos pontos de fusão exibidos pelos gases nobres.

METAIS E NÃO-METAIS

Os **metais** são geralmente bons condutores de calor e de eletricidade, são maleáveis (podendo ser enrolados ou laminados) e dúcteis (podendo ser estirados em finos arames), e têm uma alta refletividade e um brilho característico chamado *brilho metálico.* Os elementos com este conjunto de propriedades estão posicionados à esquerda na tabela periódica, ainda que, neste caso, "esquerda" signifique mais da metade da tabela, porque o número de metais é maior do que o de não-metais. Todos os elementos de transição e de transição interna são metais e constituem cerca de metade dos elementos representativos.

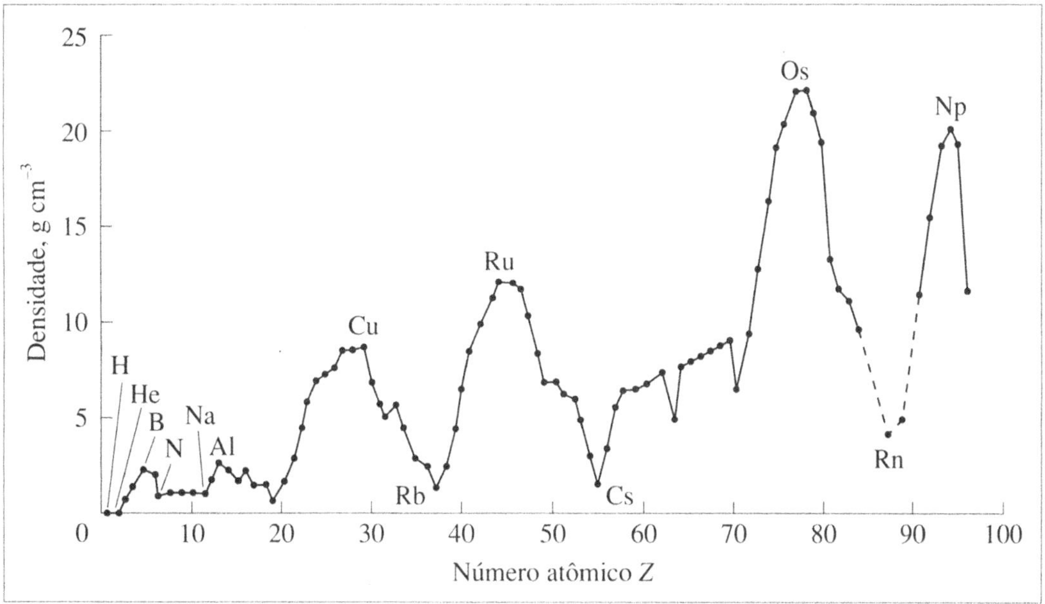

Figura 7.10 Densidades dos elementos a 25°C. (Para os elementos gasosos nesta temperatura, a densidade é a do líquido no ponto de ebulição.)

Os **não-metais** não apresentam as propriedades dos metais: são pobres condutores térmicos e elétricos, no estado sólido são quebradiços, e não exibem alta refletividade ou brilho metálico. São encontrados à direita, mais especificamente na parte superior à direita da tabela periódica. Percorrendo a tabela da *esquerda para a direita* em qualquer período, há um *decréscimo* gradual nas propriedades metálicas. Em um grupo ocorre um *aumento* nas propriedades metálicas, *do topo para a base*. A separação entre os metais e os não-metais poderia ser uma linha diagonal da região superior esquerda para a região da base à direita. Contudo, não é esta a linha divisória real, pois a transição de metais para não-metais é gradual e a distinção entre as propriedades destes elementos nem sempre é clara. Uma linha desenhada na forma de zigue-zague é mostrada na Figura 7.12. Como o posicionamento da linha de transição entre os metais e não-metais é algumas vezes arbitrário, os elementos mais próximos a ela são chamados **metalóides** ou **semimetais**. Suas características são diferentes, mas suas propriedades são intermediárias às dos metais e não-metais.

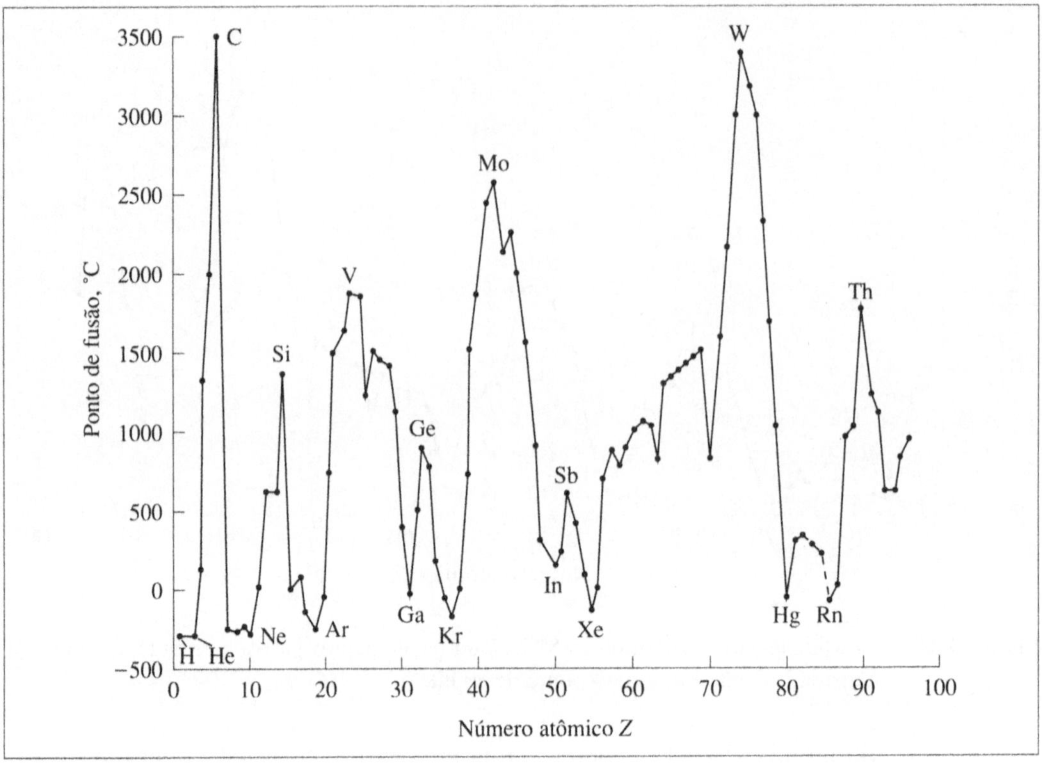

Figura 7.11 Pontos de fusão dos elementos.

7.5 *A PERIODICIDADE NAS PROPRIEDADES QUÍMICAS*

Meyer e Mendeleev (Seção 7.1) usaram extensivamente as propriedades físicas para sustentar os arranjos periódicos dos elementos, mas em grande parte basearam-se nas propriedades químicas, que também são funções periódicas do número atômico. Mais tarde consideraremos as propriedades químicas dos elementos em profundidade, mencionaremos, porém, algumas delas a seguir.

METAIS

A maioria dos elementos químicos são metais e estão posicionados à esquerda na tabela periódica (Figura 7.12). É característica dos átomos metálicos terem baixas energias de ionização e baixas afinidades eletrônicas. Conseqüentemente, os metais *tendem a formar íons carregados positivamente*:

$$M \rightarrow M^+ + e^-$$

Os íons positivos são chamados **cátions**. Quando uma corrente elétrica passa por uma solução contendo íons, os cátions movimentam-se para o eletrodo negativo, denominado *cátodo*.

A carga do íon metálico depende do número de elétrons perdidos pelo átomo. Em circunstâncias normais, um átomo de sódio perde um életron formando um íon sódio, Na^+, um átomo de magnésio, dois elétrons formando um íon Mg^{2+}, e um átomo de alumínio, três elétrons formando um íon Al^{3+}. Para cada um destes exemplos, observe a relação entre os seguintes fatores: posição do elemento na tabela periódica, número de elétrons na camada de valência do átomo e a carga do íon resultante.

Com a elevada energia obtida da alta temperatura de uma chama ou arco elétrico, qualquer número de elétrons de um átomo pode ser removido; em reações químicas à temperatura ambiente, contudo, os átomos de alguns metais perdem sempre o mesmo número característico de elétrons. O magnésio, por exemplo, forma íons Mg^{2+}, e não Mg^+ ou Mg^{3+}. No entanto, os átomos de alguns metais podem perder vários números de elétrons, formando íons com várias cargas. Como um exemplo, considere o ferro ($Z = 26$). Em muitas reações com o ferro, seus átomos perdem dois elétrons:

$$Fe\ \{[Ar]3d^64s^2\} \rightarrow Fe^{2+}\ \{[Ar]3d^6\} + 2e^-$$

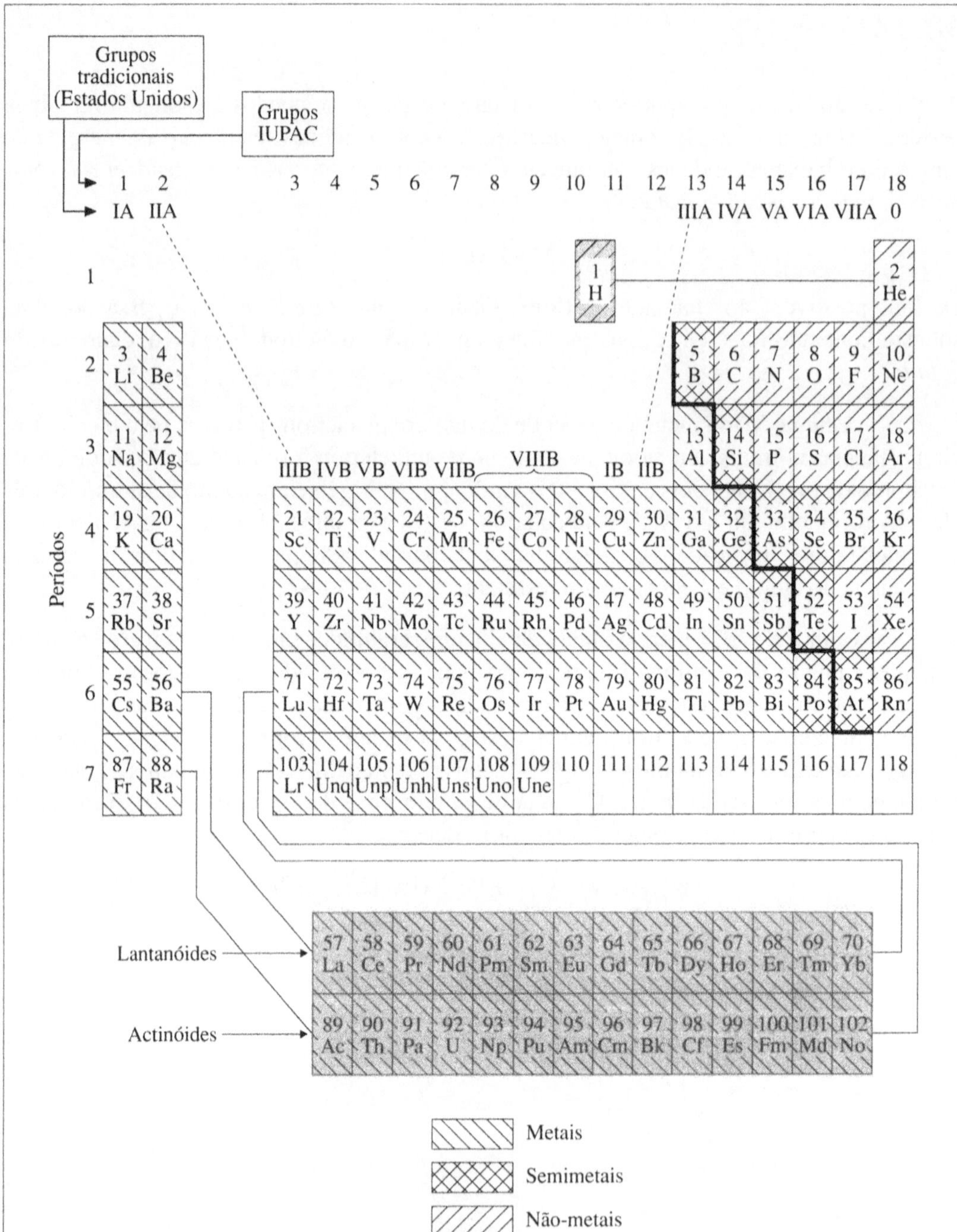

Figura 7.12 Metais, semimetais e não-metais.

Os íons resultantes, Fe^{2+}, são chamados íons de ferro (II) ou íons ferrosos. (Veja a observação sobre nomenclatura mais adiante.)

Diferentemente do magnésio, o ferro pode perder um terceiro elétron (da sua subcamada $3d$):

$$Fe^{2+}\ \{[Ar]3d^6\} \rightarrow Fe^{3+}\{[Ar]3d^5\} + e^-$$

O íon resultante é conhecido por íon de ferro (III) ou íon férrico. A habilidade na formação de diferentes cátions com diferentes cargas é típica dos elementos de transição e de transição interna, e também dos *metais de pós-transição*, os metais representativos posicionados imediatamente à direita dos elementos de transição na tabela periódica.

Notas de Nomenclatura

A IUPAC recomenda que, se o metal forma somente um cátion, o nome do cátion deve ser idêntico ao nome do elemento. Então, para o átomo de *sódio*, Na, o nome do elemento é também o nome do íon Na^+ (*íon sódio*). Se o metal formar mais de um cátion, a IUPAC propõe como método para indicar a carga no nome do íon o uso do nome do elemento seguido por um número em algarismos romanos, entre parênteses. Assim, o Cu^+ é chamado de íon cobre (I) e o Cu^{2+} de íon Cu(II). Este sistema é conhecido por **sistema Stock**, nome originado do químico alemão que primeiro sugeriu este sistema. Um sistema mais antigo, e ainda permitido pela IUPAC, o **sistema *oso-ico***, é aquele usado nos casos em que o átomo não forma mais de dois íons diferentes. Ao usar este método, devemos escrever a raiz do nome do elemento, originária do inglês ou do latim (aquela do qual o símbolo é derivado), e acrescentamos o sufixo *oso* para designar o íon de *menor* carga, ou *ico* para o íon de *maior* carga. Então Fe^{2+} é o íon ferroso, e Fe^{3+} é o íon férrico. Do mesmo modo, os dois cátions formados pelo estanho são Sn^{2+}, o íon estanoso, e Sn^{4+}, o íon estânico. Observe que o sufixo não indica especificamente a carga do íon, como os algarismos romanos no sistema Stock: em vez disto, indica se o íon tem a menor ou a maior carga das duas possíveis. Os nomes nos sistemas Stock e *oso-ico* de alguns íons são dados na Tabela 7.8.

Tabela 7.8 Nomes de alguns cátions.

Íon	*Nome Stock*	*Nome oso-ico*
Fe^{2+}	Íon ferro(II)	Íon ferroso
Fe^{3+}	Íon ferro(III)	Íon férrico
Cu^{+}	Íon cobre(I)	Íon cuproso
Cu^{2+}	Íon cobre(II)	Íon cúprico
Mn^{2+}	Íon manganês(II)	Íon manganoso
Mn^{3+}	Íon manganês(III)	Íon mangânico
Co^{2+}	Íon cobalto(II)	Íon cobaltoso
Co^{3+}	Íon cobalto(III)	Íon cobáltico
Sn^{2+}	Íon estanho(II)	Íon estanoso
Sn^{4+}	Íon estanho(IV)	Íon estânico

A habilidade de um átomo perder diferentes números de elétrons e, portanto, ser capaz de formar íons de cargas diferentes, reflete a presença de espaçamentos bem próximos nos níveis eletrônicos de energia. No caso do ferro, a subcamada $3d$ é ligeiramente menor, em energia, do que a $4s$, e em algumas reações químicas, a energia utilizada é suficiente para a remoção dos dois elétrons da subcamada $4s$, e também do elétron $3d$, formando o íon Fe (III). No caso do magnésio, por outro lado, a situação é bem diferente. A remoção de um terceiro elétron de um átomo de magnésio implica a quebra da subcamada $2p$ do átomo, muito menor em energia do que a subcamada $2s$. A energia extra necessária para remover o terceiro elétron do átomo de magnésio não é utilizada nas reações químicas ordinárias e por isso os íons Mg^{3+} não são observados normalmente.

Os Metais Alcalinos. *A reatividade química* ou *atividade* de metais geralmente decresce da esquerda para a direita ao longo da tabela periódica. Os metais alcalinos reagem rigorosamente com não-metais e com muitos compostos. Por exemplo, o sódio, um metal prateado e mole, queima em presença do gás cloro, um não-metal fracamente esverdeado:

$$2Na(s) + Cl_2(g) \rightarrow 2NaCl(s) \qquad \Delta H° = -822 \text{ kJ}$$

O produto é branco e cristalino: o cloreto de sódio (sal de cozinha). O sódio também reage vigorosa e exotermicamente com a água:

$$2Na(s) + 2H_2O \rightarrow H_2(g) + 2Na^+(aq) + 2OH^-(aq) \qquad \Delta H^\circ = -368 \text{ kJ}$$

O gás hidrogênio formado nesta reação é freqüentemente inflamado pelo calor da reação. (Por esta razão, algumas vezes ocorre uma explosão quando um grande pedaço de sódio é colocado em água.) Os íons Na^+ e OH^- formados nesta reação permanecem em solução, como indicado pela designação (*aq*).

Os Metais Alcalino-Terrosos. A comparação das reatividades dos metais alcalino-terrosos e metais alcalinos mostra que cada metal do grupo IIA é um pouco menos reativo do que o metal precedente do grupo IA; com as exceções do Be e Mg, as diferenças são pequenas. As reações do metal cálcio com o gás cloro e com a água são semelhantes às correspondentes reações do sódio:

$$Ca(s) + Cl_2(g) \rightarrow CaCl_2(s) \qquad \Delta H^\circ = -796 \text{ kJ}$$

$$Ca(s) + 2H_2O \rightarrow H_2(g) + Ca^{2+}(aq) + 2OH^-(aq) \qquad \Delta H^\circ = -431 \text{ kJ}$$

Outros Metais. Percorrendo a tabela periódica mais à direita, a reatividade é decrescente, os elementos são menos metálicos e reagem menos vigorosamente com não-metais, tais como o cloro. A maioria dos metais de transição e de pós-transição são menos reativos do que os metais alcalinos e alcalino-terrosos. Por exemplo, na ausência do oxigênio do ar, o ferro reage muito lentamente com a água.

$$Fe(s) + 2H_2O \rightarrow Fe(OH)_2(s) + H_2(g) \qquad \Delta H^\circ = 3 \text{ kJ}$$

Na presença de oxigênio, o ferro reage com a água em várias reações e forma uma mistura de produtos denominada *ferrugem*. Uma destas reações é a seguinte:

$$4Fe(s) + 6H_2O(l) + 3O_2(g) \rightarrow 4Fe(OH)_3(s) \qquad \Delta H^\circ = -3006 \text{ kJ}$$

A reatividade de um metal depende de diversos fatores, um dos quais é a facilidade dos átomos do metal em perder elétrons formando cátions. Todos os outros fatores existindo em igualdade, a reatividade do metal é maior quanto maior for a sua facilidade na remoção de elétrons. Então, a baixa energia de ionização do sódio (96 kJ mol^{-1}) é grandemente responsável pela sua alta reatividade. Em contraste, uma maior energia é necessária para a remoção de elétrons dos átomos de ouro (890 kJ mol^{-1}, formando íons Au^+), o que contribui para a total ausência de reatividade com o ar e/ou a água.

Notas de Nomenclatura

Nas reações de sódio e cálcio, anteriormente descritas, os íons OH^- são formados em solução aquosa. Estes íons *poliatômicos* são chamados de *íons hidróxido*. O composto $Fe(OH)_2$ é chamado hidróxido de ferro(II), ou hidróxido ferroso, e o $Fe(OH)_3$ é chamado hidróxido de ferro(III), ou hidróxido férrico. O termo genérico para um composto que contém o grupo OH é **hidroxi-composto**. Quando o grupo existe como um íon em um composto, o composto é denominado *hidróxido*.

NÃO-METAIS

Por causa do decréscimo do comportamento metálico, da esquerda para a direita e da base para o topo na tabela periódica, os elementos não-metálicos estão localizados na porção superior direita da tabela.

Os gases nobres (grupo 0) são encontrados na forma monoatômica, com cada átomo (exceto o hélio) apresentando o octeto completo em sua camada de valência. Os átomos com octetos na camada de valência são muito estáveis (Seção 7.2), motivo pelo qual os gases nobres são pouco reativos. Os halogênios (grupo VIIA) são encontrados na forma de moléculas diatômicas: F_2, Cl_2, Br_2, I_2 e At_2. À temperatura e à pressão ambientes, o flúor e o cloro são gases, o bromo é líquido, o iodo e o astato são sólidos. Nas mesmas condições o hidrogênio, H_2, o oxigênio, O_2, e o nitrogênio, N_2, também ocorrem na forma de moléculas gasosas diatômicas. O enxofre é encontrado como um composto sólido de moléculas octatômicas, S_8 (Figura 20.5), e uma das formas do fósforo existe na forma de moléculas tetratômicas, P_4, no estado sólido (Figura 20.9). O carbono apresenta duas importantes formas sólidas, grafite e diamante, ambas consistindo em um extenso arranjo de átomos. (O estudo das estruturas e ligações destas substâncias será realizado no Capítulo 20.)

Com exceção dos gases nobres, os não-metais são caracterizados pela alta afinidade eletrônica e alta energia de ionização. Conseqüentemente, em muitas de suas reações, os não-metais ganham elétrons formando íons negativos, ou **ânions**. Assim, numa reação típica com um metal, os átomos de cloro ganham, cada um, um elétron (dos átomos do metal), formando íons cloreto:

$$\text{Cl}\ \{[\text{Ne}]\ 3s^2 3p^5\} + e^- \rightarrow \text{Cl}^-\ \{[\text{Ne}]\ 3s^2 3p^6\}$$

Neste processo, o átomo de cloro *completou o octeto na sua camada de valência*. Analogamente, um átomo de oxigênio pode ganhar dois elétrons, para completar o octeto na sua camada de valência e formar o íon óxido:

$$\text{O } \{[\text{He}]\, 2s^2 2p^4\} + 2e^- \rightarrow \text{O}^{2-}\ \{[\text{He}]\, 2s^2 2p^6\}$$

Estas transformações podem ser escritas de um modo mais simples, como:

$$\text{Cl} + e^- \rightarrow \text{Cl}^-$$

$$\text{O} + 2e^- \rightarrow \text{O}^{2-}$$

Hidrogênio. O hidrogênio é um não-metal único. Pode ocorrer na forma de ânion, íon hidreto (H^-), e de cátion, chamado simplesmente íon hidrogênio (H^+). Em relação à carga, o íon hidreto é semelhante aos íons haletos (os íons negativos dos átomos de halogênios), e o íon hidrogênio é semelhante aos cátions dos metais-alcalinos. (Por estas razões, o hidrogênio é, algumas vezes, colocado no topo dos grupos IA e VIIA na tabela periódica, mas o hidrogênio não é um metal e tampouco um halogênio. Neste livro o hidrogênio ocupa uma posição particular na tabela.)

O hidrogênio forma muitos compostos moleculares com outros não-metais, como o metano (CH_4), a amônia (NH_3) e a água (H_2O), compostos que foram denominados de modo trivial e cuja denominação é aceita na prática pela IUPAC. O hidrogênio também forma importantes compostos com os halogênios, os *haletos de hidrogênio*. Estes compostos são representados pela fórmula HX, em que X representa o átomo de halogênio.

Os Halogênios. Na Seção 7.3, vimos que os halogênios têm altas afinidades eletrônicas. Por este motivo, estes elementos ganham elétrons em muitas de suas reações. As reatividades variam grandemente e dependem da afinidade eletrônica e da estabilidade do(s) produto(s) de reação. O flúor é o mais reativo dos halogênios, pois tem alta afinidade eletrônica e porque o tamanho do seu átomo e de seu íon fluoreto é bem pequeno, permitindo a aproximação de outros átomos ou íons, formando fortes ligações. O flúor reage explosivamente no contato com o hidrogênio:

$$F_2(g) + H_2(g) \rightarrow 2\text{HF}(g) \qquad \Delta H^\circ = -537 \text{ kJ}$$

(As forças de ligações de átomos em moléculas tais como H_2, F_2 e HF serão estudadas no Capítulo 8.) A reação correspondente com o cloro é menos violenta e exotérmica, porque a ligação entre H e Cl é mais fraca do que a ligação de H e F, em parte como conseqüência do maior tamanho do átomo de Cl:

$$\text{Cl}_2(g) + H_2(g) \rightarrow 2\text{HCl}(g) \qquad \Delta H^\circ = -185 \text{ kJ}$$

As reações de Br_2 e I_2 são ainda menos violentas e menos exotérmicas.

Notas de Nomenclatura

Os ânions monoatômicos são denominados pela adição do sufixo *eto* à raiz do nome do elemento:

F^-	fluoreto	S^{2-}	sulfeto
Cl^-	cloreto	N^{3-}	nitreto
Br^-	brometo	H^-	hidreto
I^-	iodeto		

Este sufixo é também usado para alguns ânions poliatômicos. O mais importante destes é:

CN^-	cianeto

São igualmente importantes, mas denominados de maneira diferente:

O^{2-}	óxido
OH^-	hidróxido

Cianetos e hidróxidos de metais são denominados como se fossem compostos binários. (Realmente, são algumas vezes chamados *compostos pseudobinários*.) Exemplos são dados a seguir:

$NaCN$	cianeto de sódio	KOH	hidróxido de potássio
$Ca(CN)_2$	cianeto de cálcio	$Mg(OH)_2$	hidróxido de magnésio
$Al(CN)_3$	cianeto de alumínio	$Ga(OH)_3$	hidróxido de gálio
$Fe(CN)_2$	cianeto de ferro(II) ou cianeto ferroso	$Cr(OH)_2$	hidróxido de crômio(II) ou hidróxido cromoso
$Fe(CN)_3$	cianeto de ferro(III) ou cianeto férrico	$Cr(OH)_3$	hidróxido de crômio(III) ou hidróxido crômico

Notas de Nomenclatura

Os compostos binários de hidrogênio e um não-metal do grupo VIA ou VIIA são sistematicamente denominados como se o hidrogênio fosse um metal. Entre os exemplos, estão:

HF	fluoreto de hidrogênio
HCl	cloreto de hidrogênio
HI	iodeto de hidrogênio
H_2S	sulfeto de hidrogênio
HBr	brometo de hidrogênio

Oxigênio. Os gases oxigênio e hidrogênio misturam-se sem qualquer reação aparente. Entretanto, uma faísca ou chama é suficiente para iniciar uma reação explosiva entre os dois gases, se a composição não for muito diferente da relação estequiométrica. A equação para a reação é:

$$O_2(g) + 2H_2(g) \rightarrow 2H_2O(g) \qquad \Delta H^\circ = -484 \text{ kJ}$$

As misturas de oxigênio e nitrogênio não reagem explosivamente. Sob condições ordinárias, a reação

$$N_2(g) + O_2(g) \rightarrow 2NO(g) \qquad \Delta H^\circ = +181 \text{ kJ}$$

ocorre espontaneamente, mas é muito lenta para ser acompanhada. Esta ocorrência é afortunada, porque o ar é basicamente uma mistura de N_2 e O_2, e o produto da reação anterior, NO, é altamente tóxico. Contudo, na presença da alta energia obtida da chama ou da descarga elétrica, a reação ocorre mais rapidamente, e o produto NO participa da formação de um tipo de chuva ácida.

Os Gases Nobres. Estes elementos formam poucos compostos em relação a outros elementos. Como já observado, seus átomos não-combinados são muito estáveis. Dos compostos sintetizados, a maioria é de xenônio e contém flúor, o mais reativo dos não-metais.

Outros Não-Metais. Os outros não-metais formam uma grande variedade de compostos, com metais e com outros não-metais. Os compostos binários de metal e não-metal são extremamente comuns; em muitos destes compostos o não-metal é um calcogênio (grupo VIA) ou um halogênio (grupo VIIA). (Exemplos destes compostos binários são mostrados na Tabela 2.2.) Os compostos de não-metal-não-metal binários e moleculares são comuns (ver Tabela 2.3).

Comentários Adicionais

Na tentativa de tirar conclusões a partir dos valores de $\Delta H°$ das reações exemplificadas, verificamos que, quanto mais exotérmica, mais rápida é a reação. Esta verificação não é necessariamente verdadeira, ainda que uma reação razoavelmente rápida e também altamente exotérmica possa "ocorrer" quase instantaneamente após seu início. Isto ocorre porque a velocidade da reação geralmente aumenta com a temperatura, e uma reação exotérmica tende a aquecer seus próprios reagentes. O resultado é uma espécie de explosão, a explosão térmica.

HIDROXI-COMPOSTOS: ÁCIDOS E BASES

Um **hidroxi-composto** é aquele que apresenta o grupo OH, ou *hidroxi*, em sua estrutura. Os elementos metálicos formam hidroxi-compostos chamados *hidróxidos*. São as **bases** (Seção 2.10); e quando dissolvidas em água liberam íons, OH^-, em solução, no processo chamado **dissociação**. Quando o hidróxido de sódio é dissolvido em água, por exemplo, se dissocia em íons sódio e hidróxido:

$$NaOH(s) \rightarrow Na^+(aq) + OH^-(aq)$$

A solução resultante tem uma alta concentração de íons hidróxido e é por isto chamada solução **básica**.

Os não-metais, por outro lado, formam hidroxi-compostos que são **ácidos**. (Ver Seção 2.10.) Um exemplo destes compostos é o ácido nítrico, HNO_3. (Apesar de não ser uma prática comum, a fórmula do ácido nítrico poderia ser escrita como NO_2OH, enfatizando a presença do grupo OH.) Quando o ácido nítrico é dissolvido em água, dissocia-se liberando íons H^+ e NO_3^- (nitrato) poliatômico em solução:

$$HNO_3(l) \rightarrow H^+(aq) + NO_3^-(aq)$$

A solução resultante contém uma alta concentração de íons H^+ e é por isto **ácida**. A solução é considerada **neutra** quando as concentrações de íons H^+ e íons OH^- forem iguais.

Notas de Nomenclatura

As fórmulas de ácidos são freqüentemente escritas com o(s) atómo(s) de hidrogênio responsável(is) pela formação dos íons hidrogênio em solução, no início. Estes hidrogênios são chamados "ácidos". Exemplos: HCl, HBr, H_2SO_4, H_3PO_4, $HC_2H_3O_2$ e $H_2C_2O_4$.

Os compostos hidroxi-metálicos, como o NaOH, comportam-se como bases, porque, quando puros, no sólido hidróxido de sódio, os íons OH^- estão presentes (com os íons Na^+). Na Seção 11.6 veremos que as ligações que mantêm unidos os íons de cargas opostas no sólido são prontamente quebradas por moléculas de água, liberando os íons em solução. Por outro lado, compostos hidroxi-não-metálicos consistem em moléculas, nas quais a ligação oxigênio-não-metal é forte, mas a ligação O—H é bastante fraca para ser quebrada durante o processo de dissolução. Consideremos, por exemplo, a molécula de ácido nítrico:

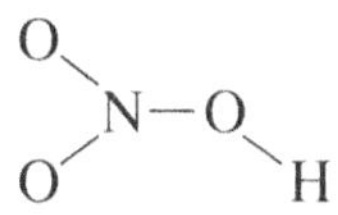

Quando esta substância é dissolvida em água, a ligação O—H é quebrada, liberando íons H^+ em solução. Por ter este comportamento, o HNO_3 é um ácido.

De modo geral, em um hidroxi-composto representado por X—O—H, se X é um metal, a água quebra a ligação X—O, e o composto é uma base; se X é um não-metal, então a água quebra a ligação O—H, e o composto é um ácido. A mudança gradual de metal em não-metal, da esquerda para a direita ao longo de um período, é acompanhada por uma transição gradual do caráter básico para o ácido dos elementos hidroxi-compostos. Alguns dos elementos posicionados na região central da tabela periódica formam hidroxi-compostos que reagem como ácidos ou bases. Estes compostos são chamados **anfóteros** (de uma palavra grega cujo significado é "ambos"). O caráter ácido-básico dos hidroxi-compostos dos elementos do terceiro período é mostrado na Tabela 7.9. (Este caráter será detalhado no Capítulo 16.)

Tabela 7.9 Hidroxi-compostos dos elementos do terceiro período.

Fórmula	*Nome*	*Caráter ácido-básico*
NaOH	Hidróxido de sódio	Básico
$Mg(OH)_2$	Hidróxido de magnésio	Básico
$Al(OH)_3$	Hidróxido de alumínio	Anfótero
H_2SiO_3, ou $SiO(OH)_2$	Ácido silícico	Ligeiramente ácido
H_3PO_4,ou $PO(OH)_3$	Ácido fosfórico	Ácido
H_2SO_4,ou $SO_2(OH)_2$	Ácido sulfúrico	Ácido
$HClO_4$,ou ClO_3OH	Ácido perclórico	Ácido

A PERIODICIDADE NA ESTEQUIOMETRIA

A relação na combinação de átomos em compostos ilustra a periodicidade química de forma espetacular. A Tabela 7.10 mostra as fórmulas de alguns compostos de cloro. A relação varia de 1:1 nos cloretos do grupo IA para 1:4 nos cloretos do grupo IVA, retornando para 1:1 nos cloretos do grupo VIIA. (O gás cloro, Cl_2, está incluído na tabela, mesmo não sendo um composto.) Esta periodicidade atraiu, desde o princípio, a atenção de Meyer e Mendeleev, e pode ser ilustrada com muitos outros compostos.

Tabela 7.10 Relações nas combinações atômicas de compostos com cloro.

Período	*Grupo I*	*Grupo II*	*Grupo III*	*Grupo IV*	*Grupo V*	*Grupo VI*	*Grupo VII*
2	LiCl	$BeCl_2$	BCl_3	CCl_4	NCl_3	OCl_2	FCl
3	NaCl	$MgCl_2$	$AlCl_3$	$SiCl_4$	PCl_3	SCl_2	(ClCl)
4	KCl	$CaCl_2$	$GaCl_3$	$GeCl_4$	$AsCl_3$	SeCl2	BrCl

RESUMO

A *lei periódica* estabelece que as propriedades dos elementos são funções periódicas de seus números atômicos. Um arranjo baseado nesta lei agrupa, na *tabela periódica*, famílias de elementos com propriedades semelhantes em colunas verticais chamadas *grupos*. Os grupos longos, que consistem nos *elementos representativos*, são designados (da esquerda para a direita) como grupos IA (*metais alcalinos*), IIA (*metais alcalino-terrosos*), IIIA, IVA, VA, VIA (*calcogênios*), VIIA (*halogênios*) e 0 (*gases-nobres*). Os grupos menores localizados na região central da tabela periódica consistem em elementos de transição e são designados de IIIB a VIIIB, seguidos pelos grupos IB e IIB.

As filas horizontais, na tabela periódica, são chamadas *períodos* e são enumeradas de 1 a 7 (do topo para a base). O período 1 consiste em somente 2 elementos, os períodos 2 e 3 em oito elementos cada. Os períodos 4 e 5 consistem em 18 elementos cada, incluindo 10 elementos de transição. O período 6 consiste em 32 elementos porque inclui 14 *lantanóides*, e o período 7 igualmente inclui 14 *actinóides*.

A lei periódica e a organização da tabela periódica são conseqüências da configuração eletrônica dos elementos, resultante da hierarquia mecânico-quântica dos orbitais, subcamadas e camadas. A periodicidade eletrônica é a causa fundamental das periodicidades observadas nas propriedades atômicas, físicas e químicas.

As propriedades atômicas que ilustram a periodicidade são o *raio atômico* (medida efetiva do tamanho do átomo em condições específicas), a *energia de ionização* (energia necessária para a remoção de um elétron de um átomo gasoso, no estado fundamental), e a *afinidade eletrônica* (variação de entalpia envolvida na adição de um elétron em um átomo gasoso, no estado fundamental). A variação destas propriedades com o número atômico pode ser explicada em termos de carga nuclear, blindagem pelos elétrons da camada interna, número, tipo e população de subcamadas e camadas atômicas ocupadas.

As *propriedades físicas* como a densidade e o ponto de fusão também ilustram a periodicidade, embora esta não seja muito regular devido à complexa relação destas propriedades com a estrutura.

As *propriedades químicas* são freqüentemente usadas na ilustração do comportamento periódico. Há uma transição gradual das propriedades metálicas para as não-metálicas, da esquerda para a direita através de um período, e da base para o topo em um grupo. Os *hidroxi-compostos* de metais (os *hidróxidos*) têm caráter *básico*, ou seja, liberam íons hidróxidos, OH^-, quando dissolvidos em água. Os hidroxi-compostos de não-metais, por outro lado, têm cárater *ácido*, isto é, liberam íons hidrogênio H^+, quando dissolvidos em água. Os hidroxi-compostos de alguns elementos da região central da tabela periódica são intermediários nas propriedades ácido-base e são chamados *anfóteros*.

Talvez a mais notável ilustração da periodicidade química seja encontrada na variação através do período da relação na combinação atômica entre um dado elemento e os elementos do período. Esta periodicidade estequiométrica conduziu à descoberta da lei periódica.

PROBLEMAS

Histórico

7.1 Em 1829, o químico alemão Johann W. Döbereiner observou que certos grupos de três elementos possuíam propriedades semelhantes e chamou-os de *tríades*. O segundo membro tinha uma massa atômica próxima da média das massas atômicas do primeiro e terceiro elementos da tríade. Uma das tríades do Döbereiner é constituída pelo cloro, bromo e iodo. Encontre outras.

7.2 Em 1862, o geólogo francês Alexandre de Chancourtois listou os elementos em uma linha espiralada ao redor de um cilindro, chamado de "parafuso telúrico". Como você construiria tal dispositivo para demonstrar a periodicidade química?

7.3 Em 1864, o químico inglês John Newlands expôs que, se os elementos fossem listados segundo o aumento da massa atômica, havia uma norma periódica de propriedades a cada *oito* elementos, em vez de *nove*, como a repetição em que se baseia a moderna tabela periódica. Proponha uma possível explicação para esta discrepância.

7.4 Mendeleev previu as propriedades de elementos ainda não descobertos. Descreva como ele pôde fazer estas previsões.

A Tabela Periódica

7.5 Defina ou explique os seguintes termos: período, grupo, grupo B, elemento representativo, elemento de transição interna, lantanóide.

7.6 Em qual grupo da tabela periódica está: (a) um halogênio, (b) um metal alcalino, (c) um metal alcalino-terroso, (d) um calcogênio, (e) um gás nobre?

7.7 Por que o número de elementos de cada período da tabela periódica aumenta de cima para baixo?

Configurações Eletrônicas

7.8 Usando somente a tabela periódica, dê as configurações eletrônicas nos estados fundamentais de: (a) C (Z = 6), (b) P (Z = 15), (c) Cr (Z = 24), (d) As (Z = 33), (e) Sr (Z = 38), (f) Cu (Z = 29). Usar a notação espectroscópica.

7.9 Usando somente a tabela periódica, dê as configurações eletrônicas nos estados fundamentais de: (a) Al^{3+}, (b) Ca^{2+}, (c) Rb^{+}, (d) O^{2-}, (e) Br^{-}, (f) Ti^{2+}, (g) Mn^{3+}, (h) Co^{2+}.

7.10 Usando somente a tabela periódica, dê o símbolo do átomo, no estado fundamental, que tem a seguinte configuração na camada de valência: (a) $3s^2$, (b) $2s^22p^1$, (c) $4s^24p^3$, (d) $5s^25p^4$, (e) $6s^26p^6$.

Propriedades Atômicas

7.11 Qual o significado do *tamanho* de um átomo? Quais são os problemas associados com as determinações do tamanho atômico?

7.12 Onde se encontram na tabela períodica os elementos com primeiras energias de ionização mais altas? Explique.

■ **7.13** O volume de uma amostra de um sólido C contendo 1 mol de átomos é 5,0 cm^3, enquanto uma amostra de N é de 14 cm^3. Calcule a densidade de cada um destes dois sólidos.

7.14 Para cada um dos seguintes pares de átomos, indique qual tem a primeira energia de ionização mais alta e explique brevemente por que: (a) S e P, (b) Al e Mg, (c) Sr e Rb, (d) Cu e Zn, (e) Rn e At, (f) K e Rb.

7.15 Como a primeira energia de ionização do íon Cl^- está relacionada com a afinidade eletrônica do átomo de Cl?

7.16 Por que a segunda energia de ionização de qualquer átomo é maior do que a primeira?

7.17 Para cada um dos seguintes pares de átomos, estabeleça qual deveria ter a maior afinidade eletrônica e explique por que:

(a) Br e I, (b) Li e F, (c) F e Ne.

7.18 As seguintes partículas são *isoeletrônicas*, isto é, possuem a mesma configuração eletrônica. Coloque-as em ordem decrescente de raios:

Ne, F^-, Na^+, O^{2-}, Mg^{2+}.

Propriedades Físicas e Químicas

7.19 Proponha uma razão para o fato de a densidade de um elemento não ser diretamente proporcional à sua massa atômica.

7.20 Em qual região da tabela periódica você encontra (a) metais, (b) não-metais, (c) semimetais?

7.21 Cite uma diferença química e uma diferença física entre um metal e um não-metal.

7.22 Quais dos seguintes elementos seriam metais?

(a) H (Z = 1), (b) Ca (Z = 20), (c) Br (Z = 35), (d) Si (Z = 14), (e) Xe (Z = 54), (f) Tc (Z = 43), (g) Fr (Z = 87).

7.23 Quais dos seguintes hidroxi-compostos seriam ácidos?

(a) KOH, (b) ClOH, (c) $Ca(OH)_2$, (d) $SO_2(OH)_2$, (e) $Ti(OH)_2$, (f) TlOH, (g) $Al(OH)_3$.

7.24 Escreva uma equação química balanceada para:

(a) a reação de potássio metálico com água,

(b) a reação de bário metálico com água,

(c) a reação de lítio metálico com água,

(d) a reação de estrôncio metálico com iodo,

(e) a reação de sódio metálico com enxofre formando sulfeto de sódio, Na_2S,

(f) a reação de cálcio metálico com oxigênio formando óxido de cálcio, CaO.

Nomenclatura

7.25 De acordo com o sistema *oso-ico*, dê o nome para: (a) Fe^{3+}, (b) Fe^{2+}, (c) Cr^{3+}, (d) Cr^{2+}, (e) Co^{3+}, (f) Co^{2+}, (g) Sn^{4+}, (h) Sn^{2+}, (i) Au^{3+}, (j) Au^{+}. (Note que a palavra ouro em latim é *aurum*.)

7.26 De acordo com o sistema Stock, dê o nome para os mesmos íons do problema 7.25.

PROBLEMAS ADICIONAIS

7.27 Que elemento é: (a) um halogênio no quinto período? (b) um gás nobre no terceiro período? (c) um metal alcalino com mais uma camada ocupada do que o potássio? (d) um elemento de transição com uma configuração $4d^3$?

7.28 Quais dos seguintes átomos não possuem distribuições esféricas nas suas nuvens eletrônicas: Na, O, Ca, Xe, Cr, Mn? (Use somente a tabela periódica.)

7.29 Coloque em ordem decrescente de raio iônico: Se^{2-}, S^{2-}, Te^{2-}, O^{2-}.

■ **7.30** A primeira energia de ionização do Na é 496 kJ mol^{-1}. A afinidade eletrônica do Cl é 348 kJ mol^{-1}. Considere que um mol de átomos de Na gasoso reage com 1 mol de átomos de Cl gasoso para formar um mol de Na^+ e Cl^-. Este processo libera ou absorve energia? Quanto?

■ **7.31** Calcule a freqüência e o comprimento de onda de luz necessária para ionizar átomos de lítio, sendo que a primeira energia de ionização é 520 kJ mol^{-1}.

7.32 A primeira energia de ionização do metal M é 367 kJ mol^{-1}. Um mol de átomos M reage com 1 mol de átomos não-metálicos X para formar 1 mol de íons M^+ e X^-, absorvendo 255 kJ de calor no processo. Se todos os reagentes e produtos são partículas isoladas gasosas, qual é a afinidade eletrônica de X?

7.33 Qual das seguintes espécies deve ter menor raio iônico: Fe^{2+} ou Fe^{3+}? Explique.

7.34 Qual dos átomos deve ter maior afinidade eletrônica: C ou N? Explique.

7.35 A primeira energia de ionização do ouro ($Z = 79$) é maior do que da prata ($Z = 47$), cuja posição é imediatamente acima na tabela periódica. Explique.

7.36 Escreva uma equação química balanceada para: (a) a queima do enxofre em oxigênio formando dióxido de enxofre, (b) a reação dos gases nitrogênio e hidrogênio formando amônia, (c) a reação do óxido de nitrogênio com oxigênio formando dióxido de nitrogênio, (d) a reação do dióxido de enxofre com oxigênio formando trióxido de enxofre, (e) a reação de hidrogênio com o bromo formando brometo de hidrogênio.

7.37 De acordo com o sistema *oso-ico*, dê o nome para: (a) $FeBr_3$, (b) $FeBr_2$, (c) $Cr(OH)_3$, (d) $Cr(OH)_2$, (e) CuI_2, (f) CuI, (g) $SnCl_4$, (h) $SnCl_2$, (i) $MnCl_3$, (j) $MnCl_2$.

7.38 De acordo com o sistema Stock, dê o nome para os mesmos compostos do problema 7.37.

7.39 Quantos elétrons estão presentes na camada de valência de (a) N^{3-}, (b) O^{2-}, (c) F^-, (d) Ne?

7.40 Escreva uma equação balanceada que represente o processo de dissolução dos seguintes componentes em água: (a) KOH, (b) $Sr(OH)_2$, (c) $La(OH)_3$, (d) HNO_3, (e) HCl.

7.41 Usando somente a tabela periódica, faça uma previsão de quais dos seguintes átomos ou íons devem ser paramagnéticos no seu estado fundamental: (a) Li (Z = 3), (b) Mg (Z = 12), (c) S (Z = 16), (d) Zn (Z = 30), (e) Ba (Z = 56), (f) Re (Z = 75), (g) Cu^{2+} (Z = 29), (h) Fe^{3+} (Z = 26).

7.42 Dê os símbolos de todos os átomos no estado fundamental que tenham (a) configurações da camada de valência $4s^1$, (b) configurações da camada de valência $5s^25p^2$, (c) subcamada $3d$ semipreenchida, (d) subcamada $3d$ totalmente preenchida.

Capítulo 8

LIGAÇÕES QUÍMICAS

TÓPICOS GERAIS

8.1 LIGAÇÕES IÔNICAS
A formação das ligações iônicas
As estruturas de Lewis dos átomos
As estruturas de Lewis dos íons monoatômicos
As estruturas de Lewis de compostos iônicos
Ligação iônica e energia
A formação de um composto iônico sólido

8.2 LIGAÇÃO COVALENTE
A molécula de hidrogênio
As estruturas de Lewis e a ligação covalente
Ligações múltiplas
Ligações covalentes normal e coordenada
A regra do octeto: apenas um guia
Ressonância

8.3 ELETRONEGATIVIDADE
Periodicidade e eletronegatividade
Eletronegatividade e tipo de ligação

8.4 ENERGIAS DE LIGAÇÃO
Energias de ligação
Energias médias de ligação

8.5 BALANÇO DE CARGAS, PARTE I: CARGAS FORMAIS

8.6 REPULSÃO DOS PARES ELETRÔNICOS
O método VSEPR

8.7 A POLARIDADE DAS MOLÉCULAS
Moléculas diatômicas
Moléculas triatômicas
Outras moléculas

Um dos aspectos mais intrigantes da química é o estudo das forças que agem entre os átomos. As mais fortes destas forças, denominadas **ligações químicas**, são forças que unem átomos formando moléculas, agrupamentos de átomos ou sólidos iônicos.

Neste capítulo focalizaremos duas das forças de interação mais fortes: a *ligação iônica* e a *ligação covalente*. É importante salientar que a maioria das ligações não é 100% covalente; na verdade, a maioria possui características intermediárias. Mas é mais fácil entender estas ligações intermediárias relacionando-as, inicialmente com os tipos puros ou ideais de ligação. Posteriormente, apesar do fato de os tipos puros de ligação não serem uma regra, consideraremos que muitas ligações químicas sejam predominantemente iônicas ou covalentes.

8.1 LIGAÇÕES IÔNICAS

Na **ligação iônica** *as forças eletrostáticas atraem os íons de cargas opostas.*

A FORMAÇÃO DAS LIGAÇÕES IÔNICAS

Podemos visualizar a formação de uma ligação iônica típica entre dois átomos hipotéticos, M (um metal) e X (um não-metal), da seguinte maneira: como M é um metal, sua energia de ionização é baixa, isto é, é necessária pouca energia para remover um elétron do átomo M. A perda de um elétron por um átomo isolado (gasoso) M leva à formação de um íon positivo ou cátion.

$$M(g) \rightarrow M^+(g) + e^-$$

Por outro lado, como X é um átomo de um não-metal, o valor de sua afinidade eletrônica é negativo, portanto, possui uma grande tendência em ganhar um elétron e formar um ânion:

$$X(g) + e^- \rightarrow X^-(g)$$

Se estes processos são interligados, ou seja, se o elétron perdido por M é ganho por X, então todo o processo pode ser representado por

$$M(g) + X(g) \rightarrow M^+(g) + X^-(g)$$

Agora, como o cátion e o ânion apresentam cargas opostas, eles se atraem eletrostaticamente, formando um **par iônico**:

$$M^+(g) + X^-(g) \rightarrow [M^+X^-](g)$$

Esta força de atração eletrostática entre os íons do par é conhecida como ligação iônica.

Pares iônicos não são incomuns; eles podem ser encontrados em alguns gases a temperaturas muito altas e em soluções concentradas que contêm íons. Ligações iônicas são mais comumente encontradas em *sólidos iônicos*, que não possuem pares iônicos. Como veremos na Seção 9.5, estes sólidos são formados por arranjos regulares de um grande número de cátions e ânions unidos entre si por ligações iônicas. Por exemplo, uma amostra de cloreto de sódio sólido, NaCl, consiste em muitos íons Na^+ e Cl^- que não estão arranjados aos pares e sim ordenados em três dimensões, como é mostrado na Figura 8.1. Nesta estrutura, cada íon Na^+ tem seis íons Cl^- como vizinhos mais próximos; da mesma maneira, a vizinhança mais próxima de cada Cl^- consiste em seis íons Na^+. (Ver Figura 8.2.) Então cada Na^+ forma não somente uma, mas seis ligações iônicas, e o mesmo acontece com cada Cl^-. O fato de cada um dos dois íons estar rodeado pelo mesmo número de *contraíons*, ou seja, íons de carga oposta, é coerente com a relação estequiométrica de um para um da fórmula empírica do NaCl.

AS ESTRUTURAS DE LEWIS DOS ÁTOMOS

Em 1916, o químico norte-americano G.N. Lewis desenvolveu um método de colocar os elétrons em átomos, íons e moléculas. Este método faz uso de diagramas, agora chamados de *estruturas de Lewis*. A estrutura de Lewis para um átomo consiste no seu símbolo químico, rodeado por um número de pontos (ou algumas vezes de o ou ×; ver Seção 8.2) correspondentes ao número de elétrons da camada de valência do átomo. Como o sódio tem apenas um elétron de valência, sua estrutura de Lewis é

$$Na\cdot$$

(O ponto pode ser colocado à esquerda, à direita, acima ou abaixo do símbolo.)

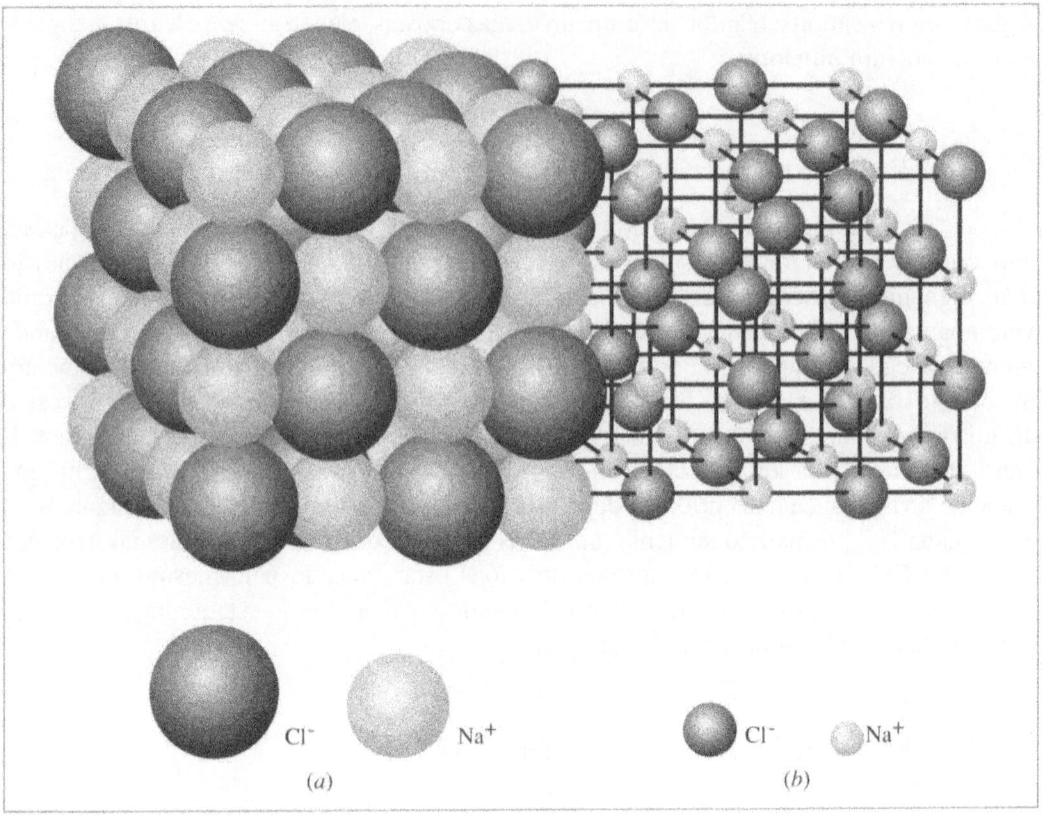

Figura 8.1 A estrutura do cloreto de sódio. (*a*) Modelo espacial, geometricamente correto. (*b*) Modelo de bolas e varetas.

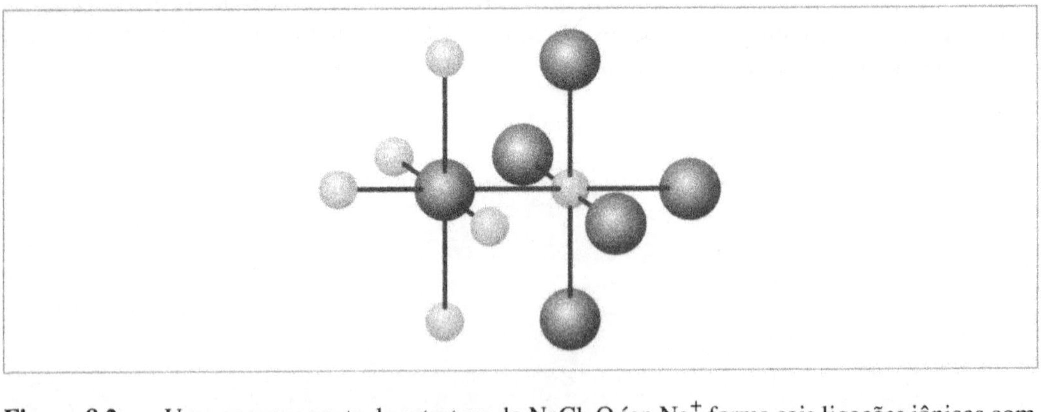

Figura 8.2 Uma pequena parte da estrutura do NaCl. O íon Na^+ forma seis ligações iônicas com seus seis Cl^- vizinhos mais próximos. Similarmente, o íon Cl^- forma seis ligações com seus íons Na^+ vizinhos mais próximos.

Um átomo de cloro possui sete elétrons de valência; sua estrutura de Lewis é, portanto:

(O ponto pode aparecer em qualquer um dos lados do símbolo.)

O símbolo químico numa estrutura de Lewis (Cl no exemplo anterior) representa o **tronco** ou **cerne** do átomo, isto é, *o núcleo e todos os elétrons da camada de valência.* Então, temos para o átomo de magnésio a seguinte configuração eletrônica e estrutura de Lewis:

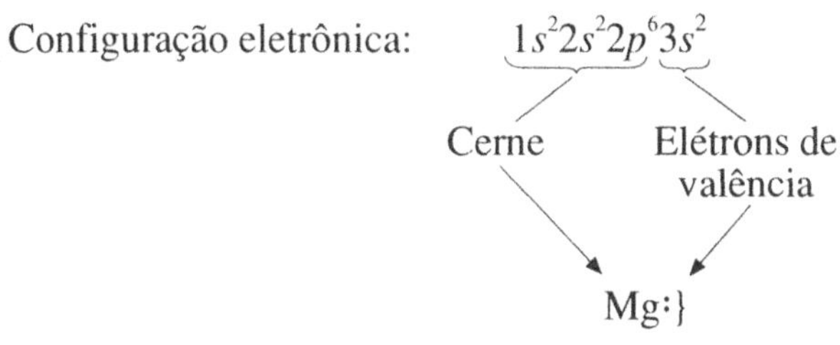

Os pontos na estrutura de Lewis são geralmente agrupados para mostrar se os elétrons se encontram ou não emparelhados num orbital. Assim, para o átomo de alumínio,

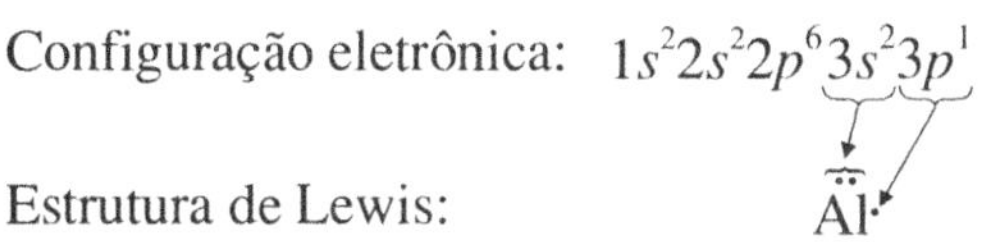

Os três elétrons de valência são mostrados como sendo um par (os dois elétrons 3*s*) e um elétron isolado (o 3*p*). Esta convenção de pares e elétrons isolados do átomo no estado fundamental nem sempre é seguida.

As estruturas de Lewis para os átomos do terceiro período são dadas na Tabela 8.1.

AS ESTRUTURAS DE LEWIS DOS ÍONS MONOATÔMICOS

A regra do octeto (Seção 7.2) estabelece que, com exceção do hélio, os átomos dos gases nobres possuem uma camada de valência especialmente estável, ns^2np^6, ou seja, um octeto. Os outros átomos em geral reagem para atingir esta configuração ganhando ou perdendo elétrons, o que resulta num íon cuja configuração eletrônica é semelhante à do gás nobre mais próximo na tabela periódica.

Vamos considerar inicialmente os não-metais. Um típico não-metal, para *completar o seu octeto*, tem a tendência de ganhar elétrons, pois necessita apenas de poucos elétrons para ter um octeto na sua camada de valência. O resultado é um ânion cuja configuração eletrônica é a mesma do gás nobre que o sucede na tabela periódica. Por exemplo, um átomo de cloro ganha um elétron para se tornar um íon cloreto:

$$\text{Cl}\ (1s^22s^22p^63s^23p^5) + e^- \rightarrow \text{Cl}^-\ (1s^22s^22p^63s^23p^6)$$

O íon cloreto resultante possui a mesma configuração eletrônica que o átomo de argônio, o primeiro gás nobre, logo após o átomo de cloro na tabela periódica. Devido a isto, dizemos que o íon cloreto e o átomo de argônio são *isoeletrônicos*. Usando as estruturas de Lewis, este processo de ganhar elétrons é

$$:\ddot{\underset{\cdot\cdot}{\text{Cl}}}\cdot + e^- \rightarrow \left[:\ddot{\underset{\cdot\cdot}{\text{Cl}}}:\right]^-$$

O sinal negativo fora dos colchetes indica a carga do íon, e o colchete serve para separar o sinal negativo dos pontos. (Os colchetes devem ser sempre incluídos, principalmente numa estrutura escrita à mão.)

Vamos agora considerar os metais. Um metal típico possui uma baixa energia de ionização e poucos elétrons na sua camada de valência. Em muitas reações há energia suficiente para que um átomo perca seus elétrons de valência para formar um cátion que é isoeletrônico com o gás nobre que o precede na tabela periódica. Por exemplo, pouca energia é necessária para que um átomo de sódio perca seu elétron de valência e se torne um íon sódio:

$$\text{Na}\ (1s^22s^22p^63s^1) \rightarrow \text{Na}^+(1s^22s^22p^6) + e^-$$

Note que o íon sódio é isoeletrônico do neônio, o gás nobre que o precede na tabela periódica. Usando as estruturas de Lewis, o processo é

$$\text{Na}\cdot \rightarrow \text{Na}^+ + e^-$$

Tabela 8.1 As estruturas de Lewis para os átomos do terceiro período.

Átomo	*Configuração eletrônica*	*Estrutura de Lewis*
Na (Z = 11)	$1s^2 2s^2 2p^6 3s^1$	Na·
Mg (Z = 12)	$1s^2 2s^2 2p^6 3s^2$	Mg:
Al (Z = 13)	$1s^2 2s^2 2p^6 3s^2 3p^1$	·Al:
Si (Z = 14)	$1s^2 2s^2 2p^6 3s^2 3p^2$	·Si: (with a dot above)
P (Z = 15)	$1s^2 2s^2 2p^6 3s^2 3p^3$	·P: (with a dot above)
S (Z = 16)	$1s^2 2s^2 2p^6 3s^2 3p^4$	·S: (with dots above and below)
Cl (Z = 17)	$1s^2 2s^2 2p^6 3s^2 3p^5$	:Cl: (with dots above and below)
Ar (Z = 18)	$1s^2 2s^2 2p^6 3s^2 3p^6$	:Ar: (with dots above and below)

É importante verificar que os oito elétrons na camada L do Na^+, que agora é sua camada externa, não são mostrados. Neste tipo de estrutura de Lewis, os pontos servem para mostrar apenas os elétrons na camada de valência do *átomo original*, por isso a estrutura do Na^+ não apresenta pontos.

Em algumas de suas reações, os átomos de alguns metais de pós-transição não perdem todos os seus elétrons de valência, ficando alguns elétrons *np* no cátion. Por outro lado, os elementos de transição podem perder, além de seus elétrons de valência, alguns ou todos os seu elétrons $(n-1)d$. Em cada um destes casos o cátion resultante não é isoeletrônico com o gás nobre que o precede na tabela periódica. [Uma exceção ocorre quando um metal de transição perde todos os seus elétrons $(n-1)d$.] Nos Capítulos 21 e 22, consideraremos a formação de cátions dos metais de pós-transição e de transição.

AS ESTRUTURAS DE LEWIS DE COMPOSTOS IÔNICOS

A estrutura de Lewis de um composto iônico consiste na combinação entre as estruturas de Lewis dos íons individuais. Portanto, a estrutura de Lewis do NaCl é

$$Na^+ \left[:\ddot{\underset{\cdot\cdot}{Cl}}:\right]^-$$

ou, separando as duas partes com uma vírgula,

$$Na^+, [:\ddot{\underset{..}{Cl}}:]^-$$

Note que isto não significa que no cloreto de sódio cada Na^+ é ligado a apenas um Cl^-. A notação simplesmente mostra que a proporção no composto entre íons Na^+ e Cl^- é 1:1.

A regra do octeto ajuda a predizer a fórmula estequiométrica (relação de combinação entre os átomos) de compostos iônicos. Para compor uma fórmula unitária de NaCl, um elétron é transferido de um átomo Na para um Cl, e isto resulta em íons nos quais a regra de octeto é obedecida e que são mais estáveis em relação às novas mudanças de suas camadas de valência.

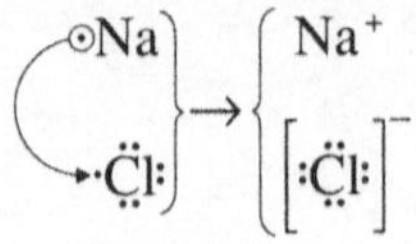

No óxido de sódio, a situação é diferente porque o átomo de oxigênio possui apenas seis elétrons de valência e, portanto, necessita de dois elétrons para completar o seu octeto:

$$:\ddot{\underset{\cdot}{O}}\cdot + 2e^- \rightarrow [:\ddot{\underset{..}{O}}:]^{2-}$$

Como o sódio pode perder apenas um elétron de valência (e a sua segunda energia de ionização é alta, o que dificulta a perda de um segundo elétron), são necessários dois átomos de sódio para fornecer dois elétrons para um único átomo de oxigênio:

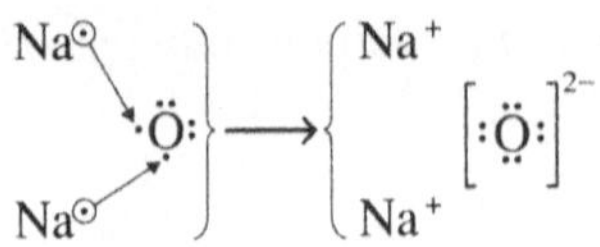

A estrutura de Lewis para o óxido de sódio é escrita como

$$2Na^+ [:\ddot{\underset{..}{O}}:]^{2-}$$

ou como

$$2Na^+, [:\ddot{\underset{..}{O}}:]^{2-}$$

e a fórmula empírica (mínima) do óxido de sódio é, portanto, Na_2O.

Exemplo 8.1 Escreva a estrutura de Lewis para o cloreto de cálcio.

Solução: O cálcio, do grupo IIA da tabela periódica, possui dois elétrons de valência, e o cloro, do grupo VIIA, possui sete. Ao perder seus dois elétrons de valência, o cálcio converte dois átomos de Cl em íons.

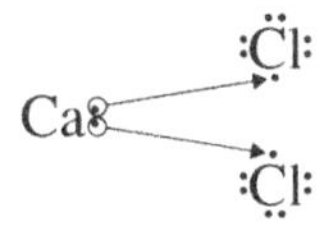

A estrutura de Lewis é:

$$Ca^{2+}\ 2\left[:\ddot{\underset{\cdot\cdot}{Cl}}:\right]^{-}$$

Problema Paralelo: Escreva a estrutura de Lewis para o sulfeto de potássio. **Resposta:**

$$2K^{+}\left[:\ddot{\underset{\cdot\cdot}{S}}:\right]^{2-}$$

Exemplo 8.2 Escreva a estrutura de Lewis para o óxido de alumínio.

Solução: O alumínio (grupo IIIA) tem três elétrons de valência, e o oxigênio (grupo VIA) tem seis. Espera-se que cada Al perca três elétrons e cada O ganhe dois. Assim, teremos dois átomos de Al, fornecendo um total de seis elétrons, os quais serão ganhos pelos três átomos de O, dando íons O^{2-}:

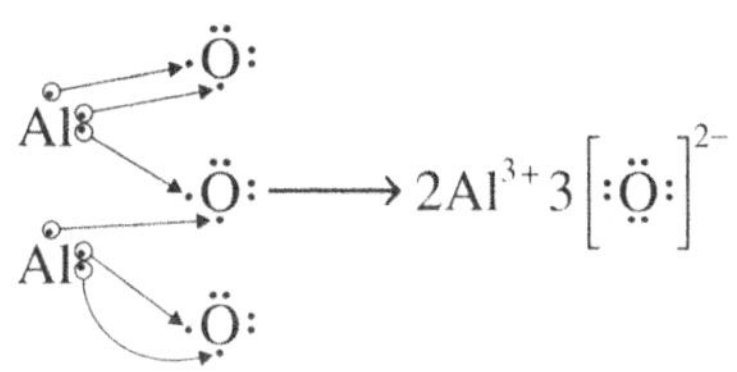

Problema Paralelo: Escreva a estrutura de Lewis para o nitreto de bário. **Resposta:**

$$3Ba^{2+}\,2\left[:\ddot{\underset{\cdot\cdot}{N}}:\right]^{3-}$$

Comentários Adicionais

Antes de irmos mais adiante, é necessário deixar claro que a regra do octeto é somente um guia útil para fazer previsões sobre ligação e estequiometria em muitos compostos. Há, entretanto, várias exceções. É muito comum os elementos de transição violarem a regra do octeto usando os elétrons $(n-1)d$ em ligações, o mesmo ocorrendo com alguns elementos representativos. A regra do octeto é mais comumente obedecida por átomos de elementos representativos do segundo e terceiro períodos, podendo também neste caso ocorrer violações à regra. A regra do octeto é uma generalização importante, porém não é uma lei.

Você deve ter percebido que não é realmente necessário montar a estrutura de Lewis para obter a fórmula empírica de um composto iônico. É suficiente apenas determinar as cargas nos ânions e cátions e em seguida combiná-los na proporção correta, de maneira tal que a soma das cargas negativas e positivas seja igual a zero.

Exemplo 8.3 Escreva a fórmula empírica do nitreto de potássio.

Solução: O átomo de potássio (grupo IA) possui um elétron de valência, que pode ser perdido para tornar-se um íon potássio, K^+. Um átomo de nitrogênio (grupo VA) possui cinco elétrons de valência e, portanto, precisa ganhar três elétrons para completar seu octeto e formar o íon nitreto, N^{3-}. É evidente que são necessários três íons K^+ para formar um composto sem carga em excesso. Portanto, a fórmula empírica é K_3N.

Problema Paralelo: Qual é a fórmula empírica do fosfeto de cálcio? **Resposta:** Ca_3P_2.

LIGAÇÃO IÔNICA E ENERGIA

Usando a regra do octeto, pode-se prever que um metal perde seus poucos elétrons de valência para formar um cátion e um não-metal ganha poucos elétrons para formar um ânion. A regra é útil, mas, como já mencionamos, não explica *por que* este processo ocorre. Em outras palavras, qual é a "força motriz" atrás da formação de cloreto de sódio a partir de sódio e cloro?

Realmente uma questão bem mais básica é: por que *qualquer* processo ocorre? Apesar de mais para frente chegarmos a uma resposta mais completa, um fato óbvio é que *todas as reações ocorrem quando os produtos formados são mais estáveis que os reagentes.*

Em outras palavras, quando um sistema sofre uma transformação, ele atinge um estado de maior estabilidade. Como reconhecemos este aumento de estabilidade? Pelo fato de ser, em geral, seguido por uma *liberação de energia*. Um processo é dito **energeticamente favorável** quando vem acompanhado por uma liberação de energia. Para um sistema mantido à pressão constante, um aumento de estabilidade é associado a um decréscimo de entalpia, ou $\Delta H < O$. (Ver Seção 3.2.)

Comentários Adicionais

Por si só, a liberação de energia não pode ser usada para predizer com certeza se uma reação irá ocorrer ou não. (Consideraremos, no Capítulo 17, um segundo fator importante.) Todavia, processos altamente exotérmicos freqüentemente são espontâneos.

Parece razoável esperar que metais reajam com não-metais, uma vez que os metais possuem baixa energia de ionização (pouca energia é necessária para retirar elétrons de seus átomos), e não-metais apresentam alta afinidade eletrônica (grandes quantidades de energia são liberadas quando seus átomos ganham elétrons). Se a energia liberada quando cada um dos átomos de um mol de cloro ganha um elétron é maior que a energia requerida para favorecer a perda dos elétrons de valência de um mol de átomos de sódio, os dois elementos reagem entre si e a energia em excesso é liberada na forma de calor. (A reação será energeticamente favorável.) Entretanto, verifica-se que falta energia para que este processo ocorra. A energia liberada por um mol de átomos de cloro ao ganhar elétrons é grande, mas não o suficiente para provocar a perda dos elétrons de um mol de átomos de sódio.

Alguns números podem nos ajudar a verificar isto. Os valores de ΔH para os processos são

Etapa	*Processo*	*ΔH, kJ mol⁻¹*
1	$Na\cdot \rightarrow Na^+ + e^-$	+ 495 (energia absorvida)
2	$:\ddot{\underset{..}{Cl}}\cdot + e^- \rightarrow [:\ddot{\underset{..}{Cl}}:]^-$	– 348 (energia liberada)

Estes dados mostram que a energia de ionização do sódio é tão alta que a energia liberada durante a etapa 2 não é suficiente para fornecer a energia necessária para a remoção dos elétrons do átomo de sódio (etapa 1). ΔH para a combinação dos dois processos é *positivo*. (São necessários 495 – 348, ou seja, 147 kJ de calor para que o processo ocorra.) Portanto, a transferência de um mol de elétrons de átomos isolados de sódio para átomos isolados de cloro é um processo *energeticamente desfavorável*; só ocorre se uma energia adicional externa for fornecida.

O processo acima não forma cloreto de sódio, forma um mol de íons de sódio e um mol de íons cloreto. Vamos agora adicionar uma terceira etapa: a formação de um mol de pares iônicos gasosos de NaCl a partir de íons Na^+ e Cl^-. Este processo de aproximação dos íons de cargas opostas é acompanhado de um grande desprendimento de energia, 449 kJ por mol de pares iônicos formados, que é mais do que suficiente para compensar os 147 kJ por mol que faltavam. Assim, quando adicionamos as três etapas e seus respectivos ΔH, obtemos

Etapa	*Processo*	ΔH, *kJ mol*$^{-1}$
1	$Na\cdot \rightarrow Na^+ + e^-$	+ 495 (energia absorvida)
2	$:\ddot{\underset{..}{Cl}}\cdot + e^- \rightarrow [:\ddot{\underset{..}{Cl}}:]^-$	– 348 (energia liberada)
3	$Na^+ + [:\ddot{\underset{..}{Cl}}:]^- \rightarrow Na^+[:\ddot{\underset{..}{Cl}}:]^-$	– 449 (energia liberada)
Total:	$Na\cdot + \cdot\ddot{\underset{..}{Cl}}: \rightarrow Na^+[:\ddot{\underset{..}{Cl}}:]^-$	– 302 (energia líquida liberada)

Podemos ver que a conversão de um mol de Na e Cl em um mol de pares iônicos NaCl é energeticamente favorável. A última etapa é altamente exotérmica, porque a ligação iônica forte que é formada entre Na^+ e Cl^- resulta numa grande liberação de energia quando os íons formam os pares iônicos.

Na Figura 8.3 são mostradas esquematicamente as variações de entalpia que acompanham a formação de íons pares gasosos de NaCl a partir de átomos gasosos Na e Cl. Para o processo global, o valor de ΔH é negativo devido ao decréscimo de entalpia da etapa 3. Os produtos desta etapa, os pares iônicos NaCl, são *energeticamente mais estáveis* que os átomos reagentes Na e Cl.

A FORMAÇÃO DE UM COMPOSTO IÔNICO SÓLIDO

Os processos que envolvem a formação de pares iônicos gasosos a partir de átomos gasosos não são geralmente encontrados. Assim, vamos considerar a formação de cloreto de sódio sólido a partir de sódio e cloro gasoso. (Estes são os estados nos quais estas substâncias são comumente encontradas.) Neste caso, o processo global é ainda mais favorecido energeticamente. Ele pode ser dividido em cinco etapas, como é mostrado a seguir:

Etapa	*Processo*	*ΔH, kJ mol^{-1}*
A	$Na(s) \rightarrow Na(g)$	+108 (energia absorvida)
B	$\frac{1}{2}Cl_2(g) \rightarrow Cl(g)$	+121 (energia absorvida)
C	$Na(g) \rightarrow Na^+(g) + e^-$	+495 (energia absorvida)
D	$e^- + Cl(g) \rightarrow Cl^-(g)$	–348 (energia liberada)
E	$Na^+(g) + Cl^-(g) \rightarrow NaCl(s)$	–787 (energia liberada)
Total	$Na(s) + \frac{1}{2}Cl_2(g) \rightarrow NaCl(s)$	–411 (energia líquida liberada)

A etapa A nesta seqüência representa a *sublimação* (transformação direta do sólido para o gasoso) de um mol de átomos de Na. A etapa B é a *dissociação* de meio mol de moléculas de Cl_2 em um mol de átomos de Cl. A etapa C é a *ionização* de um mol de átomos de sódio para formar um mol de íons de sódio. A etapa D é a conversão de um mol de átomos de cloro (por ganho de elétrons) em um mol de íons de cloreto. (Note: as etapas C e D são idênticas às etapas 1 e 2 do processo gasoso de três etapas já discutido.) Finalmente, a etapa E é a formação de um mol de NaCl *sólido* a partir de seus íons. A energia liberada na etapa E é chamada de *energia reticular*[1] do cloreto de sódio, e é muito grande porque nesta etapa cada íon sódio e cada íon cloreto formam seis ligações iônicas.

1 O termo *retículo* refere-se ao arranjo regular dos íons Na^+ e Cl^-, chamado retículo cristalino, que forma o cloreto de sódio sólido. (Ver Capítulo 9.)

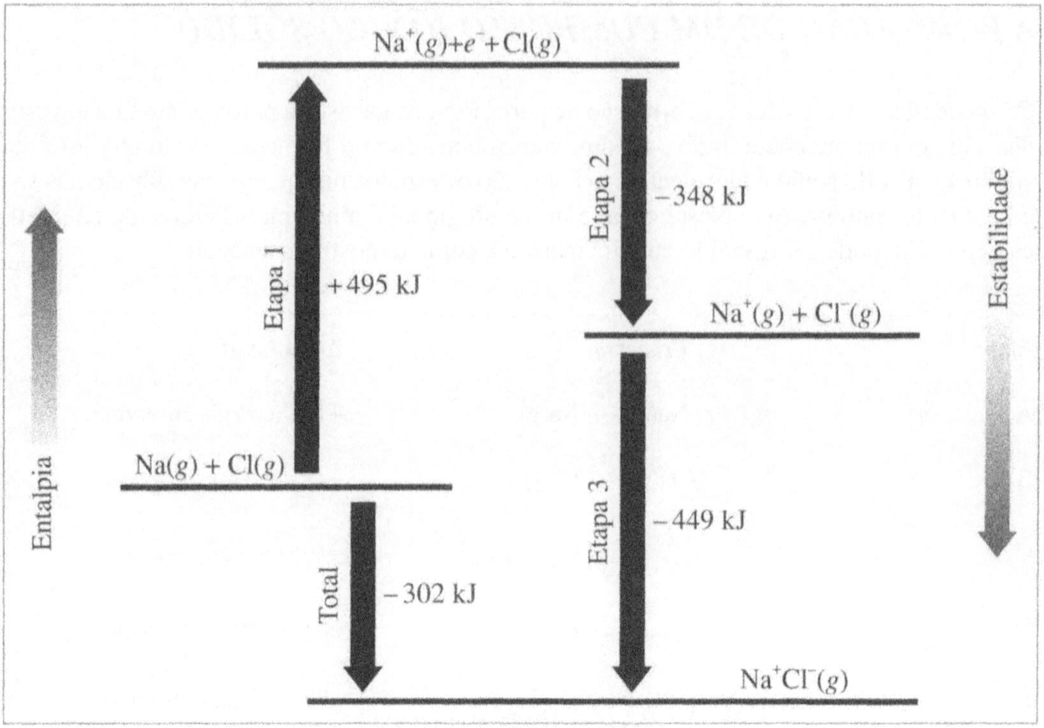

Figura 8.3 ΔH para a formação de um par iônico NaCl.

A variação de entalpia de cada etapa na formação de NaCl sólido a partir de seus elementos é mostrada esquematicamente na Figura 8.4. Observe que o processo global não seria favorecido se não fosse pela etapa altamente exotérmica. É esta etapa que abaixa a entalpia dos produtos, tornando-a inferior à dos reagentes. Em outras palavras, a força motriz responsável pela formação de NaCl sólido a partir de seus elementos é a alta energia reticular do cloreto de sódio. Cálculos como os mostrados esquematicamente nas Figuras 8.3 e 8.4 são denominados **ciclos de Born-Haber**, de acordo com Max Born, um físico alemão, e Fritz Haber, um químico alemão. Estes ciclos são boas aplicações da lei de Hess (Seção 3.4).

Como as ligações iônicas são forças fortes, uma quantidade razoável de energia deve ser fornecida para quebrar um sólido iônico. Devido a isto, estes sólidos possuem pontos de fusão e calores de fusão relativamente altos. Sólidos iônicos são fracos condutores de calor e eletricidade e são geralmente encontrados como cristais duros e quebradiços. (Ver Seção 9.5.) As solubilidades dos sólidos iônicos em água variam bastante. Muitos compostos nos quais a carga do cátion é 1+ e a do ânion é 1− são muito solúveis. (Examinaremos os diversos fatores que influenciam a solubilidade no Capítulo 11.)

Quando um sólido iônico se dissolve em água, ele se *dissocia*. Isto significa que seus íons se separam e são rodeados por moléculas de água. Com cloreto de sódio, o processo pode ser escrito como

$$NaCl(s) \rightarrow Na^+(aq) + Cl^-(aq)$$

O processo de dissociação é algumas vezes chamado de *ionização* porque íons são formados. Os íons formados num processo de dissociação tornam a solução resultante boa condutora de eletricidade, pois estes íons transportam a corrente elétrica entre dois eletrodos. (Discutiremos isto em maiores detalhes na Seção 9.5.)

Comentários Adicionais

O termo *ionização* é uma fonte de confusão, pois a palavra possui outro significado: a perda de um elétron por um átomo (ou molécula) para formar um íon. Portanto, usaremos apenas a palavra *dissociação* quando nos referirmos à formação de íons por dissolução de uma substância.

8.2 LIGAÇÃO COVALENTE

Vimos que quando um átomo possui uma energia de ionização baixa e outro apresenta uma afinidade eletrônica alta, um ou mais elétrons podem se transferir do primeiro para o segundo para formar uma ligação iônica. A **ligação covalente** ocorre quando os dois átomos têm a mesma tendência de ganhar e perder elétrons. Sob essas condições, a transferência total de um elétron não acontece. Em vez disso, os elétrons ficam *compartilhados* entre os átomos.

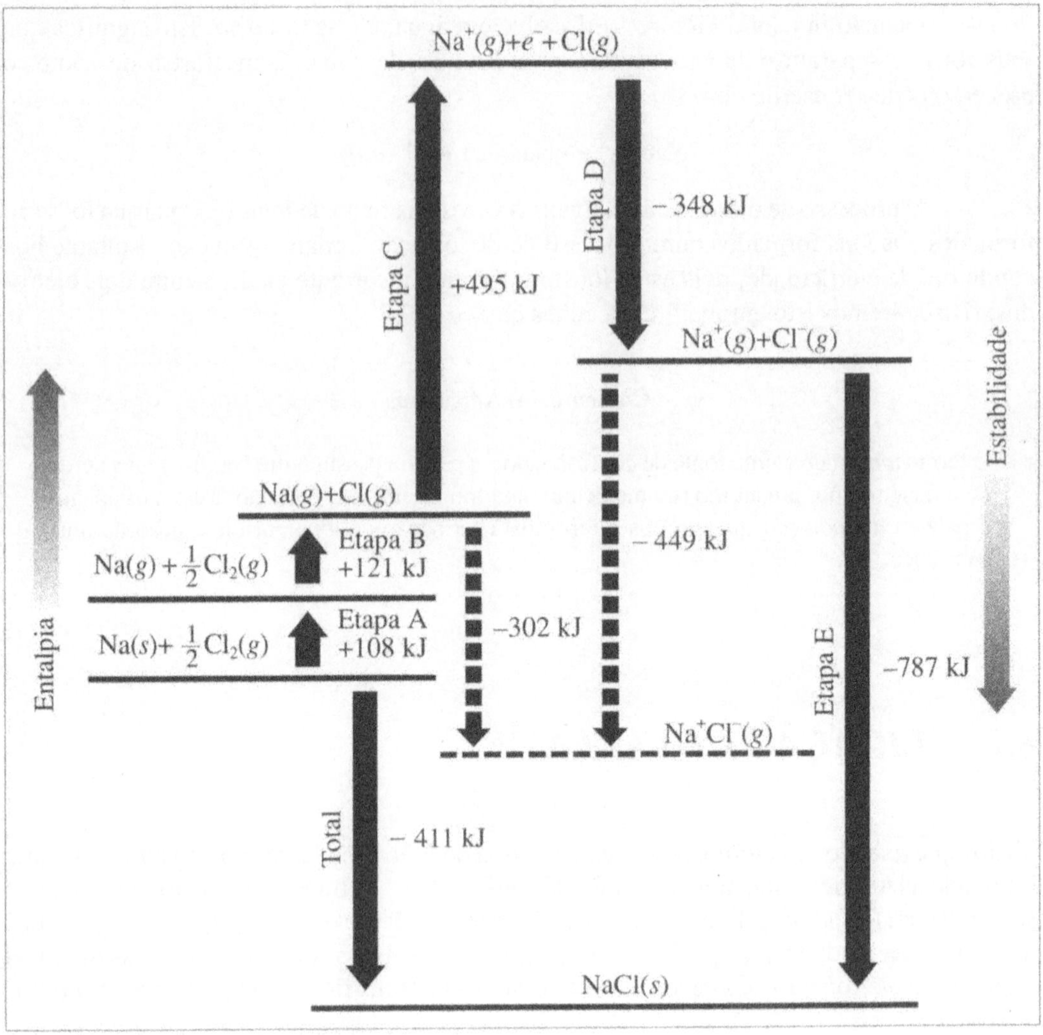

Figura 8.4 ΔH para a formação do NaCl(*s*): um ciclo de Born-Haber.

A MOLÉCULA DE HIDROGÊNIO

Para ilustrar as propriedades de uma ligação covalente, vamos inicialmente considerar a menor e mais simples molécula, a do hidrogênio, H_2. Imagine que você está segurando um átomo de hidrogênio (núcleo mais um elétron) em cada uma de suas mãos e vagarosamente os aproxima. À medida que isto ocorre, você sentirá uma força atrativa que cresce e tende a fazê-los ficar ainda mais próximos. Se você permitir uma aproximação maior ainda, as forças atrativas atingem um valor máximo e em seguida começam a enfraquecer, decrescendo até desaparecerem por completo. Deste momento em diante você terá de *puxar* os átomos para mantê-los próximos, uma vez que forças atrativas foram substituídas por forças repulsivas que crescem bruscamente com o decréscimo da distância interatômica. Com um par de átomos reais de hidrogênio, esta troca de forças ocorre a uma distância internuclear de 0,074 nm. Dois átomos de hidrogênio permanecem nesta distância de equilíbrio porque em distâncias maiores são atraídos e em distâncias menores são repelidos.

A força atrativa que segura dois átomos de hidrogênio juntos formando uma molécula de H_2 é devida, em parte, à atração entre cada núcleo e o elétron do outro átomo; à medida que os dois átomos se aproximam, o elétron de cada átomo torna-se cada vez mais atraído pelo núcleo do outro. A força de repulsão que predomina em distâncias internucleares inferiores a 0,074 nm é o resultado de uma repulsão elétrica entre os dois núcleos carregados positivamente e entre os dois elétrons. Ambas as forças atrativas e repulsivas existem em *todas* as distâncias, e a menos que os dois átomos estejam muito próximos, a repulsão é muito pequena. Em distâncias internucleares inferiores a 0,074 nm, a força repulsiva predomina e conseqüentemente os átomos se repelem. A distância 0,074 nm é denominada *distância de ligação* ou *comprimento de ligação*, e é a distância onde as forças atrativas e repulsivas se igualam. Na distância de ligação, os dois elétrons são igualmente *compartilhados* entre os dois átomos de hidrogênio, ou seja, *ambos* os núcleos atraem igualmente *ambos* os elétrons. Esta atração é que constitui a ligação covalente.

À medida que dois átomos se aproximam, a força atrativa líquida provoca um decréscimo na energia potencial do par até atingir um valor mínimo na distância de ligação. Uma subseqüente aproximação causa um aumento da energia potencial acima do valor mínimo, uma vez que neste ponto existe uma força repulsiva líquida[2]. A Figura 8.5 mostra a energia potencial de dois átomos de hidrogênio em função da distância entre eles. Note que a curva possui um mínimo de 0,074 nm, a distância de ligação. O valor da ordenada neste ponto é -485 kJ mol^{-1}. Em outras palavras, a energia potencial de um mol de moléculas de hidrogênio, que se encontram afastadas 0,074 nm, é 458 kJ menor que a energia potencial dos átomos quando estão completamente separados.

Do ponto de vista da mecânica quântica, quando dois átomos de hidrogênio se aproximam um do outro, há um aumento na probabilidade de encontrar o elétron do primeiro átomo, próximo do núcleo do segundo átomo e vice-versa. Na distância de ligação, cada elétron é igualmente influenciado por ambos os núcleos, e a probabilidade de encon-

2 Quando dois objetos são *atraídos* entre si por qualquer tipo de força, sua energia potencial *decresce* à medida que a distância entre eles decresce. Por exemplo, a energia potencial gravitacional de um objeto suspenso acima da terra decresce à medida que o objeto é abaixado até o solo. (Mais exatamente, existe um decréscimo na energia potencial total do objeto mais à Terra.) Similarmente, quando dois objetos são *repelidos* um em relação ao outro por qualquer força, sua energia potencial *aumenta* à medida que são aproximados.

trar cada elétron é a mesma em cada núcleo. A Figura 8.6 mostra como varia a densidade de probabilidade do elétron Ψ^2 (Seção 6.4) quando dois átomos de hidrogênio formam uma ligação covalente. Observe a carga eletrônica na região entre os núcleos.

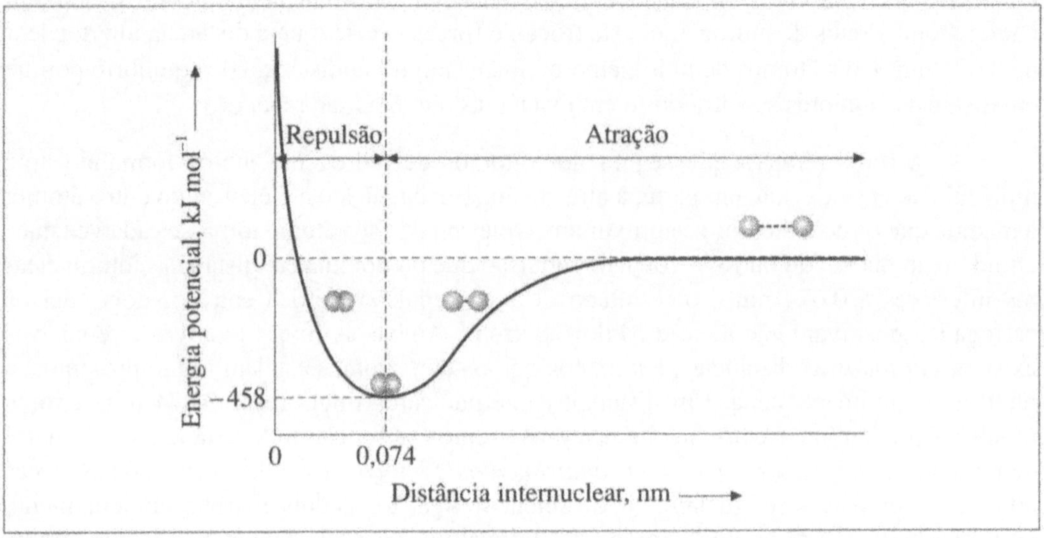

Figura 8.5 A energia potencial de dois átomos de hidrogênio a várias distâncias.

Como os dois elétrons são igualmente influenciados pelos dois núcleos, eles ocupam a mesma região do espaço; esta situação só é possível, de acordo com o princípio de exclusão de Pauli (Seção 6.5), apenas se seus spins forem antiparalelos. Os dois elétrons na molécula de H_2 estão *compartilhados* e são chamados **par ligado** ou **par compartilhado.**

Finalmente, dois átomos ligados não permanecem sem se movimentar um em relação ao outro. Mesmo no zero absoluto, eles vibram para dentro ou para fora, aproximando-se ou afastando-se um do outro, e a distância 0,074 nm é uma distância média entre os núcleos. A vibração de uma molécula de H_2 é semelhante à vibração de duas bolas ligadas por uma mola, apesar deste modelo não levar em consideração a quantização das energias vibracionais. O menor nível vibracional na molécula de H_2 é 26 kJ mol^{-1} acima do valor mínimo −485 kJ mol^{-1} mostrado na curva de energia potencial da Figura 8.5. Em outras palavras, mesmo que a molécula se encontre no seu mais baixo estado vibracional, sua energia é 26 kJ mol^{-1} maior que o mínimo da curva, ou seja, é igual a −432 kJ mol^{-1}. Portanto, são necessários 432 kJ de energia para romper um mol de ligação H—H e, assim, separar os átomos.

AS ESTRUTURAS DE LEWIS E A LIGAÇÃO COVALENTE

A ligação covalente consiste no compartilhamento de pares eletrônicos entre dois átomos e pode ser representada por meio de estruturas de Lewis. A formação da molécula de H_2 a partir de dois átomos de H pode ser mostrada da seguinte maneira

Átomos de H isolados:

Molécula de H_2:

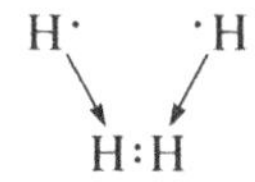

Observe que o par de elétrons compartilhados é representado por um par de pontos entre os dois símbolos.

No fluoreto de hidrogênio, uma outra molécula diatômica, a formação da ligação covalente pode ser esquematizada como

Átomos isolados:

Molécula de HF:

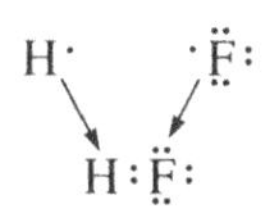

Como anteriormente, o par compartilhado é colocado entre os dois símbolos. Os outros seis elétrons são agrupados aos pares ao redor do átomo de flúor, como **pares solitários** ou **não-compartilhados**. Pares solitários de elétrons ocupam a camada de valência de apenas um dos dois átomos, portanto não estão diretamente envolvidos na ligação. Muitas estruturas onde a ligação é covalente são ilustrações da regra do octeto; por exemplo, no HF, oito elétrons de valência são associados com o átomo de flúor. (O hidrogênio *nunca* obedece à regra do octeto; sua camada de valência pode acomodar apenas dois elétrons.[3])

3 N. do R.T.: O hidrogênio, apesar de não obedecer à regra do octeto, ao se ligar, torna-se isoeletrônico do hélio, que é um gás nobre que possui apenas dois elétrons na camada de valência.

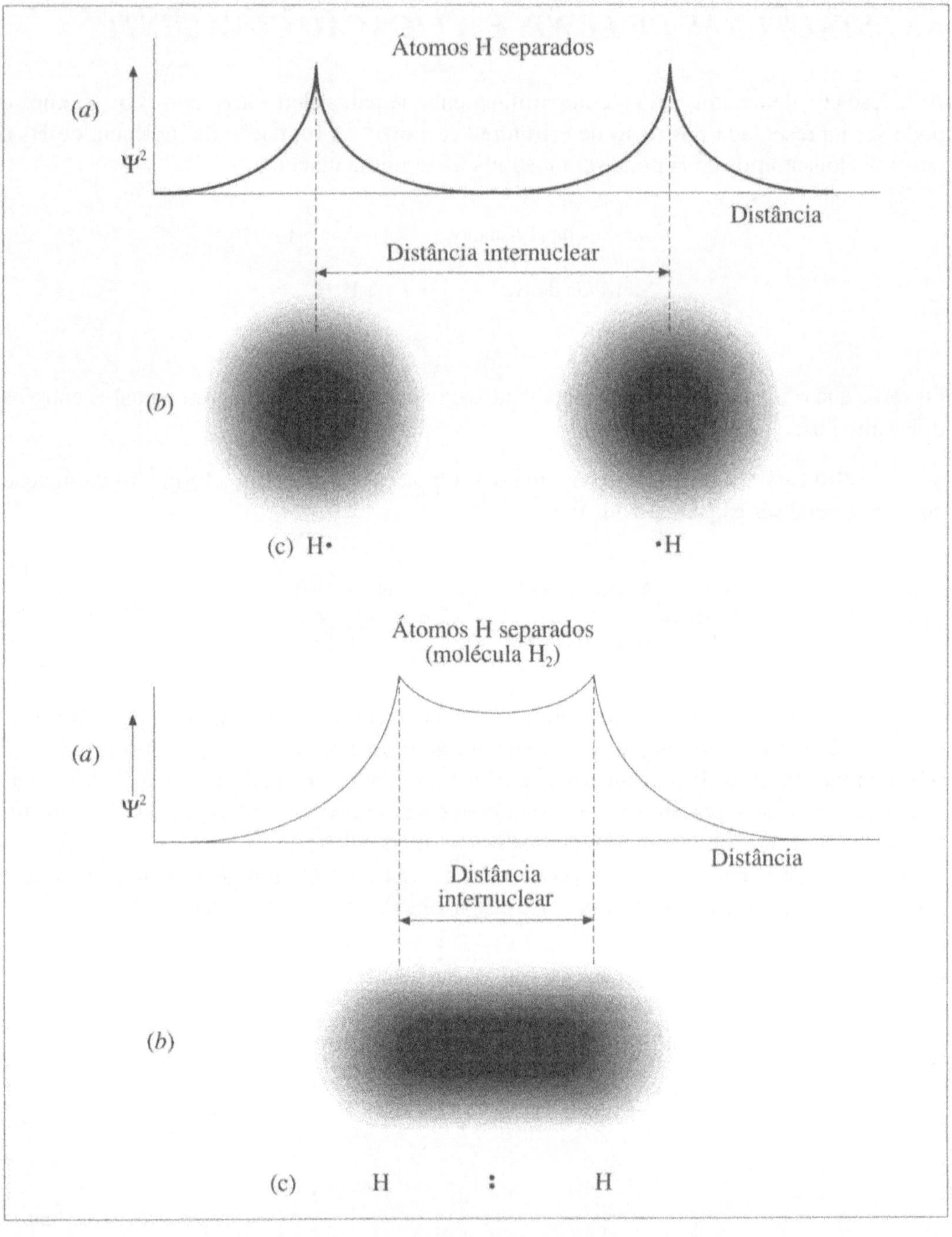

Figura 8.6 A formação da molécula de hidrogênio. (*a*) Gráfico de densidade de probabilidade. (*b*) Nuvens de carga eletrônica. (*c*) Estruturas de Lewis.

O primeiro passo para desenhar uma estrutura de Lewis é fazer o "inventário de elétrons", isto é, determinar o número total de elétrons de valência que serão representados como pontos na estrutura final. Isto é feito adicionando-se os elétrons de valência (*ns* e *np*) dos átomos a serem ligados[4]. Por exemplo, para desenhar a estrutura de Lewis para a molécula de metano (CH_4), contamos com oito elétrons, quatro provenientes dos átomos de carbono (grupo IVA) e o restante vindo um de cada átomo de hidrogênio. Há, portanto, 4.(1) + 4, ou seja, 8 elétrons a serem representados na estrutura de Lewis.

Uma vez contabilizados os elétrons, escolhemos onde serão colocados. Para isto, devemos primeiramente determinar a estrutura da molécula. (Devemos saber quais átomos estão ligados entre si.) No CH_4, existe apenas uma possibilidade: cada um dos quatro átomos de H deve ser ligado ao átomo de C. Qualquer outra possibilidade requer que um átomo de H forme duas ou mais ligações covalentes e como isto implica na ocupação de mais de dois elétrons na camada K do átomo de H, isto não ocorre. *O hidrogênio nunca forma mais de uma ligação covalente*. Assim, o átomo de carbono que é chamado *átomo central*, ou *átomo principal*, forma quatro ligações, uma com cada átomo de H:

```
  H
H C H
  H
```

Em seguida inserimos os oito elétrons, como quatro pares ao redor do átomo de carbono:

```
  H
  ··
H:C:H
  ··
  H
```

Esta estrutura de Lewis mostra como os oito elétrons de valência são usados na ligação de carbono e hidrogênio formando metano. Verifica-se ainda que a regra do octeto é obedecida, porque há oito elétrons ao redor do átomo de carbono.

Exemplo 8.4 Escreva a estrutura de Lewis para a molécula de amônia, NH_3.

Solução: Um átomo de nitrogênio (grupo V) tem cinco elétrons de valência, e cada átomo de hidrogênio possui um. Assim, existem um total de 5 + 3.(1), ou seja, 8 elétrons (pontos) para serem mostrados na estrutura final. Como cada H pode formar apenas uma ligação, o átomo de nitrogênio deve ser o átomo central:

4 O procedimento descrito aqui é satisfatório enquanto nenhum elétron $(n-1)d$ é usado na ligação.

H N H
H

Dos oito elétrons de valência, seis são usados nas ligações do átomo de nitrogênio com os três átomos de hidrogênio,

H:N:H
H

e os dois que sobram formam um par solitário que permanece no nitrogênio, onde completam o octeto:

H:N̈:H
H

Problema Paralelo: Escreva a estrutura de Lewis para a molécula de água, H_2O. **Resposta:**

:Ö:H
H

Como podemos predizer qual é o átomo central numa molécula? Quando um elemento estiver presente com um único átomo, ele é o átomo central. Além disto, os átomos dos grupos IIA, IIIA, IVA e VA provavelmente serão átomos centrais. Por exemplo, no tetracloreto de carbono, CCl_4, ambas as regras citadas predizem que o carbono é o átomo central. Sua estrutura de Lewis é

Nesta estrutura, os círculos foram desenhados ao redor dos elétrons a serem contados para cada átomo a fim de verificar a obediência à regra do octeto. Observe que cada *par compartilhado é contado duas vezes*, uma com cada átomo do par.

As estruturas de Lewis também podem ser escritas com íons poliatômicos (íons formados por dois ou mais átomos ligados entre si por meio de uma ligação covalente; são moléculas com alguma carga). O procedimento é exatamente o mesmo que o usado com moléculas, exceto pelo fato de no total de elétrons *serem adicionados elétrons no lugar das cargas negativas, um elétron por cada carga negativa, e subtraídos elétrons no lugar das cargas positivas, um por cada carga.*

Exemplo 8.5 Escreva a estrutura de Lewis para o cátion amônio, NH_4^+.

Solução: Número de elétrons de valência:

5	(do N)
4	(dos 4H)
−1	(da carga positiva)
8	(total a ser mostrado)

O N é o átomo central. A estrutura de Lewis é, portanto,

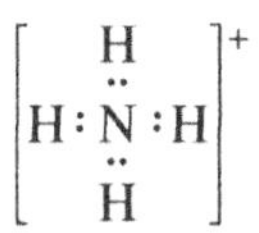

Colocamos o sinal + fora dos colchetes para indicar que o íon possui uma carga positiva.

Problema Paralelo: Escreva a estrutura de Lewis para o íon hipoclorito, ClO^-. **Resposta:**

Como vamos ilustrar no próximo exemplo, pode existir em uma molécula mais de um átomo "central".

Exemplo 8.6 Escreva a estrutura de Lewis para o etano, C_2H_6.

Solução: Existem 14 elétrons de valência, 4 de cada C e 1 de cada H. Como um átomo de hidrogênio só pode formar uma única ligação, os átomos de C devem estar ligados entre si, além de terem cada um três átomos de H:

```
   H  H
H  C  C  H
   H  H
```

Distribuindo os 14 pontos aos pares, temos:

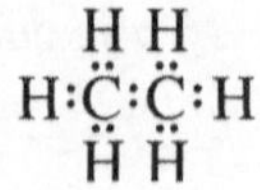

Nesta estrutura, ambos os átomos de carbono podem ser considerados "átomos centrais" e a regra do octeto é obedecida para cada átomo. (O termo "átomo principal" é mais apropriado para este caso.)

Problema Paralelo: Escreva a estrutura de Lewis para a hidrazina, N_2H_4. **Resposta:**

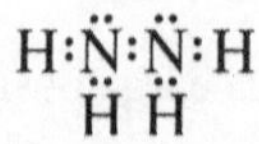

Comentários Adicionais

Na molécula de hidrazina, a posição dos átomos de hidrogênio junto aos átomos de nitrogênio não é crítica, porém o nitrogênio deve formar três ligações e ter um par solitário. Abaixo são apresentadas as três possíveis formas da estrutura de Lewis para a molécula de hidrazina:

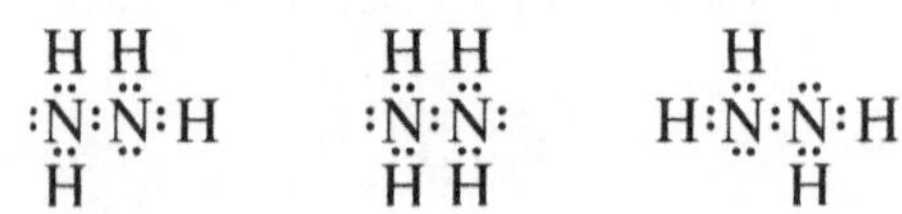

A estrutura mostrada a seguir, apesar de não violar a regra do octeto, não é correta:

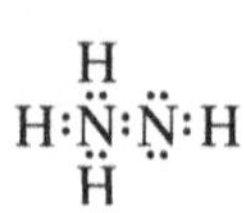 (incorreta)

Esta estrutura não é simétrica. Estruturas que não são simétricas são geralmente menos estáveis que as simétricas. Para uma discussão mais completa, consulte o Apêndice E.

LIGAÇÕES MÚLTIPLAS

Dois átomos podem compartilhar mais de um par de elétrons. Uma ligação com dois pares compartilhados é denominada **ligação dupla** e com três pares, **ligação tripla**.

Exemplo 8.7 Escreva a estrutura de Lewis para a molécula de eteno (etileno), C_2H_4.

Solução: O número total de elétrons de valência na molécula é 2.(4) + 4 = 12. Neste exemplo, como no Exemplo 8.6, os dois átomos de carbono estão ligados entre si; portanto, o esboço da estrutura é

```
     H   H
H    C   C    H
```

Agora usamos um par de elétrons para ligar os átomos adjacentes de dois em dois:

Isto gasta 10 elétrons. Onde colocaremos os dois últimos? Se os colocarmos na camada de valência de um C,

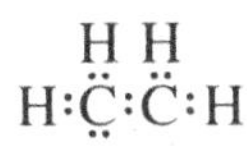

a regra do octeto é violada pelo outro, e se deixarmos um para cada átomo, ambos não seguem a regra, portanto, a única solução é colocar o par entre os dois carbonos, formando a ligação dupla:

Note que, na estrutura de Lewis, os quatro elétrons da dupla ligação são contados para *cada* átomo de carbono:

Problema Paralelo: Escreva a estrutura de Lewis para a molécula do etino (acetileno), C_2H_2.
Resposta:

H:C:::C:H

LIGAÇÕES COVALENTES NORMAL E COORDENADA

Para reconhecer a proveniência dos elétrons na estrutura de Lewis, muitas vezes usam-se "o" ou "×" no lugar dos pontos. Por exemplo, na estrutura de Lewis da amônia podemos colocar "×" no lugar dos elétrons dos átomos de H e "o" a os do N (Exemplo 8.4):

Uma ligação covalente do tipo da ligação N—H na amônia, onde *cada* átomo ligado contribui com um elétron do par compartilhado, é denominada **ligação covalente normal**.

No íon amônio (Exemplo 8.5),

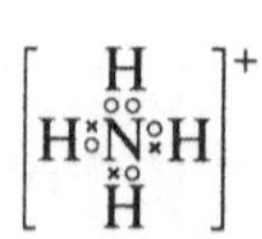

um dos átomos de hidrogênio está ligado ao nitrogênio por um par de elétrons, e *ambos são provenientes dos átomos de nitrogênio.* Este tipo de ligação é chamada **ligação covalente coordenada**. Entretanto, é importante notar que as quatro ligações são idênticas em todas as propriedades medidas. Em outras palavras, uma *ligação covalente coordenada não é diferente de uma ligação covalente normal.* "Normal" e "coordenada" são apenas termos convenientes para indicar a origem dos elétrons do par compartilhado.

Comentários Adicionais

O uso de "x" ou "o" para representar elétrons é muito difundido, porém deve ficar bem claro que é apenas um artifício, não significando de maneira alguma que os elétrons são diferentes. Um "elétron o" não é diferente de um "elétron x" só pelo fato de ser procedente de um átomo diferente. Os elétrons não possuem rótulos indicativos de sua origem.

A REGRA DO OCTETO: APENAS UM GUIA

Na medida do possível a estrutura de Lewis deveria mostrar que a regra do octeto é *obedecida*. Entretanto, há algumas moléculas e íons poliatômicos onde a regra é *desrespeitada*. Infelizmente, a palavra *desrespeito* nos leva a pensar que algo errado ocorreu, o que não é o caso. O *desrespeito à regra do octeto* refere-se apenas a uma situação na qual a regra é inadequada.

Por exemplo, consideremos a molécula de pentacloreto de fósforo, PCl_5, na qual o átomo de fósforo é ligado covalentemente a cinco átomos de cloro. O número total de elétrons de valência é 40 (5 do P e 35 dos cinco átomos de Cl). O P é o átomo central e forma cinco ligações:

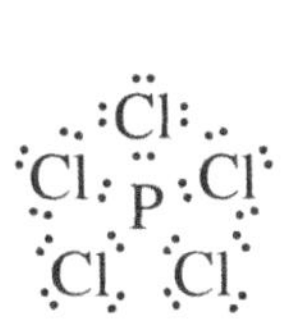

Neste caso, a camada de valência do átomo de fósforo possui 10 elétrons. Os orbitais ocupados pelos cinco pares são o orbital 3*s*, os três orbitais 3*p* e um dos orbitais 3*d* do fósforo. Neste caso, dizemos que a camada de valência se *expandiu*, de maneira a acomodar os cinco pares de elétrons. A expansão da camada de valência somente é possível se o átomo tem orbitais *nd* ou $(n - 1)d$ que podem ser usados além dos orbitais *ns* e *np*. As camadas de valência de átomos dos primeiro e segundo períodos não podem ser expandidas porque não existem 1*d* e 2*d* e os orbitais 3*d* não são disponíveis, pois apresentam uma energia muito alta.

Algumas vezes a camada de valência de um átomo numa molécula contém menos elétrons do que o octeto. Este é o caso do trifluoreto de boro, BF_3:

Aqui, a camada de valência do boro é ocupada por apenas três pares de elétrons, pois o número total de elétrons de valência é insuficiente para atingir o octeto. Novamente a regra do octeto é desrespeitada.

RESSONÂNCIA

A estrutura de Lewis é um resumo esquemático do papel representado pelos elétrons de valência na molécula. Algumas vezes, entretanto, não é possível representar uma partícula com uma única estrutura de Lewis. Como exemplo, vamos considerar a molécula de ozônio, O_3, que apresenta a seguinte geometria:

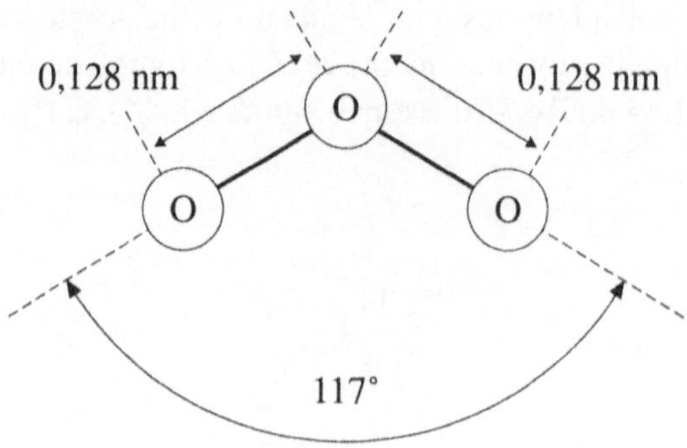

Tentaremos agora desenhar sua estrutura de Lewis: cada átomo O (grupo VIA) contribui com seis elétrons de valência num total de $6 \times 3 = 18$. Seguindo as regras, pode-se escrever não somente uma estrutura, mas duas:

I II

A estrutura I apresenta a dupla ligação à direita, e a estrutura II à esquerda. A representação com ambas as estruturas pode ser uma solução válida, porém não o é, uma vez que evidências experimentais mostram que as ligações entre os oxigênios O—O são equivalentes. Uma ligação dupla é tipicamente mais forte e mais curta que uma ligação simples entre os mesmos átomos. No O_3 ambas as ligações possuem a mesma força, e cada uma tem um comprimento de 0,128 nm. Como as estruturas I e II nos levam a esperar uma ligação mais curta que a outra, nenhuma serve para representar a estrutura de Lewis do ozônio. O problema é que as estruturas de Lewis, por serem muito simples, são insuficientes para mostrar a ligação em certas moléculas. Pode-se mostrar experimentalmente que no O_3 as duas ligações apresentam características intermediárias (forças de comprimento) às verificadas com uma ligação simples O—O e às esperadas de uma ligação dupla. É possível, portanto, salvar a situação, mostrando uma estrutura contendo uma ligação com três elétrons,

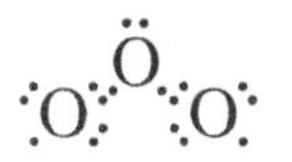

Este arranjo, no entanto, cria um novo problema: indica que a molécula é paramagnética (ver Seção 6.1), o que não é o caso. Por este motivo não é satisfatória a representação da estrutura e das ligações do ozônio por meio da estrutura simples de Lewis.

Quando duas ou mais estruturas de Lewis podem ser escritas para uma mesma molécula, e as propriedades da molécula são intermediárias (distância de ligação, força etc.) às esperadas para estas estruturas, então as duas formas são escritas lado a lado com uma seta com duas pontas entre elas:

A estrutura da molécula de ozônio é conhecida como um **híbrido de ressonância** das formas I e II, ou seja, é uma forma intermediária entre I e II e não pode ser representada satisfatoriamente por uma simples estrutura de Lewis. Cada ligação O—O não é simples nem dupla, é intermediária.

Comentários Adicionais

A palavra *ressonância* não é muito feliz, pois implica a existência de uma alternância ou oscilação entre as estruturas. Apesar de a palavra ressonância e da seta de duas pontas serem usadas tradicionalmente, *num híbrido de ressonância não há alternância entre as formas contribuintes.*

A analogia entre um híbrido biológico e um híbrido de ressonância é freqüentemente usada para ilustrar este ponto. Considere uma mula, que é um híbrido ou cruzamento de um jumento com uma égua. Quando você observa a mula, você vê um animal que rapidamente alterna entre um cavalo e um jumento? Não, evidentemente! A mula tem somente uma "estrutura", e a mesma coisa acontece com um híbrido de ressonância. O problema está na dificuldade de sua representação.

8.3 ELETRONEGATIVIDADE

Vimos que numa ligação covalente o par de elétrons é compartilhado entre dois átomos. Isto significa que o par é simultaneamente atraído para o núcleo por ambos os átomos, resultando numa competição pelos elétrons. O par eletrônico não é *igualmente* compartilhado, a menos que os dois átomos o atraiam com a mesma força.

A atração exercida por um átomo sobre o par de elétrons na sua camada de valência depende da carga nuclear efetiva (a carga nuclear menos o efeito de blindagem das camadas internas) e da distância entre os núcleos e a camada de valência. Esta atração é medida por uma quantidade chamada **eletronegatividade**, que é definida como a *tendência relativa mostrada por um átomo ligado em atrair o par de elétrons.*

As eletronegatividades relativas de dois átomos ligados é que determinam o quanto um par é compartilhado. Na molécula de bromo, por exemplo,

$$:\underset{\cdot\cdot}{\ddot{\mathrm{Br}}}:\underset{\cdot\cdot}{\ddot{\mathrm{Br}}}:$$

o par é igualmente compartilhado, pois os dois átomos possuem a mesma eletronegatividade (atração pelo par de elétrons). Como resultado temos a nuvem eletrônica igualmente distribuída entre os dois núcleos. Por outro lado, na molécula de cloreto de bromo,

$$:\underset{\cdot\cdot}{\ddot{\mathrm{Br}}}:\underset{\cdot\cdot}{\ddot{\mathrm{Cl}}}:$$

o átomo de cloro mais eletronegativo atrai o par mais fortemente, e a nuvem eletrônica se localiza mais próximo do cloro.

PERIODICIDADE E ELETRONEGATIVIDADE

Comparativamente à afinidade eletrônica, a eletronegatividade mostra, pelos mesmos motivos, um melhor comportamento periódico. A eletronegatividade tende a crescer da esquerda para a direita através de um período na tabela periódica devido ao aumento da carga nuclear. Esta tendência é geralmente uniforme entre os elementos representativos. Através de uma série de transição, a eletronegatividade também cresce da esquerda para a direita, porém com algumas irregularidades que são resultantes da variação na efetividade do efeito de blindagem. Indo para baixo num grupo, a eletronegatividade decresce à medida que a camada de valência se torna mais afastada no núcleo e à medida que o efeito de blindagem compensa amplamente o aumento da carga nuclear. Assim, os elementos com maiores eletronegatividades (os elementos mais *eletronegativos*) são os não-metais à direita, particularmente os da parte superior direita da tabela periódica. Os elementos com as mais baixas eletronegatividades (os elementos mais *eletropositivos*) são os metais, particularmente os que se encontram na parte inferior esquerda da tabela periódica.

A periodicidade da eletronegatividade é mostrada na Figura 8.7, na qual os efeitos de carga nuclear, blindagem e raio atômico são bem evidentes.

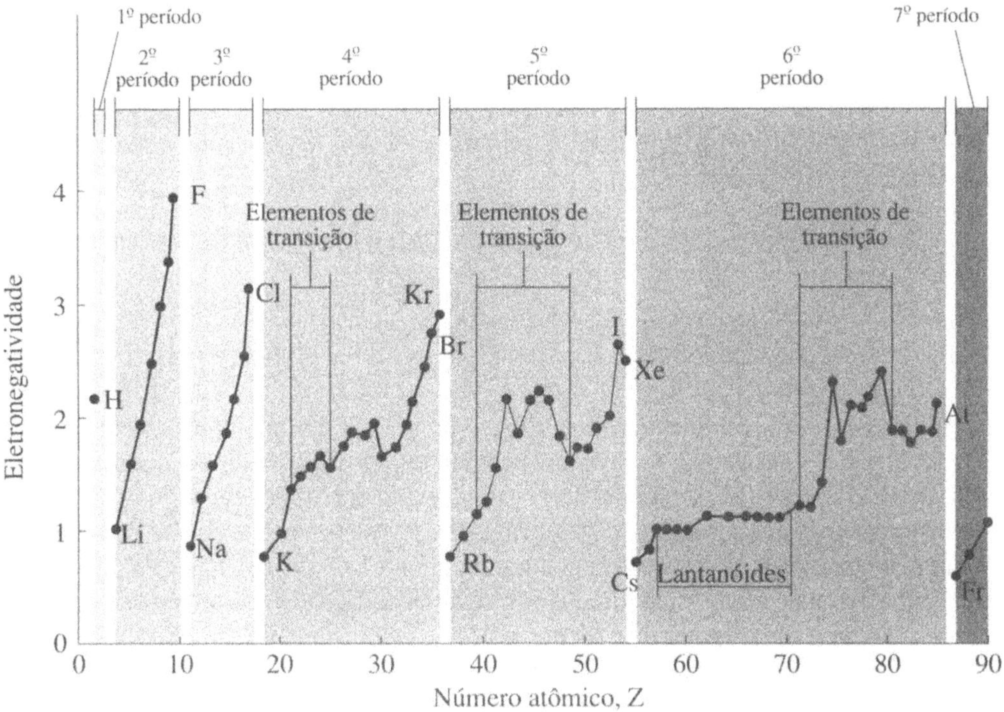

Figura 8.7 Periodicidade na eletronegatividade.

ELETRONEGATIVIDADE E TIPO DE LIGAÇÃO

Átomos idênticos possuem a mesma eletronegatividade. Na molécula de H_2,

$$H:H$$

os dois núcleos atraem igualmente o par, portanto a distribuição de cargas na molécula é simétrica, como é mostrado na Figura 8.8*a*. Uma vez que cada lado da molécula é eletrostaticamente igual ao outro, ela é denominada **não-polar**. Pela mesma razão, a ligação na molécula de flúor

$$:\ddot{\underset{..}{F}}:\ddot{\underset{..}{F}}:$$

é não-polar. *Uma ligação formada entre dois átomos com eletronegatividades iguais é não-polar.*

Átomos de elementos diferentes possuem diferentes eletronegatividades. Na molécula de fluoreto de hidrogênio

$$H:\ddot{\underset{..}{F}}:$$

o par de elétrons não é igualmente compartilhado porque o flúor possui uma eletronegatividade maior que o hidrogênio. A nuvem eletrônica do par compartilhado é atraída para o átomo de F, afastando-se do átomo de H como é mostrado na Figura 8.8*b*. (De outra maneira, podemos dizer que o elétron passa mais tempo próximo ao átomo de F.) Na ligação resultante, a quantidade de carga negativa aumentou no lado do F enquanto do lado do H aparece uma carga positiva. Uma ligação covalente onde o par de elétrons não é compartilhado igualmente é dita **ligação covalente polar**. A *polaridade* de uma ligação, isto é, o grau com que o par é compartilhado, depende da diferença entre as eletronegatividades dos átomos ligados: quanto maior a diferença de eletronegatividade, mais polar a ligação.

Quando a diferença na eletronegatividade de dois átomos ligados é muito grande, a ligação é melhor descrita como iônica. Considere, por exemplo, uma ligação covalente normal formada entre dois átomos hipotéticos A e B. Vamos assumir que B tem alta eletronegatividade e que, para começar, a eletronegatividade de B também é tão alta quanto a de A. *Colocando apenas os elétrons do par compartilhado*, podemos mostrar esquematicamente que a ligação é não-polar, simplesmente colocando os dois pontos A e B, como segue:

A:B (ligação covalente não-polar)

Agora, vamos imaginar que podemos diminuir a eletronegatividade de A por controle remoto. Em outras palavras, vamos tornar A *menos eletronegativo* (*mais eletropositivo*). Isto vai fazer com que A atraia com menos intensidade o par que praticamente permanece próximo de B. O efeito é equivalente à adição de uma pequena carga negativa ao átomo B e uma igual carga positiva ao átomo A, tornando a ligação polar:

$$\overset{\delta^+}{A}\;\;\overset{\delta^-}{:B} \qquad \text{(ligação covalente polar)}$$

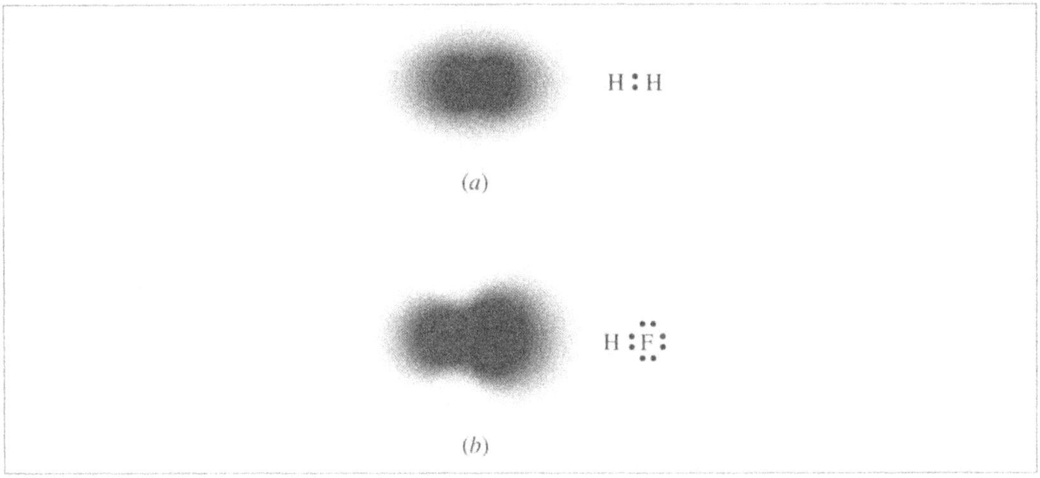

Figura 8.8 (*a*) A ligação não-polar no hidrogênio. (*b*) A ligação polar no fluoreto de hidrogênio. (É mostrada apenas a nuvem de carga do par compartilhado.)

Indicamos a carga parcial negativa adicionada a B com o símbolo δ^- e a carga parcial positiva sobre A com o símbolo δ^+. As cargas adquiridas pelos átomos A e B são menores que uma carga inteira, porque não houve transferência de um elétron por inteiro. (δ é a letra grega delta minúscula.)

Finalmente, se continuamos a decrescer a eletronegatividade de A, de maneira que o par permaneça ainda mais perto de B, a probabilidade de encontrar o par de elétrons em B é tão grande que podemos considerar o par como "pertencente" apenas a B. Como no início o par era compartilhado entre os dois átomos, B realmente ganhou um elétron de A, e a ligação tornou-se iônica:

$$A^+[:B]^- \qquad \text{(ligação iônica)}$$

Assim, podemos considerar uma ligação iônica como sendo uma ligação covalente extremamente polar, ou seja, com pouco compartilhamento de elétrons.

Comentários Adicionais

Não se costuma indicar a polaridade de uma ligação numa estrutura de Lewis por meio do afastamento dos dois pontos em direção ao elemento mais eletronegativo. Fizemos isto para mostrar que uma ligação covalente altamente polar é essencialmente iônica.

Também é importante entender que, numa ligação polar, o acúmulo de carga negativa sobre o átomo mais eletronegativo é resultante de um compartilhamento desigual do par eletrônico. Esta situação não ocorre porque um átomo possui mais elétrons ou mais elétrons de valência do que o outro. Por exemplo, a estrutura de Lewis para o cloreto de hidrogênio mostra o octeto de valência ao redor do Cl e apenas dois elétrons no H.

$$\overset{\delta^+}{\mathrm{H}}\!:\!\overset{\delta^-}{\ddot{\underset{\cdot\cdot}{\mathrm{Cl}}}}\!:$$

A ligação do lado do Cl é negativa, não porque ele possui mais elétrons de valência, mas porque existe um compartilhamento desigual do par eletrônico. Na molécula de cloreto de bromo,

$$:\!\overset{\delta^+}{\ddot{\underset{\cdot\cdot}{\mathrm{Br}}}}\!:\!\overset{\delta^-}{\ddot{\underset{\cdot\cdot}{\mathrm{Cl}}}}\!:$$

apesar de ambos possuírem um octeto de valência, o bromo possui mais elétrons. Apesar disto, é a ligação do lado do Cl que tem carga negativa, porque o Cl é mais eletronegativo que o Br.

Valores númericos de eletronegatividades foram obtidos inicialmente pelo químico americano Linus Pauling, em 1932. Uma escala moderna de valores é mostrada na Figura 8.9, que nos permite inferir a respeito da polaridade das ligações. Com estes valores, a divisão entre caráter predominantemente iônico e caráter predominantemente covalente ocorre para uma diferença na eletronegatividade de *aproximadamente* 1,7. Este valor é geralmente útil quando se deve escrever uma estrutura de Lewis covalente ou iônica. Para o cloreto de hidrogênio, por exemplo, devemos escrever a estrutura iônica

$$\mathrm{H}^+\left[:\ddot{\underset{\cdot\cdot}{\mathrm{Cl}}}:\right]^-$$

ou a estrutura covalente

$$\mathrm{H}\!:\!\ddot{\underset{\cdot\cdot}{\mathrm{Cl}}}\!:$$

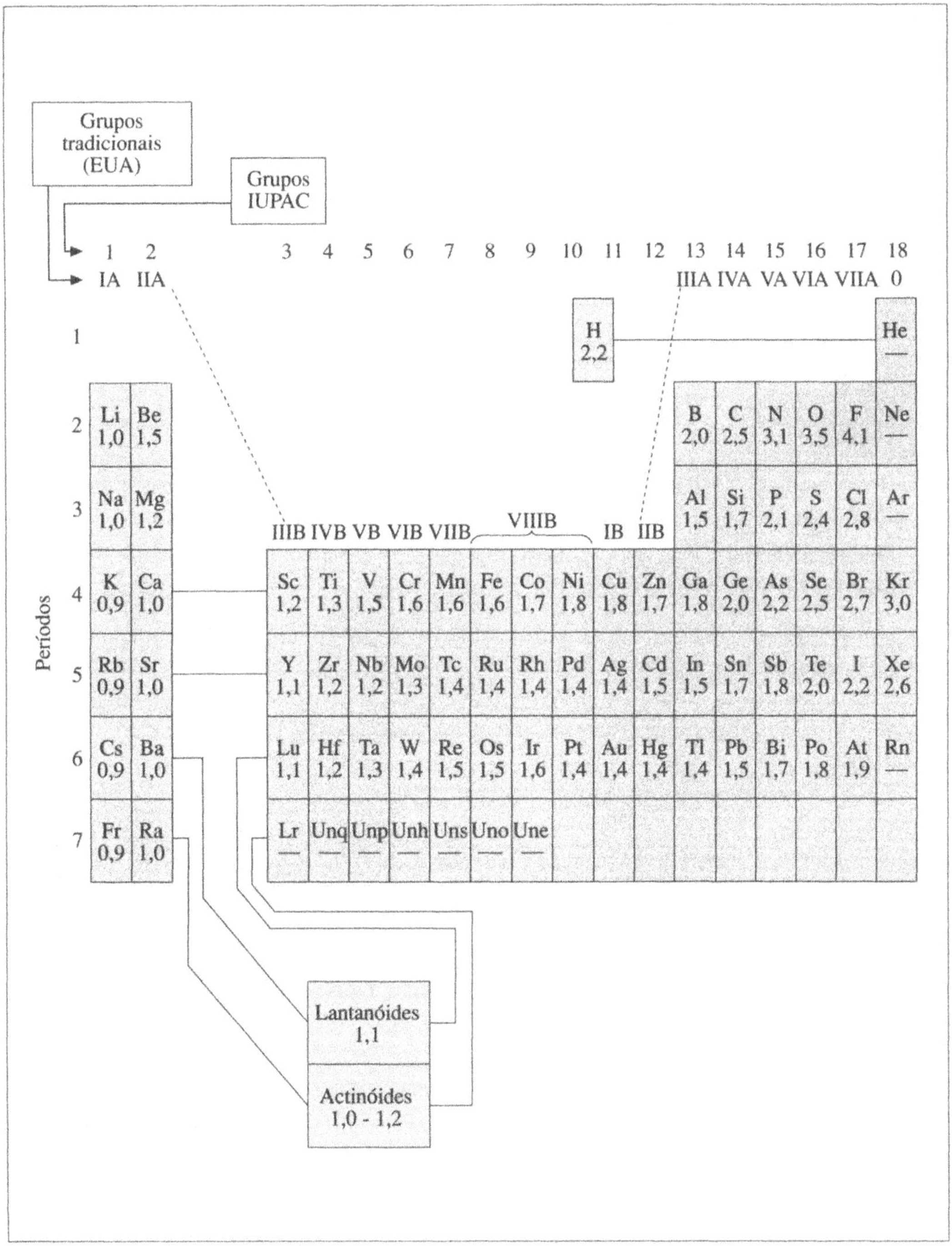

Figura 8.9 As eletronegatividades dos elementos.

Tabela 8.2 Diferença de eletronegatividade, tipo e caráter da ligação.

Diferença de eletronegatividade	*Ligação (exemplo)*	*Tipo de ligação*	*Grau de caráter covalente*	*Grau de caráter iônico*
Zero	Cl — Cl	Covalente não-polar	Decresce ↓	Cresce ↓
↓ Intermediário	δ^+ δ^- P — Cl	Covalente polar		
↓ Grande	Na^+Cl^-	Iônica		

Como a diferença entre a eletronegatividade do Cl (2,8) e do H (2,2) é apenas 0,6, a ligação possui um caráter covalente mais acentuado do que iônico, portanto devemos escrever a segunda estrutura de Lewis. Valores numéricos de eletronegatividades devem ser usados com cautela, pois muitas vezes a eletronegatividade varia com o ambiente do átomo (quais e como outros átomos estão ligados a ele). Use a "regra 1,7" com cuidado.

Como foi dito no início do capítulo, as ligações iônica e covalente não são independentes, ou seja, não há nenhuma linha divisória que possa ser usada para distinguir a ligação covalente da iônica. As relações entre diferenças de eletronegatividade, tipos de ligação e grau do caráter iônico e covalente estão resumidas na Tabela 8.2.

8.4 ENERGIAS DE LIGAÇÃO

A força de uma ligação química é medida pela energia necessária para rompê-la. Uma ligação forte apresenta uma grande energia de ligação. Dois tipos de energia são importantes: *a energia de ligação* e *a energia média de ligação.*

ENERGIAS DE LIGAÇÃO

A energia necessária para romper uma ligação específica numa molécula é denominada **energia de ligação**. Esta energia é geralmente positiva e é expressa como ΔH para a dissociação de um mol de ligações. (ΔH e ΔU são praticamente iguais para estes processos.) Por exemplo, a energia de dissociação da ligação da molécula de hidrogênio é 432 kJ mol^{-1}, ou

$$H_2(g) \rightarrow 2H(g) \quad \Delta H^\circ = 432 \text{ kJ mol}^{-1} \text{ (a 25°C)}$$

Energias de ligação para algumas ligações simples são dadas na Tabela 8.3.

Energias de ligação podem ser usadas para calcular os calores de reação quando reagentes e produtos são moléculas diatômicas. Considere, por exemplo, a reação

$$H_2(g) + Cl_2(g) \rightarrow 2HCl(g)$$

Tabela 8.3 Energias de ligação (kJ mol^{-1}) a 25°C.

	H	*F*	*Cl*	*Br*	*I*
H	432	568	431	366	298
F		158	254	250	278
Cl			243	219	210
Br				193	175
I					151

Separando a reação em duas etapas, usando as energias de ligação da Tabela 8.3 e aplicando a lei de Hess (Seção 3.4), obtemos

Etapas	*Processo*	$\Delta H°$, *kJ (25°C)*
1	$H_2(g) \rightarrow 2H(g)$	432
2	$Cl_2(g) \rightarrow 2Cl(g)$	243
3	$2H(g) + 2Cl(g) \rightarrow 2HCl(g)$	2(− 431)
Total:	$H_2(g) + Cl_2(g) \rightarrow 2HCl(g)$	− 187

A formação de HCl a partir de seus elementos é um processo energeticamente favorável porque, na formação das ligações H—Cl, mais energia é liberada do que no rompimento das ligações H—H e Cl—Cl. Em outras palavras, a força de ligação H—Cl é maior do que a média das forças de ligações H—H e Cl—Cl. (Isto é resultante da polaridade, ou do caráter iônico parcial da ligação H—Cl.)

ENERGIAS MÉDIAS DE LIGAÇÃO

Apesar dos esforços feitos, é muito difícil determinar a energia de ligação de moléculas com mais de dois átomos. Além da dificuldade de se obter dados exatos, a força de ligação entre dois átomos é influenciada pela presença de outros átomos que estão ligados a eles. Por exemplo, à medida que cada um dos quatro átomos de H são removidos, um após o outro, da molécula de CH_4, as vizinhanças do átomo de carbono variam, o que resulta na mudança da energia necessária para remover cada átomo de H, conforme pode ser visto a seguir:

Processo	$\Delta H°$, ***kJ mol^{-1}(25°C)***
$CH_4(g) \rightarrow CH_3(g) + H(g)$	430
$CH_3(g) \rightarrow CH_2(g) + H(g)$	473
$CH_2(g) \rightarrow CH(g) + H(g)$	422
$CH(g) \rightarrow C(g) + H(g)$	339

Tabela 8.4 Energias médias de ligação simples (kJ mol^{-1}) a 25°C.

	H	*C*	*N*	*O*	*F*	*Cl*	*Br*	*I*
H	432	416	354	463	568	431	366	298
C		342	293	343	441	328	276	240
N			83	157	270	200		
O				139	185	203	201	201
F					158	254	250	278
Cl						243	219	210
Br							193	175
I								151

Apesar de todas as ligações C—H no metano serem equivalentes sob todos os aspectos, a remoção de um átomo de H da molécula forma uma nova espécie (CH_3) com uma nova estrutura, o que resulta numa maior facilidade na remoção de um átomo de hidrogênio.

Uma **energia de ligação média** é obtida tirando-se a média das medidas de energias de ligação feitas com compostos diferentes que contêm a ligação em questão. Estas energias são úteis na obtenção de ΔH° para reações cujos calores de formação adequados não são conhecidos (Seção 3.4). Energias médias de ligação de algumas ligações simples são dadas na Tabela 8.4 e, para algumas ligações múltiplas, na Tabela 8.5.

Exemplo 8.8 Usando as energias médias de ligação da Tabela 8.4 e 8.5, estime o valor de ΔH° para a reação, a 25°C

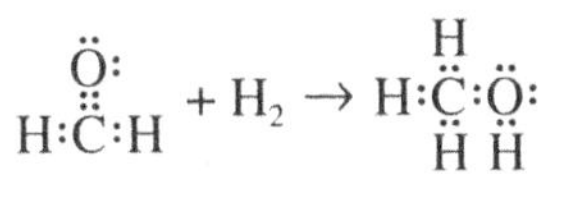

Solução: A reação pode ser subdividida em duas etapas, uma de rompimento de ligação e a outra de formação de ligação, como é mostrado a seguir:

Etapa 1:

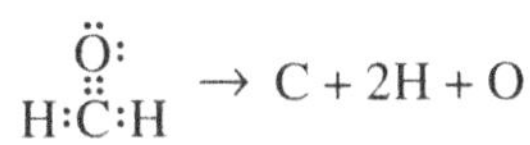

Nesta etapa, duas ligações simples C—H e uma ligação dupla C=O são rompidas. Dos valores de energias médias de ligação, a variação de entalpia para esta etapa $(\Delta H^\circ)_1$ é:

$$(\Delta H^\circ)_1 = 2(\Delta H^\circ)_{C-H} + (\Delta H^\circ)_{C=O}$$

$$= 2(416) + 799$$

$$= 1631 \text{ kJ mol}^{-1}$$

Tabela 8.5 Energias médias de ligações múltiplas (kJ mol^{-1}) a 25°C.

Ligação	ΔH°
C=C	613
C≡C	845
N≡N	945
O=O	498
C=O	799
C≡N	879

Por outro lado, temos para H_2:

Etapa 2: $$H_2 \rightarrow 2H$$

que é o rompimento de uma ligação H—H,

$$(\Delta H°)_2 = (\Delta H°)_{H\text{-}H} = 432 \text{ kJ mol}^{-1}$$

Etapa 3:

$$C + 4H + O \rightarrow \begin{matrix} & H & \\ H: & \ddot{\underset{..}{C}}: & \ddot{\underset{..}{O}}: \\ & H & H \end{matrix}$$

Aqui, são formadas três ligações C—H, uma ligação C—O e uma ligação O—H. Como o $\Delta H°$ para o rompimento de uma ligação é igual a $-\Delta H$ de formação de uma ligação, temos

$$(\Delta H°)_3 = 3(-\Delta H°)_{C—H} + (-\Delta H°)_{C—O} + (-\Delta H°)_{O—H}$$

$$= 3(-416) + (-343) + (-463)$$

$$= -2054 \text{ kJ mol}^{-1}$$

A soma dos valores de $\Delta H°$ para as etapas nos fornece o valor de $\Delta H°$ para a reação global:

$$\Delta H° = (\Delta H°)_1 + (\Delta H°)_2 + (\Delta H°)_3$$

$$= 1631 + 432 - 2054 = 9 \text{ kJ mol}^{-1}$$

Problema Paralelo: Usando as energias médias de ligação, estime o valor de $\Delta H°$ a 25°C para a reação $2CH_4 \rightarrow C_2H_6 + H_2$. **Resposta:** 58 kJ mol^{-1}.

8.5 BALANÇO DE CARGAS, PARTE I: CARGAS FORMAIS

A determinação exata das cargas elétricas de átomos ligados é muito difícil. Felizmente, existem dois métodos aproximados úteis para uma série de finalidades, que são: o método da *carga formal* que será tratado logo a seguir e o método do *número de oxidação* que será discutido mais adiante na Seção 12.4.

A **carga formal** de um átomo é *a carga que um átomo teria se todos os pares de elétrons fossem compartilhados por igual*, isto é, se todas as ligações fossem não-polares. A primeira etapa na atribuição da carga formal a átomos ligados consiste em escrever a estrutura de Lewis para a molécula ou íon poliatômico. Cada elétron de valência é atribuído ao átomo apropriado de acordo com as seguintes regras:

1. Atribua ambos os elétrons de cada par solitário ao seu átomo.
2. Divida cada par compartilhado, atribuindo um elétron para cada átomo ligado pelo par.

Para obter a carga formal de um átomo, subtraia o número de elétrons de valência que o átomo parece ter, de acordo com as instruções anteriores do número de elétrons do átomo isolado. A diferença é a carga formal, isto é, a carga que um átomo teria caso todas as suas ligações fossem não-polares. Em outras palavras,

$$\text{Carga formal} = (\text{elétrons de valência})_{\text{átomo isolado}} - (\text{elétrons de valência})_{\text{átomo ligado}}$$

A soma das cargas formais dos átomos de uma molécula é igual a zero, e a de um íon, igual à carga do íon.

Exemplo 8.9 Atribua a carga formal de cada átomo na molécula de ácido perclórico, $HClO_4$.

Solução: A estrutura de Lewis é apresentada na Figura 8.10. Para determinar as cargas formais, especificamos os elétrons conforme esquematizado na figura. De acordo com esta indicação, o átomo de Cl parece ter quatro elétrons de valência, um átomo O (aquele ligado ao H) tem seis, os outros átomos de O estão com sete cada e o H possui 1.

Como um átomo isolado Cl (grupo VIIA) possui sete elétrons de valência, a carga formal do átomo de cloro no $HClO_4$ é 7 – 4, ou seja +3. Esta é a carga que um átomo de cloro teria se ele tivesse perdido completamente seus três elétrons. A carga formal de um átomo de O no grupo OH é zero; os seis elétrons atribuídos a ele são iguais em número ao do átomo isolado. A carga formal dos outros átomos de O é –1, pois a cada um deles é atribuído um elétron a mais em relação ao átomo isolado. Finalmente, a carga formal do átomo de H é zero. (Note que a soma das cargas formais de todos os átomos numa molécula neutra é zero.)

Problema Paralelo: Atribua a carga formal de cada um dos átomos numa molécula de ácido cloroso, $HClO_2$. **Resposta:** H = zero; O (do OH) = zero; o outro O = –1; Cl = +1.

Estrutura de Lewis:

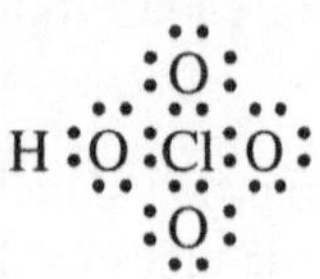

Atribuição das cargas formais:

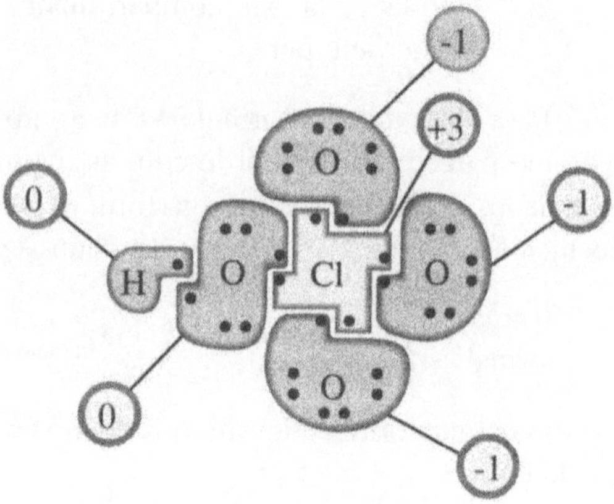

Átomo	Número de elétrons de valência, átomo isolado	Número de elétrons de valência, átomo ligado	Carga formal
H	1	1	0
O (2 ligações)	6	6	0
O (1 ligação)	6	7	-1 (cada)
Cl	7	4	+3

H | O | O | O | O | Cl

Soma das cargas formais = 0 | 0 | -1 | -1 | -1 | +3 = 0

Figura 8.10 Cargas formais no ácido perclórico.

Comentários Adicionais

Apesar de não ser absolutamente necessário, a tabela seguinte ilustra a importância da atribuição de cargas formais em situações em que a regra do octeto é obedecida. Nela são apresentadas as ligações covalentes que um átomo precisa formar a fim de ter uma *carga formal igual a zero.*

Grupo	*IVA*	*VA*	*VIA*	*VIIA*
Número de ligações para uma carga formal zero	4	3	2	1

Exemplo 8.10 Atribua a carga formal a cada um dos átomos no ânion cianato, OCN^-.

Solução: A estrutura de Lewis para este íon é

$$[:\ddot{O}::C::\ddot{N}:]^-$$

Os oito elétrons nos quatro pares compartilhados estão distribuídos igualmente entre os átomos ligados. Assim, os átomos O, C e N possuem respectivamente 6, 4 e 6 elétrons de valência. Como para os átomos O e C este é o mesmo número de elétrons no átomo antes de estar ligado, sua carga formal é zero. Por sua vez, o átomo de N possui um elétron a mais em relação à situação antes de estar ligado, portanto, sua carga formal é −1. (Observe que a soma das cargas formais é igual a −1, que é a carga do íon.)

Problema Paralelo: Atribua a carga formal de cada átomo no íon clorato, ClO_3^-. **Resposta:** Cl = +2; cada O = −1.

Cargas formais são úteis na seleção da melhor estrutura de Lewis quando há várias alternativas que obedecem à regra do octeto. *A estrutura mais estável é geralmente aquela que apresenta o menor número de átomos com carga formal igual a zero.* A aplicação deste princípio é encontrado num método sistemático de escrever estruturas de Lewis desenvolvido pelo químico americano T. Clark. O procedimento de Clark é útil principalmente para estruturas complexas, e é descrito no Apêndice E.

Comentários Adicionais

As estruturas de Lewis são muitas vezes escritas numa forma modificada, em que cada par compartilhado é representado por meio de um traço (uma "ligação") na estrutura, enquanto os pares solitários continuam sendo representados por pares de pontos. Usando este método, temos para a amônia a estrutura de Lewis

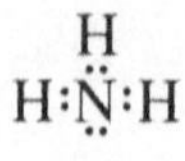

que, portanto, se torna

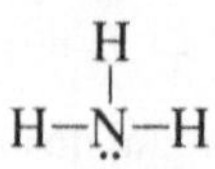

Esta é essencialmente a fórmula estrutural (ver Figura 2.4) com a adição dos pontos para mostrar a presença do par solitário. Esta representação é apropriada para estruturas complexas, tornando-as mais claras e de mais fácil compreensão. (Por outro lado, o uso desta estrutura é preferida em relação à fórmula estrutural, em que a falta dos pares solitários pode induzir a erros.)

8.6 REPULSÃO DOS PARES ELETRÔNICOS

Vimos que numa estrutura de Lewis cada par de pontos ao redor de um átomo central ou principal representa o par de elétrons de valência que ocupa um orbital de cada átomo. Como os pares de elétrons se repelem entre si devido a suas cargas, o arranjo geométrico mais estável de pares eletrônicos é aquele em que as repulsões entre os pares são mínimas. Encontrar estes arranjos permite-nos predizer a forma geométrica de uma molécula.

O MÉTODO VSEPR

O método para determinar a orientação mais estável dos pares eletrônicos ao redor de um átomo central numa molécula e, a partir disto, a geometria da molécula é denominado **repulsão entre os pares eletrônicos da camada de valência** ou método **VSEPR** (pronunciar *vesper*). As suposições por trás desta teoria são:

1. Os pares eletrônicos da camada de valência do átomo central numa molécula ou num íon poliatômico tendem a se orientar de forma que sua energia total seja mínima. Isto significa que eles ficam tão próximos quanto possível do núcleo e ao mesmo tempo ficam o mais afastado possível entre si, a fim de minimizar as repulsões intereletrônicas.

2. A magnitude na repulsão entre pares depende do fato dos pares eletrônicos estarem compartilhados ou não. Se os *dois pares estão compartilhados, a repulsão é a mais fraca, é intermediária entre um par solitário e um par compartilhado e é a mais forte entre dois pares solitários*. É fácil entender isto tendo em vista que a nuvem eletrônica de um par compartilhado se espalha além do átomo central devido à atração exercida pelo núcleo do segundo átomo, o que aumenta a distância entre esta nuvem e outros pares eletrônicos ao redor do átomo central e, portanto, reduz as repulsões entre eles. Por outro lado, a nuvem eletrônica de um par solitário se espalha lateralmente e se aproxima mais dos outros pares da camada de valência, o que leva a repulsões fortes entre os pares. As forças relativas de possíveis repulsões intereletrônicas estão ilustradas esquematicamente na Figura 8.11.

3. Forças repulsivas decrescem bruscamente com o aumento do ângulo entre pares. São fortes em ângulos de 90°, mais fracas em ângulos de 120° e extremamente fracas em ângulos de 180°. Na prática, não é necessário considerar repulsões para ângulos superiores a 90°.

Para ilustrarmos a aplicação da teoria VSEPR, vamos usá-la para prevermos a forma de duas moléculas: $AsCl_3$, tricloreto de arsênio, e SF_4, tetrafluoreto de enxofre. O primeiro passo do procedimento é escrever a estrutura de Lewis de cada fórmula:

Em seguida determinamos o **número estérico** do átomo central. Para átomos como As e S, que não formam ligações múltiplas, o número estérico é *o número total de pares eletrônicos (solitários e compartilhados) ao redor do átomo*. O número estérico do átomo de As no $AsCl_3$ é, portanto, 4 e do S no SF_4 é 5. (A camada de valência de enxofre foi expandida para acomodar 10 elétrons.)

Se houver ligações múltiplas, *o número estérico de um átomo é definido como a soma do número de átomos ligados a ele mais o número de pares solitários*. (Isto equivale a considerar uma ligação múltipla como sendo igual a um par eletrônico.)

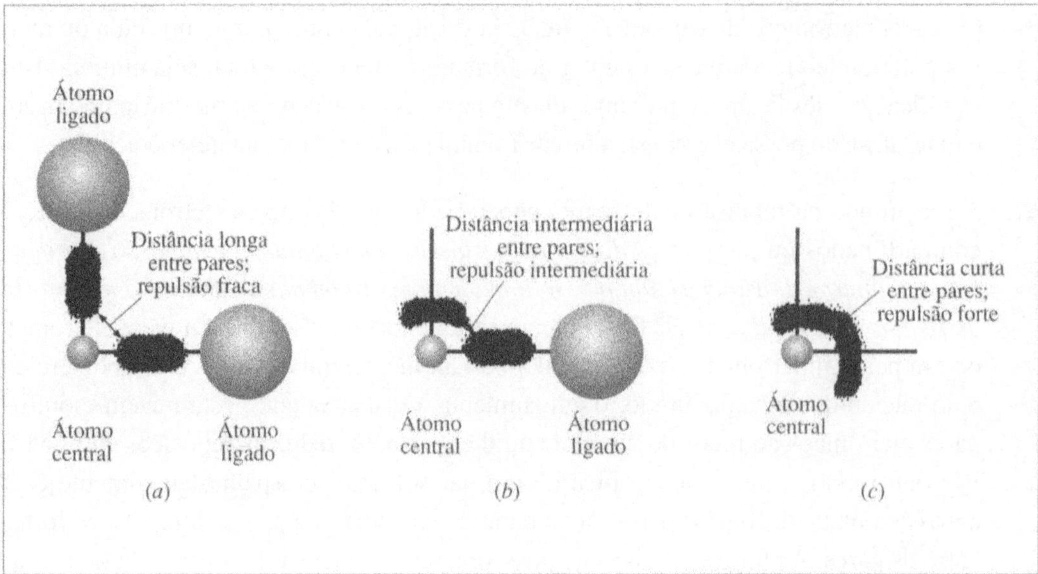

Figura 8.11 Forças relativas de repulsão entre pares com ângulos de 90° (esquemático). (*a*) Par compartilhado – par compartilhado. (*b*) Par solitário – par compartilhado. (*c*) Par solitário – par solitário.

O número estérico é usado para determinar como os pares eletrônicos estão orientados no espaço e, assim, tornar máximas as distâncias entre pares e mínimas as repulsões. Para números estéricos de 2 a 6, a melhor (mais baixa energia) orientação dos pares eletrônicos é ilustrada na Tabela 8.6. Outras orientações são menos estáveis (possuem energias maiores), pois favorecem a aproximação dos pares, o que aumenta a repulsão entre pares. Por exemplo, para um número estérico igual a 4 devemos esperar uma orientação quadrada planar em vez de uma tetraédrica. (Ver Figura 8.12.) Entretanto, neste arranjo os ângulos de 90° entre os pares produzem repulsões superiores às observadas na estrutura tetraédrica com ângulos de 109,5°. Os pares eletrônicos estão simplesmente mais próximos num arranjo quadrado planar; portanto, para um número estérico igual a 4, a geometria tetraédrica é a de menor energia. (O nome geometria *tetraédrica* é devido ao sólido, definido na Tabela 8.6 pelas linhas finas e na Figura 8.12 pelas linhas interrompidas, ser um *tetraedro*.)

No caso do $AsCl_3$, vimos que, a fim de minimizar a repulsão entre pares, a orientação dos quatro pares de elétrons ao redor do átomo de As é tetraédrica. Para diminuirmos tais repulsões no SF_4, a orientação dos cinco pares eletrônicos ao redor do S é *trigonal bipiramidal*. (Esta expressão é derivada de *bipirâmide trigonal*, duas pirâmides "triangulares" ou trigonais unidas pelas bases.)

A próxima etapa na determinação da forma molecular é identificar o número e a localização de qualquer par solitário e, a partir disto, a forma geométrica da molécula. A estrutura de Lewis do $AsCl_3$ mostra que, dos quatro pares de elétrons ao redor do átomo As, apenas um é solitário.

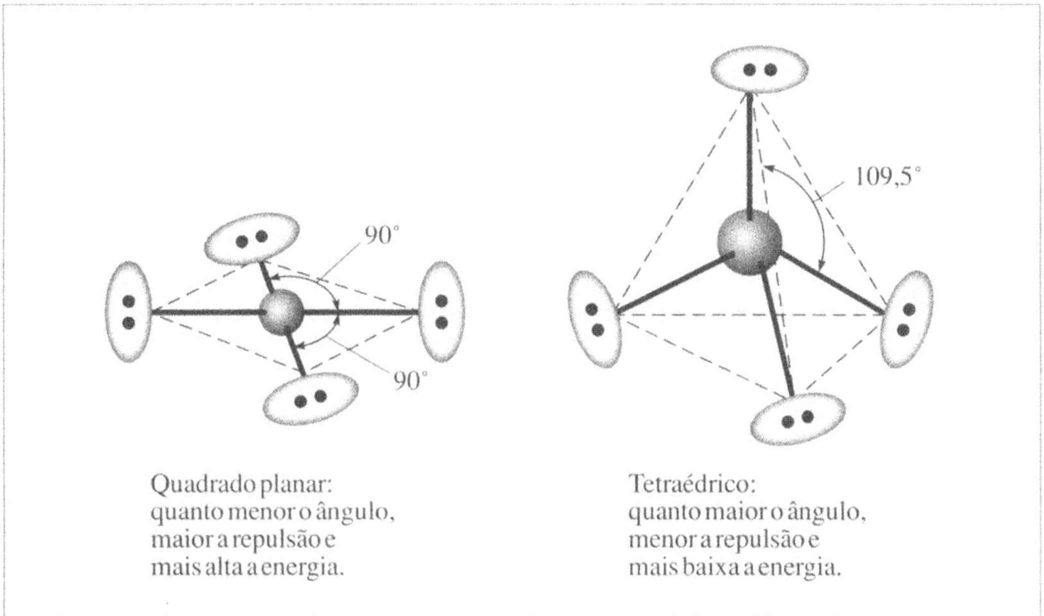

Figura 8.12 Número estérico = 4: duas possíveis orientações.

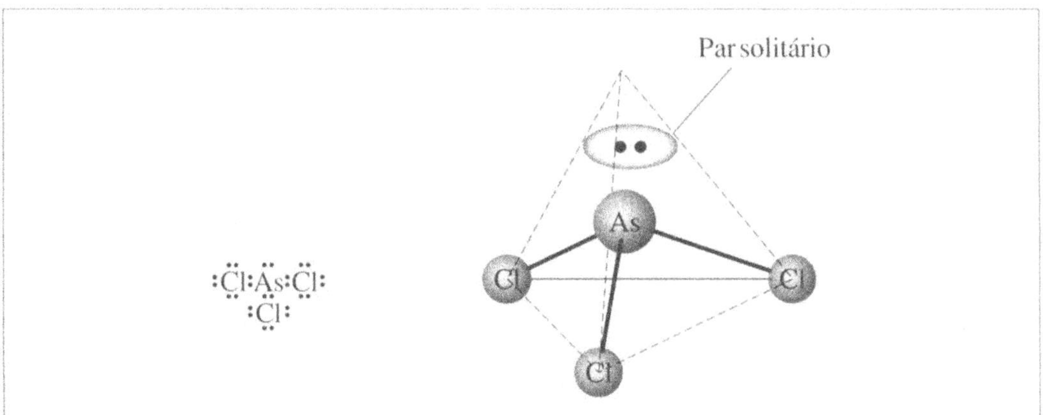

Figura 8.13 A molécula de $AsCl_3$: pirâmide trigonal.

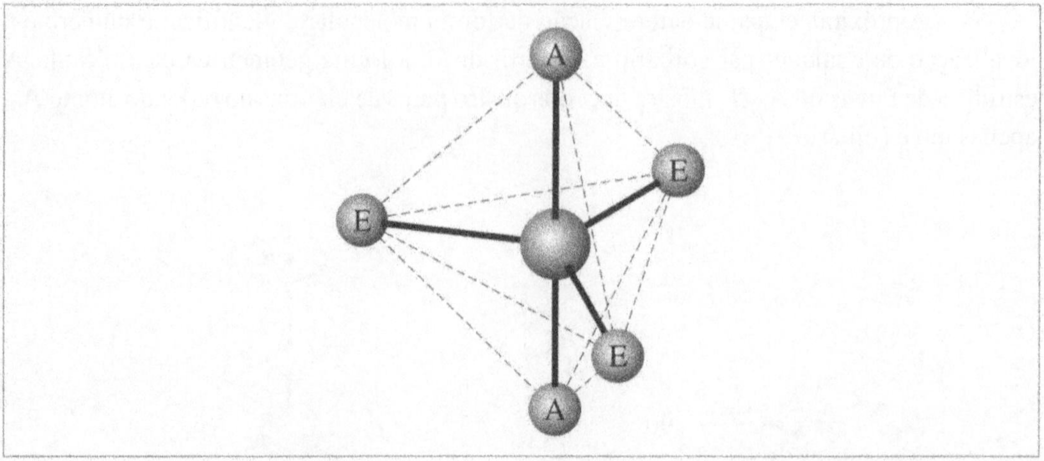

Figura 8.14 Geometria da bipirâmide trigonal: A, posições axiais; E, posições equatoriais.

Tabela 8.6 Orientação espacial dos pares de elétrons ao redor de um átomo central (esquemática).

Número estérico	*Orientação*	*Diagrama*	*Ângulo entre pares*
2	Linear	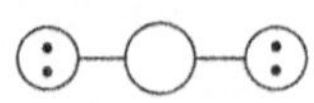	180°
3	Trigonal plana	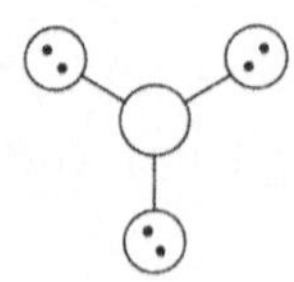	120°
4	Tetraédrico	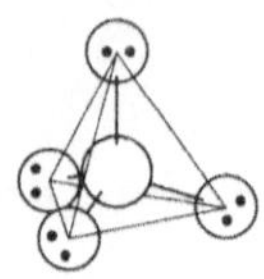	109,5°
5	Trigonal bipiramidal	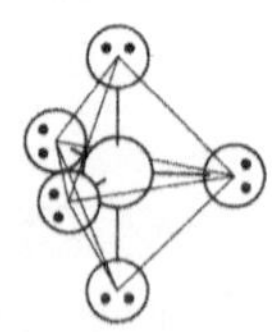	90°, 120°
6	Octaédrico	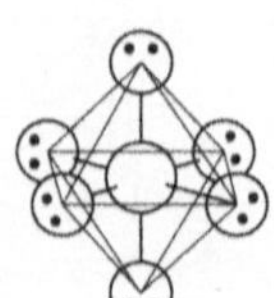	90°

Para localizarmos este par, como todos os vértices de um tetraedro são geometricamente equivalentes, podemos dizer apenas que ele se encontra em um dos vértices, como é mostrado na Figura 8.13. A forma da molécula é definida pela posição dos quatro átomos. (Observação: a posição de qualquer par solitário não entra na descrição da forma molecular.) Neste caso, a molécula forma um triângulo equilátero com os átomos de Cl na base o átomo de As localiza-se no ápice de uma pirâmide trigonal e, portanto, a geometria é a piramidal trigonal. (Uma pirâmide trigonal difere de um tetraedro pelo fato de sua base ser um triângulo equilátero, não o sendo seus lados.) Observe que a posição do par solitário no átomo de arsênio não é levada em consideração nesta etapa.

Considere agora a molécula de SF_4. Vimos que o átomo S possui número estérico igual a 5 e, portanto, os pares eletrônicos devem estar arranjados nos vértices de uma bipirâmide trigonal. Um destes vértices deve estar ocupado pelo par solitário; o problema é, qual deles? A linha interrompida na Figura 8.14 mostra a forma desta figura. Observe que os vértices de uma bipirâmide trigonal não são geometricamente equivalentes como o são os de um tetraedro. As posições no topo e na base são posições *axiais*, assim denominadas porque definem o eixo principal da figura, ou seja, a linha que atravessa a figura desde o vértice no topo até o vértice na base. Os três vértices remanescentes são chamados posições *equatoriais*, pois são análogas às posições no equador terrestre.

Se o par solitário do SF_4 ocupa uma posição *axial*, como na Figura 8.15*a*, existem na molécula três pares solitários se repelindo em ângulos de 90°. Por outro lado, se o par solitário ocupa uma posição *equatorial*, como na Figura 8.15*b*, há apenas dois pares solitários se repelindo em ângulos de 90°. Como existem poucas destas repulsões no arranjo da Figura 8.15*b*, podemos prever que sua energia é mais baixa e, portanto, sua estrutura é mais estável. De fato, esta é a estrutura determinada experimentalmente para o SF_4. (Neste exemplo, não foi necessário considerar as repulsões entre pares solitários porque não existem.) Além disso, as repulsões extremamente fracas entre pares compartilhados podem ser virtualmente ignoradas, como o podem ser *todos* os tipos de repulsões entre pares que formam ângulos maiores que 90°.)

A estrutura mostrada na Figura 8.15*b* é algumas vezes denominada de *gangorra* porque, se pudermos efetuar uma rotação do SF_4 de maneira que "descanse" nos seus dois átomos F em posições equatoriais, ela pode se apoiar neles melhor do que o próprio brinquedo. O experimento mostra que o par solitário está localizado em posição equatorial, baseando-se no fato que o ângulo axial F—S—F tem um valor pouco inferior a 180°, como é mostrado na Figura 8.16. Esta pequena distorção da estrutura de uma gangorra "ideal" é devida às repulsões entre o par solitário e os dois pares axiais ligados. (Outra confirmação vem do fato de que a distância de ligação axial é ligeiramente mais longa que a distância de ligação equatorial.)

Em resumo, os passos no método VSEPR para determinação da forma geométrica de uma molécula pequena ou íon poliatômico são:

1. Esquematizar a estrutura de Lewis.
2. Determinar o número estérico do átomo central, adicionando ao número de átomos ligados a ele o número de pares solitários. (Se não houver ligações múltiplas, este será o número de pares de elétrons ao redor do átomo central.)
3. Orientar o par de elétrons e as ligações múltiplas nas posições apropriadas ao redor do átomo central a fim de minimizar as repulsões entre eles. (A maneira de proceder está resumida na Tabela 8.6.) Considerar que estas posições se encontram nos vértices de uma figura geométrica, que deve ser identificada.
4. Colocar cada átomo ligado nos vértices da figura geométrica obtida na etapa 3. (Vértices sem átomos conterão pares solitários.) Se existe mais de uma maneira, determinar o número de repulsões entre pares solitários para cada modo e escolher o arranjo que apresenta o número menor. Apenas repulsões com ângulos de 90° devem ser consideradas. Se neste ponto surge a possibilidade de mais de uma estrutura, deve-se escolher a que possui o menor número de repulsões entre par solitário e par compartilhado em ângulos de 90°.

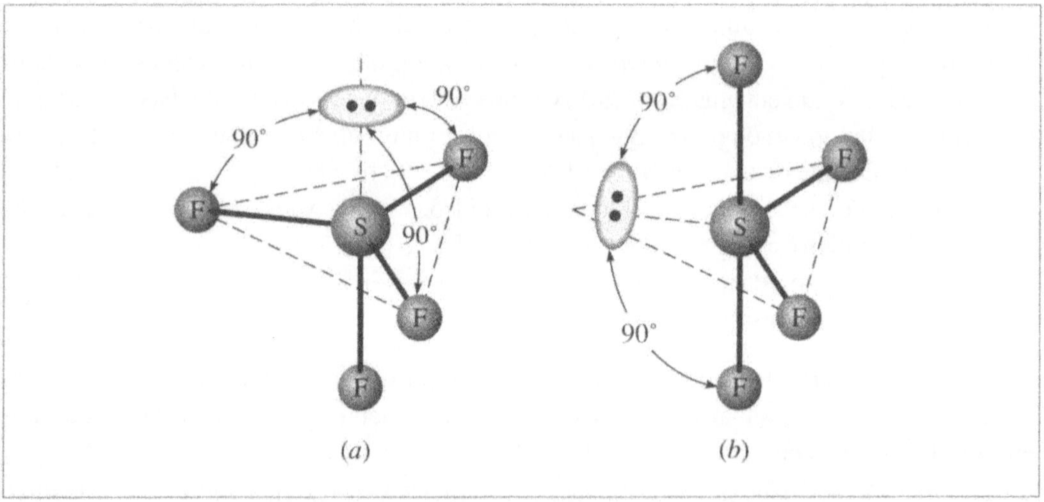

Figura 8.15 Estruturas possíveis para o SF_4. (*a*) Pirâmide trigonal (localização axial dos pares solitários). (*b*) Gangorra (localização equatorial do par solitário).

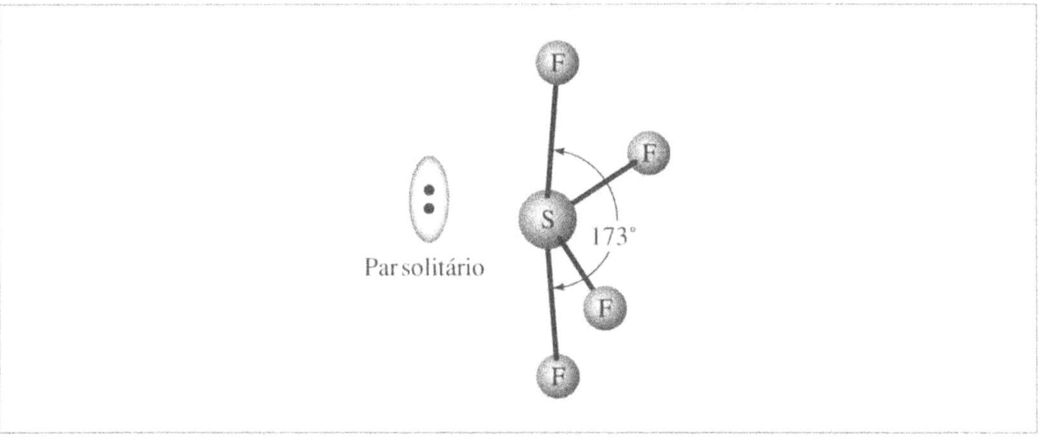

Figura 8.16 A molécula SF_4.

5. Estude as localizações dos átomos colocados na etapa 4 e considerar que estão localizados nos vértices de uma figura geométrica, possivelmente diferente da definida pelos pares eletrônicos solitários (etapa 3). Especificar a forma da molécula identificando esta figura. *Ignorar as posições dos pares solitários nesta etapa.* (Os nomes de formas comuns são dados na Tabela 8.7.)

Exemplo 8.11 Faça uma previsão da forma da molécula de trifluoreto de cloro, ClF_3.

Solução: Começamos escrevendo a estrutura de Lewis

O número estérico é 5. Como resultado, a repulsão entre os pares é menor quando os cinco pares eletrônicos ocupam os vértices de uma bipirâmide trigonal (Tabela 8.6).

Como a molécula possui dois pares não-compartilhados, existem três possíveis orientações, como mostrado na Figura 8.17. A estrutura II pode ser rejeitada, pois ambas as estruturas I e III possuem menos repulsões entre pares solitários em ângulo de 90°. A estrutura III é favorecida em relação à I porque apresenta menos repulsões entre pares solitários e pares compartilhados a 90°. Portanto, podemos prever que a estrutura III, em "forma de T", é a que melhor representa a forma do ClF_3. Experiências demonstram que a forma da molécula ClF_3 se encontra ligeiramente distorcida, como é mostrado na Figura 8.18. A distorção é atribuída à repulsão entre os dois pares solitários e o par axial compartilhado.

Problema Paralelo Qual a forma da molécula de pentafluoreto de iodo, IF_5? **Resposta:** uma pirâmide de quatro lados com uma base quadrada: pirâmide tetragonal.

Na Tabela 8.7 há um resumo de todas as possíveis geometrias moleculares para um número estérico de 2 a 6.

Tabela 8.7 Geometrias moleculares de acordo com o método VSEPR.

Número estérico	*Número de pares solitários*	*Geometria molecular*	
2	0	Linear	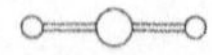
3	0	Trigonal plana	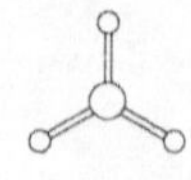
4	0	Tetraédrica	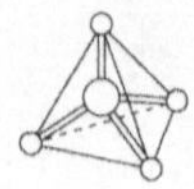
4	1	Pirâmide trigonal	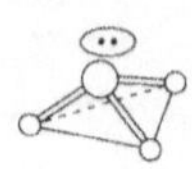
4	2	Angular	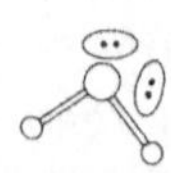
5	0	Bipirâmide trigonal	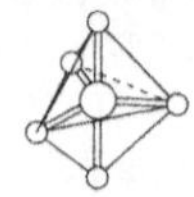
5	1	Gangorra	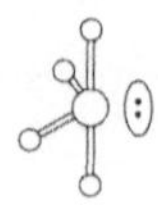
5	2	T	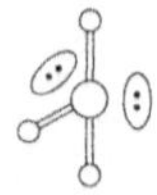
5	3	Linear	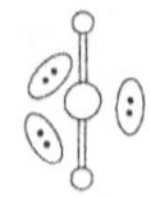
6	0	Octaédrica	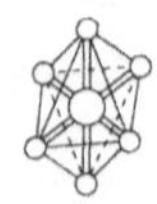
6	1	Pirâmide tetragonal	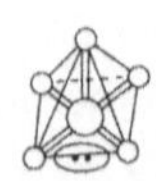
6	2	Quadrado planar	

Estrutura	I	II	III

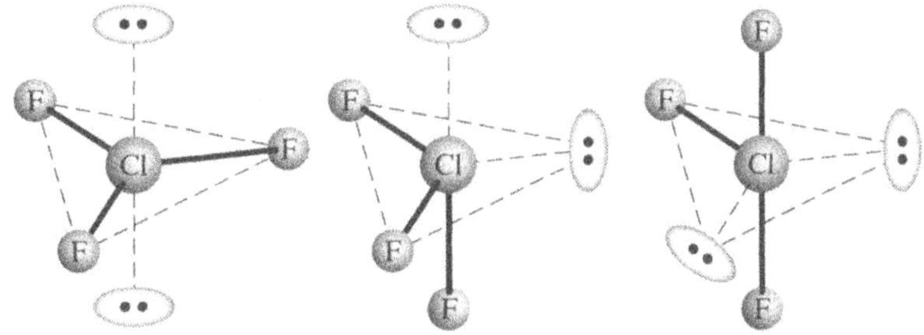

Posição dos pares solitários	Ambas axiais	Uma axial, uma equatorial	Ambas equatoriais
Repulsões em ângulos de 90°:			
Par solitário - par solitário	0	1	0
Par solitário - par compartilhado	6	3	4

Figura 8.17 Estruturas possíveis para ClF_3.

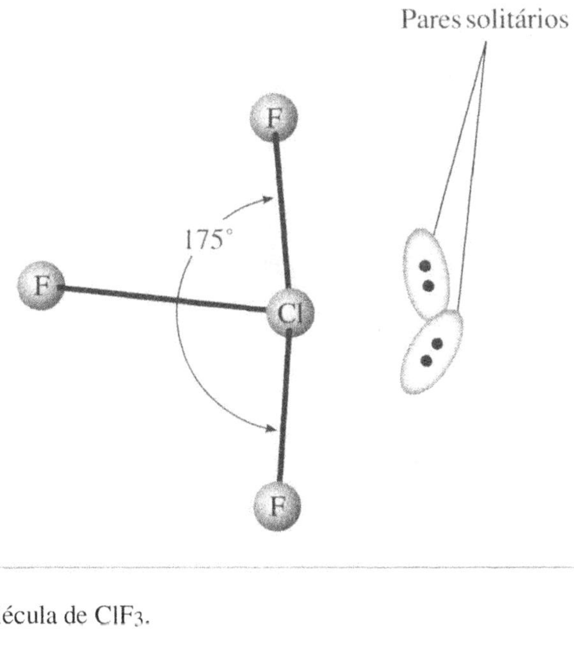

Figura 8.18 A molécula de ClF_3.

Comentários Adicionais

Um erro comum cometido por quem usa o método VSEPR é confundir a orientação espacial de um conjunto de pares de elétrons (Tabela 8.6) com a forma molecular ou geometria da molécula (Tabela 8.7). No $AsCl_3$, por exemplo, a orientação dos pares eletrônicos ao redor do átomo de As é tetraédrica (Figura 8.13), porém não podemos dizer que a molécula seja tetraédrica. $AsCl_3$ possui a forma de uma pirâmide trigonal com o átomo de As no ápice e os átomos de Cl nos vértices de sua base. O nome dado à forma de uma molécula é o nome da figura que possui como vértices o centro de seus *átomos*.

O exemplo a seguir ilustra a aplicação da teoria VSEPR a uma molécula ou íon com ligação múltipla.

Exemplo 8.12 Determine a forma do íon NO_3^-.

Solução: A estrutura de Lewis consiste na contribuição de três formas de ressonância:

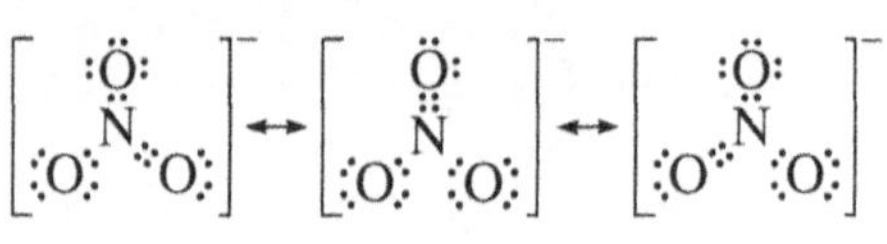

O fato da estrutura ser um híbrido de ressonância (ver Seção 8.12) não torna o problema mais complicado. É possível usar qualquer uma das estruturas ressonantes para determinar-se a forma do íon. O número estérico do nitrogênio no NO_3^- é *três* (três átomos ligados; nenhum par solitário). Isto significa que as ligações se dirigem para os vértices de um triângulo eqüilátero. Como não há nenhum par solitário no átomo de N, o íon tem forma trigonal planar.

Problema Paralelo: Qual a forma da molécula de dióxido de enxofre, SO_2? **Resposta:** Angular, com o enxofre como átomo principal ("central").

8.7 *A POLARIDADE DAS MOLÉCULAS*

Na Seção 8.3 introduzimos o conceito de polaridade de uma ligação, segundo o qual o compartilhamento desigual dos elétrons entre dois átomos levou a uma separação parcial da carga positiva e negativa. O conceito de polaridade é útil para descrevermos moléculas inteiras que exibem uma separação parcial de cargas. Uma **molécula não-polar** é aquela em que a posição média de todas as cargas positivas na molécula, chamada de *centro das cargas positivas*, coincide com a posição média de todas as cargas negativas, *o centro das cargas negativas*. Numa **molécula polar**, existe uma separação de cargas, ou seja, os dois centros não coincidem. Moléculas polares são conhecidas como **dipolos**.

MOLÉCULAS DIATÔMICAS

Na molécula de hidrogênio

H: H

as cargas positivas são os dois núcleos, e sua posição média se encontra no eixo de ligação a meio caminho entre os dois núcleos. A ligação nesta molécula é não-polar, e como os elétrons estão igualmente compartilhados pelos dois átomos, o centro de cargas negativas também se encontra a meio caminho entre os dois núcleos. Os dois centros de cargas opostas são coincidentes, sendo cada metade da molécula de H_2 eletricamente idêntica à outra, portanto, a molécula é não-polar.

A situação é diferente na molécula de cloreto de hidrogênio:

$$H:\ddot{\underset{..}{Cl}}:$$

Aqui, os centros das cargas positivas e negativas não coincidem. Como o cloro é mais eletronegativo que o hidrogênio, ele atrai o par de elétrons que, portanto, se distância do H. Isto resulta na separação de cargas na molécula; o centro das cargas negativas se encontra mais próximo do átomo de Cl e o centro das cargas positivas, mais próximo do átomo de H. Apesar da molécula como um todo se encontrar eletricamente neutra, uma extremidade é negativa e a outra positiva. Desta forma, HCl é uma molécula polar, ou um dipolo.

No laboratório, a polaridade de moléculas pode ser medida observando seu comportamento num campo elétrico. Quando moléculas polares são colocadas entre um par de placas carregadas opostamente, elas tendem a se alinhar com o campo elétrico, como é mostrado na Figura 8.19. Neste diagrama, um dipolo é representado por um seta com a cauda em cruz, $+\!\!\longrightarrow$, apontando para a extremidade negativa da molécula. Este alinhamento de moléculas polares pode ser medido eletricamente e usado para calcular o *momento dipolar* da molécula. Esta é uma medida quantitativa da polaridade da molécula e é definida como o produto da grandeza de um dos centros de carga pela distância entre os centros. Momentos dipolares foram tradicionalmente expressos em debyes (D)[5]. Os momentos dipolares de algumas moléculas são apresentados na Tabela 8.8.

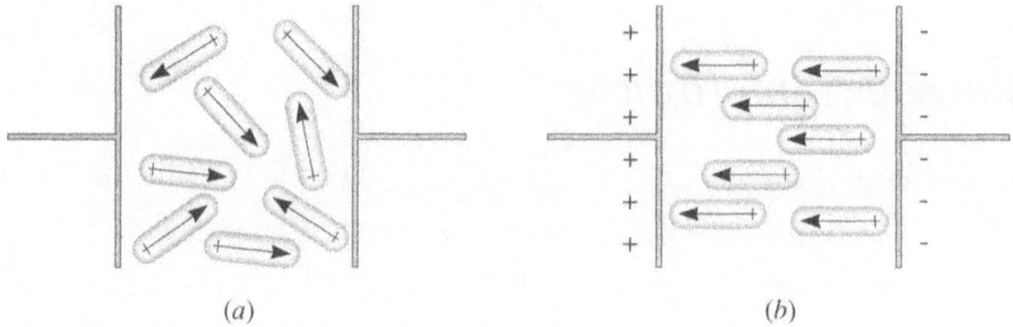

Figura 8.19 Dipolos num campo elétrico. (*a*) Dipolos antes da tensão ser aplicada entre as placas. (*b*) Dipolos após a aplicação da tensão entre as placas.

A polaridade de uma molécula diatômica depende apenas da polaridade de sua ligação. H_2 e Cl_2 não são polares; cada molécula é diatômica e possui uma ligação não-polar. HCl é mais polar que HBr, porque Cl é mais eletronegativo que Br.

MOLÉCULAS TRIATÔMICAS

A polaridade de moléculas triatômicas depende não somente da polaridade de suas ligações como também de sua forma. Considere, por exemplo, a molécula de dióxido de carbono:

$$:\ddot{O}::C::\ddot{O}:$$

Aplicando a teoria VSEPR, predizemos que a molécula é linear. (O número estérico do átomo de carbono é 2, e não há pares solitários.) Entretanto, apesar de todas as ligações C—O serem polares, o CO_2 é uma molécula não-polar. Isto se deve ao fato do deslocamento da carga eletrônica (em direção ao átomo mais eletronegativo) em uma

5 Peter J. W. Debye foi um químico teuto-americano que realizou trabalhos pioneiros em muitos ramos da química, inclusive na polaridade de moléculas.

ligação ser exatamente compensado pelo correspondente deslocamento na outra ligação, como é mostrado na Figura 8.20. Nesta figura observamos que, devido à simetria da molécula (as ligações estão exatamente em ângulos de 180°), os dois dipolos estão orientados em sentidos opostos, anulando-se mutuamente, e, assim, a molécula é não-polar.

Tabela 8.8 Momentos dipolares de algumas moléculas.

Molécula	Estrutura	Momento dipolar, D
Hidrogênio	H — H	0
Cloro	Cl — Cl	0
Cloreto de hidrogênio	H — Cl	1,08
Brometo de hidrogênio	H — Br	0,82
Monóxido de carbono	C ≡ O	0,11
Dióxido de carbono	O ═ C ═ O	0
Água	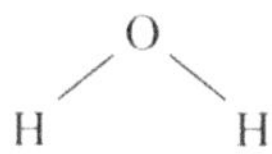	1,85
Sulfeto de hidrogênio	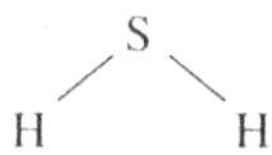	0,97
Cianeto de hidrogênio	H — C ≡ N	2,98
Amônia	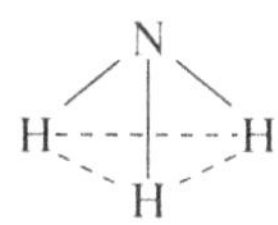	1,47
Trifluoreto de boro	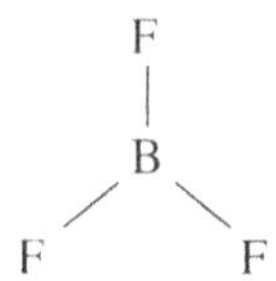	0

Considere, agora a molécula de água:

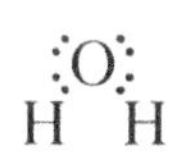

Ela também é triatômica, porém, diferentemente da molécula de CO_2, é polar devido a sua forma angular. (O átomo de oxigênio possui um número estérico igual a 4, e existem dois pares de elétrons compartilhados e dois pares solitários.) Na Figura 8.21 podemos ver que a molécula de H_2O não é linear e, portanto, os dipolos individuais não se cancelam, como ocorre no CO_2. Em vez disso, cada dipolo contribui para um acúmulo de cargas negativas no átomo de oxigênio, que não está localizado no centro geométrico da molécula. O átomo de oxigênio é o terminal negativo do dipolo molecular e os átomos de hidrogênio são o terminal positivo. Os centros de cargas positiva e negativa estão em localizações diferentes, porém ambos estão na linha bissetriz do ângulo H—O—H; o centro negativo está mais próximo do átomo de O do que o positivo. A combinação de eletronegatividades diferentes e geometria não-linear resulta em uma molécula de H_2O polar.

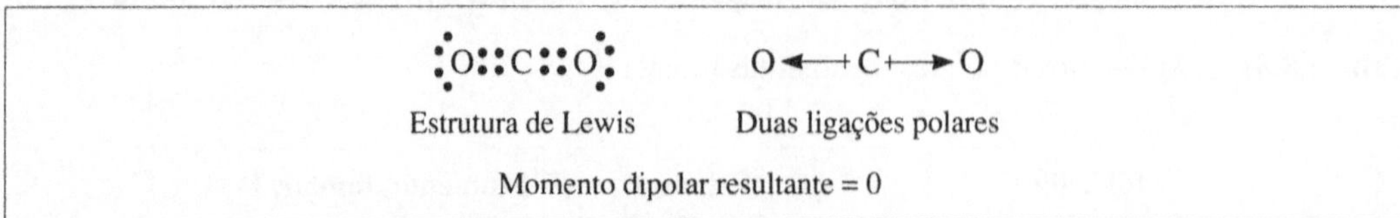

Figura 8.20 A molécula não-polar de CO_2.

OUTRAS MOLÉCULAS

Um outro exemplo do efeito da geometria molecular sobre a polaridade é encontrado em duas moléculas tetratômicas: amônia, NH_3, e trifluoreto de boro, BF_3, ambas mostradas na Figura 8.22. Em cada uma destas moléculas existem três ligações entre o átomo central e os átomos periféricos. Na molécula NH_3 o número estérico do átomo de N é 4 e, como há apenas um par solitário, a molécula é uma *pirâmide trigonal*. O número estérico do átomo B no BF_3 é 3 e, como não há pares solitários, a molécula é trigonal planar. Todas as ligações em cada molécula são polares. Na molécula piramidal NH_3, os dipolos não se cancelam e o acúmulo de carga elétrica sobre o átomo N mais eletronegativo torna esta extremidade do dipolo negativa. Os átomos de hidrogênio constituem a extremidade positiva. No caso da molécula de BF_3, apesar do acúmulo de carga negativa nos átomos F mais eletronegativos, os dipolos se cancelam por ser a molécula planar e simétrica. (Os átomos F se encontram nos vértices de um triângulo equilátero.) Como resultado, BF_3 é não-polar.

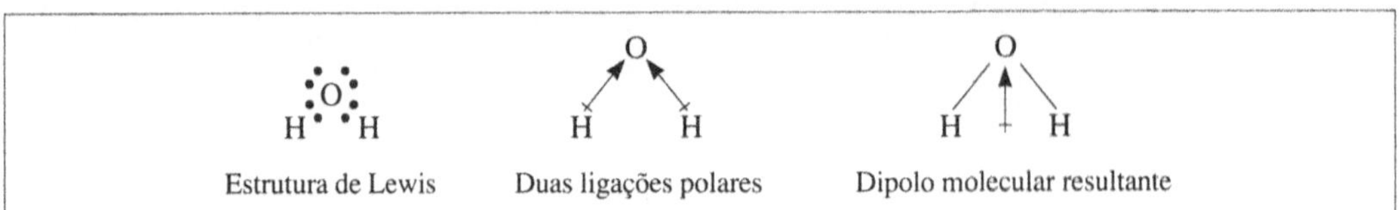

Figura 8.21 A molécula polar de H_2O.

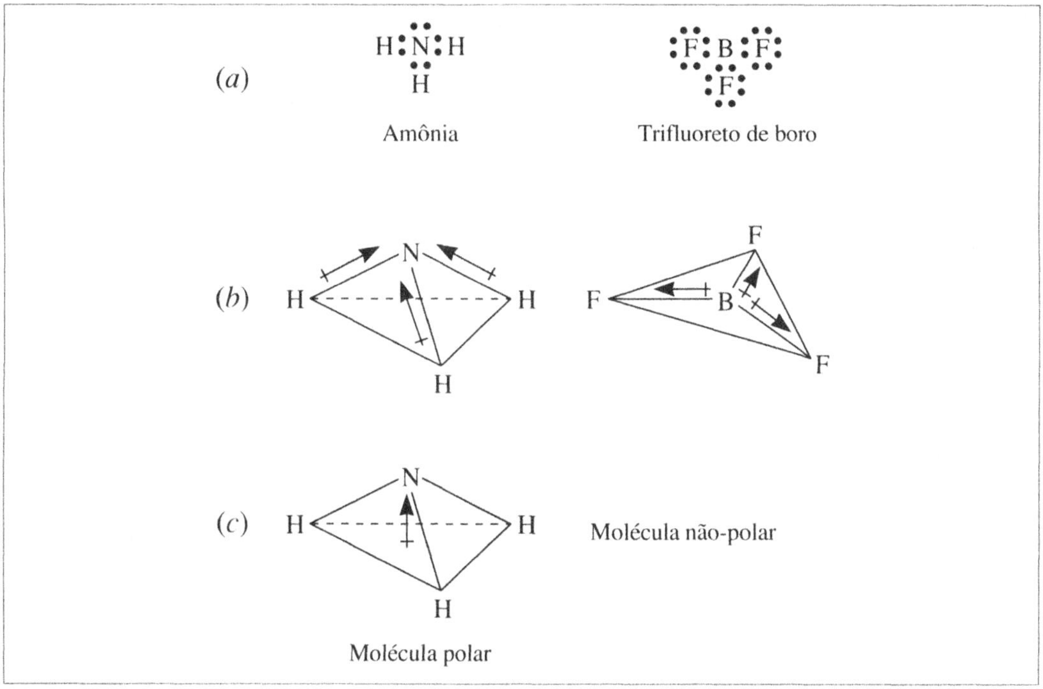

Figura 8.22 Duas moléculas tetratômicas: NH_3 e BF_3.

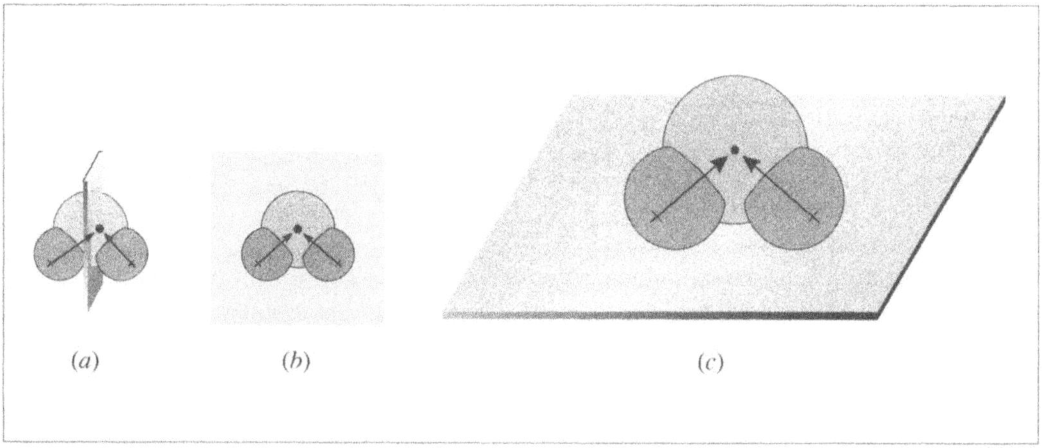

Figura 8.23 A molécula de água: teste de geometria para polaridade. (*a*) Plano vertical, perpendicular à página: não mostra polaridade. (*b*) Plano da página: sem polaridade. (*c*) Plano horizontal, perpendicular à página: a molécula mostrada é polar.

Uma forma prática para decidir quando uma dada molécula é polar consiste em passar um plano imaginário através do centro de massa da molécula (na verdade, o centro da massa ou centro de gravidade) de forma a ter cargas positivas predominando de um lado do plano e cargas negativas do outro lado. Se isto for possível, a molécula é polar. A Figura 8.23 mostra três maneiras de passar um plano através do centro de massa de uma molécula de água. Os dois primeiros (Figura 8.23*a e b*) dividem a molécula de forma simétrica e, portanto, não mostram a separação de cargas. O terceiro (Figura 8.23*c*) separa o oxigênio (negativo) dos hidrogênios (positivos), mostrando que a molécula é polar.

RESUMO

Ligações químicas são forças de atração fortes entre íons ou átomos. Uma *ligação iônica* consiste numa atração eletrostática entre íons de cargas opostas. Tais íons podem ser formados pela transferência de um ou mais elétrons a fim de formar íons positivos, chamados *cátions*: átomos não-metálicos tendem a ganhar elétrons para formar íons negativos, denominados *ânions*. Apesar de dois íons de carga contrária poderem existir associados como *pares iônicos* a altas temperaturas ou em soluções concentradas, na forma sólida encontramos sólidos iônicos. Estes sólidos consistem em muitos ânions e cátions ligados num arranjo tridimensional no qual cada íon se encontra rodeado por um certo número de íons com carga contrária.

É útil indicar a população de elétrons da camada de valência escrevendo a *estrutura de Lewis*. Nesta, pontos representam os elétrons de valência distribuídos ao redor do símbolo químico que representa o tronco ou cerne (núcleo e elétrons internos) dos íons. A estrutura de Lewis da maioria dos íons mostra que a regra do octeto é obedecida, isto é, que cada íon possui uma camada de valência com oito elétrons, que é uma configuração estável.

Um dos fatores importantes na determinação da ocorrência de uma reação é o sinal da variação de entalpia da reação, ΔH. Uma reação exotérmica para a qual ΔH é negativo é *considerada energeticamente favorecida*, porque durante o processo o sistema vai para um estado de menor energia ou entalpia. Os resultados do *ciclo de Born-Haber*, que nada mais são que a aplicação da lei de Hess a uma reação entre um metal e um não-metal, mostram que tais reações são energeticamente favoráveis se o fornecimento de energia que acompanha a formação de uma ligação iônica (em par iônico ou em sólido) é suficientemente grande para compensar a energia necessária para formar os íons gasosos.

Um segundo tipo de ligação, a *ligação covalente*, consiste em um par de elétrons compartilhados entre dois átomos. Nesta ligação, a nuvem eletrônica do par compartilhado é espalhada na região entre os átomos ligados, e o par é atraído pelos dois núcleos. A *distância de ligação*, ou *comprimento de ligação*, é a distância entre os núcleos dos átomos ligados. Nesta distância, as forças atrativas e repulsivas são balanceadas.

Como com os compostos iônicos, as estruturas de Lewis são úteis para mostrar os elétrons de valência num agregado de átomos ligados por meio de ligações covalentes. Em tais estruturas, dois pontos entre os símbolos de dois átomos ligados representam um *par compartilhado* de elétrons e os outros pares de elétrons ao redor do símbolo representam os *pares solitários*. A regra do octeto é em geral obedecida em tais compostos. Exemplos de exceções à regra do octeto são encontrados entre átomos dos grupos IA, IIA e IIIA em que o octeto não é completado e entre outros átomos em que ocorre *expansão da camada de valência* com utilização da subcamada *d*.

Em muitos casos, cada um dos elétrons de um par compartilhado provém de átomos diferentes; quando isto ocorre, a ligação é denominada *ligação covalente normal*. Quando ambos os elétrons do par são provenientes de apenas um dos átomos da ligação, ela é denominada *ligação coordenada*. Entretanto, estas classificações só servem para identificar a origem dos elétrons, pois não são inerentemente diferentes nas suas propriedades. Em algumas moléculas, dois átomos estão ligados por dois pares compartilhados; este tipo de ligação é denominada *ligação dupla*. Se houver três pares compartilhados a *ligação é tripla*.

Algumas vezes não é possível escrever apenas uma estrutura de Lewis para descrever a ligação numa molécula ou num íon poliatômico. Neste caso, escrevem-se duas ou mais, e o conjunto é denominado *híbrido de ressonância* das estruturas que são as *formas contribuintes*. A palavra *ressonância* não implica que as estruturas se alternem entre si, ela indica que a estrutura atual é um intermediário das várias estruturas.

Eletronegatividade é a medida da tendência mostrada por um átomo ligado em atrair os elétrons de valência. A eletronegatividade varia periodicamente com o número atômico devido a uma variação da carga nuclear efetiva e do raio atômico. A *polaridade de ligação* depende da diferença entre as eletronegatividades dos átomos ligados. Se dois átomos possuem a mesma eletronegatividade (porque são átomos do mesmo elemento), uma ligação covalente entre eles é *não-polar*, porque a distribuição da nuvem eletrônica do par compartilhado é simétrica entre os átomos ligados. Numa ligação entre átomos que possuem eletronegatividades diferentes, as diferentes forças de atração pelos pares compartilhados levam a um compartilhamento desigual. Assim, a nuvem de carga do par compartilhado é atraída para mais próximo do átomo mais eletronegativo, resultando numa ligação covalente polar. Quando as eletronegatividades dos átomos que se ligam são muito diferentes, não há compartilhamento de elétrons e a ligação é iônica.

O termo *energia de ligação* refere-se em geral à energia necessária para romper uma ligação. Uma *energia de ligação* é a energia necessária para romper uma certa ligação numa molécula específica. *Energias de ligação* médias são médias das energias de ligação entre dois átomos. Cada energia pode ser usada para estimar o ΔH de uma reação cujos calores de formação não sejam conhecidos.

A atribuição de uma *carga formal* é uma maneira de descrever a natureza elétrica aproximada de um átomo ligado. É a carga que um átomo teria caso tivesse a mesma eletronegatividade do átomo ao qual está ligado. Usam-se as cargas formais para escolher a melhor estrutura de Lewis.

A geometria de muitas moléculas pequenas e íons poliatômicos pode ser prevista pela *teoria da repulsão dos pares eletrônicos na camada de valência* (*VSEPR*). O método é baseado no fato dos pares de elétrons na camada de valência de um átomo tenderem a se orientar a fim de minimizar as repulsões. O uso da teoria VSEPR envolve primeiramente encontrar a estrutura de Lewis e, a partir da mesma, determinar o *número estérico* do átomo central no agregado, isto é, o número de seus átomos ligados mais os pares solitários. Isto permite a colocação dos pares eletrônicos da camada de valência nos vértices de uma figura geométrica escolhida, tendo em vista minimizar as repulsões entre pares solitários em ângulos de 90°. (As repulsões entre pares solitários são de grande importância.) Este processo serve para estabelecer os ângulos entre os átomos ligados, o que, por sua vez, determina a forma do agregado.

A *polaridade* de uma molécula, medida quantitativamente por meio de seu *momento dipolar*, é uma medida de sua tendência em se alinhar num campo elétrico. Serve para indicar se os centros de cargas positivas e negativas estão ou não separados numa molécula. Se a ligação numa molécula diatômica é não-polar, a molécula é não polar; se a ligação é polar, a separação de cargas torna a molécula polar. Para uma molécula que consiste em mais de dois átomos, a simetria da molécula é importante na determinação de sua polaridade. Se a molécula é suficientemente simétrica, seus dipolos individuais se cancelam, e a molécula como um todo é não-polar; se não é simétrica, os dipolos se combinam, resultando num dipolo, e a molécula é polar.

PROBLEMAS

Ligações Iônicas

8.1 O íon fosfato é PO_4^{3-}. Empregando a tabela periódica, faça a previsão das fórmulas empíricas dos seguintes fosfatos iônicos: de potássio, de alumínio, de césio, de magnésio e de rádio.

8.2 Utilize a tabela periódica para escrever as fórmulas empíricas do astateto de sódio, fluoreto de bário, sulfeto de potássio, nitreto de gálio, óxido de rubídio e fosfeto de cálcio.

8.3 Como os íons sódio e cloreto são atraídos eletrostaticamente, o que impede que os dois íons desapareçam formando um átomo simples, maior?

■ **8.4** Para a sublimação do potássio, K, ΔH = 89,2 kJ mol^{-1}. Para a dissociação do flúor, F_2 ΔH = 158 kJ mol^{-1}. A primeira energia de ionização do potássio é 419 kJ mol^{-1}, e a afinidade eletrônica (ΔH) do flúor é –333 kJ mol^{-1}. Quando o par iônico é formado a partir dos íons K^+ e F^-, ΔH = – 473 kJ mol^{-1}. A energia reticular do fluoreto de potássio (KF) é –826 kJ mol^{-1}. Calcule (a) o ΔH para a formação de 1 mol de pares iônicos a partir dos átomos K e F e (b) o ΔH de formação de um mol de fluoreto de potássio sólido a partir de potássio sólido e gás flúor.

Ligação Covalente

8.5 Explique por que o Cl_2 é uma espécie molecular estável.

8.6 Cada uma das seguintes moléculas contém pelo menos uma dupla ligação. Escreva as estruturas de Lewis para: CS_2, C_3H_6, C_2H_3Cl.

8.7 Cada uma das seguintes moléculas contém uma ligação tripla. Esquematize as estruturas de Lewis para: CO, C_2H_2, HCN.

8.8 Mostre que no cloreto de amônio, NH_4Cl, estão presentes ligações iônicas e covalentes.

8.9 Mostre que cada uma das seguintes espécies contém uma ligação covalente coordenativa: NH_4^+, S_2^{2-}, H_3O^+, H_3PO_4.

8.10 Na molécula-íon de hidrogênio, H_2^+, um só elétron segura os dois núcleos juntos. Qual seria a expectativa para a freqüência de vibração do H_2^+ comparada com a do H_2? Explique.

8.11 Utilizando a tabela periódica, escreva a fórmula molecular para os compostos mais simples (poucos átomos por molécula) formados entre o cloro e cada um dos seguintes elementos: enxofre, iodo, silício, fósforo, boro.

8.12 A estrutura de cada um dos seguintes íons ou moléculas pode ser representada como um híbrido de ressonância. Esquematize as formas equivalentes que contribuem para a estrutura de: SO_2, SO_3, NO_3^-, NO_2^-.

Eletronegatividade e Tipo de Ligação

8.13 Quais os fatores que influenciam a eletronegatividade de um átomo? Interprete as variações observadas nos períodos e nos grupos da tabela periódica.

8.14 Usando a tabela periódica, classifique cada uma das ligações como sendo predominantemente iônica ou covalente: O—S, Ca—O, Si—C, H—I, Cl—O, Ga—F, Rb—Br, H—Li, Cs—N.

8.15 Escreva as configurações eletrônicas para H e Na. Explique por que o HCl é covalente, enquanto o NaCl é iônico.

8.16 Afinidade eletrônica e eletronegatividade medem a tendência de um átomo em atrair elétrons. Explique claramente como elas diferem.

8.17 Classifique a ligação nos seguintes compostos como predominantemente covalente ou iônica: CsBr, MgO, NO, SF_4, BaI_2, CS_2, OF_2, KI, Rb_2O.

8.18 Como a distribuição de carga no BrCl difere da do Cl_2? Desenhe figuras para ilustrar sua resposta.

8.19 Use a tabela periódica para prever qual das seguintes ligações é a menos polar e qual é a mais polar: S—Cl, S—Br, Se—Cl, Se—Br.

Estruturas de Lewis

8.20 Escreva a estrutura de Lewis para os seguintes compostos iônicos: (a) fluoreto de rubídio, (b) iodeto de bário, (c) sulfeto de magnésio, (d) óxido de potássio, (e) nitreto de césio, (f) fosfeto de estrôncio.

8.21 Esquematize a estrutura de Lewis para cada uma das seguintes moléculas: CHI_3, C_2H_5Cl, PCl_3, N_2H_4, HOCl, $HClO_2$, BCl_3, OF_2.

8.22 Considere os átomos X, Y e Z, todos do mesmo período. X é um metal alcalino, Y está no grupo VA e Z é um halogênio. (a) Qual dos três átomos é mais eletronegativo? Qual o menos? (b) Qual das ligações X—Y, X—Z, Y—Z deve ser iônica? (c) Escreva a estrutura de Lewis para o composto de X e Y, X e Z, e Y e Z.

8.23 Escreva a estrutura de Lewis para os seguintes íons: PH_4^+, SO_3^{2-}, $S_2O_3^{2-}$, PO_4^{3-}, HPO_4^{2-}, BF_4^-, CN^-, N_3^-, $CH_3NH_3^+$.

Energia de Ligação

8.24 Defina energia de ligação. Ela pode ser negativa?

8.25 Faça uma distinção clara entre energia de ligação e energia média de ligação. Quando elas são iguais?

8.26 Usando os dados deste capítulo, ordene em ordem decrescente: acetileno (C_2H_2), etano (C_2H_6) e etileno (C_2H_4), de acordo com a distância carbono-carbono. Justifique sua resposta.

8.27 Você esperaria que a ligação carbono-nitrogênio fosse mais curta no HCN ou no H_3CNH_2? Explique.

■ **8.28** Usando os dados das Tabelas 8.4 e 8.5, calcule o calor molar padrão de formação da água a 25°C. (A ligação na molécula de O_2 é dupla.) Compare sua resposta com o valor dado na Tabela 3.2.

8.29 Calcule o calor molar padrão de formação do peróxido de hidrogênio gasoso, H_2O_2, a 25°C.

Cargas Formais

8.30 Atribua a carga formal para cada átomo: BrCl, $BeCl_2$, BF_4^-, IO_3^-, CN^-, $N_2H_5^+$.

8.31 Atribua a carga formal para cada átomo: NH_4^+, NO_3^-, $(HO)_2SO$, PO_4^{3-}, CO.

Repulsão Eletrônica

8.32 Determine o número estérico do átomo central nos seguintes compostos e íons: $BeCl_2$, BrF_5, H_2S, BCl_3, $AlCl_4^-$, AsH_3, XeF_4, I_3^-, SO_4^{2-}, SO_3^{2-}.

8.33 Determine o número de pares compartilhados e de pares solitários ao redor do átomo central em cada uma das moléculas e íons do Problema 8.32.

8.34 Determine a orientação espacial dos centros de cargas negativas (ligações mais pares solitários) ao redor do átomo central em cada uma das moléculas e íons do Problema 8.32.

8.35 Faça uma previsão da forma de cada uma das moléculas e íons do Problema 8.32.

8.36 Faça uma previsão da forma de PF_6^-, BF_4^-, $SiCl_4$, SF_2, ClF_3, IF_5, BeF_2.

8.37 Faça uma previsão da forma do SiH_4, BrF_5, PCl_5, XeO_4, IF_2^-, AsF_6^-, XeO_3, IF_4^-.

Moléculas Polares e Não-Polares

8.38 Explique porque BeF_2 é não-polar e OF_2 é polar.

8.39 Faça uma previsão de qual molécula é polar: I_2, ICl, CCl_4, CH_2Cl_2, PCl_3, $POCl_3$, BF_3 e NF_3.

8.40 Faça uma previsão de quais partículas do Problema 8.32 possuem momento dipolar.

PROBLEMAS ADICIONAIS

8.41 Desenhe a estrutura de Lewis empregando a regra do octeto para o ácido sulfúrico, H_2SO_4. (a) Qual a carga formal de cada átomo? (b) Indique como a carga formal do S pode ser reduzida, "permitindo" que ele expanda a sua camada de valência. (c) Descreva a molécula de H_2SO_4 como um híbrido de ressonância.

8.42 Escreva a estrutura de Lewis para ICl_4^-, SF_6, SF_4, I_3^-, XeF_4, BrF_5, $XeOF_4$, BI_3.

8.43 Para avaliar a força de uma ligação, qual a melhor medida: a energia de ligação ou o comprimento de ligação? Explique.

8.44 A expansão da camada de valência para permitir que mais de oito elétrons sejam acomodados somente pode ocorrer se há um número suficiente de orbitais. Lembrando-se disso, explique por que o fósforo forma dois cloretos, PCl_3 e PCl_5, enquanto o nitrogênio somente um, NCl_3.

8.45 O íon hidreto tem fórmula H^-. Qual a fórmula empírica do hidreto de sódio? Do hidreto de cálcio? Quando adicionado à água, o hidreto de sódio reage para formar gás hidrogênio, como um dos produtos. Escreva a equação desta reação.

8.46 Cloreto de sódio sólido é parcialmente estável devido a sua alta energia reticular. (a) Você esperaria que a energia reticular do $NaCl_2$(contendo íon Na^{2+} e Cl^-) fosse maior ou menor que a de NaCl? (b) Por que $NaCl_2$ não existe?

8.47 Explique por que (a) o momento dipolar do $SiCl_4$ é menor que o do $SeCl_4$, (b) o momento dipolar do NF_3 é menor que o do NH_3. (*Sugestão*: lembre-se dos pares solitários.)

8.48 Quando sódio metálico e gás cloro reagem, o que determina se o sólido será formado por NaCl sólido ou por pares iônicos?

8.49 Escreva a estrutura de Lewis para cada molécula que possui a fórmula C_4H_6. (*Sugestão*: são mais de duas.)

8.50 Escreva a estrutura de Lewis para $COCl_2$, $SbCl_5$, C_2H_6O (dois compostos diferentes), SCN^-, CH_2O_2, NO_2, NO_2^-, NO_2^+.

8.51 Escreva a estrutura de Lewis para SrF_2, CO_2, K_2Se, Na_3N, $NaClO_4$, BeH_2, $CaSO_4$.

8.52 Quais das moléculas a seguir são polares? F_2, SeF_4, BI_3, NI_3, CS_2, CCl_4, NO.

8.53 Todos os átomos na molécula de ozônio, O_3, são átomos de oxigênio. A molécula é polar? Justifique sua resposta.

Capítulo 9

SÓLIDOS

TÓPICOS GERAIS

9.1 OS SÓLIDOS: ALGUMAS OBSERVAÇÕES PRELIMINARES

Propriedades gerais dos sólidos

Cristais

9.2 DIFRAÇÃO DE RAIO X

O mecanismo da difração

A equação de Bragg

Aplicações da difração de raio x

9.3 O RETÍCULO CRISTALINO

A cela unitária

Alguns retículos cristalinos representativos

9.4 EMPACOTAMENTO DENSO

O empacotamento denso de esferas idênticas

Cristais com estruturas de empacotamento denso

Vazios tetraédricos e octaédricos

Estruturas cristalinas baseadas no empacotamento denso

9.5 LIGAÇÕES E PROPRIEDADES DOS SÓLIDOS

Sólidos iônicos

Sólidos moleculares

Sólidos covalentes

Sólidos metálicos

9.6 ENERGIA RETICULAR

9.7 DEFEITOS EM CRISTAIS

Defeitos lineares

Defeitos puntuais

Semicondutores

Os sólidos são bastante diferentes dos gases: são duros e rígidos, não mostrando praticamente tendência em fluir ou difundir, e são geralmente incompressíveis. No Capítulo 4 vimos que as propriedades de um gás podem ser explicadas com base na sua estrutura. Neste capítulo examinamos a relação entre estrutura e propriedades do estado sólido. Antes de começarmos, entretanto, vamos dizer algo a respeito da baixa compressibilidade dos sólidos. Contrariamente ao que ocorre com um gás, em que o volume cai pela metade ao dobrarmos a pressão, num sólido é necessário uma pressão da ordem de 10^6 para um mesmo decréscimo de volume (isto é, um milhão de vezes a pressão que poderíamos obter em laboratório e com equipamento adequado.) O fato de os sólidos serem tão incompressíveis é uma conseqüência direta da falta de espaços vazios neste estado da matéria. Uma outra propriedade importante dos sólidos é sua capacidade em produzir aquelas formas tão bonitas, os cristais, que são muito importantes na elucidação da estrutura e da geometria no estado sólido.

9.1 OS SÓLIDOS: ALGUMAS OBSERVAÇÕES PRELIMINARES

Tradicionalmente, um **sólido** é definido como *uma substância que mantém um volume e uma forma fixos*. Em outras palavras, o tamanho e a forma de um sólido não são influenciados pelo tamanho e forma do recipiente no qual ele está contido. Uma definição moderna de sólido, usada nesse livro, baseia-se de preferência na estrutura interna do que em propriedades físicas: Um sólido *é uma substância que apresenta suas partículas constituintes dispostas num arranjo interno regularmente ordenado*. A segunda definição é quase equivalente à primeira, mas exclui a classe de substâncias comumente chamadas sólidos amorfos.

O típico *sólido amorfo* tem volume e forma fixa, parece-se com um sólido em aparência e comportamento externo, não apresenta faces cristalinas e sua estrutura interna apresenta pouca regularidade. Um sólido amorfo pode ser considerado como um líquido que foi super-resfriado bem abaixo do seu ponto de congelamento, imitando assim um sólido verdadeiro. (É duro e rígido, e sua forma é independente do recipiente que o contém.) Um exemplo comum de sólido amorfo é o vidro; de fato, sólidos amorfos são comumente chamados *vidros*. (Ver Seção 10.4.) Como os líquidos, os sólidos amorfos possuem estrutura interna irregular, apesar de sua aparência externa. Visto que a estrutura interna de um sólido verdadeiro é chamada de estrutura cristalina do sólido (ver Seção 9.3), o termo *sólido cristalino* é geralmente usado para identificar um sólido verdadeiro.

PROPRIEDADES GERAIS DOS SÓLIDOS

Seria correto afirmar que os sólidos apresentam volumes e formas definidas? Na realidade não, pois o volume de um sólido muda pouco quando sua temperatura varia. (Muitos sólidos se expandem à medida que a temperatura aumenta.) Contudo, o *coeficiente de expansão térmica* de qualquer sólido (sua variação de volume por aumento de grau Kelvin) é muito pequeno comparado com o de um gás. Por outro lado, variações de pressão afetam muito pouco o volume de um sólido. Assim, consideraremos os volumes (e formas) dos sólidos independentes da temperatura e da pressão.

Os sólidos são substâncias rígidas que, ao serem comparadas com os líquidos e os gases, apresentam velocidades de fluxo e de difusão extremamente baixas. Isto é verdadeiro porque os sólidos consistem em partículas (átomos, íons ou moléculas) muito próximas umas das outras e ligadas fortemente entre si. Comparado com um gás que apresenta moléculas muito espaçadas, um sólido apresenta uma estrutura extremamente compacta, na qual as partículas estão fortemente interligadas.

CRISTAIS

Uma das características mais notáveis dos sólidos é a sua ocorrência como cristais. A Figura 9.1 mostra o desenho de um monocristal perfeito de quartzo (dióxido de silício, SiO_2). Foram encontrados na crosta terrestre cristais de alguns minérios de vários decímetros de comprimento. Muitos cristais grandes foram obtidos em laboratório. A Figura 9.2 apresenta a fotografia de um cristal de alúmen de crômio [sulfato de potássio e crômio dodecahidratado, $KCr(SO_4)_2 \cdot 12H_2O$] obtido pela evaporação lenta de uma solução aquosa deste composto.

O crescimento extremamente lento num meio uniforme é necessário para a obtenção de cristais grandes e perfeitamente formados. Como estas condições não são geralmente atingidas, é comum obter-se cristais que apresentam distorções, como é ilustrado na Figura 9.2. Tais distorções são o resultado de condições não-uniformes na vizinhança do cristal em crescimento, que favorecem o crescimento mais rápido em certas direções do que em outras.

As impurezas muitas vezes afetam a forma de um cristal. Assim, cloreto de sódio, que normalmente forma cristais cúbicos, pode ser levado a formar cristais octaédricos quando se dissolve uréia, $CO(NH_2)_2$, na solução aquosa a partir da qual o cristal de NaCl está-se formando.

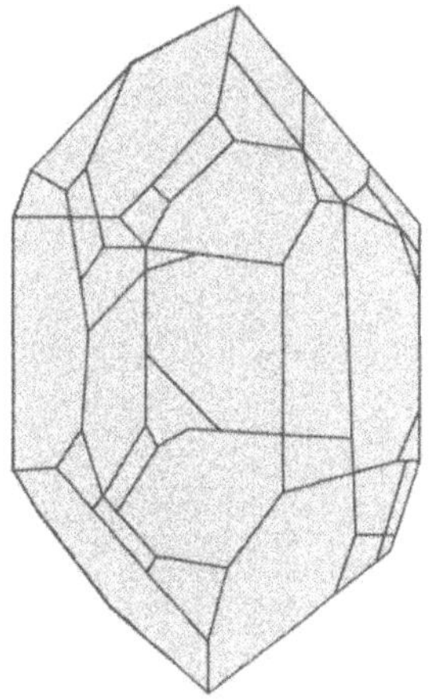

Figura 9.1 Um monocristal de quartzo, SiO_2.

Neste livro, estamos preocupados principalmente com a estrutura interna do cristal, e não com sua forma externa. Começaremos estudando *cristais ideais* ou *perfeitos* que apresentam uma estrutura interna perfeitamente regular. Apesar desta perfeição existir apenas em cristais muito pequenos, é importante considerá-los primeiramente e em seguida (Seção 9.7) examinar alguns tipos comuns de imperfeições. (Lembre-se de que primeiro estudamos o gás ideal hipotético e depois o comparamos com os gases reais.)

9.2 DIFRAÇÃO DE RAIO X

Apesar da forma externa de um cristal fornecer indicações valiosas sobre a sua estrutura interna, a maioria dos conhecimentos sobre as estruturas dos materiais cristalinos provém de uma técnica com grandes recursos, a **difração de raio x**. Foi mencionado na Seção 6.2 que qualquer radiação eletromagnética pode sofrer difração (ser desviada) por uma grade de difração, isto é, uma série de objetos (linhas, átomos etc.) colocados de maneira regular a uma distância aproximadamente igual à do comprimento de onda da radiação.

O comprimento de onda dos raios x é muito curto, mas as distâncias entre átomos num cristal são suficientemente próximas para o cristal servir de rede de difração para raios x. Medidas dos ângulos de difração de raios x, cujos comprimentos de onda são conhecidos, são usadas para calcular o espaçamento interatômico num cristal e, assim, a estrutura cristalina do mesmo pode ser deduzida. Esta técnica foi inicialmente sugerida em 1912 pelo físico alemão Max von Laue.

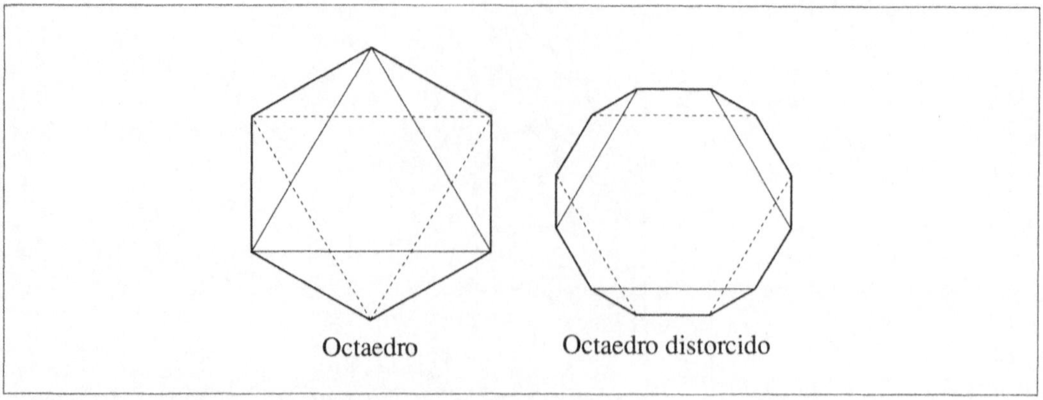

Figura 9.2 Cristais ideal e distorcido.

A Figura 9.3 ilustra um aparelho que pode ser empregado para obter um diagrama de difração. Um feixe de raios x monocromáticos (de um único comprimento de onda) incide sobre um cristal e os feixes emergentes, difratados, são detectados por meio de um filme fotográfico. A localização das manchas no *diagrama de Laue* (Figura 9.3*b*) pode ser usada para calcular o espaçamento entre átomos no cristal.

O MECANISMO DA DIFRAÇÃO

Os raios x são difratados por um cristal porque os elétrons dos seus átomos absorvem a radiação e então servem como fontes secundárias que reemitem radiação em todas as direções. As ondas reemitidas reforçam-se mutuamente em algumas direções e se cancelam em outras. Considere, por exemplo, os dois átomos que aparecem na Figura 9.4. A radiação x incidente é absorvida pelos átomos e depois reemitida em todas as direções, sendo que apenas três ângulos são mostrados. Uma parte da radiação atravessa diretamente sem sofrer difração. No ângulo A, porém, os raios difratados dos dois átomos estão fora de fase um com o outro, anulando exatamente ou cancelando os outros. Neste ângulo, nenhuma energia do raio x é detectada no cristal. Por outro lado, no ângulo B, as ondas estão em fase e se reforçam mutuamente; observa-se difração neste ângulo.

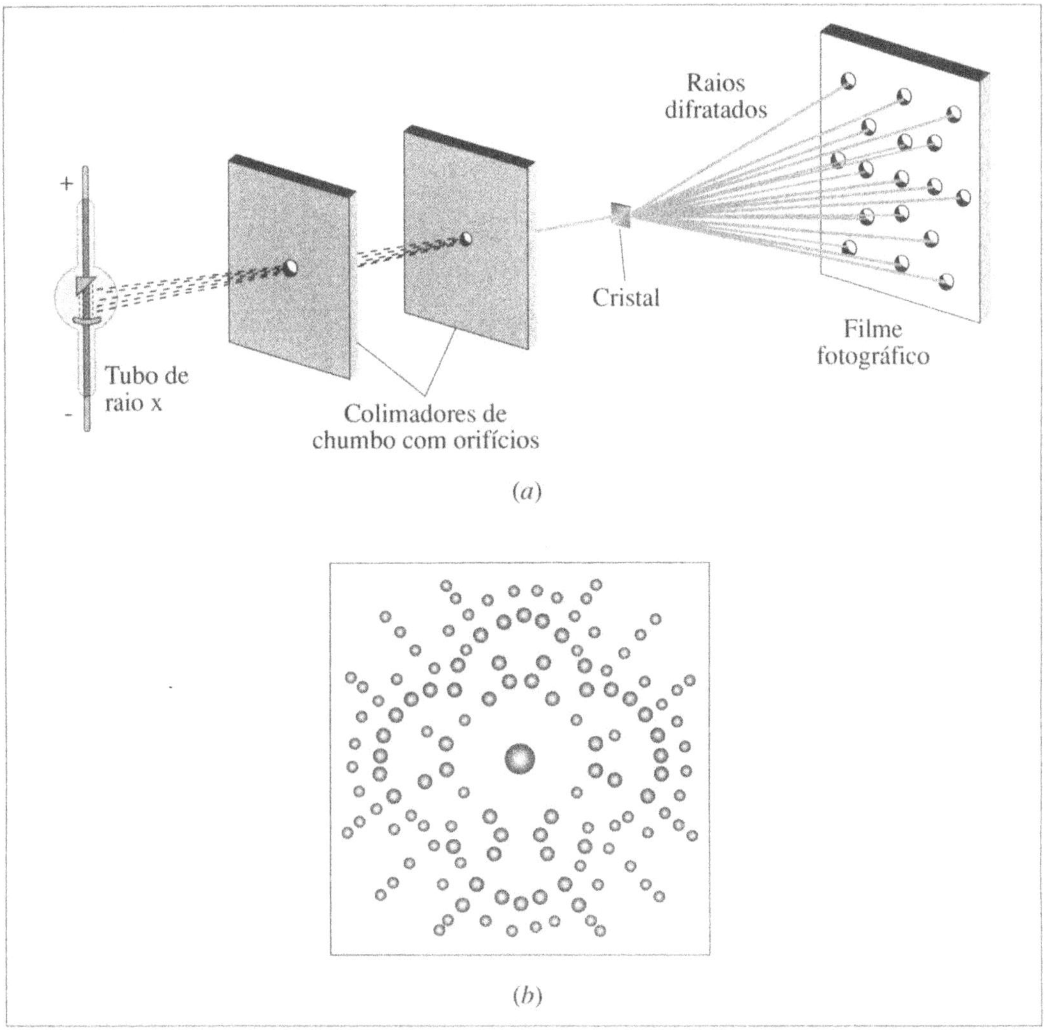

Figura 9.3 Difração de raios x pelo método de Laue. (*a*) Aparelhagem. (*b*) Diagrama de difração de Laue.

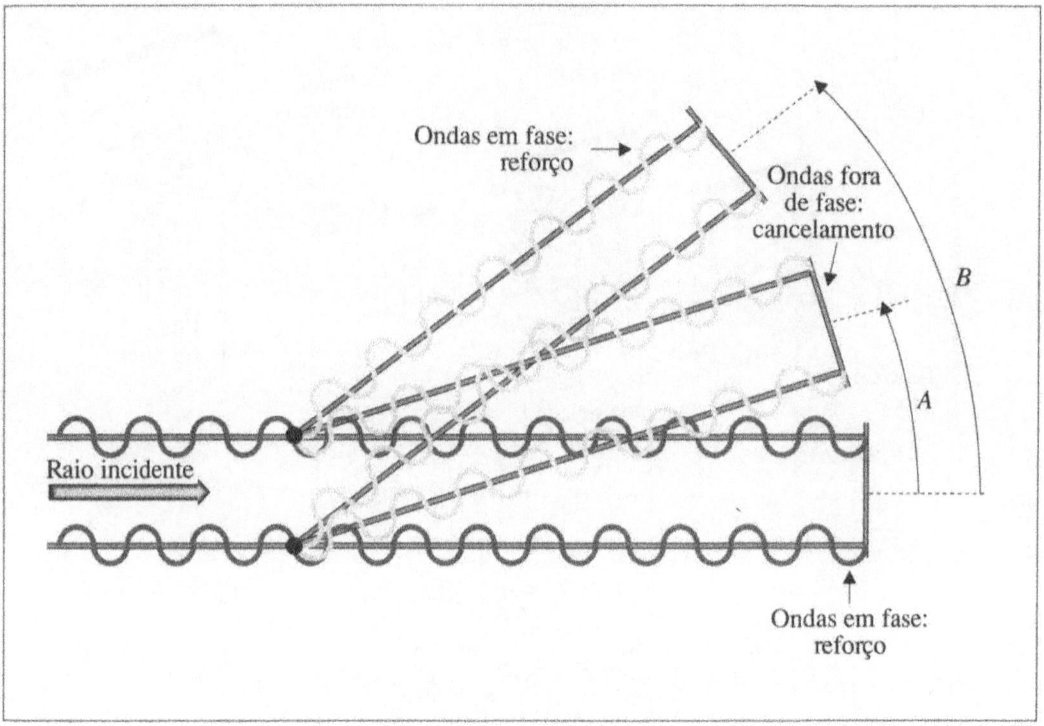

Figura 9.4 Modelo para difração de raios x por dois átomos.

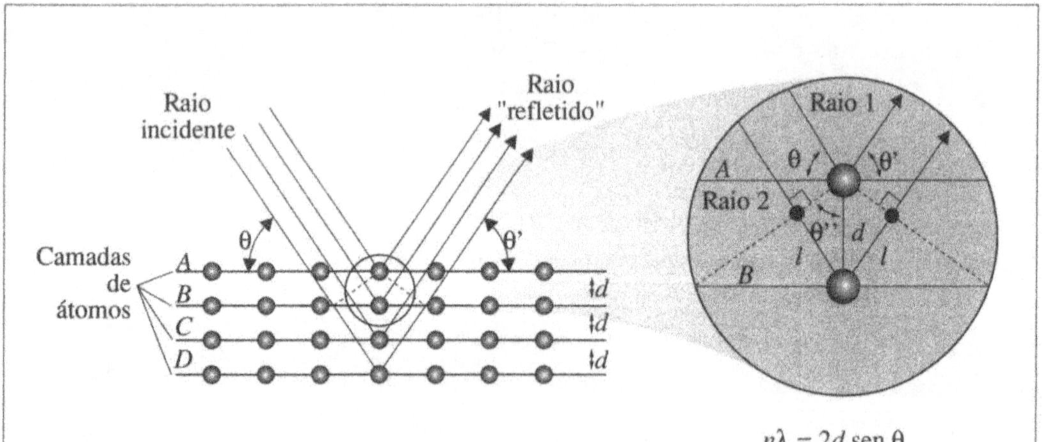

Figura 9.5 Derivação da equação de Bragg.

A EQUAÇÃO DE BRAGG

Em 1913, William e Lawrence Bragg, uma equipe inglesa de pai e filho, mostrou que a difração dos raios x deve ocorrer como se eles fossem refletidos pelas camadas de átomos de um cristal, assim como a luz é refletida por um espelho plano. Eles demonstraram que existe uma relação muito simples entre a distância entre camadas de átomos, o comprimento de onda da radiação x e o ângulo de difração. A *equação de Bragg* é

$$n\lambda = 2d \text{ sen } \theta$$

onde n = número inteiro positivo (geralmente igual a 1)

λ = comprimento de onda do raio x

d = distância entre camadas adjacentes de átomos

θ = ângulo entre o raio incidente e os planos refletidos. (θ, theta, é uma letra grega.)

Apesar da difração de raio x ser muito mais complicada do que a simples reflexão da luz em um espelho, este modelo pode ser utilizado para deduzir a equação de Bragg. Na Figura 9.5 são vistas várias camadas de átomos situadas à distância d uma das outras. Usando o modelo da reflexão, podemos dizer que o ângulo de reflexão θ' é igual ao ângulo de incidência θ (como no caso da reflexão da luz por um espelho). Considerando os raios 1 e 2 reproduzidos na "ampliação", verificamos que, para eles emergirem em fase, a distância suplementar a ser percorrida pelo raio 2 deve corresponder a um número inteiro de comprimento de onda. No diagrama, como esta distância suplementar é $2l$, podemos escrever

$$n\lambda = 2l$$

onde n é um número inteiro positivo. Usando um pouco de trigonometria, verificamos que

$$l = d \text{ sen } \theta''$$

Da figura, pode-se observar que $\theta'' = \theta$. Substituindo, temos a equação de Bragg:

$$n\lambda = 2d \text{ sen } \theta$$

A equação de Bragg nos diz que, para qualquer distância d, a difração pode se dar em diversos ângulos, cada um correspondendo a um valor diferente de n. O raio que corresponde a $n = 1$ é chamado *raio difratado de primeira ordem*, e é aquele no qual o ângulo de difração é o menor.

Exemplo 9.1 Numa experiência de difração foram utilizados raios x de comprimento de onda de 0,154 nm sobre um cristal de NaCl. Uma difração de primeira ordem teve lugar no ângulo θ de 22,77°. Qual a distância entre as camadas de átomos responsáveis por esse raio?

Solução: Com uma calculadora de bolso achamos sen 22,77° = 0,3870. Então, resolvendo a equação de Bragg para *d*, obtemos:

$$d = \frac{n\lambda}{2 \text{ sen } \theta}$$

$$= \frac{1(0{,}154 \text{ nm})}{2(0{,}3870)} = 0{,}199 \text{ nm}$$

Problema Paralelo: Raios x de comprimento de onda λ = 0,0576 nm produzem um ângulo de difração de primeira ordem igual a 9,40° sobre um cristal de cobre. Qual a distância entre as camadas de átomos de cobre responsáveis por essa difração? **Resposta:** 0,176 nm.

APLICAÇÕES DA DIFRAÇÃO DE RAIO X

Hoje em dia existem diversas modificações do método de Laue que são muito usadas. Cada uma destas modificações fornece dados que podem ser utilizados para determinar a orientação dos planos de átomos num cristal e, a partir disto, a própria estrutura tridimensional do cristal. Hoje em dia, utilizam-se computadores para resolver cálculos complicados.

Em uma das aplicações da difração de raio x, o *método do diagrama de pó*, a substância a ser investigada é usada na forma de um pó finamente dividido no lugar do cristal. Neste método, os raios x difratados produzem arcos de círculos sobre um filme fotográfico. Cada substância produz um diagrama característico de arcos, que serve como "impressão digital" para identificar o composto por comparação com diagramas de pó de substâncias conhecidas.

9.3 O RETÍCULO CRISTALINO

Um sólido é caracterizado pelo arranjo ordenado tridimensional de seus átomos, o **retículo cristalino**. Isto é melhor descrito em termos de um *retículo espacial*, que é um *arranjo geometricamente regular de pontos no espaço*. Um exemplo de um retículo espacial é mostrado à esquerda da Figura 9.6. (As linhas foram traçadas para facilitar a visualização das relações espaciais entre pontos.) À direita da ilustração, foram colocados átomos de ferro centralizados nos pontos do retículo. O resultado, um arranjo de átomos de ferro centrados nos pontos do retículo espacial, é uma fração do retículo cristalino do ferro. Um retículo cristalino pode ser imaginado como sendo um retículo espacial cujos pontos são ocupados por átomos, íons, moléculas ou grupos destes. O arranjo das partículas, num retículo cristalino, repete-se periodicamente em três dimensões, até os limites físicos de cada cristal. Alguns sólidos verdadeiros que não parecem cristalinos a olho nu são formados por cristais microscópicos, empacotados numa matriz compacta.

A CELA UNITÁRIA

Para simplificar o trabalho de descrição de um retículo cristalino, é fundamental especificar a **cela unitária**, uma pequena fração do retículo que pode ser usada para gerar ou construir o retículo inteiro, movendo-a de acordo com certas regras. Antes, porém de estudarmos a maneira como isto é feito, vamos primeiro enfatizar um análogo bidimensional: a rede.

Uma *rede* é um arranjo regular, repetitivo, de pontos num *plano* (ver Figura 9.7). Uma cela unitária para uma rede deve conter no mínimo quatro pontos, mas pode ser escolhida das mais diversas maneiras. Uma escolha óbvia seria o quadrado, mostrado no canto esquerdo superior da Figura 9.7. Esta cela pode ser utilizada para gerar a rede inteira quando é movida no plano repetidamente a uma distância igual ao comprimento de uma das suas arestas e numa direção paralela a esta aresta. A figura indica oito destes movimentos, que produzem um total de 14 pontos adicionais a partir dos quatro da cela unitária original.

Outras maneiras de se escolher uma cela unitária para a rede da Figura 9.7 são mostradas na Figura 9.8. Geralmente a cela unitária escolhida para uma rede é um *paralelograma*. Na figura, as celas unitárias *a*, *b* e *c* são ditas *primitivas*, porque possuem pontos apenas no seus vértices. As células unitárias *d* e *e* contêm pontos adicionais, por isso, são *não-primitivas*. A cela *f* é idêntica à *a* em tamanho, forma e orientação, portanto, *a* e *f* são equivalentes.

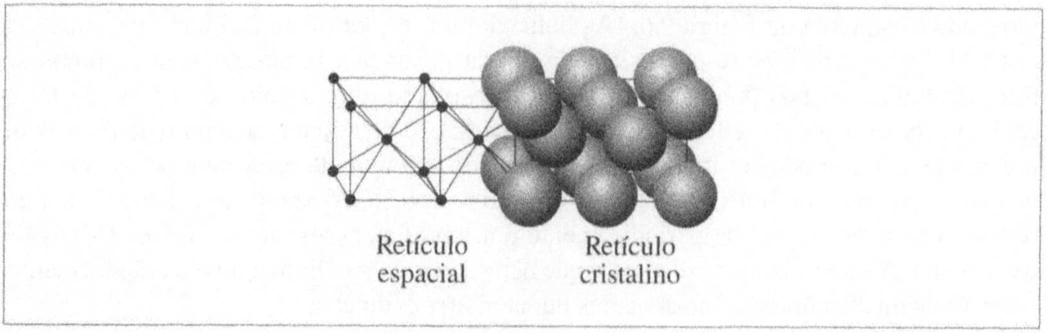

Figura 9.6 Retículo espacial e retículo cristalino.

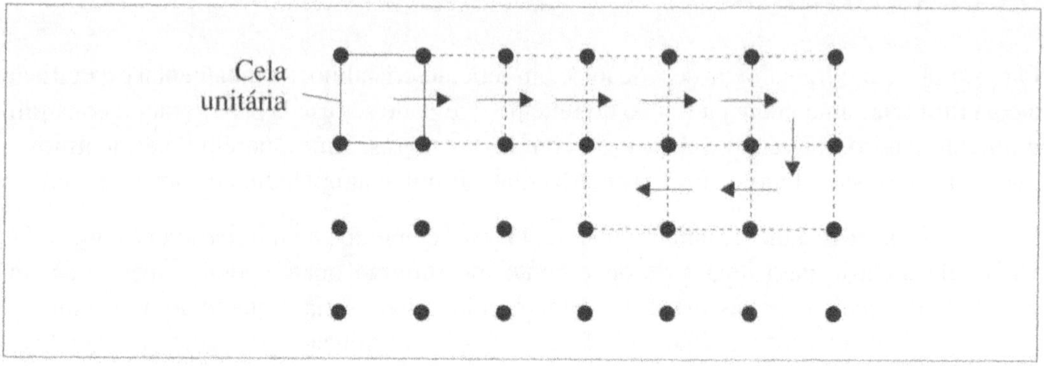

Figura 9.7 Uma rede: pontos em um plano num arranjo regular e repetitivo. A cela unitária quadrada pode ser usada para gerar a rede inteira, como mostrado.

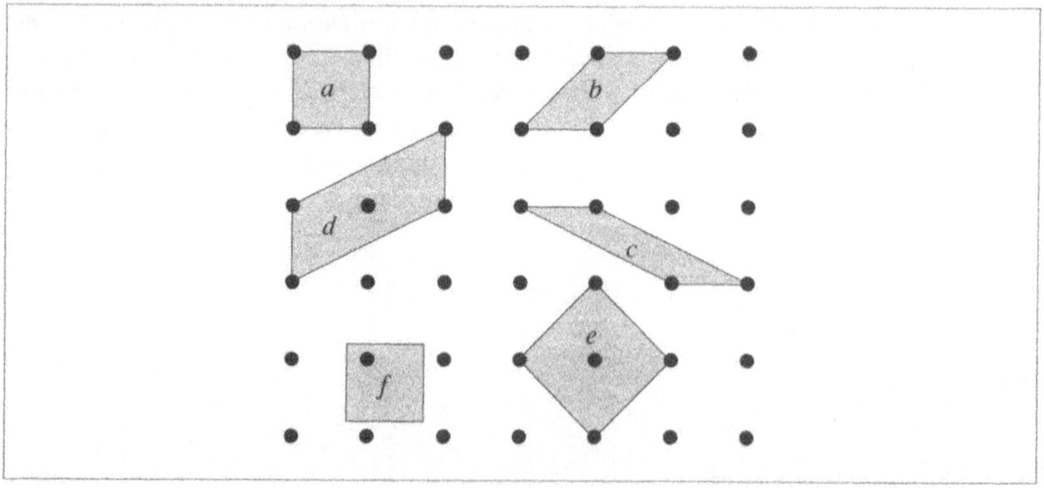

Figura 9.8 Maneiras diferentes de escolher uma cela unitária para uma rede.

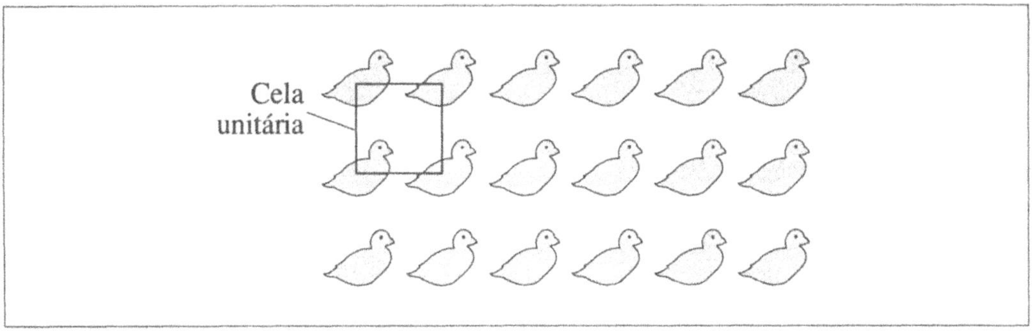

Figura 9.9 Um pedaço de papel de parede.

Se agora colocarmos um objeto em cada ponto da rede (Figura 9.9), o resultado (um pedaço de papel de parede, talvez) é um retículo cristalino em duas dimensões. Note que ele pode ser descrito completamente especificando sua cela unitária: um quadrado com um pato em cada vértice.

Agora, vamos considerar uma estrutura em três dimensões. A cela unitária geralmente escolhida para um retículo espacial é a figura sólida conhecida como *paralelepípedo*, que possui seis lados, cada um dos quais é um paralelograma. A Figura 9.10 mostra parte de uma retículo cúbico simples e uma cela unitária, a que geralmente é escolhida para este retículo. Esta cela unitária é primitiva porque apresenta pontos apenas nos seus vértices e é chamada cela unitária *cúbica simples*.

São possíveis dois outros retículos cristalinos espaciais, mas, para cada um destes, a cela unitária escolhida é não-primitiva. As celas unitárias dos três retículos espaciais cúbicos são mostradas na parte inferior da Figura 9.11, e na parte superior são mostrados os três retículos cristalinos das celas unitárias correspondentes, onde cada átomo ocupa os pontos do retículo espacial. A célula unitária *cúbica de corpo centrado* tem, além dos oito pontos dos vértices, um ponto no centro do cubo. A cela unitária *cúbica de face centrada* possui um ponto no centro de cada uma das seis faces, além, naturalmente, dos pontos dos vértices.

Vimos que existem várias maneiras de se escolher uma cela unitária para uma rede (Figura 9.8); o mesmo é verdadeiro para um retículo espacial. A Figura 9.12 mostra a cela unitária cúbica de face centrada convencional. Também é mostrada uma cela unitária alternativa (um *romboedro*), que é baseada no mesmo conjunto de pontos reticulares, porém é uma cela primitiva. Para um dado retículo espacial geralmente é escolhida a cela unitária que apresenta maior simetria, ou seja, aquela que possui o maior número de arestas perpendiculares. Portanto, a cela unitária cúbica de face centrada é geralmente preferida à cela unitária romboédrica mostrada na Figura 9.12.

Em 1848, o físico francês A. Bravais demonstrou que existem apenas 14 maneiras fundamentalmente diferentes de dispor, de forma regular, os pontos no espaço. Estes 14 retículos espaciais, chamados *retículos de Bravais*, são classificados em seis grupos, que correspondem aos seis sistemas cristalinos. Uma cela primitiva representando cada um dos seis grupos encontra-se na Figura 9.14.

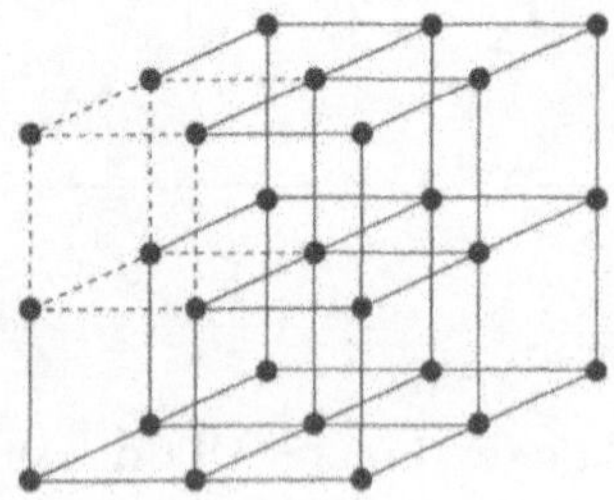

Figura 9.10 Uma parte de um retículo espacial cúbico e sua cela unitária.

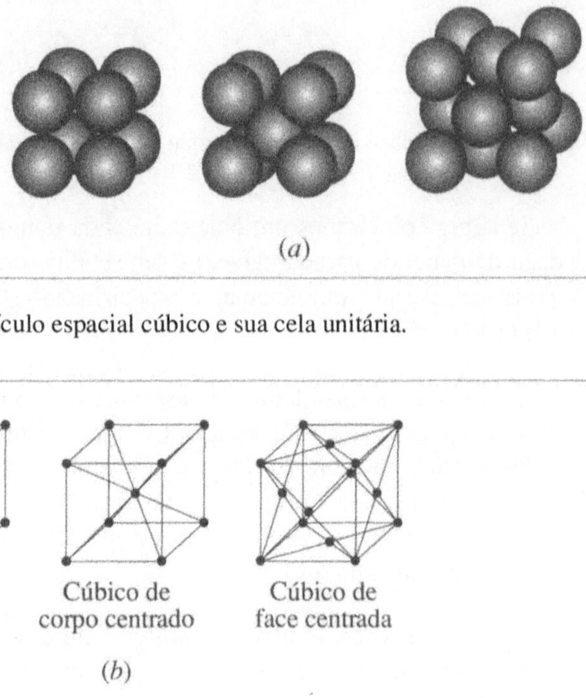

Figura 9.11 As três celas unitárias cúbicas. (*a*) Modelos espaciais. (*b*) Modelo de bola e vareta.

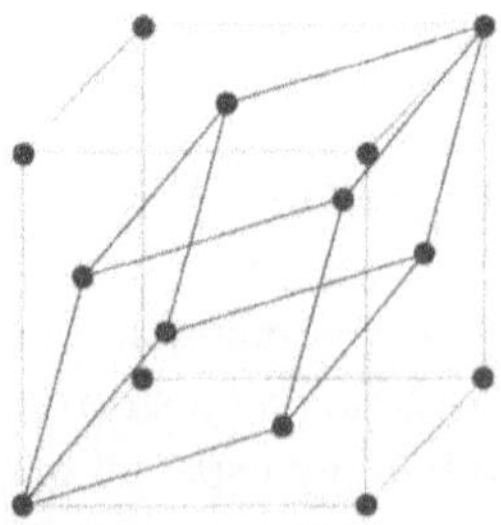

Figura 9.12 Retículo cúbico de face centrada: duas celas unitárias possíveis.

ALGUNS RETÍCULOS CRISTALINOS REPRESENTATIVOS

Um retículo cristalino é um retículo espacial, no qual cada ponto é ocupado pelo mesmo tipo de átomo, molécula, íon ou grupo destes.

O Argônio. A unidade mais simples que pode ocupar um ponto reticular é um átomo. O argônio, um dos gases nobres, solidifica-se a −189°C (à pressão de 1 atm). Como um sólido, exibe uma estrutura cúbica de face centrada, na qual cada ponto no retículo espacial é ocupado por um único átomo de Ar. (Ver Figura 9.14*a*.)

O Etileno. O etileno sólido, C_2H_4, é um exemplo de um retículo cristalino no qual cada ponto é ocupado por uma molécula. O retículo cristalino nesta substância é *ortorrômbico de corpo centrado*. A cela unitária está colocada na Figura 9.15 e pode ser considerada como sendo um cubo de corpo centrado que foi distorcido (os comprimentos das três arestas perpendiculares não são mais iguais) para acomodar a molécula não-esférica de C_2H_4.

O Cloreto de Sódio. Em sólido iônicos, um grupo de íons é associado com cada ponto do retículo. A Figura 9.16*a* mostra um modelo de bola e vareta da cela unitária do NaCl como é em geral representado. É um cubo de face centrada com íons Cl^- em cada vértices do cubo e no centro das faces e íons Na^+ entre os íons Cl^-. (Também é correto usar uma cela unitária equivalente na qual as posições dos cátions e dos ânions são invertidas.) Na realidade, cada ponto reticular é associado com um Na^+ e um Cl^-. (Ver Figura 9.16*b*; cada íon Na^+ se encontra à direita do Cl^- a uma distância de meio comprimento de aresta da cela unitária.) Isto é consistente com a fórmula NaCl. (Cloreto de sódio pode ser descrito como sendo formado por dois retículos cúbicos de face centrada, idênticos, um de íons sódio e o outro de íons cloreto, que se interpenetram.)

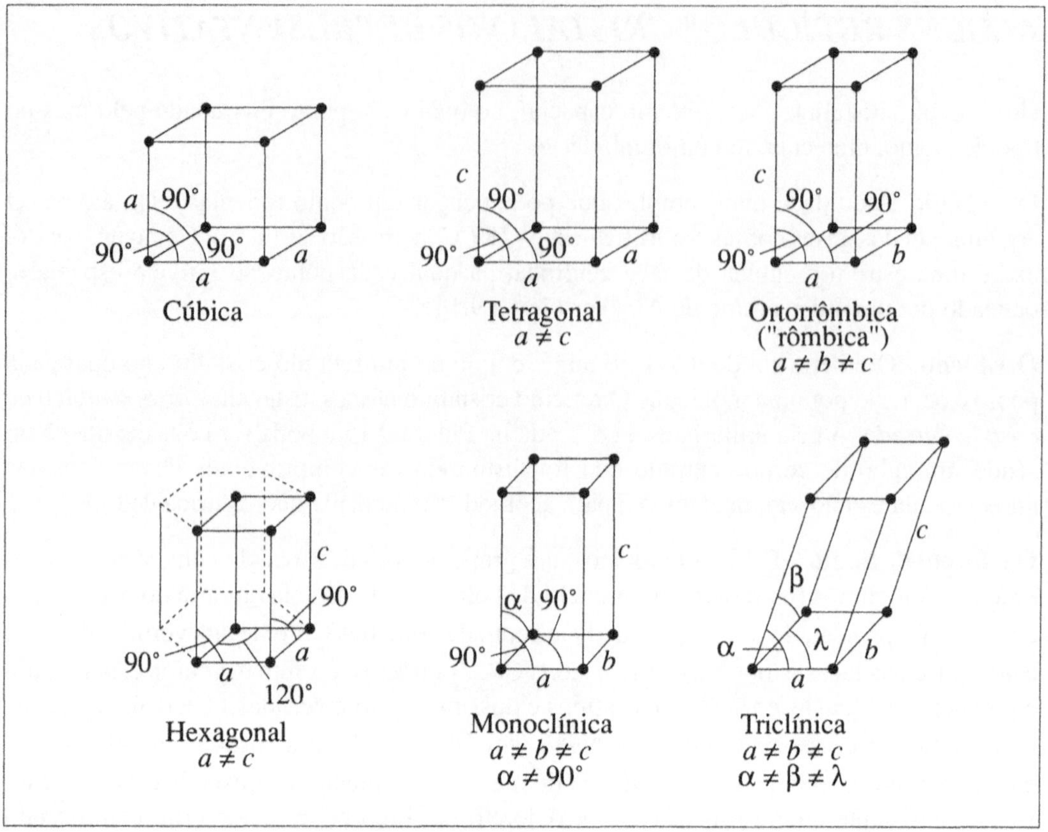

Figura 9.13 Seis células primitivas diferentes.

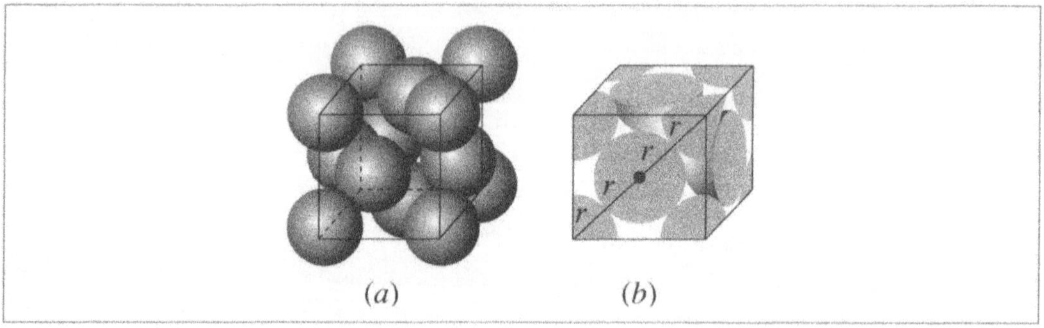

Figura 9.14 Argônio sólido: uma estrutura cúbica de face centrada. (*a*) Modelo espacial. (*b*) Modelo mostrando frações de átomos numa cela unitária cúbica.

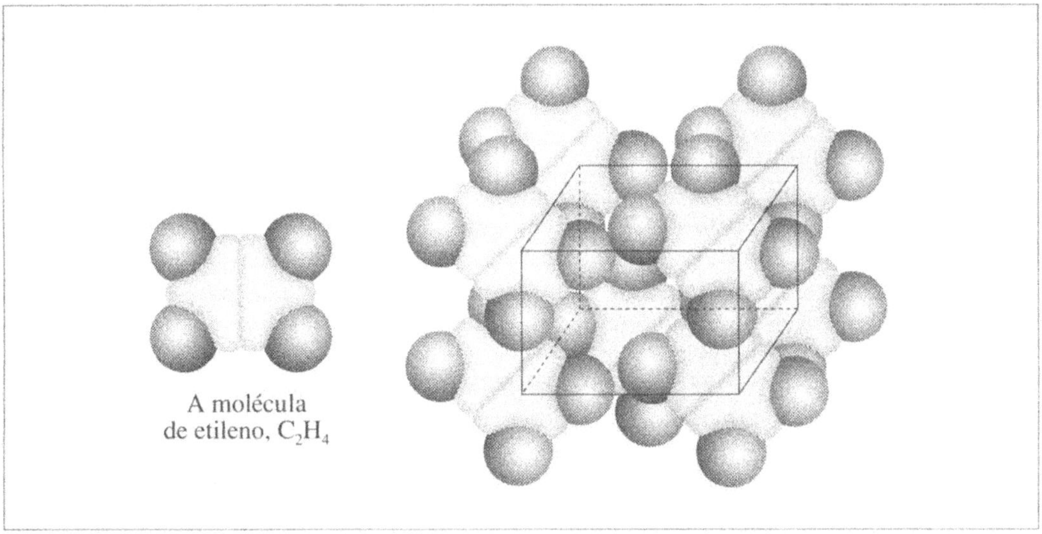

Figura 9.15 Etileno sólido: uma estrutura ortorrômbica de corpo centrado.

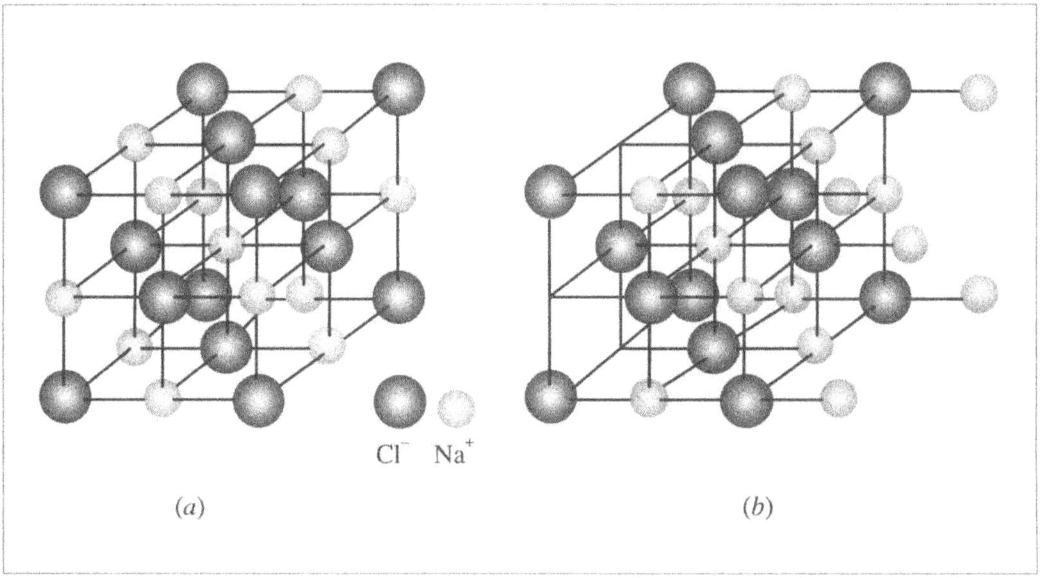

Figura 9.16 Cela unitária de NaCl. (*a*) Modelo de bola e vareta. (*b*) Modelo de "par iônico".

9.4 EMPACOTAMENTO DENSO

Alguns elementos, tais como o argônio, solidificam-se formando retículos cristalinos nos quais os átomos individuais ocupam os pontos reticulares. O arranjo dos átomos, em muitos desses retículos, é o **empacotamento denso**, que significa que a *eficiência de empacotamento* é a máxima possível. A eficiência de empacotamento mede a capacidade com que as esferas preenchem o espaço quando estão aglomeradas numa dada estrutura. É definida como a porcentagem de um dado volume ocupado por esferas.

Exemplo 9.2 O argônio cristaliza na estrutura mostrada na Figura 9.14. Calcule a eficiência de empacotamento no argônio sólido.

Solução: Primeiramente determinamos o volume ocupado por átomos esféricos dentro de uma cela unitária. Cada cela unitária consiste em oito átomos em cada vértice e seis átomos no centro de cada face. Entretanto, cada vértice serve também para outras sete celas unitárias. (Imagine oito celas unitárias justapostas, formando um único grande cubo. No centro deste há um ponto que serve de vértice para cada um dos oito cubinhos.) Todo átomo em cada vértice do retículo é compartilhado por oito celas unitárias. Portanto, apenas 1/8 de cada átomo no vértice "pertence" a uma dada cela unitária. Em contraste, cada um dos seis átomos no centro das faces é compartilhado por duas celas unitárias adjacentes, e apenas 1/2 de cada um "pertence" à cela unitária. (Cada face da cela unitária é também a face da cela unitária adjacente.) A Figura 9.14*b* mostra a cela unitária do argônio após as partes de todos os átomos fora da cela unitária terem sido removidas.

Como existem oito átomos nos vértices e seis átomos no centro das faces de cada cela unitária, o número total de átomos realmente *dentro* da mesma é

$$8 \times \frac{1}{8} = 1 \text{ átomo no vértice}$$
$$6 \times \frac{1}{2} = 3 \text{ átomos nos vértices nos centros das faces}$$
$$\overline{\quad 4 \text{ átomos, total}}$$

Verificamos que no argônio sólido, ou em qualquer estrutura cúbica de face centrada, estão presentes quatro átomos por cela unitária.

Como o volume de uma esfera é dado pela fórmula $V = 4/3\, \pi r^3$, o volume ocupado pelo equivalente de quatro átomos esféricos de argônio de raio r é

$$V_{\text{esferas}} = 4 \times \frac{4}{3} \pi r^3 = \frac{16}{3} \pi r^3$$

O passo seguinte será achar o volume da cela unitária inteira, expresso em termos de r. A partir da Figura 9.14*b*, pode-se verificar que a diagonal de uma face da cela unitária é $4r$. Disto deduzimos o comprimento da aresta e, utilizando o teorema de Pitágoras (em um triângulo retângulo o quadrado da hipotenusa é igual à soma dos quadrados dos outros dois lados.)

$$(4r)^2 = e^2 + e^2$$

Resolvendo para e, obtemos

$$\begin{aligned} 2e^2 &= 16r^2 \\ e^2 &= 8r^2 \\ e &= 2r\sqrt{2} \end{aligned}$$

e o volume V_{cela} da cela unitária inteira é

$$\begin{aligned} V_{\text{cela}} &= e^3 \\ &= (2r\sqrt{2})^3 = 16r^3\sqrt{2} \end{aligned}$$

A fração da cela unitária ocupada por átomos de argônio é

$$\frac{V_{\text{esferas}}}{V_{\text{cela}}} = \frac{\frac{16}{3}\pi r^3}{16r^3\sqrt{2}} = \frac{\pi}{3\sqrt{2}} = 0{,}740$$

$$\text{Eficiência de empacotamento} = 0{,}740 \times 100 = 74{,}0\%$$

Problema Paralelo: Qual a eficiência de empacotamento das esferas em um arranjo cúbico simples? **Resposta:** 52,4%

O EMPACOTAMENTO DENSO DE ESFERAS IDÊNTICAS

Quando esferas rígidas e idênticas são aglomeradas numa única camada bidimensional, diversos arranjos regulares tornam-se possíveis. Dois deles são o empacotamento quadrado (Figura 9.17*a*) e o empacotamento hexagonal (Figura 9.17*b*).

É possível ver pelos diagramas da Figura 9.17 que no empacotamento hexagonal as esferas se ajustam mais compactamente do que no empacotamento quadrado. De fato, dentro de uma camada, o empacotamento hexagonal é o mais compacto possível e, por isso, é chamado *empacotamento denso*, ou o *mais denso*. Repare que cada esfera nesta camada é rodeada por seis esferas vizinhas.

Em três dimensões, é possível aglomerar esferas idênticas de diversas maneiras, todas elas sendo combinações das duas estruturas básicas. Em cada uma, a eficiência de empacotamento é a máxima possível e o número de esferas vizinhas que rodeiam uma dada esfera é 12.

Para conseguir visualizar a natureza do empacotamento denso em três dimensões, comece considerando um empacotamento denso em duas dimensões, como é visto na Figura 9.18*a*, e de uma perspectiva oblíqua na Figura 9.18*b*. Denomine este empacotamento de camada *A*. Em seguida, adicione camadas sucessivas por cima da camada *A*, para resultar numa coleção de esferas densamente empacotadas em três dimensões.

Observe que na superfície superior da camada *A* aparece um arranjo regular de pequenas depressões localizadas na região onde três esferas se tocam. Tais depressões podem ser divididas em dois conjuntos, chamados *B* e C, respectivamente, na Figura 9.18. Na realidade não há diferença entre as depressões *B* e *C*, exceto que, uma vez colocada uma esfera numa depressão *B*, nenhuma das depressões *C* adjacentes estão disponíveis para serem ocupadas. (Isto é verdade, uma vez que as três depressões *C* estão muito próximas da depressão central *B*.) Como resultado, quando uma segunda camada de empacotamento denso é empilhada em cima da primeira, todas as esferas devem se acomodar em uma mesma espécie de depressão, seja *B* ou *C*. Colocando as esferas de uma segunda camada nas depressões *B*, construímos a estrutura de duas camadas, mostrada na Figura 9.19. Esta segunda camada chamaremos camada *B*.

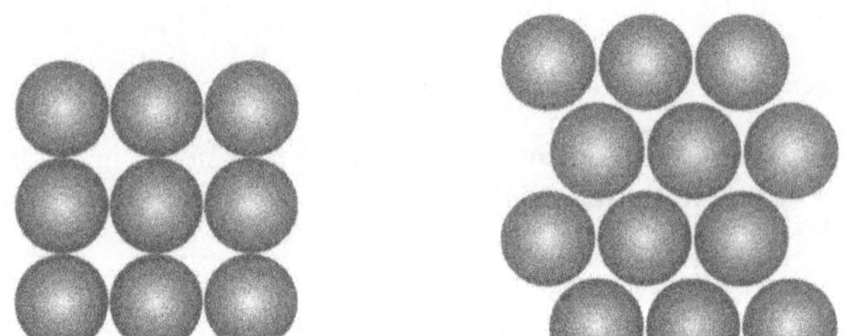

Figuras 9.17 Empacotamento de esferas em duas dimensões. (*a*) Empacotamento quadrado. (*b*) Empacotamento (denso) hexagonal.

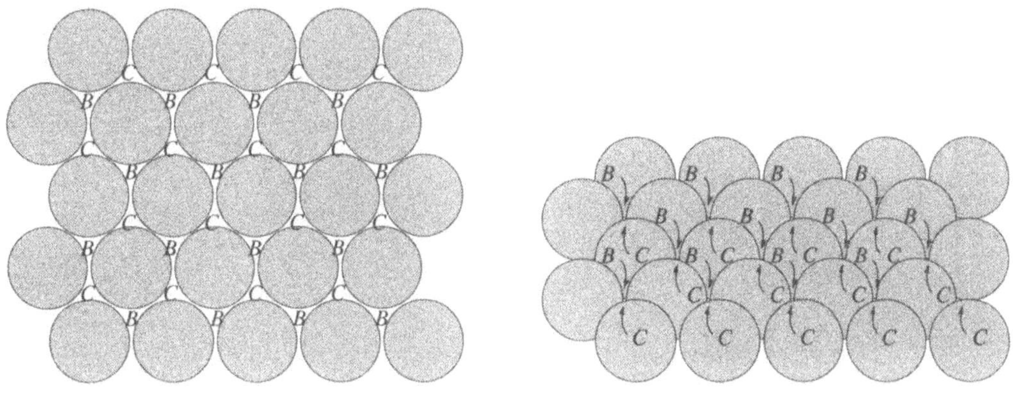

(*a*) (*b*)

Figura 9.18 Esferas com arranjos de empacotamento denso: duas camadas, seqüência (*AB*). (*a*) Vista de cima. (*b*) Vista oblíqua.

Agora vamos adicionar uma terceira camada. Para isto temos duas escolhas: cada esfera pode ser colocada diretamente sobre as esferas da primeira camada, isto é, nas posições *A*, ou acima das depressões *C* da primeira camada. Se colocamos as esferas da terceira camada nas posições *A*, o resultado é uma seqüência de camadas *ABA* (Figura 9.20). Esta seqüência pode ser repetida colocando uma quarta camada exatamente acima da segunda e uma quinta acima da terceira etc. A seqüência repetitiva *ABABAB* ... é chamada **empacotamento hexagonal denso** (ehd).

Se, por outro lado, colocarmos as esferas da terceira camada nas depressões *C* (Figura 9.21), o resultado é uma seqüência *ABC*, porque as esferas da terceira camada não estão centradas sobre as esferas nem da primeira nem da segunda camada. A seqüência obtida é *ABCABCABC*..., denominada **empacotamento cúbico denso** (ecd).

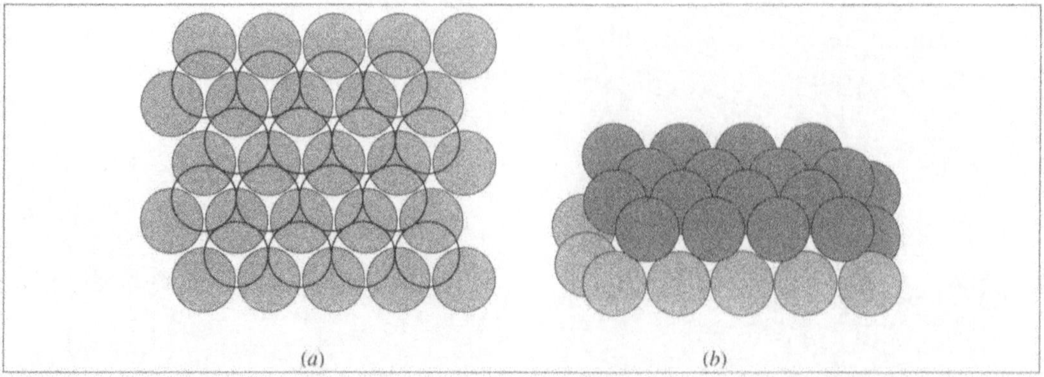

Figura 9.19 Esferas com arranjos de empacotamento denso: duas camadas, seqüência (*AB*). (*a*) Vista de cima. (*b*) Vista oblíqua.

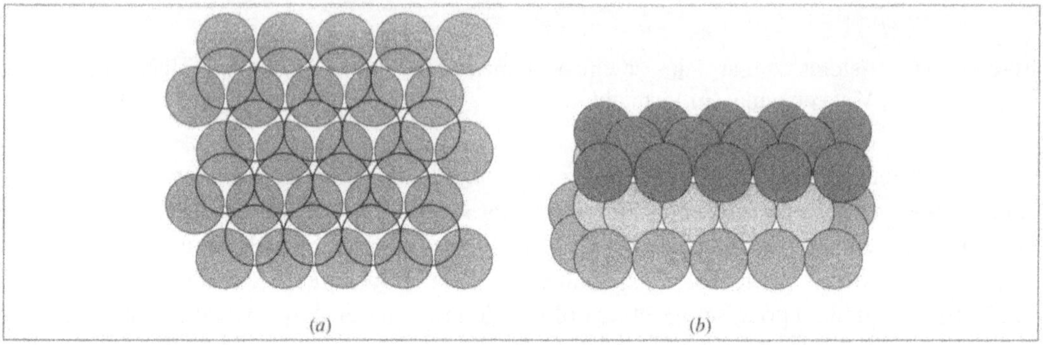

Figura 9.20 Esferas com arranjos de empacotamento denso: três camadas, seqüência hexagonal de empacotamento denso (*ABA*). (*a*) Vista de cima. (*b*) Vista oblíqua.

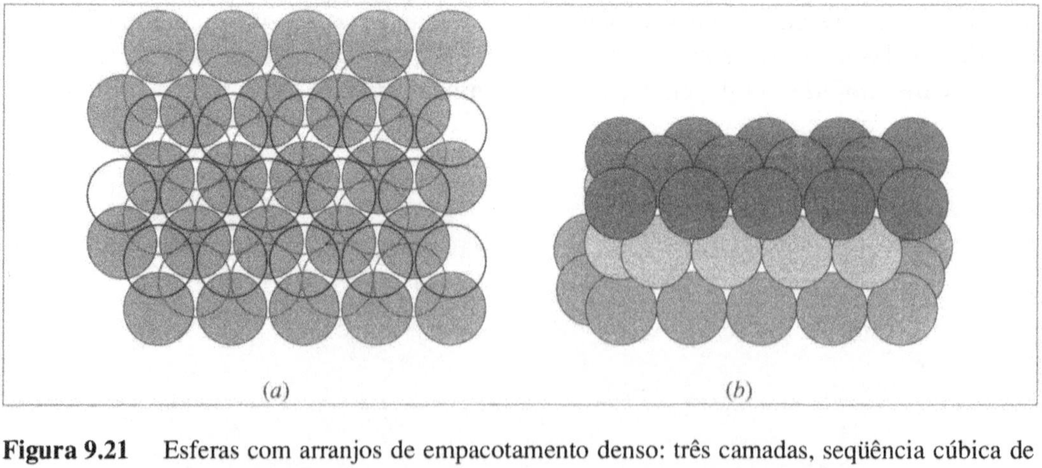

Figura 9.21 Esferas com arranjos de empacotamento denso: três camadas, seqüência cúbica de empacotamento denso (*ABC*). (a) Vista de cima. (b) Vista oblíqua.

Quais os aspectos das celas unitárias de estruturas ehd e ecd? A Figura 9.22*a* apresenta uma pequena parte das três camadas (*ABA*) de um retículo ehd. A cela unitária escolhida é a terça parte de um prisma hexagonal, reproduzida na extremidade direita. A Figura 9.22*b* ilustra uma pequena parte de um retículo ecd. O modelo espacial, colocado à esquerda, mostra frações de quatro camadas (*ABCA*) na estrutura. O modelo de bola e vareta, à direita, mostra claramente que esta estrutura é *cúbica de face centrada* (cfc). *Empacotamento cúbico denso* e *cúbico de face centrada* são nomes diferentes para a mesma estrutura.

CRISTAIS COM ESTRUTURAS DE EMPACOTAMENTO DENSO

Todos os gases nobres cristalizam em estruturas com empacotamento denso, o hélio na estrutura ehd e o resto na ecd. Em todas estas estruturas, os pontos do retículo são ocupados por átomos que se atraem por meio de forças fracas, não-direcionais. Muitos metais também cristalizam em estruturas de empacotamento denso nas quais cada átomo (na verdade, íon; ver Seção 9.5) ocupa os pontos do retículo. Os metais Cd, Co, Mg, Ti e Zn apresentam estruturas ehd. Ag, Al, Ca, Cu, Ni e Pt apresentam estruturas ecd. Alguns metais apresentam estruturas de empacotamento denso que não são nem ehd nem ecd. Neodímio, por exemplo, cristaliza numa estrutura em que as camadas são arranjadas na seqüência *ABACABAC*... chamada *empacotamento hexagonal denso duplo*. [Alguns metais cristalizam em retículos que não são de empacotamento denso: Ba, Cr, Fe, K, Na e W. Isto é uma prova de que estes átomos não podem ser tratados como esferas rígidas; forças interatômicas direcionais estão presentes (ligações covalentes) e são suficientemente fortes, impedindo que estes metais se cristalizem em estruturas de empacotamento denso.]

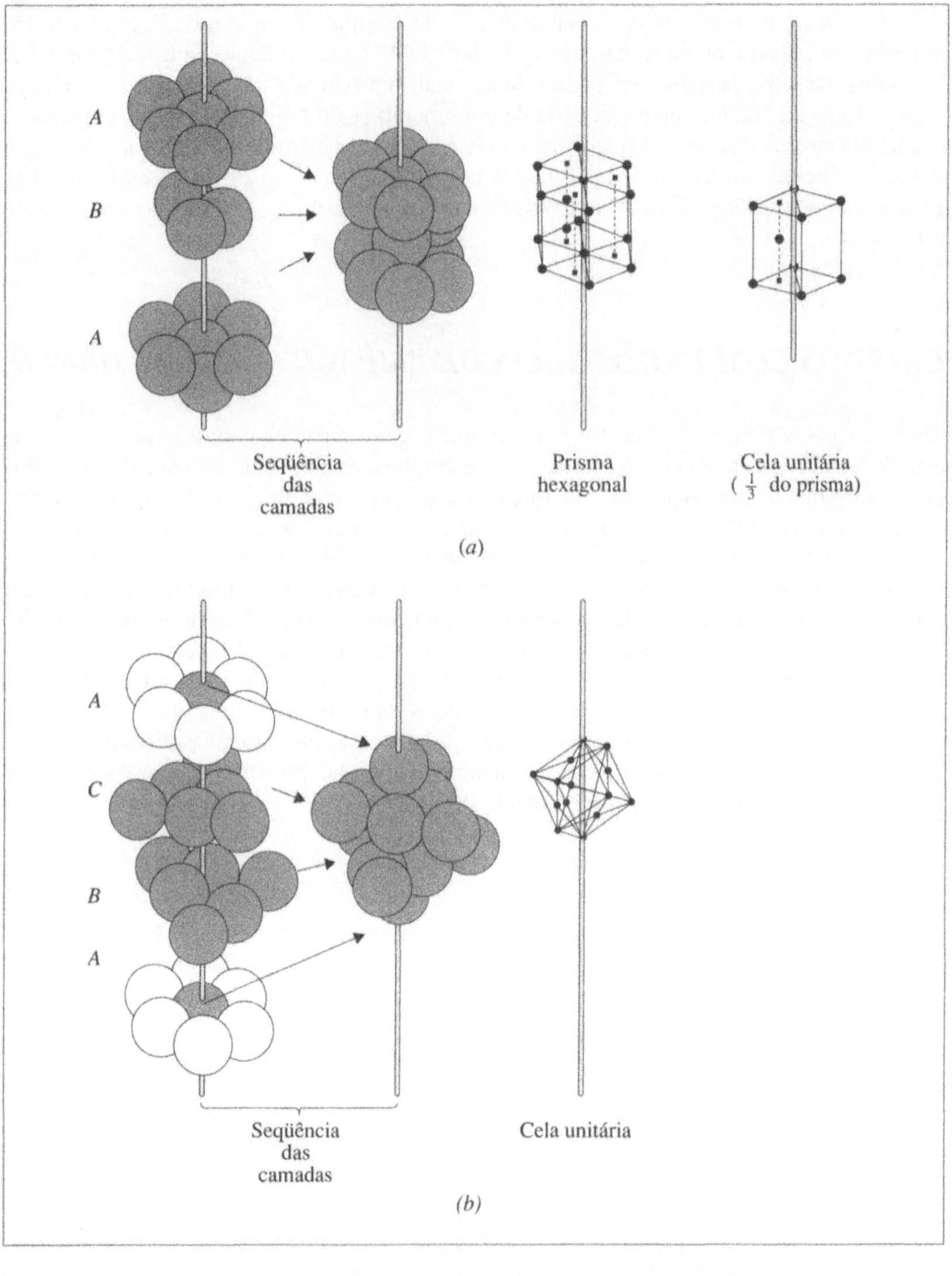

Figura 9.22 Celas unitárias de empacotamento denso: (*a*) ehd. (*b*) ecd (cfc).

Algumas substâncias moleculares também cristalizam em estruturas de empacotamento denso. Isto ocorre quando a molécula é aproximadamente esférica, ou se ela gira rapidamente e ao acaso ao redor de seu ponto reticular, tornando-se assim efetivamente esférica. Tais substâncias incluem CH_4, HCl, H_2S (todas ecd) e H_2 (ehd). Geralmente, tais substâncias exibem uma estrutura de empacotamento denso acima de uma certa temperatura. Quando resfriada abaixo de 22 K, a estrutura do CH_4, por exemplo, transforma-se numa outra que não é de empacotamento denso, pois as moléculas param de girar e ficam presas em suas posições. (Mesmo próximo ao zero absoluto, as moléculas de H_2 continuam girando e o hidrogênio sólido é, conseqüentemente, ehd em todas as temperaturas medidas.)

VAZIOS TETRAÉDRICOS E OCTAÉDRICOS

Em qualquer estrutura de empacotamento denso existem espaços não ocupados, ou vazios, entre as esferas. Os mais importantes são os chamados *vazios tetraédricos* e *octaédricos* mostrados na Figura 9.23. Um **vazio tetraédrico** é formado quando uma esfera se instala numa depressão formada por três esferas da camada adjacente. O termo *tetraédrico* é usado porque os centros das quatro esferas adjacentes ao vazio estão localizados nos vértices de um tetraedro. Em qualquer estrutura de empacotamento denso, cada esfera forma dois vazios tetraédricos, um com três átomos da camada inferior e o outro com três da camada superior. Conseqüentemente, *existe o dobro de vazios tetraédricos do que de esferas numa estrutura de empacotamento denso qualquer.*

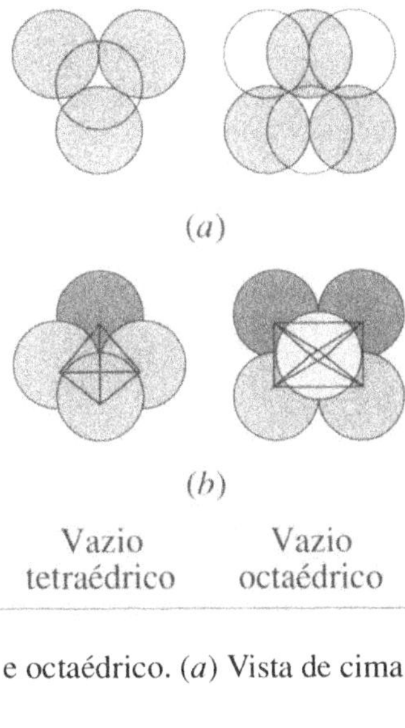

Figura 9.23 Vazios tetraédrico e octaédrico. (*a*) Vista de cima. (*b*) Vista oblíqua.

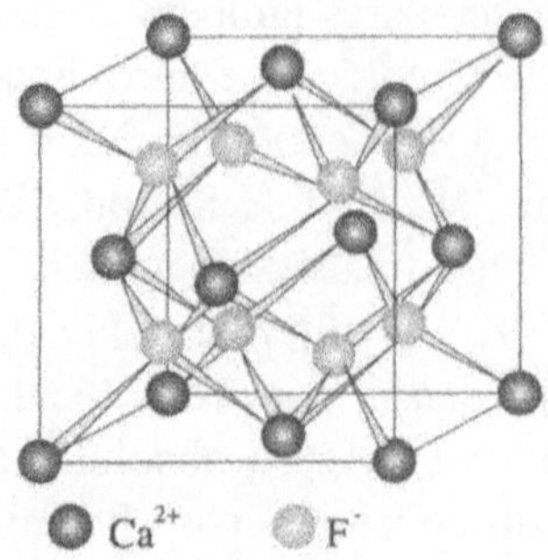

Figura 9.24 A estrutura da fluorita.

Um **vazio octaédrico** é maior do que um vazio tetraédrico e pode ser imaginado como sendo uma "dupla depressão", resultante da combinação de uma depressão formada por três esferas em uma camada, com outra formada por três esferas de uma camada adjacente. O termo *octaédrico* é usado porque os centros da seis esferas que circundam o vazio estão localizados nos vértices de um octaedro. (Ver Figura 9.23.) Em qualquer estrutura de empacotamento denso, cada esfera possui seis vazios octaédricos adjacentes. Como são necessárias seis esferas (três em cada camada adjacente) para formar um vazio octaédrico, o *número de vazios octaédricos é igual ao número de esferas.*

Comentários Adicionais

Sem usar modelos, a visualização dos vazios tetraédricos e octaédricos é difícil. Portanto, arranje algumas esferas idênticas, tais como bolas de isopor ou bolas de golfe, e use-as para montar as estruturas citadas anteriormente. É muito mais fácil entender estas estruturas construindo-as do que quando se lê a respeito.

ESTRUTURAS CRISTALINAS BASEADAS NO EMPACOTAMENTO DENSO

Muitos compostos essencialmente iônicos cristalizam-se em estruturas que podem ser descritas como arranjos de empacotamento denso de uma espécie de íon, geralmente a maior e com íons de carga oposta ocupando os vazios. Por exemplo, a estrutura do NaCl e de muitos outros sais, chamada estrutura de salgema, pode ser descrita como um retículo ecd dos íons Cl^- maiores com os íons menores Na^+ ocupando os vazios octaédricos.

A estrutura do *arseneto de níquel*, denominada com base no composto NiAs, está intimamente relacionada com a estrutura do salgema, embora seja menos comum. Esta estrutura é baseada num retículo ehd de íons maiores com os íons menores ocupando todos os vazios tetraédricos.

A *estrutura da fluorita* é chamada, segundo o nome mineralógico, de fluoreto de cálcio, CaF_2. É um retículo ecd de íons positivos com íons negativos ocupando todos os vazios tetraédricos (Figura 9.24).

Quando os cátions e os ânions estão em posições invertidas em relação à estrutura da fluorita, temos a *estrutura da antifluorita*. No retículo cristalino do óxido de lítio, por exemplo, os íons Li^+ preenchem todos os vazios tetraédricos de um retículo ecd de íons O^{2-}.

Em algumas estruturas, nem todos os vazios de um determinado tipo são ocupados. Na estrutura da *blenda de zinco*, ou *esfalerita*, os íons positivos preenchem apenas metade dos vazios tetraédricos de um arranjo ecd de ânions (ver Figura 9.25). (Blenda de zinco e esfalerita são nomes mineralógicos para uma forma de sulfeto de zinco, ZnS.)

Comentários Adicionais

Imaginar que as estruturas citadas sejam arranjos de íons esféricos e rígidos num empacotamento denso, tendo íons de carga oposta em algum tipo de vazio, é simplificar demais a situação. Íons não são esferas rígidas e, como as ligações em que participam possuem um considerável caráter covalente, o composto formado adota uma estrutura particular em função do caráter direcional destas ligações. Entretanto, o conceito de empacotamento denso é útil, pois ajuda-nos a visualizar muitas estruturas cristalinas.

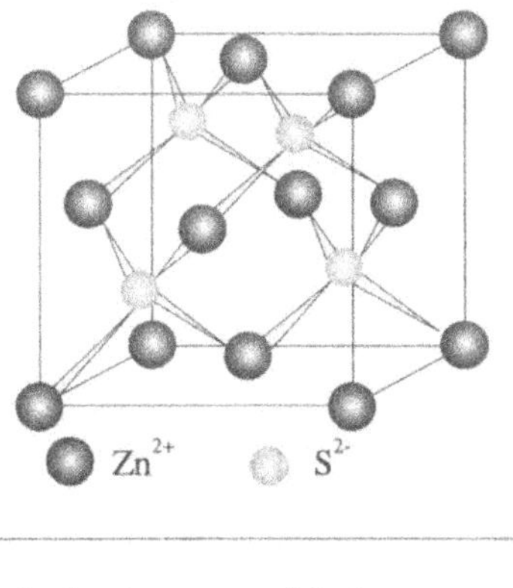

Figura 9.25 A estrutura de blenda de zinco ou esfalerita.

9.5 LIGAÇÕES E PROPRIEDADES DOS SÓLIDOS

As propriedades de um sólido dependem, em parte, da geometria do retículo cristalino. Também dependem da natureza das unidades (átomos, íons, moléculas) nos pontos reticulares e das forças que mantêm unidas estas unidades. Vistos por esta perspectiva, os sólidos podem ser classificados em quatro tipos: *iônico*, *molecular*, *covalente* e *metálico*.

SÓLIDOS IÔNICOS

Num **sólido iônico** os cátions e ânions ocupam os pontos do espaço reticular. Como uma ligação iônica é forte, é difícil distorcer o retículo; os sólidos iônicos são tipicamente duros, porém quebradiços. Por exemplo, um cristal de NaCl é muito resistente à quebra ou ao esmagamento, porém, ao quebrar, estilhaça-se rapidamente em vez de sofrer distorção ou esfarelar aos poucos. A Figura 9.26 representa uma força que, aplicada a um cristal iônico, desloca uma camada de íons em relação à seguinte. As diversas ligações iônicas fortes dificultam este movimento e os íons de cargas opostas começam a se aproximar uns dos outros. Então as forças repulsivas substituem as forças atrativas e o resultado é uma separação entre as duas camadas. Este ponto é atingido inesperadamente e o cristal racha de repente ao longo do plano em questão. (Este fenômeno é chamado de *clivagem* e é particularmente comum entre cristais iônicos.)

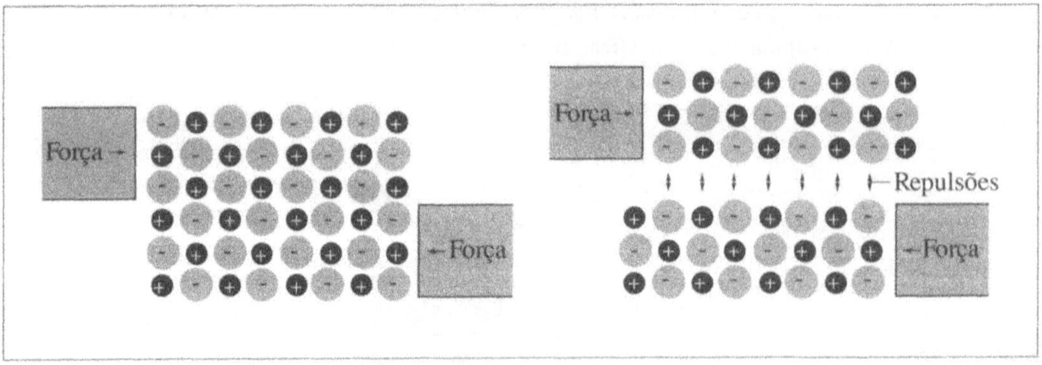

Figura 9.26 Fragilidade nos sólidos iônicos.

Os sólidos iônicos geralmente possuem pontos de fusão altos. Quando o calor é adicionado a um sólido, suas partículas ganham energia cinética e, portanto, vibram com intensidade cada vez maior nas suas posições médias do retículo cristalino. Eventualmente, as vibrações tornam-se tão violentas que as forças que atuam entre as partículas não são mais tão fortes para mantê-las unidas e o retículo cristalino começa a desintegrar (o sólido funde). Como as ligações iônicas são fortes, isto geralmente ocorre em alta temperatura. Por exemplo, NaCl funde a 808°C.

Os sólidos iônicos são maus condutores de eletricidade. A condução elétrica é a passagem ou movimento de partículas carregadas. Os íons são partículas carregadas, mas não estão livres para se movimentar num sólido iônico. (*Observação:* no estado líquido, NaCl e outros sólidos iônicos são bons condutores porque seus íons são móveis.)

SÓLIDOS MOLECULARES

Num **sólido molecular,** as unidades que ocupam os pontos reticulares são moléculas. Dentro de cada molécula dos átomos se mantêm unidos por meio de ligações covalentes. As forças *entre* as moléculas são normalmente mais fracas e são chamadas de **forças de Van der Waals**, segundo o físico holandês do século XIX que propôs primeiro sua existência. Existem vários tipos de forças de Van der Waals, sendo as mais importantes as forças de *dipolo-dipolo* e as *forças de London.*

Forças dipolo-dipolo são atrações elétricas entre moléculas polares. A Figura 9.27 mostra esquematicamente um par de moléculas polares adjacentes em um cristal molecular. Duas orientações comuns são ilustradas, sendo que em ambas os terminais das moléculas carregadas com sinais opostos são induzidos a se manterem próximos um do outro. Forças dipolo-dipolo são geralmente bem mais fracas que as ligações iônicas ou covalentes.

Forças de London, também chamadas *forças de dispersão*, são geralmente muito fracas. São responsáveis pelo fato de que a temperaturas suficientemente baixas até partículas não-polares, tais como moléculas de H_2 e átomos de H, estão unidas no estado sólido. Estas forças, descritas primeiramente em 1930 por Fritz London, um físico americano de origem alemã, originam-se das flutuações momentâneas que ocorrem nas nuvens eletrônicas em um átomo ou molécula. Veja, como exemplo, os átomos de argônio na Figura 9.28. Poderíamos representar uma nuvem eletrônica como sendo uma esfera simétrica de carga negativa (Figura 9.28*a*). London, entretanto mostrou que esta esfera poderia representar uma forma e uma localização *média*, visto que a distribuição de carga real sofre rápidas (virtualmente instantâneas) flutuações na sua posição. Num dado instante a carga eletrônica poderá ser distribuída como é mostrado no átomo à esquerda na Figura 9.28*b*; neste instante, o átomo não é simétrico, mas possui um momento dipolar instantâneo. Esse deslocamento temporário da nuvem eletrônica para a direita tende a repelir os elétrons do átomo vizinho, convertendo-o em um dipolo temporário. Em outras palavras, a polaridade momentânea do primeiro átomo *induz* uma polaridade momentânea similar no segundo átomo, e o resultado é uma fraca atração entre os átomos. A atração é muito fraca e, instantes depois, a distribuição de cargas nos dois átomos já se modificou. O efeito líquido destes rápidos dipolos flutuantes é uma atração muito fraca entre os átomos de argônio. Forças de London semelhantes existem entre átomos e moléculas, porque todos possuem elétrons. Em geral, quanto maior a molécula e quanto mais elétrons tiver, mais fortes serão as forças de London.

Os sólidos moleculares tendem a ter pontos de fusão relativamente baixos e a ser moles, pois as forças intermoleculares nesse caso são fracas. Eles não são condutores de eletricidade (isolantes) porque não possuem partículas carregadas. (Contrariamente aos compostos iônicos, as substâncias moleculares não conduzem corrente elétrica mesmo no estado líquido.)

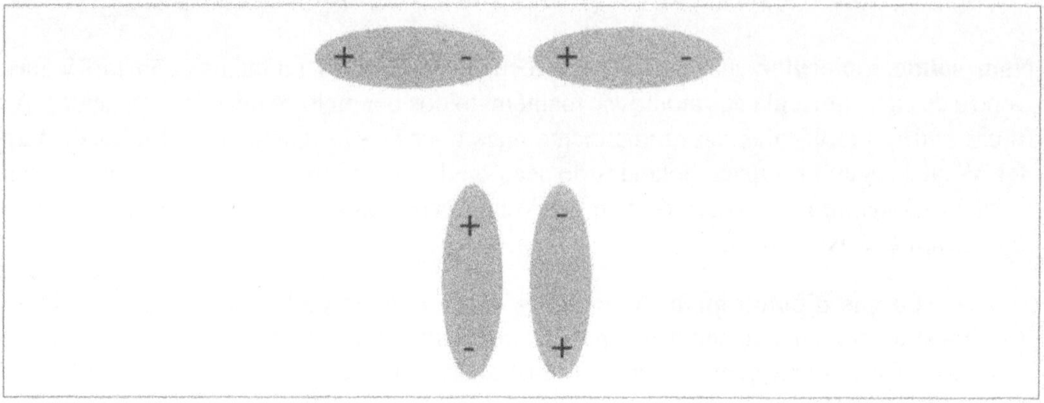

Figura 9.27 Forças dipolo-dipolo.

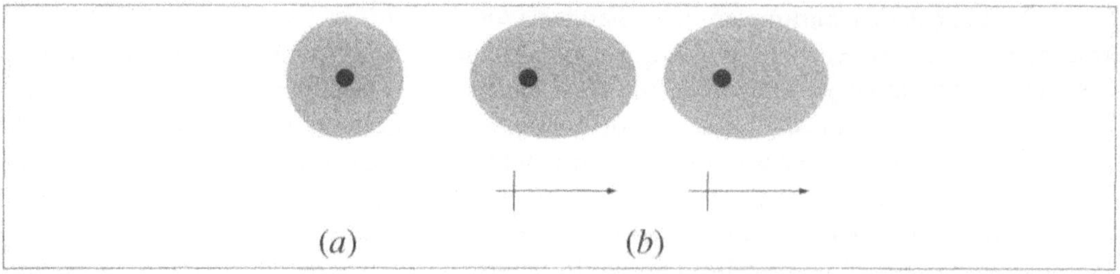

Figura 9.28 Forças de London (dispersão) entre átomos de argônio. (*a*) Um átomo: nuvem eletrônica "média". (*b*) Dois átomos: atração entre dipolos momentâneos.

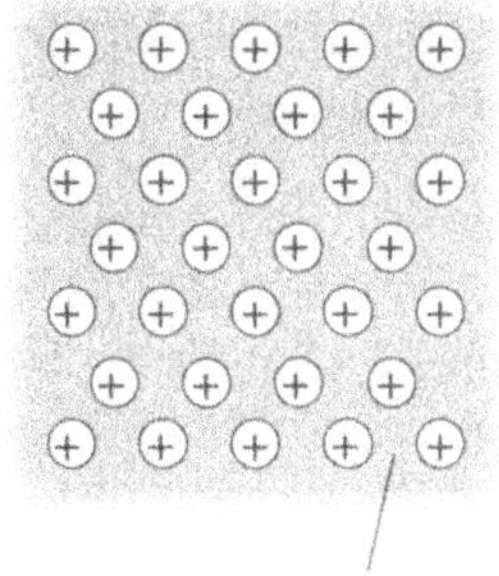

Figura 9.29 Metal sódio.

SÓLIDOS COVALENTES

Num **sólido covalente**, às vezes chamado *sólido atômico*, as unidades nos pontos reticulares são átomos ligados por covalência. Os átomos formam uma enorme rede tridimensional típica que se prolonga até os limites físicos do cristal. Um dos exemplos mais simples de um sólido covalente é o carbeto de silício, ou carborundum, SiC, que é geralmente usado como abrasivo. (Ver Figura 2.3.) No carbeto de silício, cada átomo de silício é ligado tetraedricamente a quatro átomos de carbono, e cada átomo de carbono, por sua vez, é ligado a quatro átomos de silício. O resultado é uma estrutura fortemente entrelaçada, rígida, à qual se deve a grande dureza e o alto ponto de fusão do carburundum. Como não há partículas móveis na estrutura destes compostos covalentes, eles são tipicamente maus condutores de eletricidade.

SÓLIDOS METÁLICOS

Num **sólido metálico** as unidades que ocupam os pontos reticulares são *íons positivos*. Por exemplo, no metal sódio os íons Na^+ ocupam os pontos de um retículo cúbico de corpo centrado. Cada Na^+ pode ser considerado como sendo o resultado da perda de um elétron por átomo de sódio, e os elétrons de todos os átomos de sódio formam uma nuvem gigante de elétrons que se espalha por todo o retículo. Estes elétrons não estão ligados a qualquer átomo, mas estão *deslocalizados* sobre o cristal, como é mostrado na Figura 9.29. Estes elétrons são chamados de elétrons *livres* ou *gás de elétrons*. (A mecânica quântica trata estes elétrons como ondas que se estendem pelo cristal inteiro.) No sódio e em outros metais típicos existe um atração mútua entre os elétrons livres e os cátions. Tal atração estabiliza a estrutura e ao mesmo tempo permite que sofra distorção sem esfarelar. Assim, o sódio e outros metais são moles e facilmente deformáveis.

Alguns metais são duros porque a ligação metálica é complementada por ligações covalentes entre cátions adjacentes, no retículo. Muitos metais de transição são extremamente duros, como por exemplo crômio e tungstênio. Os íons destes elementos têm os subníveis $(n-1)d$ parcialmente preenchidos e podem, portanto, compartilhar pares de elétrons com íons adjacentes no retículo. Estas ligações covalentes tendem a manter estes íons presos no lugar, prevenindo assim deformação do retículo. O ponto de fusão de metais varia consideravelmente devido às diferenças no grau da ligação covalente complementar. Por exemplo, o ponto de fusão do sódio e do tungstênio são respectivamente 98 e 3410°C.

Os elétrons livres num metal são responsáveis por suas características condutividades elétrica e térmica. Quando elétrons são adicionados numa extremidade de um pedaço de metal, outros elétrons são simultaneamente retirados de outra extremidade. Esta passagem de elétrons é denominada *condução metálica*. Por outro lado, quando calor é adicionado a uma extremidade de um pedaço de metal, o resultado é um aumento na energia cinética média, tanto dos íons, que vibram mais intensamente, como dos elétrons, que conseqüentemente se movem mais rapidamente através do metal. A capacidade dos elétrons livres de transmitir energia rapidamente de uma extremidade do metal a outra é responsável pela alta condutividade térmica mostrada pela maioria dos metais. Finalmente, o aspecto característico do metal, sua alta reflectividade e seu *brilho metálico*, também é explicado pela presença de elétrons livres. Os elétrons, deslocalizados numa superfície metálica, absorvem e reirradiam a luz que incide na superfície. Isto acontece de tal maneira que uma superfície lisa de um metal reflete completamente a luz em todos os ângulos e dá ao metal seu brilho peculiar. (A reflexão total também pode ser observada com substâncias não-metálicas, porém apenas em pequenos ângulos.)

As características dos quatro principais tipos de sólido estão resumidas na Tabela 9.1.

Tabela 9.1 Ligações e propriedades dos sólidos.

	Iônico	*Molecular*	*Covalente*	*Metálico*
Unidades nos pontos reticulares	Íons positivos e negativos	Moléculas	Átomos	Íons positivos
Forças de ligação entre as unidades	Ligações iônicas	Forças dipolo-dipolo Forças de London	Covalente	Atração entre o gás de elétrons e os íons positivos

Tabela 9.1 Ligações e propriedades dos sólidos. (*continuação*)

	Iônico	***Molecular***	***Covalente***	***Metálico***
Dureza	Razoavelmente duro, quebradiço	Mole	Muito duro	Mole a duro
Ponto de fusão	Razoavelmente alto	Baixo	Muito alto	Médio a alto
Condutividade	Baixa	Baixa	Baixa	Boa a ótima
Exemplos	NaCl	CO_2	SiC	Na
	K_2CO_3	C_6H_6	SiO_2 (quartzo)	Ag
	$(NH_4)_2SO_4$	H_2O	C (diamante)	Fe
	Na_3PO_4	CH_4	Al_2O_3	W

9.6 ENERGIA RETICULAR

A força com que estão unidas as partículas de um sólido pode ser expressa pela **energia reticular**, definida como *a quantidade de energia necessária para separar as partículas que compõem um mol de sólido* e geralmente expressa como ΔH do processo. A energia reticular depende (1) da força de interação entre as partículas e (2) da geometria do retículo cristalino. A Tabela 9.2 mostra a energia reticular de exemplos representativos dos diferentes tipos de sólidos. A título comparativo, os pontos de fusão também são mostrados. Em dois casos, a substância não pode ser fundida a 1 atm, portanto são fornecidos os respectivos pontos de sublimação. (Sublimação é a conversão direta do sólido em gás; ver Seção 10.7.)

A energia reticular pode ser obtida tanto por meio de cálculos teóricos como por meio de experimentos. A abordagem teórica implica o cálculo das energias das interações atrativas e repulsivas entre todas as partículas num cristal. Tal cálculo aplica-se bem para cristais iônicos, não sendo satisfatório no caso de cristais cujas ligações apresentam considerável caráter covalente.

A determinação experimental da energia reticular de um sólido iônico consiste na utilização do chamado ciclo de Born-Haber, já descrito na Seção 8.1 e posto em diagrama na Figura 8.4. Por exemplo, para encontrarmos a energia reticular do cloreto de potássio, separamos a formação do sólido a partir de seus elementos, em cinco etapas:

Etapa	*Processo*	*Energia transferida*
1	$K(s) \rightarrow K(g)$	$\Delta H_{subl} = 90$ kJ (energia de sublimação)
2	$K(g) \rightarrow K^+(g) + e^-$	$\Delta H_{ion} = 419$ kJ (energia de ionização)
3	$\frac{1}{2} Cl_2(g) \rightarrow Cl(g)$	$\frac{1}{2} \Delta H_{diss} = 121$ kJ (½ energia de dissociação)*
4	$e^-(g) + Cl(g) \rightarrow Cl^-(g)$	$\Delta H_{a.e.} = -348$ kJ (afinidade eletrônica)
5	$K^+(g) + Cl^-(g) \rightarrow KCl(s)$	$-\Delta H_{ret} = ?$ (– energia reticular)
Total:	$K(s) + \frac{1}{2}Cl_2(g) \rightarrow KCl(s)$	$\Delta H_f = -436$ kJ

$\frac{1}{2}\Delta H$ é a energia necessária para dissociar meio mol de Cl_2 (para formar um mol de Cl).

Com exceção da etapa 5, o valor de ΔH para cada etapa e para o processo total pode ser obtido independentemente por via experimental. De acordo com a lei de Hess, o valor de ΔH para o processo total é igual à soma dos valores de cada etapa individual, ou

$$\Delta H_f = \Delta H_{subl} + \Delta H_{íon} + \tfrac{1}{2}\Delta H_{diss} + \Delta H_{a.e.} + (-\Delta H_{ret})$$

Portanto, para encontrar a energia reticular do KCl, resolvemos para ΔH_{ret}

$$\begin{aligned} \Delta H_{ret} &= -\Delta H_f + \Delta H_{subl} + \Delta H_{íon} + \tfrac{1}{2}\Delta H_{diss} + \Delta H_{a.e.} \\ &= 436 \text{ kJ} + 90 \text{ kJ} + 419 \text{ kJ} + 121 \text{ kJ} - 348 \text{ kJ} \\ &= 718 \text{ kJ} \end{aligned}$$

(O sinal positivo no ΔH_{ret} é esperado, pois é necessário energia para quebrar um mol de KCl sólido em íons K^+ e Cl^-.)

Tabela 9.2 Energias reticulares e pontos de fusão.

Tipo de sólido	*Substância*	*Energia reticular, $kJ\ mol^{-1}$*	*Ponto de fusão, °C*
Iônico	NaCl	787	801
	CaF_2	2590	1423
	CaO	3520	2614
Molecular	H_2	0,8	–259
	CH_4	9	–182
	CO_2	25	– 78 (sublima)
Covalente	C	714	3600
	SiC	1235	2700 (sublima)
	SiO_2	1865	1610
Metálico	Na	108	98
	Ag	285	962
	Cu	340	1083

9.7 DEFEITOS EM CRISTAIS

Um cristal ideal, ou perfeito, apresenta uma estrutura interna perfeita que se expande em três dimensões, formando faces cristalinas planares. O crescimento destes cristais é difícil ou praticamente impossível. Um sólido real consiste geralmente em uma matriz de cristais individuais muito pequenos, também chamados de *grãos*, que estão deformados por estarem firmemente empacotados entre outros grãos deformados. Os grãos individuais em um pedaço de metal podem ser vistos examinando-se sua superfície polida e decapada ao microscópio. Em situações mais favoráveis, é possível que cresçam cristais pequenos com formas perfeitas, mesmo assim estes possuem várias irregularidades internas chamadas **defeitos de cristal**. Estes defeitos podem ser *defeitos lineares* e *defeitos puntuais*.

DEFEITOS LINEARES

Um **defeito linear**, também chamado **deslocamento**, é uma irregularidade estrutural que segue uma linha no cristal. Existem dois tipos comuns de deslocamento: o *deslocamento em cunha* e o *deslocamento helicoidal*. Um **deslocamento em cunha**, como pode ser visto na Figura 9.30, é uma camada de partículas que não tem continuidade dentro do cristal.

Um **deslocamento helicoidal** é mostrado na Figura 9.31. Consiste em camadas de átomos enroladas ao redor de um eixo que passa através do cristal, como se fosse a rosca de um parafuso. Num parafuso, para passarmos de uma rosca qualquer a outra adjacente, simplesmente nos deslocamos ao redor de seu eixo. Da mesma maneira, começando numa camada de átomos, podemos chegar a outra adjacente, seguindo ao redor do eixo do deslocamento.

Deslocamentos em cunha ou helicoidais são muito comuns. Na maioria das substâncias, são centros de reatividade química acentuada. Por exemplo, a corrosão de metais ocorre mais rapidamente onde há alta concentração de deslocamentos. Muitos metais são moles em parte devido ao fato de a deformação criar muitos deslocamentos que, propagando-se através do cristal, permitem que camadas de átomos se desloquem uma em relação a outra. Excessivos trabalhos a frio de um metal o tornam-no frágil devido à criação de uma alta concentração de deslocamentos numa única região. (Um pedaço de metal pode ser quebrado após ser dobrado várias vezes num mesmo lugar.)

DEFEITOS PUNTUAIS

Um outro tipo comum de defeito é o **defeito puntual**. Existem vários tipos de defeitos puntuais; dois dos mais comuns são o *vazio* e a *posição intersticial*. (Ver Figura 9.32.) Um vazio é uma posição na qual um átomo, um íon ou uma molécula está fora de sua posição no cristal. Um defeito intersticial é uma partícula aprisionada entre posições cristalinas.

Um outro tipo de defeito é o *centro de cor*, que fornece a cor para cristais incolores. Um tipo desses é o *centro F* (do alemão *Farbenzentrum*, "centro de cor"). É um elétron aprisionado numa posição aniônica vazia em um cristal iônico.

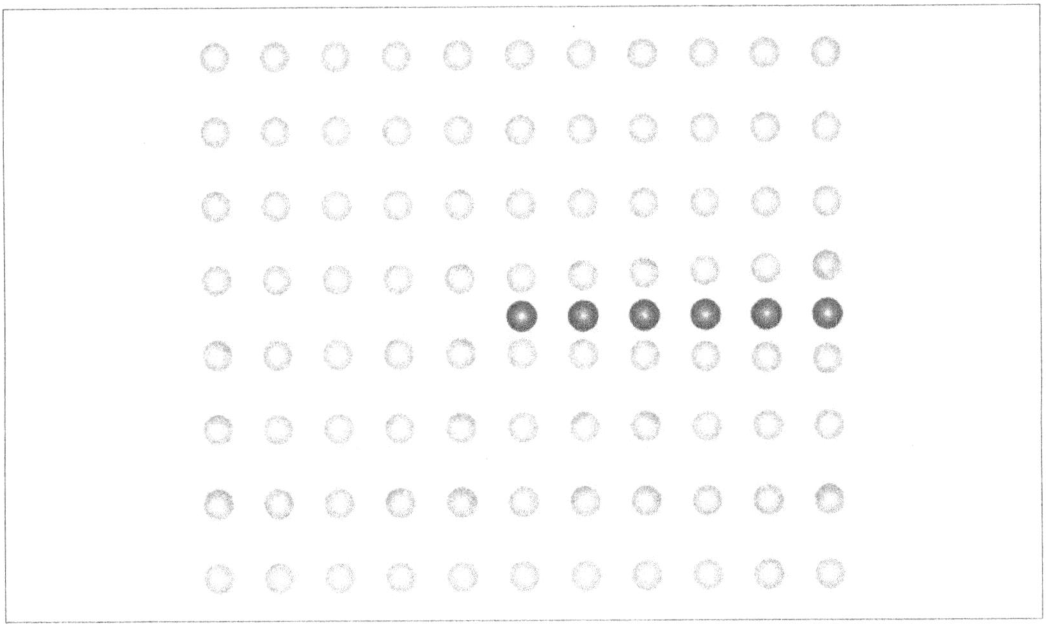

Figura 9.30 Deslocamento em cunha.

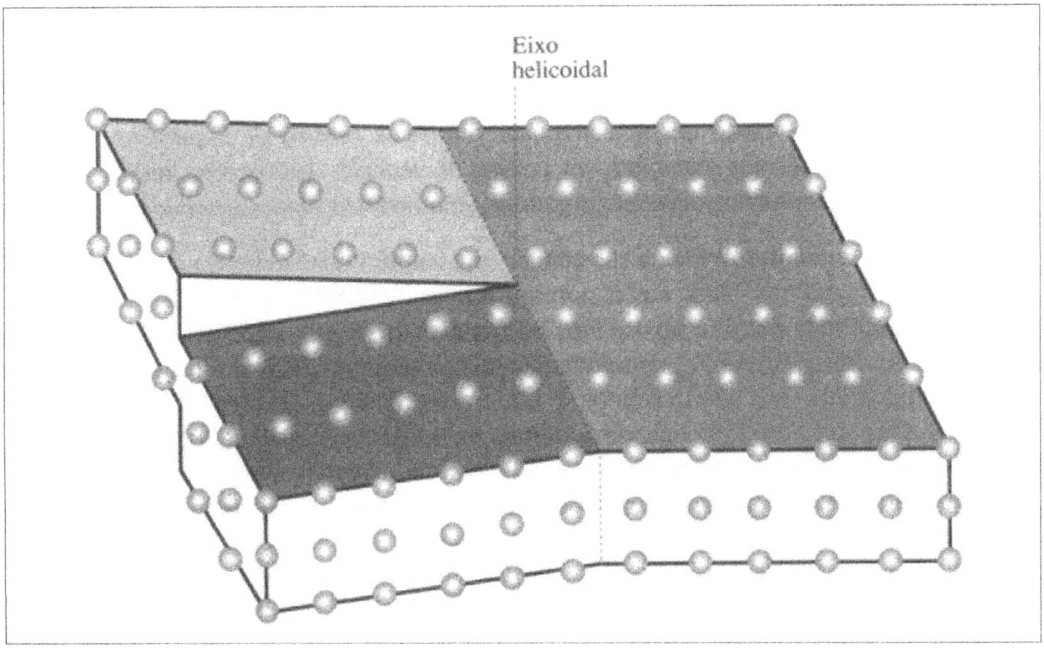

Figura 9.31 Deslocamento helicoidal.

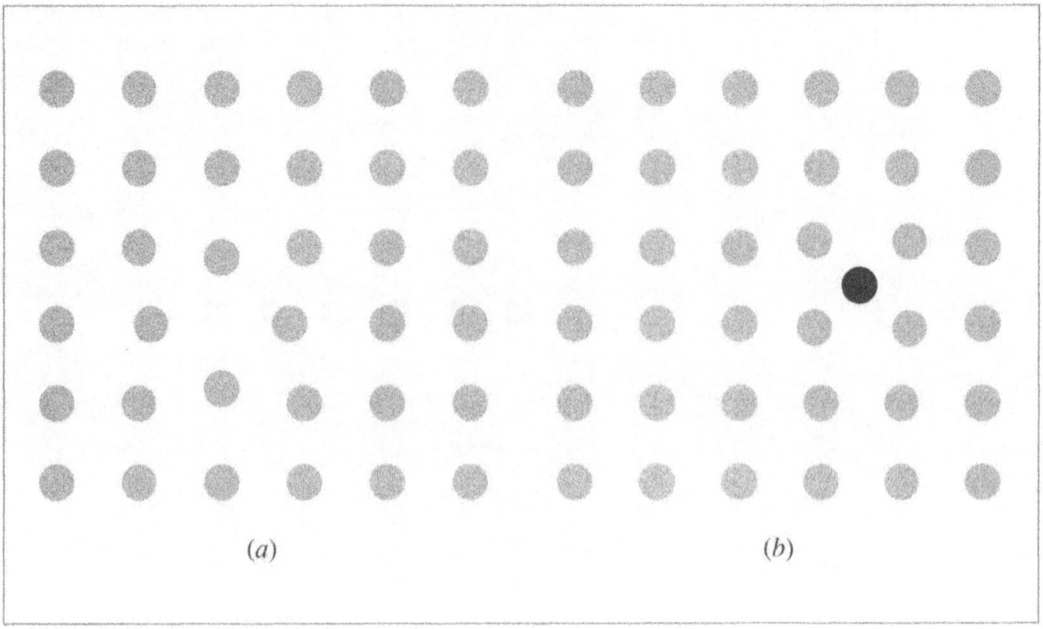

Figura 9.32 Defeitos puntuais. (*a*) Vazios. (*b*) Posição intersticial.

SEMICONDUTORES

Também classificados como defeitos puntuais, temos os *centros de impurezas*, que são átomos, íons ou moléculas estranhos em pontos do retículo. Isto ocorre geralmente em todos os sólidos, e em alguns deles dá origem ao fenômeno da *semicondutividade*.

Um **semicondutor** é uma substância cuja condutividade elétrica aumenta com o aumento da temperatura. Num metal normal, um aumento na temperatura provoca um aumento na amplitude da vibração dos íons no cristal, o que limita a liberdade de movimento dos elétrons deslocalizados e, conseqüentemente, a condutividade do metal decresce. A baixas temperaturas, um semicondutor é um fraco condutor de eletricidade porque a maioria de seus elétrons estão ligados a átomos específicos. À medida que a temperatura aumenta, alguns elétrons são liberados, podendo se movimentar, o que resulta num aumento da condutividade elétrica. Uma substância pura que exibe este fenômeno é chamada de *semicondutor intrínseco*.

O fenômeno da semicondução pode, em alguns casos, ser provocado ou acentuado pela técnica da *dopagem*, isto é, adicionando traços de uma certa substância em outra. Por exemplo, a semicondutividade do silício pode ser aumentada dramaticamente dopando o mesmo com certos elementos.

Em Si puro e cristalino, à temperatura ambiente, os quatro elétrons de valência de um átomo são usados numa ligação covalente normal com quatro outros átomos de Si adjacentes. Quando o cristal de Si é dopado com elementos do grupo VA, tais como P, As, Sb ou Bi, a geometria do retículo cristalino não varia. Entretanto, pode ocorrer que um átomo com cinco elétrons de valência ocupe uma posição que normalmente seria ocupada por um átomo de silício. Este átomo estranho usa quatro de seus elétrons de valência numa ligação covalente como se fosse um átomo de silício, deixando o quinto elétron deslocalizado e, portanto, contribuindo para a condução elétrica. Silício que foi dopado com um elemento do grupo VA é chamado *semicondutor do tipo n*, onde "n" se refere a *negativo*, uma vez que elétrons (cargas negativas) são responsáveis pela semicondutividade.

A dopagem de um cristal de silício com elementos do grupo IIIA, tais como B, Al, Ga ou In, produz uma estrutura cristalina na qual se encontram alguns átomos com apenas três elétrons de valência. O lugar onde o quarto elétron de valência está ausente é denominado de *vazio eletrônico* ou simplesmente *vazio*. Sob a influência de um campo elétrico, um elétron pode "cair dentro" do vazio e anulá-lo. Assim, é criado um novo vazio no lugar de onde veio o elétron, dando a impressão de que o vazio inicial se movimentou numa direção oposta ao deslocamento do elétron. Desta forma, o vazio se move através do retículo do silício como se fosse uma partícula positiva real. Si dopado com elementos do grupo IIIA é denominado um *semicondutor do tipo p* por serem os *vazios positivos* os responsáveis pela semicondutividade.

Comentários Adicionais

Uma analogia do movimento de um vazio num semicondutor do tipo p é encontrada num colar de pérolas onde falta uma. Imagine que uma pérola se desloca para o espaço vazio, deixando um novo vazio. Se a pérola se movimenta para a direita, o vazio parece se deslocar para a esquerda. Se continuarmos a deslocar a pérola para a direita, teremos a impressão de que o vazio estará em movimento ao longo do colar para a esquerda.

A semicondução, mostrada esquematicamente na Figura 9.33, consiste na movimentação de elétrons em um sentido (em um semicondutor do tipo n) ou de vazios em outros (num semicondutor do tipo p). Diversas combinações de semicondutores do tipo n e p são usadas para construir componentes eletrônicos. O *diodo* de estado sólido (ver Figura 9.34) é um componente eletrônico comum obtido pela combinação destes dois tipos de semicondutores. É usado como *retificador* (ele converte corrente alternada em contínua), pois nele o fluxo de corrente se dá em um único sentido. Quando uma tensão é aplicada em um sentido através do diodo, como é mostrado na Figura 9.34*a*, os elétrons passam através da região de tipo n em um sentido, e os vazios através do tipo p no sentido oposto. Quando eles se encontram na junção entre as duas regiões, o movimento de ambos é anulado, pois os elétrons caem nos vazios. A condução continua à medida que mais elétrons são introduzidos na região tipo n (à esquerda na Figura 9.34*a*), e mais vazios são criados na região tipo p (à direita, por remoção de elétrons). Quando a polaridade da tensão é invertida, os elétrons e os vazios se afastam uns dos outros a partir da junção, como é mostrado na Figura 9.34*b*. Num diodo comum, vazios e elétrons livres não podem se formar na junção pn e, assim, o fluxo a partir da junção não ocorre.

Outras aplicações dos semicondutores incluem o *transistor*, no qual um semicondutor "sanduíche" pnp ou npn é usado para detectar ou amplificar sinais de rádio ou de áudio. O *diodo emissor de luz*, ou LED, é um diodo no qual a energia produzida quando elétrons destroem vazios na junção pn é emitida como luz. Num *fotodiodo*, luz incidindo na junção cria um igual número de vazios e de elétrons móveis em sentidos opostos da junção e isto produz uma diferença de potencial através das duas regiões. A *célula solar* é essencialmente um fotodiodo eficiente usado para converter energia luminosa em energia elétrica.

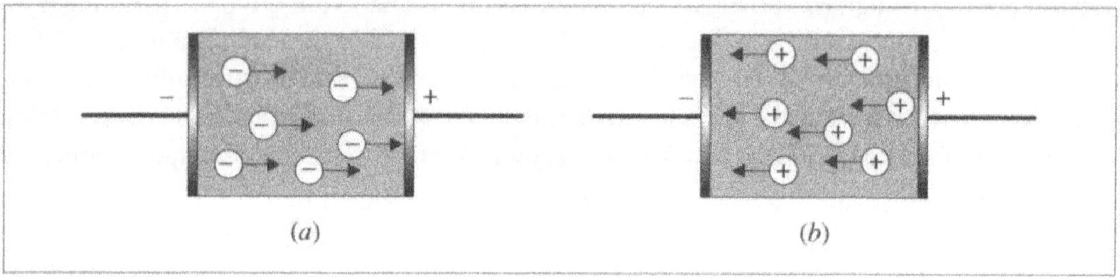

Figura 9.33 Condução em semicondutores: (*a*) tipo n, (*b*) tipo p.

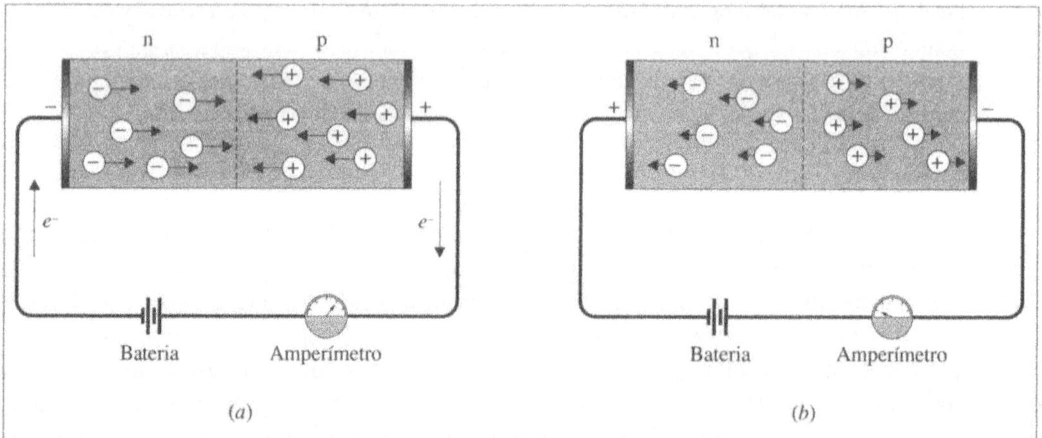

Figura 9.34 Um diodo de estado sólido. (*a*) A corrente flui através do diodo. (*b*) A polaridade foi invertida; não há fluxo de corrente.

RESUMO

Os *sólidos* são substâncias relativamente rígidas, inflexíveis e que são encontradas como *cristais*. As estruturas internas dos cristais são determinadas experimentalmente por meio da técnica de *difração de raio x*, na qual o diagrama dos raios x difratados pelo cristal é usado para calcular as posições dos átomos no *retículo cristalino*.

Os retículos cristalinos apresentam formas geométricas diferentes. A *cela unitária*, uma pequena porção do retículo cristalino, pode ser usada para gerar a estrutura geométrica de todo o retículo. Um dos tipos de retículos é o retículo de *empacotamento denso*, que pode ser tanto *empacotamento cúbico denso* (ecd) ou *empacotamento hexagonal denso* (ehd). Em cada um destes, a *eficiência de empacotamento*, isto é, a capacidade do arranjo em preencher o espaço, é a máxima possível. Alguns retículos iônicos, apesar de não serem de empacotamento denso, podem ser descritos em termos de retículos de empacotamento denso de um tipo de íon com um *contra-íon*, isto é, um íon de carga oposta, ocupando *vazios octaédricos* e/ou *tetraédricos* na estrutura.

Sólidos iônicos consistem em cátions e ânions nos pontos do retículo cristalino. *Sólidos moleculares* consistem em moléculas que se atraem entre si por meio de *forças de Van der Waals*, que são geralmente fracas. *Sólidos covalentes* consistem em uma rede tridimensional de átomos ligados entre si por meio de ligações covalentes. *Sólidos metálicos* consistem em cátions envolvidos por uma nuvem de *elétrons livres* que pertencem a todo o cristal.

A estabilidade de um sólido é quase sempre caracterizada por sua dureza, ponto de fusão, calor de fusão e, com maior ênfase, pela sua *energia reticular*. Energias reticulares podem ser calculadas a partir de dados experimentais, usando o *ciclo de Born-Haber*.

O estado sólido é quase sempre caracterizado por irregularidades internas conhecidas como *defeitos*. Isto inclui irregularidades conhecidas como *defeitos lineares* ou *deslocamentos*, nos quais a regularidade do retículo cristalino é interrompida ao longo da linha, e *defeitos puntuais*, que incluem *vazios* e *posições intersticiais*, *centros de cor* e *centros de impurezas*. Os *semicondutores* são preparados adicionando-se em certas substâncias baixas e controladas concentrações de centros de impurezas.

PROBLEMAS

Sólidos: Considerações Gerais

9.1 Faça a distinção entre um sólido cristalino e um amorfo. De que maneira suas propriedades são semelhantes? De que maneira são diferentes?

9.2 Explique cada um dos enunciados seguintes, em termo de estruturas: (a) A difusão nos sólidos é muito mais lenta que nos gases. (b) Os sólidos são muito menos compressíveis que os gases, mas somente um pouco menos compressíveis que os líquidos. (c) Os cristais possuem faces planas. (d) Os líquidos fluem mais rapidamente que os sólidos.

9.3 Por que alguns sólidos são muito moles, ao passo que outros são extremamente duros?

9.4 Como você planejaria uma experiência para medir: (a) a compressibilidade e (b) o coeficiente de expansão térmica de um sólido?

9.5 Como se poderia mostrar que um pedaço de aço liso e brilhante, apresenta na realidade natureza cristalina?

9.6 Trace o diagrama de um cubo. (a) Se você ligar todos os centros das faces adjacentes por retas, qual é a figura geométrica que traçou? Com outro desenho de cubo, identifique quatro vértices não-adjacentes. Agora, ligue esses vértices por retas. Que figura geométrica traçou desta vez?

Difração de Raios x

9.7 De que maneira a difração de raios x por um cristal é semelhante à difração de luz por uma grade de difração? Em que elas são diferentes? Em que elas são iguais?

■ **9.8** A difração de primeira ordem de raios x de alguns planos cristalinos ocorre a um ângulo de 11,8° em relação aos planos. Se a distância entre os planos é de 0,281 nm, qual o comprimento de onda dos raios x?

9.9 Raios x de comprimento de onda de 0,150 nm são usados numa experiência de difração na qual a difração de primeira ordem ocorre a 25,0°. Qual a distância entre os planos de difração?

■ **9.10** Numa experiência de difração de raios x um raio de difração de primeira ordem é observado a $\theta = 48{,}6°$, se forem utilizados raios x de $\lambda = 0{,}229$ nm. Qual a distância entre as camadas de difração dos átomos?

Celas Unitárias

9.11 Num retículo cúbico, simples, de átomos, quantos vizinhos mais próximos tem cada átomo? Quantos tem num retículo cúbico de corpo centrado? E num retículo cúbico de face centrada? E num retículo hexagonal de empacotamento denso?

9.12 Poderia um cubo com íons Na^+ e Cl^- nos vértices, de maneira alternada, servir como cela unitária satisfatória para o retículo de cloreto de sódio? Explique.

9.13 Dê o número global de pontos reticulares ligados a um cela unitária em cada um dos seguintes retículos: (a) cúbico simples, (b) cúbico centrado, (c) cúbico de face centrada, (d) ortorrômbico de base centrada, (e) primitivo monoclínico.

9.14 Considere uma cela unitária de NaCl como está desenhada na Figura 9.17*a*. Ela possui um total de 14 íons de Cl^- e 13 íons de Na^+. A fórmula do cloreto de sódio deveria ser $Na_{13}Cl_{14}$? Explique.

9.15 A cela unitária do cloreto de césio pode ser imaginada como um cubo com um cloreto em cada vértice e um íon césio no centro do corpo. Esta estrutura não é classificada corretamente como cúbica de corpo centrado. Explique. Qual seria a classificação correta da cela unitária do CsCl?

9.16 O metal prata cristaliza num arranjo cúbico de face centrada. Se o raio de cada íon prata nesta estrutura metálica é 0,144 nm, qual o comprimento da aresta nesta cela unitária?

■ **9.17** O retículo cristalino de uma forma de ferro é cúbico de corpo centrado. Se o raio de um íon ferro neste retículo metálico é 0,124 nm, qual o comprimento da aresta nesta cela unitária?

9.18 A cela unitária de cobre é cúbica com um comprimento de aresta igual a 0,362 nm. Se a densidade do cobre é 8,92 g cm^{-3}, em qual retículo cúbico (simples, corpo centrado ou face centrada) o cobre cristaliza?

Empacotamento Denso

9.19 Num arranjo de esferas rígidas tridimensional, com estrutura de empacotamento denso, cada esfera tem contato com quantas esferas vizinhas: (a) em sua própria camada? (b) nas camadas de cima e de baixo?

9.20 Que tipos de sólidos moleculares deveriam se cristalizar em estruturas de empacotamento denso?

■ **9.21** Sabendo-se que o raio de um íon brometo é de 0,182 nm, qual o tamanho máximo que um cátion pode ter para se encaixar num vazio octaédrico de um retículo de íons Br^-?

9.22 Num arranjo de íons iodeto com estrutura de empacotamento denso, com raio de 0,206 nm, qual seria o tamanho máximo de um cátion para se encaixar nos vazios tetraédricos?

Ligações nos Sólidos

9.23 Os sólidos covalentes tendem a ser duros e a ter pontos de fusão altos, enquanto os sólidos moleculares tendem a ser moles e ter pontos de fusão baixos. Explique estas diferenças, visto que a ligação covalente ocorre nos dois tipos de sólidos.

9.24 Por que os sólidos iônicos geralmente são bem duros? Por que são tipicamente quebradiços?

9.25 Dê as razões de o ferro ser muito mais duro que o potássio, apesar de os dois serem metálicos.

9.26 O NaCl e MgS cristalizam-se na estrutura do salgema. Para quais desses compostos se esperaria um ponto de fusão maior? Explique.

9.27 O ponto de fusão normal do hidrogênio é de –259°C, ao passo que o do oxigênio é de –219°C. Dê a explicação para esta diferença.

9.28 Quais as propriedades físicas comumente mostradas pelos metais? Que características estruturais acredita-se serem as responsáveis por estas propriedades?

Energia Reticular

9.29 Como é influenciada a energia reticular nos compostos iônicos por: (a) raios dos íons? (b) cargas iônicas? (c) estrutura cristalina?

9.30 Apesar de a energia ser liberada quando um elétron é adicionado a um átomo de O ($\Delta H_{a.e.}$ = −142 kJ mol^{-1}), ela é absorvida quando ao íon O^- resultante é adicionado um outro elétron (para O^-, $\Delta H_{a.e.}$ = +780 kJ mol^{-1}). Em vista da grande quantidade de energia necessária para formar o íon de óxido (O^{2-}), como se poderia explicar o fato de NaO ser inexistente, enquanto o Na_2O é um composto estável, bem-comportado?

9.31 Considere o composto sólido hipotético de Na_2Cl (contendo o íon Cl^{2-}). Poder-se-ia esperar que sua energia reticular fosse maior do que a do NaCl? Explique. Por que não é encontrado Na_2Cl?

9.32 Qual a relação entre a energia reticular de um sólido molecular e sua energia de sublimação?

9.33 NaCl, MgO e TiC (carbeto de titânio) têm a mesma estrutura cristalina. Quais as previsões sobre a dureza relativa e os pontos de fusão desses compostos?

9.34 Calcule a energia reticular do cloreto de césio, CsCl, a partir dos seguintes dados: ΔH_f do CsCl é −447 kJ mol^{-1}; ΔH_{subl} do cesio é 78,2 kJ mol^{-1}; $\Delta H_{íon}$ do Cs é 375 kJ mol $^{-1}$; ΔH_{diss} do Cl_2 é 242 kJ mol^{-1} ; e $\Delta H_{a.e.}$ do Cl é −348 kJ mol^{-1}.

Defeitos de Estado Sólido

9.35 O que é um deslocamento? Faça uma distinção entre um deslocamento em cunha e um deslocamento helicoidal.

9.36 Mostre por meio de um desenho como um deslocamento em cunha pode surgir na superfície de um cristal, quando o cristal sofre uma solicitação mecânica.

9.37 Proponha uma razão para o fato de muitos minérios cristalinos apresentarem faces ligeiramente curvas.

9.38 O que é um semicondutor? Descreva os dois principais tipos de semicondutores e compare seus mecanismos de condução.

9.39 O átomo de arsênio possui cinco elétrons de valência e o átomo de silício, quatro. Porque um cristal de silício dopado com arsênio não possui uma carga negativa?

9.40 É possível preparar um óxido cuproso, Cu_2O, não-estequiométrico no qual a relação átomos de cobre e oxigênio é ligeiramente menor do que 2:1. Explique porque a substância é um semicondutor do tipo p.

PROBLEMAS ADICIONAIS

■ **9.41** Um conjunto de planos de átomos num certo cristal dá origem à difração 54,5°, quando é utilizada radiação $\lambda = 0{,}166$ nm. A que ângulo ocorreria semelhante difração se o comprimento de onda do raio x fosse de 0,194 nm?

9.42 A densidade do crômio metálico é de 7,20 g cm^{-3}. Sabendo-se que a cela unitária é cúbica e o comprimento da aresta é 0,289 nm, determine o tipo de cela unitária (simples, de corpo centrado ou face centrada).

9.43 O níquel se cristaliza num retículo cúbico de face centrada. Sabendo-se que o raio de um átomo de níquel é de 0,124 nm, qual a densidade do níquel?

9.44 A densidade da fluorita, CaF_2, é de 3,180 g cm^{-3}. Qual o comprimento da aresta da célula unitária? Use informações deste capítulo para responder.

9.45 O óxido férrico se cristaliza num arranjo hexagonal de íons óxido (O^{2-}) com estrutura de empacotamento denso, sendo que dois de cada três vazios octaédricos são ocupados por íons férricos. Qual é a fórmula para o óxido férrico?

9.46 No iodeto de cádmio, o vazio octaédrico, num arranjo ehd de íons iodeto (I^-), é ocupado por um íon cádmio. Qual é a fórmula para o iodeto de cádmio?

9.47 Que tipo de força intermolecular deve ser exercida para conseguir fundir cada um dos itens seguintes: CH_4, $CaCl_2$, SiC, CO_2, Ag, Ar, NH_3?

9.48 Explique por que o ponto de fusão do NaCl é maior do que o NaBr.

9.49 Explique por que nenhum dos compostos seguintes pode ser encontrado nas prateleiras de um depósito de produtos químicos: $NaCl_2$, CaCl, Ca_2O, Ca_2Cl.

9.50 Classifique os seguintes semicondutores como sendo do tipo p ou do tipo n: (a) Ge dopado com In, (b) B dopado com Si, (c) NaCl dopado com Na, (d) $NiO_{1,0001}$, (e) $Zn_{1,0001}O$.

Capítulo 10

LÍQUIDOS E MUDANÇAS DE ESTADO

TÓPICOS GERAIS

10.1 LÍQUIDOS
Propriedades gerais dos líquidos
Evaporação

10.2 EQUILÍBRIO E PRESSÃO DE VAPOR
Equilíbrio líquido-gás
Ebulição
Calor de vaporização
Superaquecimento

10.3 A VARIAÇÃO DA PRESSÃO DE VAPOR COM A TEMPERATURA

10.4 EQUILÍBRIO SÓLIDO-LÍQUIDO
Congelamento
Calor de fusão
Supercongelamento
Vidros

10.5 MUDANÇAS DE ESTADO
Curvas de aquecimento
Curvas de congelamento

10.6 EQUILÍBRIO E O PRINCÍPIO DE LE CHÂTELIER
Equilíbrio líquido-gás e variações de temperatura
Equilíbrio líquido-gás e variações de pressão
Equilíbrio sólido-líquido e variações de temperatura
Equilíbrio sólido-líquido e variações de pressão
Equilíbrio sólido-gás
Ponto crítico
Outros equilíbrios de fase

10.7 DIAGRAMAS DE FASES
Água
Água: diagrama de fases a alta pressão
Dióxido de carbono

Geralmente pensamos em líquidos como sendo algo "intermediário" entre sólidos e gases, provavelmente porque a maneira mais simples para um sólido transformar-se em um gás é por meio do estado líquido. Outras propriedades dos líquidos também dão suporte a este ponto de vista. As velocidades de difusão e escoamento, por exemplo, são muito menores nos líquidos do que nos gases, porém mais rápidas que nos sólidos. Qualquer pessoa que tenha pulado na água de um trampolim alto aceita o fato de que, embora os líquidos não sejam tão duros quanto os sólidos, certamente eles são mais duros que os gases.

Nos líquidos, encontramos certo tipo de inter-relação entre as estruturas e propriedades que existem nos gases e sólidos. As moléculas em um líquido estão quase tão próximas quanto nos sólidos, porém estas mostram ao mesmo tempo um grau de desordem tal como as moléculas de um gás. Esta estrutura característica é a responsável pelos líquidos serem como são.

Neste capítulo, concluiremos nosso estudo sobre os três estados da matéria, considerando as transformações de um estado para o outro.

10.1 LÍQUIDOS

Um líquido pode ser formado tanto pela fusão de um sólido como pela condensação de um gás. Durante o processo de fusão, a energia absorvida faz com que as forças de atração entre as moléculas (ou átomos, ou íons) no sólido diminuam. Durante a condensação, a energia é liberada à medida em que as moléculas são mais unidas pelas forças atrativas. Um líquido é como um sólido porque as suas moléculas estão muito próximas. Ao mesmo tempo, assemelha-se a um gás, devido à desordem de suas moléculas. Quais são as propriedades dos líquidos, e como este modelo de moléculas muito próximas porém desordenadas pode explicar o estado líquido?

PROPRIEDADES GERAIS DOS LÍQUIDOS

Os líquidos possuem viscosidades intermediárias, menores do que nos sólidos, porém maiores do que as dos gases (viscosidade é a resistência ao escoamento). Devido à fluidez dos líquidos, a forma depende do recipiente em que estão contidos. Entretanto, diferentemente de um gás, uma amostra de líquido mantém um determinado volume característico e não se expande para ocupar todo o recipiente em que se encontra. A fluidez de um líquido mostra que as suas moléculas possuem maior liberdade de movimento do que aquelas em um sólido, porém menor do que as moléculas do gás. Todavia, as viscosidades relativas dos líquidos e gases indicam a presença de elevadas forças intermoleculares nos líquidos.

As velocidades de difusão dos líquidos tendem a ser intermediárias entre aquelas dos sólidos e dos gases. Um gás se difunde rapidamente porque a maior parte do volume ocupado por ele é constituído por espaço vazio, e a molécula do gás somente será impedida de movimentar-se se ocorrerem colisões, relativamente pouco freqüentes, com suas moléculas vizinhas. Em um líquido, por outro lado, cada molécula está em contato tão íntimo com as suas vizinhanças que a habilidade desta se mover é mais restrita. Este fato pode ser demonstrado colocando-se uma solução aquosa colorida em contato com água pura em máximo repouso. A velocidade de difusão de um líquido no outro pode ser observada como sendo bastante lenta. Contrariamente, pode-se sentir o cheiro característico de uma loção de barba ou perfume em poucos segundos ou minutos, do outro lado da sala onde o recipiente foi aberto, em função da difusão de suas moléculas constituintes. (Sólidos se difundem ainda mais vagarosamente que os líquidos.)

Os líquidos são muito menos compressíveis do que os gases. Como no caso dos sólidos, são necessárias elevadas pressões para reduzir o volume de um líquido a uma quantidade significativa. Há pouco espaço em um líquido, e as repulsões entre as nuvens eletrônicas de moléculas vizinhas oferecem intensa resistência à aproximação das moléculas. A compressão dos líquidos não é muito diferente da dos sólidos.

Os líquidos exibem tensão superficial. A tensão superficial é a tendência de um líquido a minimizar sua área superficial, e ocorre porque as moléculas na superfície de um líquido são atraídas pelas moléculas de dentro do líquido, mas não de "fora". Neste desequilíbrio de forças, origina-se a tensão superficial. O fato de um pedaço de madeira "flutuar" sobre a água depende da elevada tensão superficial relativa, a qual, por sua vez, é conseqüência das fortes forças de atração intermoleculares no líquido.

EVAPORAÇÃO

Uma propriedade importante de um líquido é a sua tendência de *evaporar* ou *vaporizar*, ou seja, transformar-se em um gás. Em um líquido, como em qualquer estado da matéria, as moléculas apresentam velocidades muito variáveis, ou seja, diferentes energias cinéticas. Num dado instante, algumas moléculas estão-se movendo rapidamente, outras se movem vagarosamente, e há ainda outras moléculas essencialmente sem movimento. A Figura 10.1 mostra a distribuição das energias cinéticas das moléculas em um líquido típico em duas temperaturas distintas. A curva mais alta representa a distribuição da fração do número total de moléculas que possuem valores de energia cinética específicos em uma temperatura relativamente baixa. Observe que muitas moléculas possuem valores mais baixos do que altos para a energia cinética. A curva mais baixa representa a distribuição dos valores de energia cinética a uma temperatura mais elevada, mostrando a presença de poucas moléculas lentas e muitas moléculas rápidas, ao contrário da curva anterior.

Quando um líquido evapora, as moléculas na superfície são forçadas a sair e deixar o líquido se o movimento adquirido por estas for suficiente para contrapor-se à atração exercida pelas moléculas vizinhas. Num dado instante, uma certa fração de moléculas na superfície adquire a mínima energia cinética necessária para vencer as forças intermoleculares, escapando do líquido. A evaporação consiste na perda destas moléculas se movimentando mais rapidamente.

O fenômeno de *resfriamento por evaporação* é familiar para muitos de nós. O frio repentino que sentimos em nossa pele quando saímos de uma piscina, sob uma brisa suave, ocorre em parte devido a este efeito. Durante o processo de evaporação, as moléculas se movimentando mais rapidamente, com maiores valores de energia cinética, conseguem escapar das interações com as moléculas vizinhas e deixam o líquido. A saída gradativa das moléculas mais rápidas, deixando as mais lentas, ocasiona um decréscimo na energia cinética média do líquido. Isto se traduz em uma diminuição na temperatura. Os refrigeradores por evaporação utilizados nos edifícios utilizam este efeito para a circulação de ar frio; tais refrigeradores são mais econômicos energeticamente do que os condicionadores de ar convencionais.

A Figura 10.1 pode ser utilizada para mostrar porque a água quente evapora mais rapidamente que a água fria. Considere a linha vertical tracejada no gráfico representando a energia cinética mínima que uma molécula deve possuir de modo a passar para a fase gasosa. Observe que a fração de moléculas que possui o mínimo desta energia aumenta com a temperatura. Conseqüentemente, à medida que a temperatura do líquido aumentar, mais moléculas terão energia cinética suficiente para escapar das forças atrativas de suas moléculas vizinhas e, assim, mais moléculas deixarão o líquido por unidade de tempo. Em outras palavras, a velocidade de evaporação aumenta com a temperatura.

10.2 EQUILÍBRIO E PRESSÃO DE VAPOR

Um dos conceitos mais importantes em química é o conceito de equilíbrio. Posteriormente, veremos que todas as reações químicas ocorrem próximas a um estado de equilíbrio. Ainda não estamos preparados para uma discussão sobre o equilíbrio químico, mas as propriedades gerais de todos os sistemas em equilíbrio são bem representadas pelo equilíbrio físico, especialmente aqueles que englobam mudanças de estado.

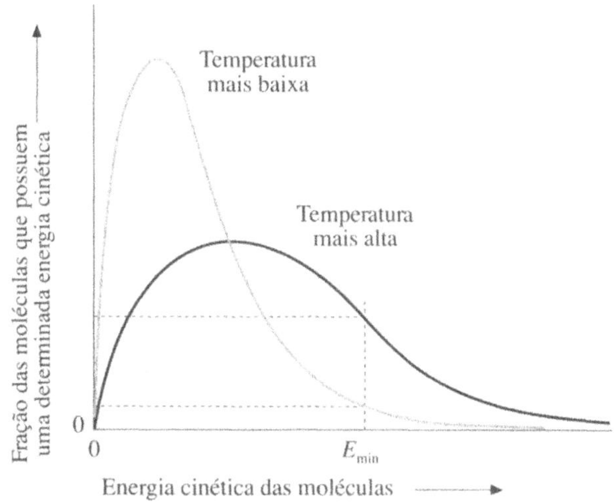

Figura 10.1 Distribuição da energia cinética das moléculas em um líquido.

EQUILÍBRIO LÍQUIDO-GÁS

Considere o seguinte experimento: Um recipiente contendo água é colocado dentro de uma campânula de vidro munida de um manômetro (ver Figura 10.2). O recipiente é totalmente preenchido com água (total ausência de ar) e tampado, e o ar contido dentro da campânula é retirado. Depois, a tampa do recipiente é retirada por controle remoto. Isto faz com que a água evapore, e a presença das moléculas de água na fase gasosa faz com que o manômetro acuse um valor, como mostrado na Figura 10.2*a*. A pressão aumenta e após um pequeno intervalo de tempo atinge um valor-limite (ver Figura 10.3).

Por que a pressão dentro da campânula pára de subir? Como existem moléculas na fase gasosa, algumas podem voltar ao líquido, ficando presas pelas forças intermoleculares. Este processo é conhecido como *condensação*, e a sua velocidade aumenta à medida que a concentração das moléculas na fase gasosa aumenta. Eventualmente, a velocidade com a qual as moléculas retornam ao líquido torna-se suficientemente elevada, de modo que se torna igual à velocidade de saída da fase líquida; isto é, a velocidade de condensação torna-se igual à velocidade de evaporação (Figura 10.2*b*). A partir deste momento, não há nenhum aumento *global* na transferência de moléculas do líquido para o gás, e em função de não ocorrer nenhuma alteração posterior na concentração das moléculas na fase gasosa, a pressão permanece constante.

A Figura 10.2*b* representa um estado de *equilíbrio dinâmico*, uma condição na qual dois processos opostos ocorrem na mesma velocidade. Uma vez estabelecido o equilíbrio neste sistema líquido-gás, o nível do líquido não diminui mais, e a pressão na fase gasosa pára de aumentar. Pela aparência, alguém poderia imaginar que neste ponto nada esteja ocorrendo dentro da campânula de vidro, o que não é verdade. No equilíbrio, tanto a evaporação como a condensação ocorrem muito rapidamente, e é apenas porque ocorrem na mesma velocidade, compensando exatamente uma a outra, que nenhuma variação *global* ocorre, e assim nada é observado. Podemos escrever uma equação representando o equilíbrio entre a água líquida e gasosa como

$$H_2O\,(l) \rightleftharpoons H_2O(g)$$

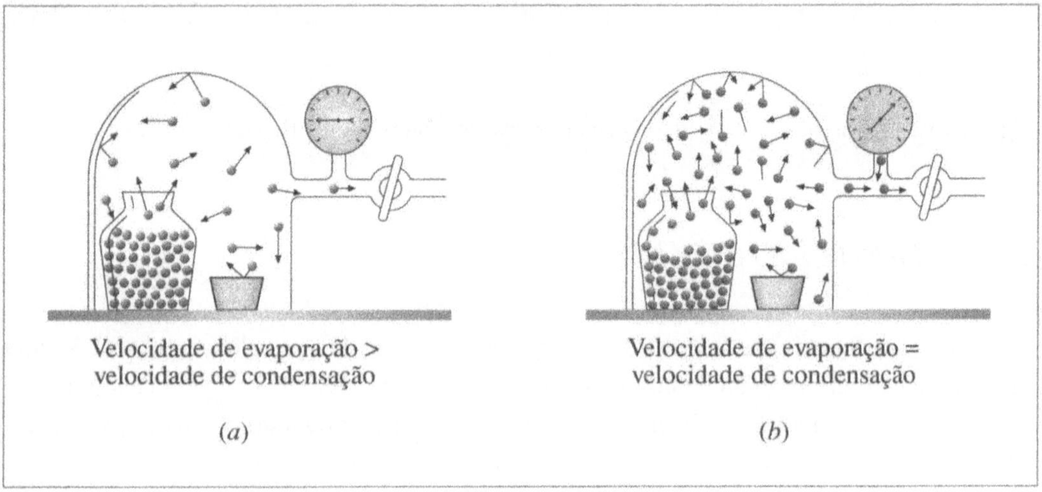

Figura 10.2 Equilíbrio da pressão de vapor. (*a*) Imediatamente após a remoção da tampa; equilíbrio ainda não estabelecido. (*b*) No equilíbrio.

A seta dupla representa a evaporação e a condensação ocorrendo na mesma velocidade.

A pressão exercida por um gás em equilíbrio com o seu líquido é chamada de **pressão de vapor de equilíbrio do líquido**, sendo conhecida mais simplesmente como a *pressão de vapor* do líquido, embora deva ser lembrado que este termo é aplicado somente para um sistema em equilíbrio. A pressão de vapor de um líquido depende da **tendência ao escape** das moléculas na fase líquida. Se as atrações intermoleculares são fracas, as moléculas podem escapar facilmente, e o resultado é o aumento na pressão de vapor.

A pressão de vapor de um líquido aumenta com o aumento da temperatura. Por quê? A Figura 10.1 mostra a fração de moléculas capaz de escapar das interações com as vizinhanças tornando-se maior com a temperatura crescente; aumentando a tendência ao escape, a pressão de vapor se eleva. A Figura 10.4 mostra a variação dos valores de pressão de vapor de três líquidos distintos, com a temperatura: éter dietílico ($C_2H_5OC_2H_5$), etanol (C_2H_5OH) e água. Observe, em primeiro lugar, que, a qualquer temperatura dada, a pressão de vapor do éter dietílico é a maior, e a da água a menor. Isto indica que as forças de atração intermoleculares são menores no éter dietílico, intermediárias no etanol e mais elevadas na água. (Realizar uma comparação dos valores de pressão de vapor na mesma temperatura é uma boa maneira de se estimar as forças intermoleculares relativas nos líquidos.) Em segundo lugar, observe que a Figura 10.4 mostra que a pressão de vapor de cada líquido aumenta com a temperatura. (Falaremos mais sobre isto em breve.)

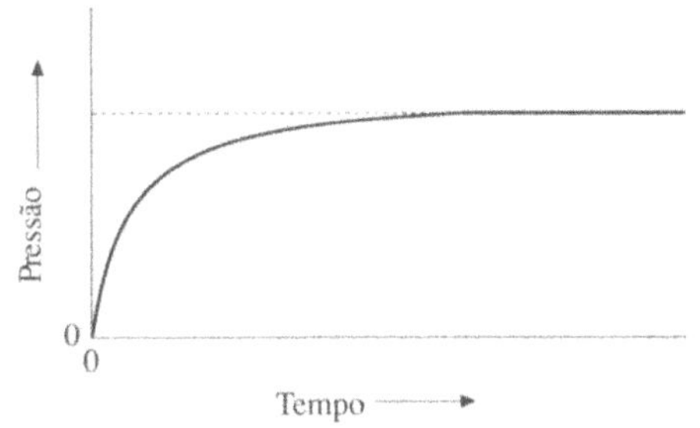

Figura 10.3 Aproximação do estado de equilíbrio líquido-gás.

EBULIÇÃO

Se um líquido for aquecido a uma temperatura suficientemente elevada, a tendência ao escape de suas moléculas torna-se tão grande que ocorre a ebulição. A ebulição consiste na formação de bolhas de vapor (gás) no corpo do líquido[1]. Estas bolhas são formadas quando a pressão de vapor do líquido torna-se igual à pressão externa exercida sobre o líquido pela atmosfera. O **ponto de ebulição** de um líquido é *a temperatura na qual a pressão de vapor do líquido é igual à pressão externa ou pressão atmosférica*. Devido aos pontos de ebulição dependerem da pressão externa, aquele geralmente especificado para uma substância é o **ponto de ebulição normal**, definido como *a temperatura na qual a pressão de vapor do*

1 As pequenas bolhas de gás que geralmente se formam quando um líquido é aquecido são meras bolhas de ar provenientes da solução. As bolhas de gás formadas durante a ebulição crescem muito mais rapidamente à medida que as bolhas sobem para a superfície.

líquido é igual à pressão atmosférica (pressão padrão). Na Figura 10.4, uma linha horizontal tracejada foi representada em P = 1 atm. A temperatura na qual a curva da pressão de vapor para cada líquido atravessa esta linha corresponde ao ponto de ebulição normal do mesmo.

Comentários Adicionais

A água entra em ebulição a uma temperatura menor no topo de uma montanha do que se estivesse sendo aquecida ao nível do mar, porque, quando aquecida no topo da montanha, a pressão de vapor da água atinge a pressão atmosférica em uma temperatura mais baixa. É certo que a água entra em ebulição "mais rapidamente" no topo de uma montanha, porém suas batatas cozinharão mais lentamente, porque a temperatura do ponto de ebulição é menor.

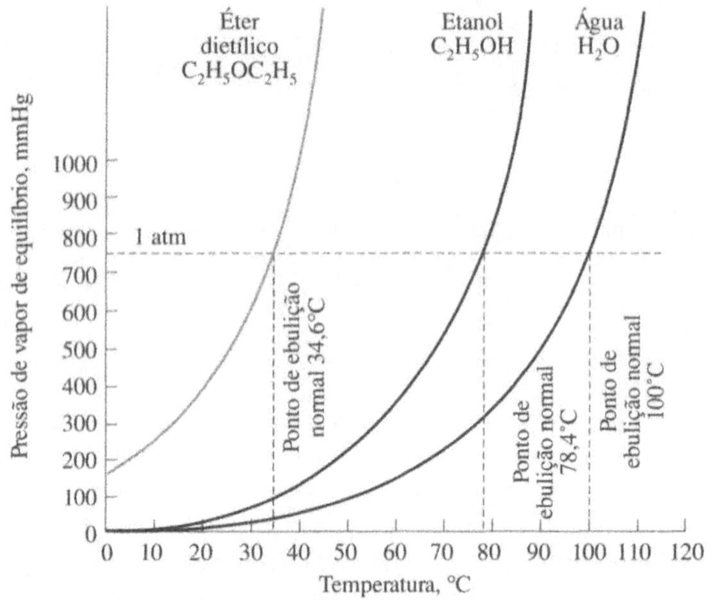

Figura 10.4 Variação da pressão de vapor com a temperatura.

CALOR DE VAPORIZAÇÃO

Tanto o ponto de ebulição como a pressão de vapor numa temperatura específica podem ser utilizados para estimar a magnitude das forças de atração intermoleculares em um líquido. Uma outra boa forma de medição destas forças é o **calor de vaporização** de um líquido. O calor de vaporização molar, ΔH_{vap}, é a *quantidade de energia necessária para evaporar um mol de líquido*. Quanto maior o calor de vaporização, maiores serão as forças intermoleculares no líquido. Valores de ΔH_{vap} para determinados líquidos são fornecidos na Tabela 10.1. Também são indicados os valores para os pontos de ebulição normal e os tipos de forças intermoleculares que devem ser vencidas para ocorrer a vaporização.

SUPERAQUECIMENTO

De um modo ideal, um líquido entra em ebulição quando sua temperatura for aumentada o suficiente para que a sua pressão de vapor exceda a pressão atmosférica. Este é um modo simples de entender o fenômeno, porque um líquido pode em alguns casos ser aquecido até acima de seu ponto de ebulição sem ebulir. Este fenômeno é conhecido como **superaquecimento**. Para dar início à ebulição, devem ser formados núcleos de bolhas submicroscópicas dentro do líquido, cada um sendo constituído por apenas umas poucas dúzias de moléculas. Estas minúsculas bolhas atuam como centros de crescimento aos quais outras moléculas aderem rapidamente, formando bolhas maiores e visíveis, que crescem rapidamente, à medida que sobem para a superfície do líquido. Todavia, em muitos líquidos, a probabilidade de formação de um núcleo de bolha é tão pequena que, mesmo após atingir a temperatura de ebulição, deve-se esperar alguns segundos, ou mesmo minutos, para que a ebulição tenha início. Um líquido puro possui um ponto de ebulição fixo e constante, mas, quando um núcleo de bolha não se forma com aquecimento contínuo, ocorre o superaquecimento. Alguns líquidos tendem a superaquecerem mais facilmente do que outros, embora a maioria o faça em um recipiente de vidro cuja superfície interna esteja limpa e sem riscos. Partículas de sujeira e pequenas imperfeições servem como locais nos quais podem formar-se núcleos de bolhas, reduzindo assim a tendência ao superaquecimento.

Tabela 10.1 Calores de vaporização no ponto de ebulição.

Substância	*Ponto de ebulição normal, °C*	ΔH_{vap}, *kJ mol*$^{-1}$	*Principais forças intermoleculares no líquido*
H_2	–253	0,916	London
He	–269	0,0812	London
O_2	–183	6,82	London
Cl_2	– 34	20,4	London
Br_2	59	29,5	London
Hg	357	52,3	Ligação metálica
H_2O	100	40,7	Dipolo-dipolo; ponte de hidrogênio
H_2S	– 60	18,7	Dipolo-dipolo
CH_3Cl	61	29,6	Dipolo-dipolo
CH_4	–162	8,2	London

O superaquecimento pode ser um problema real no laboratório. Um líquido não permanece superaquecido indefinidamente, e eventualmente forma-se um núcleo de bolha que cresce rapidamente com uma violência quase explosiva. A transformação repentina de uma considerável quantidade de líquido em vapor abaixa abruptamente a temperatura, à medida que o calor de vaporização é consumido. Após a temperatura ter caído até o ponto de ebulição, esta pode prosseguir vagarosamente, ou o superaquecimento pode ocorrer novamente, iniciando um novo ciclo. Isto não só conduz a uma flutuação da temperatura (ver Figura 10.5), o que torna impossível usar o líquido fervente para fornecer uma temperatura de referência constante, como também ocasiona a formação repentina de grandes bolhas no líquido, um fenômeno conhecido como *ebulição descontrolada*, podendo projetar parte do líquido para fora de seu recipiente. Este problema torna-se especialmente mais grave quando o recipiente é longo e estreito, como um tubo de ensaio.

O superaquecimento e conseqüente ebulição descontrolada podem ser reduzidos ou eliminados por adição de uma ou mais *pérolas de vidro*, ou *pedrinhas de ebulição*, no líquido. São, geralmente, pequenos cacos de porcelana ou cerâmica porosos. O ar retido nos pequenos poros pode servir como um núcleo de bolha, reduzindo a tendência do líquido superaquecer-se. Um pequeno pedaço de politetrafluoroetileno (PTFE, ou Teflon) é até mais eficiente na prevenção do superaquecimento em soluções aquosas, além de ser quimicamente inerte com relação a quase todas as substâncias.

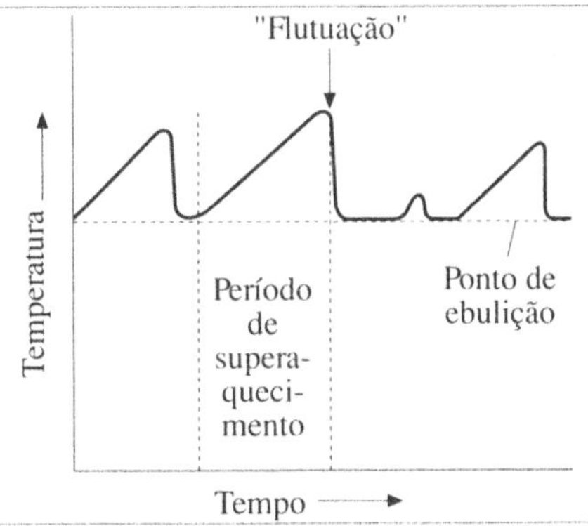

Figura 10.5 Flutuação da temperatura em um líquido com ebulição descontrolada.

10.3 A VARIAÇÃO DA PRESSÃO DE VAPOR COM A TEMPERATURA

A Figura 10.6a mostra uma curva da pressão de vapor da água construída a partir de dados pertinentes a seis diferentes temperaturas. O gráfico foi elaborado normalmente: os valores para a pressão de vapor foram colocados no eixo das ordenadas e a temperatura no eixo das abscissas.

Observe agora a Figura 10.6*b*. Utilizamos os mesmos dados, porém, foi colocado desta vez no eixo das ordenadas o *logaritmo neperiano* dos valores da pressão de vapor (ln *P*), e no eixo das abscissas o *inverso* dos valores de temperatura absoluta ($1/T$). Deste modo, o gráfico tornou-se uma linha reta.

Qual é o significado da linha reta na Figura 10.6*b*? Uma linha reta pode ser representada por uma equação do tipo

$$y = mx + b$$

onde y representa um valor no eixo das ordenadas e x, na abscissa. Devido aos eixos utilizados na Figura 10.6*b*, a linha reta pode ser representada pela equação

$$\begin{array}{ccccccc} \ln P & = & m & \left(\frac{1}{T}\right) & + & b \\ \uparrow & & & \uparrow & & \\ y & = & m & x & + & b \end{array}$$

Pode ser mostrado que o coeficiente angular (*slope*) m da reta na Figura 10.6*b* depende do calor de vaporização do líquido, ΔH_{vap}, do seguinte modo:

$$m = \frac{-\Delta H_{vap}}{R}$$

onde R é a constante do gás ideal. Portanto,

$$\ln P = \frac{-\Delta H_{vap}}{R}\left(\frac{1}{T}\right) + b$$

Para a vaporização, ΔH_{vap} é sempre um número positivo e, para a água, representa a variação de entalpia para o processo

$$H_2O(l) \rightarrow H_2O(g) \qquad \Delta H_{vap} = H_{gás} - H_{líquido}$$

Agora, observe novamente a relação entre ΔH_{vap} e o coeficiente angular da reta mostrado na Figura 10.6*b*. Se rearranjarmos esta relação, obtemos

$$\Delta H_{vap} = -Rm$$

Assim, uma medida do coeficiente angular da reta na Figura 10.6*b* permite obtermos o valor para o calor de vaporização da água. O coeficiente angular é encontrado utilizando a definição convencional

$$m = \frac{y_2 - y_1}{x_2 - x_1}$$

onde x_1, y_1, e x_2, y_2, são as coordenadas de dois pontos na linha reta. Nós selecionamos dois pontos na reta, de preferência pontos não-experimentais, subtraímos suas coordenadas $\ln P$ e dividimos esta diferença pela diferença entre as coordenadas $1/T$. Usando os pontos marcados por quadrados no gráfico, obtemos

$$m = \text{coeficiente angular} = \frac{(\ln P)_1 - (\ln P)_2}{1/T_1 - 1/T_2}$$

$$= \frac{7{,}48 - 0}{(2{,}50 \times 10^{-3}\,\text{K}^{-1}) - (3{,}95 \times 10^{-3}\,\text{K}^{-1})}$$

$$= -5{,}16 \times 10^{3}\,\text{K}$$

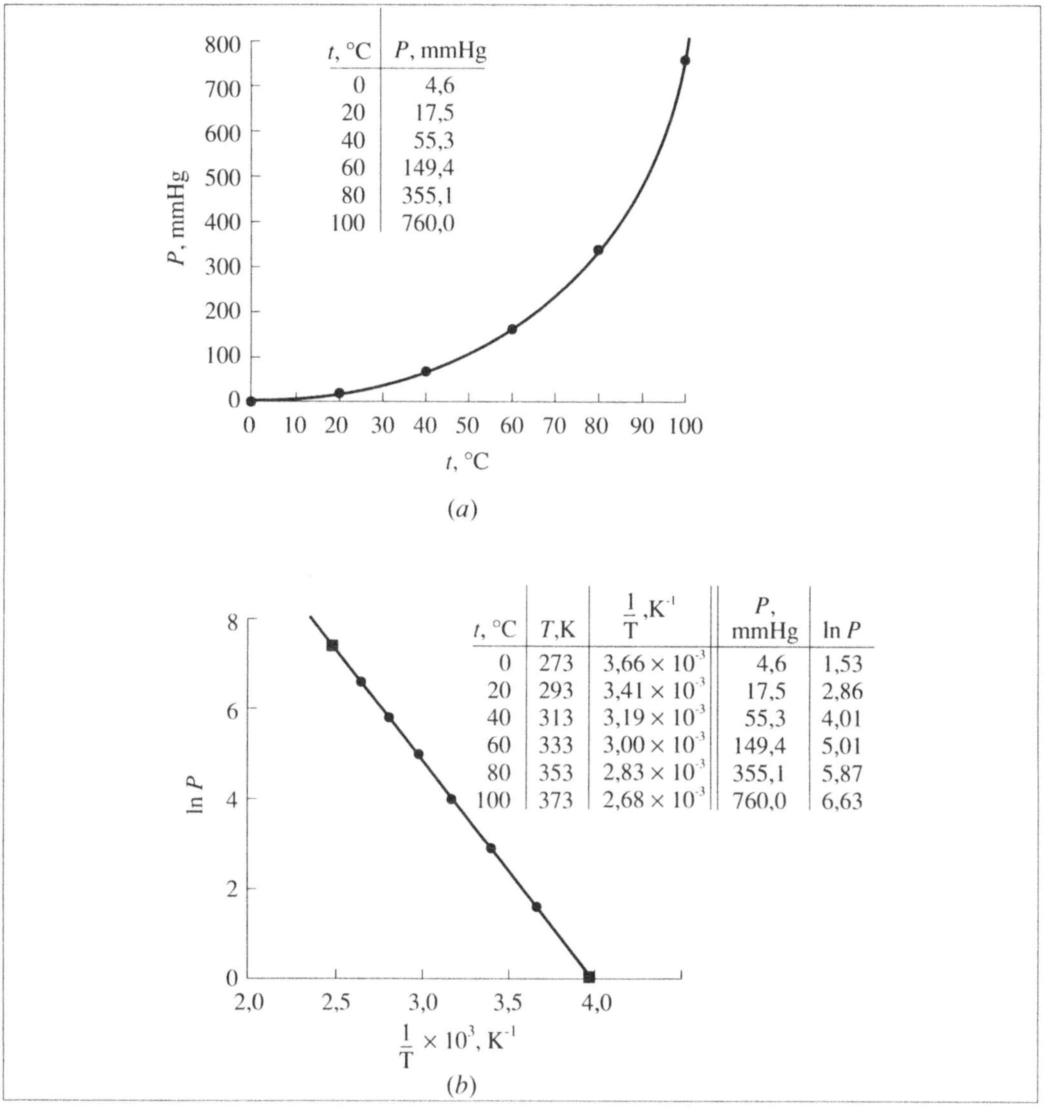

t, °C	P, mmHg
0	4,6
20	17,5
40	55,3
60	149,4
80	355,1
100	760,0

t, °C	T,K	$\frac{1}{T}$, K^{-1}	P, mmHg	ln P
0	273	$3{,}66 \times 10^{-3}$	4,6	1,53
20	293	$3{,}41 \times 10^{-3}$	17,5	2,86
40	313	$3{,}19 \times 10^{-3}$	55,3	4,01
60	333	$3{,}00 \times 10^{-3}$	149,4	5,01
80	353	$2{,}83 \times 10^{-3}$	355,1	5,87
100	373	$2{,}68 \times 10^{-3}$	760,0	6,63

Figura 10.6 Pressão de vapor da água. *a*) *P versus T*. (*b*) ln *P versus* 1/*T*.

Agora, multiplicamos este valor de coeficiente angular por $-R$ para calcularmos ΔH_{vap}. Devemos ser cautelosos, contudo, ao escolhermos um valor para R, o qual deve ser expresso nas unidades apropriadas. Se desejamos ΔH_{vap} em unidades de joules por mol, devemos utilizar R expresso em unidades correspondentes, isto é, R = 8,315 J K^{-1} mol^{-1} (ver Apêndice B). Sendo assim,

$$\begin{aligned}\Delta H_{vap} &= -Rm \\ &= -(8{,}315\ \text{J K}^{-1}\ \text{mol}^{-1})(-5{,}16 \times 10^3\ \text{K}) \\ &= 4{,}29 \times 10^4\ \text{J mol}^{-1},\ \text{ou}\ 42{,}9\ \text{kJ mol}^{-1},\end{aligned}$$

A relação

$$\ln P = \frac{-\Delta H_{vap}}{R}\left(\frac{1}{T}\right) + b$$

é uma forma da **equação de Clausius-Clapeyron.**

Podemos chegar a uma outra forma da equação de Clausius-Clapeyron, por substituição na forma anterior, usando valores de pressão de vapor em duas temperaturas diferentes. Se P_1 é a pressão de vapor de um líquido na temperatura T_1, e P_2 é a pressão de vapor a T_2, então

$$\ln P_1 = \frac{-\Delta H_{vap}}{R}\left(\frac{1}{T_1}\right) + b$$

e

$$\ln P_2 = \frac{-\Delta H_{vap}}{R}\left(\frac{1}{T_2}\right) + b$$

Agora, subtraindo a segunda equação da primeira, obtemos

$$\ln P_1 - \ln P_2 = \frac{-\Delta H_{vap}}{R}\left(\frac{1}{T_1} - \frac{1}{T_2}\right)$$

ou

$$\ln \frac{P_1}{P_2} = \frac{-\Delta H_{vap}}{R}\left(\frac{1}{T_1} - \frac{1}{T_2}\right)$$

Esta forma geral da equação de Clausius-Clapeyron é útil para:

1. Conhecer ΔH_{vap} de um líquido quando a pressão de vapor for conhecida em duas temperaturas diferentes.

2. Conhecer a pressão de vapor de um líquido numa dada temperatura quando ΔH_{vap} e a pressão de vapor em uma outra temperatura forem desconhecidas.

3. Conhecer a temperatura na qual o líquido possui um determinado valor para a pressão de vapor, fornecendo ΔH_{vap} e a pressão de vapor em alguma outra temperatura.

Comentários Adicionais

A forma anterior da equação de Clausius-Clapeyron foi expressa em termos dos logaritmos *neperianos*, ou seja, logaritmos na base *e* ($\log_e$, normalmente escrito ln). Em termos dos logaritmos *decimais*, os logaritmos na base 10 ($\log_{10}$, normalmente escrito log), as relações correspondentes são

$$\log P = \frac{-\Delta H_{vap}}{2{,}303\,R}\left(\frac{1}{T}\right) + c$$

e

$$\log \frac{P_1}{P_2} = \frac{-\Delta H_{vap}}{2{,}303\,R}\left(\frac{1}{T_1} - \frac{1}{T_2}\right)$$

Exemplo 10.1 A pressão de vapor do etanol é 43,9 mmHg a 20,0°C e 352,7 mmHg a 60,0°C. Qual é o calor de vaporização molar do etanol ?

Solução: Vamos denominar a temperatura mais alta de T_2, e a mais baixa de T_1. Convertendo os valores de temperatura para a escala absoluta, temos:

$$T_1 = 20{,}0 + 273{,}2 = 293{,}2 \text{ K}$$

$$T_2 = 60{,}0 + 273{,}2 = 333{,}2 \text{ K}$$

$$P_1 = 43{,}9 \text{ mmHg}$$

$$P_2 = 352{,}7 \text{ mmHg}$$

$$R = 8{,}315 \text{ J K}^{-1} \text{ mol}^{-1}$$

(Embora não seja necessário converter os dois valores de pressão para qualquer outra unidade, é necessário que estes sejam ambos expressos nas mesmas unidades.)

Antes de substituir os valores na equação de Clausius-Clapeyron, vamos rearranjá-la de modo a torná-la aritmeticamente mais simples:

$$\ln \frac{P_1}{P_2} = \frac{-\Delta H_{vap}}{R}\left(\frac{1}{T_1} - \frac{1}{T_2}\right) = \frac{+\Delta H_{vap}}{R}\left(\frac{1}{T_2} - \frac{1}{T_1}\right)$$

Portanto,

$$\Delta H_{vap} = \frac{R \ln\left(\frac{P_1}{P_2}\right)}{\left(\frac{1}{T_2} - \frac{1}{T_1}\right)}$$

$$= \frac{(8{,}315 \text{ J K}^{-1} \text{ mol}^{-1} \ln\left(\frac{43{,}9 \text{ mmHg}}{352{,}7 \text{ mmHg}}\right)}{\left(\frac{1}{333{,}2 \text{ K}} - \frac{1}{293{,}2 \text{ K}}\right)}$$

$$= 4{,}231 \times 10^4 \text{ J mol}^{-1}, \text{ ou } 42{,}31 \text{ kJ mol}^{-1}$$

Problema Paralelo A pressão de vapor do tetracloreto de carbono, CCl_4, é $1{,}00 \times 10^2$ mmHg a 23°C e $4{,}00 \times 10^2$ mmHg a 58°C. Qual é o calor de vaporização molar do tetracloreto de carbono? **Resposta:** 32,3 kJ mol^{-1}.

Exemplo 10.2 Usando o calor de vaporização obtido no Exemplo 10.1, calcule a pressão de vapor do etanol a 0,0°C.

Solução:

$$T_1 = 20{,}0 + 273{,}2 = 293{,}2 \text{ K}$$

$$T_2 = 0{,}0 + 273{,}2 = 273{,}2 \text{ K}$$

$$\Delta H_{vap} = 4{,}231 \times 10^4 \text{ J mol}^{-1}$$

$$R = 8{,}315 \text{ J K}^{-1} \text{ mol}^{-1}$$

$$P_1 = 43{,}9 \text{ mmHg (do Exemplo 10.1)}$$

$$P_2 = ?$$

$$\ln \frac{P_1}{P_2} = \frac{-\Delta H_{vap}}{R}\left(\frac{1}{T_1} - \frac{1}{T_2}\right)$$

$$\ln \frac{P_1}{P_2} = \frac{-4{,}231 \times 10^4 \text{ J mol}^{-1}}{8{,}315 \text{ J K}^{-1} \text{ mol}^{-1}}\left(\frac{1}{293{,}2 \text{ K}} - \frac{1}{273{,}2 \text{ K}}\right)$$

$$= 1{,}272$$

Portanto,

$$\frac{P_1}{P_2} = 3{,}56$$

$$P_2 = \frac{P_1}{3{,}56} = \frac{43{,}9 \text{ mmHg}}{3{,}56} = 12{,}3 \text{ mmHg}$$

Problema Paralelo Usando o valor de ΔH_{vap} obtido no Problema Paralelo do Exemplo 10.1, calcule a pressão de vapor do tetracloreto de carbono a 45°C. **Resposta:** $2{,}48 \times 10^2$ mmHg.

Exemplo 10.3 Usando os dados obtidos no Exemplo 10.1, determine o ponto de ebulição normal do etanol.

Solução: Uma vez que o ponto de ebulição normal é a temperatura na qual a pressão de vapor torna-se igual a 1 atm, ou 760 mmHg,

$$P_1 = 352{,}7 \text{ mmHg}$$

$$P_2 = 760 \text{ mmHg}$$

$$T_1 = 60{,}0 + 273{,}2 = 333{,}2 \text{ K}$$

$$T_2 = ?$$

$$\Delta H_{vap} = 4{,}231 \times 10^4 \text{ J mol}^{-1}$$

$$R = 8{,}315 \text{ J K}^{-1} \text{ mol}^{-1}$$

$$\ln \frac{P_1}{P_2} = \frac{-\Delta H_{vap}}{R}\left(\frac{1}{T_1} - \frac{1}{T_2}\right)$$

$$\frac{1}{T_1} - \frac{1}{T_2} = \frac{R \ln\left(\dfrac{P_1}{P_2}\right)}{-\Delta H_{\text{vap}}}$$

$$= \frac{(8{,}315\ \text{J K}^{-1}\ \text{mol}^{-1}) \ln\left(\dfrac{352{,}7\ \text{mmHg}}{760\ \text{mmHg}}\right)}{-4{,}231 \times 10^{4}\ \text{J mol}^{-1}}$$

$$= 1{,}508 \times 10^{-4}\ \text{K}^{-1}$$

$$\frac{1}{T_2} = \frac{1}{T_1} - 1{,}508 \times 10^{-4}\ \text{K}^{-1}$$

$$= \frac{1}{333{,}2\ \text{K}} - 1{,}508 \times 10^{-4}\ \text{K}^{-1} = 2{,}850 \times 10^{-3}\ \text{K}^{-1}$$

$$T_2 = 350{,}8\ \text{K}$$

Em graus Celsius, o valor é 350,8 – 273,2, ou 77,6°C.

Problema Paralelo Utilizando os dados obtidos do Problema Paralelo do Exemplo 10.1, determine o ponto de ebulição normal do tetracloreto de carbono. **Resposta:** 350 K, ou 77°C.

10.4 EQUILÍBRIO SÓLIDO-LÍQUIDO

Até este momento, nossa discussão tem sido quase totalmente voltada ao equilíbrio líquido-gás. Consideraremos a seguir os processos de congelamento e fusão.

CONGELAMENTO

Para diminuir a temperatura de uma substância, energia deve ser removida, possibilitando a redução da energia cinética média das partículas. Se suficiente energia for removida de um líquido, a temperatura eventualmente decresce até o ponto de congelamento e, a partir deste ponto, à medida que o líquido congela, a temperatura não diminui mais com posterior remoção contínua de energia. (Veremos na Seção 10.6 que, durante o processo de congelamento, a remoção de energia ocasiona o decréscimo da energia *potencial* média das moléculas.)

Congelamento e fusão são processos opostos e, para qualquer substância, estes ocorrem na mesma temperatura enquanto o sistema estiver em equilíbrio. De fato, o **ponto de congelamento** T_c e o *ponto de fusão* T_f de uma substância são ambos definidos como *a temperatura na qual os estados sólido e líquido estão em equilíbrio*. Para a água,

$$H_2O(s) \rightleftharpoons H_2O(l) \qquad T_c = T_f = 0°C$$

As temperaturas de congelamento (e fusão) variam com a pressão em um grau menor que as temperaturas de ebulição; por exemplo, o ponto de congelamento da água decresce menos que 0,01°C em resposta a uma variação de pressão de uma atmosfera. Em uma pressão exatamente igual a 1 atm, o ponto de congelamento (ou fusão) de uma substância é denominado seu **ponto de congelamento normal** (ou **ponto de fusão normal**).

Comentários Adicionais

Embora seja um efeito pequeno, o decréscimo do ponto de fusão do gelo com a pressão pode ser importante. Como exemplo, a patinação no gelo é possível, em parte, pela diminuição do ponto de fusão do gelo produzida pela grande pressão exercida pela lâmina dos patins. O gelo funde quando seu ponto de fusão sofre um decréscimo abaixo de sua temperatura real, que é aumentada com a fricção entre a lâmina e o gelo. Isto produz uma fina camada de água líquida que contribui para que os patins deslizem suavemente sobre o gelo.

CALOR DE FUSÃO

A quantidade de calor necessária para fundir um mol de um sólido é chamada **calor de fusão** molar, ΔH_{fus}, e é igual à entalpia de um mol do líquido menos a entalpia de um mol do sólido. Como este requer 6,02 kJ de calor para fundir um mol de gelo, podemos escrever

$$H_2O(s) \rightleftharpoons H_2O(l) \qquad \Delta H_{fus} = 6{,}02 \text{ kJ mol}^{-1}$$

Para o processo inverso, o congelamento de um mol de água líquida, o calor deve ser retirado:

$$H_2O(l) \rightleftharpoons H_2O(s) \qquad \Delta H_{crist} = -6{,}02 \text{ kJ mol}^{-1}$$

onde ΔH_{crist} é o **calor de cristalização, solidificação** ou **congelamento** molar. O sinal menos indica que calor é liberado durante o processo de congelamento.

O calor de fusão molar propicia uma boa medida da grandeza das forças que mantêm as unidades estruturais (átomos, íons ou moléculas) em suas posições no retículo cristalino. A Tabela 10.2 traz alguns valores para o calor de fusão de alguns sólidos.

SUPERCONGELAMENTO

Quando energia suficiente é retirada de um líquido para resfriá-lo ao seu ponto de congelamento, o líquido começa a congelar, ao menos teoricamente. Na verdade, é normal a temperatura ultrapassar o ponto de congelamento antes que a solidificação tenha início. Este fenômeno é conhecido como **supercongelamento**, e sua causa é semelhante ao caso do superaquecimento. Para que um líquido congele com a remoção de calor a partir de seu ponto de congelamento, umas poucas moléculas devem ocasionalmente se aproximar umas das outras para formar um minúsculo núcleo cristalino de crescimento, o começo de um cristal maior. É mais provável as moléculas no líquido aderirem inicialmente a uma superfície organizada de um pequeno cristal do que formar o cristal em si. Quando um líquido supercongela, sua temperatura diminui a um valor abaixo do ponto de congelamento, até que um núcleo de crescimento se forme em algum lugar dentro do líquido. Em seguida ocorre a cristalização, em geral muito rapidamente e com frequência, acompanhada pela liberação de uma quantidade de calor, o *calor de cristalização*. Isto aumenta a temperatura ao ponto de congelamento, caso o líquido não tenha atingido uma condição de supercongelamento extremo. Assim, à medida em que o calor continua a ser retirado do sistema, o líquido continua a congelar, embora mais lentamente.

Tabela 10.2 Calores de fusão no ponto de fusão.

Substância	*Ponto de fusão normal, °C.*	ΔH_{fus}, *kJ mol*$^{-1}$	*Principais forças de ligação no sólido*
H_2	–259	0,117	London
O_2	–219	0,444	London
Cu	1085	13,3	Ligações metálicas
H_2O	0	6,02	Dipolo-dipolo; pontes de hidrogênio
H_2S	– 86	2,38	Dipolo-dipolo

Tabela 10.2 Calores de fusão no ponto de fusão. (*continuação*)

Substância	***Ponto de fusão normal, °C.***	ΔH_{fus}, ***kJ mol***$^{-1}$	***Principais forças de ligação no sólido***
CH_4	–182	0,941	London
NaCl	808	28,2	Ligações iônicas
CaO	2727	51,2	Ligações iônicas

Alguns líquidos mostram uma tendência tão intensa a supercongelarem que a cristalização torna-se muito difícil. No laboratório, líquidos supercongelados em recipientes de vidro podem freqüentemente ser solidificados mediante o ato de fazer atrito nas paredes do recipiente com um tubo de vidro. Uma técnica eficiente consiste na adição de uma pequena *semente de cristal* do sólido, se for possível: isto geralmente promove a cristalização rápida devido a uma pequena superfície do retículo cristalino oferecer-se como suporte, facilitando o crescimento do cristal.

VIDROS

Os líquidos podem ser supercongelados a temperaturas muito abaixo de seus pontos de congelamento por resfriamento brusco. Se for removido suficiente calor, o movimento das moléculas torna-se tão lento que a probabilidade das moléculas coalescerem dentro dos retículos cristalinos torna-se muito pequena. Neste ponto, a viscosidade torna-se tão alta que a fluidez é praticamente nula, e o líquido torna-se semelhante a um sólido – duro e rígido, com forma constante. Líquidos altamente supercongelados são com freqüência chamados *vidros* (a janela de vidro é um exemplo comum). São também chamados de *sólidos amorfos* para distingui-los dos sólidos verdadeiros (cristalinos). Outros exemplos de vidros incluem determinados plásticos, cerâmicas e ligas.

A difração de raios x (Seção 9.2) mostra pequena regularidade na estrutura interna de um vidro. O padrão Laue produzido por um vidro e um líquido convencional (não supercongelado) são muito semelhantes. Para ambos, consiste em uma série de anéis concêntricos ou arcos, em vez da série de manchas produzidas por um sólido.

Os vidros podem sofrer cristalização, ou transformação em sólidos reais, embora este processo seja com freqüência extremamente lento devido ao movimento vagaroso das moléculas. As garrafas e outras relíquias de vidro de civilizações antigas geralmente contêm turvações internas, causadas por incontáveis cristais microscópicos que cresceram muito lentamente. A cristalização enfraquece um vidro e torna-o quebradiço, devido aos cristais individuais não estarem fortemente atados ou interligados uns com os outros.

10.5 MUDANÇAS DE ESTADO

Após ter estudado as estruturas e propriedades dos três estados da matéria individualmente, consideraremos agora o que acontece quando uma substância passa por uma mudança de estado. Começaremos considerando as mudanças que ocorrem quando um sólido é aquecido a uma temperatura final acima de seu ponto de ebulição.

CURVAS DE AQUECIMENTO

Para começar, considere o que acontece quando o calor é fornecido constante e lentamente a um sólido inicialmente próximo ao zero absoluto. A Figura 10.7 mostra como a temperatura do sólido varia com o tempo. Antes do fornecimento de calor, as moléculas (ou átomos ou íons) vibram com baixa intensidade ao redor das posições no retículo cristalino. Nesta temperatura, as moléculas possuem apenas a *energia do ponto zero,* a energia residual mínima que uma substância possui no zero absoluto. Agora, começamos a fornecer calor à substância a uma velocidade constante, fazendo com que as moléculas vibrem mais ativamente sobre as suas posições, à medida que a temperatura aumenta. Com contínuo fornecimento de calor ao sólido, as vibrações de suas moléculas tornam-se gradativamente mais violentas, até que finalmente as forças entre as moléculas não são mais tão fortes para mantê-las unidas. Neste ponto (t_1 na Figura 10.7), as moléculas na superfície do cristal começam a se distanciar de suas vizinhas, e o sólido começa a fundir (estamos assumindo que não esteja ocorrendo um superaquecimento, um fenômeno raro nos sólidos).

Entre os instantes t_1 e t_2, a temperatura permanece constante. Este intervalo corresponde ao ponto de fusão T_f, enquanto o sólido se funde gradativamente, absorvendo o *calor de fusão*. Quando calor é fornecido ao sólido no seu ponto de fusão, por que a temperatura não aumenta? E o que acontece à energia fornecida ao sólido? A temperatura permanece constante porque não existe nenhum aumento na energia cinética média das moléculas. Em vez disso, o calor fornecido produz um aumento na energia *potencial* média das moléculas.

No instante t_2 na Figura 10.7, todo o sólido fundiu, e, à medida que continuamos a fornecer calor, a temperatura aumenta, até que o tempo t_3 seja alcançado. Durante este intervalo, a energia cinética aumenta, uma vez que as moléculas tornam-se crescentemente mais ativas.

Comentários Adicionais

Há duas boas razões para se concluir que a energia potencial média aumenta durante o processo de fusão: inicialmente, nós sabemos que assim como a temperatura permanece constante, a energia cinética média não pode demonstrar aumento. Depois, para fundir o sólido, deve ser fornecido trabalho ao mesmo para distanciar as moléculas umas das outras no retículo cristalino. Realizar trabalho sobre um sistema ocasiona aumento de energia potencial do mesmo. Conseqüentemente, o calor de fusão é uma medida do aumento da energia potencial das moléculas que acompanham o processo de fusão.

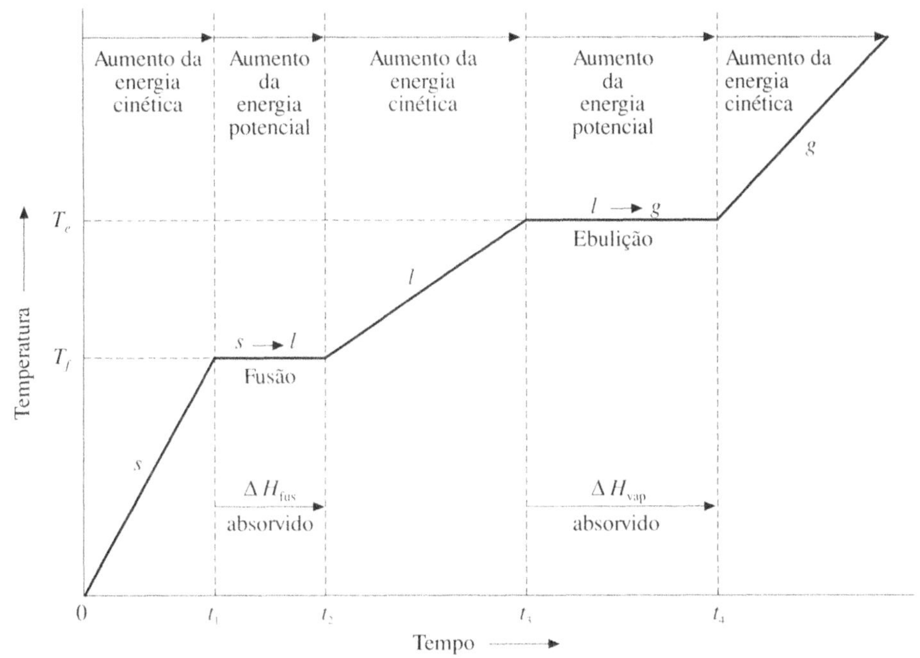

Figura 10.7 Curva de aquecimento.

No instante t_3, há uma segunda região de temperatura constante. Agora, temos o ponto de ebulição T_e. (Como anteriormente, assumimos que nenhum superaquecimento ocorre.) Contínuo fornecimento de calor propicia a energia necessária para vencer as forças de atração intermoleculares, e as moléculas deixam o líquido na forma gasosa. Este calor ocasiona aumento na energia potencial média das moléculas, enquanto a energia cinética média permanece constante. A quantidade de calor absorvido de t_3 a t_4 compreende o *calor de vaporização*, e é uma medida do aumento da energia potencial média das moléculas que acompanham o processo de vaporização.

No instante t_4, a temperatura continua a aumentar porque o calor fornecido produz um aumento na energia cinética média das moléculas do gás.

CURVAS DE CONGELAMENTO

O congelamento de uma substância é realizado mediante a remoção de calor da mesma, e a curva de temperatura-tempo resultante é denominada *curva de congelamento*. A Figura 10.8 é um exemplo desta curva e mostra a variação da temperatura de um gás com a remoção constante de calor do mesmo. Inicialmente, a temperatura decresce, assim que a remoção de energia causa menor movimentação das moléculas do gás. De t_1 a t_2, ocorre a condensação (liquefação), e a energia potencial das moléculas diminui concomitante à remoção do calor de condensação, ΔH_{cond} ($\Delta H_{cond} = -\Delta H_{vap}$). Entre t_3 e t_4, a energia cinética média das moléculas no líquido diminui, como é indicado pelo decréscimo na temperatura. Em t_3, inicia-se o congelamento (cristalização), e como o calor de cristalização, ΔH_{crist}, é retirado, a energia potencial das moléculas diminui ($\Delta H_{crist} = -\Delta H_{fus}$). (Assumimos que não esteja ocorrendo o supercongelamento.) Após todo o líquido ter sido congelado (em t_4), a temperatura mais uma vez decresce, à medida que a atividade molecular diminui.

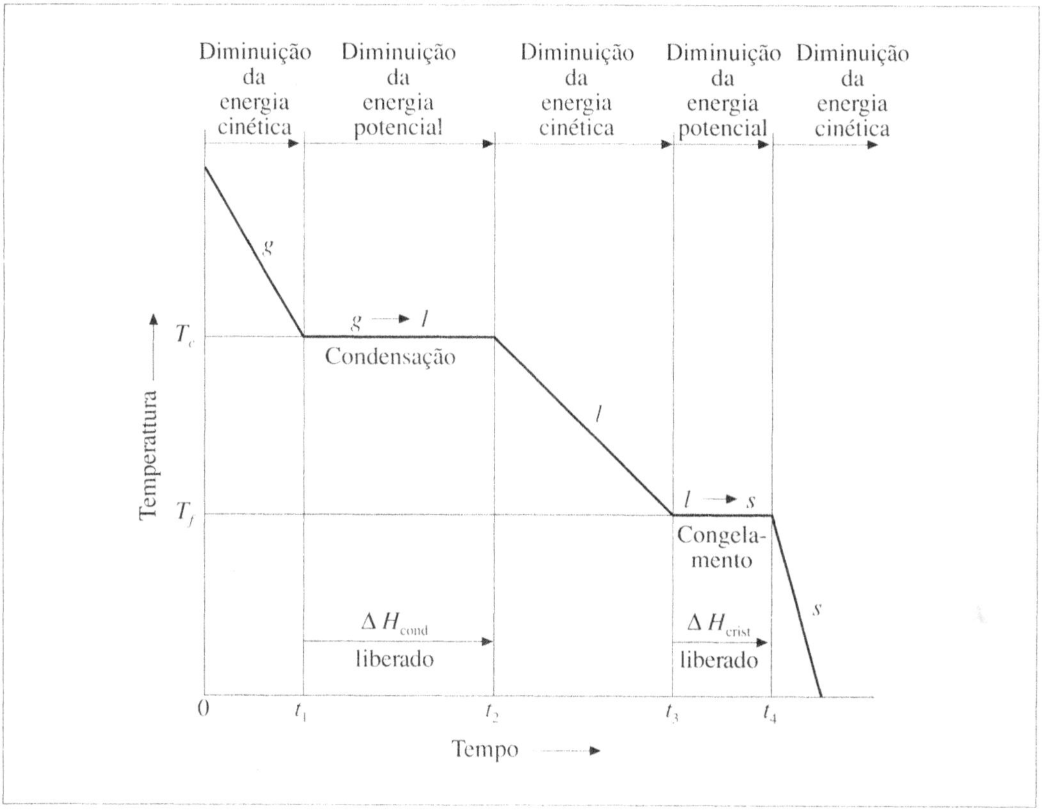

Figura 10.8 Curva de congelamento.

Quando um líquido supercongela (Seção 10.4), a transição sólido-líquido é demorada ou, se é formado um vidro, adiada indefinidamente. A Figura 10.9 mostra a porção de uma curva de congelamento próxima ao ponto de cristalização. Na Figura 10.9*a*, uma substância está congelando sem supercongelar. A Figura 10.9*b* mostra supercongelamento moderado antes de congelar; a temperatura inicialmente decresce abaixo do ponto de congelamento, à medida que a contínua remoção de calor simplesmente diminui a energia cinética média das moléculas do líquido. Então, o congelamento espontâneo tem início, e a temperatura rapidamente se eleva para o ponto de congelamento, pois calor de cristalização é liberado. A Figura 10.9*c* mostra uma substância sofrendo prolongado supercongelamento com a formação de um vidro (ver Seção 10.4).

10.6 EQUILÍBRIO E O PRINCÍPIO DE LE CHÂTELIER

Em 1884, o químico francês Henri Le Châtelier postulou que um sistema em equilíbrio mostra uma tendência a compensar os efeitos de influências perturbadoras, tais como variações de temperatura, pressão e concentração. *O princípio de Le Châtelier* é aplicado a qualquer tipo de equilíbrio dinâmico e pode ser expresso do seguinte modo:

> ***Princípio de Le Châtelier:*** *Quando um sistema em equilíbrio é sujeito a qualquer perturbação ou stress, tende a ajustar-se, ou adaptar-se, de modo a reduzir o efeito perturbador, restabelecendo a condição de equilíbrio.*

EQUILÍBRIO LÍQUIDO-GÁS E VARIAÇÕES DE TEMPERATURA

Para demonstrar o princípio de Le Châtelier, consideraremos inicialmente o sistema líquido-gás em equilíbrio da Figura 10.10, na qual um líquido e seu vapor encontram-se dentro de um recipiente com volume constante. Na Figura 10.10*a*, o sistema encontra-se em equilíbrio; as velocidades de evaporação e condensação são iguais e podem ser representadas pela equação

$$\text{calor} + \text{líquido} \rightleftharpoons \text{gás}$$

Na Figura 10.10*b*, o sistema é perturbado pelo fornecimento de calor. Se o sistema não estivesse em equilíbrio (se fosse constituído por apenas uma fase), o calor produziria simplesmente um aumento de temperatura. Todavia, neste sistema o calor produz uma conversão de parte do líquido em gás. Devido a esta conversão ser um processo endotérmico, o aumento de temperatura é menor do que deveria ser se o sistema consistisse em uma única fase. Descrevemos este processo dizendo que o equilíbrio *se desloca para a direita*. Assim, o sistema passa a ser constituído de mais gás e menos líquido à temperatura elevada do que no início. Além disso, devido a mais gás estar presente após o deslocamento do equilíbrio, a pressão final é maior. (Lembre-se, o volume do sistema é constante.) De acordo com o princípio de Le Châtelier, o equilíbrio se desloca para a direita e utiliza parte do calor fornecido, porque deste modo o aumento na temperatura é minimizado.

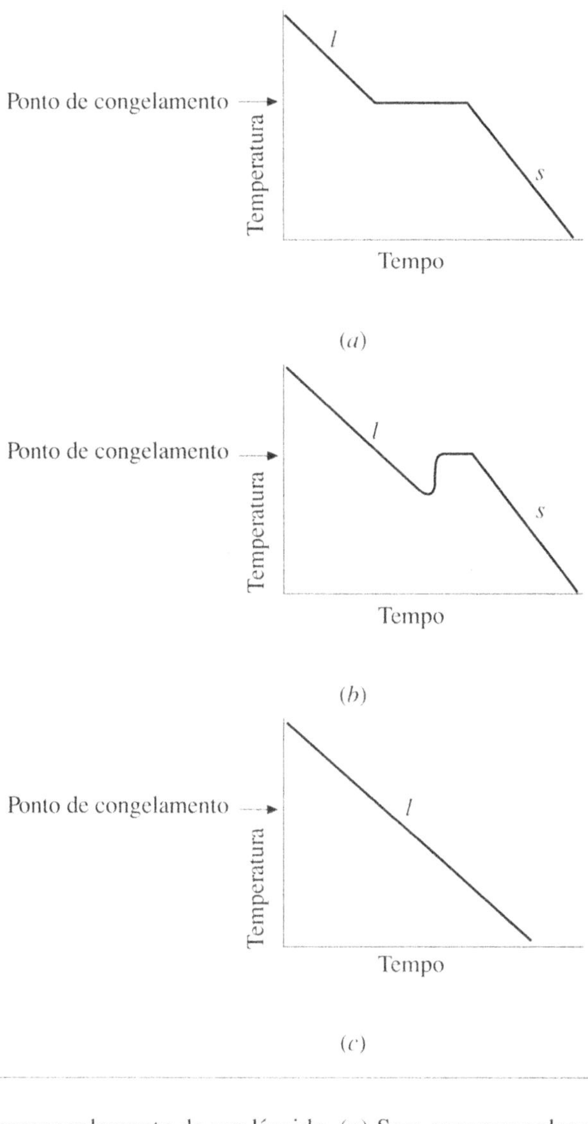

Figura 10.9 O supercongelamento de um líquido. (*a*) Sem supercongelamento. (*b*) Supercongelamento moderado. (*c*) Supercongelamento intenso.

O princípio de Le Châtelier é muito útil para se prever como os sistemas em equilíbrio respondem a vários tipos de perturbações. Todavia, não explica o mecanismo de resposta. No presente exemplo, o calor fornecido tende a aumentar a pressão de vapor do líquido, o que traz o sistema temporariamente para fora da condição de equilíbrio, pois a velocidade de evaporação excede a velocidade de condensação. O resultado é uma transferência global das moléculas do líquido para a fase gasosa, o que significa que a pressão do gás aumenta. Esta, por sua vez, ocasiona um aumento na velocidade de condensação, até que finalmente (Figura 10.10*c*) as duas velocidades se igualam novamente. O equilíbrio é restabelecido em uma condição onde a temperatura e a pressão são maiores. A remoção de calor do sistema mostrado na Figura 10.10 produz a resposta justamente oposta: o sistema compensa parcialmente a perturbação produzindo calor. Isto ocorre pela conversão de parte do gás em líquido, um processo exotérmico. Em outras palavras, o equilíbrio

$$\text{calor} + \text{líquido} \rightleftharpoons \text{gás}$$

desloca-se para a esquerda, e o calor liberado minimiza o decréscimo na temperatura. Devido ao gás ser convertido em líquido, ocorre uma diminuição na pressão. Assim, o sistema final se constitui de mais líquido e menos gás nas condições de temperatura e pressão menores.

Comentários Adicionais

É importante alertar que as expressões "para a esquerda" e "para a direita" não possuem significado, a menos que estejam se referindo a uma específica equação de equilíbrio escrita (ou compreendida). A equação acima pode ser muito bem escrita como

$$\text{gás} \rightleftharpoons \text{calor} + \text{líquido}$$

Nos termos desta equação, o fornecimento de calor desloca o equilíbrio para a esquerda, porque agora esta é a direção mostrada para a reação endotérmica. "Direita" e "esquerda" se referem a uma equação específica, mas não a um sistema.

EQUILÍBRIO LÍQUIDO-GÁS E VARIAÇÕES DE PRESSÃO

A seguir, considere a situação ilustrada na Figura 10.11*a*. Um sistema líquido-gás em equilíbrio é colocado em um recipiente isolado que pode ser sujeito a variações de pressão, movimentando o êmbolo (não pode haver troca de calor entre o sistema e o ambiente, porém o volume pode ser alterado). Repentinamente, o êmbolo é empurrado (Figura 10.11*b*), fazendo com que a pressão aumente. De acordo com a princípio de Le Châtelier, o equilíbrio calor + líquido $\rightleftharpoons$ gás desloca-se para a esquerda porque, das duas fases, a líquida é mais compacta, e se parte do gás é convertido em líquido, o aumento de pressão é amortecido. Após o sistema retornar à condição de equilíbrio numa pressão maior (Figura 10.11*c*), mais líquido e menos gás estarão presentes e, devido à conversão de gás-para-líquido ser exotérmica, a temperatura final é maior.

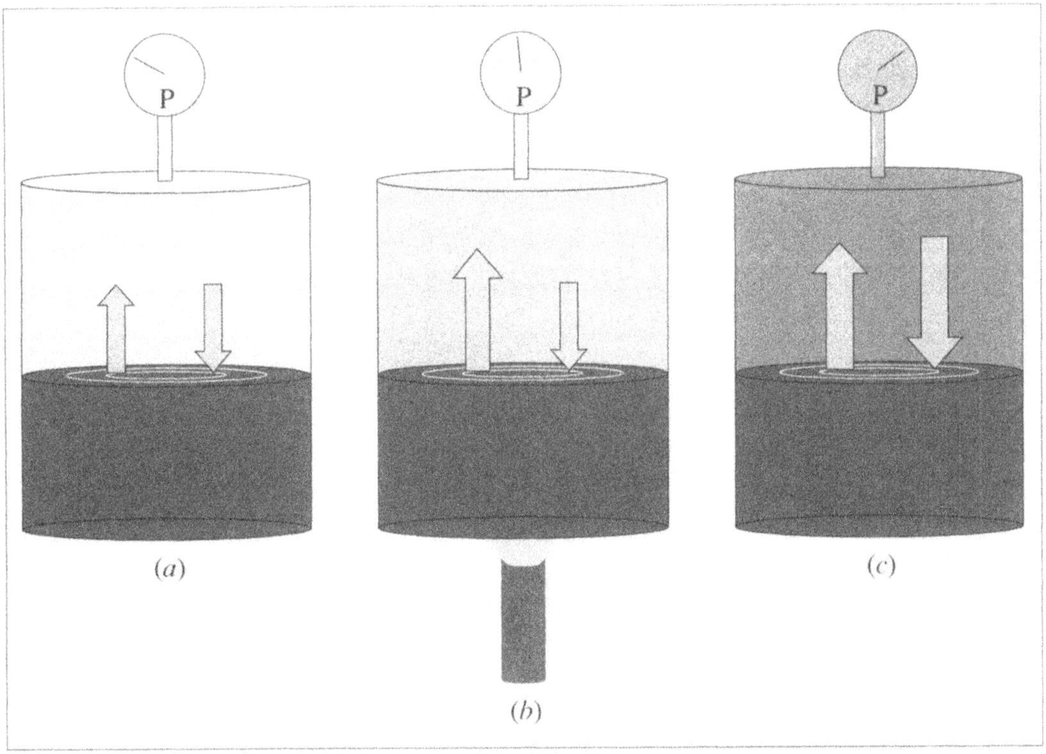

Figura 10.10 Efeito do aumento da temperatura em um sistema líquido-gás. (*a*) Antes de fornecer calor. (*b*) Fornecendo calor. (*c*) Após retornar ao equilíbrio numa temperatura mais elevada.

O mecanismo de deslocamento do equilíbrio em função do aumento na pressão pode ser explicado como segue: o aumento na pressão do gás traz o sistema temporariamente para fora de sua condição de equilíbrio, em função do aumento na velocidade de condensação. Isto faz com que parte do gás se transforme em líquido, e o calor liberado durante a condensação ocasione aumento na temperatura do sistema. Este processo, por sua vez, causa aumento na velocidade de evaporação do líquido, até que finalmente as duas velocidades se igualam novamente. O equilíbrio é restabelecido numa condição em que a pressão e a temperatura são maiores.

Puxando o êmbolo, como na Figura 10.11*a*, produz-se uma resposta oposta. Nesta condição, o equilíbrio

$$\text{calor} + \text{líquido} \rightleftharpoons \text{gás}$$

desloca-se para a direita porque a fase gasosa, menos compacta, é favorecida a uma pressão menor. À medida que o líquido evapora, calor é absorvido, fazendo com que a temperatura do sistema diminua. A conversão de parte do líquido em gás previne o decréscimo brusco da pressão, como seria esperado para um sistema incapaz de se ajustar por não se encontrar em equilíbrio.

EQUILÍBRIO SÓLIDO-LÍQUIDO E VARIAÇÕES DE TEMPERATURA

A seguir, vamos considerar a influência produzida pelo fornecimento de calor a um sistema no qual um sólido está em equilíbrio com um líquido. Como é mostrado pela equação

$$\text{calor} + \text{sólido} \rightleftharpoons \text{líquido}$$

o processo endotérmico (fusão) é favorecido pelo fornecimento de calor. Portanto, o aumento na temperatura desloca o equilíbrio para a direita, formando mais líquido, utilizando parte do calor fornecido e, assim, minimizando o aumento na temperatura. Qualquer tipo de variação posterior dependerá se o processo de absorção de calor ocorrer com a pressão ou o volume mantidos constantes. O fornecimento de calor *à pressão constante* produz uma expansão no sistema, *se a densidade do líquido for menor que a do sólido*. Este é o caso mais comum. (À pressão constante, a maioria dos sólidos se expande assim que são fundidos.) Por outro lado, se o calor for fornecido a *volume constante*, a pressão final é maior que a inicial, se a densidade do líquido for menor que a do sólido.

Se a densidade do líquido for maior que a do sólido, todas as considerações anteriores para um aumento de pressão no sistema ocorrem inversamente. (É o caso da água, que possui a propriedade incomum de se expandir quando congelada à pressão constante.) Para tais substâncias, um aumento na temperatura à pressão constante produz um decréscimo no volume. Em um volume constante, o aumento na temperatura produz um decréscimo na pressão.

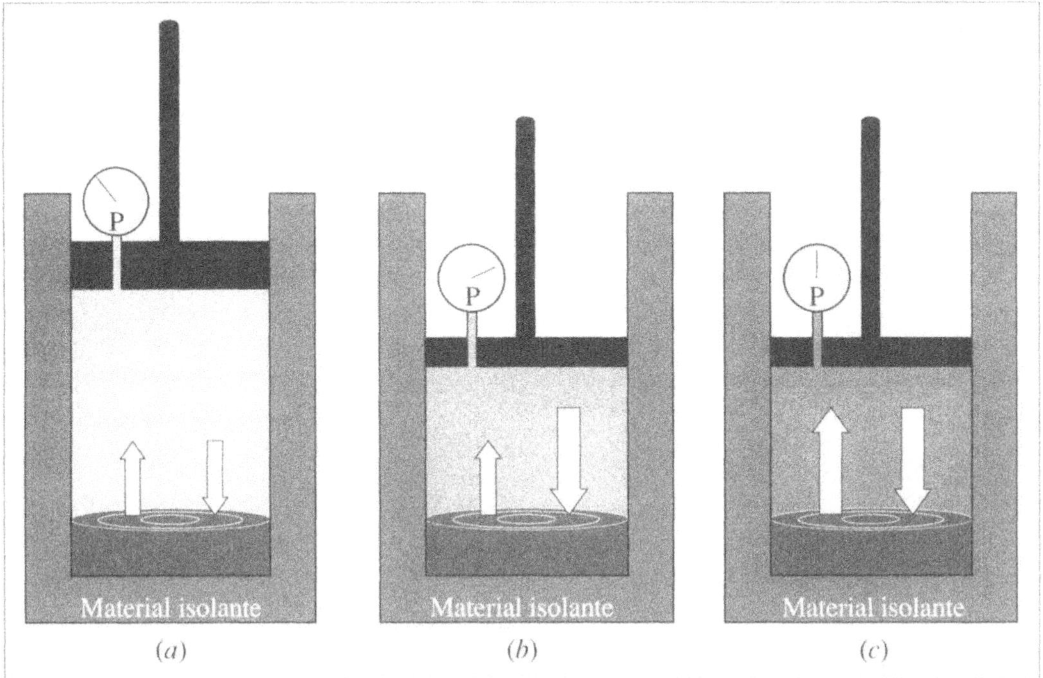

Figura 10.11 O efeito do aumento na pressão de um sistema líquido-gás. (*a*) Condição inicial de equilíbrio. (*b*) O êmbolo é repentinamente empurrado, aumentando a pressão. (*c*) O sistema retornou ao equilíbrio. A pressão é menor que em *b*, porém maior do que em *a*. A temperatura é maior do que em *a*.

EQUILÍBRIO SÓLIDO-LÍQUIDO E VARIAÇÕES DE PRESSÃO

Quando a pressão do sistema em equilíbrio

$$\text{calor} + \text{sólido} \rightleftharpoons \text{líquido}$$

é aumentada, a fase mais compacta é favorecida. Se a densidade do líquido for menor que a do sólido, o equilíbrio desloca-se para a esquerda, formando mais sólido. Pelo fato de calor ser liberado durante a solidificação, o sistema torna-se mais frio. Por outro lado, se a densidade do líquido for maior que a do sólido (como no caso da água), então um aumento na pressão favorecerá a formação do líquido, absorvendo calor e conseqüentemente aumentando a temperatura.

EQUILÍBRIO SÓLIDO-GÁS

Na Seção 10.2, discutimos sobre a evaporação de líquidos e o estado de equilíbrio líquido-gás. A transformação direta de um sólido em um gás, sua *sublimação*, é análoga à evaporação de um líquido. (Um exemplo de sublimação consiste no lento desaparecimento de neve em um período de vários dias durante os quais a temperatura nunca ultrapassa o valor de "congelamento". Um outro exemplo é a lenta sublimação das bolinhas de naftalina, constituídas de *para*-diclorobenzeno, que liberam vapores tóxicos para os insetos.) Assim como a velocidade de evaporação de um líquido pode ser acelerada por diminuição da pressão externa, a velocidade de sublimação de um sólido pode ser similarmente favorecida. (Frutas, legumes, carnes, bebidas tais como o café e as "refeições de acampamento" podem ser *congeladas a seco*, mediante diminuição inicial da temperatura bem abaixo de 0°C, sujeitando-as posteriormente ao vácuo. A água sublima rapidamente, deixando um produto desidratado que pode ser reconstituído por adição de água.)

Quando um sólido sublima no interior de um recipiente lacrado, as moléculas do gás são redepositadas na superfície do sólido, e um estado de equilíbrio é estabelecido:

$$\text{calor} + \text{sólido} \rightleftharpoons \text{gás}$$

A pressão do gás em equilíbrio com seu sólido é denominada *pressão de sublimação* do sólido. Assim como no caso de um líquido, a pressão de sublimação de um sólido aumenta com a temperatura. A curva no canto esquerdo da Figura 10.12 mostra a variação da pressão de sublimação do gelo com a temperatura. Esta curva aumenta até 0,01°C, temperatura na qual a pressão de sublimação é somente 4,58 mmHg. Este é o fim da curva, devido ao gelo não ser uma fase estável acima desta temperatura, que é chamada *temperatura do ponto triplo* (por razões que se tornarão claras brevemente).

A equação de Clausius-Clapeyron (Seção 10.3) também pode ser aplicada ao equilíbrio sólido-gás. Assim, se construirmos uma curva do logaritmo neperiano da pressão de sublimação contra o inverso da temperatura absoluta, obtemos uma linha reta, cujo coeficiente angular é igual a

$$-\frac{\Delta H_{\text{subl}}}{R}$$

onde ΔH_{subl} é o calor de sublimação do sólido.

Na Figura 10.12 também é mostrada a variação da pressão de vapor da água líquida com a temperatura. Cada uma destas curvas pode ser observada como uma série contínua de pontos representando todas as condições de temperatura-pressão, nas quais as duas fases (sólido + gás ou líquido + gás, dependendo da curva) estão em equilíbrio. Por exemplo, a água líquida e gasosa pode estar em equilíbrio somente a uma temperatura e correspondente pressão, representada por um dos pontos na curva do equilíbrio líquido-gás.

As curvas de equilíbrio líquido-gás e sólido-gás se cruzam no **ponto triplo**. Na temperatura do ponto triplo, a pressão de vapor do líquido é igual à pressão de sublimação do sólido. *No ponto triplo todas as três fases podem coexistir, cada uma em equilíbrio com as outras duas.*

PONTO CRÍTICO

Observe a curva de equilíbrio líquido-gás mostrada na Figura 10.12. No ponto final de maior temperatura, ela termina em um ponto denominado **ponto crítico**, *que é a temperatura e a pressão acima das quais desaparece a distinção entre gás e líquido.* Como isto é possível? À medida que a temperatura e a pressão de um sistema líquido-gás em equilíbrio aumentam (por adição de calor), a temperatura mais elevada aumenta a tendência de outras moléculas deixarem o líquido formando gás; porém, a pressão mais elevada tende a forçar as moléculas no gás a se aproximarem para formar um líquido. Em outras palavras, o líquido torna-se mais semelhante ao gás, e o gás mais semelhante ao líquido. À medida que o sistema se desloca ao longo da curva de equilíbrio líquido-gás em direção ao ponto crítico, todas as propriedades de cada fase se aproximam umas das outras. Quando a temperatura e a pressão atingem os seus valores de ponto crítico, as propriedades tais como densidade, índice de refração, cor, condutividade térmica e viscosidade são virtualmente idênticas nas duas fases. Finalmente, as pequenas diferenças remanescentes entre o líquido e o gás *desaparecem completamente* a uma temperatura e/ou pressão ligeiramente maiores.

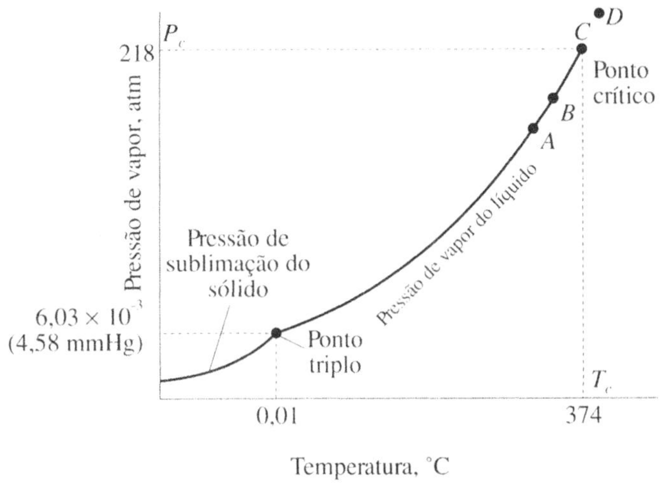

Figura 10.12 Curvas de pressão de vapor e sublimação da água (escala um tanto quanto distorcida).

A Figura 10.13 mostra variações aparentes no sistema líquido-gás em equilíbrio, à medida que calor é gradualmente fornecido próximo ao ponto crítico. Em *a*, o sistema é mostrado a uma temperatura e pressão um pouco abaixo de seus valores de ponto crítico. As fases líquida e gasosa em equilíbrio, e a interface (área superficial de contato) entre as fases pode ser observada com pequena dificuldade. Mais calor é então fornecido ao sistema, trazendo-o para perto de seu ponto crítico (*b*). Agora, a interface é menos nítida porque as duas fases são muito semelhantes com relação aos seus índices de refração e em todas as outras propriedades. O fornecimento de mais calor ainda faz com que o sistema atinja o seu ponto crítico (*c*), e agora as interfaces são tão indistinguíveis que chegam a se tornar quase invisíveis; nestas condições as duas fases são virtualmente idênticas em todas as suas propriedades. O aquecimento do sistema a partir desta fase leva o mesmo além do ponto crítico (*d*), e a interface deixa de existir, porque agora apenas uma fase está presente. (Os quatro estágios, *a, b, c* e *d* são indicados na curva da Figura 10.12.)

A temperatura no ponto crítico é chamada *temperatura crítica*, T_c. Consiste na *mais elevada temperatura na qual um gás pode ser liquefeito por aumento da pressão.* A pressão necessária para liquefazer um gás no seu ponto crítico é denominada *pressão crítica*, P_c. Acima da temperatura crítica, nenhum tipo de compressão tornará o gás líquido, porque o movimento das moléculas é muito violento para que as forças intermoleculares mantenham as moléculas unidas, como no caso de um líquido. As temperaturas críticas são muito elevadas quando as forças intermoleculares são muito intensas. A Tabela 10.3 fornece valores para as temperaturas e pressões críticas de algumas substâncias.

Temos observado as curvas pressão-temperatura para os equilíbrios sólido-gás e líquido-gás na água (Figura 10.11). E sobre as condições de equilíbrio dos estados sólido e líquido da água? Na Figura 10.14, a curva de equilíbrio sólido-líquido foi introduzida nas curvas anteriores. Esta curva foi elaborada com base em todos os valores de temperatura e pressão nos quais o equilíbrio de fusão-congelamento torna-se possível. A inclinação desta curva para a esquerda indica que o ponto de congelamento (ou de fusão) da água *diminui* com *aumento da pressão*. Como já mencionamos, a água é uma das poucas substâncias que mostra este comportamento. A Figura 10.14 é um exemplo de um **diagrama de fases**.

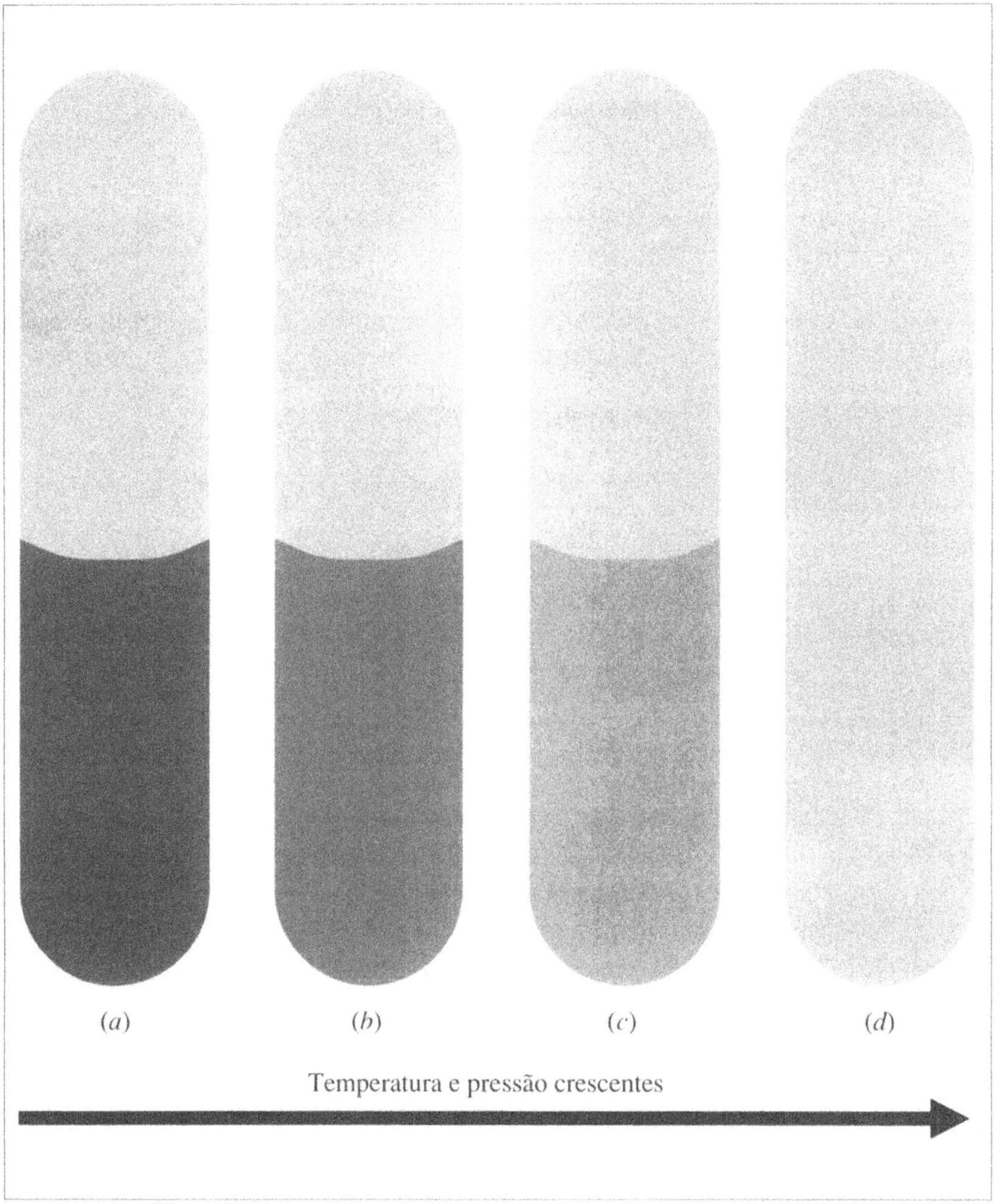

Figura 10.13 Comportamento próximo ao ponto crítico. (*a*) Abaixo do ponto crítico. (*b*) Muito próximo ao ponto crítico. (*c*) No ponto crítico. (*d*) Além do ponto crítico. (Ver também Figura 10.12.)

Tabela 10.3 Valores de temperatura e pressão no ponto crítico para algumas substâncias.

Substância	*Temperatura crítica, K*	*Pressão crítica, atm*
He	5	2,3
H_2	33	12,8
N_2	126	33,5
O_2	154	49,7
CO_2	304	72,8
HCl	325	81,5
NH_3	406	111,3
Cl_2	417	76,1
H_2O	647	218,3
Hg	1735	1036,0

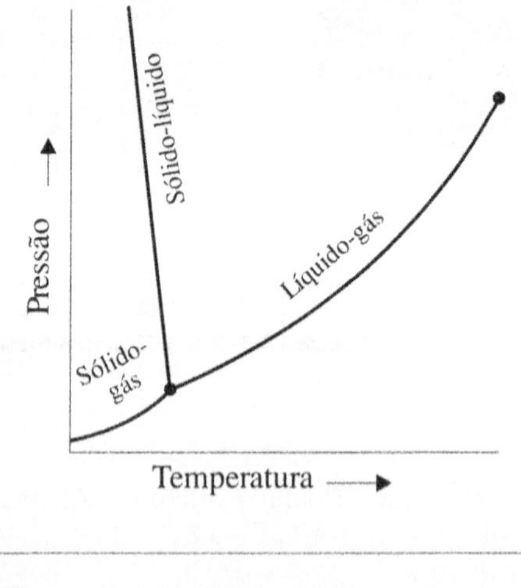

Figura 10.14 Condições para o equilíbrio de fases na água (sem escala).

OUTROS EQUILÍBRIOS DE FASE

Muitas substâncias exibem mais de uma fase sólida, e os princípios que estamos desenvolvendo podem ser utilizados para se prever como um sistema sólido-sólido em equilíbrio responde a uma variação na temperatura e pressão. Como anteriormente, o aumento na temperatura favorece o processo endotérmico, e o aumento na pressão favorece a formação da fase mais compacta. À medida que as densidades próprias e os calores de transição são conhecidos, o princípio de Le Châtelier pode ser usado para se prever os efeitos das variações de temperatura e pressão, não somente nestes sistemas, mas também em sistemas semelhantes em equilíbrio.

10.7 DIAGRAMAS DE FASES

O diagrama de fase para a água foi mostrado na Figura 10.14. Um diagrama de fases de um componente como este mostra as condições sobre as quais uma fase simples é estável e aquelas sobre as quais duas ou mais fases podem estar em equilíbrio entre si. Tais diagramas podem ser construídos para sistemas com mais de um componente, onde outras variáveis além da temperatura e pressão podem algumas vezes ser utilizadas, mas consideraremos aqui somente os diagramas de fases temperatura-pressão para sistemas de um único componente.

ÁGUA

Cada *área* (entre as linhas) em um diagrama de fase representa todas as condições de pressão e temperatura nas quais somente *uma fase* é estável. (Cada ponto na área representa um valor simples de pressão e temperatura.) Cada *linha* representa as condições de temperatura e pressão nas quais *duas fases* podem se encontrar em equilíbrio. A intersecção das *três linhas* em um ponto singular (um *ponto triplo*) representa os *únicos* valores de pressão e temperatura nos quais três fases específicas podem estar em equilíbrio. Na Figura 10.15, observamos novamente o diagrama de fase para a água, neste momento com duas regiões entre as linhas no diagrama indicadas por diferentes colorações de fundo. A linha horizontal a 1 atm nos conduz à localização dos pontos de ebulição e fusão normais da água. O ponto de fusão normal T_f é a temperatura na qual a água sólida e líquida coexistem em equilíbrio a uma pressão de 1 atm. No diagrama de fase este é o ponto no qual a curva de equilíbrio sólido-líquido cruza a linha de 1 atm. Similarmente, o ponto de ebulição normal T_e é a temperatura na qual a curva de equilíbrio líquido-gás cruza a linha de 1 atm. Observe que a curva sólido-líquido para a água é quase uma linha reta e está inclinada para a esquerda. (Esta inclinação foi exagerada nas Figuras 10.14 e 10.15; o ponto triplo da água está apenas 0,01°C acima do ponto de ebulição normal.)

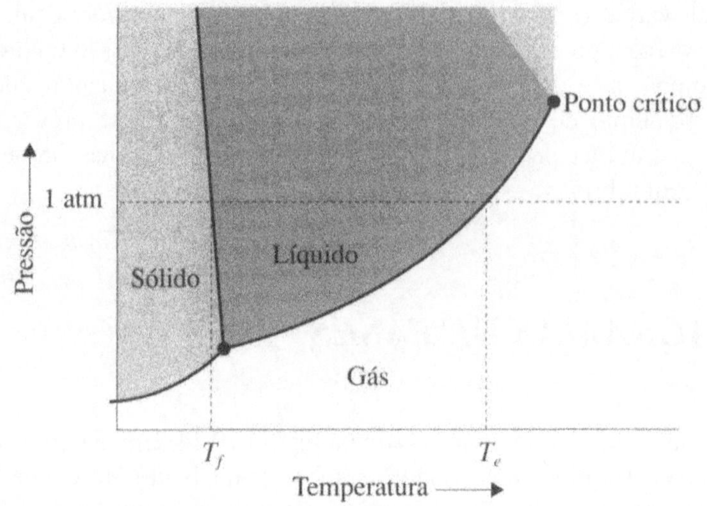

Figura 10.15 Diagrama de fases da água (sem escala). A curva de equilíbrio líquido-gás termina no ponto crítico devido ao desaparecimento das diferenças entre líquido e gás em valores mais elevados de pressão e temperatura.

No diagrama de fases para qualquer substância, a região do líquido é nitidamente separada da região do gás somente em temperaturas abaixo da temperatura crítica e a pressões abaixo da pressão crítica. No canto superior direito do diagrama, ou seja, a valores elevados de temperatura e pressão, a área do líquido é contínua com a área do gás. Nesta região, a distinção entre gás e líquido não existe mais (ver Seção 10.6). *O princípio da continuidade de estados* afirma que não é sempre possível classificar um fluido como um líquido ou um gás.

Os diagramas de fases podem ser usados para acompanhar variações de pressão e temperatura nas substâncias. Observe o ponto *A* na Figura 10.16. Nesta temperatura e pressão, a água é sólida. Agora, suponha que nós forneçamos calor vagarosamente ao gelo enquanto mantemos a pressão constante. Assim que isto ocorre no diagrama de fase, o ponto representando o sistema se move horizontalmente para a direita, à medida que a temperatura aumenta. Quando o ponto *B* é atingido, o sólido começa a fundir-se (*B* nos dá o ponto de fusão nesta pressão). O sistema permanece em *B* até que o sólido tenha fundido, e então prossegue em seu deslocamento para a direita. (Todo o gelo deve fundir-se antes que a temperatura possa aumentar.) Assim que o ponto representando a condição do sistema passa através do ponto *C*, somente a fase líquida está presente, e sua temperatura está aumentando. No ponto *D*, a curva de equilíbrio líquido-gás é alcançada, e o líquido começa a ebulir. A temperatura permanece constante no ponto de ebulição até que o líquido desapareça, e só então o sistema pode deslocar-se mais para a direita, ou seja, para maiores temperaturas. No ponto E, o sistema consiste em um gás na mesma pressão do início, porém numa temperatura mais elevada.

O que acontece ao gelo quando sua pressão é aumentada (por decréscimo de seu volume) à temperatura constante? Partindo do ponto *F* na Figura 10.16, o ponto representando o sistema move-se verticalmente no diagrama de fase até alcançar o ponto *G* na curva de equilíbrio sólido-líquido. Agora, o sólido começa a fundir-se. (Observe que isto não aconteceria se a curva estivesse inclinada para a direita.) No ponto *G*, a diminuição do volume não resulta mais em um aumento da pressão, enquanto houver sólido presente. Após todo o sólido ter-se fundido, a pressão aumenta novamente. No ponto *H*, o sistema consiste em um líquido na mesma temperatura do início, porém a uma pressão mais elevada.

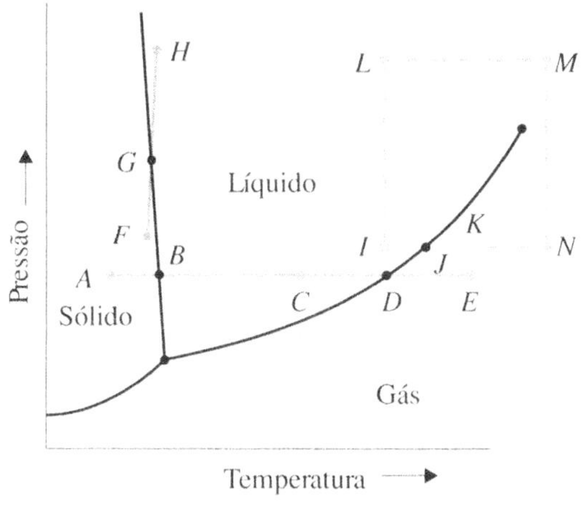

Figura 10.16 Mudanças de fase na água.

Considere agora a transformação de água líquida em um gás no ponto *I* à mesma pressão, mas numa temperatura mais alta (ponto *K*). Isto pode ser feito por vários modos; um deles consiste em ir diretamente ao ponto *K* aumentando a temperatura à pressão constante. No ponto *J*, a ebulição ocorre e, após a conversão total do líquido em gás, a temperatura aumenta até o valor em *K*. Um segundo modo de mover o sistema do ponto *I* ao ponto *K* no diagrama de fase envolve o percurso delineado pela linha tracejada *ILMNK* em torno do ponto crítico. O segmento *IL* representa um aumento na pressão à temperatura constante; *LM* corresponde a um aumento na temperatura à pressão constante; *MN*, um decréscimo na pressão à temperatura constante; e, finalmente, *NK*, um decréscimo na temperatura à pressão constante. Quando este caminho for percorrido, o líquido pode ser convertido a um gás *sem ebulir*. (O caminho percorrido pelo sistema nunca atravessa a curva de equilíbrio líquido-gás no diagrama de fase.) Este processo é possível devido à continuidade dos estados líquido e gasoso.

ÁGUA: DIAGRAMA DE FASES A ALTA PRESSÃO

Como mencionamos anteriormente, muitas substâncias exibem mais de uma fase sólida. (Uma substância pura, o hélio, exibe duas fases líquidas, e nenhuma substância demonstra mais de uma fase gasosa.) Diferentes fases sólidas exibem diferentes estruturas cristalinas. As transformações de uma fase sólida em outra são com freqüência muito lentas, mas, por outro lado, são comuns. As substâncias que exibem mais de uma fase sólida são chamadas *polimórficas*.

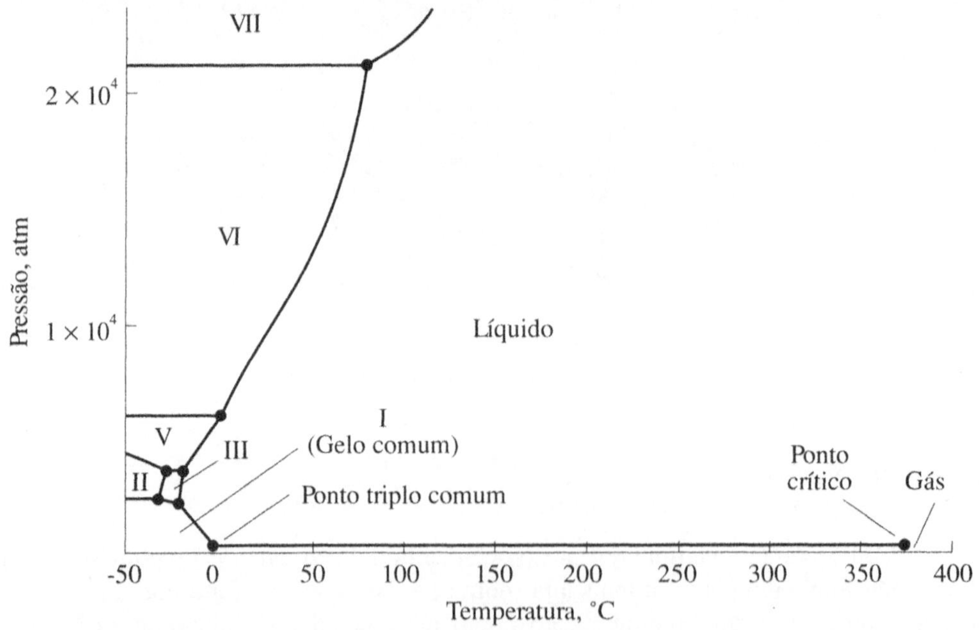

Figura 10.17 Diagrama de fases a alta pressão para a água.

A água é polimórfica, exibindo no mínimo oito diferentes formas sólidas, cada uma com sua estrutura cristalina única. A Figura 10.17 mostra o diagrama de fase para a água expandido para valores de pressão elevados. Mostra as áreas representando as condições sob as quais existem gelos dos tipos I (gelo comum), II, III, V, VI e VII. (Pensou-se uma vez que havia uma outra fase sólida estável, denominada gelo IV na ocasião, mas sua existência não foi comprovada.) Para colocar os dados de altas pressões de vapor neste diagrama de fase, tornou- se necessário comprimir de tal modo a escala vertical que a curva de equilíbrio líquido-gás parece estar quase sobre o eixo horizontal, e a curva de equilíbrio sólido-gás nem pode ser vista.

Observe que de todas as curvas de equilíbrio sólido-líquido, somente a curva gelo I-líquido se inclina para a esquerda. O gelo I é a única fase sólida da água que é menos densa que o líquido. As outras são mais densas, e , de acordo com o princípio de Le Châtelier, seus pontos de fusão irão aumentar com o aumento de pressão. Um cubo de gelo constituído por um destes tipos de gelo irá afundar em água líquida.

DIÓXIDO DE CARBONO

O diagrama de fases para o CO_2 a baixas pressões, mostrado na Figura 10.18, é característico para a maioria das substâncias. Neste, a curva de equilíbrio inclina-se para a direita, que é o caso normal, uma vez que a maioria dos líquidos são menos densos que seus sólidos.

Observe que a pressão do CO_2 no ponto triplo é maior que 1 atm. Isto significa que o CO_2 líquido não pode existir estavelmente nesta pressão. Portanto, a 1 atm de pressão, nem a fusão nem a ebulição podem ocorrer como um processo de equilíbrio. Conseqüentemente, o dióxido de carbono não tem pontos de fusão e ebulição *normais*. Todavia, o CO_2 pode sublimar a qualquer pressão abaixo de 5,1 atm, a pressão no ponto triplo. Em 1 atm a temperatura de sublimação do gelo seco é de −78,2°C. O CO_2 é geralmente armazenado como um líquido em cilindros e tanques pressurizados. O dióxido de carbono sólido é chamado *gelo seco*, sendo que o termo "seco" refere-se ao fato de que na pressão atmosférica ele não se funde.

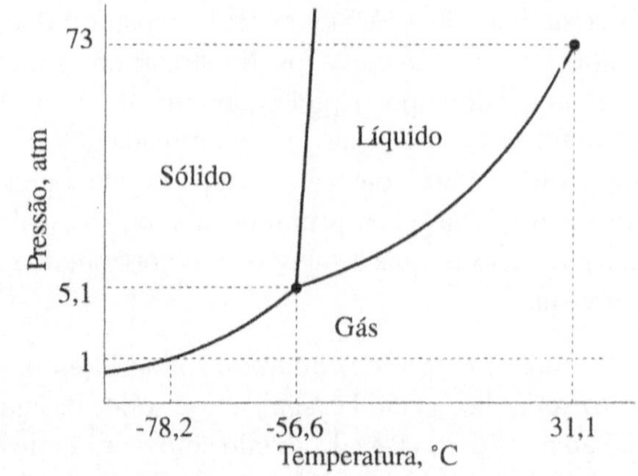

Figura 10.18 Diagrama de fases para o dióxido de carbono (sem escala).

RESUMO

Muitas das propriedades dos *líquidos* são intermediárias entre as dos sólidos e as dos gases. Isto é uma conseqüência do fato de no líquido as moléculas estarem quase tão próximas quanto nos sólidos, porém estão livres para se moverem de um local para o outro devido a não estarem presas dentro de um retículo cristalino.

Os líquidos *evaporam* e, ao fazê-lo, tornam-se mais frios; durante a evaporação, as moléculas mais rápidas tendem a se perder na superfície de um líquido, o que diminui a energia cinética média das moléculas remanescentes na fase líquida. Quando um líquido evapora dentro de um recipiente fechado, um estado de *equilíbrio* dinâmico é estabelecido, no qual a velocidade de evaporação é igual à velocidade de condensação. A pressão de um gás em equilíbrio com seu líquido é chamada *pressão de vapor* do líquido. A pressão de vapor de um líquido aumenta com a temperatura, um aumento descrito quantitativamente pela *equação de Clausius-Clapeyron*, que relaciona temperatura, pressão de vapor e calor de vaporização. O *calor de vaporização molar*, ΔH_{vap}, de um líquido é a quantidade de calor necessária para evaporar um mol. $\Delta H_{cond} = -\Delta H_{vap}$, onde ΔH_{cond} é o *calor de condensação molar*. O *ponto de ebulição* de um líquido é a temperatura na qual sua pressão de vapor torna-se igual à pressão atmosférica. Mesmo sendo aquecido até o seu ponto de ebulição, um líquido pode não ebulir imediatamente, e como resultado a sua temperatura pode aumentar acima do ponto de ebulição, um fenômeno conhecido como *superaquecimento*.

O *ponto de congelamento* de um líquido é a temperatura na qual as fases sólida e líquida podem estar em equilíbrio. O *calor de fusão molar* de um sólido, ΔH_{fus}, é a quantidade de calor necessária para fundir um mol, e $\Delta H_{crist} = -\Delta H_{fus}$, onde ΔH_{crist} é o *calor de cristalização molar*. Um líquido pode em alguns casos ser congelado abaixo de seu ponto de congelamento; ou seja, ele pode ser *supercongelado*. Líquidos altamente supercongelados são denominados *vidros* ou *sólidos amorfos*, e se assemelham a sólidos verdadeiros devido aos baixos valores de energia cinética de suas moléculas.

Um modo de estudar as *mudanças de estado* envolve as *curvas de aquecimento* ou *congelamento*, nas quais a temperatura é considerada em relação ao tempo, e as variações e constância dos valores da temperatura podem ser relacionadas com o fornecimento ou remoção de calor, e com as variações decorrentes das energias potencial e cinética das moléculas.

O *princípio de Le Châtelier* estabelece que um sistema em equilíbrio tende a responder a uma perturbação efetuada sobre o mesmo de modo a reduzir o efeito causado. Este princípio é bastante útil para se prever os efeitos de várias perturbações em um sistema em equilíbrio. Embora neste capítulo tenhamos mostrado as suas aplicações somente a equilíbrios físicos, veremos mais adiante a sua aplicação em equilíbrios químicos.

Um *diagrama de fases* de um componente consiste em um gráfico que resume as relações de fases exibidas por uma substância. Em um diagrama deste tipo, uma área entre as curvas representa as condições de pressão e temperatura sob as quais uma fase específica é estável, as curvas representam os valores de pressão e temperatura nas quais duas fases podem existir em equilíbrio, e um ponto formado pela intersecção das curvas representa uma condição de temperatura-pressão singular, na qual três fases podem existir em equilíbrio.

PROBLEMAS

Líquidos

10.1 Compare e diferencie as propriedades dos líquidos das dos gases e sólidos.

10.2 Você esperaria que a tensão superficial de um líquido aumente ou diminua com aumento na temperatura? Justifique.

10.3 Explique por que o álcool produz um efeito congelante na pele maior do que a água.

10.4 Quando álcool é colocado dentro de um béquer na temperatura ambiente, a velocidade de evaporação decresce com o tempo. Justifique.

10.5 Ordene os seguintes compostos em ordem crescente de seus pontos de ebulição normais, e justifique a sua resposta: CH_3OH, C_2H_5OH, C_3H_7OH.

10.6 Considerando que a molécula de tetracloreto de carbono é apolar, explique por que o CCl_4 possui um ponto de ebulição normal mais alto que o do clorofórmio, $CHCl_3$.

10.7 Vê-se a água ebulir freqüentemente com mais suavidade em um velho béquer do que em um novo. Explique.

10.8 Por que uma pedrinha de ebulição evita projeções de um líquido em ebulição?

10.9 Pequenos cristais de carbeto de silício, uma substância muito dura, são com freqüência efetivos como pedras de ebulição, a despeito do fato de não serem porosos. Explique.

10.10 O que é um vidro? Como pode ser demonstrado que um vidro possui a estrutura interna de um líquido?

Pressão de Vapor

10.11 Considere um líquido com uma pressão de vapor que aumenta com temperatura crescente, passa por um máximo, e então decresce. O que isto lhe diz com relação ao calor de vaporização molar do líquido? Isto é razoável? Explique.

■ **10.12** O calor de vaporização molar da água a temperaturas próximas de seu ponto de ebulição normal é 40,7 kJ mol^{-1}. Se a pressão de vapor da água é 526 mmHg a 90°C, qual será o seu valor a 110°C?

10.13 O calor de vaporização molar do benzeno é 31,2 kJ mol^{-1}. Se o seu ponto de ebulição normal é 80,1°C, em que temperatura o benzeno irá ebulir, se a pressão for igual a 455 mmHg ?

■ **10.14** A pressão atmosférica no topo do monte Everest é algumas vezes mais baixa que 250 mmHg. Qual é o ponto de ebulição da água neste local e nesta pressão? (Utilize o valor de 40,7 kJ mol^{-1} para o calor de vaporização da água.)

Equilíbrio Sólido-Líquido

10.15 Explique o fato de a temperatura de um líquido supercongelado aumentar quando ocorre a solidificação.

10.16 Explique o fato de que, embora a temperatura de um líquido supercongelado aumente à medida que este congela, esta nunca ultrapassa o ponto de fusão.

10.17 Que relação aproximada você esperaria existir entre as velocidades de sublimação, vaporização e fusão?

10.18 Os pontos de congelamento não são tão sensíveis às variações de pressão como os pontos de ebulição. Explique.

Mudanças de Estado

10.19 Esquematize uma curva típica para o congelamento gás-líquido-sólido. Indique o que ocorre à: (a) energia cinética e (b) energia potencial das moléculas durante cada intervalo de tempo na curva.

10.20 Esquematize uma curva de congelamento para cada um dos seguintes casos: (a) um líquido que congela sem supercongelar, (b) um líquido que congela após uma pequena fase de supercongelamento, (c) um líquido que congela após um supercongelamento intenso, (d) um líquido que congela para formar um vidro.

10.21 Quando um líquido se cristaliza, suas moléculas tornam-se limitadas, ligadas a locais específicos no retículo cristalino. Como você poderia relacionar isto com o fato de não haver decréscimo na energia cinética molecular média, durante o processo de congelamento?

10.22 Por que a pele se queima mais intensamente com vapor do que com água líquida, mesmo quando ambos estão na mesma temperatura?

■ **10.23** A pressão de sublimação do ácido benzóico é 1,17 mmHg a 100°C e 593 mmHg a 200°C. Faça uma estimativa para o calor de sublimação molar do ácido benzóico.

10.24 Defina temperatura crítica e pressão crítica. Como estão relacionadas ao princípio da continuidade dos estados e à intensidade das forças intermoleculares?

Princípio de Le Châtelier

10.25 Explique nos termos do princípio de Le Châtelier por que o ponto de ebulição de um líquido aumenta com a temperatura.

10.26 Explique nos termos do princípio de Le Châtelier por que os pontos de fusão de alguns sólidos aumentam com a pressão, enquanto os de outros sólidos decrescem.

10.27 Pode a temperatura de um equilíbrio sólido-gás diminuir com o aumento de pressão? Explique nos termos do princípio de Le Châtelier.

10.28 Um recipiente isolado de volume fixo contém água líquida e gasosa em equilíbrio a 90°C. Comente o que irá ocorrer com a pressão e temperatura do sistema se (a) mais água líquida a 90°C for adicionada, (b) parte do vapor de água for removido, (c) um gás inerte a 90°C for adicionado.

10.29 Um recipiente isolado de volume constante contém água sólida e líquida a 0°C. O que ocorre com a pressão e a temperatura do sistema se (a) mais sólido for adicionado, (b) mais líquido for adicionado, (c) um sólido de substância inerte for adicionado?

Diagramas de Fases

10.30 Uma amostra contendo água encontra-se em seu ponto de congelamento normal. Após ter aumentado a pressão à temperatura constante, que fase está presente?

10.31 Uma amostra de dióxido de carbono encontra-se em seu ponto triplo. Após a pressão ter sido aumentada à temperatura constante, que fase está presente?

10.32 Se gelo for aquecido a uma velocidade constante, como pode a curva de aquecimento apresentar vários intervalos de temperatura constante, se a pressão for mantida constante (a) a 1 mmHg? (b) a 400 mmHg? (c) a 400 atm?

10.33 Um determinado sólido pode existir em duas diferentes formas cristalinas a 1 atm.(a) Esboce um esquema para o diagrama de fase pressão-temperatura para esta substância. (b) Esboce a curva de aquecimento para esta substância, considerando que a pressão crítica é maior que 1 atm. (c) Como poderia a sua curva diferir se a pressão estivesse abaixo de 1 atm?

10.34 Tem-se observado que quando água líquida é colocada em um frasco, no qual rapidamente se faz um vácuo, parte da água congela antes de ter sido totalmente evaporada. Explique.

10.35 Qual é o ponto de fusão mais elevado do gelo I? Qual é o menor ponto de congelamento possível do dióxido de carbono?

10.36 A naftalina tem uma pressão de sublimação de $1{,}70 \times 10^{-2}$ mmHg a 10°C e $5{,}37 \times 10^{-2}$ mmHg a 21°C. Calcule o calor de sublimação molar da naftalina.

PROBLEMAS ADICIONAIS

10.37 A pressão de vapor do clorofórmio é 10 mmHg a –30°C e 100 mmHg a 10°C. Calcule o calor de vaporização molar deste composto.

■ **10.38** Faça uma estimativa do calor de vaporização molar de um composto cuja pressão de vapor é dobrada quando a temperatura for aumentada de 120 para 130°C.

10.39 Quando o logaritmo da pressão de vapor de um determinado líquido é colocado contra o inverso de uma ampla faixa de temperatura, o gráfico resultante é uma linha reta. Explique.

10.40 A pressão de vapor do composto A é menor que a do composto B a 25°C, porém a 50°C torna-se mais alta. Compare qualitativamente os calores de vaporização de A e B e justifique sua resposta.

10.41 O composto 2,4,6 trinitrotolueno (TNT) possui uma pressão de sublimação de $1{,}61 \times 10^{-4}$ mmHg a 50°C e um calor de sublimação molar de 118 kJ mol^{-1}. Calcule a pressão de sublimação do TNT a 140°C.

10.42 Qual substância exibirá um maior efeito evaporativo congelante: uma com alta temperatura crítica ou outra com uma temperatura crítica baixa?

10.43 Um recipiente isolado de volume constante contém somente gelo e água líquida a 0°C e 1 atm. O que acontecerá às pressão e temperatura do sistema se: (a) For adicionada uma pequena quantidade de substância sólida inerte ao recipiente a 0°C? (b) For adicionada uma pequena quantidade de gelo a 0°C? (c) For adicionada uma pequena quantidade de água líquida a 0°C? (d) For fornecida uma pequena quantidade de calor ao sistema?

10.44 Se estiver acima de seus valores de temperatura e pressão críticas, um fluido se comportará mais como um gás ou como um líquido? Explique.

10.45 De modo a existir um ponto crítico sólido-líquido para uma substância, como deveria apresentar-se o seu diagrama de fase?

10.46 Esboce um diagrama de fases para a seguinte substância: a densidade do líquido é menor que a do sólido, o ponto de fusão normal é 50°C, o ponto de ebulição normal é 200°C, e a pressão do ponto triplo é de 0,1 atm. Calcule os pontos de congelamento e ebulição a 0,5 atm.

10.47 Vapor de água a $1{,}0 \times 10^{-3}$ atm e –0,10°C é lentamente comprimido à temperatura constante até que a pressão final seja de 100 atm. Descreva todas as variações possíveis.

10.48 Esboce um diagrama de fases para o seguinte composto: a substância pode exibir duas formas sólidas distintas, I e II, ambas mais densas que o líquido. O sólido I é a fase estável a pressões mais baixas, e se funde a 20°C abaixo de sua própria pressão de sublimação a 10 mmHg. Os sólidos I, II e o líquido estão em equilíbrio a 50°C e 1000 atm. A temperatura de transição I–II decresce com aumento na pressão. O ponto de ebulição normal é igual a 120°C, e o ponto crítico é 280°C e 30 atm.

Capítulo 11

SOLUÇÕES

TÓPICOS GERAIS

11.1 PROPRIEDADES GERAIS DAS SOLUÇÕES

11.2 TIPOS DE SOLUÇÕES
Soluções gasosas
Soluções líquidas
Soluções sólidas

11.3 UNIDADES DE CONCENTRAÇÃO
Fração molar
Percentagem molar
Molaridade
Molalidade
Percentagem em massa

11.4 SOLUBILIDADE
O mecanismo de dissolução
A água e as ligações de hidrogênio
Saturação e solubilidade – Solutos não-dissociáveis
Saturação e solubilidade – Solutos dissociáveis
Calor de solução
Solubilidade e temperatura
Solubilidade e pressão

11.5 PROPRIEDADES COLIGATIVAS
O abaixamento da pressão de vapor
A lei de Raoult
A elevação do ponto de ebulição
A diminuição do ponto de congelamento
Pressão osmótica
Osmose reversa

11.6 ELETRÓLITOS
Dissociação
A dissociação de eletrólitos iônicos
A dissociação de eletrólitos moleculares
As forças dos eletrólitos
Equilíbrio e grau de dissociação
Ácidos, bases e sais
Hidratação de íons

As propriedades de uma mistura são uma combinação das propriedades individuais de seus componentes. Por exemplo: uma mistura de areia e sal exibe as propriedades de ambos: areia e sal. Em contraste, as propriedades de uma mistura homogênea, uma solução, podem não estar relacionadas simplesmente com aquelas dos seus componentes individuais. Sendo assim, o ponto de congelamento da água salgada é menor que aquele do sal puro ou da água pura. Em resumo, como a água salgada não é uma substância pura, ela congela num intervalo de temperaturas. Neste capítulo, focalizamos a nossa atenção na natureza das soluções e em como suas propriedades e concentrações estão relacionadas.

11.1 PROPRIEDADES GERAIS DAS SOLUÇÕES

Algumas vezes uma mistura pode ser identificada como uma solução por uma mera inspeção visual. Se diferentes fases podem ser vistas a olho nu ou por meio de um microscópio, a mistura é heterogênea e não é uma solução; se somente uma fase está presente, então, é uma solução. Contudo, a distinção entre misturas homogêneas e heterogêneas por meio visual é algumas vezes difícil ou impraticável, especialmente quando o tamanho das partículas é extremamente pequeno.

Um método de laboratório comumente usado para decidir quando a mistura é homogênea ou heterogênea baseia-se na medida da temperatura de mudança de fase. Por exemplo, uma curva de aquecimento obtida de uma mistura heterogênea de dois componentes sólidos apresenta dois patamares de temperatura, em intervalos durante os quais a temperatura permanece constante na temperatura de fusão característica de cada componente. (Ver Figura 11.1*a*.) Em comparação, pelo fato de o ponto de fusão de uma solução sólida, (ver abaixo) aumentar gradualmente com o progresso da fusão, a curva de aquecimento e ponto de fusão de uma solução sólida apresenta uma *quebra* (mudança de inclinação) quando a fusão inicia e outra quebra quando esta termina (Figura 11.1*b*). Se a temperatura de mudança de fase de uma substância, tal como este ponto de fusão, varia com o prosseguimento da mudança de fase, isto é uma boa evidência de que a substância é uma solução.

11.2 TIPOS DE SOLUÇÕES

As soluções podem ser classificadas quanto ao seu estado físico: sólido, líquido ou gasoso. Exemplos de vários modos de preparação de soluções de dois componentes em cada um dos três estados são resumidos na Tabela 11.1.

Tabela 11.1 Tipos de soluções.

Tipos de soluções	*Exemplo*
Gás	
Gás dissolvido em gás	Oxigênio dissolvido em nitrogênio
Líquido dissolvido em gás	Clorofórmio dissolvido em nitrogênio (vaporizado)
Sólido dissolvido em gás	Gelo seco dissolvido em nitrogênio (sublimado)
Líquido	
Gás dissolvido em líquido	Dióxido de carbono dissolvido em água
Líquido dissolvido em líquido	Etanol (álcool de cereais) dissolvido em água
Sólido dissolvido em líquido	Açúcar dissolvido em água
Sólido	
Gás dissolvido em sólido	Hidrogênio dissolvido em paládio
Líquido dissolvido em sólido	Mercúrio dissolvido em ouro
Sólido dissolvido em sólido	Cobre dissolvido em níquel

SOLUÇÕES GASOSAS

Não é possível preparar uma mistura heterogênea de dois gases porque todos os gases misturam-se uniformemente um com o outro em qualquer proporção. Solução gasosas têm a estrutura tipicamente de todos os gases. (As moléculas estão distantes umas das outras e encontram-se em movimento rápido e caótico, colidindo freqüentemente entre si e com as paredes do recipiente.) A única diferença entre uma solução gasosa e um gás puro é que em uma solução as moléculas não são todas iguais. Ar, solução gasosa com a qual temos o maior contato, é composto primariamente de O_2 (78% em volume), N_2 (21%) e Ar (1%), com pequenas concentrações de CO_2, H_2O, Ne, He e dúzias de outras substâncias em níveis muitos baixos.

SOLUÇÕES LÍQUIDAS

Soluções líquidas possuem arranjo molecular típico de um líquido puro: as partículas encontram-se dispostas próximas umas às outras, ainda apresentando uma certa ordem. Diferente de um líquido puro, entretanto, uma solução líquida é composta de diferentes partículas.

A maior parte deste capítulo é dedicada às propriedades de soluções líquidas, com ênfase especial às soluções aquosas, nas quais o componente que se encontra em maior quantidade é a água.

SOLUÇÕES SÓLIDAS

Dois tipos de soluções sólidas são freqüentes. A *solução sólida substituinte* exibe uma estrutura cristalina que tem regularidade estrutural, mas na qual a estrutura foi feita ao acaso ou pela existência de partículas diferentes ocupando os pontos do retículo. Por exemplo, misturas de cloreto de potássio e brometo de potássio separados em KCl puro para KBr puro podem ser cristalizadas a partir de soluções aquosas. Para cada composição intermediária, uma única fase cristalina é formada, mas apresenta íons Cl^- e Br^- preferencialmente distribuídos nos sítios dos ânions. Os raios do Cl^- e Br^- são próximos o bastante para permitir permuta de um pelo outro. Similarmente, íons de I^- podem ser incorporados na estrutura cristalina de AgBr pela substituição de íons Br^-, mas neste caso somente 70% de íons Br^- podem ser substituídos.

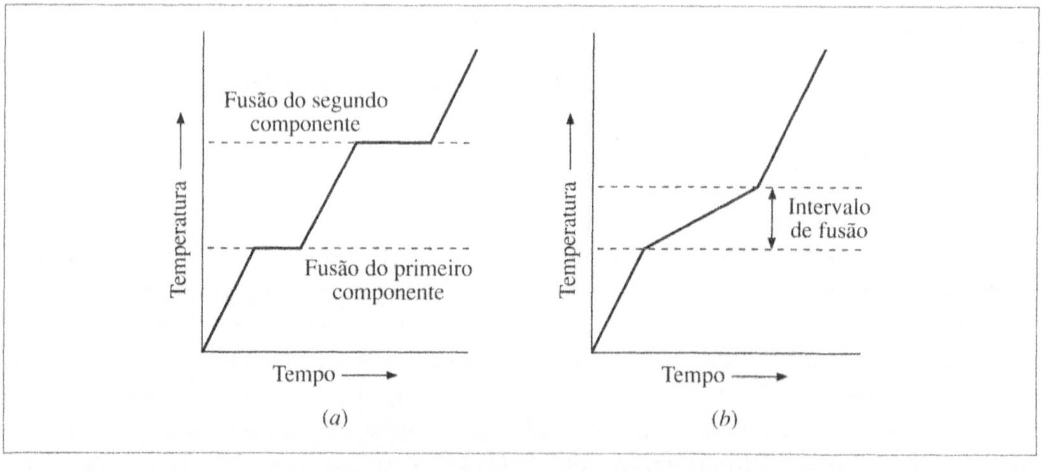

Figura 11.1 Curvas de aquecimento e ponto de fusão. (*a*) Mistura heterogênea de dois componentes. (*b*) Solução de dois componentes.

No segundo tipo de solução sólida, *solução sólida intersticial*, átomos diferentes, íons ou moléculas ocupam os vértices e fissuras ou *interstícios*, no retículo hospedeiro. Um exemplo é a *austenita*, na qual átomos de carbono ocupam alguns dos interstícios em um arranjo cúbico de face centrada de átomos de ferro. Muitos dos elementos de transição podem formar tais soluções sólidas com átomos pequenos tais como H, B, C e N.

A preparação de uma solução sólida de dois componentes sólidos na prática não é apenas um processo de mistura simples, mesmo que estes estejam finamente esmigalhados (pulverizados). Os componentes podem tender a se dissolver um no outro espontaneamente, mas, como a difusão no estado sólido (de cada componente no retículo cristalino do outro) é muito lenta, uma maneira mais prática é fundir os dois sólidos juntos e depois resfriar a mistura. Outro método envolve a evaporação de um solvente no qual ambos os componentes estejam dissolvidos. Note que cada um desses métodos só é bem-sucedido se os dois componentes realmente formarem uma solução no estado sólido. (De outro modo os componentes puros cristalizam separadamente.)

11.3 UNIDADES DE CONCENTRAÇÃO

Em muitas soluções, um componente está presente em considerável excesso em relação aos outros. Este componente é chamado *solvente*, e os outros componentes são chamados *solutos*. (Ver Seção 2.8.) Por exemplo, no caso de uma solução preparada pela dissociação de 1 g de sal de cozinha e 1 g de açúcar em 100 g de água, consideramos a água como solvente e o sal e o açúcar como solutos. De maneira prática, geralmente consideramos o solvente como o componente por meio do qual as partículas do(s) soluto(s) são preferencialmente dispersas.

Comentários Adicionais

Dois termos usados informalmente para significar concentrado e diluído são "forte" e "fraco". ("Café forte" e "chá fraco" são exemplos comuns.) Em química, contudo, estes termos têm diferentes significados químicos e, assim, eles não deveriam ser usados como alternativas para "concentrado" e "diluído". (Ver Seção 11.6.)

Os termos *concentrado* e *diluído* são comumente usados para dar uma indicação qualitativa da concentração e o soluto em uma solução; "concentrado" implica uma concentração relativamente alta de soluto e "diluído", uma concentração relativamente baixa.

A composição de uma solução é descrita quantitativamente especificando as concentrações de seus componentes. As unidades de concentração normalmente usadas incluem fração molar[1], percentagem molar, molaridade[2], molalidade, percentagem em massa e normalidade. Definições e exemplos de cada uma dessas unidades serão apresentados a seguir, exceto para a normalidade, que discutiremos na Seção 12.6.

FRAÇÃO MOLAR

A **fração molar**, *X*, de um componente em solução é a razão do número de mols daquele componente pelo número total de mols de todos os componentes. Sendo *n* o número de mols e designando os vários componentes como *A*, *B*, *C*, ..., podemos escrever

$$X_A = \frac{n_A}{n_A + n_B + n_C + \ldots}$$

e

$$X_B = \frac{n_B}{n_A + n_B + n_C + \ldots}$$

e assim por diante. Note que

$$X_A + X_B + X_C + \ldots = 1.$$

Exemplo 11.1 Se 28,6 g de sacarose (açúcar de cana, $C_{12}H_{22}O_{11}$) forem dissolvidos em 101,4 g de água, qual é a fração molar da sacarose na solução?

Solução: A massa molecular de $C_{12}H_{22}O_{11}$ é 342,3, e assim 28,6 g de sacarose têm

$$\frac{28{,}6\text{ g}}{342{,}3\text{ g mol}^{-1}} = 8{,}36 \times 10^{-2}\text{ mol}$$

1 N. do R.T.: De acordo com as normas recentes, recomenda-se o uso de "fração em mol" ou "fração em quantidade de matéria".

2 N. do R.T.: Recomenda-se o uso de "concentração em quantidade de matéria" ou simplesmente "concentração". Segundo a IUPAC; Mills, I., Cuitas,T., Homann, K., Kollay, N. *IUPAC's Quantities, Units and Symbols in Physical Chemistry*; Black Well, Oxford (1988).

A massa molecular de H_2O é 18,02, e assim 101,4 g de água têm

$$\frac{101{,}4\ \text{g}}{18{,}02\ \text{g mol}^{-1}} = 5{,}627\ \text{mol}$$

Portanto,

$$X_{\text{sacarose}} = \frac{n_{\text{sacarose}}}{n_{\text{sacarose}} + n_{\text{água}}}$$

$$= \frac{8{,}36 \times 10^{-2}\ \text{mol}}{8{,}36 \times 10^{-2}\ \text{mol} + 5{,}627\ \text{mol}} = 1{,}46 \times 10^{-2}$$

Problema Paralelo: Se 4,50 g de amônia, NH_3, forem dissolvidos em $3{,}30 \times 10^2$ g de água, qual será a fração molar da amônia na solução resultante? **Resposta:** $1{,}42 \times 10^{-2}$.

PERCENTAGEM MOLAR

Uma unidade de concentração relativa à fração molar é **percentagem molar**, ou seja, o número de mols de um componente expresso como uma percentagem do número total de mols presentes:

$$\%\ \text{em mol de A} = \frac{n_A}{n_A + n_B + n_C + \ldots} \times 100$$

(Note que é simplesmente a fração molar vezes 100.)

Exemplo 11.2 Qual é a percentagem molar da sacarose na solução descrita no Exemplo 11.1?

Solução:

$$\%\ \text{em mol de sacarose} = X_{\text{sacarose}} \times 100$$

$$= 1{,}46 \times 10^{-2} \times 100 = 1{,}46\%$$

(A solução é 1,46% em mol de sacarose e 98,54% em mol de água.)

Problema Paralelo: Se 4,50 g de amônia, NH_3, forem dissolvidos em $3{,}30 \times 10^2$ g de água, qual será a % em mol de NH_3 na solução resultante? **Resposta:** 1,42% em mol.

MOLARIDADE

Provavelmente a unidade de concentração mais usada em soluções aquosas é a **molaridade**, uma unidade introduzida na Seção 2.8. Molaridade, ou concentração molar, é o número de mols do soluto dissolvido por litro de solução. Se n_A representa o número de mols do soluto A, e *V* o volume da *solução* em *litros*, então

$$\text{molaridade de A} = \frac{n_A}{V_{\text{solução, L}}}$$

Uma solução que contém 1,67 mol de soluto dissolvido em um volume de 1,00 L é considerada como uma solução 1,67 *molar* (escreve-se 1,67 mol/L).

Exemplo 11.3 10,0 g de ácido ascórbico (vitamina C, $H_2C_6H_6O_6$) são dissolvidos em água suficiente para preparar 125 mL de solução. Qual é a concentração molar deste componente na solução?

A massa molecular de $H_2C_6H_6O_6$ é 176,1. Então 10,0 g de ácido ascórbico são

$$\frac{10{,}0\ \text{g}}{176{,}1\ \text{g mol}^{-1}} = 5{,}68 \times 10^{-2}\ \text{mol}$$

O volume da solução é 125 mL, ou 0,125 L. A molaridade é, então:

$$\frac{n_{H_2C_6H_6O_6}}{V_{\text{solução, L}}} = \frac{5{,}68 \times 10^{-2}\ \text{mol}}{0{,}125\ \text{L}}$$

$$= 0{,}454\ \text{mol L}^{-1}$$

Problema Paralelo: 3,30 g de etanol, C_2H_5OH, são dissolvidos em água suficiente para preparar um volume total 0,150 L. Qual é a molaridade do etanol? **Resposta:** 0,478 mol/L.

Exemplo 11.4 Calcule a molaridade da sacarose na solução do Exemplo 11.1. A densidade da solução é 1,09 g mL^{-1}.

***Solução*:** Conhecemos o número de mols da sacarose do Exemplo 11.1, mas precisamos encontrar o volume da solução. A massa da solução é 101,4 g de H_2O + 28,6 g de sacarose, ou 130 g totais. Da densidade vemos que cada mililitro tem uma massa de 1,09 g e, assim:

$$\text{Volume da solução} = 130{,}0\ \text{g} \times \frac{1\ \text{mL}}{1{,}09\ \text{g}} = 119\ \text{mL ou } 0{,}119\ \text{L}$$

Então, a molaridade da sacarose é

$$= \frac{n_{\text{sacarose}}}{V_{\text{solução, L}}}$$

$$= \frac{8{,}36 \times 10^{-2}\ \text{mol}}{0{,}119\ \text{L}} = 0{,}703\ \text{mol/L}$$

Problema Paralelo: 10,6 g de cloreto de amônio estão dissolvidos em 152,4 g de água. Se a densidade da solução é 1,02 g mL^{-1}, qual é a concentração molar de NH_4Cl? **Resposta:** 1,24 mol/L.

MOLALIDADE

Molalidade é o número de mols de soluto dissolvido por *quilograma* de *solvente*. Assim, a molalidade do soluto *A* em uma solução é

$$\frac{n_A}{\text{massa}_{\text{solvente, kg}}}$$

onde n_A é o número de mols de *A*.

Uma solução contendo 3 mol de soluto por quilograma de solvente diz-se 3-*molal*, escreve-se 3*m*.

Exemplo 11.5 Qual é a molalidade da sacarose na solução do Exemplo 11.1?

Solução: Conhecemos o número de mols da sacarose (do Exemplo 11.1), e a massa de água é 101,4 g = 0,1014 kg. Então, a molalidade da sacarose é

$$= \frac{n_{\text{sacarose}}}{\text{massa}_{H_2O}}$$

$$= \frac{8{,}36 \times 10^{-2}\ \text{mol}}{0{,}1014\ \text{kg}} = 0{,}824\ m$$

Problema Paralelo: Qual é a molalidade da amônia em uma solução preparada pela adição de 4,50 g de NH_3 em $3{,}30 \times 10^2$ g de H_2O? **Resposta:** 0,801 *m*.

Comentários Adicionais

Molalidade é uma unidade de concentração usual porque é independente da temperatura. (Concentração molar muda com a temperatura devido à expansão térmica e contração da solução.) Por esta razão, molalidade é geralmente usada em trabalhos nos quais a temperatura muda. (Ver elevação do ponto de ebulição e diminuição do ponto de congelamento, a seguir.)

PERCENTAGEM EM MASSA

Percentagem em massa, ou massa percentual, é a quantidade de um componente de uma solução expressa como uma percentagem da massa total:

$$\% \text{ em massa de } A = \frac{\text{massa}_A}{\text{massa}_A + \text{massa}_B + \text{massa}_C + \ldots}$$

Exemplo 11.6 Qual é a percentagem em massa da sacarose na solução do Exemplo 11.1?

Solução:

$$\% \text{ em massa de sacarose} = \frac{\text{massa}_{\text{sacarose}}}{\text{massa}_{\text{sacarose}} + \text{massa}_{H_2O}} \times 100$$

$$= \frac{28{,}6 \text{ g}}{28{,}6 \text{ g} + 101{,}4 \text{ g}} \times 100$$

$$= 22{,}0\%$$

Problema Paralelo: 4,50 g de amônia são dissolvidos em $3{,}30 \times 10^2$ g de água. Qual é a percentagem do NH_3 em massa? **Resposta:** 1,35%.

Comentários Adicionais

Infelizmente, percentagem em massa é comumente denominada, simplesmente, *percentagem*. Há alguns diferentes tipos de percentagens em uso comum e, assim, usar o termo *percentagem* pode ser ambíguo. Se você encontrar este termo escrito assim, assuma que significa percentagem em massa, a menos que o contexto indique outra coisa. (Também há outra possibilidade pior, percentagem em massa é geralmente chamada de "percentagem em peso".)

Não incluímos uma discussão de problemas de misturas e diluição neste momento por já termos feito isto na Seção 2.8, a qual também inclui uma discussão mais extensa sobre molaridade. (Você deveria reler esta seção.)

11.4 SOLUBILIDADE

Como se formam as soluções? Qual é o mecanismo do processo de dissolução? Estas questões são mais bem respondidas voltando nossa atenção para as alterações estruturais que ocorrem durante o processo de dissolução.

O MECANISMO DE DISSOLUÇÃO

Considere o que acontece quando um soluto sólido é adicionado a um solvente líquido. Imediatamente após a adição o estado sólido da estrutura começa a desintegrar-se e, pouco a pouco, moléculas do solvente atacam a superfície do retículo cristalino, removendo partículas do soluto, rodeando-as e, finalmente, dispersando-as. A facilidade com que tudo isso acontece depende das intensidades relativas de três forças atrativas: (1) as forças entre as partículas do soluto anterior a sua dissolução (*forças soluto-soluto*), (2) as forças entre as moléculas do solvente antes da dissolução (*forças solvente-solvente*), e (3) as forças que são formadas entre partículas de soluto e solvente durante o processo de dissolução (*forças soluto-solvente*). Quando a dissolução se realiza, forças soluto-soluto e solvente-solvente são substituídas por forças soluto-solvente. Em geral, a alta solubilidade de um sólido em um líquido é favorecida pelas fracas forças soluto-soluto (medidas em um sólido pela energia reticular) e pelas fortes forças soluto-solvente (medidas pela energia de solvatação; ver a seguir). Uma generalização antiga, mas ainda muito útil, é "semelhante dissolve semelhante", significando que um solvente dissolverá um soluto se tiverem propriedades semelhantes. Mais especificamente, solventes polares tendem a dissolver solutos iônicos e polares, e solventes não-polares tendem a dissolver solutos não-polares. Embora esta regra não seja perfeita, é muito útil para uma previsão de solubilidades. Vejamos como ela pode ser justificada em termos das mudanças de estrutura que ocorrem durante o processo de dissolução.

Solventes Apolares. Inicialmente, consideraremos o tetracloreto de carbono, um *solvente não-polar*. (CCl_4 é tetraédrico, assim sendo, não tem momento dipolar.) Solutos que têm solubilidades relativamente altas em CCl_4 são não-polares, tais como iodo (I_2) e enxofre (S_8). Em substâncias não-polares, as únicas atrações intermoleculares são as forças fracas de London. (Ver Seção 9.5.) Assim, quando soluções destes componentes são formadas, as interações soluto-soluto e solvente-solvente são facilmente substituídas pelas interações soluto-solvente. (Aqui, "facilmente" significa que não há uma grande deficiência de energia.) Quando moléculas do soluto não-polar são introduzidas entre moléculas de solvente apolar, há uma mudança do meio muito pequena para ambas e, então, a solução é formada facilmente. Por outro lado, solventes não-polares não são bons solventes para compostos *iônicos* e *polares*. As energias reticulares nestes compostos tendem a ser maiores do que nos solutos apolares e, devido à falta de polaridade das moléculas do solvente, as interações soluto-solvente são fracas e, assim, as forças soluto-soluto não são superadas facilmente. Compostos polares tendem a ser menos solúveis em líquidos apolares do que em compostos apolares, e compostos iônicos tendem a ser ainda menos solúveis.

Solventes Polares. Consideraremos agora as propriedades de um *solvente polar*, a água. A água é um bom solvente para solutos polares, como o cloreto de hidrogênio (HCl), e para solutos iônicos, como o cloreto de sódio (NaCl). Nestes casos, o estabelecimento de interações fortes soluto-solvente fornece a energia necessária para superar as fortes forças de interação no soluto. Água é um solvente muito bom para muitos compostos iônicos, porque as forças íon-dipolo estabelecidas nas solução são fortes (a água é uma molécula de alta polaridade), e cada íon é envolvido por muitas moléculas de H_2O. Todavia, a água é um mau solvente para substância apolares. Isso é verdade porque as interações solvente-solvente (dipolo-dipolo) na água são tão fortes que elas não podem ser superadas pelas fracas forças soluto-solvente, tais como aquelas originadas por um soluto-apolar. (A formação de interações fracas soluto-solvente não libera bastante energia para compensar aquela necessária para separar os dipolos do solvente.) A regra prática "semelhante dissolve semelhante" é uma generalização conveniente, porém, como a maioria das generalizações, tende a simplificar demais a situação. Por exemplo, nem todas as substâncias iônicas são solúveis em água. Embora sulfato de bário, $BaSO_4$, seja uma substância iônica, sua solubilidade em água é muito baixa. Aparentemente, as cargas 2+ e 2– nos íons do $BaSO_4$ causam uma energia reticular no $BaSO_4$ tão alta que torna a solubilidade deste composto na água pequena. Evidentemente, precisamos verificar com mais atenção as interações no soluto, solvente e solução. Um outro caso: a molécula do etanol (C_2H_5OH; momento dipolar 1,70 D) é menos polar do que o cloreto de etila (C_2H_5Cl; 2,05 D), contudo o etanol é totalmente miscível em água (o termo *infinitamente solúvel* é, em geral, usado) enquanto a solubilidade do cloreto de etila em água é muito baixa. Mais uma vez, considerar somente a polaridade do solvente e soluto conduz a um erro; interações específicas fortes entre etanol e água (descritas a seguir) são responsáveis por uma mútua solubilidade.

A ÁGUA E AS LIGAÇÕES DE HIDROGÊNIO

A água, a substância mais comum na superfície da Terra, tem algumas propriedades raras. Uma das mais importantes é a sua habilidade para dissolver muitos tipos de substâncias. A água dissolve muitos compostos iônicos, muitas substâncias polares e algumas substâncias de baixa polaridade. Isto ocorre parcialmente devido à alta constante dielétrica da água. A *constante dielétrica* de uma substância é uma medida da *polarizabilidade* de suas moléculas, isto é, sua capacidade de se orientar de tal modo a "neutralizar" uma determinada carga nas suas proximidades. A força entre duas partículas carregadas é reduzida se entre elas estiver um meio de alta constante dielétrica. A Figura 11.2 esquematiza um par de íons de carga oposta: (*a*) no vácuo e (*b*) em um meio de constante dielétrica alta. Os dipolos no meio mostrado em (*b*) orientam-se em torno dos íons, isto é, eles parcialmente escondem um íon do outro, assim deduzem a força de atração entre eles. A água tem uma constante dielétrica alta, devido em parte à polaridade de suas moléculas, que é muito eficaz na redução das forças de atração entre íons em solução. Ela tende a isolá-los uns dos outros, conduzindo a uma estabilidade da solução aquosa de muitos compostos iônicos.

Um outro fator que contribui para a alta constante dielétrica da água é a existência de forças de atração intermoleculares muito fortes no líquido. Estas atrações são conhecidas como **ligações de hidrogênio**. A ligação de hidrogênio é uma atração intermolecular forte entre moléculas que contêm átomos de hidrogênio ligados a átomos de elevada eletronegatividade, como N, O e F (em compostos de NH_3, H_2O e HF). Em tais moléculas o hidrogênio forma uma "ligação em ponte" entre átomos de alta eletronegatividade de moléculas adjacentes. A ligação de hidrogênio é uma força mais fraca do que a ligação iônica ou covalente, mas mais forte do que muitas atrações de London ou dipolo-dipolo.

Como se forma a ligação de hidrogênios? Uma explicação útil, embora um pouco simplista, é a de que o par de elétrons que liga um átomo de H a um átomo altamente eletronegativo está efetivamente afastado do segundo átomo de H, diminuindo muito a densidade da nuvem eletrônica ao redor do núcleo de hidrogênio, que é um simples próton. Assim, o próton não-blindado atrai elétrons que circundam o átomo eletronegativo de uma *molécula adjacente*. Desta maneira o átomo de H serve, indiretamente, para ligar dois outros átomos entre si.

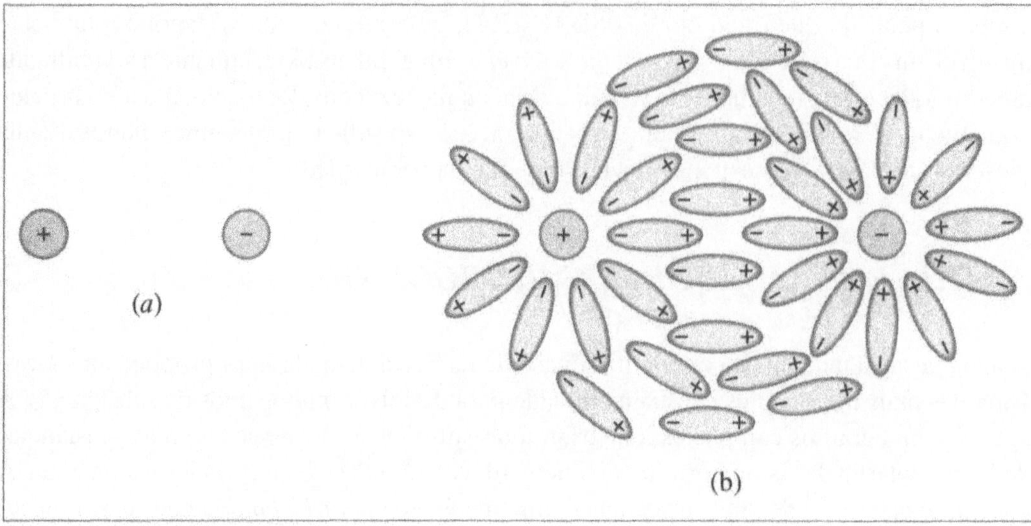

Figura 11.2 Cargas elétricas. (*a*) No vácuo. (*b*) Em um meio de constante dielétrica alta (representadas esquematicamente).

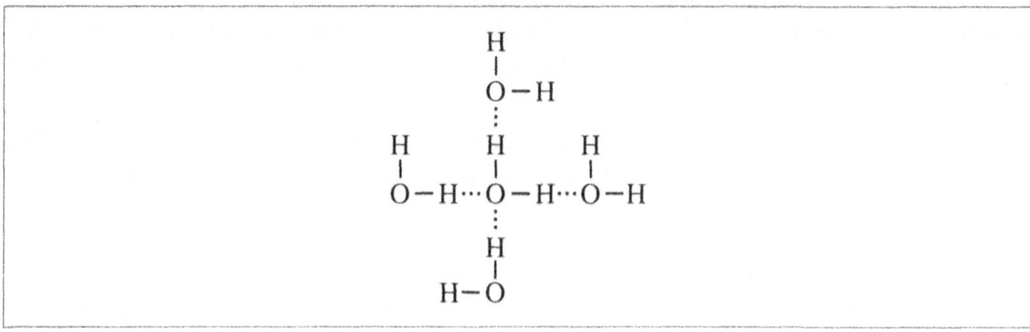

Figura 11.3 Ligações de hidrogênio na água (as linhas interrompidas representam as ligações de hidrogênio).

Na água líquida (e no gelo) ambos os átomo de H de uma molécula de água podem formar ligações de hidrogênio com moléculas adjacentes. Estes átomos de H servem para "ligar em ponte" o oxigênio da primeira molécula de H_2O aos oxigênios das duas moléculas adjacentes. Isto conduz a uma estrutura com um alto grau de *associação* entre moléculas. Este fato está esquematicamente mostrado na Figura 11.3, na qual cada átomo de O é rodeado por quatro átomos de H, ligado com dois deles covalentemente e com os outros dois por ligações de hidrogênio. Na ilustração as ligações de hidrogênio são apresentadas como linhas tracejadas.

No gelo, cada molécula de água tem seu átomo de O no centro de um tetraedro regular, com os átomos de oxigênio das quatro moléculas de água adjacentes nos vértices. Entre cada par de oxigênio está um átomo de hidrogênio, mais próximo do oxigênio central em dois casos e mais afastado nos outros dois. A distância menor é a da ligação covalente O—H, e maior, a da ligação de hidrogênio. (Na água líquida, a estrutura é menos regular e está constantemente mudando.) A água é semelhante à maioria dos sistemas com ligação de hidrogênio, uma vez que o hidrogênio está mais próximo de um átomo de O do que do outro,

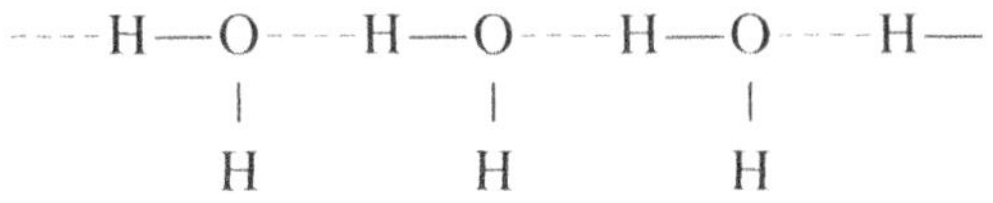

mas cada H pode saltar para o átomo de O da molécula adjacente

Isto é chamado ligação de hidrogênio não-simétrica e acredita-se que os átomos de H trocam de posições à medida que as ligações covalentes de hidrogênio trocam de posições. (Em alguns outros sistemas, todavia, o hidrogênio está simetricamente localizado na metade do caminho entre os dois átomos eletronegativos.)

A ligação de hidrogênio não está ainda completamente esclarecida. Acredita-se que o principal componente da interação seja a atração eletrostática entre o núcleo exposto do hidrogênio e um par de elétrons do átomo eletronegativamente adjacente. Há evidências, todavia, de que a ligação também possui um caráter covalente. A nuvem eletrônica do par de elétrons pode expandir-se para blindar parcialmente o próton exposto.

Líquidos com ligação de hidrogênio apresentam fortes evidências de um alto grau de associação e pontos de ebulição anormalmente altos. A Figura 11.4 indica os pontos de ebulição normais de composto de hidrogênio dos elementos representativos do grupos IVA, VA, VIA e VIIA da tabela periódica. Observe que NH_3, H_2O e HF não obedecem à orientação de suas respectivas séries. Neste caso, a ligação de hidrogênio no líquido aumenta as atrações intermoleculares, diminuindo a tendência de escapar da molécula, e, conseqüentemente, eleva o ponto de ebulição. Note também a aparente falta de ligação de hidrogênio em CH_4. O carbono não é um átomo muito eletronegativo e não tem pares eletrônicos livres no CH_4, assim, a ligação de hidrogênio não ocorre.

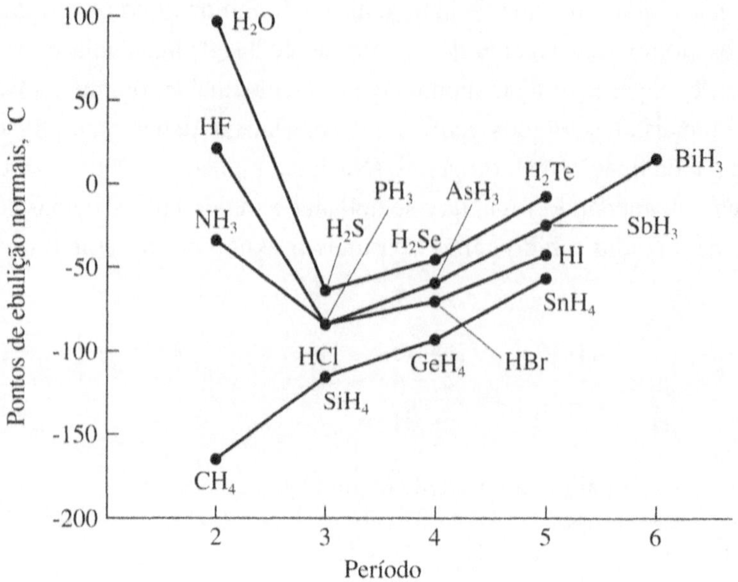

Figura 11.4 Pontos de ebulição normais de alguns compostos binários de hidrogênio.

A ligação de hidrogênio é responsável pelo fato de muitos compostos com grupos hidroxila de baixa polaridade serem solúveis em água. Como mencionado anteriormente, etanol (C_2H_5OH) mistura-se com água em todas as proporções, enquanto cloreto de etila (C_2H_5Cl), que possui quase o mesmo momento dipolar, é praticamente insolúvel. A explicação para esta aparente anomalia é que moléculas de etanol podem formar ligações de hidrogênio com moléculas de água, mas o cloreto de etila não pode. (Ver Figura 11.5.) A alta solubilidade da sacarose e de outros açúcares, todos compostos moleculares com baixos momentos dipolares, é também resultado da ligação de hidrogênio soluto-solvente. A sacarose possui oito grupos de —OH por molécula e cada um deles pode formar ligações de hidrogênio com a água.)

SATURAÇÃO E SOLUBILIDADE – SOLUTOS NÃO-DISSOCIÁVEIS

Suponhamos a seguinte experiência: considere um béquer contendo um pouco de água destilada a 25°C. Agora adicionamos lentamente um pouco de uréia sólida à água. Uréia, $CO(NH_2)_2$, é um composto molecular que, devido à ligação de hidrogênio N—H——O, é muito solúvel em água. (A uréia é uma matéria-prima comum nos fertilizantes de plantas devido a seu alto teor de nitrogênio.) Adicionamos a uréia, pouco a pouco, agitando a mistura após cada adição para acelerar o processo de dissolução. A primeira porção de uréia dissolve-se rapidamente:

$$CO(NH_2)_2(s) \rightarrow CO(NH_2)_2(aq)$$

Nova porção de uréia também dissolve-se rapidamente, mas gradualmente o tempo necessário para uma dada porção dissolver aumenta até que finalmente uma última "microporção" da uréia não se dissolve mais. Neste ponto, paramos a agitação e observamos o último cristal de uréia depositar-se no fundo do béquer. Não podemos ver o que está acontecendo no béquer, e o excesso de uréia (não-dissolvida) permanece no fundo do béquer. Contudo, uma inspeção visual não revela tudo. Na superfície de cada cristal de uréia, duas reações estão ocorrendo: uma é a contínua passagem de moléculas de uréia para à solução,

$$CO(NH_2)_2(s) \rightarrow CO(NH_2)_2(aq)$$

e a outra é a deposição de íons (recristalização) das moléculas de uréia da solução sobre a superfície do cristal,

$$CO(NH_2)_2(aq) \rightarrow CO(NH_2)_2(s)$$

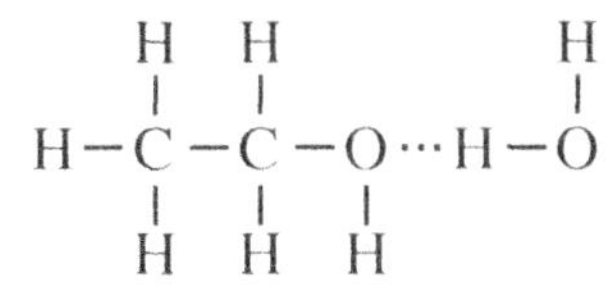

Figura 11.5 Ligação de hidrogênio em água-etanol.

Estas reações ocorrem simultaneamente e à mesma velocidade, de maneira que uma compensa a outra. O sistema, em outras palavras, está em equilíbrio:

$$CO(NH_2)_2(s) \rightleftharpoons CO(NH_2)_2(aq)$$

Esta solução de uréia diz-se estar *saturada*. Uma **solução saturada** *é aquela que está em equilíbrio com excesso de soluto, ou seria se estivesse presente excesso de soluto.* (Esta definição incomum significa que, se filtrarmos o excesso de soluto não-dissolvido, ainda definimos a solução como saturada. O termo *saturado* denota a maior concentração de soluto que uma solução pode conter e estar em equilíbrio com alguma porção de soluto não-dissolvido com o qual está em contato.)

Uma **solução insaturada** é aquela que tem uma concentração de soluto *menor do que* a de uma solução saturada. (Um soluto adicional pode ser dissolvido em uma solução insaturada, até a solução tornar-se saturada.)

Uma **solução supersaturada** é aquela em que a concentração do soluto é *maior do que* a da solução saturada. A solução supersaturada é instável e seu soluto tende eventualmente a se cristalizar, mas com um super-resfriamento o líquido tende eventualmente a se cristalizar. O equilíbrio de solubilidade não é possível em uma solução supersaturada. Se mais soluto é adicionado, a cristalização ocorre rapidamente, quando o soluto deixa a solução para cristalizar na superfície de cristais de soluto adicionado. (A situação é muito parecida com a de um rápido congelamento de um líquido super-resfriado pela adição de um pequeno cristal.)

Soluções supersaturadas são geralmente feitas primeiro preparando-se uma solução saturada sob certas condições e então mudando esta condições para outras nas quais o soluto é menos solúvel. Freqüentemente, a temperatura é mudada para diminuir a solubilidade. (Discutiremos este processo rapidamente.)

A **solubilidade** de um soluto em um dado solvente é definida como a *concentração da solução saturada*. A 25°C, uréia (ver anteriormente) pode ser dissolvida em água até um total de 19 mol por litro de solução formada. Neste ponto, a solução é saturada, e o equilíbrio é atingido entre a uréia dissolvida e o sólido em excesso:

$$CO(NH_2)_2(s) \rightleftharpoons CO(NH_2)_2(aq)$$

Como a concentração da uréia em uma solução aquosa saturada a 25°C é 19 mol/L, dizemos que a solubilidade da uréia em água nesta temperatura é 19 mol/L.

SATURAÇÃO E SOLUBILIDADE – SOLUTOS DISSOCIÁVEIS

Quando a uréia é dissolvida em água, as partículas do soluto que estão dispersas na solução resultante são moléculas de uréia. Por outro lado, quando alguns solutos se dissolvem, eles sofrem *dissociação*, isto é, tornam-se *íons*, os quais estão dispersos. (Ver Seções 7.5 e 8.1.) Por exemplo, quando um cristal de cloreto de sódio dissolve-se em água, os íons Na^+ e Cl^- deixam o retículo cristalino e vão para a solução, como é descrito pela equação

$$NaCl(s) \rightarrow Na^+(aq) + Cl^-$$

que mostra a dissociação do cloreto de sódio em seus íons. (A solução resultante não contém moléculas de NaCl, mas somente íons Na^+ e Cl^-, o que não é surpreendente, considerando que o sólido não contém moléculas.) Uma solução de um soluto que dissociou-se contém no mínimo duas diferentes espécies derivadas do soluto.

A solubilidade molar de uma substância é a concentração molar de sua solução saturada, isto é, o número de mols do soluto que deve ser dissolvido. Contudo, a solubilidade de um soluto pode não ser a mesma que as concentrações de íons que se formam durante o processo de dissolução.

Quando preparamos uma solução aquosa saturada de cloreto de sódio em água pela adição lenta de NaCl, a primeira porção do sal adicionado dissolve-se e dissocia-se rapidamente em íons Na^+ e Cl^-

$$NaCl(s) \rightarrow Na^+(aq) + Cl^-$$

Nova porção de NaCl também dissolve-se rapidamente, mas gradualmente o tempo necessário para uma dada porção se dissolver aumenta até que finalmente uma última "microporção" do sal não se dissolve mais. Neste ponto, há equilíbrio entre o soluto não-dissolvido em excesso e seus íons em solução:

$$NaCl(s) \rightleftharpoons Na^+(aq) + Cl^-$$

Como no caso da solução de uréia, os processos de dissolução e recristalização ocorrem numa mesma velocidade, não havendo, portanto, mudanças visíveis. Para preparar um litro de uma solução aquosa saturada de cloreto de sódio a 25°C, 5 mol de NaCl precisam ser dissolvidos. Nesta temperatura, a solubilidade de NaCl em água é 5 mol/L.

Alguns solutos são *infinitamente* solúveis em um dado solvente (isto significa que soluto e solvente se misturarão em qualquer proporção), enquanto outros têm solubilidade tão baixa que não são mensuráveis por métodos diretos. Embora não haja nenhum soluto completamente insolúvel, o termo **insolúvel** é comumente aplicado para uma substância cuja solubilidade é extremamente baixa. (*Parcamente solúvel* e *ligeiramente solúvel* são termos também usados.)

CALOR DE SOLUÇÃO

Algumas substâncias dissolvem-se com desprendimento de calor ($\Delta H < 0$), outras com absorção de calor ($\Delta H > 0$). O aumento de entalpia em um processo de dissolução é conhecido como **calor de solução**, ou **entalpia de solução**, ΔH_{sol}[3], comumente especificado por mol de soluto.

3 Esta definição é consistente com a convenção de que ΔH é *positivo* quando o calor é *absorvido*. Em alguns livros, o calor de solução é definido como o calor liberado quando um soluto dissolve-se; isto conduz a um sinal algébrico para o calor da solução que é oposto àquele da nossa definição.

Como indicamos, calor de solução é positivo (energia é absorvida) para algumas substâncias e negativo (energia é liberada) para outras. O que causa esta diferença? Consideremos primeiro a dissolução do sulfato de lítio iônico sólido em água, um processo exotérmico:

$$Li_2SO_4(s) \rightarrow 2Li^+(aq) + SO_4^{2-}(aq) \qquad \Delta H_{sol} = -30 \text{ kJ mol}^{-1}$$

Este processo pode ser dividido em duas etapas: (1) a desintegração do retículo cristalino do cristal Li_2SO_4 em íons Li^+ e SO_4^{2-} gasosos isolados, seguida por (2) a solvatação destes íons por uma quantidade de moléculas de solvente:

Etapa	*Processo*	*Energia transferida*
1	$Li_2SO_4(s) \rightarrow 2Li^+(g) + SO_4^{2-}(g)$	$\Delta H_{ret} = 2110 \text{ kJ mol}^{-1}$
2	$2Li^+(g) + SO_4^{2-}(g) \rightarrow 2Li^+(aq) + SO_4^{2-}(aq)$	$\Delta H_{hid} = -2140 \text{ kJ mol}^{-1}$
Total	$Li_2SO_4(s) \rightarrow 2Li^+(aq) + SO_4^{2-}(aq)$	$\Delta H_{sol} = -30 \text{ kJ mol}^{-1}$

Na primeira etapa, a energia absorvida é a energia reticular do Li_2SO_4 (ver Seção 9.6), que rompe o retículo cristalino, separando os íons um do outro. Na segunda etapa, cada íon é solvatado por uma quantidade de moléculas de água, onde os dipolos da água encaixam-se em torno dos íons imediatamente, puxando-os por *forças íon-dipolo*. Este processo é chamado **solvatação** em geral e **hidratação** quando a água é o solvente. A quantidade de energia liberada quando um íon torna-se hidratado é chamada *energia de hidratação*, expressa como ΔH_{hid}, e tem um valor negativo porque indica uma energia liberada.

Realmente, o valor de ΔH_{hid} para a etapa 2, na tabela anterior, é a soma do ΔH_{hid} para 2 mol de íons Li^+ mais aquele para um mol de íons SO_4^{2-}. Esta energia é igual a –2140 kJ mol^{-1} de Li_2SO_4 dissolvido. Agora podemos ver porque a dissolução de Li_2SO_4 em água é um processo exotérmico: é liberada mais energia quando seus íons tornam-se hidratados do que é usada para romper seu retículo cristalino, e o excesso apresenta-se na forma de calor. As variações de entalpia para este processo são mostradas esquematicamente na Figura 11.6*a*.

Como um exemplo de um processo de dissolução *endotérmico*, considere a formação de uma solução aquosa de iodeto de potássio:

$$KI(s) \rightarrow K^+(aq) + I^-(aq) \qquad \Delta H_{sol} = 21 \text{ kJ mol}^{-1}$$

Como antes, podemos dividir o processo em duas etapas, a ruptura do retículo cristalino seguida pela hidratação dos íons:

Etapa	*Processo*	*Energia transferida*
1	$KI(s) \rightarrow K^+(g) + I^-(g)$	$\Delta H_{ret} = 632\ kJ\ mol^{-1}$
2	$K^+(g) + I^-(g) \rightarrow K^+(aq) + I^-(aq)$	$\Delta H_{hid} = -611\ kJ\ mol^{-1}$
Total	$KI(s) \rightarrow K^+(aq) + I^-(aq)$	$\Delta H_{sol} = 21\ kJ\ mol^{-1}$

Neste caso, a intensidade da energia de hidratação é menor do que a energia reticular. Em outras palavras, a energia liberada quando os íons são hidratados não é suficiente para compensar aquela necessária para romper o retículo cristalino. Quando tal falta de energia é muito grande, a substância exibe uma solubilidade baixa. Com KI, entretanto, a falta de energia não é muito grande, e é compensada pela energia cinética do seu próprio sistema. Isto provoca um resfriamento no sistema quando o KI é dissolvido, a menos que calor seja adicionado ao sistema. As variações de entalpia para este processo são representadas na Figura 11.6*b*. Em resumo: se que o calor da solução é positivo ou negativo depende da intensidade relativa da energia reticular e da energia de hidratação.

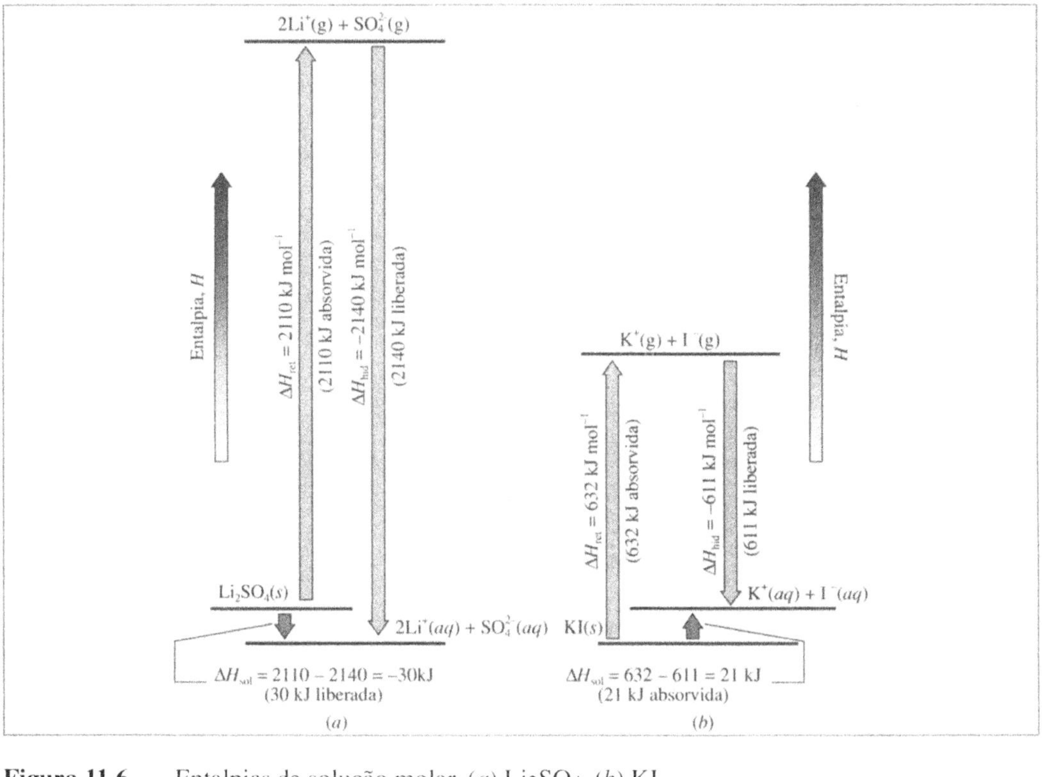

Figura 11.6 Entalpias de solução molar. (*a*) Li_2SO_4. (*b*) KI.

A dissolução de um *gás* em água é geralmente um processo exotérmico. Pequena energia é necessária para separar as moléculas de um gás porque estas moléculas já estão afastadas umas das outras, e são necessárias somente forças fracas de van der Waals para superá-las. Por esta razão, quando gases dissolvem-se em água, mais energia de hidratação é liberada como calor. Contudo, a quantidade de calor não é geralmente grande, devido à hidratação de uma molécula descarregada não apresentar uma forte interação.

SOLUBILIDADE E TEMPERATURA

Se o processo de dissolução é endotérmico, um equilíbrio de solubilidade pode ser escrito como

$$\text{calor} + \text{soluto} + \text{solvente} \rightleftharpoons \text{solução} \quad (\Delta H > 0)$$

ou, se for exotérmico,

$$\text{soluto} + \text{solvente} \rightleftharpoons \text{solução} + \text{calor} \quad (\Delta H < 0)$$

De acordo com o princípio de Le Châtelier, podemos alterar este equilíbrio pela mudança de temperatura. No caso endotérmico, um aumento de temperatura muda o equilíbrio para a direita (como está escrito na equação), favorecendo a solução e assim aumentando a solubilidade. No caso exotérmico, um aumento de temperatura altera o equilíbrio para a esquerda, favorecendo o soluto não-dissolvido e, assim, diminuindo a solubilidade. A elevação da temperatura sempre favorece a parte endotérmica de um equilíbrio. Entretanto, prevemos que, como ΔH_{sol} de Li_2SO_4 é negativo (veja a seção anterior), sua solubilidade deve diminuir com o aumento da temperatura e, como ΔH_{sol} do KI é positivo, sua solubilidade deve aumentar com o aumento da temperatura. Evidências experimentais sustentam estas previsões para estes compostos[4].

A maioria dos sólidos exibe solubilidades em água que aumentam com a temperatura. Alguns são mostrados na Figura 11.7.

Desde que ΔH_{sol} para um gás é geralmente negativo, a solubilidade de um gás normalmente diminui com a temperatura. Isto é quase sempre verdade na água. Água fervida, por exemplo, tem sabor insípido porque em parte o ar é dissolvido da água na forma de bolhas.

4 Na prática, o uso do princípio de Le Châtelier para prever a variação de solubilidade com a temperatura não é geralmente simples como estes exemplos. Para fazer uma previsão exata, é necessário conhecer a variação de entalpia que acompanha a formação de uma *solução saturada*, mas muitos valores publicados de ΔH_{sol} são para a formação de uma solução extremamente diluída e não são apropriados para este propósito. (Seu uso geralmente conduz a uma conclusão incorreta.) Na prática, o princípio de Le Châtelier para estimar as mudanças de solubilidade com a temperatura somente deve ser adotado como uma última alternativa. (Dados de solubilidade-temperatura são utilizáveis para muitos compostos, e geralmente são consultados diretamente.)

Devido à variação de solubilidade em função da temperatura, é possível preparar uma solução *supersaturada* na qual a concentração do soluto é maior que a existente em uma solução saturada. Nos casos em que a solubilidade *aumenta* com a temperatura, a solução supersaturada é obtida primeiro preparando uma solução saturada na mesma temperatura, depois removendo o excesso de soluto não-dissolvido por filtração ou por outro meio, e finalmente alterando as condições de maneira que a solubilidade seja diminuída, *resfriando* a solução. Por exemplo, nitrato de potássio apresenta uma solubilidade em água que aumenta com a temperatura: 3,1 *m* a 20°C, e 6,3 *m* a 40°C. Se prepararmos uma solução saturada de KNO_3 a 40°C, filtrarmos o excesso de soluto, e então resfriarmos a solução a 20°C, a concentração de KNO_3 permanece a 6,3 *m* (por um tempo), mesmo que a solubilidade a uma temperatura menor seja somente 3,1 *m*. A probabilidade de que o soluto cristalize (precipite) na solução pode ser tão baixa que a solução supersaturada pode existir por um período de tempo considerável. Eventualmente, contudo, a cristalização do soluto inicia-se e, quando um pequeno primeiro cristal se forma, ocorre a precipitação, geralmente de um modo rápido, até que a concentração da solução tenha diminuído a seu valor de saturação e o equilíbrio tenha sido alcançado. Como no caso de um líquido super-resfriado, a cristalização pode ser iniciada pela agitação, raspando-se o interior do recipiente, ou pelo modo mais eficaz de todos, adicionando-se um minúsculo cristal do soluto.

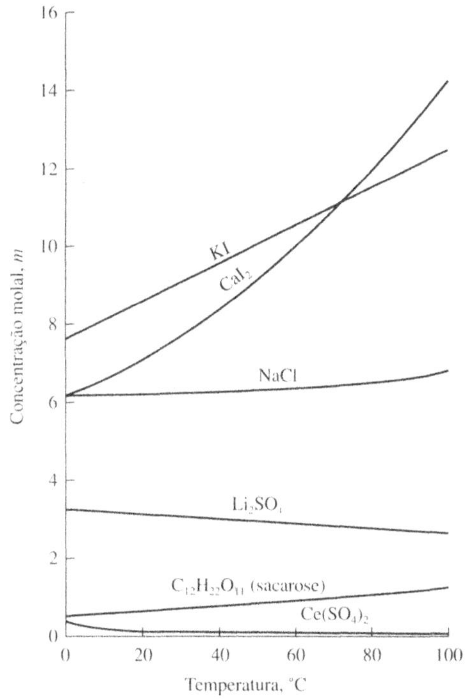

Figura 11.7 Mudança de solubilidade com a temperatura.

No caso de um soluto cuja solubilidade *diminui* com o aumento da temperatura, pode-se conseguir uma solução supersaturada preparando uma solução saturada a uma temperatura, filtrando o excesso de soluto e depois *aquecendo-a*.

SOLUBILIDADE E PRESSÃO

A solubilidade de sólidos e líquidos em solventes líquidos é praticamente independente da pressão. De acordo com o princípio de Le Châtelier, um aumento na pressão favoreceria o processo de dissolução (a solubilidade deveria aumentar com o aumento da pressão) se o volume da solução for menor do que o volume dos componentes antes da mistura. A alteração de volume que acompanha o processo de dissolução é determinada a partir do conhecimento da densidade, mas ela é sempre pequena, de maneira que o efeito da pressão sobre as solubilidade de sólidos e líquidos é quase sempre negligenciável.

Os gases se dissolvem em líquidos com uma diminuição considerável do volume total. Isto significa que no equilíbrio

$$\text{soluto}(g) + \text{solvente }(l) \rightleftharpoons \text{solução }(l)$$

o aumento da pressão favorece a formação da solução. Se um gás e sua solução saturada são colocados em um cilindro com um pistão bem ajustado como na Figura 11.8*a*, empurrando o pistão para dentro (*b*) mais gás se dissolve, de maneira que o sistema retorna ao equilíbrio, (*c*) a pressão não é tão alta quanto seria se o gás sozinho não tivesse sido capaz de se dissolver no líquido e, conseqüentemente, o sistema não estaria em equilíbrio. A uma pressão maior a solubilidade do gás é maior do que foi no início. Em outras palavras, uma diminuição da pressão causa conseqüentemente uma diminuição na solubilidade de um gás. Por exemplo, quando se abre uma garrafa de refrigerante ou cerveja, a pressão parcial do dióxido de carbono no alto da garrafa diminui, e com isto diminui a solubilidade do CO_2 no refrigerante, o CO_2 começa a sair da solução que é agora supersaturada. O resultado é a formação de bolhas ou espuma.

> ***Lei de Henry:*** *A solubilidade de um gás dissolvido em um líquido é proporcional à pressão parcial do gás acima do líquido.*

Este é o enunciado da Lei de Henry, que pode ser escrita

$$X = KP$$

onde X é a fração molar de equilíbrio do gás em solução (sua solubilidade), P é a pressão parcial na fase gasosa e K é a constante de proporcionalidade, geralmente chamada *constante da lei de Henry*.

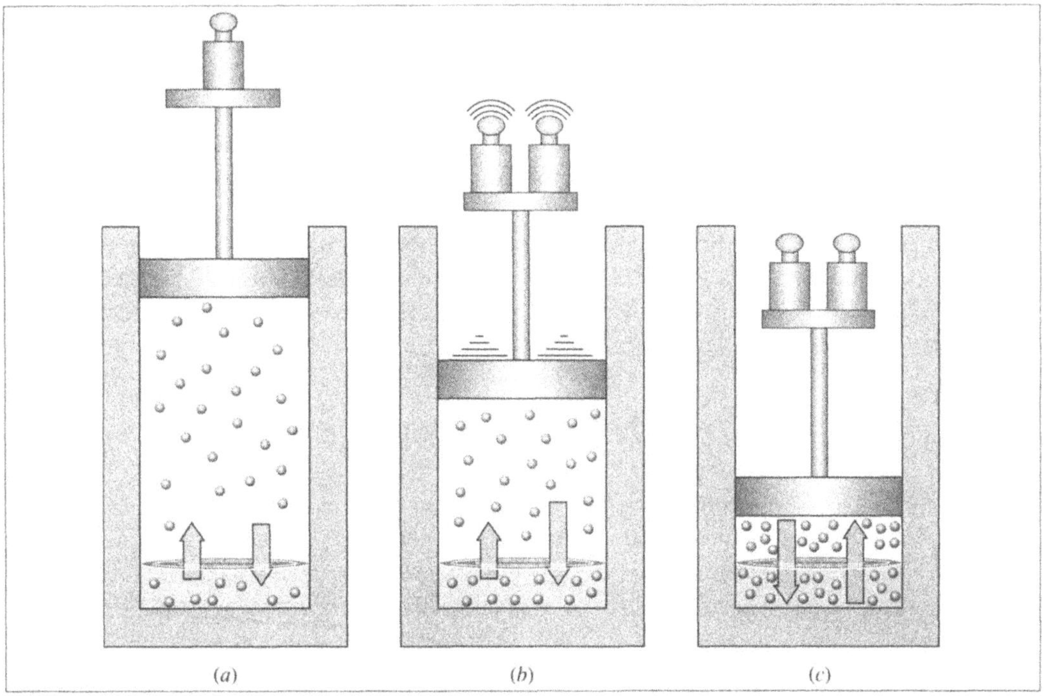

Figura 11.8 Aumento da solubilidade de um gás em um líquido quando a pressão aumenta. (*a*) A baixas pressões. (*b*) A pressão é aumentada. (*c*) A altas pressões.

A lei de Henry aplica-se somente quando a concentração do soluto e a sua pressão parcial são baixas, isto é, quando o gás e sua solução são essencialmente ideais, e quando o soluto não interage fortemente de nenhuma maneira com o solvente. Valores da constante da lei de Henry para vários gases a diferentes temperaturas são dados na Tabela 11.2.

Tabela 11.2 Valores da constante da lei de Henry em água.

	$K \times 10^5$ atm^{-1}			
Gás	***0°C***	***20°C***	***40°C***	***60°C***
H_2	1,72	1,46	1,31	1,21
N_2	1,86	1,32	1,00	0,874
O_2	3,98	2,58	1,84	1,57

11.5 PROPRIEDADES COLIGATIVAS

Propriedades de uma solução que dependem da concentração de partículas do soluto e não da sua natureza são conhecidas como **propriedades coligativas**[5]. As propriedades coligativas incluem o abaixamento da pressão de vapor, a elevação do ponto de ebulição, a diminuição do ponto de congelamento e a pressão osmótica. Cada uma destas propriedades depende da diminuição da tendência de escape das moléculas do solvente pela adição das partículas do soluto. **Tendência ao escape** é a tendência apresentada pelas moléculas para escapar da fase na qual se encontram. (Ver Seção 10.2.)

O ABAIXAMENTO DA PRESSÃO DE VAPOR

A tendência de escape para um solvente é medida pela sua pressão de vapor, a qual diminui pela presença de algum soluto. Qual é o mecanismo para que ocorra essa diminuição? Na Seção 10.1 vimos que, para uma dada temperatura, a pressão de vapor de um líquido puro depende da fração de suas moléculas que têm suficiente energia cinética para escapar da atração de suas moléculas vizinhas. A Figura 11.9*a* mostra um solvente puro em equilíbrio com o seu vapor. A Figura 11.9*b* apresenta um solução na mesma temperatura, também em equilíbrio com seu vapor. (Assume-se que o soluto não é volátil e somente moléculas do solvente encontram-se na fase gasosa.) Nesta ilustração, a concentração de moléculas na fase gasosa é menor que na Figura 11.9*a* . Por quê? Em solução, nem todas as moléculas na superfície são moléculas de solvente e, assim, não são todas potencialmente capazes de escapar do líquido. Então a velocidade de evaporação da solução é menor do que a do

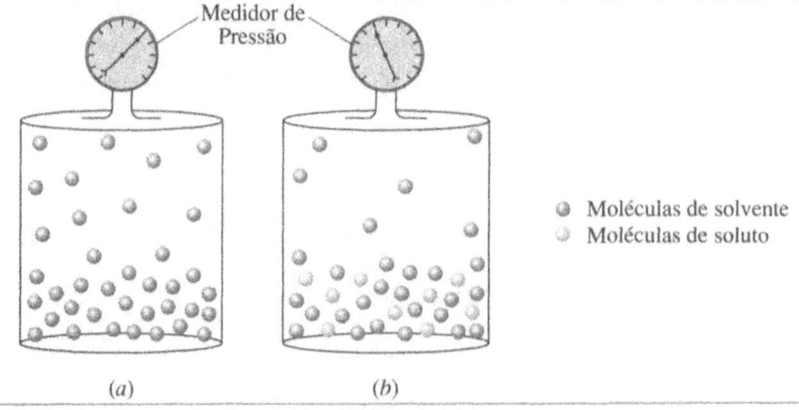

Figura 11.9 Mecanismo do abaixamento da pressão de vapor. (*a*) Solvente puro. (*b*) Solução.

5 *Coligativa* vem do latim, significando "coligado" ou "ligado junto".

solvente puro. Como resultado, a concentração de equilíbrio de moléculas na fase gasosa acima da solução é menor do que acima de um solvente puro. Assim, a pressão de vapor da solução é menor do que a de um solvente puro.

A Figura 11.10 mostra duas curvas de pressão de vapor, uma para solvente puro e a outra para sua solução. A distância vertical entre as duas curvas indica a intensidade do **abaixamento de pressão de vapor** naquela temperatura.

A LEI DE RAOULT

A relação quantitativa entre o abaixamento da pressão de vapor e a concentração em uma solução ideal está estabelecida na lei de Raoult[6].

> ***Lei de Raoult:*** *A pressão parcial de vapor de um componente na solução líquida é proporcional à fração molar daquele componente multiplicado pela sua pressão de vapor quando puro.*

Representando o solvente com o subíndice 1, a lei de Raoult pode ser escrita como

$$P_1 = X_1 P_1^{\circ}$$

onde P_1 e P_1° são as pressões de vapor da solução (a pressão de vapor do solvente na solução) e do solvente puro, respectivamente, e X_1 é a fração molar do solvente na solução. Note que para um soluto não-volátil, P_1 é a pressão de vapor total da solução. Agora, desde que $X_1 = 1 - X_2$, onde o subíndice 2 representa o soluto,

$$P_1 = (1 - X_2)P_1^{\circ}$$

ou, resolvendo para X_2,

$$X_2 = \frac{P_1^{\circ} - P_1}{P_1^{\circ}}$$

6 F. M. Raoult foi um físico e químico francês do século XIX

No lado direito desta relação, $P_1^\circ - P_1$ é o *abaixamento da pressão de vapor* provocado pela presença de um soluto. $\frac{P_1^\circ - P_1}{P_1^\circ}$ é chamado *abaixamento da pressão de vapor relativo*, que é igual à fração molar do soluto.

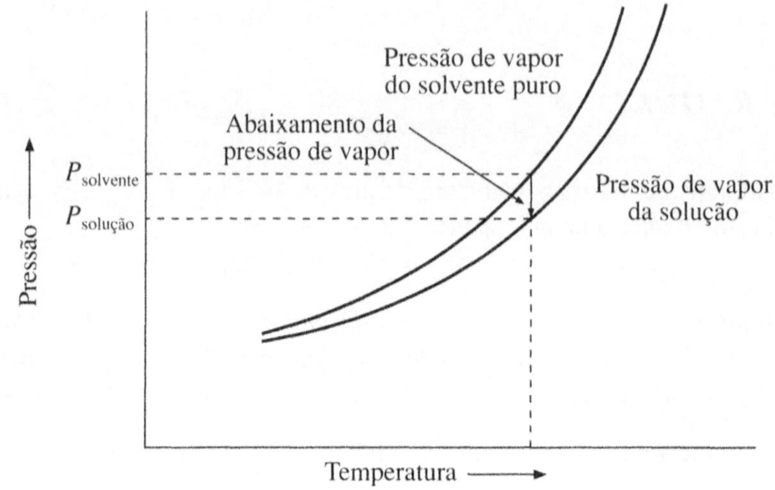

Figura 11.10 Abaixamento da pressão de vapor.

Exemplo 11.7 O composto não-volátil sulfanilamida ($C_6H_8O_2N_2S$) dissolve-se rapidamente em acetona (C_3H_6O). Qual é a pressão de vapor a 39,5°C de uma solução contendo 1,00 g de sulfanilamida dissolvida em 10,0 g de acetona, se a pressão de vapor da acetona pura a esta temperatura é $4{,}00 \times 10^2$ mmHg?

Solução: A massa molecular da sulfanilamida é 6(12,01) + 8(1,008) + 2(14,01) + 2(16,00)+ 32,06 ou 172,20 e a da acetona é 3(12,01) + 6(1,008) + 16,00 ou 58,01. Um grama de sulfanilamida é

$$1{,}00\text{ g} \times \frac{1\text{ mol}}{172{,}20\text{ g}} = 5{,}81 \times 10^{-3}\text{ mol}$$

e 10,0 g de acetona é

$$10{,}0\text{ g} \times \frac{1\text{ mol}}{58{,}01\text{ g}} = 0{,}172\text{ mol}$$

Na solução, a fração molar da acetona, X_1, é

$$X_1 = \frac{0{,}172 \text{ mol}}{0{,}172 \text{ mol} + 5{,}81 \times 10^{-3} \text{ mol}} = 0{,}967$$

Pela lei de Raoult, temos:

$$P_1 = X_1 P_1^{\circ}$$

$$= 0{,}967(4{,}00 \times 10^2 \text{ mmHg}) = 3{,}87 \times 10^2 \text{ mmHg}$$

Problema Paralelo: Cloreto de procaína, $C_{13}H_{21}ClN_2O_2$, um composto não-volátil, é usado como anestésico local. 1,00 g deste composto é dissolvido em 30,0 g de álcool puro, C_2H_5OH, a 35°C. Se a pressão de vapor do etanol puro é 104 mmHg nesta temperatura, qual é a pressão de vapor da solução? **Resposta:** 103 mmHg.

A lei de Raoult nos possibilita determinar a massa molecular de solutos não-voláteis. O método fornece resultados aceitáveis somente se a solução for diluída suficientemente para ser considerada ideal, e se o soluto não reage com o solvente.

Exemplo 11.8 Uma quantidade de um soluto não-volátil formamida de 5,00 g foi dissolvida em $1{,}00 \times 10^2$ g de água a 30°C. A pressão de vapor da solução era de 31,20 mmHg. Se a pressão de vapor da água pura é 31,82 mmHg a esta temperatura, qual é a massa molecular da formamida?

Solução: Da definição da fração molar, temos

$$X_2 = \frac{n_2}{n_1 + n_2}$$

onde o subíndice 2 refere-se à formamida e o 1 à água. Quando esta expressão é resolvida para n_2, temos

$$n_2 = \frac{X_2 n_1}{1 - X_2} \qquad (11.1)$$

O número de mols de H_2O, n_1 (massa molecular = 18,0) é

$$n_1 = \frac{1{,}00 \times 10^2 \text{ g}}{18{,}0 \text{ g mol}^{-1}} = 5{,}56 \text{ mol}$$

X_2, a fração molar da formamida, é encontrada pela lei de Raoult

$$X_2 = \frac{P_1^\circ - P_1}{P_1^\circ}$$

$$= \frac{31{,}82 \text{ mmHg} - 31{,}20 \text{ mmHg}}{31{,}82 \text{ mmHg}} = 1{,}9 \times 10^{-2}$$

Substituindo estes valores na Equação (11.1), temos

$$n_2 = \frac{X_2 n_1}{1 - X_2}$$

$$= \frac{(1{,}9 \times 10^{-2})(5{,}56 \text{ mol})}{1 - 1{,}9 \times 10^{-2}} = 0{,}11 \text{ mol}$$

Temos 0,11 mol de formamida em solução. Mas sabemos que a massa é 5,00 g; então

$$\frac{5{,}00 \text{ g}}{0{,}11 \text{ mol}} = 45 \text{ g mol}^{-1}$$

A massa molecular da formamida é 45.

Problema Paralelo: Etanol puro, C_2H_5OH, tem uma pressão de vapor de 50,76 mmHg a 25°C. Quando 14,7 g de codeína narcótica são dissolvidos em 50,0 g de etanol, a pressão de vapor da solução resultante é 57,17 mmHg na mesma temperatura. Qual é a massa molecular da codeína? **Resposta:** 299.

Quando *ambos* os componentes de uma solução binária ideal são líquidos voláteis, aplica-se a lei de Raoult para cada um dos componentes. A Figura 11.11*a* ilustra como a pressão de vapor do componente B em uma solução binária é abaixada pela presença de um componente A, como expresso pela relação da lei de Raoult

$$P_B = X_B P_B^\circ$$

A Figura 11.11*b* similarmente ilustra o abaixamento da pressão da vapor de A por B:

$$P_A = X_A P_A^\circ$$

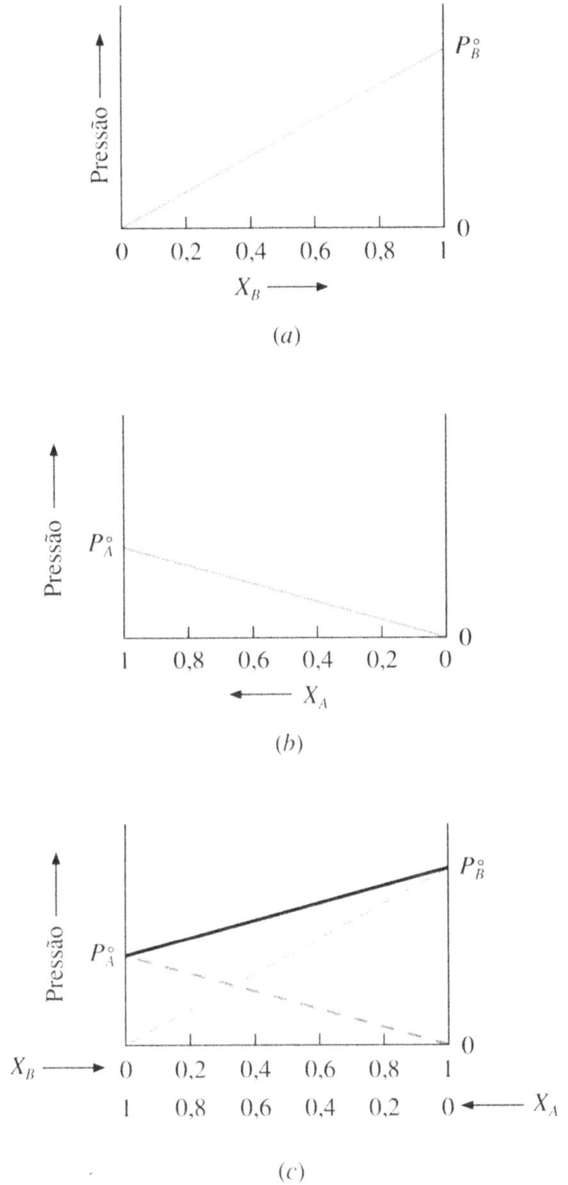

Figura 11.11 Pressão de vapor de uma solução de dois componentes voláteis (temperatura constante). (*a*) Pressão parcial de vapor do componente *B*. (*b*) Pressão parcial de vapor do componente *A*. (*c*) Gráfico combinado mostrando a pressão de vapor total da solução.

Finalmente, a Figura 11.11*c* ilustra a pressão de vapor total (linha cheia) da solução. A cada composição a pressão de vapor total da solução P_T é igual à soma das pressões parciais de vapor, de acordo com a lei de Dalton das pressões parciais:

$$P_T = P_A + P_B$$

Uma **solução ideal** *é aquela que obedece à lei de Raoult.* Embora existam algumas essencialmente ideais, a maioria das soluções apresenta desvios da obediência à lei de Raoult. (A altas pressões, gases apresentam desvios da idealidade.) A Figura 11.12 mostra os diagramas das pressões de vapor total e parcial para: (*a*) um sistema que apresenta *desvio positivo* e (*b*) um que apresenta *desvio negativo* da lei de Raoult. Um desvio positivo da lei de Raoult é aquele no qual a pressão parcial de vapor de cada componente, portanto, a pressão de vapor total é maior do que aquela em uma solução ideal. Isto ocorre porque a tendência de escape de cada componente é excepcionalmente mais alta do que quando puro. Em tal solução as atrações intermoleculares devem ser mais fracas que aquelas no componente puro. O processo de mistura para formar a solução deve, portanto, ser endotérmico, visto que as forças mais fracas substituem as mais fortes. (ΔH_{sol} é positivo.)

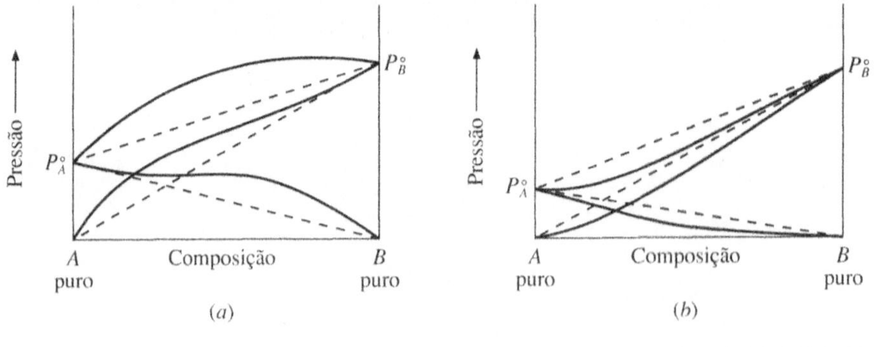

Figura 11.12 Desvios da lei de Raoult (à temperatura constante). (*a*) Desvio positivo. (*b*) Desvio negativo.

Um desvio negativo da lei de Raoult evidencia que a tendência de escape de cada componente na solução é anormalmente baixa. Assim, forças intermoleculares na solução devem ser mais fortes que nos componentes puros. Neste caso, a mistura dos componentes para formar a solução é exotérmica, uma vez que as forças fortes substituem as mais fracas. (ΔH_{sol} é negativo.) A relação entre desvio da lei de Raoult e ΔH_{sol} está resumida na Tabela 11.3.

Tabela 11.3 Desvios da lei de Raoult e ΔH_{sol}.

	Intensidade relativas das forças intermoleculares			
Desvios da lei de Raoult	***Componentes Puros***	***Solução***	ΔH_{sol}	***Exemplo***
Positivo	Mais forte	Mais fraca	Positivo	Acetona + dissulfeto de carbono
Negativo	Mais fraca	Negativo	Negativo	Acetona + clorofórmio
Nenhum (ideal)	(Igual)	(Igual)	Zero	Benzeno + tolueno

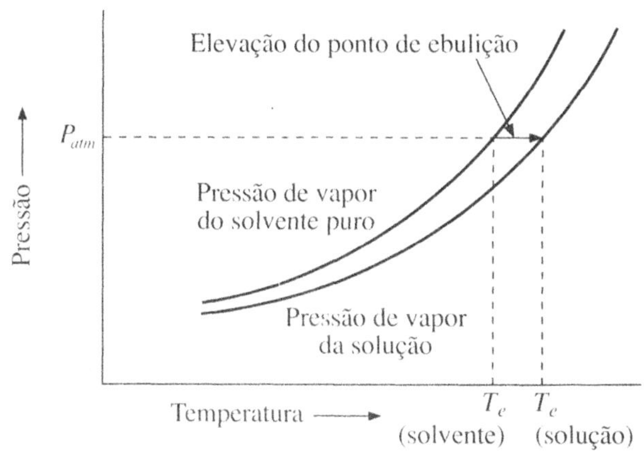

Figura 11.13 Elevação do ponto de ebulição.

A ELEVAÇÃO DO PONTO DE EBULIÇÃO

Um líquido ferve à temperatura na qual sua pressão de vapor é igual à pressão atmosférica. (Ver Seção 10.2.) A pressão de vapor de uma solução a cada temperatura diminui como resultado da presença de um soluto e, assim, é necessário aquecer a solução a uma temperatura mais alta, a fim de alcançar seu ponto de ebulição. Isto é mostrado na Figura 11.13.

Por ser uma propriedade coligativa, o abaixamento da pressão de vapor em soluções diluídas depende da concentração das partículas do soluto, mas não de sua natureza química. Então, deveríamos esperar que a elevação do ponto de ebulição fosse semelhante. De fato, pode ser observado que numa solução diluída a **elevação do ponto de ebulição** *é proporcional à molalidade das partículas do soluto* (consideramos neste ponto que o soluto não é volátil). Em outras palavras, se ΔT_e representa a elevação do ponto de ebulição e é igual a $(T_e)_{\text{solução}} - (T_e)_{\text{solvente}}$, então

$$\Delta T_e = K_e m$$

onde m é a molalidade do soluto e K_e é a constante de proporcionalidade conhecida como **constante da elevação do ponto de ebulição molal**. O valor de K_e depende somente do solvente e representa o aumento do ponto de ebulição provocado pela adição de um mol de partículas de soluto a um quilograma de solvente, caso a solução se comporte idealmente. A Tabela 11.4 apresenta valores de K_e para alguns solventes.

Tabela 11.4 Constantes da elevação do ponto de ebulição e da diminuição do ponto de congelamento.

Solvente	*Ponto de ebulição normal, °C*	K_e, °C m^{-1}	*Ponto de congelamento normal, °C*	K_c, °C m^{-1}
Água	100,00	0,512	0,00	1,855
Benzeno	80,2	2,53	5,5	5,12
Ácido acético	118,5	3,07	16,6	3,90
Naftaleno	218,0	5,65	80,2	6,9
Cânfora	208,3	5,95	178,4	40

Exemplo 11.9 Uma amostra de uréia de 0,300 g (massa molecular 60,1 g mol^{-1}) é dissolvida em 10,0 g de água. Calcule o ponto de ebulição normal da solução.

Solução:

$$0{,}300 \text{ g de uréia} = \frac{0{,}300 \text{ g}}{60{,}1 \text{ g mol}^{-1}} = 4{,}99 \times 10^{-3} \text{ mol}$$

$$\text{Molalidade da solução de uréia} = \frac{4{,}99 \times 10^{-3}\ \text{mol}}{1{,}00 \times 10^{-2}\ \text{kg}} = 0{,}499\ m$$

$$K_e \text{ para } H_2O = 0{,}512°C\ m^{-1} \text{ (da Tabela 11.4)}$$

$$\text{Elevação do ponto de ebulição} = (0{,}512°C\ m^{-1})(0{,}499\ m) = 0{,}255°C$$

$$\text{Ponto de ebulição normal} = 100{,}00°C + 0{,}255°C = 100{,}26°C$$

Problema Paralelo: Uma solução contém 5,60 g de ácido benzóico, $HC_7H_5O_2$, dissolvidos em 45,0 g de benzeno. Calcule o ponto ebulição normal da solução. **Resposta:** 82,8°C.

A proporcionalidade entre molalidade e elevação do ponto de ebulição fornece um método útil para determinar a massa molecular de um soluto desconhecido. Na prática, as determinações são geralmente feitas a concentrações mais altas que a da solução ideal, mas mesmo assim os valores aproximados obtidos são úteis.

Exemplo 11.10 Uma solução foi preparada pela dissolução de 7,39 g de um solução não-volátil em 85,0 g de benzeno. Se a solução entra em ebulição a 82,6°C à pressão padrão, calcule a massa molecular do soluto.

Solução: O número de gramas de soluto que seria dissolvido por *quilograma* de benzeno é

$$\frac{7{,}39\ \text{g}}{0{,}0850\ \text{kg benzeno}} = 86{,}5\ \frac{\text{g soluto}}{\text{kg benzeno}}$$

A molalidade da solução pode ser encontrada a partir da elevação do ponto de ebulição, que é 82,6°C – 80,2°C = 2,4°C, onde o ponto de ebulição normal do benzeno puro é obtido na Tabela 11.4.

$$\Delta T_e = K_e m$$

$$m = \frac{\Delta T_e}{K_e}$$

$$= \frac{2{,}4°C}{2{,}53°C\ m^{-1}} = 0{,}95\ m$$

Agora sabemos que nesta solução a quantidade de soluto presente por quilograma de benzeno pode ser expressa também como 86,9 g ou como 0,95 mol. Em outras palavras, 0,95 mol tem uma massa de 86,9 g. Portanto, 1,00 mol de soluto deve ter uma massa de

$$\frac{86{,}9\ \text{g}}{0{,}95\ \text{mol}} \text{ ou } 91\ \text{g mol}^{-1}$$

A massa molecular aproximada do soluto desconhecido é 91.

Problema Paralelo: 7,69 g de um soluto desconhecido são dissolvidos em 74,2 g de água. Se o ponto de ebulição normal da solução é 100,327°C, qual é a massa molecular aparente do soluto? **Resposta:** 162.

A DIMINUIÇÃO DO PONTO DE CONGELAMENTO

Uma maneira de explicar o fenômeno da elevação do ponto de ebulição é dizer que as partículas de soluto diminuem a tendência de escape do solvente; portanto, precisamos compensar isto promovendo o aumento da temperatura a fim de conseguir fervê-lo. Mas a tendência de escape significa a tendência de escapar *para qualquer outra fase*; então podemos usar um argumento semelhante para justificar o fato de que um soluto *abaixa* o ponto de congelamento de um solvente; isto é, a fim de congelar o solvente, precisamos resfriá-lo a uma temperatura *mais baixa*, para compensar a sua tendência de escape diminuída. A presença de um soluto sempre diminui o ponto de congelamento se o soluto é insolúvel na fase sólida. A diminuição do ponto de congelamento causa deslocamento da linha de equilíbrio sólido-líquido para a esquerda no diagrama de fases. A Figura 11.14 ilustra dois diagramas de fases: o primeiro é para a água pura, e o segundo para uma solução aquosa de um soluto que não é solúvel no gelo. Observe que a linha de equilíbrio sólido-gás (sublimação) não é afetada. O diagrama demonstra que a temperatura na qual o gelo e a água líquida podem coexistir sob uma dada pressão atmosférica é diminuída pelo soluto.

A relação entre a **diminuição do ponto de congelamento** e molalidade em soluções diluídas é diretamente proporcional e é similar àquela da elevação do ponto de ebulição e a molalidade:

$$\Delta T_c = -K_c m$$

em que

m = molalidade do soluto

K_c = constante da diminuição do ponto de congelamento molal

ΔT_c = $(T_c)_{\text{solução}} - (T_c)_{\text{solvente}}$ = diminuição do ponto de congelamento

(O sinal de menos na expressão $\Delta T_c = -K_c m$ indica que o soluto abaixa o ponto de congelamento.)

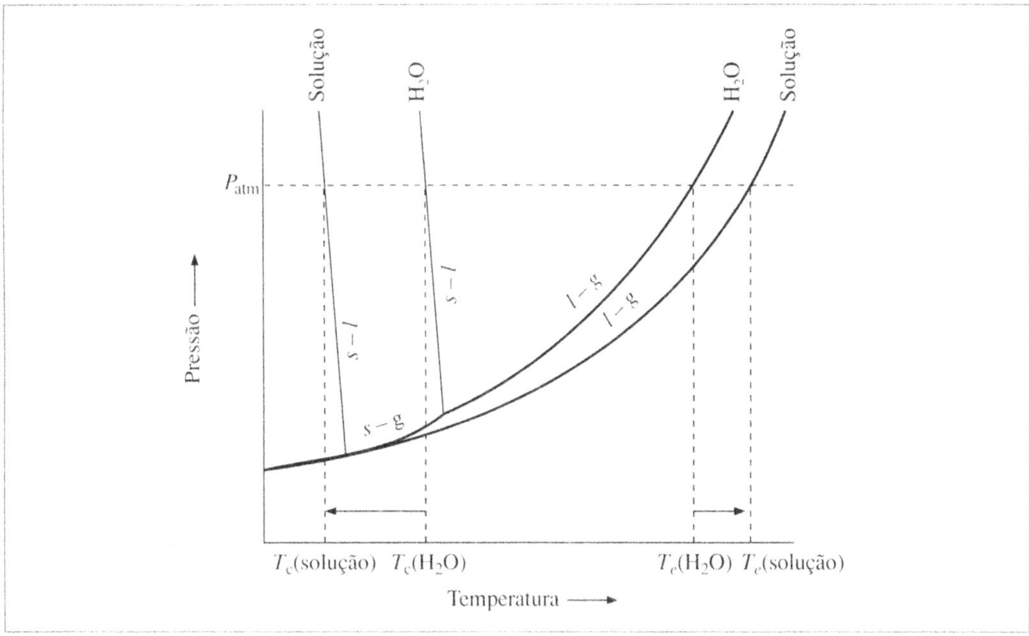

Figura 11.14 Alteração do diagrama de fases da água por um soluto solúvel na fase líquida.

O valor de K_c depende somente do solvente e representa o decréscimo do ponto de congelamento provocado pela adição de um mol de partículas de soluto a um quilograma de solvente. A Tabela 11.4 apresenta valores de K_c para alguns solventes. Assim como no caso de elevação do ponto de ebulição, medidas da diminuição do ponto de congelamento podem ser usadas para determinar as massas moleculares aproximadas de solutos.

Exemplo 11.11 Suponha que 1,42 g de um soluto são adicionados a 25,0 g de benzeno e a solução congela a uma temperatura de 1,96°C abaixo da do benzeno puro. Calcular a massa molecular aparente do soluto.

Solução: Na Tabela 11.4, vemos que K_c para o benzeno é igual a 5,12°C m^{-1}. Isto permite encontrar a molalidade da solução:

$$\Delta T_c = -K_c m$$

$$m = -\frac{\Delta T_c}{K_c}$$

$$= \frac{-1{,}96°C}{5{,}12°C\ m^{-1}} = 0{,}383\ m$$

O resultado revela que há 0,383 mol de soluto por quilograma de solvente. Agora precisamos encontrar separadamente quantos gramas de soluto estão presentes nesta quantidade de solvente. Assim,

$$\frac{1{,}42 \text{ g de soluto}}{0{,}0250 \text{ kg de solvente}} = 56{,}8\ \frac{\text{g de soluto}}{\text{kg de solvente}}$$

Agora sabemos que por quilograma de benzeno há 0,383 mol de soluto e que esta quantidade deve ter uma massa de 56,8 g. Portanto, 1,00 mol de soluto tem uma massa de

$$\frac{56{,}8 \text{ g}}{0{,}383 \text{ mol}} = 148 \text{ g mol}^{-1}$$

O massa molecular aparente do soluto é 148.

Problema Paralelo: 3,82 g de um soluto desconhecido são adicionados a 38,6 g de água para preparar uma solução que congela a – 0,828°C. Qual é a massa molecular aparente do soluto? **Resposta:** 222.

PRESSÃO OSMÓTICA

A diferença entre a pressão de vapor de uma solução e a do solvente puro pode ser utilizada para transportar moléculas do solvente puro para a solução. A Figura 11.15 ilustra uma maneira de se fazer isto. Um béquer contém solvente puro, e o outro, uma solução de soluto não-volátil. Embora a taxa de condensação nos dois líquidos seja a mesma, a taxa de evaporação do solvente puro é maior do que a da solução devido à diferença na tendência de escape. O sistema não está em equilíbrio, e por um período de tempo moléculas do solvente são transferidas via fase gasosa do solvente puro para a solução. A transferência continua até que todo solvente puro tenha evaporado.

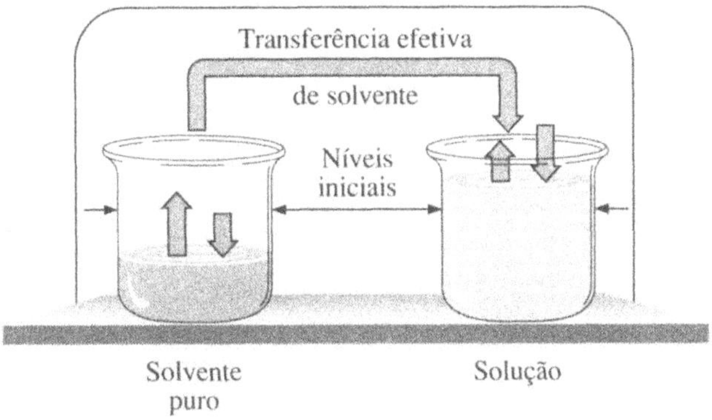

Figura 11.15 Transferência de solvente devido à diferença da pressão de vapor.

Na Figura 11.16, vemos uma outra maneira de observar a diferença entre a tendência de escape no solvente e na solução. Os dois líquidos aparecem separados por uma *membrana semipermeável*. Uma membrana semipermeável é uma barreira fina que permite a passagem de moléculas de solvente em ambos os sentidos, mas é impermeável a partículas do soluto. (Dependendo do sistema, pergaminho, gelatina, plástico ou outras substâncias podem ser usadas como membranas semipermeáveis.) Como a tendência de escape das moléculas do solvente no compartimento da esquerda é maior do que no da direita, a velocidade da transferência de moléculas de solvente da esquerda para a direita é maior do que a da direita para a esquerda. Assim, depois de algum tempo haverá uma transferência efetiva de moléculas do solvente puro para a solução. Este processo de transferência de moléculas de solvente através de uma membrana semipermeável é conhecido como **osmose**. Para ocorrer osmose, as concentrações das partículas de soluto devem ser diferentes nos dois líquidos, deste modo, as tendências de escape do solvente são diferentes nos dois lados da membrana.

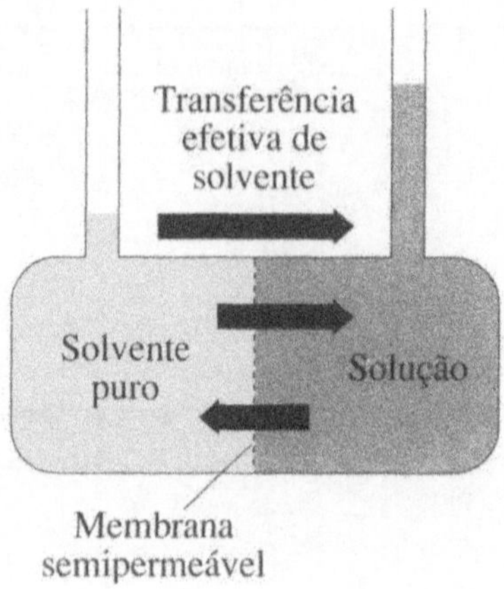

Figura 11.16 Osmose.

A Figura 11.17 salienta que o processo de osmose pode ser interrompido empurrando um pistão com uma pressão suficientemente grande apenas para compensar as diferenças nas tendências de escape, isto é, impedir que ocorra a osmose. Esta pressão é denominada **pressão osmótica**, e é usualmente representada pela letra grega π (pi).

A pressão osmótica é uma outra propriedade coligativa. Em solução diluída ela é diretamente proporcional à *molaridade* da solução e à temperatura absoluta. Surpreendentemente, a constante de proporcionalidade é constante do gás ideal R, como pode ser demonstrado tanto teórica quanto experimentalmente. Já que a letra M[7] representa molaridade e T temperatura, a relação completa é

$$\pi = MRT$$

Uma vez que a molaridade é igual ao número de mols do soluto, n_2, por volume em litros de solução, V,

$$M = \frac{n_2}{V}$$

7 N. do R.T.: De acordo com normas recentes, recomenda-se o uso de C em vez de M.

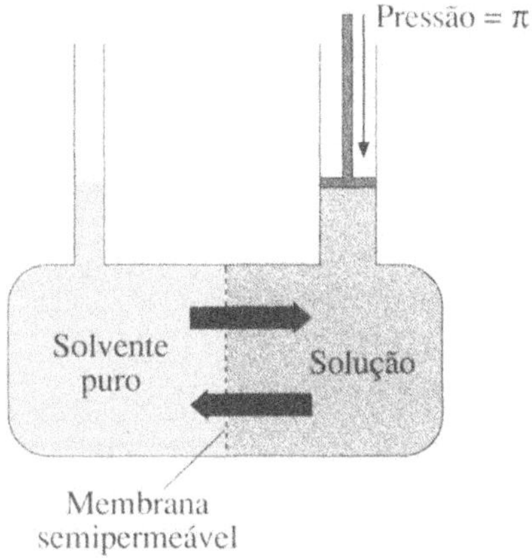

Figura 11.17 Pressão osmótica.

obtemos por substituição

$$\pi = \frac{n_2}{V} RT$$

ou

$$\pi V = n_2RT$$

A intensidade das pressões osmóticas produzidas por comparação de soluções diluídas é muito alta. Por exemplo, uma solução 1,00 mol/L a 0°C tem uma pressão osmótica de

$$\pi = MRT = (1{,}00 \text{ mol L}^{-1})(0{,}0821 \text{ L atm K}^{-1} \text{ mol}^{-1})(273 \text{ K}) = 22{,}4 \text{ atm}$$

Esta é uma pressão alta, suficiente para suportar uma coluna de mercúrio de cerca de 17 m (ou uma coluna de água de cerca de 230 m) de altura! Mesmo uma solução $1{,}00 \times 10^{-4}$ mol/L exibe uma pressão osmótica de $2{,}24 \times 10^{-3}$ atm, a qual é 1,70 mmHg. Se um manômetro com água fosse usado para medir esta pressão, a altura da coluna de água seria ainda 23,0 mm, uma altura que pode ser facilmente medida. A grande utilidade desta técnica reside no fato de que ela emprega concentrações de soluto baixas que produzem pressões osmóticas facilmente mensuráveis, e é freqüentemente usada na determinação de massas moleculares muito altas.

Exemplo 11.12 Uma amostra de proteína hemoglobina de massa 0,500 g foi dissolvida em água suficiente para preparar 100,0 mL de solução. A pressão osmótica da solução medida a 25°C foi de 1,35 mmHg, Qual é a massa molecular da hemoglobina?

Solução: Começaremos usando a relação da pressão osmótica a fim de encontrar a molaridade da solução. A pressão osmótica em atmosferas é

$$\pi = 1{,}35 \text{ mmHg} \times \frac{1 \text{ atm}}{760 \text{ mmHg}} = 1{,}78 \times 10^{-3} \text{ atm}$$

Como $\pi = MRT$,

$$M = \frac{\pi}{RT}$$

$$= \frac{1{,}78 \times 10^{-3} \text{ atm}}{(0{,}0821 \text{ L atm K}^{-1} \text{ mol}^{-1})(298 \text{ K})} = 7{,}28 \times 10^{-5} \text{mol L}^{-1}$$

Em um litro de solução há $7{,}28 \times 10^{-5}$ mol de hemoglobina.

Quantos *gramas* há neste volume? Há 0,500 g de hemoglobina dissolvido em 100,00 mL, ou 0,100 L, de solução. O número de gramas dissolvidos por litro é

$$\frac{0{,}500 \text{ g de hemoglobina}}{0{,}100 \text{ L de solução}} = 5{,}00 \frac{\text{g de hemoglobina}}{\text{L de solução}}$$

Agora sabemos que a quantidade de hemoglobina dissolvido por litro de $7{,}28 \times 10^{-5}$ mol tem uma massa de 5,00 g. Portanto, um mol tem uma massa

$$\frac{5{,}00 \text{ g}}{7{,}28 \times 10^{-3} \text{ mol}} = 6{,}87 \times 10^{-4} \text{ g mol}^{-1}$$

A massa molecular da hemoglobina é aproximadamente 68.700).

Problema Paralelo: 0,614 g de gelatina foi dissolvido em água suficiente para preparar 125 mL de solução. A 25°C, a pressão osmótica da solução encontrada foi 67,2 mmHg. Qual é a massa molecular aparente da gelatina? **Resposta:** $1{,}36 \times 10^3$.

OSMOSE REVERSA

Se a pressão aplicada a uma solução em um instrumento de pressão osmótica (Figura 11.18) for aumentada *acima* da pressão osmótica, a transferência efetiva de solvente será invertida. O emprego de uma pressão mais alta do que a pressão osmótica para remover o solvente de uma solução é chamado **osmose reversa**. A Figura 11.18 mostra um esquema de célula projetado para osmose reversa. Tais células são usadas para purificar água do mar em certas regiões áridas do mundo. A água salgada é forçada para dentro da célula a uma pressão maior que a pressão osmótica. Íons e outras partículas dissolvidas são filtradas pela membrana semipermeável e água potável emerge do lado oposto. O abastecimento é feito também pela destilação das águas inaproveitadas. Esta água torna-se muito concentrada em substâncias dissolvidas e é lançada para fora, no oceano, por exemplo. À medida que a população aumenta e os suprimentos de água tornam-se mais contaminados, a osmose reversa torna-se um processo cada vez mais importante.

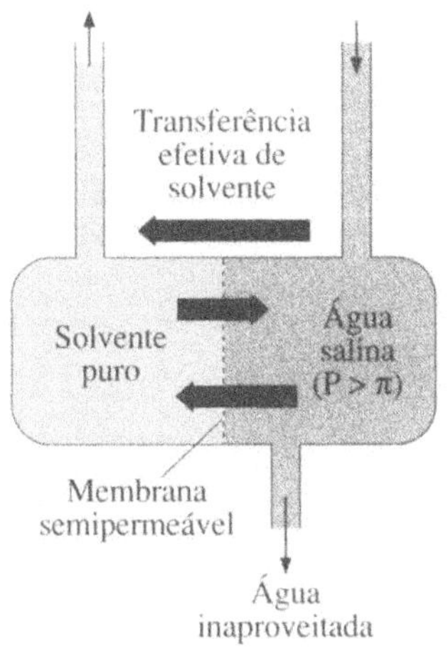

Figura 11.18 Célula de osmose reversa.

11.6 ELETRÓLITOS

Vimos um número de exemplos de *dissociação*[8], o processo no qual algumas substâncias se dissolvem fornecendo íons à solução. Estes solutos são chamados **eletrólitos**. (Uma solução de um eletrólito em água conduz eletricidade melhor que o solvente puro.) Uma substância que não é eletrólito, um **não-eletrólito**, não libera íons na solução à medida que se dissolve; as partículas dispersas através da solução são descarregadas, isto é, elas são moléculas ou átomos.

8 A palavra *ionização* é freqüentemente usada em lugar de *dissociação*. A *dissociação* é relativa a um processo de separação dos íons de um eletrólito. A ionização significa a formação de um íon a partir de um átomo ou molécula pela perda de um elétron.

DISSOCIAÇÃO

Embora a dissociação eletrolítica ocorra em muitos solventes, a água é tão importante que no restante deste capítulo consideraremos somente a dissociação em soluções aquosas.

A DISSOCIAÇÃO DE ELETRÓLITOS IÔNICOS

Um eletrólito pode ser uma substância iônica ou molecular. Um exemplo de um *eletrólito iônico* é o cloreto de sódio, NaCl. Quando NaCl se dissolve, os íons Na^+ e Cl^-são retirados do retículo cristalino pelos dipolos da água. A solução resultante contém íons Na^+ e Cl^-, cada um rodeado por um conglomerado de moléculas de H_2O hidratantes. O processo é representado pela equação

$$NaCl(s) \rightarrow Na^+(aq) + Cl^-(aq)$$

A Figura 11.19 mostra esquematicamente a dispersão de íons que ocorre quando um sólido iônico se dissolve em água.

Figura 11.19 Dissolução e dissociação de um sólido iônico (esquematização).

A DISSOCIAÇÃO DE ELETRÓLITOS MOLECULARES

Um exemplo de *eletrólito molecular* é o cloreto de hidrogênio, HCl, que é um gás à temperatura e pressão ambiente, mas bastante solúvel em água. A molécula de HCl é bastante polar e, como conseqüência, dipolos de H_2O são tão fortemente atraídos em cada extremidade que ela se quebra, isto é, dissocia-se em um íon H^+ e um íon Cl^-,

$$HCl\,(g) \rightarrow H^+\,(aq) + Cl^-\,(aq)$$

Veja a esquematização na Figura 11.20. Os íons liberados na solução são hidratados, rodeados por um conglomerado de dipolo de água, e a forte tendência para que isto ocorra é responsável pela dissociação das moléculas de cloreto de hidrogênio. O íon hidrogênio, sendo somente um próton, é fortemente hidratado porque forma ligações de hidrogênio com moléculas de água. Este agrupamento poderia ser representado como $H(H_2O)_x^+$, mas usualmente representa-se simplesmente como H_3O^+, chamado *íon hidrônio* ou *oxônio*. (*Oxônio* é recomendado pela IUPAC, mas por muitos anos empregou-se o termo *hidrônio*.) O uso de H_3O^+ para representar o íon hidrogênio hidratado tem vantagens e desvantagens, como veremos brevemente.

Todos os íons são hidratados em soluções aquosas. Isto está implícito quando escrevemos (*aq*) após a fórmula, como em $Na^+(aq)$. Em geral, quanto menor um íon e maior sua carga, mais fortemente este é hidratado.

AS FORÇAS DOS ELETRÓLITOS

Soluções aquosas de NaCl e HCl apresentam uma condutividade elétrica alta. Por outro lado, uma solução de fluoreto de hidrogênio (HF) na mesma concentração é pouquíssimo condutora, porém ainda é mais condutora do que água pura. Esta e outras evidências indicam que, para o mesmo número de mols de soluto dissolvido por litro de solução, a solução de HF possui menos íons do que uma solução de NaCl ou HCl. A conclusão a ser tirada é que em solução nem todas as moléculas de HF estão dissociadas em íons; algumas permanecem como moléculas não-dissociadas. Há duas categorias de eletrólitos: (1) *eletrólitos fortes*, como HCl, que existem somente como íons em solução, e (2) *eletrólitos fracos*, como HF, que existem como uma mistura de íons e moléculas não-dissociadas em solução.

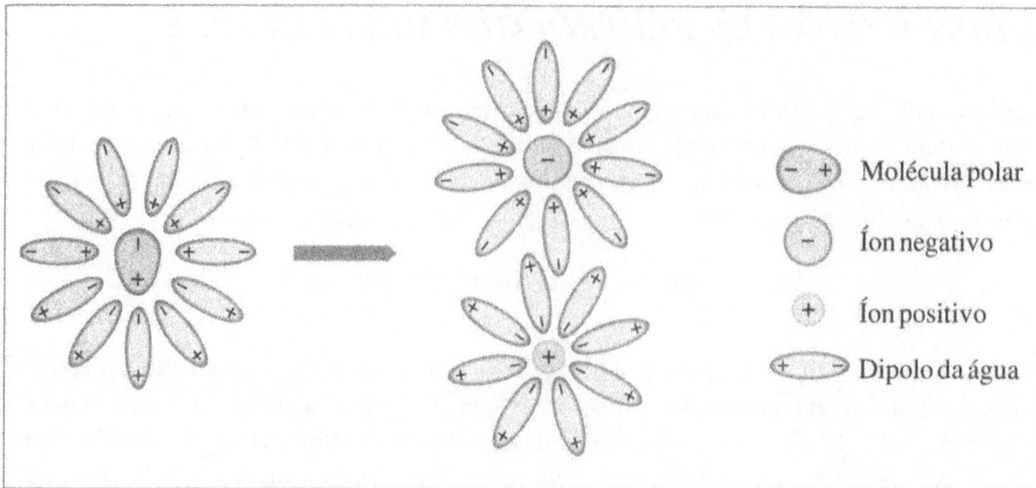

Figura 11.20 Dissociação de uma molécula polar (esquematização).

Eletrólitos Fortes. Eletrólitos fortes estão completamente dissociados em soluções aquosas, exceto quando a solução é muito concentrada, por estar longe do comportamento ideal. Podemos imaginar a dissolução do cloreto de hidrogênio em duas etapas: primeiro, moléculas de HCl entram na solução devido às atrações dipolo-dipolo entre suas moléculas e as da água. Este processo pode ser representado como

$$HCl(g) \rightarrow HCl(aq)$$

Então, moléculas de HCl são imediatamente quebradas por moléculas de água para formar íons de hidrogênio e cloreto hidratados:

$$HCl(aq) \rightarrow H^+(aq) + Cl^-(aq)$$

A solução resultante contém cátions e ânions oriundos do soluto, mas moléculas de HCl não permanecem. O HCl é classificado como um *eletrólito forte* devido a sua *completa dissociação*.

Eletrólitos Fracos. Uma solução de um eletrólito fraco contém moléculas de soluto não-dissociadas, assim como íons produzidos pela dissociação. Isto é verdade porque nessas soluções íons e moléculas não-dissociadas coexistem em um estado de equilíbrio. Como um exemplo, considere as etapas que tomam lugar quando o eletrólito fraco, fluoreto de hidrogênio, é adicionado à água. Na primeira etapa o HF simplesmente dissolve-se devido às fortes interações dipolo-dipolo entre HF—H_2O:

$$HF(g) \rightarrow HF(aq)$$

Então, moléculas de água iniciam a quebra das moléculas de HF dissolvidas em seus íons hidratados; isto é, algumas moléculas de HF dissociam-se:

$$HF(aq) \rightarrow H^+(aq) + F^-(aq)$$

Mas a ligação H—F não é tão fácil de quebrar como a ligação H—Cl, e a atração H^+—F^- em solução é mais forte que a atração H^+—Cl^-. Como resultado, os íons H^+ e F^- em solução podem se recombinar para formar moléculas de HF:

$$H^+(aq) + F^-(aq) \rightarrow HF(aq)$$

À medida que as concentrações de H^+ e F^- aumentam, a velocidade de recombinação aumenta, enquanto a velocidade de dissociação das moléculas de HF diminui porque existem em menor quantidade. Eventualmente, embora tudo isso ocorra em menos tempo do que o que usamos para descrevê-lo, a taxa de recombinação dos íons H^+ e F^- torna-se igual à taxa de dissociação das moléculas de HF. A partir deste momento não ocorre mais nenhuma mudança efetiva; o sistema está em equilíbrio dinâmico:

$$HF(aq) \rightleftharpoons H^+(aq) + F^-(aq)$$

Em uma solução de HF 1,0 mol/L (preparada pela adição de 1,0 mol de moléculas de HF em uma quantidade de água suficiente para um volume total de 1,0 litro), em média, de cada 100 moléculas de HF originalmente adicionadas 97 estão ainda presentes como moléculas e as outras três como íons hidratados de H^+ e F^- (isto explica a condutividade relativamente baixa de uma solução de HF).

EQUILÍBRIO E GRAU DE DISSOCIAÇÃO

O grau em que um dado eletrólito em solução está dissociado não é constante, mas aumenta à medida que a solução se torna mais diluída. A Figura 11.21 mostra a variação da percentagem de dissociação do HF com a concentração. A 0,1 mol/L a percentagem de dissociação aumentou para 8%, e a 0,01 mol/L ela é de 23%. O aumento na percentagem de dissociação com a diluição é característico de todos os eletrólitos fracos; é, de fato, previsto pelo princípio de Le Châtelier: diluindo-se qualquer solução, a concentração das partículas de soluto diminui. A dissociação, por outro lado, aumenta o número total de partículas do soluto (no caso do HF, *dois* íons substituem uma molécula). Quando uma solução de um eletrólito fraco é diluída, a posição de equilíbrio desloca-se, favorecendo o aumento da dissociação. No caso do HF, o equilíbrio

$$HF(aq) \rightleftharpoons H^+(aq) + F^-(aq)$$

desloca-se para a direita, criando um número total maior de partículas de soluto e compensando parcialmente o efeito da diluição. Assim, a percentagem de HF na forma iônica aumenta. A percentagem de dissociação de um eletrólito fraco a uma dada concentração varia de um eletrólito para outro e de um solvente para outro (por exemplo, HCl é um eletrólito forte em água, mas fraco em benzeno; o solvente é importante no processo de dissociação). A percentagem de dissociação de um eletrólito fraco depende também da temperatura.

Definimos um eletrólito forte como aquele que está essencialmente 100% dissociado e um eletrólito fraco como aquele que está menos que 100% dissociado. A percentagem de dissociação de muitos eletrólitos fracos é, contudo, usualmente muito menor do que 100%, geralmente apenas uma pequena percentagem ou menos. A percentagem de dissociação de um eletrólito fraco aproxima-se de 100% numa concentração extremamente baixa. Como podemos estabelecer uma forma prática de distinguir eletrólitos fracos e fortes, se todos os eletrólitos estão essencialmente 100% dissociados em soluções extremamente diluídas? Costuma-se especificar uma concentração arbitrária, geralmente 1 mol/L, e estabelecer que um eletrólito forte é aquele que está 100% dissociado em uma concentração 1 mol/L, enquanto um eletrólito fraco é o que está menos do que 100% dissociado nesta concentração. Esta distinção funciona muito bem na prática. A maioria dos eletrólitos são convenientemente classificados como fortes ou fracos. Além disso, a dissociação da maioria dos eletrólitos fracos é fraca em todas as concentrações, até mesmo naquelas muito baixas, enquanto na maioria dos eletrólitos fortes é forte em todas as concentrações, até mesmo naquelas muito altas.

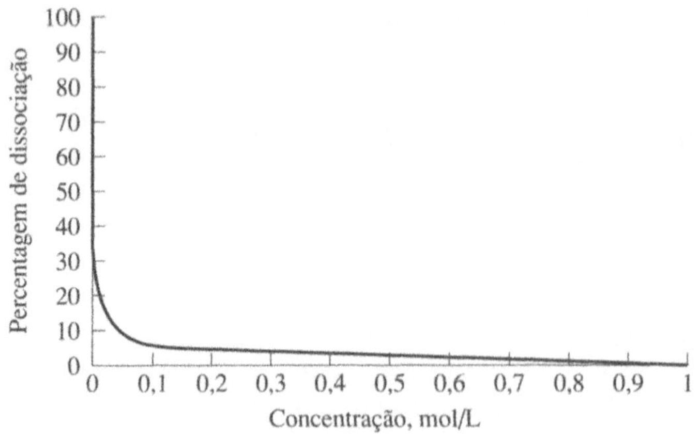

Figura 11.21 Variação da percentagem de dissociação com a concentração de HF.

A Tabela 11.5 resume as diferenças entre as três classes de solutos: não-eletrólitos, eletrólitos fracos e eletrólitos fortes. São dados também exemplos de cada classe.

Tabela 11.5 Classificação de solutos (soluções diluídas).

	Não-eletrólitos	*Eletrólitos fracos*	*Eletrólitos fortes*
Partículas de soluto	Moléculas	Moléculas + íons	Íons
Equilíbrio entre partículas?	Não	Sim	Não (essencialmente)
Percentagem de dissociação	0	Entre 0 e 100, mas freqüentemente pequena	~ 100
Exemplo (para soluções aquosas)	Etanol(C_2H_5OH)	Fluoreto de hidrogênio (HF)	Cloreto de hidrogênio (HCl)
	Sacarose ($C_{12}H_{22}O_{11}$)	Ácido acético ($HC_2H_3O_2$)	Cloreto de sódio (NaCl)
	Acetona [$(CH_3)_2CO$]	Hidróxido taloso (TlOH)	Hidróxido de sódio (NaOH)
	Oxigênio (O_2)	Cloreto mercúrico ($HgCl_2$)	Fluoreto de potássio (KF)

Exemplo 11.13 Uma solução $5{,}00 \times 10^{-2}$ m de HF em água apresenta um ponto de congelamento normal de – 0,103°. Qual é a percentagem de dissociação do HF nesta concentração?

Solução: A constante do abaixamento do ponto de congelamento molal para a água é 1,855° m^{-1} (Tabela 11.4). Portanto, a molalidade total das partículas derivadas do soluto é

$$m = -\frac{\Delta T_c}{K_c}$$

$$= -\frac{-0{,}103^\circ C}{1{,}855^\circ C\ m^{-1}} = 5{,}55 \times 10^{-2}$$

$5{,}00 \times 10^{-2}$ mol de HF foram adicionados por quilograma de H_2O, mas após a dissociação estão presentes $5{,}55 \times 10^{-2}$ mol de partículas do soluto. O número de mols de partículas aumentou aparentemente durante o processo de dissolução de $(5{,}55 \times 10^{-2}) - (5{,}00 \times 10^{-2})$, ou $0{,}55 \times 10^{-2}$.

Agora, cada vez que *uma* molécula de HF se dissocia, são formados *dois* íons. Portanto, o número de partículas aumenta *um* para cada molécula que se dissocia. Se o número de mols de partículas (por quilograma de solvente) aumentou de $0{,}55 \times 10^{-2}$, isto significa que $0{,}55 \times 10^{-2}$ mol de moléculas de HF devem ter-se dissociado. Em outras palavras, as concentrações antes e depois da dissociação são

	HF	$\rightleftharpoons$	H^+	+	F^-
Antes da dissociação:	$5{,}00 \times 10^{-2}\ m$		0		0
Dissociação:	$-0{,}55 \times 10^{-2}\ m$				
Após a dissociação:	$4{,}45 \times 10^{-2}\ m$		$0{,}55 \times 10^{-2}\ m$		$0{,}55 \times 10^{-2}\ m$

(Verifique: O número total de mols de partículas de soluto por quilograma de água

$$= 4{,}45 \times 10^{-2} + 0{,}55 \times 10^{-2} + 0{,}55 \times 10^{-2} = 5{,}55 \times 10^{-2}\text{mol})$$

Se $0{,}55 \times 10^{-2}$ mol de HF se dissocia por quilograma de água, então a percentagem de dissociação é

$$\%_{\text{dissoc.}} = \frac{\text{n}^{\underline{o}}\ \text{de mols. dissociados}}{\text{n}^{\underline{o}}\ \text{total de mols}} \times 100$$

$$= \frac{0{,}55 \times 10^{-2}}{5{,}00 \times 10^{-2}} \times 100 = 11\%$$

Problema Paralelo: Uma solução aquosa de 0,040 *m* de ácido nitroso, HNO_2, congela a −0,082°C. Qual é a percentagem de dissociação do HNO_2 nesta concentração? **Resposta:** 11%.

As soluções de eletrólitos contêm dois tipos de partículas carregadas, os ânions e os cátions. Como resultado, elas exibem dois tipos de propriedades, uma devido à presença dos cátions, e a outra pela presença dos ânions. Em soluções aquosas muito diluídas, ânions e cátions são independentes uns dos outros, o que não é verdade nas soluções de concentrações altas de soluto. O solvente água, devido a sua alta constante dielétrica, é muito eficaz na separação de íons de carga oposta. Os solventes de menor constante dielétrica são menos eficazes, e em tais solventes há evidências da existência de *pares de íons* (essencialmente moléculas) em quantidades moderadas, em alguns casos, mesmo quando as concentrações são muito baixas. (Acredita-se na existência de pares de íons em água se a concentração do soluto é muito alta, não havendo moléculas de água suficientes para manter os íons completamente hidratados e separados.)

ÁCIDOS, BASES E SAIS

A palavra **ácido** é antiga, vem do latim e significa "azedo". (As soluções de ácido possuem um sabor azedo.) O significado da palavra evoluiu no transcorrer dos anos, e hoje ela tem vários significados úteis e inter-relacionados. Neste e em capítulos anteriores, é dada uma definição de ácido proposta pelo químico suíço Svante Arrhenius, que foi quem primeiro propôs, em 1887, o conceito de dissociação. De acordo com a **definição de Arrhenius**, *um ácido é um composto que, dissociado em água, libera íons de hidrogênio.* Assim, cloreto de hidrogênio é um ácido de Arrhenius:

$$HCl(g) \rightarrow H^+(aq) + Cl^-(aq)$$

Também é chamado *ácido clorídrico*, um nome usado para descrever sua solução aquosa.

As **bases** também são conhecidas há séculos (um nome mais antigo, *álcali*, está ainda em uso.) Anos atrás reconheceu-se que as bases têm a capacidade de cancelar, ou *neutralizar*, as propriedades de um ácido, De acordo com a definição de Arrhenius *uma base é um composto que, dissociado em água, libera íons de hidróxido.* Um exemplo de uma base de Arrhenius é o hidróxido de sódio, NaOH:

$$NaOH(s) \rightarrow Na^-(aq) + OH^-(aq)$$

A reação de uma solução de um ácido com uma base é chamada *reação de neutralização.* Em tais reações, os íons de hidrogênio (responsáveis pelas propriedades características de um ácido) se combinam com íons de hidróxido (responsáveis pelas propriedades características de uma base) para formar água:

$$H^+(aq) + OH^-(aq) \rightarrow H_2O$$

Assim, quando uma solução de hidróxido de sódio (contendo íons Na^+ e OH^-) é misturada com uma solução de ácido clorídrico (contendo íons H^+ e Cl^-), ocorre o seguinte:

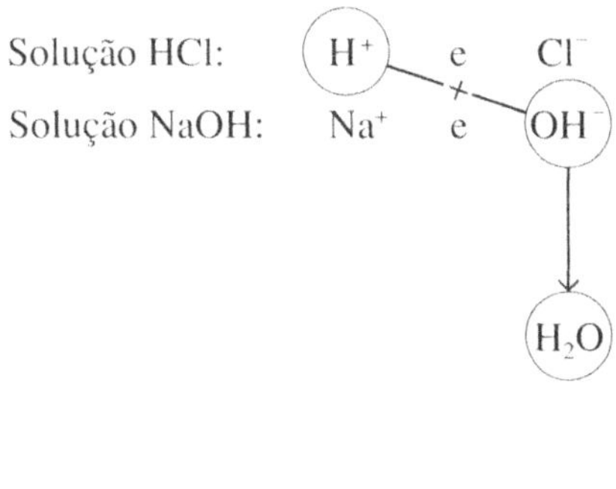

Comentários Adicionais

O que acontece aos íons Na^+ e Cl^- na reação de neutralização anterior? Poder-se-ia esperar que Na^+ e Cl^- se combinassem para formar NaCl, mas isto só poderia acontecer se o NaCl fosse um eletrólito fraco, ou se ele fosse insolúvel em água. Entretanto, NaCl é um eletrólito forte, solúvel, e assim não há atração entre estes íons quando encontram-se em solução. Após misturar números iguais de mols de HCl e NaOH em solução, poderíamos ocasionar a formação de NaCl evaporando a água da solução. Isto produziria uma solução saturada com respeito ao NaCl, e uma maior remoção de água forçaria o NaCl a se cristalizar:

$$Na^+(aq) + Cl^-(aq) \rightarrow NaCl(s)$$

Mas esta é uma segunda reação, e não ocorre a menos que a água seja evaporada.

Tabela 11.6 Alguns ácidos, bases e sais de Arrhenius.

	Nome	*Processo de dissolução*
Ácido	Ácido clorídrico (cloreto de hidrogênio)	$HCl(g) \rightarrow H^+(aq) + Cl^-(aq)$
	Ácido fluorídrico (fluoreto de hidrogênio)	$HF(g) \rightarrow HF(aq) \rightleftharpoons H^+(aq) + F^-(aq)$
	Ácido nítrico (raramente, "nitrato de hidrogênio")	$HNO_3(l) \rightarrow H^+(aq) + NO_3^-(aq)$
Bases	Hidróxido de sódio	$NaOH(s) \rightarrow Na^+(aq) + OH^-(aq)$
	Hidróxido de cálcio	$Ca(OH)_2(s) \rightarrow Ca^{2+}(aq) + 2OH^-(aq)$
	Hidróxido de lantânio	$La(OH)_3(s) \rightarrow La^{3+}(aq) + 3OH^-(aq)$
Sais	Fluoreto de sódio	$NaF(s) \rightarrow Na^+(aq) + F^-(aq)$
	Cloreto de cálcio	$CaCl_2(s) \rightarrow Ca^{2+}(aq) + 2Cl^-(aq)$
	Nitrato de lantânio	$La(NO_3)_3(s) \rightarrow La^{3+}(aq) + 3NO_3^-(aq)$

Uma terceira categoria de eletrólitos foi proposta também por Arrhenius: o sal. Um **sal** é um composto cujos íons subsistem após a neutralização de um ácido por uma base. O NaCl é um sal; seus íons Na^+ e Cl^- permanecem em solução após as reações das soluções de HCl e NaOH. (Ver anteriormente.) Geralmente um sal é um sólido iônico. Os íons H^+ e OH^- não estão presentes após a reação. Portanto, em uma reação de neutralização, formam-se moléculas de água e os íons de um sal permanecem em solução. No caso especial em que a solubilidade do sal é baixa, seus íons podem se combinar e o próprio sal precipita na solução.

A Tabela 11.6 contém os nomes de alguns ácidos, bases e sais e a reação que ocorre com cada um quando dissolvido em água.

HIDRATAÇÃO DE ÍONS

Tanto os íons positivos como negativos são hidratados em solução aquosa. Isto significa que eles estão rodeados por uma camada aproximadamente esférica de dipolos de água, cada um com seu negativo (o oxigênio) apontado em direção ao cátion, ou seu positivo (hidrogênio) apontado na direção do ânion. O grau de hidratação de um íon pode ser medido pela energia de hidratação do íons, ΔH_{hid}. Esta é a energia liberada quando o íon deixa a fase gasosa e entra para a fase aquosa, tornando-se hidratado. As energias de hidratação são sempre negativas e dependem da *carga* e do *tamanho* iônico. A Tabela 11.7 evidencia que as energias de hidratação são altas para um íon que tem: (1) tamanho pequeno e/ou (2) carga alta. Na seqüência Li^+–Na^+–K^+, por exemplo, a energia de hidratação diminui porque o raio iônico aumenta. Observe também que os íons 2+ em geral têm energias de hidratação maiores do que os íons 1+. A carga alta e o tamanho pequeno contribuem para uma alta densidade de carga, o que favorece a forte interação íon-dipolo.

Os íons em solução diluída estão provavelmente rodeados por duas ou três camadas aproximadamente esféricas, concêntricas, de moléculas de água, mas as moléculas de água, na esfera mais interna, a *primeira esfera de hidratação*, são as mais firmemente retidas. O número de moléculas nesta esfera é conhecido como o *número de hidratação* do íon. Evidências experimentais indicam que para um íon que possui uma energia de hidratação alta o número de hidratação é uma constante. Para os outros íons, o número de hidratação muda com a concentração e a temperatura, uma vez que as moléculas de água estão mais frouxamente ligadas e podem se mover facilmente para dentro e para fora da esfera de hidratação.

Tabela 11.7 Energias de hidratação de alguns íons comuns.

Íon	*Raio iônico, nm*	ΔH_{hid}, *kJ mol*$^{-1}$
Li^+	0,068	–506
Na^+	0,097	–397
K^+	0,133	–314
Mg^{2+}	0,066	–1910
Ca^{2+}	0,099	–1580
Sr^{2+}	0,112	–1430
Al^{3+}	0,051	–4640
F^-	0,133	– 506
Cl^-	0,181	– 377
I^-	0,220	– 297

Devido a sua esfera de hidratação, um íon numa solução aquosa tem um raio efetivo que é muito maior que o do íon gasoso ou do íon em um cristal. Em geral, quanto maior a energia de hidratação de um íon, maior será o seu raio efetivo quando hidratado. Assim, o íon hidratado K^+ (raio de cerca de 0,16 nm) é na realidade *menor* que o íon hidratado Na^+ (cerca de 0,24 nm), o que explica parcialmente o fato de íons K^+ passarem mais facilmente através de membranas de células vivas.

O íon hidrogênio é o menor de todos os íons, tendo simplesmente um núcleo de um átomo de hidrogênio. Embora ele carregue somente uma carga 1+, esta carga está concentrada em um volume tão pequeno que o grau de interação entre um íon hidrogênio e as moléculas de água é extremamente elevado. No núcleo do hidrogênio, apenas o próton do isótopo mais comum do hidrogênio pode ser imaginado atraindo um par isolado de elétrons de um átomo de oxigênio de uma molécula de água vizinha e formando o íon hidrônio (também chamado íon oxônio):

$$H^+ + \begin{matrix} :\ddot{O}:H \\ \ddot{H} \end{matrix} \rightarrow \left[\begin{matrix} H:\ddot{O}:H \\ \ddot{H} \end{matrix}\right]^+$$

Comentários Adicionais

Embora a fórmula H_3O^+ implique certamente que um próton esteja hidratado por somente uma molécula de água, o grau de hidratação do H^+ é muito maior do que qualquer outro íon. Muitas moléculas de H_2O estão presentes nas esferas de hidratação de um próton, portanto, é importante não interpretar a fórmula H_3O^+ literalmente.

Durante a maior parte deste livro não incluímos águas de hidratação em fórmulas de íons nas soluções aquosas. Preferimos escolher fórmulas, tais como Na^+, Cl^-, Al^{3+}, S^{2-} e H^+ para representar tais íons. Somente quando for importante enfatizar o papel das moléculas de água de hidratação serão escritas fórmulas tais com $Li(H_2O)_4{}^+$ e $Al(H_2O)_6{}^{3+}$.

RESUMO

As soluções são definidas como *misturas homogêneas* e podem ser sólidas, líquidas e gasosas. Quando uma solução é muito rica em um componente, este componente é geralmente chamado solvente, enquanto os outros são chamados de *solutos*. A composição de uma solução pode ser expressa quantitativamente especificando-se as concentrações de um ou mais componentes. Várias unidades de concentração são importantes, incluindo a *fração molar*, a *percentagem molar*, a *molaridade*, *a molalidade* e a *percentagem em massa*.

Quando um soluto dissolve-se em um solvente, forças *soluto-soluto* e *solvente-solvente* são substituídas por *forças soluto-solvente* na solução. As intensidades relativas destas forças de atração são importantes na determinação da solubilidade de um soluto específico em um solvente específico. Uma generalização que é normalmente adotada para estimar solubilidade é a regra *semelhante dissolve semelhante*, isto é, substâncias polares e iônicas tendem a se dissolver umas nas outras, assim como as substâncias apolares são solúveis entre si.

A *água* é um bom solvente para muitas substâncias, particularmente as polares e as iônicas. Devido à sua alta constante dielétrica, a água reduz as atrações entre os íons carregados opostamente em solução e conseqüentemente aumenta a solubilidade de eletrólitos. Moléculas de água formam *ligações de hidrogênio* entre si e com moléculas de soluto que contenham um ou mais átomos de eletronegatividade alta. Estas forças levam a uma alta solubilidade anormal de algumas substâncias moleculares em água.

Uma *solução saturada* é aquela que está, ou pode estar, em equilíbrio com o excesso de soluto dissolvido. Uma *solução insaturada* é aquela na qual a concentração do soluto é menor do que na solução saturada, e uma *solução supersaturada* é aquela na qual a concentração do soluto é maior do que na solução saturada. A *solubilidade* de um soluto é definida como a concentração de sua solução saturada. O *princípio* de *Le Châtelier* é empregado para predizer a mudança de solubilidade com a temperatura e a pressão. A variação da solubilidade com a temperatura depende do *calor de solução* para formar uma solução saturada. Para a dissolução de sólidos em água, o calor de solução é determinado pela *energia reticular* de um sólido e pela *energia de hidratação* das partículas dissolvidas.

Propriedades coligativas são propriedades de soluções que dependem da concentração das partículas do soluto e não da natureza das mesmas. Estas incluem o *abaixamento da pressão de vapor*, a *elevação do ponto de ebulição*, a *diminuição do ponto de congelamento* e a *pressão osmótica*. Cada uma destas propriedades depende da capacidade das partículas do soluto de diminuir a *tendência de escape* das moléculas do solvente.

Um *eletrólito* é uma substância que se *dissocia* para liberar íons quando se dissolve. Os eletrólitos podem ser classificados como *fortes* (completamente dissociados na solução) ou *fracos* (menos que 100% dissociados), dependendo do grau em que eles estão dissociados. Em uma solução de eletrólito fraco, as moléculas de soluto não-dissociadas estão em equilíbrio com os íons produzidos pela dissociação na solução.

De acordo com a *definição de Arrhenius*, os eletrólitos podem também ser classificados como ácidos, bases ou sais. *Ácidos* dissociam-se para liberar íons H^+ em solução, e *bases*, para liberar íons OH^-. Os *sais* dissociam-se para liberar cátions e ânions diferentes dos íons H^+ e OH^-, respectivamente. Uma *reação de neutralização* é uma reação ácido-base, na qual forma-se água da combinação dos íons H^+ do ácido e do íon OH^- da base.

Na água todos os íons estão *hidratados*, isto é, rodeados por uma camada de moléculas de água que são atraídas pelo íon por forças íon-dipolo. Devido ao seu pequeno tamanho, o íon mais fortemente hidratado é o íon hidrogênio, H^+, freqüentemente representado em solução como H_3O^+, chamado íon *hidrônio* ou *oxônio*.

PROBLEMAS

Soluções – Considerações Gerais

11.1 Dado um líquido homogêneo, como poderíamos descobrir se é uma substância pura ou uma solução?

11.2 O ouro metálico absorverá quantidades pequenas de mercúrio quase como uma esponja absorve água. Para onde vai o mercúrio?

11.3 O que você faria para descobrir se uma dada solução de acetato de cálcio é insaturada, saturada ou supersaturada?

11.4 Discuta a expressão: "semelhante dissolve semelhante".

11.5 Quais são as semelhanças entre um gás ideal e uma solução ideal?

11.6 Defina ou explique cada um dos seguintes termos: hidratação, dissociação, solubilidade, supersaturação, ligação de hidrogênio, propriedade coligativa.

11.7 Como a energia reticular e a energia de hidratação determinam o calor de solução de uma substância em água?

11.8 Porque a maioria dos gases dissolve-se em água apresentando uma liberação de energia?

Concentração – Unidades

■ **11.9** Calcule a molaridade do soluto em cada uma das seguintes soluções: (a) 2,00 g de NaCl dissolvidos em 1,00 L de solução, (b) 4,00 g de H_2SO_4 dissolvidos em 4,00 L de solução, (c) 8,00 g de NaOH dissolvidos em 55,0 mL de solução.

■ **11.10** Calcule a molalidade do soluto em cada uma das seguintes soluções: (a) 3,00 g de metanol, CH_3OH, dissolvidos em 1,00 kg de água, (b) 3,00 g de CH_3OH dissolvidos em 1,00 kg de tetracloreto de carbono, CCl_4, (c) 14,0 g de benzeno, C_6H_6, dissolvidos em 25,0 g de CCl_4.

■ **11.11** Calcule a fração molar do benzeno, C_6H_6, em cada uma das seguintes soluções: (a) 6,00 g de C_6H_6 + 6,00 g de CCl_4, (b) 6,00 g de C_6H_6 + 6,00 g de CCl_4 + 6,00 g de CS_2.

■ **11.12** Uma quantidade de sacarose ($C_{12}H_{22}O_{11}$) tendo uma massa de 42,0 g é adicionada a 58,0 g de água para formar uma solução com uma densidade de 1,19 g mL^{-1}. Calcule (a) a percentagem em massa, (b) a percentagem molar, (c) a molaridade, (d) a molalidade da sacarose na solução.

■ **11.13** Uma quantidade de etanol (C_2H_5OH) com uma massa de 54,6 g é misturada com 75,4 g de água para formar uma solução tendo uma densidade de 0,931 g mL^{-1}. Calcule (a) a percentagem em massa, (b) a fração molar, (c) a molalidade, (d) a molaridade do etanol na solução.

11.14 Uma quantidade de ácido cítrico ($H_3C_6H_5O_7$) com uma massa de 30,0 g é dissolvida em 70,0 g de água para formar uma solução tendo uma densidade de 1,13 g mL^{-1}. Calcule a molalidade de (a) ácido cítrico e (b) água em solução.

11.15 Calcule a molaridade de (a) ácido cítrico e (b) água em solução descrita no Problema 11.14.

■ **11.16** Calcule a concentração molar dos íons de cloro em (a) 0,15 mol/L de NaCl, (b) 0,15 mol/L $CaCl_2$, (c) 0,28 mol/L de $AlCl_3$. (Cada um dos componentes é um eletrólito forte.)

1.17 Suponha que 0,10 mol de NaCl, 0,20 mol de $MgCl_2$ e 0,30 mol de $AlCl_3$ estão dissolvidos em água suficiente para preparar 0,500 L de solução. Qual é a molaridade dos íons Cl^- em solução? (Todos os sais são eletrólitos fortes.)

11.18 Mostre que a solução descrita no Problema 11.17 é eletricamente neutra, isto é, que ela não tem carga.

■ **11.19** Uma quantidade de água suficiente é adicionada para uma mistura das seguintes soluções até o volume total de 225 mL: 25,0 mL de 0,100 mol/L de NaCl, 35,0 mL de 0,200 mol/L de $MgCl_2$, e 45,0 mL de 0,300 mol/L de $AlCl_3$. Se todas estas substâncias são eletrólitos fortes, qual é a concentração final de cada íon?

11.20 25,0 mL de 0,200 mol/L de Na_2SO_4 e 35,0 mL de 0,300 mol/L de Na_3PO_4 são adicionados em água suficiente para preparar uma solução com uma concentração final do íon de sódio igual a 0,350 mol/L. Qual é o volume final da solução? (Ambos os sais são eletrólitos fortes.)

Solubilidade

11.21 Se ΔH_{sol} para a formação de uma solução saturada de uma substância é um número positivo, a solubilidade da substância aumentará ou diminuirá com o aumento da temperatura? Explique.

■ **11.22** Usando dados da Tabela 11.2, calcule a solubilidade (fração molar) do oxigênio na água a 5,00 atm e 20°C.

■ **11.23** Da sua resposta do Problema 11.22, calcule quantos mililitros de O_2 a 5,00 atm e 20°C se dissolverão em 1,00 kg de água na mesma temperatura.

11.24 Ordenar as seguintes substâncias de acordo com a sua solubilidade crescente em água: CH_3OH, CH_3F, NaF, CH_4.

11.25 Qual dos íons dos seguintes pares deve ter a energia de hidratação mais alta (ΔH_{hid} mais negativo)? (a) Na^+ ou Li^+, (b) B^{+3} ou Al^{3+}, (c) Ca^{2+} ou Ga^{3+}, (d) S^{2-} ou Se^{2-}, (e) S^{2-} ou Cl^-. Em cada caso justifique sua escolha.

11.26 A energia reticular ΔH_{ret} do AgCl é 904 kJ mol^{-1}, a energia de hidratação ΔH_{hid} do Ag^+ é – 469 kJ mol^{-1}, e a energia de hidratação do Cl^- é –377 kJ mol^{-1}. Calcule o calor da solução, ΔH_{sol}, do AgCl. Como você estimaria a solubilidade do cloreto de prata em água em função da temperatura?

11.27 Descreva como você faria para preparar uma solução supersaturada de uma substância cuja solubilidade (a) aumenta e (b) diminui com a temperatura.

11.28 Um cristal é adicionado a uma solução supersaturada. Se ΔH_{sol} é positivo, o que acontecerá à temperatura de solução? Explique.

11.29 A solubilidade do iodeto de césio em água é 4,77 *m* a 45°C e 2,25 *m* a 10°C. Se 25 g de água são saturados com CsI a 45°C e então resfriadas a 10°C, quantos gramas de CsI cristalizarão na solução?

Propriedades Coligativas

■ **11.30** Calcular (a) o ponto de congelamento normal e (b) o ponto de ebulição normal de uma solução de 0,392 *m* de sacarose em água.

■ **11.31** Determinar: (a) o abaixamento da pressão de vapor, (b) a pressão osmótica, a 25°C de uma solução aquosa a 10,0% em massa de sacarose. A densidade da solução é de 1,04 g mL^{-1} e a pressão de vapor da água pura é de 23,76 mmHg a 25°C. (Sacarose é $C_{12}H_{22}O_{11}$.)

■ **11.32** 1,15 g de um composto não-volátil está dissolvido em 75,0 g de benzeno. O ponto de ebulição da solução apresenta um valor de 0,125°C maior que o correspondente no benzeno puro. Calcule a massa molecular do composto.

■ **11.33** Um composto desconhecido tendo uma massa de 1,14 g é adicionado a 55,0 g de ácido acético e encontrou-se um ponto de congelamento de 0,629°C abaixo do ponto de congelamento do ácido acético puro. Qual é a massa molecular do composto?

11.34 Um composto não-volátil com uma massa de 7,00 g é dissolvido em 65,0 g de etanol, C_2H_5OH, e abaixa a pressão de vapor do etanol de 242,61 a 239,34 mmHg a 30°C. Calcule a massa molecular do composto.

11.35 Qual é o ponto de congelamento de uma solução aquosa que ferve (a 1 atm) a 102,68°C?

11.36 Qual é a massa molecular de uma substância X se 1,00 L de uma solução contendo 4,5 g de X tem uma pressão osmótica de 0,337 mmHg a 30°C?

■ **11.37** Benzeno, C_6H_6, e tolueno, C_7H_8, formam essencialmente soluções ideais. Uma solução é preparada pela mistura de 1,00 mol de benzeno com 2,00 mol de tolueno a 30°C. Nesta temperatura, a pressão de vapor do benzeno puro é 119,3 mmHg e a do tolueno é 36,66 mmHg. Calcule (a) a pressão de vapor parcial de cada componente, (b) a pressão de vapor total da solução, e (c) a fração molar de cada componente *no vapor* a 30°C.

Eletrólitos

11.38 Explique, em termos do princípio de Le Châtelier, por que o grau de dissociação de um eletrólito fraco aumenta com a diluição.

11.39 Justifique o fato de algumas substâncias moleculares serem eletrólitos em água.

■ **11.40** Calcule a molaridade de Na^+, Cl^-, K^+ e SO_4^{2-} presentes em uma solução preparada pela adição de 0,100 mol de *cada* NaCl, Na_2SO_4 e K_2SO_4 com água suficiente para preparar 0,400 L de solução. Todos os sais são eletrólitos fortes, e nenhuma reação ocorre.

■ **11.41** Ácido acético, $HC_2H_3O_2$, é um ácido fraco que se dissocia para formar íons H^+ e $C_2H_3O_2^-$ (acetato). Em uma solução de 0,250 m de ácido acético em água, a concentração dos íons H^+ é 2×10^{-3} m. Qual é o ponto de congelamento desta solução?

11.42 Uma solução aquosa de 0,25 m de um ácido fraco hipotético HA congela a – 0,651°C. Calcule a percentagem dissociada aparente do ácido.

PROBLEMAS ADICIONAIS

■ **11.43** A pressão osmótica de uma dispersão de moléculas de poliestireno em tolueno é 0,78 mmHg a 25°C. Se a dispersão continha $3,0 \times 10^{-3}$ g de poliestireno por mililitro, qual é a massa molecular do poliestireno?

11.44 Discuta o mecanismo de hidratação. Outras partículas além de íons podem ser hidratadas? Como poderiam algumas das propriedades de uma solução de cloreto de sódio em água ser alteradas se seus íons não fossem hidratados?

11.45 Calcule a molaridade final da sacarose em uma solução preparada inicialmente com 25,0 mL de 0,150 mol/L de sacarose e então adicionando-se todos os outros componentes: 38,0 mL de água, 25,0 mL de 0,100 mol/L de sacarose e 75,0 mL de 0,128 mol/L de sacarose. Assuma que os volumes são aditivos.

11.46 A solubilidade de certos eletrólitos em água é substancialmente diminuída se alguma quantidade de etanol for adicionada à água. Proponha uma explicação.

11.47 A solubilidade (fração molar) do etileno gasoso em água a 0°C é $8,20 \times 10^{-4}$ a 4,00 atm. Qual é a sua solubilidade a 3,09 atm na mesma temperatura?

11.48 Considere que 20,0 g de cada um dos seguintes eletrólitos fortes são adicionados a uma mesma amostra de água: HCl, $MgCl_2$, NaCl, HBr. Nenhum dos componentes reage. Se o volume da solução final é 589 mL, calcule a concentração molar de cada íon na solução.

11.49 Bromobenzeno, C_6H_5Br, e clorobenzeno, C_6H_5Cl, formam soluções ideais. A 125°C a pressão de vapor do bromobenzeno é 321 mmHg e a do clorobenzeno é 623 mmHg. Calcule a pressão de vapor de uma mistura dos dois contendo 50% em massa de bromobenzeno nesta temperatura.

11.50 Que pressão deveria ser aplicada a 0,500 mol de oxigênio gasoso para toda esta quantidade se dissolver em 1,00 kg de água a 20°C?

11.51 A pressão de vapor de uma solução é maior do que a do solvente puro. Proponha três possíveis explicações.

11.52 Soluções que são injetadas na corrente sangüínea por razões médicas podem ser prejudiciais fisiologicamente se estiverem muito diluídas ou muito concentradas. Explique.

11.53 O que você espera da solubilidade de um eletrólito fraco (aumenta ou diminui) quando dissociado em um solvente de constante dielétrica menor que a da água? Explique.

11.54 Que solução você esperaria ter maior ponto de ebulição normal: 0,1 mol/L de $CaCl_2$, 0,3 mol/L de sacarose, ou 0,15 mol/L de NaCl? Justifique sua escolha.

11.55 Há histórias de motores de automóveis que foram danificados por um ato de vandalismo pela colocação de açúcar no tanque de combustível. Dado que a gasolina é um composto da classe dos hidrocarbonetos de baixa polaridade, que mal o açúcar pode causar?

11.56 Considere que 1,00 g de etilenoglicol, não-eletrólito, não-volátil, é adicionado a 25,0 g de água, e que a solução resultante congela a –1,20°C. A composição do etileno glicol é 38,7% de C, 9,7% de H e 51,6% de O em massa. Qual é a fórmula molecular do etileno glicol?

■ **11.57** As quantidades 1,50 mol de HCl e 1,00 mol de NaOH são ambas adicionadas em uma quantidade suficiente de água para preparar 525 mL de solução. Calcule a concentração molar de H^+, Cl^- e Na^+.

11.58 A 100°C a pressão de vapor do clorobenzeno, C_6H_5Cl, é 285 mmHg, e a do bromobenzeno, C_6H_5Br, é 137 mmHg. Uma mistura de clorobenzeno e bromobenzeno é preparada, e conclui-se que a pressão de vapor parcial dos dois componentes é igual. Assumindo que a lei de Raoult é obedecida, calcule a composição da solução em fração molar.

■ **11.59** Uma "vodka" de teor alcoólico 100% (pura) pode ser feita pela mistura de iguais volumes de etanol puro, C_2H_5OH, densidade 0,789 g mL^{-1}, e água 0,998 g mL^{-1} (a 20°C). Qual é a molaridade do etanol em "vodka" pura se a sua densidade é 0,926 g mL^{-1}? (Atenção: é muito perigoso preparar "vodka" desta maneira. Comercialmente, o etanol "puro" disponível contém traços de benzeno, que é tóxico e carcinogênico.)

11.60 Nitrato de prata, $AgNO_3$, e cloreto de sódio são eletrólitos fortes. Iguais volumes de 0,103 mol/L de $AgNO_3$ e 0,147 mol/L de NaCl são misturados e um precipitado sólido, cloreto de prata, AgCl, é formado. Assumindo que a reação é completa, calcule a concentração molar de todos os íons oriundos dos solutos que permanecem em solução. Assuma volumes aditivos.

11.61 A densidade da água pura a 24°C é 0,997 g mL^{-1}. Qual é a concentração molar da H_2O em água pura a 24°C?

Capítulo 12

REAÇÕES EM SOLUÇÕES AQUOSAS

TÓPICOS GERAIS

12.1 AS REAÇÕES ÁCIDO-BASE

A definição de Arrhenius

A definição pelo sistema solvente

A definição de Brønsted-Lowry

A definição de Lewis

12.2 AS REAÇÕES DE PRECIPITAÇÃO E COMPLEXAÇÃO

A precipitação

Equações iônicas simplificadas

A complexação

12.3 EQUAÇÕES SIMPLIFICADAS PARA REAÇÕES EM SOLUÇÕES AQUOSAS

Tipos de reações

Equações para reações de precipitação

Equações para formação de eletrólitos fracos

Usando as generalizações

12.4 BALANÇO DE CARGAS, PARTE II: NÚMEROS DE OXIDAÇÃO

Números de oxidação: Método 1

Números de oxidação: Método 2

Exemplos

12.5 AS REAÇÕES DE TRANSFERÊNCIA DE ELÉTRONS

A oxidação e a redução

O balanceamento de equações redox

Equação para reações refox sem solvente

Equações para reações redox-solução aquosas

12.6 A ESTEQUIOMETRIA DE SOLUÇÃO

Estequiometria ácido-base

Equivalentes de ácidos e bases

Equivalente massa

Normalidade

Estequiometria redox

Outros tipos de reações em solução

Vivemos em um mundo aquático. Três quartos da superfície da Terra são cobertos com água líquida e muitos processos naturais ocorrem em soluções aquosas. De fato, muitos organismos vivos, plantas e animais são compostos primariamente por água e, como resultado, a sua bioquímica está baseada na água. Por ser a água um bom solvente para muitas substâncias, e por estar prontamente disponível, é comumente usada como um meio de reação para o estudo das reações em solução. Neste capítulo, focalizaremos nossa atenção nas reações que ocorrem neste importante solvente.

12.1 AS REAÇÕES ÁCIDO-BASE

No século XVIII, Antoine Lavoisier, considerado por muitos o fundador da química moderna, acreditava que todos os ácidos continham oxigênio. De fato, há inúmeros oxi-ácidos, incluindo os ácidos sulfúrico, nítrico, fosfórico, acético e outros. Essa crença era compartilhada por muitos outros químicos, até que finalmente foi demonstrado que o ácido clorídrico, HCl, não continha oxigênio. Mais tarde, tornou-se popular a idéia de que o hidrogênio combinado era o responsável pelo comportamento ácido, mas a existência de muitos compostos contendo hidrogênio que não eram ácidos não podia ser explicada satisfatoriamente. Finalmente, em 1884, Svante Arrhenius elaborou uma visão coerente de soluções eletrolíticas que daria uma explicação satisfatória do comportamento ácido-base.

A DEFINIÇÃO DE ARRHENIUS

Arrhenius definiu um *ácido* como uma substância contendo hidrogênio que produz íons hidrogênio (H^+) em solução e uma *base* como uma substância que produz íons hidróxido (OH^-) em solução. (Ver Seções 2.8, 7.5, 11.7.) A *neutralização* foi descrita por Arrhenius como a combinação destes íons para formar água:

$$H^+(aq) + OH \rightarrow H_2O$$

Isto está de acordo com a observação de que, quando uma solução diluída de HCl, HBr, HI, HNO_3 ou $HClO_4$ é neutralizada por uma solução diluída de NaOH, KOH, RbOH, $Ba(OH)_2$ ou $La(OH)_3$, o *calor de neutralização* molar, ΔH_{neut}, é sempre o mesmo: –55,9 kJ por mol de água formada. Isto sugere que, quando algum desses ácidos é misturado com alguma dessas bases, as reações reais são sempre as mesma:

$$H^+(aq) + OH^-(aq) \rightarrow H_2O \qquad \Delta H_{neut} = -55{,}9 \text{ kJ mol}^{-1}$$

Todavia, alguns calores de neutralização molares são muito menores do que o valor dado. Quando, por exemplo, soluções de HCN e NaOH são misturadas, ΔH_{neut} = −10,3 kJ mol^{-1}. O fato de que muito menos calor é liberado está de acordo com a observação de que o HCN é um ácido fraco (ver seção 11.7) e, assim, a maioria do HCN presente está dissolvido como moléculas de HCN e não como íons H^+ e CN^-. Conseqüentemente, é necessário fornecer energia para romper as ligações H—CN nas moléculas não-dissociadas e, assim, sobra menos energia para ser liberada para as vizinhanças. A reação global para esta neutralização é escrita

$$HCN(aq) + OH^-(aq) \rightarrow H_2O + CN^-(aq)$$

Comentários Adicionais

Pode ainda não estar evidente por que as equações para a neutralização de um ácido fraco tal como o HCN e um ácido forte tal como o HCl não são as mesmas. Isto deve ser elucidado paulatinamente. Continue lendo.

A visão de Arrhenius de ácidos e bases fortes e fracos é muito útil mesmo hoje em dia. Contudo, ela tem três defeitos graves: primeiro, o fato de estar limitada ao comportamento em soluções aquosas. Segundo, ela ignora muitas substâncias e outras espécies dissolvidas além dos íons OH^- que se combinarão com íons H^+ e muitas outras além dos íons H^+ que se combinarão com íons OH^-. Finalmente, muitas substâncias que não são compostos contendo hidrogênio ou hidróxido aumentam a concentração de H^+ ou OH^- quando adicionadas à água. Isto sugere a necessidade de definições mais abrangentes para ácidos e bases.

A DEFINIÇÃO PELO SISTEMA SOLVENTE

A capacidade da água de estabilizar íons hidratando-os é suficientemente grande para que ela possa inclusive dissociar-se em íons hidrogênio e íons hidróxido. A equação de *autodissociação*, de acordo com Arrhenius, é escrita

$$H_2O \rightleftharpoons H^+(aq) + OH^-(aq)$$

A água é um eletrólito muito fraco, estando dissociada em íons somente 2×10^{-7}% a 25°. Como resultado, a água pura não é um bom condutor de eletricidade. Outros solventes apresentam autodissociação semelhante. Por exemplo, a amônia, que é líquida, abaixo de −33° a 1 atm, dissocia-se formando um íon hidrogênio e um íon amideto, NH_2^-:

$$NH_3 \rightleftharpoons H^+ + NH_2^- \qquad \text{(no líquido } NH_3\text{)}$$

A solvatação (*amoniação* neste caso) do íon hidrogênio é comumente indicada escrevendo-se NH_4^+, íon amônio, análogo ao H_3O^+, que representa H^+ na água. Em outras palavras, o equilíbrio de dissociação é geralmente mostrado como

$$2NH_3 \rightleftharpoons NH_4^+ + NH_2^+ \qquad \text{(no líquido } NH_3\text{)}$$

Dióxido de enxofre líquido, um solvente não-protônico, sofre autodissociação semelhante para formar os íons tionilo, SO^{2+}, e sulfito, SO_3^{2-}:

$$2SO_2 \rightleftharpoons SO^{2+} + SO_3^{2-} \qquad \text{(no líquido } SO_2\text{)}$$

A **definição pelo sistema solvente** de ácidos e bases tem a intenção de estender o conceito de Arrhenius para outros solventes que apresentam autodissociação. De acordo com esta definição, *um ácido é uma substância que aumenta a concentração de cátions relacionados com o solvente, e uma base é uma substância que aumenta a concentração de ânions relacionados com o solvente* (lembre-se de que um cátion está carregado positivamente, enquanto um ânion está carregado negativamente). Em água, então, um ácido é uma substância que produz íons H^+ (ou H_3O^+) e uma base é uma substância que produz íons OH^-. No solvente NH_3, um ácido produz NH_4^+ e uma base, NH_2^-. No solvente SO_2, um ácido produz SO^{2+} e uma base, SO_3^{2-}.

A DEFINIÇÃO DE BRØNSTED-LOWRY

Em 1923, Brønsted na Dinamarca e Lowry na Inglaterra, independentemente, sugeriram uma definição ácido-base muito útil. A definição de Brønsted-Lowry é uma definição *protônica*. De acordo com ela, *ácido é uma espécie que tende a doar um próton* e *base é uma espécie que tende a receber um próton*. Além disso, uma reação ácido-base é uma reação de transferência de prótons. A definição de Brønsted-Lowry é bastante geral em muitos aspectos. O HCl, por exemplo, é um ácido em solução aquosa, de acordo com a definição de Arrhenius. Mas, também, o HCl é um ácido de Brønsted-Lowry em *qualquer outro* solvente, mesmo quando não está presente nenhum solvente. Ele é um ácido simplesmente porque pode doar um próton.

De acordo com o ponto de vista de Brønsted-Lowry, uma reação ácido-base envolve a competição por um próton entre duas bases. Por exemplo, quando o cloreto de hidrogênio se dissolve em água, uma molécula de HCl (um ácido) doa um próton à H_2O (uma base que recebe um próton) para formar H_3O^+ (um ácido) e Cl^- (uma base). Este processo é representado pela equação

$$HCl + H_2O \rightarrow H_3O^+ + Cl^-$$

$$\text{ácido}_1 + \text{base}_2 \rightarrow \text{ácido}_2 + \text{base}_1$$

Os prótons (H^+) não aparecem explicitamente na equação. Em seu lugar, a equação apresenta um ácido transferindo um próton para uma base formando uma *base conjugada* e um *ácido conjugado*, respectivamente. Nesta equação, HCl e Cl^- constituem um *par ácido-base conjugado*, designados como ácido_1 e base_1. Similarmente, H_2O e H_3O^+ representam o outro par e estão disignados como base_2 e ácido_2. Em uma reação ácido-base de Brønsted-Lowry, um ácido transforma-se em sua base conjugada pela perda de um próton, e uma base trasnforma-se em seu ácido conjugado pelo recebimento de um próton[1].

A amônia, NH_3, é uma base de Brønsted-Lowry. Em solução aquosa ela recebe um próton da água:

$$NH_3 + H_2O \rightarrow NH_4^+ + OH^-$$

$$\text{base}_1 + \text{ácido}_2 \rightarrow \text{ácido}_1 + \text{base}_2$$

NH_4^+ e NH_3 são um par ácido-base conjugado e H_2O e OH^- o outro por nesta reação. A reação entre HCl e NH_3 é um outro exemplo de reação ácido-base Brønsted-Lowry:

$$HCl + NH_3 \rightarrow NH_4^+ + Cl^-$$

$$\text{ácido}_1 + \text{base}_2 \rightarrow \text{ácido}_2 + \text{base}_1$$

Esta reação ocorre na ausência de qualquer solvente: HCl e NH_3 gasosos formam NH_4Cl sólido, cloreto de amônio, que é um sólido iônico composto de íons NH_4^+ e Cl^-. (Por um longo tempo, muitos laboratórios desenvolveram um fino "filme" branco de cloreto de amônio em artigos de vidro e interiores de janelas. Solução de amônia e ácido clorídrico, de uso comum em muitos laboratórios, desprendem NH_3 e HCl gasoso; o produto formado espalha-se por todo o laboratório, podendo ser facilmente visualizado em vidros.)

Note que, de acordo com a idéia de Brønsted-Lowry, a água pode reagir quer como um ácido (para formar sua base conjugada OH^-) quer como uma base (para formar seu ácido conjugado H_3O^+). Ambos os processos ocorrem na autodissociação da água:

1 Com a finalidade de simplificar esta equação e as outras desta seção omitimos o (*aq*), que significa uma espécie em solução aquosa.

$$H_2O + H_2O \rightarrow H_3O^+ + OH^-$$

$$\text{ácido}_1 + \text{base}_2 \rightarrow \text{ácido}_2 + \text{base}_1$$

De acordo com a visão de Brønsted-Lowry, a *força de um ácido* é a sua tendência para doar um próton, enquanto a *força de uma base* é sua tendência para receber um próton. Considere a reação

$$HCl + H_2O \rightarrow H_3O^+ + Cl^-$$

Esta reação é quantitativa, o que significa que após a adição de HCl nenhuma quantidade apreciável de HCl permanece em solução. Isto significa que o HCl tem uma tendência maior para doar um próton do que H_3O^+ e, assim, destes dois ácidos, o HCl é o ácido mais forte. Similarmente, devido à menor tendência do Cl^- de receber um próton do que a H_2O, o Cl^- é uma base mais fraca do que a H_2O. Em geral, *quanto mais forte é um ácido, mais fraca será sua base conjugada.* (Devido à grande tendência do HCl para perder um próton, o Cl^- tem somente uma ligeira tendência para receber um próton.) *Quanto mais forte uma base, tanto mais fraco será seu ácido conjugado.* (Devido à grande tendência da H_2O para receber um próton, o H_3O^+ tem apenas uma pequena tendência de perder um próton.) Esta relação entre pares ácido-base conjugados permite classificá-los como na Tabela 12.1, com a força do ácido diminuindo do topo para a base enquanto a força da base conjugada aumenta correspondentemente. Os ácidos aparecem à esquerda e as bases à direta e, quanto mais afastado está um ácido de uma base, mais o par tenderá a reagir. (Em síntese, um ácido da parte superior reage com uma base da parte inferior da tabela.) Entretanto, mesmo que um ácido esteja abaixo de uma base, o par reagirá fracamente. Assim, H_2O reage ligeiramente com SO_3^{2-},

$$H_2O + SO_3^{2-} \rightleftharpoons HSO_3^- + OH^-$$

embora suas posições relativas na tabela não sejam favoráveis.

Observe na Tabela 12.1 as posições dos quatro ácidos, $HClO_4$, H_2SO_4, HCl e HNO_3 (à esquerda), com respeito àquela da H_2O (à direita). Cada um destes ácidos tem grande tendência para doar um próton à água. (Sob o ponto de vista de Arrhenius eles são chamados, simplesmente, de *ácidos fortes*.) Os ácidos que estão *abaixo* da H_2O apresentam tendências muito menores para transferir um próton para a água; são, portanto, *ácidos fracos* do ponto de vista de Arrhenius. O fato dos ácidos chamados fortes estarem todos *acima* da H_2O (à direita) na Tabela 12.1 é uma ilustração do *efeito nivelador*. A água é uma base suficientemente forte para remover os prótons dos ácidos acima dela quase completamente. Em outras palavras, devido à basicidade da H_2O, cada uma das seguintes reações alcança uma posição de equilíbrio deslocada para a direita.

Tabela 12.1 Forças relativas de pares ácido-base conjugados de Brønsted-Lowry.

	Ácido	*Base*	
Mais forte ↑			Mais fraco ↓
	$HClO_4$	ClO_4^-	
	H_2SO_4	HSO_4^-	
	HCl	Cl^-	
	HNO_3	NO_3^-	
	H_3O^+	H_2O	
	H_2SO_3	HSO_3^-	
	HSO_4^-	SO_4^{2-}	
	HF	F^-	
	$HC_2H_3O_2$	$C_2H_2O_2^-$	
	H_2CO_3	HCO_3^-	
	H_2S	HS^-	
	HSO_3^-	SO_3^{2-}	
	NH_4^+	NH_3	
	HCO_3^-	CO_3^{2-}	
	H_2O	OH^-	
	HS^-	S^{2-}	
	OH^-	O^{2-}	
Mais fraco			Mais forte

$$HClO_4 + H_2O \rightleftharpoons H_3O^+ + ClO_4^-$$

$$H_2SO_4 + H_2O \rightleftharpoons H_3O^+ + HSO_4^-$$

$$HCl + H_2O \rightleftharpoons H_3O^+ + Cl^-$$

$$HNO_3 + H_2O \rightleftharpoons H_3O^+ + NO_3^-$$

Em um solvente menos básico, a tendência de cada ácido em transferir seu próton é menor. Em ácido acético, $HC_2H_3O_2$, por exemplo, as posições de equilíbrio correspondentes das reações seguintes são todas diferentes, mostrando que as forças dos ácidos são diferentes:

$$HClO_4 + HC_2H_3O_2 \rightleftharpoons H_2C_2H_3O_2^+ + ClO_4^-$$

$$H_2SO_4 + HC_2H_3O_2 \rightleftharpoons H_2C_2H_3O_2^+ + HSO_4^-$$

$$HCl + HC_2H_3O_2 \rightleftharpoons H_2C_2H_3O_2^+ + Cl^-$$

$$HNO_3 + HC_2H_3O_2 \rightleftharpoons H_2C_2H_3O_2^+ + NO_3^-$$

As medidas das condutividades elétricas de soluções de concentrações iguais destes ácidos, dissolvidos em ácido acético, indicam uma variação gradativa na condutividade, de $HClO_4$, a mais alta, para HNO_3, a mais baixa. Condutividade mais alta significa mais íons em solução; assim, $HClO_4$ é um ácido mais forte do que HNO_3. Como o ácido acético pode distinguir as forças destes ácidos, ele é chamado um *solvente diferenciador*.

A DEFINIÇÃO DE LEWIS

Uma definição de ácido-base ainda mais abrangente foi sugerida pelo químico americano G. N. Lewis em 1923, no mesmo ano em que Brønsted e Lowry fizeram suas proposições. De acordo com Lewis, ácido é uma espécie com um orbital vazio capaz de receber um par de elétrons, enquanto base é uma espécie que pode doar um par de elétrons para formar uma ligação covalente coordenada (ver Seção 8.2). Em resumo: *ácido é um receptor de par de elétrons* e *base é um doador de par de elétrons*. Toda reação ácido-base de Lewis consiste na formação de uma ligação covalente coordenada. A reação entre os íons hidrogênio pode ser vista a partir desta perspectiva:

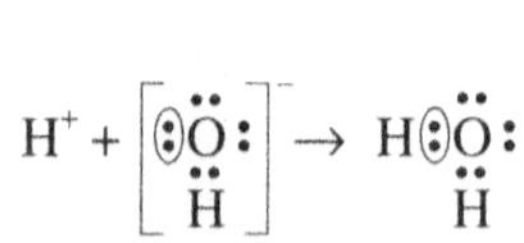

ácido   base

Aqui, o par de elétrons (dentro do círculo) no oxigênio forma uma ligação covalente com o próton. O íon OH^- é uma base de Lewis porque doou um par de elétrons à ligação, enquanto H^+ é um ácido de Lewis porque recebeu (um compartilhamento de) o par de elétrons. A seguir temos outras reações ácido-base de Lewis. Em cada caso o par de elétrons importante está dentro do círculo.

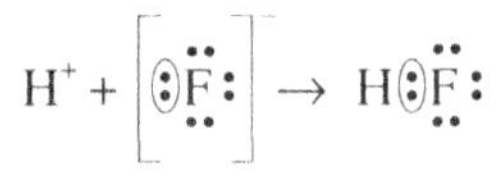

ácido base

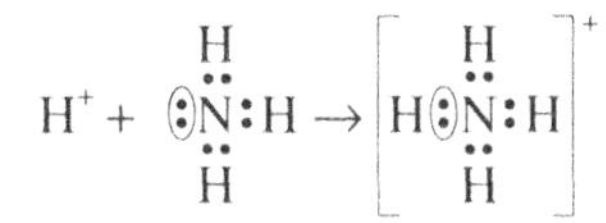

ácido base

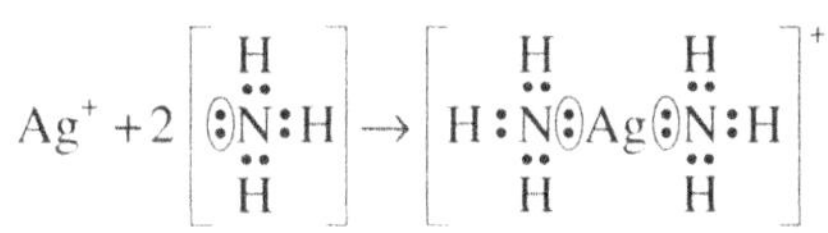

ácido base

A última reação é um exemplo de formação de um *íon complexo* e não poderia ser classificada como uma reação ácido-base segundo a definição de Brønsted-Lowry (ou a de Arrhenius). A definição de Lewis tem muitas aplicações devido à sua grande generalidade. Muitas substâncias que não satisfazem os critérios de Arrhenius ou de Brønsted-Lowry são classificadas de maneira lógica como ácido ou base de Lewis. Para sistemas aquosos, todavia, os termos *ácido* e *base* são geralmente empregados em qualquer dos dois contextos, de Arrhenius ou de Brønsted-Lowry. Os termos *ácido de Lewis* e *base de Lewis* são normalmente usados quando é adotado o ponto de vista mais amplo.

12.2 AS REAÇÕES DE PRECIPITAÇÃO E COMPLEXAÇÃO

Embora as camadas hidratadas de moléculas de água tendam a manter separados entre si os íons de cargas opostas e de outras espécies em soluções aquosas, em alguns casos tais íons podem se combinar um com o outro. Dois tipos importantes destas reações são a de precipitação e a de complexação. Na *reação de precipitação*, o produto é uma fase condensada (sólida ou líquida) pouco solúvel em água; em uma *reação de complexação*, o produto é um íon complexo solúvel.

A PRECIPITAÇÃO

Quando a concentração de um produto começa a exceder a solubilidade daquela substância, então qualquer quantidade a mais deste produto precipita na solução, desde que esta não fique supersaturada. Considere, por exemplo, a formação do sulfato de bário, $BaSO_4$. Ele tem baixa solubilidade em água, cerca de 4×10^{-5} mol/L a 25°. Isto significa que somente 4×10^{-5} mol de $BaSO_4$ podem ser dissolvidos em água para se obter um litro de solução saturada. $BaSO_4$ é um *eletrólito forte* e, assim, quando se dissolve, dissocia-se completamente. O processo de dissolução é escrito como:

$$BaSO_4(s) \rightarrow Ba^{2+} + SO_4^{2-}$$

$$4 \times 10^{-5} \text{ mol} \rightarrow 4 \times 10^{-5} \text{ mol} + 4 \times 10^{-5} \text{ mol} \qquad \text{(por litro)}$$

de maneira que a solução resultante é realmente 4×10^{-5} mol/L em Ba^{+2} e 4×10^{-5} mol/L em SO_4^{2-}; as concentrações destes íons não podem ser maiores: lembre-se de que a solução foi preparada por simples adição de sulfato de bário à água a 25°C.

É possível preparar uma solução de sulfato de bário de uma outra maneira, entretanto, esta é preparada pela adição dos dois íons *separadamente*, oriundos de substâncias diferentes. Imagine agora que misturamos iguais volumes de cloreto de bário, $BaCl_2$, e sulfato de sódio, Na_2SO_4, 1 mol/L. A primeira destas soluções contém Ba^{2+} na concentração 1 mol/L porque o cloreto de bário dissocia-se completamente quando está dissolvido em água:

$$BaCl_2(s) \rightarrow Ba^{2+}(aq) + 2Cl^{-}(aq)$$

$$1 \text{ mol} \rightarrow 1 \text{ mol} + 2 \text{ mol} \qquad \text{(por litro)}$$

A solução Na_2SO_4 contém SO_4^{2-} também a uma concentração 1 mol/L porque o sulfato de sódio dissocia-se completamente em água.

$$Na_2SO_4(s) \rightarrow 2Na^{+}(aq) + SO_4^{2-}(aq)$$

$$1 \text{ mol} \rightarrow 2 \text{ mol} + 1 \text{ mol} \qquad \text{(por litro)}$$

Se misturarmos iguais volumes destas duas soluções, as concentrações do Ba^{2+} e do SO_4^{2-} na mistura serão a metade de suas concentrações iniciais, ou 0,5 mol/L. Contudo, ainda é muito maior do que as concentrações destes íons em uma solução saturada obtida pela simples adição do $BaSO_4$ à água, nas quais foi visto que cada íon está presente na quantidade de 4×10^{-5} mol/L. Entretanto, uma solução preparada pela mistura de igual quantidade de volumes de $BaCl_2$ 1 mol/L e Na_2SO_4 1 mol/L é supersaturada com relação ao $BaSO_4$. Como resultado, íons de bário e sulfato combinam-se para formar sulfato de bário, que precipita na solução,

$$Ba^{2+}(aq) + SO_4^{2-}(aq) \rightarrow BaSO_4(s)$$

até que a solução se torne saturada.

Uma solução supersaturada é uma solução instável, e a precipitação em geral ocorre rapidamente. No exemplo anterior, a precipitação do $BaSO_4$ continua até que as concentrações do Ba^{2+} e SO_4^{2-} sejam reduzidas a 4×10^{-5} mol/L. Neste exemplo, a concentração final dos íons é igual porque iguais volumes de soluções numa mesma concentração foram misturados. (Não há excesso de nenhum reagente presente.) Quando os íons de um eletrólito insolúvel são introduzidos em uma solução separadamente, a concentração do eletrólito dissolvido é maior do que a da sua solubilidade, e algum eletrólito precipita na solução.

Comentários Adicionais

Embora a palavra "insolúvel" seja comumente empregada, não há nada que seja *completamente* insolúvel. As expressões "ligeiramente solúvel" e "parcamente solúvel" talvez sejam mais apropriadas. Contudo, lembre-se de que, quando a precipitação ocorre, uma pequena quantidade de soluto sempre permanece em solução. A reação não ocorrerá completamente. Note que, no exemplo dado, as concentrações iniciais Ba^{2+} e SO_4^{2-} (após a mistura) são iguais. Mesmo se não fossem, a reação ainda poderia ocorrer, exceto se a concentração de um íon fosse muito baixa.

Exemplo 12.1 Fluoreto de sódio (NaF), cloreto de sódio (NaCl), cloreto de cálcio ($CaCl_2$) e fluoreto de cálcio (CaF_2) são todos eletrólitos fortes, mas somente o último, CaF_2, é insolúvel em água. Escreva a equação para a reação que ocorre quando soluções aquosas moderadamente concentradas de NaF e $CaCl_2$ são misturadas.

Solução: Os íons Na^+ e F^- estão presentes na solução de NaF, porque quando a solução foi originalmente preparada, o soluto NaF dissociou-se completamente assim que dissolvido:

$$NaF(s) \rightarrow Na^+(aq) + F^-(aq)$$

Na solução de $CaCl_2$ existem os íons Ca^{+2} e Cl^- provenientes da dissociação completa:

$$CaCl_2(s) \rightarrow Ca^{2+}(aq) + 2Cl^-(aq)$$

Assim, imediatamente após a mistura, os íons Na^+, F^-, Ca^{2+} e Cl^- estão presentes em uma solução. O fato dos íons Ca^{2+} e F^- estarem presentes em concentrações moderadas significa que a solução é supersaturada com respeito ao CaF_2. Deste modo, sabemos que CaF_2 precipitará até que a solução não esteja mais supersaturada:

$$Ca^{2+}(aq) + 2F^-(aq) \rightarrow CaF_2(s)$$

Uma vez que nenhuma das outras combinações dos íons, em particular Na^+ e Cl^-, formam uma substância insolúvel, não há outra reação.

Comentários Adicionais

Como soubemos que a solução de $CaCl_2$ continha íons Ca^{2+} e Cl^-? Por que não Ca^{2+} e também íons Cl_2^- ou Cl_2^{2-}? Em primeiro lugar, se cloreto de cálcio sólido fosse constituído de íons de Ca^{2+} e Cl^- em uma razão de 1:1, as cargas iônicas não seriam "balanceadas", e a fórmula do sólido não poderia ser escrita $Ca\,Cl_2^+$. Isto é incorreto, em um sólido iônico, o número total de cargas positivas e negativas é igual, e sua fórmula não apresenta carga. Em segundo lugar, o balanço da carga pelos íons Cl_2^{2-} é satisfatório, mas como o composto é chamado de cloreto de cálcio, ele deve conter íons cloreto, Cl^-, que já são velhos conhecidos nossos. (Além disso, que tipo de ligação e estrutura de Lewis poderia ter Cl_2^{2-}? Qual é a ordem de ligação no Cl_2^{2-}?)

Problema Paralelo: Nitrato de prata, ($AgNO_3$), iodeto de potássio (KI), nitrato de potássio (KNO_3) e iodeto de prata (AgI) são todos eletrólitos fortes, mas somente o último, AgI, é insolúvel em água. Escreva a equação para a reação que ocorre quando soluções de concentrações moderadas de $AgNO_3$ e KI são misturadas.
Resposta: $Ag^+(aq) + I^-(aq) \rightarrow AgI(s)$.

EQUAÇÕES IÔNICAS SIMPLIFICADAS

Cada uma das equações precedentes é um exemplo de *equação iônica simplificada*. Uma equação *simplificada* é aquela que apresenta do lado esquerdo somente substâncias de espécies em solução que realmente reagem (são usadas), e do lado direito as que são formadas. Uma *equação iônica* é, logicamente, aquela que mostra íons. Note em particular que na solução do Exemplo 12.1 os íons de Na^+ e Cl^- e moléculas de H_2O não aparecem.

Isto não significa que eles não estão presentes, somente que eles não são consumidos ou formados na reação. (Falaremos mais sobre equações iônicas simplificadas na Seção 12.3.)

A COMPLEXAÇÃO

Cloreto de prata (AgCl) tem uma solubilidade muito baixa em água, de modo que, quando íons de Ag^+ em uma solução de nitrato de prata ($AgNO_3$) são misturados com íons Cl^- em uma solução de cloreto de sódio (NaCl), precipitam cloreto de prata branco:

$$Ag^+(aq) + Cl^-(aq) \rightarrow AgCl(s)$$

Se amônia, NH_3, for agora adicionada ao precipitado AgCl, este se dissolve, formando uma solução incolor. Isto ocorre devido à formação de um cátion muito estável, $Ag(NH_3)_2^+$. Este é um exemplo de um *íon complexo*, e é formado na reação

$$AgCl(s) + 2NH_3(aq) \rightarrow Ag(NH_3)_2^+(aq) + Cl^-(aq)$$

Neste processo, cada íon de prata foi complexado pelas duas moléculas de NH_3. O processo é chamado *complexação*, e NH_3 é um *agente complexante*.

É difícil definir rigorosamente o termo *íon complexo*. Ele foi definido originalmente como um íon composto de dois ou mais átomos (um íon poliatômico), mas hoje esta definição é considerada muito ampla, porque inclui espécies atômicas que quase nunca se dissociam em seus componentes, como os íons nitrato (NO_3^-), sulfato SO_4^-, fosfato (PO_4^{3-}) e cianeto (CN^-). Cada um destes íons mantém sua integridade e reage como uma única unidade inalterada em muitas de suas reações. Hoje, *íon complexo* significa um agregado formado quando um íon metálico (ou, algumas vezes, um átomo) se liga a vários outros íons ou moléculas que se aglomeram ao seu redor. Em tais agregados, as unidades do agente complexante (NH_3 em nosso exemplo) são os *ligantes* e podem ser removidos ou substituídos por outros ligantes, em várias reações. A maioria dos íons complexos em solução estão em equilíbrio com suas partes componentes. Alguns exemplos de íons complexos são vistos na Tabela 12.2, como dois complexos semelhantes que são neutros (descarregados).

Tabela 12.2 Alguns complexos comuns.

$Co(NH_3)_6^{3+}$	$Cr(H_2O)_6^{3+}$
$Fe(NCS)(H_2O)_5^{2+}$	$Ag(NH_3)_2^{+}$
$Cu(NH_3)_4^{2+}$	$Cu(CN)_2^{-}$
$Fe(CN)_6^{4-}$	$Zn(OH)_4^{2-}$
$CoCl_3(NH_3)_3$	$PtCl_2(NH_3)_2$

A hidratação de um íon pode ser considerada um tipo de complexação no qual moléculas de água atuam como ligantes. O íon complexo resultante é um *aquo-complexo*. O íon crômico Cr^{3+} forma um complexo deste tipo em água:

$$Cr^{3+}(aq) + 6H_2O \rightarrow Cr(H_2O)_6^{3+}(aq)$$

Além das seis moléculas de água na primeira esfera de hidratação deste íon, outras moléculas de água (que não aparecem na equação) estão mais fracamente ligadas ao complexo. Como foi indicado na Seção 12.1, a formação de um íon complexo pode ser explicada como uma ilustração do comportamento ácido-base de Lewis. Por exemplo, quando o íon cobre é complexado por quatro ligantes amônia,

$$Cu^{2+}(aq) + 4NH_3(aq) \rightarrow Cu(NH_3)_4^{2+}(aq)$$

cada uma das moléculas de amônia doa um par de elétrons para formar uma ligação covalente coordenada com o íon cobre, como na Figura 12.1. Nesta reação, Cu^{2+} atua como um ácido de Lewis e NH_3 como uma base de Lewis. Como a ligação nos complexos pode ser descrita em termos de formação de ligação covalente coordenada, o número de pares de elétrons recebidos pelo íon central (ou átomo) é chamado *número de coordenação* do íon (ou átomo). Discutiremos em detalhes as ligações e estruturas dos complexos no Capítulo 22.

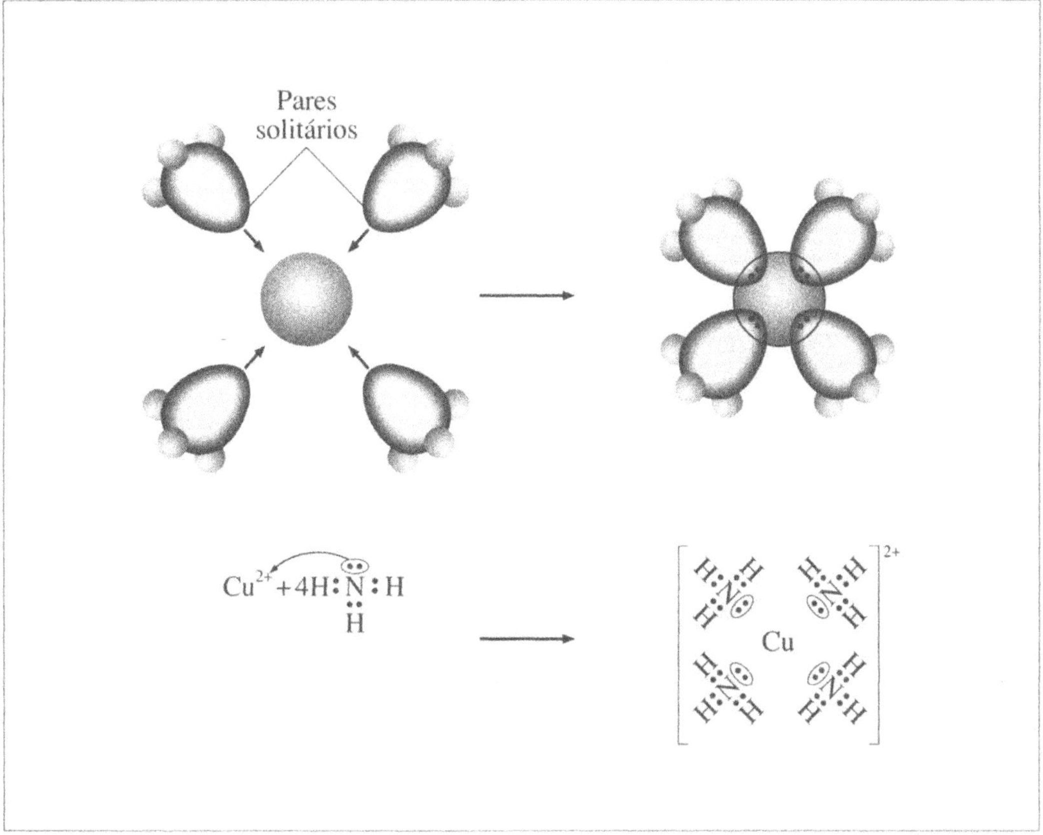

Figura 12.1 A formação de um íon complexo: uma reação ácido-base de Lewis.

12.3 EQUAÇÕES SIMPLIFICADAS PARA REAÇÕES EM SOLUÇÕES AQUOSAS

Uma equação simplificada é um tipo útil de equação porque é geralmente simples e livre de informações complicadas e engenhosas. Para escrever uma equação simplificada, deve-se ou conhecer a natureza de todas as espécies reagentes e produtos ou conhecer algumas delas e poder prever o restante. Na realidade, "prever o restante" é o assunto desta seção.

TIPOS DE REAÇÕES

O conhecimento dos principais tipos de reações que podem ocorrer em solução aquosa é de grande ajuda para fazer previsões sobre produtos. As reações de soluções aquosas podem ser classificadas como segue:

Reações em Soluções Aquosas

I. Reações sem transferência de elétrons

A. Produção de uma *fase nova*, que pode ser:

1. Sólida (reações de precipitação)

2. Líquida (também uma precipitação, apesar de pouco comum)

3. Gás

B. Formação de um *eletrólito fraco solúvel*, que pode ser:

1. Molecular (não-carregado)

2. Iônico (um íon poliatômico, usualmente um íon complexo)

II. Reações com transferência de elétrons (oxidação-redução, ou reações redox)

Este esquema de classificação tem uma desvantagem importante que é a de muitas reações pertencerem a várias categorias. Mesmo assim pode ser usado em reações simples para ajudar a prever se uma reação específica poderá ou não ocorrer e que produtos mais prováveis se formariam. Contudo, a fim de usar o esquema, você precisa conhecer alguma coisa sobre: (1) solubilidades, (2) forças de eletrólitos e, para reações de transferência de elétrons, (3) forças de agentes oxidantes e redutores. Nesta seção consideraremos equações para reações que ocorrem sem transferência de elétrons. (As reações de transferência de elétrons são discutidas na Seção 12.5 e Capítulo 18.)

EQUAÇÕES PARA REAÇÕES DE PRECIPITAÇÃO

Para prever se ocorrerá ou não uma precipitação, você precisa conhecer quais tipos de substâncias têm baixa solubilidade. Muitas das afirmações seguintes serão justificadas mais tarde neste livro; por ora, devemos estar atentos para a referência às seguintes generalizações:

Compostos Solúveis e Insolúveis (Soluções Aquosas)

1. Todos os compostos de amônio comuns (NH_4^+) e compostos de metais alcalinos são solúveis.

Exceções: Alguns compostos de Li são insolúveis.

2. Todos os nitratos NO_3^- são solúveis.

3. A maioria dos *haletos* (cloretos, brometos etc.) são solúveis.

Exceções:

(*a*) Cloretos, brometos e iodetos de Ag(I), Pb(II) e Hg(I) são insolúveis[2]; HgI_2 é também insolúvel.

(*b*) Fluoretos de Mg, Ca, Sr, Ba e Pb(II) são insolúveis.

4. Todos os *ácidos inorgânicos* são solúveis.

5. A maioria dos *acetatos* ($C_2H_3O_2^-$) são solúveis.

Exceções: $AgC_2H_3O_2$ e $Hg_2(C_2H_3O_2)_2$ são insolúveis.

6. A maioria dos *sulfatos* (SO_4^{2-}) são solúveis.

Exceções: $CaSO_4$, $SrSO_4$, $BaSO_4$, $PbSO_4$, Ag_2SO_4 e Hg_2SO_4 são insolúveis.

7. A maioria dos *carbonatos* (CO_3^{2-}), *cromatos* (CrO_4^{2-}), *oxalatos* ($C_2O_4^{2-}$), *fosfatos* (PO_4^{3-}), *sulfetos* (S^{2-}) e *sulfitos* (SO_3^{2-}) são insolúveis.

Exceções: Ver o item 1, acima.

8. A maioria dos *hidróxidos* (OH^-) são insolúveis.

Exceções:

(*a*) Ver item 1, acima.

(*b*) Os hidróxidos de Sr e Ba são moderadamente solúveis.

Nota*: Na lista anterior, não aparecem como solúveis certos compostos que reagem fortemente quando se dissolvem. As generalizações também são incompletas e muito simplificadas, refletindo algumas decisões arbitrárias, necessárias devido à existência de somente duas categorias, "solúvel" e "insolúvel".*

---

2 O número romano em parênteses indica o número de oxidação. Ver Seção 12.4

EQUAÇÕES PARA FORMAÇÃO DE ELETRÓLITOS FRACOS

Um tipo de produto comum de reação em solução aquosa é um eletrólito fraco, uma espécie solúvel que é ligeiramente dissociada. (Talvez o exemplo mais comum de tal espécie seja a água, que é formada em reações de neutralização e outras.) A lista seguinte tem a intenção de ajudar você a decidir se um eletrólito é forte ou fraco:

As Forças dos Eletrólitos (Soluções Aquosas)

A. Ácidos

1. Os ácidos fortes comuns são clorídrico (HCl), nítrico (HNO_3) e, pela perda do primeiro próton, sulfúrico (H_2SO_4). Outros ácidos fortes incluem $HClO_3$, $HClO_4$, HBr e HI.

2. A maioria dos ácidos são fracos. *Um ácido não-familiar deveria ser considerado fraco, a menos que exista evidência em contrário.*

3. Um ânion formado quando um ácido poliprótico[3] perde alguns de seus prótons é um ácido fraco. Os exemplos incluem HSO_4^-, HCO_3^- e $H_2PO_4^{2-}$.

B. Bases

1. As *bases fortes* comuns são os hidróxidos dos metais alcalinos e dos metais alcalinos-terrosos, exceto o $Be(OH)_2$, que é fraco.

2. É difícil generalizar sobre outros hidróxidos. O que normalmente se faz é considerá-los fortes. Aqueles que são fracos muitas vezes são tão solúveis que suas soluções saturadas são muito diluídas e, nestas condições, seus graus de dissociação são altos.

3. Uma *base fraca* comumente encontrada é a amônia, NH_3 (Brønsted-Lowry), também conhecida como hidróxido de amônio, NH_4OH (Arrhenius).

C. Sais

Quase todos os sais são eletrólitos fortes. Um sal não-familiar deve ser considerado forte, a menos que existam evidências em contrário. Alguns sais fracos são $HgCl_2$, $CdSO_4$ e $Pb(C_2H_3O_2)_2$.

---

3 Um ácido poliprótico é aquele que pode fornecer mais de um próton (íon hidrogênio) por molécula. (Ver Seção 12.6.)

D. A água

A água é um eletrólito fraco.

E. Íons complexos

Íons complexos são eletrólitos fracos. Os exemplos incluem $Ag(NH_3)_2^+$, $CuCl_4^{2-}$, $CrCl_2(NH_3)_4^+$. (Ver Seção 12.2 e Capítulo 22.)

USANDO AS GENERALIZAÇÕES

Pode-se usar as indicações sobre solubilidade (1–8) e força de eletrólito (A–E) para predizer o(s) produto(s) formado(s) a partir de um dado conjunto de reagentes ou para decidir que reagentes produzirão um dado produto ou conjunto de produtos. Considere o exemplo seguinte:

Exemplo 12.2 Soluções de nitrato de prata ($AgNO_3$) e brometo de potássio (KBr) são misturados produzindo um precipitado amarelo-claro. Escreva a equação simplificada para a reação.

Solução: O primeiro passo é descobrir que espécies estão presentes nas duas soluções. $AgNO_3$ e KBr são sais; assim, consideraremos que são eletrólitos fortes (indicação C). Na primeira solução temos íons de prata (Ag^+), íons de nitrato (NO_3^-) e, sem dúvida, moléculas de água. Na segunda, temos íons potássio (K^+), íons brometo (Br^-) e moléculas de água.

Como se forma um precipitado, procuraremos identificar um composto insolúvel que possa ser formado pela combinação das espécies que sabemos estarem presentes. A indicação 3*a* nos diz que brometo de prata (AgBr) é insolúvel. Assim, a reação deve ser:

$$Ag^+(aq) + Br^-(aq) \rightarrow AgBr(s)$$

Os íons (NO_3^-) e K^+ podem reagir? Não, porque o produto, nitrato de potássio, KNO_3, é um sal solúvel (indicações 2 e 3), completamente dissociado (indicação C). Esquematicamente temos:

Na solução de $AgNO_3$: *Na solução de KBr:*

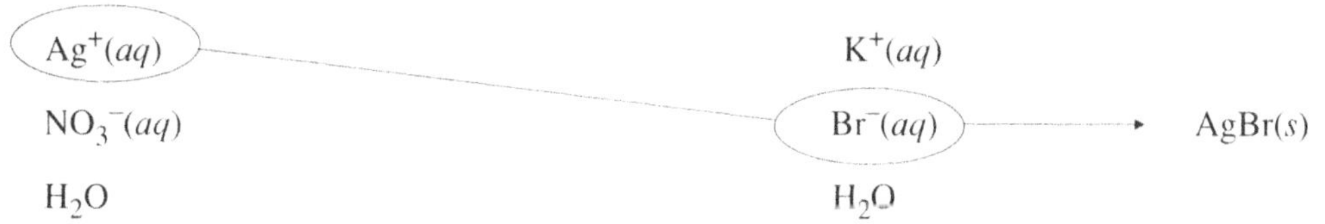

Problema Paralelo: Soluções de nitrato de chumbo $Pb(NO_3)_2$ e sulfato de sódio Na_2SO_4 são misturadas para formar um precipitado branco. Escreva a equação iônica simplificada para a reação. **Resposta:** $Pb^{2+}(aq) + SO_4^{2-}(aq) \rightarrow PbSO_4(s)$.

Embora a equação simplificada seja o tipo de equação mais útil para nossos propósitos, são usados, algumas vezes, outros tipos de equação. Uma destas é a chamada "equação molecular", na qual os produtos e reagentes aparecem como se todos consistissem em moléculas. Para a reação do Exemplo 12.2, a "equação molecular" é

$$AgNO_3(aq) + KBr(aq) \rightarrow AgBr(s) + KNO_3(aq)$$

Em vez de especificar as espécies reagentes, como faz a equação simplificada, a "equação molecular" indica a natureza dos solutos a partir dos quais as soluções reagentes foram preparadas. Indica também que a solução que resta após o AgBr ter precipitado é essencialmente um nitrato, KNO_3.

Como $AgNO_3$, KBr e KNO_3 estão todos completamente dissociados em solução, a reação acima pode ser representada por uma *equação iônica total*,

$$Ag^+(aq) + NO_3^-(aq) + K^+(aq) + Br^-(aq) \rightarrow AgBr(s) + K^+(aq) + NO_3^-(aq)$$

na qual *todos* os íons são mostrados, quer eles realmente reajam ou não. Nesta equação, NO_3^- e K^+ são muitas vezes referidos como "*íons espectadores*" porque aparecem em ambos os lados da equação e, portanto, não são reagentes nem produtos verdadeiros.

Se os íons espectadores são tirados de ambos os lados de uma equação iônica total, o resultado é a equação simplificada (ou iônica simplificada), que, para esta reação é,

$$Ag^+(aq) + Br^-(aq) \rightarrow AgBr(s)$$

Falaremos pouco de "equações moleculares" para reações iônicas, porque elas tendem a esconder a natureza verdadeira da reação. A "equação molecular" para a precipitação de AgBr faz com que pareça que KNO_3 foi formado, quando na realidade seus íons meramente permanecem em solução. Embora íons espectadores devam estar presentes a fim de manter a neutralidade elétrica da solução, eles não são envolvidos na reação e, assim, é melhor retirá-los da equação simplificada.

Exemplo 12.3 Ocorrerá uma reação se forem misturadas soluções de cloreto de bário, $BaCl_2$, e sulfato de alumínio $Al_2(SO_4)_3$? Se ocorrer, escreva a equação simplificada.

Solução: Pela indicação 6, podemos prever que se formará $BaSO_4$ insolúvel. Al^{3+} e Cl^- não reagirão (indicações 3 e C). A equação simplificada é

$$Ba^{2+}(aq) + SO_4^{2-}(aq) \rightarrow BaSO_4(s)$$

Esquematicamente,

Na solução de $BaCl_2$:

$Ba^{2+}(aq)$

$Cl^-(aq)$

H_2O

Na solução de $Al_2(SO_4)_3$:

$Al^{3+}(aq)$

$SO_4^{2-}(aq) \longrightarrow BaSO_4(s)$

H_2O

Problema Paralelo: Soluções de cloreto de cálcio, $CaCl_2$, e carbonato de potássio, K_2CO_3, são misturadas. Escreva uma equação simplificada para a reação que ocorre. **Resposta:** $CO_3^{2-}(aq) + Ca^{2+}(aq) \rightarrow CaCO_3(s)$.

Exemplo 12.4 Escreva a equação para a reação, se possível, que ocorre quando são misturadas soluções de $SrCl_2$ e HNO_3.

Solução: As espécies presentes são Sr^{2+}, Cl^-, H^+, NO_3^- e H_2O. Pelo uso das generalizações podemos prever que não se formará $Sr(NO_3)_2$, porque ele é um eletrólito forte (indicação C) e é solúvel (indicação 2). Não se formará HCl, porque ele é também um eletrólito forte (indicação A-1) e é solúvel (indicação 4). Não ocorre nenhuma reação.

Problema Paralelo: Ocorre reação quando soluções de NH_4Cl e $Ca(NO_3)_2$ são misturadas? **Resposta:** Não.

Exemplo 12.5 Fluoreto de cálcio sólido, CaF_2, embora insolúvel em água, dissolve-se em uma solução diluída de ácido clorídrico, HCl. Escreva uma equação simplificada para a reação.

Solução: Os reagentes possíveis são CaF_2 sólido, H^+, Cl^-, e H_2O. Para que CaF_2 se dissolva, seu retículo cristalino deve ser desagregado. E, portanto, alguma coisa na solução de HCl deve ter uma afinidade forte quer pelo Ca^{2+} quer pelo F^-. Podemos eliminar Cl^- como um reagente, porque $CaCl_2$ é um eletrólito solúvel (indicação 3) e forte (indicação C). E o H^+? A indicação A-2 permite predizer que o ácido fluorídrico, HF, é um ácido fraco. Assim, deve haver uma afinidade forte entre H^+ e F^- para formar HF. Nesta reação, F^- é fornecido pelo sólido CaF_2. Contudo, quando escrevemos a equação mostramos fluoreto de cálcio sólido, mas apenas o íon floreto como um reagente. Isto é consistente com a observação de que CaF_2 sólido desaparece durante a reação e é, portanto, um reagente. Desse modo, precisamos mostrá-lo como tal na equação:

$$CaF_2(s) + 2H^+(aq) \rightarrow Ca^{2+}(aq) + 2HF(aq)$$

Ca^{2+} permanece em solução, assim como o ácido fraco HF.

Comentários Adicionais

É importante que você entenda que o conhecimento de que HF é um ácido fraco ajuda-o a responder porque CaF_2 se dissolve em HCl. Quando você diz "HF é um ácido fraco", isso significa que HF tem somente uma pequena tendência para se dissociar. Se isto é verdade, a ligação entre H e F deve ser forte (difícil de ser quebrada pela água). Isto significa que deve haver uma tendência forte para H^+ e F^- se combinarem para formar HF, suficientemente forte para retirar os íons F^- do retículo cristalino do CaF_2 e dissolvê-lo.

Problema Paralelo: Hidróxido de magnésio sólido tem uma solubilidade baixa em água, mas dissolve-se prontamente em ácido clorídrico 6 mol/L. Escreva uma equação para esta reação. **Resposta:** $Mg(OH)_2(s) + 2H^+(aq) \rightarrow Mg^{2+}(aq) + 2H_2O$.

Daremos mais alguns exemplos sem explicação (use as indicações para entender e justificar por que ocorre a reação):

1. Soluções de Na_2CO_3 e $Ba(NO_3)_2$ são misturadas:

$$CO_3^{2-}(aq) + Ba^{2+}(aq) \rightarrow BaCO_3(s)$$

2. $BaCO_3$ sólido é dissolvido em uma quantidade mínima de HCl diluído:

$$BaCO_3(s) + H^+(aq) \rightarrow Ba^{2+}(aq) + HCO_3^-(aq)$$

3. Adiciona-se mais HCl diluído à solução resultante do item 2:

$$HCO_3^-(aq) + H^+(aq) \rightarrow H_2CO_3$$

4. A solução do item 3 é aquecida e desprende-se um gás:

$$H_2CO_3(aq) \rightarrow H_2O + CO_2(g)$$

5. Soluções de HCl e $Ba(OH)_2$ são misturadas:

$$H^+(aq) + OH^-(aq) \rightarrow H_2O$$

6. São misturadas soluções de HCN e $Ba(OH)_2$:

$$HCN(aq) + OH^-(aq) \rightarrow H_2O + CN^-(aq)$$

7. Soluções de $AgNO_3$ e HCl são misturadas:

$$Ag^+(aq) + Cl^-(aq) \rightarrow AgCl(s)$$

8. A mistura do item 7 é tratada com solução de NH_3:

$$AgCl(s) + 2NH_3(aq) \rightarrow Ag(NH_3)_2^+(aq) + Cl^-(aq)$$

9. A mistura do item 8 é tratada com uma solução de HNO_3:

$$Ag(NH_3)_2^+(aq) + 2H^+(aq) + Cl^-(aq) \rightarrow AgCl(s) + 2NH_4^+(aq)$$

10. $BaCO_3$ sólido é tratado com excesso de HCl diluído e aquecido:

$$BaCO_3(s) + 2H^+(aq) \rightarrow Ba^{2+}(aq) + H_2O + CO_2(g)$$

A equação iônica simplificada tem uma limitação que deve ser reconhecida: enfatiza reagentes e produtos, os passos ou etapas intermediárias em uma reação são ignorados. Por exemplo, a reação 10 passa pelos estágios das reações 2, 3 e 4. (Realmente, cada uma das equações anteriores é um processo que compreende várias etapas.)

Comentários Adicionais

Pergunta: Por que a equação 6 parece diferente da do item 5? Resposta: A diferença resulta do fato de que HCN é um ácido fraco, mas HCl é forte. Na solução de HCN a maior parte do soluto está presente como moléculas não-dissociadas; há relativamente poucos íons H^+ e CN^-. Quando frente a uma escolha entre várias espécies reagentes razoáveis, escolha a que está presente em mais alta concentração. Neste caso, a concentração de HCN é muito maior do que a concentração de H^+. Realmente, mesmo que OH^- reaja como os poucos íons H^+ presentes, por causa da dissociação do HCN,

$$H^+(aq) + OH^-(aq) \rightarrow H_2O$$

o HCN se dissociará mais para substituir a maior parte do H^+ removido (princípio de Le Châtelier),

$$HCN(aq) \rightleftharpoons H^+(aq) + CN^-(aq)$$

de maneira que a transformação (total) simplificada é a soma destas equações ou

$$HCN(aq) + OH^-(aq) \rightarrow H_2O + CN^-(aq)$$

12.4 BALANÇO DE CARGAS, PARTE II: NÚMEROS DE OXIDAÇÃO

Um tipo de reação química importante é a reação com transferência de elétrons entre átomos, também conhecida como *reação de óxido-redução*, ou *redox*. Neste tipo de reação, um ou mais elétrons parecem ser transferidos de um átomo para o outro.

Na Seção 8.5 descrevemos um método para estimar a natureza elétrica dos átomos ligados, o método da *carga formal*. Agora, introduziremos um segundo método, o método do *número de oxidação*, que é útil para muitos propósitos, um dos quais é o balanceamento de equações de reações de oxidação-redução. Embora os números de oxidação pareçam cargas formais, são meramente um dispositivo de balanço extremamente útil. (Números de oxidação são também chamados de *estados de oxidação*.)

NÚMEROS DE OXIDAÇÃO: MÉTODO 1

Há dois métodos equivalentes para designar números de oxidação. Embora o primeiro seja menos conveniente porque requer o esquema da estrutura de Lewis, ilustra mais claramente o conceito de número de oxidação, assim como a diferença entre números de oxidação e cargas formais. Para o propósito de designar números de oxidação, elétrons são contados e designados para os átomos individuais mais do que para o caso das cargas formais, exceto por uma importante diferença.

Observe que, na designação de cargas formais, os dois elétrons de uma ligação são divididos, sendo contabilizado um para cada átomo da ligação. Na designação de números de oxidação, *ambos os elétrons de uma ligação são designados para o átomo mais eletronegativo dos átomos que fazem parte da ligação.* (Se os átomos da ligação forem iguais, cada elétron da ligação pertencerá a cada um dos átomos, assim como no método de carga formal.)

Exemplo 12.6 Designe um número de oxidação para cada átomo em uma molécula de ácido perclórico, $HClO_4$.

Solução: A Figura 12.2 mostra a estrutura de Lewis do ácido perclórico. Os elétrons são apresentados dentro de círculos envolvendo os átomos. Note que ambos os elétrons de uma ligação estão mais próximos do átomo mais eletronegativo que faz parte da ligação.

Comparado com a correspondente estrutura isolada da ligação, cada átomo de O parece ter dois elétrons de valência extra, o átomo de Cl parece ser deficiente de sete elétrons, e o átomo de H parece ser deficiente de um elétron. Contudo, os números de oxidação encontrados para estes átomos são −2 para cada átomo de O, +7 para o átomo de Cl, e +1 para o átomo de H. Em cada caso, o número de oxidação representa a carga que o átomo carregaria se tivesse ganho ou perdido *completamente* o número específico de elétrons. Note que, quando se trata de carga formal, a soma dos números de oxidação de todos os átomos em uma molécula é igual a zero. (Compare estes resultados com os encontrados das cargas formais para os átomos no ácido perclórico, como indicado na Figura 8.10.)

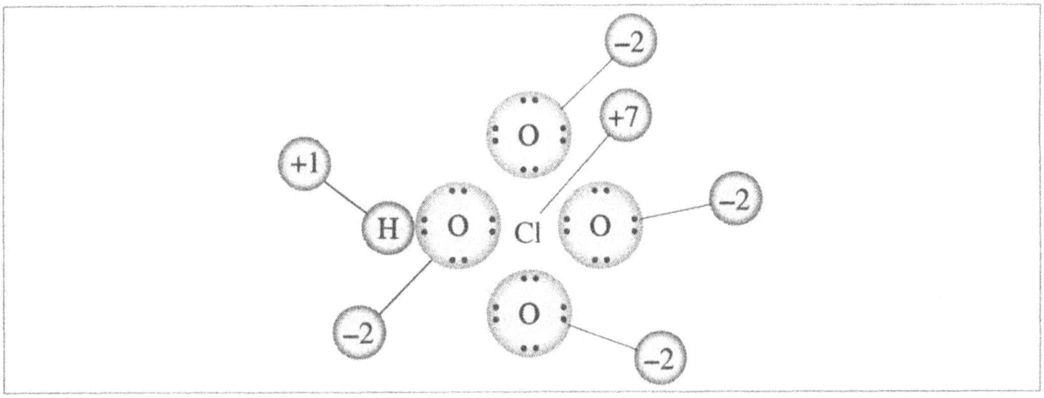

Figura 12.2 Números de oxidação do ácido perclórico.

Átomo	*Número de elétrons de valência, átomo isolado*	*Número contabilizado de elétrons de valência, átomo ligado*	*Número de oxidação*
H	1	0	+1
O (2 ligações)	6	8	− 2
O (1 ligação)	6	8	− 2 (cada)
Cl	7	0	+7

H | O | O | O | O | Cl |

Soma dos números de oxidação = +1 | −2 | −2 | −2 | −2 | +7 | = 0

Problema Paralelo: Atribua um número de oxidação para cada átomo em uma molécula de ácido cloroso, $HClO_2$. **Resposta:** H = +1; Cl = +3; cada O = –2.

Exemplo 12.7 Atribua um número de oxidação para cada átomo no íon cianato, OCN^-.

Solução: A estrutura de Lewis é

$$[:\ddot{O}:\ :C:\ :\ddot{N}:]^-$$

Como O e N são ambos eletronegativos que o C, atribuímos *todos os quatro* elétrons compartilhados entre O e C para o átomo de O e, similarmente, todos os quatro elétrons compartilhados entre C e N para o átomo de N. Com isso, O parece ter oito elétrons de valência , C, 9 e N, 8. Já que as pré-ligadas nuvens de valência isoladas para estes átomos são seis, quatro e cinco elétrons, respectivamente, o átomo de O parece ter ganho dois elétrons, C ter perdido quatro, e N ter ganho três. Assim, os números de oxidação são –2 para oxigênio, +4 para carbono e –3 para o nitrogênio. Note que, como no caso com cargas formais, a soma dos números de oxidação dos átomos em um íon é igual à carga do íon. (Compare estes resultados com a designada carga formal para os átomos no íon cianato, como mostrado no Exemplo 8.10.)

Problema Paralelo: Atribua um número de oxidação para cada átomo no íon nitrato, NO_3^-. **Resposta:** N = +5; cada O = –2.

NÚMEROS DE OXIDAÇÃO: MÉTODO 2

Um conjunto de regras foi desenvolvido para designar os números de oxidação. Embora precisem ser memorizadas, não são difíceis e na maioria dos casos fazem desnecessário o uso das estruturas de Lewis para designar números de oxidação. Apesar de não ser perceptível à primeira vista, estas regras são uma alternativa equivalente ao método 1, o método da estrutura de Lewis.

Regras para Atribuir Números de Oxidação

1. Nos compostos, sempre é atribuído ao *flúor* um número de oxidação –1.

2. Nos compostos, é atribuído ao *oxigênio* um número de oxidação –2.

Exceções:

(*a*) *Peróxido e superóxido*. Estes compostos contêm ligações O—O. O número de oxidação de cada átomo de O em um peróxido é –1 e em um superóxido – ½.

(*b*) *Fluoreto de oxigênio*. Devido à regra 1, o número de oxidação do átomo de oxigênio em OF_2 é +2 e cada oxigênio em O_2F_2 é +1.

3. Nos compostos, é atribuído ao *hidrogênio* um número de oxidação de +1.

Exceções:

Hidretos metálicos. Nestes compostos, ao hidrogênio é atribuído um número de oxidação –1.

4. Elementos combinados do grupo periódico IA (os metais alcalinos) e IIA (os metais alcalino-terrosos) quase sempre exibem número de oxidação +1 e +2, respectivamente. Elementos combinados do *grupo periódico IIIA* usualmente exibem o número de oxidação +3.

5. Na fórmula de uma substância ou de uma espécie individual (íon, átomo, molécula), a soma dos números de oxidação de todos os átomos é igual à carga elétrica mostrada como parte da fórmula.

Isto significa que:

(*a*) Um átomo de um elemento em estado livre (não-combinado) tem um número de oxidação igual a zero.

(*b*) Um íon monoatômico tem um número de oxidação igual a sua carga.

(*c*) A soma dos números de oxidação de todos os átomos pertencentes à fórmula de um composto é igual a zero.

(*d*) A soma dos números de oxidação de todos os átomos pertencentes a uma fórmula de um íon poliatômico é igual à carga do íon.

EXEMPLOS

A seguinte lista ilustra os números de oxidação para átomos em vários compostos e espécies. Em cada caso, a(s) regra(s) pertinente(s) são dadas. (O emprego desta lista é um bom caminho para familiarizar-se com as regras.)

Substância	*Número de oxidação*	*Regra*	*Comentários*
S_8	S = 0	5a	Cada S é 0
Cu	Cu = 0	5a	
HCl	H = +1	3	
	Cl = –1	5c	Por subtração
CH_4	H = +1	3	Cada H é +1
	C = –4	5c	Por subtração
NaH (um hidreto)	Na = +1	4	
	H = –1	3, 5c	
BaO	Ba = +2	4	
	O = –2	2, 5c	
BaO_2 (um peróxido)	Ba = +2	4	
	O = –1	2a, 5c	Cada O é –1
KNO_3	K = +1	4	
	O = –2	2	
	N = +5	5c	Por subtração
HSO_3^-	H = +1	3	
	O = –2	2	
	S = +4	5d	Por subtração
$Cr_2O_7^{2-}$	O = –2	2	
	Cr = +6	5d	Por subtração (cada Cr é +6)
Fe_3O_4	O = –2	2	
	Fe = $+\frac{8}{3}$	5c	Por subtração (cada Fe é $+\frac{8}{3}$)
$C_6H_{12}O_6$	H = +1	3	
	O = –2	2	
	C = 0	5c	Por subtração

Comentários Adicionais

Note que os números de oxidação podem ser fracionários. (Ver o Fe_3O_4 do exemplo anterior.) Isto pode ocorrer quando um composto contém dois ou mais átomos do mesmo elemento ligados diferentemente e têm diferentes números de oxidação. Neste caso, as regras fornecem um número de oxidação médio, que pode ser uma fração. Embora tais regras sejam adequadas para a grande maioria das substâncias, você pode ocasionalmente precisar completá-las com o método da estrutura de Lewis (método 1).

Nota de Nomenclatura

Em uma Nota de Nomenclatura da Seção 7.5, introduzimos o sistema Stock quando este é aplicado para a denominação de um íon nonoatômico. [Fe^{2+} é denominado de íons de Ferro (II), Sn^{4+} é denominado de íon de estanho(IV) etc.] Realmente, o sistema Stock é usado para indicar o número de oxidação, embora, para um íon monoatômico, carga e número de oxidação sejam iguais. Isto é algumas vezes útil para referir-se a uma espécie atômica pelo símbolo e número de oxidação, sem especificar a fórmula. Por exemplo, Cr(III) poderia ser usado para representar alguma espécie de crômio no qual o número de oxidação é +3, tal como Cr^{+3}, $Cr(OH)_3$, $Cr(OH)_4^-$, e assim por diante. Similarmente, poderíamos nos referir a "todos os compostos insolúveis de Ag(I)", que poderiam incluir AgCl, AgBr, AgI, AgCN, Ag_2S e outros. O sistema Stock fornece um modo acessível de indicar os membros de um grupo de compostos relacionados.

12.5 AS REAÇÕES DE TRANSFERÊNCIA DE ELÉTRONS

Uma aplicação do conceito de número de oxidação está nas equações balanceadas para reações químicas que envolvem transferência de elétrons. Primeiro daremos alguns exemplos de tais reações e então procederemos a alguns métodos para balancear equações.

A OXIDAÇÃO E A REDUÇÃO

Oxidação é uma palavra que significava originalmente combinação com oxigênio gasoso; mais tarde, o termo foi ampliado para *alguma reação na qual uma substância ou espécie perde elétrons.* São dados a seguir exemplos de oxidação:

$$Na\cdot \rightarrow Na^{+} + e^{-}$$

$$2\,[:\ddot{C}l:]^{-} \rightarrow :\ddot{C}l:\ddot{C}l: + 2e^{-}$$

$$2\,[:\ddot{O}:H]^{-} + [:\ddot{C}l:]^{-} \rightarrow [:\ddot{C}l:\ddot{O}:]^{-} + H:\ddot{O}:H + 2e^{-}$$

No primeiro exemplo está claro que um átomo de Na perde um elétron; dizemos que o sódio é *oxidado*. No segundo exemplo, cada Cl parece perder um elétron, se você considerar que em cada molécula Cl_2 cada átomo Cl tem a metade do compartilhamento no par de ligação. O número de oxidação do Cl nesta mudança vai de –1 para 0, correspondendo à perda de um elétron. No terceiro exemplo, o íon Cl^{-} parece perder dois elétrons para um átomo de O, já que seu número de oxidação varia de –1 para +1. (Lembre-se de que na atribuição dos números de oxidação o par de elétrons compartilhados entre Cl e O em ClO^{-} é contabilizado para o O, devido a sua maior eletronegatividade.) Resumindo, *oxidação é uma perda de elétrons.*

Redução *é um ganho de elétrons.* (O termo parece ter sua origem na terminologia metalúrgica: a redução de uma liga de metal.) A redução é exatamente o oposto da oxidação, desse modo, se cada um dos exemplos dados no parágrafo anterior fosse invertido, ocorreria uma redução. Alguns outros exemplos são:

$$Ca^{2+} + 2e^{-} \rightarrow Ca:$$

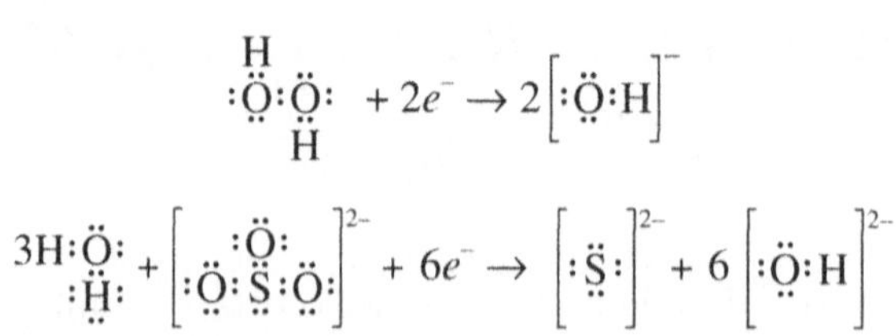

Felizmente, não é necessário escrever as equações com estrutura de Lewis para mostrar perda ou ganho de elétrons em uma reação; números de oxidação tornam o trabalho muito mais fácil. Apenas lembre que, quando uma substância é oxidada, o número de oxidação de pelo menos um de seus átomos aumenta (torna-se mais positivo), pois são perdidos elétrons. Do mesmo modo, quando uma substância é reduzida, o número de oxidação de pelo menos um de seus átomos diminui (torna-se mais negativo) pois elétrons são ganhos. Alguns exemplos de oxidação são dados a seguir. Note em cada caso que o número de oxidação de um átomos (mostrado embaixo do átomo) aumenta:

$$\underset{+2}{Sn^{2+}} \rightarrow \underset{+4}{Sn^{4+}} + 2e^-$$

$$2H_2\underset{-2}{O} \rightarrow \underset{0}{O_2} + 4H^+ + 4e^-$$

$$4OH^- + \underset{+2}{Mn^{2+}} \rightarrow \underset{+4}{Mn}O_2 + 4H_2O$$

Note que em cada uma das seguintes reduções o número de oxidação de um átomo diminui:

$$\underset{+3}{Fe^{3+}} + e^- \rightarrow \underset{+2}{Fe^{2+}}$$

$$2\underset{+1}{H^+} + 2e^- \rightarrow \underset{0}{H_2}$$

$$8H^+ + \underset{+7}{Mn}O_4^- + 5e^- \rightarrow \underset{+2}{Mn^{2+}} + 4H_2O$$

Em alguma reação redox, a substância ou espécie que ganha elétrons é chamada *agente oxidante*, e aquela que perde elétrons, *agente redutor*. Elétrons são sempre transferidos do agente redutor para o agente oxidante, portanto, uma oxidação vem sempre acompanhada de um redução. (Alguma coisa não pode perder elétrons a menos que alguma espécie química os ganhe.) Os seguintes exemplos ilustram o uso destes termos.

$$\underset{+0}{Fe} + 2\underset{+1}{H^+} \rightarrow \underset{+2}{Fe^{2+}} + \underset{0}{H_2}$$

Fe: Aumenta o número de oxidação (de 0 para +2).
Perde elétrons (dois por átomo).
É oxidado (pelo H^+).
É o agente redutor (reduz H^+ a H_2).

H^+: Diminui o número de oxidação (de +1 para 0).
Ganha elétrons (um por íon).
É reduzido (pelo Fe).
É o agente oxidante (oxida Fe em Fe^{2+}).

O BALANCEAMENTO DE EQUAÇÕES REDOX

Uma equação balanceada para uma reação redox deve exibir a oxidação e a redução. O balanceamento pode algumas vezes ser efetuado por tentativa, mas é mais fácil se for seguido um procedimento sistemático. Consideraremos o balanceamento de equações para dois tipos de reações redox: (1) aquelas que ocorrem sem um solvente e (2) aquelas que ocorrem em solução aquosa.

EQUAÇÕES PARA REAÇÕES REDOX SEM SOLVENTE

Em geral, ao se defrontar com um balanceamento de uma equação para uma reação redox, não-aquosa, você estará munido das fórmulas para todos os reagentes e produtos. O método usado, *o método do número de oxidação*, está delineado a seguir:

Balanceamento de Equações Redox: Método do Número de Oxidação

Etapa 1: Atribua número de oxidação a todos os átomos.

Etapa 2: Observe quais os átomos que parecem perder e quais os que parecem ganhar elétrons e determine quantos elétrons são perdidos e ganhos.

Etapa 3: Se há mais de um átomo ganhando ou perdendo elétrons em uma fórmula unitária, determine o total de número de elétrons perdidos ou recebidos por fórmula unitária.

Etapa 4: Iguale o ganho de elétrons pelo agente oxidante ao da perda pelo agente redutor, colocando o coeficiente apropriado antes da fórmula de cada um, no lado esquerdo da equação.

Etapa 5: Complete o balanceamento da equação por tentativa. Inicialmente balanceie os átomos que ganharam ou perderam elétrons; em segundo lugar, todos os átomos, à exceção de O e H; em terceiro, os átomos O; e, por último, os átomos de H.

Finalmente, verifique para ter certeza de que o número de átomos de cada elemento é o mesmo em ambos os lados da equação.

Exemplo 12.8 Balanceie a seguinte equação:

$$MnO_2 + KClO_3 + KOH \rightarrow K_2MnO_4 + KCl + H_2O$$

Solução:

Etapa 1:

$$\underset{+4\ -2}{MnO_2} + \underset{+1+5\ -2}{KClO_3} + \underset{+1\ -2+1}{KOH} \rightarrow \underset{+1\ +6\ -2}{K_2MnO_4} + \underset{+1\ -1}{KCl} + \underset{+1\ -2}{H_2O}$$

Etapa 2: A variação no número de oxidação do manganês, Mn, muda de +4 para +6, perdendo dois elétrons. Cl varia de +5 para –1, ganhando seis elétrons.

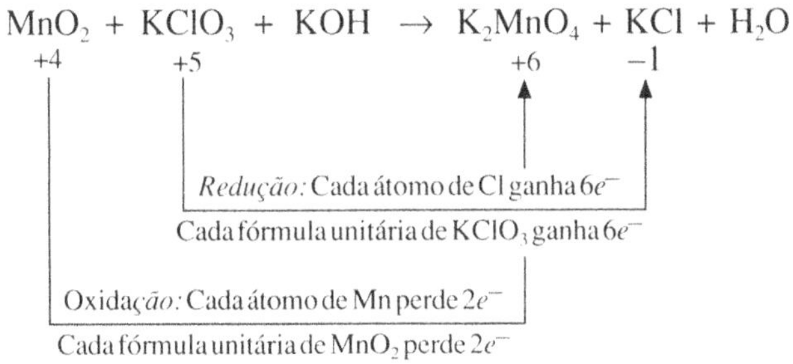

Etapa 3: Como vimos, havendo um átomo Mn em cada fórmula unitária de MnO_2, a perda de elétrons por fórmula unitária é 2. Também, como há apenas um átomo de Cl em cada unidade de $KClO_3$, o ganho de elétrons por fórmula unitária é 6.

Etapa 4:

$$3MnO_2 + KClO_3 + KOH \rightarrow K_2MnO_4 + KCl + H_2O$$

Olhe apenas para o lado esquerdo agora. Colocando um 3 antes do MnO_2, estamos dizendo que se a fórmula unitária de MnO_2 perde dois elétrons, então três perderão 3×2, ou 6 elétrons. Isto balanceará os elétrons perdidos (6) contra os elétrons ganhos (6) por fórmula unitária $KClO_3$. Agora que esta relação estequiométrica 3:1 ($MnO_2/KClO_3$) foi estabelecida, *ela não deve ser mudada*.

Etapa 5: Adicione coeficientes no lado direito para balancear os átomos Mn e Cl, porque eles foram envolvidos na transferência de elétrons:

$$3MnO_2 + KClO_3 + KOH \rightarrow 3K_2MnO_4 + KCl + H_2O$$

Então, balanceie os átomos de K,

$$3MnO_2 + KClO_3 + 6KOH \rightarrow 3K_2MnO_4 + KCl + H_2O$$

depois, os átomos de O,

$$3MnO_2 + KClO_3 + 6KOH \rightarrow 3K_2MnO_4 + KCl + 3H_2O$$

e, por último, os átomos de H. Mas note que eles já estão balanceados.

Problema Paralelo: Balanceie a seguinte equação: $C + H_2SO_4 \rightarrow CO_2 + SO_2 + H_2O$. **Resposta:** $C + 2H_2SO_4 \rightarrow CO_2 + 2SO_2 + 2H_2O$.

Exemplo 12.9 Balanceie a seguinte equação:

$$H_2C_2O_4 + KMnO_4 \rightarrow CO_2 + MnO + K_2O + H_2O$$

Solução:

Etapa 1:

$H_2C_2O_4$	+	$KMnO_4$	$\rightarrow$	CO_2	+	MnO	+	K_2O	+	H_2O
+1 +3 −2		+1 +7 −2		+4 −2		+2 −2		+1 −2		+1 −2

Etapa 2:

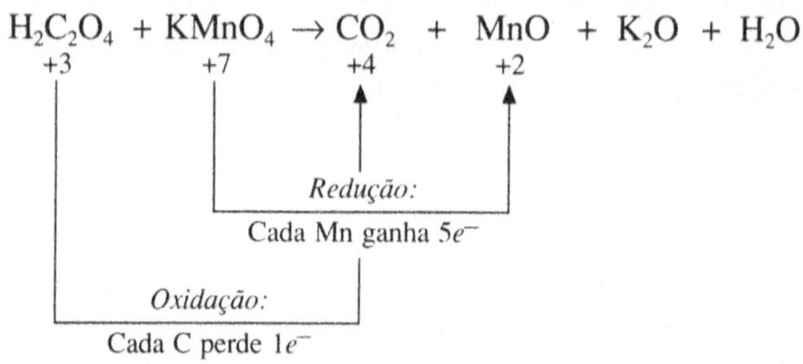

Etapa 3:

$$H_2C_2O_4 + KMnO_4 \rightarrow CO_2 + MnO + K_2O + H_2O$$

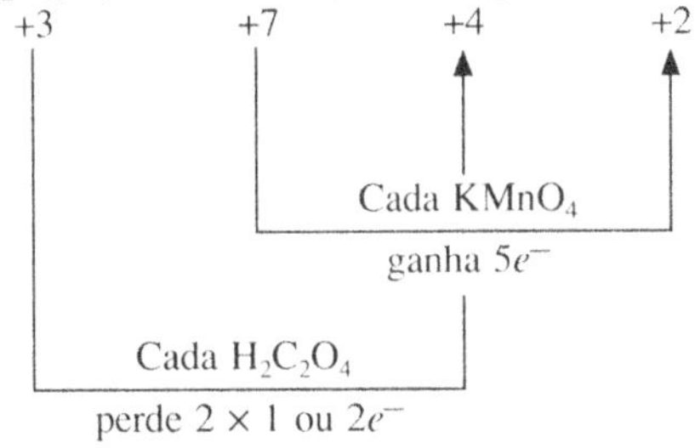

(Desde que haja dois átomos de C por fórmula unitária de $H_2C_2O_4$, cada $H_2C_2O_4$ perde 2 elétrons.)

Etapa 4:

$$5H_2C_2O_4 + 2KMnO_4 \rightarrow CO_2 + MnO + K_2O + H_2O$$

Etapa 5:

$$5H_2C_2O_4 + 2KMnO_4 \rightarrow 10CO_2 + 2MnO + K_2O + 5H_2O$$

Comentários Adicionais

A Etapa 3 é a mais comumente negligenciada. Esteja certo de que entendeu o seu propósito.

Problema Paralelo: Balanceie a seguinte equação: $K_2Cr_2O_7 + C_6H_{12}O_6 \rightarrow Cr_2O_3 + K_2O + CO_2 + H_2O$. **Resposta:** $4K_2Cr_2O_7 + C_6H_{12}O_6 \rightarrow 4Cr_2O_3 + 4K_2O + 6CO_2 + 6H_2O$.

EQUAÇÕES PARA REAÇÕES REDOX-SOLUÇÕES AQUOSAS

Para reações que ocorrem em solução aquosa poderá ser-lhe fornecido somente o esboço da equação, no qual são dados apenas os reagentes e produtos principais. Especificamente, H_2O, H^+ e OH^- podem não ser mostrados, e você os introduzirá quando necessário, como parte do processo de balanceamento. Existem dois métodos de balanceamento destas equações: *o método do número de oxidação e o método da semi-reação*; eles são diferentes e não devem ser confundidos entre si. Cada um tem suas vantagens e desvantagens.

Balanceamento de Equações Redox (Soluções Aquosas): Método do Número de Oxidação

Etapa 1: Atribua números de oxidação a todos os átomos.

Etapa 2: Note quais os átomos que parecem perder e quais os que parecem ganhar elétrons e determine quantos elétrons são perdidos e quantos são ganhos.

Etapa 3: Se mais de um átomo em uma fórmula perde ou ganha elétrons, determine a perda ou o ganho total por fórmula unitária.

Etapa 4: Iguale o ganho de elétrons do agente oxidante com a perda do agente redutor colocando um coeficiente apropriado antes da fórmula de cada um (no lado esquerdo da equação).

Etapa 5: Balanceie os átomos que ganharam ou perderam elétrons adicionando coeficientes apropriados à direita.

Etapa 6: Balanceie todos os outros átomos, exceto O e H.

Etapa 7: Balanceie a carga (a soma de todas as cargas iônicas) de maneira que seja a mesma em ambos os lados, adicionando ou H^+ ou OH^-.

(*a*) Se a reação ocorre em solução *ácida*, adicionar íons H^+ ao lado deficiente em cargas positivas.

(*b*) Se a reação ocorrer em solução *básica*, adicionar íons OH^- ao lado deficiente em cargas negativas.

Etapa 8: Balanceie os átomos de O adicionando H_2O ao lado apropriado. Verifique se os átomos de H estão balanceados agora.

Finalmente, verifique para ter certeza de que são (1) o número de átomos de cada elemento e (2) a soma das cargas iônicas iguais em ambos os lados da equação.

Exemplo 12.10 Complete e balanceie a seguinte equação para a reação que ocorre em meio ácido:

$$Cr_2O_7^{2-} + Fe^{2+} \rightarrow Cr^{3+} + Fe^{3+} \qquad \text{(solução ácida)}$$

Solução:

Etapa 1:

$$\underset{+6\ -2}{Cr_2O_7^{2-}} \quad + \quad \underset{+2}{Fe2+} \quad \rightarrow \quad \underset{+3}{Cr^{3+}} \quad + \quad \underset{+3}{Fe^{3+}}$$

Etapa 2:

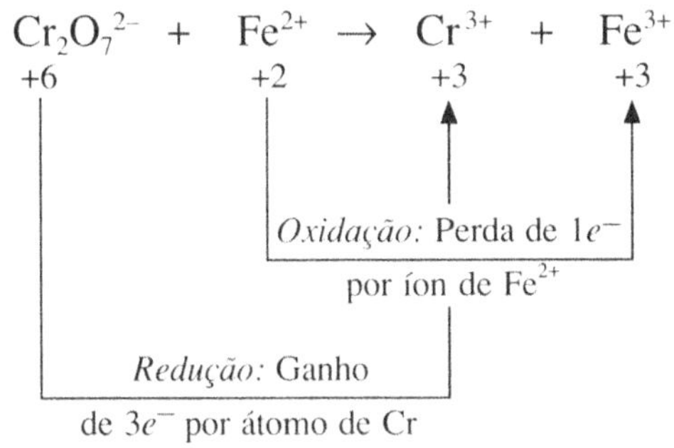

Etapa 3:

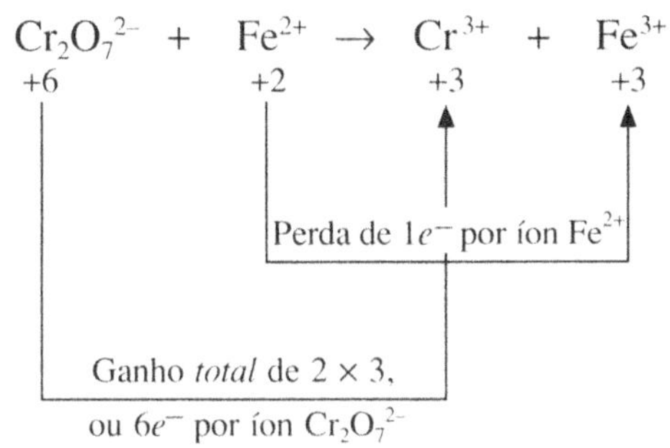

Etapa 4:

$$Cr_2O_7^{2-} + 6Fe^{2+} \rightarrow Cr^{3+} + Fe^{3+}$$

Etapa 5:

$$Cr_2O_7^{2-} + 6Fe^{2+} \rightarrow 2Cr^{3+} + 6Fe^{3+}$$

Etapa 6:

Feita!

Etapa 7:

Carga total à esquerda = $-2 + 6(+2) = +10$

Carga total à direita = $2(+3) + 6(+3) = +24$

Carga positiva necessária adicionada *à esquerda* = +14

$$14H^+ + Cr_2O_7^{2-} + 6Fe^{2+} \rightarrow 2Cr^{3+} + 6Fe^{3+}$$

Etapa 8:

$$14H^+ + Cr_2O_7^{2-} + 6Fe^{2+} \rightarrow 2Cr^{3+} + 6Fe^{3+} + 7H_2O$$

Problema Paralelo: Complete e balanceie a seguinte equação para a reação que ocorre em solução ácida: $MnO_4^- + Cl^- \rightarrow Mn^{2+} + Cl_2$. **Resposta:** $16H^+ + 2MnO_4^- + 10Cl^- \rightarrow 2Mn^{2+} + 5Cl_2 + 8H_2O$.

Exemplo 12.11 Complete e balanceie a seguinte equação para a reação em meio básico:

$$CrO_4^{2-} + Fe(OH)_2 \rightarrow CrO_2^- + Fe(OH)_3 \qquad \text{(solução básica)}$$

Solução:

Etapa 1:

$$\underset{+6\ \ -2}{CrO_4^{2-}} + \underset{+2\ -2\ +1}{Fe(OH)_2} \rightarrow \underset{+3\ \ -2}{CrO_2^-} + \underset{+3\ -2\ +1}{Fe(OH)_3}$$

Etapa 2:

$$\underset{+6}{CrO_4^{2-}} + \underset{+2}{Fe(OH)_2} \rightarrow \underset{+3}{CrO_2^-} + \underset{+3}{Fe(OH)_3}$$

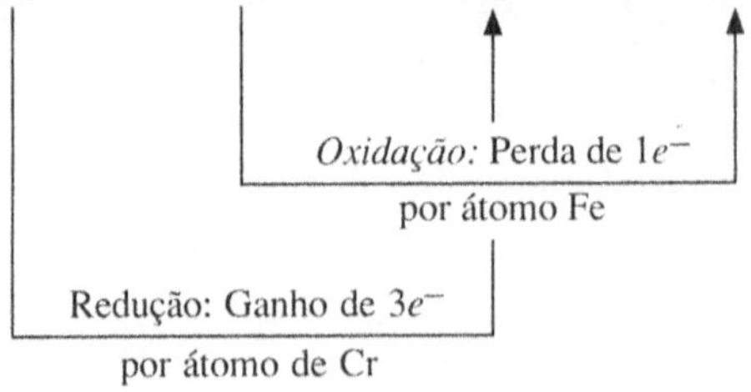

Etapa 3:

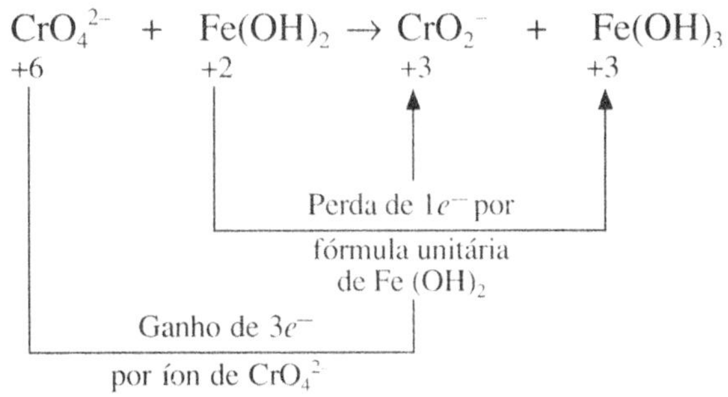

Etapa 4: $CrO_4^{2-} + 3Fe(OH)_2 \rightarrow CrO_2^- + Fe(OH)_3$

Etapa 5: $CrO_4^{2-} + 3Fe(OH)_2 \rightarrow CrO_2^-\ 3Fe(OH)_3$

Etapa 6: Feita!

Etapa 7: Carga total à esquerda = –2 + 3(0) = –2

Carga total à direita = –1 + 3(0) = –1

Carga negativa necessária adicionada *à direita* = –1

$CrO4^{2-} + 3Fe(OH)2 \rightarrow CrO2^- + 3Fe(OH)3 + OH^-$

Etapa 8:

$$2H_2O + CrO_4^{2-} + 3Fe(OH)_2 \rightarrow CrO_2^- + 3Fe(OH)_3 + OH^-$$

Problema Paralelo: Complete e balanceie a seguinte equação para a reação em solução básica: $MnO_4^- + I^- \rightarrow MnO_2 + IO_3^-$. **Resposta:** $H_2O + 2MnO_4^- + I^- \rightarrow 2MnO_2 + IO_3^- + 2OH^-$.

O segundo método para balanceamento de equação redox para reações que ocorrem em solução aquosa é *o método da semi-reação*, também conhecido como o *método do íon elétron*. Observe que nele você não atribui nenhum número de oxidação.

Balanceamento de Equações Redox (Soluções Aquosas): Método da Semi-Reação

Etapa 1: Separe o esboço da reação em duas semi-reações, uma de oxidação e outra de redução.

Etapa 2: Balanceie cada semi-reação separadamente de acordo com esta seqüência:

(*a*) Balanceie todos os átomos, à exceção de H e O, por tentativa.

(*b*) Balanceie os átomos de O adicionando H_2O ao lado apropriado.

(*c*) Balanceie os átomos de H. A maneira disto ser feito depende se a solução é ácida ou básica.

(*i*) Em *solução ácida*, adicionar o número apropriado de íons H^+ ao lado deficiente de H.

(*ii*) Em *solução básica*, em vez de adicionar íons H^+, adicionar *uma* molécula de H_2O ao lado deficiente de H mais *um íon* OH^- *ao lado oposto*, para cada átomo de H necessário. (Neste ponto, você pode cancelar moléculas de H_2O que aparecem nos dois lados.)

(*d*) Balanceie a carga adicionando elétrons (e^-) ao lado deficiente em carga negativa.

Etapa 3: Multiplique cada semi-reação balanceada por um número apropriado a fim de balancear a perda de elétrons com o ganho de elétrons. Em seguida, *somar* as duas semi-reações.

Etapa 4: Subtrair (cancelar) qualquer coisa que apareça em ambos os lados. (Todos os elétrons deveriam ter desaparecido nesta etapa.)

Finalmente, verifique para ter certeza de que (1) o número de átomos de cada elemento e (2) a soma das cargas iônicas são iguais em ambos os lados da equação.

Exemplo 12.12 Usando o método da semi-reação, complete e balanceie a seguinte equação para uma reação ocorrendo em solução ácida:

$$Cr_2O_7^{2-} + Fe^{2+} \rightarrow Cr^{3+} + Fe^{3+} \qquad \text{(solução ácida)}$$

Solução:

Etapa 1:	$Cr_2O_7^{2-} \rightarrow Cr^{3+}$	$Fe^{2+} \rightarrow Fe^{3+}$
Etapa 2a:	$Cr_2O_7^{2-} \rightarrow 2Cr^{3+}$	(Feita!)
Etapa 2b:	$Cr_2O_7^{2-} \rightarrow 2Cr^{3+} + 7H_2O$	(Feita!)
Etapa 2c:	$14H + Cr_2O_7^{2-} \rightarrow 2Cr^{3+} + 7H_2O$	(Feita!)
Etapa 2d:	$6e^- + 14H^+ + Cr_2O_7^{2-} \rightarrow 2Cr^{3+} + 7H_2O$	$Fe^{2+} \rightarrow Fe^{3+} + e^-$
Etapa 3:	$6e^- + 14H^+ + Cr_2O_7^{2-} \rightarrow 2Cr^{3+} + 7H_2O$	$[Fe^{2+} \rightarrow Fe^{3+} + e^-] \times 6$

$$6e^- + 14H^+ + Cr_2O_7^{2-} \rightarrow 2Cr^{3+} + 7H_2O$$

$$6Fe^{2+} \rightarrow 6Fe^{3+} + 6e^-$$

Etapa 4: $$6e^- + 14H^+ + Cr_2O_7^{2-} + 6Fe^{2+} \rightarrow 2Cr^{3+} + 6Fe^{3+} + 7H_2O + 6e^-$$

$$14H^+ + Cr_2O_7^{2-} + 6Fe^{2+} \rightarrow 2Cr^{3+} + 6Fe^{3+} + 7H_2O$$

Problema Paralelo: Usando o método da semi-reação, complete e balanceie a seguinte equação para a reação ocorrendo em solução ácida: $MnO_4^- + Cl^- \rightarrow Mn^{2+} + Cl_2$ (solução ácida). **Resposta:** $16H^+ + 2MnO_4^- + 10Cl^- \rightarrow 2Mn^{2+} + 5Cl_2 + 8H_2O$

Comentários Adicionais

É oportuna neste ponto uma comparação entre os métodos do número de oxidação e da semi-reação. O método do número de oxidação é geralmente mais fácil do que o método da semi-reação para reações que não ocorram em solução. Para reações em soluções aquosas o método da semi-reação é o mais demorado, mas, para a maioria das pessoas, o mais seguro. (É menos provável que você cometa erros e que os encontre caso isso aconteça.) A grande vantagem do método da semi-reação é que não é necessário atribuir números de oxidação. Semi-reações individuais são utilizadas para descrever reações de eletrodo em células eletroquímicas (Capítulo 18). A maior vantagem do método do número de oxidação é a sua rapidez. (Com a prática você verá que pode fazer muitos balanceamentos "de cabeça".)

Exemplo 12.13 Complete e balanceie a seguinte equação para uma reação ocorrendo em solução básica, pelo método da semi-reação:

$$CrO_4^{2-} + Fe(OH)_2 \rightarrow CrO_2^- + Fe(OH)_3 \quad \text{(solução básica)}$$

Solução:

Etapa 1:	$CrO_4^{2-} \rightarrow CrO_2^-$	$Fe(OH)_2 \rightarrow Fe(OH)_3$
Etapa 2a:	(Feita!)	(Feita!)
Etapa 2b:	$CrO_4^{2-} \rightarrow CrO_2^- + 2H_2O$	$H_2O + Fe(OH)_2 \rightarrow Fe(OH)_3$
Etapa 2c:	$4H_2O + CrO_4^{2-} \rightarrow$ $CrO_2^- + 2H_2O + 4OH^-$	$OH^- + H_2O + Fe(OH)_2 \rightarrow$ $Fe(OH)_3 + H_2O$
	$2H_2O + CrO_4^{2-} \rightarrow CrO_2^- + 4OH^-$	$OH^- + Fe(OH)_2 \rightarrow Fe(OH)_3$
Etapa 2d:	$3e^- + 2H_2O + CrO_4^{2-} \rightarrow CrO_2^- + 4OH^-$	$OH^- + Fe(OH)_2 \rightarrow Fe(OH)_3 + e^-$
Etapa 3:	$3e^- + 2H_2O + CrO_4^{2-} \rightarrow CrO_2^- + 4OH^-$	$[(OH^- + Fe(OH)_2 \rightarrow Fe(OH)_3 + e^-] \times 3$

$$3e^- + 2H_2O + CrO_4^{2-} \rightarrow CrO_2^- + 4OH^-$$

$$3OH^- + 3Fe(OH)_2 \rightarrow 3Fe(OH)_3 + 3e^-$$

$$3e^- + 2H_2O + 3OH^- + CrO_4^{2-} + 3Fe(OH)_2 \rightarrow CrO_2^- + 3Fe(OH)_3 + 4OH^- + 3e^-$$

Etapa 4: $2H_2O + CrO_4^{2-} + 3Fe(OH)_2 \rightarrow CrO_2^- + 3Fe(OH)_3 + OH^-$

Problema Paralelo: Usando o método da semi-reação, complete e balanceie a seguinte equação para a reação em solução básica: $MnO_4^- + I^- \rightarrow MnO_2 + IO_3^-$. **Resposta:** $H_2O + 2MnO_4^- + I^- \rightarrow 2MnO_2 + IO_3^- + 2OH^-$

12.6 A ESTEQUIOMETRIA DE SOLUÇÃO

ESTEQUIOMETRIA ÁCIDO-BASE

Embora os princípios de estequiometria de reações de neutralização tenham sido introduzidos na Seção 2.8, temos de prestar atenção a estas reações no presente momento. Água é sempre formada na neutralização e, desde que é necessário um H^+ para combinar com um OH^- para formar uma molécula de água, a estequiometria destas reações está baseada na razão simples de 1:1:1. Note que cálculos baseados nesta estequiometria não dependem da força (grau de dissociação) do ácido e/ou da base. Para ver que isto é verdade, considere, primeiro, a neutralização de um ácido forte por uma base forte:

Exemplo 12.14 Quantos mililitros de uma solução de NaOH 0,1000 mol/L são requeridos para neutralizar 25,00 mL de HCl 0,3000 mol/L?

Solução: HCl é um ácido forte e, assim, em uma solução de HCl 0,3000 mol/L, a concentração de íons H^+ é 0,3000 mol/L. Em 25,00 mL desta solução há

$$(0{,}02500\ \text{L})(0{,}3000\ \text{mol L}^{-1}) = 7{,}500 \times 10^{-3}\ \text{mol H}^+$$

A equação para a reação é

$$H^+(aq) + OH^-(aq) \rightarrow H_2O$$

Como OH^- e H^+ reagem em uma relação 1:1, o número de mols de OH^- necessário deve ser também $7{,}500 \times 10^{-3}$ mol. Quantos litros de solução NaOH fornecerão este número de mols? Como NaOH é uma base forte, há 0,1000 mol de OH^- por litro e então o número de litros será

$$\frac{7{,}500 \times 10^{-3}\ \text{mol}}{0{,}1000\ \text{mol L}^{-1}} = 7{,}500 \times 10^{-2}\ \text{L}$$

Isto é 0,07500 litros, ou 75,00 mL de solução de NaOH.

Problema Paralelo: 37,51 mL de NaOH 0,1234 mol/L foram necessários para neutralizar 25,00 mL de uma solução de HCl. Qual era a molaridade da solução de HCl? **Resposta:** 0,1851 mol/L.

Se o ácido é fraco, o cálculo é realizado essencialmente seguindo o mesmo caminho, como é mostrado no exemplo seguinte.

Exemplo 12.15 Quantos mililitros de NaOH 0,1200 mol/L são necessários para neutralizar 50,00 mL de HF 0,1000 mol/L?

Solução: O HF é um ácido fraco, em solução encontra-se presente principalmente como moléculas HF não-dissociadas, que estão em equilíbrio com íons H^+ e F^- a baixas concentrações:

$$HF(aq) \rightleftharpoons H^+(aq) + F^-(aq)$$

Quando íons OH^- são adicionados, eles se combinam com os íons H^+ na solução de HF,

$$H^+(aq) + OH^-(aq) \rightarrow H_2O$$

diminuindo sua concentração e causando a dissociação do HF, deslocando o equilíbrio para a direita. Isto continua até que todos os prótons da molécula de HF tenham sido removidos e tenham se combinado com os íons OH^-. A equação simplificada para todo o processo pode ser obtida pela adição das duas equações anteriores; ela é

$$HF(aq) + OH^-(aq) \rightarrow H_2O + F^-(aq)$$

Número de mols do HF = (0,05000 L)(0,1000 mol L^{-1}) = 5,000 × 10^{-3} mol

Número total de mols de prótons disponíveis = 5,000 × 10^{-3} mol

Número de mols de OH^- necessários = 5,000 × 10^{-3} mol

NaOH é uma base forte, assim, nesta solução a concentração dos íons OH^- é 0,1200 mol/L.

Número de litros de solução de NaOH necessários:

$$\frac{5{,}000 \times 10^{-3}\text{ mol}}{0{,}1200\text{ mol L}^{-1}} = 0{,}04167\text{ L}$$

Em outras palavras, 41,67 mL de solução de NaOH são necessários para fornecer íons OH^- para a neutralização. (Este é o mesmo resultado que seria obtido se o ácido fosse forte em vez de fraco.)

Problema Paralelo: 38,91 mL de NaOH 0,3456 mol/L são necessários para neutralizar 25,00 mL de uma solução de HCN. Qual é a molaridade da solução de HCN? **Resposta:** 0,5379 mol/L.

Um **ácido poliprótico** é aquele que pode doar mais de um próton (fornece mais de um íon hidrogênio) para uma base. Exemplos incluem H_2SO_4, um ácido *diprótico*, e H_3PO_4, um ácido *triprótico*. Usualmente, o número de prótons disponíveis por molécula do ácido pode ser determinado a partir do número de hidrogênio no início da fórmula do ácido. O termo *neutralização completa* implica a perda de todos os prótons disponíveis pelo ácido.

Exemplo 12.16 Quantos mililitros de NaOH 0,2105 mol/L são necessários para a neutralização completa de 10,00 mL de H_3PO_4 0,1093 mol/L (ácido fosfórico)?

Solução: O H_3PO_4 é um ácido triprótico, três prótons estão disponíveis de uma molécula de H_3PO_4. Então, a equação para a reação de neutralização é

$$H_3PO_4 + 3OH^- \rightarrow 3H_2O + PO_4^{3-}$$

Número de mols de H_3PO_4 = (0,01000 L)(0,1093 mol L^{-1})

= 1,093 × 10^{-3} mol

Numero de mols disponíveis de H^+ = 3 × (1,093 × 10^{-3}) mol

= 3,279 × 10^{-3} mol

Número de mols de OH^- necessários = 3,279 × 10^{-3} mol

Número de litros de solução de NaOH necessários = $\frac{3{,}279 \times 10^{-3}\text{ mol}}{0{,}2105\text{ mol L}^{-1}}$ = 0,01558 L, que é 15,58 mL.

Problema Paralelo: Quantos mililitros de KOH 0,1435 mol/L são necessários para a neutralização completa de 15,00 mL de H_2SO_4 0,2222 mol/L? **Resposta:** 46,45 mL.

EQUIVALENTES DE ÁCIDOS E BASES

Uma maneira conveniente de manipular os cálculos ácido-base é fazer o uso dos **equivalentes**. *Um equivalente de um ácido é a quantidade daquele ácido que fornecerá ou doará um mol de íons H^+ (prótons). Um equivalente de uma base é a quantidade que fornece um mol de íons OH^-. Finalmente, um equivalente de ácido reage com (neutraliza) um equivalente de base.*

Exemplo 12.17 Quantos equivalentes (para neutralização completa) existem em: (a) 4,00 mol de H_2SO_4? (b) 0,176 mol de $Ca(OH)_2$? (c) 1,60 mol de H_3PO_4?

Solução: (a) A fórmula de H_2SO_4 indica que há dois H^+ disponíveis por cada molécula. Dessa modo, 1 mol de H_2SO_4 pode fornecer 2 mol de H^+. Isto significa que 1 mol de H_2SO_4 é na realidade a mesma quantidade que 2 equivalentes de H_2SO_4. Portanto, 4,00 mol de H_2SO_4 é

$$4{,}00 \text{ mol} \times \frac{2 \text{ equiv}}{1 \text{ mol}} = 8{,}00 \text{ equiv de } H_2SO_4$$

(b) $Ca(OH)_2$ pode fornecer 2 mols de OH^- por mol de $Ca(OH)_2$. Portanto, há 2 mols equivalentes por mol de $Ca(OH)_2$. Assim, 0,176 de $Ca(OH)_2$ corresponde a

$$0{,}176 \text{ mol} \times \frac{2 \text{ equiv}}{1 \text{ mol}} = 0{,}352 \text{ equiv de } Ca(OH)_2$$

(c) Como existem $3H^+$ disponíveis por mol de H_3PO_4, 1,60 mol de H_3PO_4 corresponde a

$$1{,}60 \text{ mol} \times \frac{3 \text{ equiv}}{1 \text{ mol}} = 4{,}80 \text{ equiv de } H_3PO_4$$

Problema Paralelo: Quantos equivalentes (para a neutralização completa) estão presentes em (a) 0,200 mol de $H_2C_2O_4$, (b) 4,43 mol de $Ga(OH)_3$, (c) 2,21 mol de $H_4P_2O_7$? **Resposta:** (a) 0,400 equiv, (b) 13,3 equiv, (c) 8,84 equiv.

EQUIVALENTE MASSA

O **equivalente massa** é definido como a massa em gramas de um equivalente. (Algumas vezes chamado de "equivalente peso".)

Exemplo 12.18 Qual é o equivalente massa do H_3PO_4?

Solução: Como 1 mol de H_3PO_4 corresponde a 3 equivalentes, 1 equivalente será $^1/_3$ mol e deste modo tem uma massa de um terço da de 1 mol. Desde que a massa molecular do H_3PO_4 é 98,0,

$$98{,}0 \text{ g mol}^{-1} \times \frac{1 \text{ mol}}{3 \text{ equiv}} = 32{,}7 \text{ g equiv}^{-1}$$

O equivalente massa do H_3PO_4 é 32,7.

Problema Paralelo: Qual é o equivalente massa do H_2SO_3? **Resposta:** 41,0.

NORMALIDADE

Normalidade (*N*) é uma unidade de concentração análoga à molaridade, exceto que esta é definida em termos de equivalentes, preferencialmente a mols. A solução que contém um equivalente de soluto por litro de solução é uma solução *um normal* (1 *N*). A definição de normalidade é

$$\text{Normalidade} = \frac{\text{n}^{\text{o}} \text{ de equivalentes de solutos}}{\text{n}^{\text{o}} \text{ de litros de solução}}$$

Exemplo 12.19 Qual é a normalidade de uma solução de H_2SO_4 1,4 mol/L?

Solução: Desde que cada mol de H_2SO_4 contém 2 equivalentes, o número de equivalentes por litro precisa ser duas vezes o número de mols por litro, ou

$$1{,}4 \text{ mol L}^{-1} \times \frac{2 \text{ equiv}}{1 \text{ mol}} = 2{,}8 \text{ equiv L}^{-1}, \text{ ou } 2{,}8\ N$$

Problema Paralelo: Qual é a normalidade de uma solução de $Ba(OH)_2$ 0,124 mol/L? **Resposta:** 0,248 *N*.

Problemas de estequiometria ácido-base podem ser resolvidos em termos de equivalentes do ácido e da base. O problema seguinte é o mesmo do Exemplo 12.16, e uma comparação das duas abordagens seria interessante.

Exemplo 12.20 Quantos mililitros de NaOH 0,2105 mol/L são necessários para a neutralização completa de 10,00 mL de H_3PO_4 0,1093 mol/L?

Solução: Como H_3PO_4 0,1093 mol/L é 3 × 0,1093, ou 0,3279 *N*, então 10,00 mL de H_3PO_4 0,3279 *N* contém (0,01000 L)(0,3279 equiv litro^{-1}), ou $3{,}279 \times 10^{-3}$ equivalentes. Isto requer *o mesmo número de equivalentes*, que é $3{,}279 \times 10^{-3}$ equivalentes de NaOH. Como uma solução de NaOH 0,2105 mol/L é 0,2105 *N*, o volume desta solução necessário é

$$\frac{3{,}279 \times 10^{-3}\ \text{equiv}}{0{,}2105\ \text{equiv L}^{-1}} = 0{,}01558\ \text{L, ou } 15{,}58\ \text{mL}$$

Problema Paralelo: 33,1 mL de uma solução de NaOH são necessários para a completa neutralização de 20,0 mL de H_3PO_4 0,150 mol/L. Qual é a molaridade da solução de NaOH? **Resposta:** 0,272 mol/L.

ESTEQUIOMETRIA REDOX

Um método de trabalho com cálculos de estequiometria redox depende do balanceamento correto da equação.

Exemplo 12.21 Quantos mililitros de $KMnO_4$ 0,0500 mol/L são necessários para oxidar 25,0 mL de H_2SO_3 0,0400 mol/L em uma solução ácida? (MnO_4^- oxida H_2SO_3 e forma Mn^{2+} e HSO_4^-.)

Solução: A equação balanceada é

$$H^+(aq) + 2MnO_4^-(aq) + 5H_2SO_3(aq) \rightarrow 2Mn^{2+}(aq) + 5HSO_4^-(aq) + 3H_2O(aq)$$

Em 25,0 mL de H_2SO_3 0,0400 mol/L há

$$(0{,}0250\ \text{L})(0{,}0400\ \text{mol L}^{-1}) = 1{,}00 \times 10^{-3}\ \text{mol } H_2SO_3$$

Pela equação balanceada vemos que $1{,}00 \times 10^{-3}$ mol de H_2SO_3 requerem

$$1{,}00 \times 10^{-3}\ \text{mol } H_2SO_3 \times \frac{2\ \text{mol } MnO_4^-}{5\ \text{mol } H_2SO_3} = 4{,}00 \times 10^{-4}\ \text{mol } MnO_4^-$$

Em solução de $KMnO_4$ 0,0500 mol/L, $[MnO_4^-]$ = 0,0500 mol/L, e então o volume necessário desta solução é

$$\frac{4{,}00 \times 10^{-4}\ \text{mol}}{0{,}0500\ \text{mol L}^{-1}} = 8{,}00 \times 10^{-3}\ \text{L, ou } 8{,}00\ \text{mL}$$

Problema Paralelo: 37,5 mL de $K_2Cr_2O_7$ 0,100 mol/L foram necessários para oxidar uma solução de $FeSO_4$ 0,150 mol/L. Os principais produtos são Fe^{3+} e Cr^{3+}. Qual foi o volume de solução de $FeSO_4$? **Resposta:** $1{,}50 \times 10^2$ mL.

Um segundo método de procedimento de cálculos de estequiometria para reações redox não requer que a equação seja balanceada. Em vez disto, faz uso de *equivalentes*. Para uma reação de oxidação-redução, o equivalente foi definido do seguinte modo: *Um equivalente de um agente oxidante é aquela quantidade que recebe um mol de elétrons, e um equivalente de um agente redutor é aquela quantidade que fornece um mol de elétrons. Um equivalente de um agente oxidante reage com um equivalente de um agente redutor.*

Exemplo 12.22 Quantos equivalentes estão presentes em (a) 1,00 mol de MnO_4^- e (b) 1,00 mol de H_2SO_3 em uma reação na qual os produtos principais são Mn^{2+} e HSO_4^-?

Solução: (a) Quando MnO_4^- forma Mn^{2+}, o átomo Mn parece ter ganho 5 elétrons conforme Mn(VII) muda para Mn(II). Um mol de MnO_4^- ganha 5,00 mol de elétrons e é, conseqüentemente, 5,00 equivalentes de MnO_4^-. (b) Quando H_2SO_3 forma HSO_4^-, o átomo de S parece perder 2 elétrons quando S(IV) muda para S(VI). Um mol de H_2SO_3 é, portanto, 2,00 equivalentes de H_2SO_3.

Problema Paralelo: Quantos equivalentes existem em (a) 1,00 mol de MnO_4^- e (b) 1,00 mol de SO_3^{2-} em uma reação na qual os produtos principais são MnO_2 e SO_4^{2-}? **Resposta:** (a) 3,00 equiv MnO_4^-; (b) 2,00 equiv SO_3^{2-}.

Exemplo 12.23 Quantos mililitros de $KMnO_4$ 0,0500 mol/L são necessários para oxidar 25,0 mL de H_2SO_3 0,0400 mol/L em solução ácida? (MnO_4^- oxida H_2SO_3 para formar Mn^{2+} e HSO_4^-.) Compare com o Exemplo 12.21.

Solução: H_2SO_3 0,0400 mol/L é igual a 0,0800 *N* de H_2SO_3. (Ver o Exemplo 12.22.) O número de equivalentes de H_2SO_3 presentes é (0,0250L) (0,0800 equiv L^{-1}), ou $2{,}00 \times 10^{-3}$ equivalentes. Contudo, o número de equivalentes de MnO_4^- necessário também é $2{,}00 \times 10^{-3}$ equivalentes. Uma solução de $KMnO_4$ 0,0500 mol/L é 0,250 *N*. (Ver Exemplo 12.22) O volume de solução de $KMnO_4$ necessário é

$$\frac{2{,}00 \times 10^{-3}\ \text{equiv}}{0{,}250\ \text{equiv L}^{-1}} = 8{,}00 \times 10^{-3}\ \text{ou } 8{,}00\ \text{mL}$$

Problema Paralelo: Quantos mililitros de $K_2Cr_2O_7$ 0,200 mol/L são necessários para oxidar 35,0 mL de $FeCl_2$ 0,200 mol/L em uma reação na qual os principais produtos são Cr^{3+} e Fe^{3+}? **Resposta:** 5,83 mL.

OUTROS TIPOS DE REAÇÕES EM SOLUÇÃO

Cálculos estequiométricos para reações em solução, além das reações de neutralização e redox, são geralmente efetuados fazendo uso de uma equação balanceada.

Exemplo 12.24 Suponha que sejam misturados 25,0 mL de $Ca(NO_3)_2$ 0,200 mol/L e de Na_3PO_4 0,100 mol/L. (a) Considerando a precipitação completa, quantos gramas de $Ca_3(PO_4)_2$ são formados? (b) Calcule as concentrações de Ca^{2+}, NO_3^-, Na^+ e PO_4^{3-} que permanecem em solução. (Considerar um volume final de 50,0 mL.)

Solução: (a) Os dois compostos são sais, e portanto cada sal está completamente dissociado. Antes da mistura, as concentrações das espécies iônicas nas duas soluções são: em $Ca(NO_3)_2$ 0,200 mol/L.

Íon	*Concentração*
Ca^{2+}	0,200 mol/L
NO_3^-	$2 \times 0{,}200$, ou 0,400 mol/L

Em Na_3PO_4 0,100 mol/L:

Íon	*Concentração*
Na^+	$3 \times 0{,}100$, ou 0,300 mol/L
PO_4^{3-}	0,100 mol/L

O número de mols de Ca^{2+} na solução antes da reação é

$$(0{,}0250\ \text{L})(0{,}200\ \text{mol L}^{-1}),\ \text{ou}\ 5{,}00 \times 10^{-3}\ \text{mol}$$

O número de mols de PO_4^{3-} em solução antes da reação é

$$(0{,}0250\ \text{L})(0{,}100\ \text{mol L}^{-1}),\ \text{ou}\ 2{,}50 \times 10^{-3}\ \text{mol}$$

A equação balanceada para a reação de precipitação é

$$3Ca^{2+} + 2PO_4^{3-} \rightarrow Ca_3(PO_4)_2(s)$$

O número de mols de Ca^{2+} requeridos para reagir com $2{,}50 \times 10^{-3}$ mol de PO_4^{3-} é

$$2{,}50 \times 10^{-3} \text{ mol } PO_4^{3-} \times \frac{3 \text{ mol} Ca^{2+}}{2 \text{ mol } PO_4^{3-}} = 3{,}75 \times 10^{-3} \text{ mol } Ca^{2+}$$

Como mais de ($5{,}00 \times 10^{-3}$ mol) são disponíveis, concluímos que todo PO_4^{3-} é usado e que ($5{,}00 \times 10^{-3}$ mol) – ($3{,}75 \times 10^{-3}$ mol), ou $1{,}25 \times 10^{-3}$ mol de Ca^{2+} encontra-se em excesso.

O número de mols de $Ca_3(PO_4)_2$ formado é

$$2{,}50 \times 10^{-3} \text{ mol } PO_4^{3-} \times \frac{1 \text{ mol } Ca_3(PO_4)_2}{2 \text{ mol } PO_4^{3-}} = 1{,}25 \times 10^{-3} \text{ mol } Ca_3(PO_4)_2$$

Este tem uma massa de $(1{,}25 \times 10^{-3})$ $(310 \text{ g mol}^{-1}) = 0{,}388$g.

(b) O número de mols de NO_3^- e Na^+ não é afetado, desde que estas espécies não reajam. Usando as concentrações e volumes das soluções originais, obtemos o número de mols de:

$$NO_3^- = (0{,}0250 \text{ L})(0{,}400 \text{ mol L}^{-1}) = 1{,}00 \times 10^{-2} \text{ mol}$$

$$Na^+ = (0{,}0250 \text{ L})(0{,}300 \text{ mol L}^{-1}) = 7{,}50 \times 10^{-3} \text{ mol}$$

$$PO_4^{3-} = 0$$

$$Ca^{2+} \text{ (excesso)} = 1{,}25 \times 10^{-3} \text{ mol}$$

A concentração final é encontrada dividindo-se cada um destes números de mols pelo volume da solução final.

Íon	***Concentração***
NO_3^-	$\frac{1{,}00 \times 10^{-2} \text{ mol}}{0{,}0500 \text{ L}} = 0{,}200$ mol/L
Na^+	$\frac{7{,}50 \times 10^{-3} \text{ mol}}{0{,}0500 \text{ L}} = 0{,}150$ mol/L
PO_4^{3-}	0
Ca^{2+}	$\frac{1{,}25 \times 10^{-3} \text{ mol}}{0{,}0500 \text{ L}} = 0{,}0250$ mol/L

Nota: Nestes cálculos assumimos que a solubilidade de $Ca_3(PO_4)_2$ em água é muito baixa e pode ser negligenciada. Esta suposição será justificada no Capítulo 16.

Problema Paralelo: 25,0 mL de $CaCl_2$ 0,150 mol/L e 35,0 mL de $AgNO_3$ 0,120 mol/L são misturados. (a) Quantos gramas de AgCl estão precipitados? (b) Quais são as concentrações dos íons de Ca^{2+}, Cl^-, Ag^+ e NO_3^- que permanecem em solução? (Assumir volumes aditivos.) **Resposta:** (a) 0,602 g, (b) Concentrações finais: Ca^{2+} = 0,0625 mol/L; Cl^- = 0,0550 mol/L; Ag^+ = 0; NO_3^- = 0,0700 mol/L.

RESUMO

Ácidos e *bases* foram definidos de várias maneiras. Em soluções aquosas, as definições de *Arrhenius* e *Brønsted-Lowry* são geralmente as mais usadas. Reações entre ácidos e bases de Arrhenius são chamadas *reações de neutralização*. Outras reações em solução aquosa incluem *reações de precipitação, complexação* e *redox*.

O conhecimento dos tipos de reações que podem ocorrer e também da *solubilidade* e *forças dos eletrólitos* ajuda a escrever *equações simplificadas* para muitas reações em solução aquosa.

Equações para *reações redox* (*oxidação-redução ou transferência de elétron*) podem ser balanceadas pelo uso do *método do número de oxidação* ou do *método da semi-reação*.

Os princípios da estequiometria de reação podem ser aplicados para reações em solução aquosa. Cálculos podem ser efetuados em muitos casos pelo emprego de (1) *mols* e *molaridades* ou (2) *equivalentes* e *normalidades*. Equivalentes (e normalidades) são mais comumente definidos para (1) ácidos e bases e (2) agentes redutores e oxidantes.

PROBLEMAS

Ácidos e Bases

12.1 Defina *ácido* e *base* em termos de cada uma das quatro perspectivas discutidas neste capítulo.

12.2 Dê a base conjugada de cada um dos seguintes ácidos de Brønsted-Lowry: H_3PO_4, NH_4^+, H_2O, HCO_3^-, $Al(H_2O)_6^{3+}$.

12.3 Como se define o termo dissociação (de um ácido) segundo Arrhenius? E de acordo com Brønsted-Lowry?

12.4 Classifique as seguintes substâncias como ácidos ou bases de Brønsted-Lowry: NH_3, $H_2PO_4^-$, SO_4^{2-}, OCl^-, NH_2^-. Escreva as equações que justifiquem a sua classificação.

12.5 Explique com exemplos o que significa *efeito nivelador*.

12.6 Classifique as seguintes substâncias como ácido ou base de Lewis: H_2O, NH_3, Al^{3+}, CO, $AlCl_3$. Escreva as estruturas de Lewis justificando sua classificação.

12.7 Escreva uma equação para a autodissociação de cada um dos seguintes solventes: H_2O, NH_3, $HC_2H_3O_2$, H_2SO_4.

12.8 O $HClO_4$ é classificado como um ácido mais forte do que HNO_3. Como isto é possível, dado que ambos estão 100% dissociados em solução aquosa?

12.9 Classifique as seguintes reações em ordem crescente da sua tendência em ocorrer:

(a) $HSO_4^-(aq) + SO_3^{2-}(aq) \rightarrow HSO_3^-(aq) + SO_4^{2-}(aq)$

(b) $HF(aq) + H_2O \rightarrow H_3O^+(aq) + F^-(aq)$

(c) $H_2S(aq) + C_2H_3O_2^-(aq) \rightarrow HC_2H_3O_2(aq) + HS^-(aq)$

12.10 Descreva como os calores de neutralização podem ser usados para avaliar as forças relativas de ácidos e bases.

12.11 Escreva as equações de dissociação por etapas do H_3PO_4: (a) de acordo com Arrhenius e (b) segundo Brønsted-Lowry.

Precipitação e Complexação

12.12 Proponha três soluções aquosas que poderiam ser empregadas para precipitar $PbCl_2$ (insolúvel) de uma solução de $Pb(NO_3)_2$.

12.13 Proponha três soluções aquosas que poderiam ser utilizadas para precipitar $BaCO_3$ insolúveis de uma solução de Na_2CO_3.

12.14 Qual é a fórmula do íon complexo formado quando seis dos seguintes ligantes complexam um íon Co^{3+}? (a) NH_3, (b) Cl^-.

12.15 Escreva a fórmula do complexo formado quando as seguintes espécies se combinam nas razões indicadas: (a) $Cr^{3+} + 3NH_3 + 3Cl^-$, (b) $Cr^{3+} + 2NH_3 + 4Cl^-$, (c) $Cr^{3+} + 5NH_3 + Cl^-$.

12.16 Escreva a fórmula do complexo formado quando se combinam as seguintes espécies nas razões indicadas: (a) $Ag^+ + 2Cl^-$, (b) $Cu^{2+} + 4NH_3$, (c) $Ni + 4CO$, (d) $Fe^{3+} + 6CN^-$, (e) $Co^{3+} + 3C_2O_4^{2-}$.

Equações Iônicas Simplificadas

12.17 Indique todas as espécies dos solutos presentes nas seguintes soluções aquosas 1 mol/L: $MgBr_2$, HNO_3, HNO_2, $Ba(OH)_2$, H_2SO_3.

12.18 Indique todas as espécies dos solutos presentes nas seguintes soluções aquosas 1 mol/L: BaI_2, H_2SO_4, $La(OH)_3$, HOCl, $HClO_3$.

12.19 Escreva a equação simplificada iônica, balanceada, para a reação que ocorre quando se misturam os seguintes pares de soluções aquosas: (a) HCl e $AgNO_3$, (b) $SrCl_2$ e Na_2CO_3, (c) $FeCl_3$ e NaOH, (d) HNO_3 e NaCN, (e) HCl e RbOH, (f) Na_2SO_4 e $Pb(NO_3)_2$.

12.20 Escreva a equação simplificada iônica, balanceada, para a reação que ocorre quando se misturam os seguintes pares de soluções aquosas: (a) $CuSO_4$ e NaOH, (b) HF e $CaCl_2$, (c) $Pb(NO_3)_2$ e Na_2CrO_4, (d) HCl e NaOBr, (e) H_2SO_3 e $BaCl_2$, (f) $HClO_4$ e LiOH.

12.21 Cada um dos seguintes sólidos é insolúvel em água, mas se dissolve em um excesso de solução de ácido forte. Escreva a equação simplificada para cada reação de dissociação: (a) BaF_2, (b) $AgC_2H_3O_2$, (c) CaC_2O_4, (d) $SrCO_3$, (e) $Cu_3(PO_4)_2$.

12.22 Uma solução aquosa de amônia neutralizará ácidos. Escreva uma equação para a neutralização de uma solução diluída de HCl, representando a amônia dissolvida como: (a) NH_3, (b) NH_4OH.

12.23 Escreva uma equação simplificada e balanceada para os seguintes casos: (a) Carbonato de cálcio sólido dissolve-se em HCl diluído com a liberação do gás CO_2. (b) $BaSO_3$ sólido dissolve-se em HCl diluído com liberação de gás SO_2. (c) CdS sólido dissolve-se em HCl diluído com liberação de gás H_2S. (d) Uma solução de NH_4Cl é misturada com uma de NaOH para formar gás NH_3.

12.24 Comente a afirmação: "Somente ácidos fracos tendem a se formar em soluções aquosas".

Números de Oxidação

12.25 Atribua um número de oxidação para cada átomo em cada um dos seguintes compostos: (a) HBr, (b) NaBr, (c) BrCl, (d) HCl, (e) $BeCl_2$, (f) BF_4^-, (g) B_2H_6 (um hidróxido), (h) C_2H_6, (i) C_2H_4, (j) $N_2H_5^+$, (k) C_2^{2-} (l) O_3.

12.26 Atribua um número de oxidação para cada átomo em cada uma das seguintes substâncias: (a) H_3PO_4, (b) H_3PO_3, (c) $C_6H_{12}O_6$, (d) KCl, (e) KClO, (f) $KClO_2$, (g) $KClO_3$, (h) $KClO_4$, (i) $KHSO_4$, (j) CrF_6^{3-}, (k) OH_2^- (um peróxido), (l) $(NH_4)_2HPO_4$.

12.27 (a) Usando as regras sistemáticas, atribua um número de oxidação para cada átomo no íon hidrogênio carbonato, HCO_3^-. (b) Esboce a estrutura de Lewis para esses íons. (c) Usando a sua estrutura de Lewis, atribua um número de oxidação para cada átomo no íon HCO_3^-.

12.28 Atribua um número de oxidação para cada átomo em cada um dos compostos seguintes: (a) C_2Cl_6, (b) $MgSO_4$, (c) $FeSO_4$, (d) $C_3H_6O_2$, (e) KCN, (f) $K_4Fe(CN)_6$, (g) $(NH_4)_2S$, (h) $(NH_4)_2SiF_6$, (i) $XeOF_4$, (j) $Cu_4(OH)_6SO_4$, (k) $P(NH_2)_3$, (l) SCl_2O_2, (m) $HC_6H_{11}O_2$.

12.29 Atribua um número de oxidação para os átomos de nitrogênio em: (a) NH_3, (b) HNO_3, (c) N_2H_4, (d) N_2O_4, (e) NH_3OH^+, (f) NO_2^-, (g) N_2, (h) N^{3-}, (i) N_3^-, (j) NO, (k) N_2O.

Oxidação-Redução

12.30 Balanceie cada uma das seguintes equações para reações em meio não-aquoso:

(a) $KNO_3 + Cr_2(SO_4)_3 + Na_2CO_3 \rightarrow KNO_2 + Na_2CrO_4 + Na_2SO_4 + CO_2$

(b) $KClO_3 + H_2C_2O_4 \rightarrow ClO_2 + KHCO_3$

(c) $Fe_2O_3 + CO \rightarrow FeO + CO_2$

(d) $Fe_2O_3 + CO \rightarrow Fe_3O_4 + CO_2$

(e) $CuO + NH_3 \rightarrow N_2 + H_2O + Cu$

(f) $MnO_2 + Na_2CO_3 + O_2 \rightarrow CO_2 + NaMnO_4$

(g) $KClO_3 \rightarrow KClO_4 + KCl$

12.31 Em cada uma das seguintes reações identifique o agente oxidante e o agente redutor:

(a) $N_2 + O_2 \rightarrow 2NO$

(b) $H_2 + Cl_2 \rightarrow 2HCl$

(c) $2Fe^{3+} + 2I^- \rightarrow 2Fe^{2+} + I_2$

(d) $4NH_3 + 7O_2 \rightarrow 2N_2O_4 + 6H_2O$

(e) $2KClO_3 \rightarrow 2KCl + 3O_2$

12.32 Em cada uma das seguintes reações identifique a substância oxidada e a substância reduzida:

(a) $H_2S + H_2SO_4 \rightarrow SO_2 + S + 2H_2O$

(b) $N_2H_4 + 2H_2O_2 \rightarrow N_2 + 4H_2O$

(c) $2Cl_2 + HgO \rightarrow HgCl_2 + Cl_2O$

(d) $2V_2O_5 + 6Cl_2 \rightarrow 4VOCl_3 + 3O_2$

(e) $2Pb(NO_3)_2 \rightarrow 2PbO + 4NO_2 + O_2$

12.33 Usando o método do número de oxidação, balanceie cada uma das seguintes equações para reações ocorrendo em *solução ácida*:

(a) $NO_2 + HOCl \rightarrow NO_3^- + Cl^-$

(b) $Cr_2O_7^{2-} + H_2SO_3 \rightarrow Cr^{3-} + HSO_4^-$

(c) $MnO_4^- + H_2C_2O_4 \rightarrow Mn^{2+} + CO_2$

(d) $Mn^{3+} \rightarrow Mn^{2+} + MnO_2$

(e) $MnO_2 + PbO_2 \rightarrow Pb^{2+} + MnO_4^-$

(f) $Cr_2O_7^{2-} + C_3H_7OH \rightarrow C_2H_5COOH + Cr^{3+}$

12.34 Balanceie cada equação listada no problema 12.33 pelo método da semi-redução.

12.35 Usando o método do número de oxidação, balanceie cada uma das seguintes equações para reações que ocorrem em *solução básica*:

(a) $ClO^- + I^- \rightarrow Cl^- + I_2$

(b) $Sn(OH)_4^{2-} + CrO_4^{2-} \rightarrow Sn(OH)_6^{2-} + CrO_2^-$

(c) $SeO_3^{2-} + Cl_2 \rightarrow SeO_4^{2-} + Cl^-$

(d) $S^{2-} + SO_3^{2-} \rightarrow S_8$

(e) $SbO_3^{3-} + ClO_2 \rightarrow ClO_2^- + Sb(OH)_6^-$

(f) $Fe_3O_4 + MnO_4^- \rightarrow Fe_2O_3 + MnO_2$

12.36 Balanceie cada uma das equações listadas no Problema 12.35 pelo método da semi-reação.

12.37 No peróxido de hidrogênio, H_2O_2, o número de oxidação de cada átomo de oxigênio é –1. H_2O_2 normalmente reage como um agente oxidante ou um agente redutor. (a) Que produto seria esperado quando este reage com um agente redutor? (b) Com um agente oxidante? (c) Escreva uma equação balanceada mostrando como H_2O_2 pode oxidar-se e reduzir-se.

Estequiometria de Solução Ácido-Base

■ **12.38** Considere 125 mL de HCl 0,150 mol/L. Quantos (a) mols e (b) equivalentes de HCl estão presentes?

■ **12.39** Quantos (a) mols e (b) equivalentes estão presentes em 66,0 mL de H_2SO_4 1,28 mol/L?

■ **12.40** Calcule o equivalente massa (para neutralização completa) de cada um dos sequintes ácidos e bases: (a) HBr, (b) H_2SO_3, (c) H_3PO_4, (d) $H_4P_2O_7$ (e) KOH, (f) $Ba(OH)_2$.

■ **12.41** Quantos mols de HCl são necessários para neutralizar 25,0 mL de NaOH 1,46 mol/L?

■ **12.42** Quantos mililitros de HCl 0,120 mol/L são necessários para neutralizar 0,100 mol de NaOH?

■ **12.43** Quantos mililitros de HCl 0,105 mol/L são necessários para neutralizar 45,0 mL de NaOH 0,340 mol/L?

12.44 Qual é a normalidade de cada um dos seguintes itens (para a neutralização completa): (a) HCl 0,10 mol/L, (b) H_2SO_4 0,10 mol/L, (c) H_3PO_4 0,10 mol/L?

12.45 Calcule o número de mililitros de H_2SO_4 0,100 *N* necessários para a completa neutralidade de: (a) 125 mL de NaOH 0,150 mol/L, (b) 40,0 mL de $Ba(OH)_2$ 0,100 mol/L. (c) 50,0 mL de $Ba(OH)_2$ 0,100 *N*.

12.46 Em uma certa titulação, 37,9 mL de H_2SO_4 0,200 *N* foram necessários para neutralizar 50,0 mL de uma solução de uma base desconhecida. Qual é a normalidade da solução básica?

■ **12.47** Em uma certa titulação, 40,8 mL de H_2SO_4 0,128 mol/L foram necessários para neutralizar 25,0 mL de uma solução de uma base desconhecida. Qual era a normalidade da solução básica?

■ **12.48** Uma amostra constituída de 25,0 mL de solução de ácido sulfúrico de concentração desconhecida foi neutralizada usando 49,2 mL de KOH 0,108 mol/L. Qual era (a) a normalidade e (b) a molaridade de H_2SO_4?

Estequiometria de Solução: Oxidação-Redução

■ **12.49** Quantos equivalentes estão presentes em 0,150 mol de $KMnO_4$ para uma reação na qual MnO_4^- é reduzido a (a) MnO_4^{2-}, (b) MnO_2, (c) Mn^{3+}, (d) Mn^{2+}?

■ **12.50** Qual é a molaridade de uma solução de $K_2Cr_2O_7$ 0,400 *N* se o $Cr_2O_7^{2-}$ é reduzido a (a) CrO_2, (b) Cr^{3+}, (c) Cr^{2+}, (d) Cr?

■ **12.51** Quantos mililitros de $KMnO_4$ 0,100 *N* são necessários para oxidar 28,0 mL de H_2SO_3 0,149 *N*?

■ **12.52** Quantos mililitros de $KMnO_4$ 0,100 mol/L são necessários para oxidar 75,0 mL de H_2SO_3 0,115 mol/L se os produtos incluem Mn^{2+} e HSO_4^-?

12.53 Quantos mililitros de $K_2Cr_2O_7$ 0,150 mol/L são necessários para oxidar $1{,}00 \times 10^{-3}$ equivalentes de um agente redutor se o $Cr_2O_7^{2-}$ é reduzido a (a) CrO_2, (b) Cr^{2+}, (c) CrO_2^-?

12.54 Uma amostra de 25,0 mL de um agente oxidante desconhecido é reduzida com 40,2 mL de KI 0,104 *N*. Qual é a normalidade do agente oxidante?

■ **12.55** Uma amostra de 1,60 g de um agente redutor desconhecido requer 23,6 mL de $KMnO_4$ 0,129 *N* para oxidação completa. Calcule o equivalente em massa do agente redutor.

PROBLEMAS ADICIONAIS

12.56 Ácido cítrico, $H_3C_6H_5O_7$, é um ácido triprótico. Escreva três equações mostrando que o ácido cítrico é (a) um ácido de Arrhenius, (b) um ácido de Brønsted-Lowry.

12.57 Proponha três equações que poderiam ser usadas para precipitar $BaSO_4$ a partir de uma solução de $BaCl_2$.

12.58 Escreva uma equação balanceada para a reação que ocorre quando cada um dos seguintes pares de soluções diluídas é misturado: (a) $AlCl_3$ e $Ag(NO_3)$, (b) $Ba(NO_3)_2$ e K_2SO_4, (c) $CuSO_4$ e $BaCl_2$, (d) H_2SO_4 e $Pb(NO_3)_2$, (e) $NiCl_2$ e NaOH, (e) NaCN e HCl.

12.59 Usando o método do número de oxidação, balanceie a equação para cada uma das seguintes reações que ocorrem em solução ácida:

(a) $Cr_2O_7{}^{2-} + H_2C_2O_4 \rightarrow Cr^{3+} + CO_2$

(b) $S_2O_3{}^{2-} + I_2 \rightarrow I^- + S_4O_6{}^{2-}$

(c) $HS_2O_8{}^- + Br^- \rightarrow HSO_4{}^- + Br_2$

12.60 Balanceie cada uma das equações no Problema 12.59 pelo método da semi-redução.

12.61 Usando o método de número de oxidação, balanceie a equação de cada uma das seguintes reações que ocorrem em solução básica:

(a) $Bi(OH)_3 + SnO_2{}^{2-} \rightarrow Bi + Sn(OH)_6{}^{2-}$

(b) $Br_2 \rightarrow BrO_3{}^- + Br^-$

(c) $CrO_4{}^{2-} + C_2O_4{}^{2-} \rightarrow CrO_2{}^- + CO_3{}^{2-}$

12.62 Balanceie cada uma das equações no Problema 12.61 empregando o método da semi-redução.

12.63 Quantos mililitros de H_2SO_4 0,221 mol/L são necessários para a neutralização de 25,0 mL de KOH 0,122 mol/L?

12.64 São requeridos 35,68 mL de NaOH 0,1320 *N* para titular 25,0 mL de um ácido desconhecido. (a) Qual a normalidade do ácido? (b) Se o ácido fosse H_2SO_4, qual sua molaridade? (c) Se o ácido fosse H_3PO_4, qual sua molaridade?

12.65 Na reação $Cl_2 + H_2O \rightarrow Cl^- + HOCl + H^+$, qual substância é o agente oxidante? E o agente redutor? Explique.

■ **12.66** As duas soluções seguintes são misturadas: 124 mL de HCl 0,179 mol/L e 101 mL de NaOH 0,191 mol/L. Assuma que o volume final é 225 mL. (a) Qual íon está em excesso: H^+ ou OH^-? (b) Qual é a molaridade final deste íon? (c) Quais são as molaridades de Na^+ e Cl^- na solução final?

12.67 Dados 225 mL de $CaCl_2$ 0,200 mol/L, (a) qual é a concentração do íon cloreto nesta solução? Assumindo que os volumes são aditivos, calcule a concentração do íon cloreto após a adição *sucessiva* de (b) 75,0 mL de $AlCl_3$ 0,100 mol/L, (c) 115 mL de água, (d) 150 mL de Ag NO_3 0,100 mol/L.

■ **12.68** As seguintes soluções são misturas: 125 mL de $HClO_4$ 2,00 mol/L, 135 mL de $KMnO_4$ 0,100 mol/L e 270 mL de $FeSO_4$ 0,350 mol/L. Em uma reação, MnO_4^- é reduzido a Mn^{2+} e Fe^{2+} é oxidado a Fe^{3+}. Assumindo que nenhuma outra reação ocorra e que os volumes são aditivos, calcule a concentração final do H^+, ClO_4^-, K^+, MnO_4^-, Fe^{2+}, SO_4^{2-}, Mn^{2+} e Fe^{3+}.

12.69 Uma quantidade de vanadato de sódio ($NaVO_3$) tem uma massa de 0,500 g e é reduzida por 24,6 mL de uma solução 0,500 *N* de um agente redutor para formar o íon vanadoso. Se o íon vanadoso é monoatômico, qual é sua carga?

Apêndice A

GLOSSÁRIO DE TERMOS IMPORTANTES

abaixamento da pressão vapor. Uma propriedade coligativa: o decréscimo da pressão de vapor do solvente devido à presença de um soluto.

ácido. Substância que: (1) produz íons hidrogênio em solução aquosa (definição de Arrhenius); (2) é um doador de prótons (Brønsted-Lowry); (3) é um receptor de um par eletrônico (Lewis); ou (4) aumenta a concentração de cátion dissolvidos, relacionados com o solvente (definição do sistema solvente).

ácido carboxílico. Composto orgânico com a fórmula geral $\mathrm{R-\overset{\displaystyle O}{\overset{\|}{C}}-OH}$.

ácido diprótico. Ácido de dois H^+ (prótons) disponíveis.

ácido poliprótico. Ácido que pode fornecer mais de um H^+ por molécula (definição de Arrhenius). Um ácido que pode doar mais que um próton por molécula (definição de Brønsted-Lowry).

actinóide. Um membro da série dos 14 elementos que começa com o actínio na tabela periódica. É também chamado *actinídeo*.

aerosol. Uma dispersão coloidal de um sólido ou de líquido em um gás: *neblina* ou *fumaça*.

afinidade eletrônica. A quantidade de energia liberada quando um átomo gasoso, isolado (ou algumas vezes um íon), ganha um elétron.

agente oxidante. Substância ou espécie que ganha elétrons em uma reação; um receptor de elétrons.

agente redutor. Substância ou espécie que perde elétrons numa reação.

água régia. Uma mistura de ácido clorídrico e de ácido nítrico que possui grande habilidade como solvente. Geralmente preparado pela mistura de três partes de HCl concentrado e uma parte de HNO_3 concentrado.

alcano. Hidrocarboneto saturado de fórmula geral C_nH_{2n+2}.

alceno. Hidrocarboneto insaturado de fórmula geral C_nH_{2n}. Contém a ligação C$=$C.

alcino. Hidrocarboneto insaturado de fórmula geral C_nH_{2n-2}. Contém a ligação C$\equiv$C.

álcool. Composto orgânico do tipo R — OH.

aldeído. Composto orgânico do tipo

```
     O
     ||
R — C — H
```

.

alótropos. Variedades diferentes de um elemento na forma livre.

alquimia. O período da química de cerca de 300 a.C. a 1500 d.C., durante o qual o objetivo principal era a transformação de metais comuns em ouro.

amálgama. Uma liga na qual um dos componentes é o mercúrio.

amina. Composto orgânico com a fórmula geral R — NH_2 (amina primária),

```
     H
     |
R — N — R′
```

(amina secundária), ou

```
     R″
     |
R — N — R′
```

(amina terciária).

aminoácido. Ácido carboxílico com um grupo amina (—NH_2) em um carbono não carboxílico.

amin. Nome dado à amônia, NH_3, quando serve como ligante em um complexo.

anfiprotismo. Habilidade de uma substância de ganhar ou perder um próton.

anfoterismo. Habilidade de uma substância de reagir como ácido ou como base.

anidrido. Um óxido. Adição de água a um anidrido pode formar um hidroxicomposto, um hidroxo de um metal ou um oxoácido.

ânion. Um íon carregado negativamente.

ânodo. O eletrodo no qual ocorre a oxidação, numa célula eletroquímica. O eletrodo carregado positivamente, num tubo de descarga de gás.

antinó. Região ou local de distúrbio máximo em uma onda estacionária.

aquo-complexo. Complexo no qual as moléculas de água atuam como ligantes.

atividade. Uma quantidade que mede a concentração aparente ou efetiva, ou a pressão parcial de uma espécie e que leva em consideração as interações entre partículas que favorecem um comportamento não ideal. É também conhecida como *atividade termodinâmica* ou *atividade química*. A baixas concentrações (ou pressões parciais), a atividade é essencialmente igual à concentração (ou pressão parcial).

atividade química. Uma quantidade que mede a concentração aparente ou efetiva, ou a pressão parcial de uma espécie e que leva em consideração as interações entre partículas que produzem um comportamento não ideal. É também conhecida por *atividade termodinâmica* ou simplesmente *atividade*. A baixas concentrações (ou pressões parciais), a atividade é essencialmente igual à concentração (ou pressão parcial).

atmosfera (atmosfera padrão, atm). Unidade de pressão não pertencente ao SI; 1 atm = $1{,}013 \times 10^5$ pascals (Pa) = 760 milímetros de mercúrio (mmHg).

atmosfera iônica. Espaço ao redor de um dado íon em solução, ocupado essencialmente por íons de carga oposta e molécula do solvente.

átomo. A menor partícula de um elemento que apresenta as propriedades do elemento.

autodissociação. A produção de cátions e ânions pela dissociação de moléculas de solvente sem interação com outras espécies.

auto óxido-redução. Uma reação na qual uma substância atua simultaneamente como um agente oxidante e como um agente redutor; também chamada *desproporcionamento*.

base. Substância que: (1) produz íons hidróxido em solução aquosa (definição de Arrhenius); (2) é receptora de prótons (Brønsted-Lowry); (3) é doadora de pares eletrnicos (Lewis); (4) aumenta a concentração de ânions relacionados com o solvente (definição do sistema solvente).

bateria. (1) Conjunto de células galvânicas, conectadas em série. (2) Uma única célula galvânica comercial.

calcogênio. Elemento do grupo VIA na tabela periódica.

calor. Energia que passa espontaneamente de um corpo quente para um corpo frio.

calor de formação (ΔH_f). A variação de entalpia para a reação na qual um mol de um composto é formado a partir de seus elementos livres. É também chamada *entalpia de formação.*

calor molar de fusão (ΔH_{fus}). Calor absorvido por um mol de substância quando funde. A variação de entalpia que acompanha tal processo.

calor molar de solução (ΔH_{sol}). Calor trocado com as vizinhanças quando um mol de soluto é dissolvido em um solvente. A variação de entalpia que acompanha este processo.

calor molar de vaporização (ΔH_{vap}). Calor absorvido quando um mol de uma líquido é vaporizado. A variação de entalpia que acompanha este processo.

caloria (cal). Uma unidade de energia ou trabalho não pertencente ao SI. 1 cal = 4,184 J.

camada. O conjunto principal de energia do elétron num átomo; designado por K, L, M, N,... ou por *n* (número quântico principal) = 1, 2, 3, 4 ...

camada de valência. A camada mais externa de elétrons em um átomo. A camada correspondente ao mais alto valor do número quântico principal.

capacidade calorífica. A quantidade de calor necessária para aumentar a temperatura de uma substância de 1 K. A capacidade calorífica molar, *C*, é a capacidade calorífica por mol de substância.

captura eletrônica. Uma maneira de desintegração radioativa na qual um elétron geralmente da camada K, é capturado pelo núcleo.

carboidrato. Aldeído ou cetona que constitui um poliol ou um polímero destes.

carga formal. Uma maneira um tanto arbitrária para indicar a característica elétrica aproximada ou carga de um átomo. (Ver Seção 8.5.)

catalisador. Substância ou espécie que aumenta a velocidade de reação e, contudo, não é consumida por esta. Uma catalisador fornece um mecanismo alternativo de baixa energia de ativação para a reação.

cátion. Íon carregado positivamente.

cátodo. Numa célula eletroquímica, é o eletrodo no qual ocorre a redução. Num tubo de descarga de gás, é o eletrodo carregado negativamente.

cela centrada. Uma célula unitária que tem constituintes (átomos, moléculas, íons) em localização adicional em relação às dos vértices, também conhecida com *cela não primitiva.*

célula de combustível. Uma célula galvânica na qual os reagentes são repostos continuamente a medida que energia é retirada da mesma.

célula eletrolítica. Uma célula eletroquímica na qual a energia elétrica é usada para produzir transformações químicas. Uma célula na qual ocorre uma eletrólise.

célula eletroquímica. Qualquer dispositivo que converte energia elétrica em química ou vice-versa.

célula galvânica. Uma célula eletroquímica que produz energia elétrica como resultado de uma reação química espontânea.

célula primitiva. Uma célula unitária que possui entidade (átomos, moléculas, íons) apenas nos vértices.

célula unitária. Uma pequena porção de um retículo cristalino que é um paralelepípedo e que pode ser usado para gerar o retículo completo, movendo a cela a distâncias iguais aos comprimentos dos eixos e paralelamente a esses eixos.

centro de cor. Um tipo de defeito de ponto em um cristal. (Ver Seção 9.7.)

cerne. É o átomo despojado de sua camada de valência. É também chamado *tronco*.

cetona. Composto orgânico do tipo $R-\overset{\overset{\displaystyle O}{\|}}{C}-R'$.

cíclico. Que possui estrutura em forma de anel, na qual a cadeia de átomos ligados é fechada.

cicloalcano. Um hidrocarboneto cíclico tendo como fórmula geral C_nH_{2n}.

clatrato. Composto em "forma de gaiola", no qual átomos ou moléculas são aprisionados em uma gaiola formada de átomos ligados covalentemente, mas que não estão diretamente ligados a eles.

CNTP. Condições normais de temperatura (0°C) e pressão (1 atm).

colóide. Dispersão de uma fase em outra na qual as partículas ou unidades da fase dispersa possuem pelo menos um tamanho que é maior do que o das moléculas comuns.

complexação. Reação na qual um complexo se forma.

complexo. Íon ou molécula que consiste de um átomo ou íon central rodeado por ligantes (átomos periféricos, íons ou moléculas) ligados a ele.

complexo ativado. Uma combinação de átomos, fracamente ligados e de vida curta, formada pela colisão de partículas reagentes num processo elementar; também chamado *estado de transição.*

composto. Substância pura composta de átomos de diferentes elementos. Os elementos que formam o composto não podem ser separados por meios físicos.

composto com deficiência eletrônica. Composto no qual existe um número insuficiente de elétrons para ligar todos os átomos com ligações covalentes (de dois centros) convencionais.

comprimento de onda (λ). A distância entre dois picos (ou outros pontos correspondentes) de uma onda.

concentração em quantidade de matéria (C). Unidade de concentração; a quantidade de matéria de soluto por litro de solução. Antigamente era denominada *molaridade* ou *concentração molar*.

condição de equilíbrio. Condição na qual a expressão da lei de ação das massas se torna igual à constante de equilíbrio para a reação, e que é satisfeita quando o sistema reagente está em equilíbrio.

constante dielétrica. Medida da facilidade com que as partículas de uma substância podem ser polarizadas (distorcidas, orientadas, ou deslocadas temporariamente) por um campo elétrico.

constante de dissociação (K_{diss} ou K_d). Constante de equilíbrio para o equilíbrio de dissociação.

constante de equilíbrio. O valor da expressão da lei de ação das massas quando o sistema que reage se encontra no equilíbrio.

constante de faraday ($\Im$). Constante de proporcionalidade entre coulombs (C) e faradays (F). $\Im = 9{,}65 \times 10^4\ C\ F^{-1}$.

constante de hidrólise (hidrolítica) (K_h). Constante para um equilíbrio de hidrólise.

constante de velocidade. Constante de proporcionalidade na equação de velocidade. Também chamada *constante de velocidade específica.*

contração lantanóidica. Diminuição gradual dos raios atômicos dos lantanóides com o aumento do número atômico.

corrente iônica. Corrente elétrica que consiste da migração de íons entre dois eletrodos numa célula eletroquímica.

coulomb (C). A unidade derivada SI de carga elétrica. É a quantidade de carga que passa através de um condutor em um segundo quando este transporta uma corrente de 1 ampère.

defeito. Uma irregularidade na estrutura interna do cristal.

densidade. Massa de uma substância que ocupa uma unidade de volume. Densidade = massa/volume.

densidade de probabilidade (Ψ^2). O quadrado da função de onda para um elétron; a probabilidade de encontrar um elétron em um elemento de volume muito pequeno; a densidade da nuvem de carga eletrnica.

deslocamento. Defeito estrutural no qual os planos reticulares em um cristal são incompletos ou arqueados. Também conhecido como *defeito de linha*.

deslocamento em cunha. Deslocamento no qual uma camada de partículas no cristal fica incompleta.

deslocamento helicoidal. Deslocamento no qual camadas de partículas num cristal são deslocadas segundo o eixo de uma hélice.

desproporcionamento. Reação na qual uma substância age simultaneamente como agente oxidante e como agente redutor. Também é chamada *auto óxido-redução*.

deutério. O isótopo de hidrogênio cujo número de massa é 2; ^2_1H, "hidrogênio pesado".

diagrama de contorno. Curva fechada que representa a superfície limite, com um plano que passa através do núcleo de um átomo ou dos núcleos de agregados poliatômicos; a curva da densidade de probabilidade constante, Ψ^2, em tal plano.

difração de raio x. A difração de raios x, por átomos de um cristal.

difusão. Passagem de uma substância através da outra.

dímero. Combinação de duas moléculas idênticas ligadas juntas. (Uma "molécula dupla".)

diminuição do ponto de congelamento (ΔT_c). Diminuição do ponto de congelamento de um solvente devido à presença de um soluto; é uma propriedade coligativa.

dipolo. Molécula polar; uma molécula na qual os centros de carga positiva e negativa não coincidem.

dissociação. Divisão de uma molécula ou outra espécie formando dois fragmentos, em geral íons. A reação de um eletrólito com um solvente para formar íons. É algumas vezes chamada *ionização*.

distância de ligação. É a distância entre os núcleos de dois átomos ligados. É também conhecida como comprimento de ligação.

domínio. Região numa substância ferromagnética na qual os momentos magnéticos de todos os átomos estão alinhados.

"doping". Adição de quantidade pequena e controlada de uma substância diferente a outra substância pura.

ebulição descontrolada. Ebulição instantânea, às vezes explosiva, de um líquido superaquecido.

efeito do íon comum. Deslocamento de um equilíbrio inico devido à adição de um íon envolvido nesse equilíbrio; geralmente se refere à repressão da dissociação de um eletrólito fraco ou ao decréscimo da solubilidade de um eletrólito devido à adição de íon que é um produto da dissociação.

efeito Tyndall. A dispersão de um feixe de luz por um colóide.

efeito de gaiola. O aprisionamento de duas partículas reagentes por uma camada de moléculas do solvente.

efeito isotópico. Dependência de uma propriedade tal como a velocidade de reação no número de massa de um elemento.

efusão. Passagem de uma substância através de um pequeno orifício.

eixo de ligação. Traço que passa através dos núcleos de dois átomos ligados.

elemento. Substância pura composta por átomos que apresentam mesmo número atmico. Um elemento não pode ser decomposto quimicamente.

elemento de transição. Um membro de um dos grupos B, que se localizam entre os grupos IIA e IIIA na tabela periódica.

eletrodo padrão de hidrogênio. Um eletrodo que consiste em um pedaço de platina (recoberto com negro de platina) que está em contato com gás hidrogênio e é imerso em uma solução aquosa. A concentração de íons hidrogênio em solução é 1 mol/L (melhor, atividade = 1) e o gás hidrogênio está a uma pressão de 1 atm (melhor, atividade = 1). A tensão de um eletrodo padrão de hidrogênio é por definição igual a zero.

elemento representativo. Um membro de qualquer um dos grupos A da tabela periódica.

eletrófilo. Átomo ou grupo de átomos que parecem procurar elétrons nas suas reações.

eletrólise. O uso de energia elétrica para forçar a ocorrência de uma reação não espontânea; uma transformação química pela passagem de uma corrente elétrica através do meio.

eletrólito. Substância que produz íons quando dissolvida em um solvente.

eletrólito forte. Eletrólito que está totalmente ou quase dissociado em solução.

eletrólito fraco. Parcialmente dissociado.

elétron. Partícula subatômica que possui massa muito pequena e carga elétrica negativa e que é encontrada na região extranuclear de um átomo.

eletronegatividade. A tendência relativa de um átomo ligado em atrair elétrons para si.

elevação do ponto de ebulição. Uma das propriedades coligativas: o aumento do ponto de ebulição de um solvente devido à presença de um soluto.

emulsão. Dispersão coloidal de um líquido em outro líquido.

enantimero. Um dos pares de uma estrutura quiral.

encontro. Numa reação em solução, período de tempo durante o qual duas partículas reagentes são presas por uma gaiola de moléculas do solvente.

energia (U). Capacidade de realizar trabalho.

energia cinética (E_k). Energia associada ao movimento de um objeto. Um objeto de massa m movendo-se com velocidade v possui uma energia cinética $^1/_2\ mv^2$.

energia de ativação. Energia cinética que as partículas reagentes devem possuir para que sua colisão resulte na formação de um complexo ativado.

energia de ionização. Energia necessária para remover um elétron de um átomo gasoso, isolado e no estado fundamental (ou, algumas, vezes de um íon). Também chamado *potencial de ionização*.

energia do ponto zero. O mais baixo estado de energia de uma substância. Energia de sólido no zero absoluto devido ao movimento residual nuclear, eletrônico, atômico e molecular.

energia livre (G). Quantidade termodinâmica que expressa a energia de um sistema disponível para efetuar um trabalho diferente de expansão. A energia H e o produto de sua entropia com a temperatura. $G = H - TS$.

energia livre de formação (ΔG_f). Variação de energia livre que acompanha a reação na qual um mol de um composto é formado a partir de seus elementos livres.

energia potencial. Energia associada com a posição ou configuração de um objeto.

energia reticular. Energia necessária para separar um mol de um sólido cristalino em uma coleção de unidades gasosas, provenientes dos pontos do retículo do sólido. (Exceção: no caso de um sólido metálico, forma-se uma coleção de átomos gasosos.)

entalpia (*H*). Quantidade termodinâmica que é útil na descrição de trocas de calor ocorrendo à pressão constante. A entalpia de um sistema é definida como sendo a soma de sua energia interna e o produto pressão-volume: $H = U + PV$.

entalpia de formação(ΔH_f). Variação da entalpia para uma reação na qual o composto é obtido a partir de seus elementos livres.

entropia (*S*). Quantidade termodinâmica que mede o grau de desordem em um sistema.

enzima. Proteína que serve como um catalisador bioquímico.

equação de onda. Equação matemática descrevendo o movimento de uma onda.

equação de velocidade. Expressão algébrica da dependência da velocidade de uma reação baseada nas concentrações de várias substâncias ou espécies, geralmente reagentes.

equação global. Equação que apresenta somente reagentes efetivos do lado esquerdo e produtos efetivos do lado direito da seta.

equação termoquímica. Equação para uma reação química que inclui a quantidade de calor liberada ou absorvida durante a reação.

equilíbrio. Estado no qual processos opostos ocorrem com a mesma velocidade, de forma que nenhuma variação líquida é observada.

equivalente (ácido-base). Quantidade de um ácido que fornece um mol de H^+. A quantidade de uma base que fornece um mol de OH^- ou reage com um mol de H^+.

equivalente (redox). A quantidade de um agente oxidante que recebe um mol de elétrons. A quantidade de um agente redutor que fornece um mol de elétrons.

escala kelvin de temperatura. Escala absoluta de temperatura cuja unidade é o kelvin (K), definido como sendo 1/273,15 da diferença de temperatura entre o zero absoluto e o ponto triplo da água.

estado excitado. Qualquer estado com energia superior ao estado fundamental.

estado fundamental. Estado de mais baixa energia.

estado padrão. Estado de referência para especificar quantidades termodinâmicas, geralmente definido como a forma mais estável de uma substância a uma pressão de 1 atm. Para o soluto, o estado padrão é a solução ideal, 1 mol L^{-1}.

éster. Composto orgânico com fórmula geral $R-\overset{\overset{\displaystyle O}{\|}}{C}-O-R'$.

estereoismeros. Moléculas ou íons poliatômicos com os mesmos átomos e as mesmas ligações porém, com diferentes orientações geométricas dos átomos e ligações.

estereoquímica. Estudo da geometria espacial de moléculas e íons poliatômicos.

estrutura de Lewis. Método que designa os elétrons de valência num átomo, molécula ou íon, representado-os como pontos ao redor dos símbolos que representam os troncos, ou cernes, dos átomos.

etapa determinante da velocidade. A etapa mais lenta em um mecanismo seqüencial de reações.

éter. Composto orgânico que tem fórmula geral R — O — R'.

exatidão. O valor verdadeiro ou correto de um número, obtido por medida experimental.

expansão livre. Expansão de uma substância, em geral um gás, contra uma pressão de oposição nula.

expressão da lei de ação das massas (*Q*). Produto das concentrações ou pressões parciais (ou melhor, das atividades) dos produtos de uma reação dividido pelo dos reagentes. Cada termo é elevado a uma potência que corresponde ao coeficiente da substância ou espécie na equação balanceada. Sólidos, líquidos puros e substâncias em quantidades excessivas não aparecem na expressão pois sua concentração é constante sendo englobada na própria constante *Q*. É também conhecida como quociente de reação.

faraday (F). Unidade de carga elétrica. Um faraday é igual a $9{,}65 \times 10^4$ coulombs.

fase. Região física distinta, com um conjunto uniforme de propriedades em todos os sentidos.

fator de freqüência. Quantidade que precede o termo exponencial na equação de Arrhenius (Ver Seção 13.3).

fator estérico. A fração das colisões num processo elementar na qual as partículas que colidem têm entre si orientação geométrica apropriada para produzir o complexo ativado.

ferromagnetismo. Atração forte em um campo magnético.

fissão. Processo nuclear no qual núcleos massivos se separam para formar núcleos mais leves, alguns nêutrons e muita energia.

forças de dispersão. Forças fracas entre átomos ou moléculas devido a flutuações momentâneas da distribuição eletrnica da nuvem carregada. Também chamadas *forças de London*.

forças de London. Forças fracas entre átomos ou moléculas causadas por flutuações instantâneas da distribuição de cargas da nuvem eletrônica. Também conhecidas como *forças de dispersão*.

força (de um eletrólito). Extensão da dissociação de um eletrólito em solução.

forças de van der Waals. Forças fracas entre átomos ou moléculas, incluindo forças de London, e dipolo-dipolo.

forças dipolo-dipolo. Forças entre moléculas polares.

fórmula empírica. Fórmula que expressa a relação numérica simples, de números inteiros, dos átomos de cada elemento num composto. Também chamada *fórmula mais simples*.

fórmula estrutural. Um diagrama que mostra como os átomos estão ligados entre si numa molécula ou íon poliatômico.

fórmula molecular. A fórmula que expressa o número de átomos de cada elemento em uma molécula.

fórmula unitária. O grupo de átomos indicado pela fórmula de uma substância.

fóton. Um quantum de energia eletromagnética.

fração em mol (*X*). Uma unidade de concentração: a quantidade de matéria de composto em uma solução dividido pela soma das quantidades de matéria de todos os componentes.

frequência (υ). O número de vibrações, oscilações ou excursões por segundo; medido em hertz (Hz), ciclos por segundo (cps), ou recíproco de segundos (s^{-1}), todas unidades equivalentes.

fumaça. Uma dispersão coloidal de um sólido num gás.

função de onda. A solução de uma equação de onda. Para um elétron num átomo ou numa molécula, cada função de onda corresponde a um estado discreto de energia e a uma distribuição espacial do elétrons.

fusão. Processo nuclear no qual núcleos leves se fundem formando núcleos mais massivos, libertando enorme quantidade de energia.

gás eletrônico. Os elétrons deslocalizados num metal.

gás ideal. Um gás cujo comportamento é descrito pela lei do gás ideal $PV = nRT$.

gás nobre. Um membro do grupo 0 da tabela periódica.

gel. Colóide sólido-líquido no qual a fase sólida mono ou bidimensional é contínua por todo o colóide.

gordura. Éster sólido ou semi-sólido do triol glicerol e ácidos graxos.

grade (rede) de difração. Conjunto de linhas próximas, espaçadas, que foram traçadas ou riscadas em um espelho (grade de reflexão) ou pedaço de vidro ou plástico transparente (grade de transmissão).

gráfico de Arrhenius. Gráfico do logaritmo natural ou comum da constante de velocidade de uma reação em função do recíproco da temperatura absoluta. O gráfico de Arrhenius é útil na determinação da energia de atividade da reação.

grupo. Coluna vertical de elementos na tabela periódica. Algumas vezes chamada *família dos elementos*.

grupo alquila. Grupo hidrocarboneto equivalente a uma molécula de alcano que perdeu um de seus átomos de hidrogênio.

grupo carbonila. A estrutura $\overset{\displaystyle O}{\overset{\|}{—C—}}$.

grupo funcional. Grupo de átomos em uma molécula que imprime à mesma uma série de reações características.

halogênio. Um membro do grupo VIIA na tabela periódica.

heterogêneo. Formado por duas ou mais fases.

híbrido de ressonância. Estrutura que não pode ser representada por uma única estrutura de Lewis, e é mostrada como sendo a combinação ou média de duas ou mais estruturas.

hidratação. A interação do soluto com água.

hidrato. Composto sólido que incorpora moléculas de água na sua estrutura cristalina.

hidreto. Composto contendo hidrogênio com número de oxidação igual a –1.

hidrocarboneto. Composto que consiste de apenas carbono e hidrogênio.

hidrocarboneto aromático. Hidrocarboneto contendo, geralmente, pelo menos um anel benzênico na sua estrutura.

hidrocarboneto não saturado. Hidrocarboneto com uma ou mais ligações múltiplas.

hidrocarboneto normal. Hidrocarboneto cuja cadeia carbnica não é ramificada.

hidrocarboneto saturado. Hidrocarboneto não contendo ligações múltiplas.

hidrólise. Reação de um ânion com a água formando um ácido fraco e OH^-, ou a reação de um cátion com a água formando uma base fraca e H^+ (Arrhenius). Também qualquer reação na qual a água se dissocia.

homogêneo. Formado por uma única fase.

homonuclear. Formado por átomos de um mesmo elemento.

indicador. Um par ácido-base conjugado do qual pelo menos um dos membros é altamente colorido.

inércia. Resistência que toda matéria apresenta em mudar o seu estado de movimento.

inibidor. Substância que diminui a velocidade de uma reação.

insolúvel. De baixa solubilidade; muito pouco solúvel; fracamente solúvel.

interhalogênio. Composto entre dois halogênios diferentes.

interstício. Um espaço entre objetos, como por exemplo, átomos num cristal.

íon. Átomo ou grupo de átomos ligados covalentemente apresentando carga elétrica.

íon carboxilato. O ânion de ácido carboxílico.

íon de carga oposta. Íon que apresenta carga oposta ao íon em estudo.

íon hidrônio. O íon hidrogênio hidratado, representado por H_3O^+. Também conhecido como íon oxônio.

ionização. (1) A perda de um elétron por um átomo, molécula ou íon. (2) A dissociação de um eletrólito.

íon oxônio. O íon H_3O^+, também denominado íon hidrônio.

isomeria de cadeia. Isomeria que envolve diferenças nas estruturas das cadeias de átomos nas moléculas.

ismero *cis*. Qualquer ismero no qual dois átomos ou grupos idênticos são adjacentes entre si ou no mesmo lado de uma estrutura.

ismero facial (*fac*-). Ismero de um complexo octaédrico no qual três posições octaédricas adjacentes são ocupadas por uma única espécie de ligante.

ismero meridional (*mer*–). Ismero de um complexo octaédrico no qual um plano contém três ligantes idênticos e o átomo central.

ismero ótico. Ismero que gira o plano da luz polarizada porque é um quiral.

ismero *trans*. Ismero no qual dois grupos idênticos estão localizados em lados opostos da estrutura.

isótopos. Átomos de um elemento tendo diferentes números de nêutrons nos seus núcleos, e portanto, diferentes números de massa.

IUPAC. União Internacional de Química Pura e Aplicada.

joule (J). A unidade derivada SI para energia ou trabalho. 1 J = 1 Nm (newton-metro).

lantanóide. Membro da série dos 14 elementos que começa pelo lantânio na tabela periódica. Também conhecido como *lantanídeo*.

lei (lei natural) Generalização que descreve um comportamento natural.

liga. Uma combinação de metais: pode ser uma solução sólida, um composto ou uma mistura de compostos.

ligação covalente coordenada. Ligação covalente na qual ambos os elétrons do par compartilhado pertencem ao mesmo átomo.

ligação covalente. Ligação que consiste em um par de elétrons compartilhados entre os átomos ligados (modelo da ligação de valência).

ligação covalente não-polar. Ligação covalente na qual o par de elétrons é compartilhado por igual por ambos os átomos; uma ligação covalente entre átomos de mesma eletronegatividade.

ligação covalente normal. Ligação covalente na qual os elétrons do par compartilhado pertencem a ambos os átomos, ou seja, um de cada.

ligação covalente polar. Ligação covalente na qual o par de elétrons não é compartilhado por igual e está mais próximo do elemento mais eletronegativo.

ligação iônica. Ligação química que consiste da atração eletrostática entre íons de carga elétrica oposta.

ligação pi (π). Ligação covalente na qual a nuvem de carga do par compartilhado se encontra em duas regiões em lados opostos do eixo de ligação.

ligação por três centros. Ligação que consiste em um par de elétrons compartilhados por três átomos, ligando-os.

ligação sigma (σ). Ligação covalente na qual a nuvem de carga do par compartilhado de elétrons está centrada e distribuída simetricamente ao redor do eixo de ligação.

ligante. Um átomo, molécula ou íon ligado a um átomo central num complexo.

ligante polidentado. Ligante poliatômico com mais de um par solitário de elétrons que podem se ligar simultaneamente ao átomo central num íon complexo.

massa. A medida da quantidade de matéria de uma amostra ou objeto.

massa atômica. É a massa média dos isótopos de um elemento, encontrados na natureza. É expressa em unidade de massa atômica (u). É a massa "média" de um átomo. Pode ser referida também como "peso" atômico.

massa crítica. A massa de material físsil necessária para que a reação de fissão se sustente por si mesma.

massa equivalente. A massa em gramas de um equivalente. Também chamado "peso" equivalente.

massa de fórmula. A soma das massas dos átomos indicados em uma fórmula, expressa em unidade de massa atômica (u); a massa de uma fórmula unitária. Também chamada "peso".

massa molecular. A soma das massas dos átomos (massas atômicas) em uma molécula, expressa em unidade de massa atômica (u); a massa de uma molécula. Também chamada "peso molecular".

matéria. Qualquer coisa que possui existência física real. O material do qual são feitas as substâncias.

mecânica clássica. Mecânica desenvolvida antes das idéias da mecânica quântica; é útil para descrever o comportamento dos objetos ou partículas muito maiores que os átomos.

mecânica ondulatória. Parte da física que descreve o comportamento de partículas pequenas e atribui propriedades ondulatórias a elas. Também denominada *mecânica quântica*.

mecânica quântica. Ramo da física que descreve o comportamento de pequenas partículas atribuindo-lhe propriedades de onda. Também conhecida como *mecânica ondulatória*.

mecanismo. Seqüência de etapas (processos elementares) que juntas compõem uma reação.

meia-vida. Período de tempo necessário para que metade de um reagente seja consumido num processo.

membrana semipermeável. Membrana que irá permitir a passagem de alguns componentes de um solução, mas que impede a passagem de outros.

metal. Elemento que apresenta altas condutividades elétrica e térmica, um brilho característico, e energia de ionização, afinidade eletrônica e eletronegatividade baixas.

metal alcalino. Elemento do grupo IA na tabela periódica.

metal alcalino terroso. Elemento do grupo IIA na tabela periódica.

milímetro de mercúrio (mmHg). Unidade de pressão. 1 mmHg = 1/760 atm. Essencialmente equivalente ao *torr*.

mistura. Combinação de duas ou mais substâncias diferentes que apresentam composição variável e podem ser separadas por meios físicos.

mol. Número de Avogadro ($6{,}02 \times 10^{23}$) de partículas.

mol %. Fração em mol multiplicada por 100.

molalidade, concentração molal (*m*). Unidade de concentração: o número de mols de soluto por quilograma de solvente.

molécula. O menor agregado de átomos capaz de agir como uma unidade e exibir as propriedades químicas da substância. A combinação de dois ou mais átomos.

molécula não-polar. Molécula na qual os centros de cargas positivas e negativas coincidem.

molécula polar. Molécula na qual os centros das cargas positivas e negativas não coincidem, um dipolo.

molecularidade. Em um processo elementar, o número de partículas que colidem para formar o complexo ativado.

momento dipolar. O produto da grandeza da carga num dos lados pela distância entre as cargas opostas.

monômero. Unidade de um polímero que se repete; uma molécula pequena a partir da qual um polímero cresce.

não-eletrólito. Soluto que não se dissocia em íons numa solução.

não-metal. Elemento com baixas condutividades elétrica e térmica; brilho insípido; e energia de ionização, afinidade eletrônica e eletronegatividade elevadas.

nêutron. Um núcleon que não possui carga elétrica.

nevoeiro. Dispersão coloidal de um líquido num gás.

nó. Região ou local de distúrbio mínimo de uma onda estacionária. Em um átomo, uma superfície na qual a densidade de probabilidade eletrônica (Ψ^2) é igual a zero.

normalidade (*N*). Unidade de concentração; o número de equivalentes de soluto por litro de solução.

nucleófilo. Átomo rico em elétrons ou grupo de átomos que procura compartilhar seus elétrons com um átomo relativamente positivo.

núcleon. Partícula no núcleo de um átomo; um próton ou nêutron.

número atômico. O número de prótons no núcleo de um átomo.

número de Avogadro. Número de átomos em exatamente 12 g de $^{12}_{6}C$. O número de entidades em um mol de entidades; o número igual a $6{,}02 \times 10^{23}$.

número de coordenação. É o número de ligações formadas pelo átomo central com os ligantes, num complexo.

número de massa. O número total de núcleons (prótrons e nêutrons) no núcleo de um átomo.

número de oxidação (estado de oxidação). Maneira um tanto arbitrária de se atribuir a propriedade elétrica característica de um átomo. (Ver Seção 12.4.)

número estérico. A soma do número de ligações e de pares solitários ao redor de um átomo ligado (teoria VSEPR).

número quântico. Número usado para descrever o estado de um elétron.

número quântico azimutal (*l*). Número quântico que especifica o subnível de um elétron.

número quântico spin (m_s). Número quântico que especifica o spin de um elétron.

número quântico magnético (m_l). Número quântico que indica o orbital ocupado por um elétron num átomo.

número quântico principal (*n*). Número quântico que especifica o nível de um elétron num átomo.

óleo. Éster líquido do triol glicerol e ácidos graxos.

orbital. Nível eletrônico. Também é a distribuição espacial da densidade de probabilidade do elétron Ψ^2, para tal nível.

orbital antiligante. Orbital molecular no qual os elétrons apresentam energias mais altas do que átomos não ligados; orbital caracterizado por uma região de baixa densidade de probabilidade eletrônica entre os átomos ligados, produzindo um efeito desestabilizante na molécula.

orbital ligante. Orbital molecular no qual os elétrons possuem energias mais baixas do que átomos não ligados; caracteriza-se por uma região de maior densidade de probabilidade eletrônica, levando à estabilização da molécula.

orbital híbrido. Orbital atômico formado pela combinação ou mistura de dois ou mais orbitais atômicos no estado fundamental.

orbital molecular deslocalizado. Orbital que se estende a mais de dois átomos na molécula, íon ou agregado extenso.

orbital molecular (MO). Nível de energia de um elétron em uma molécula e a correspondente distribuição de cargas no espaço.

ordem de reação. O expoente num termo de concentração na equação simples de velocidade (ordem em relação a um componente), ou a soma de todos estes expoentes (ordem total).

osmose. A passagem de moléculas de solvente através de uma membrana semipermeável, de uma solução de mais alta concentração de solvente (mais baixa concentração de soluto) para uma de mais baixa concentração de solvente (alta concentração de soluto).

oxidação. A perda de elétrons por uma espécie ou uma substância numa reação.

óxido hidratado. Composto pouco caracterizado que se forma na combinação de certos óxidos com a água ou pela adição de base a um íon em solução aquosa.

paralelepípedo. Sólido geométrico que possui seis lados sendo cada um paralelogramo.

paramagnetismo. Atração fraca de uma substância em um campo magnético devido à presença de elétrons desemparelhados.

par conjugado ácido-base. O ácido e a base formada pela remoção de um próton de um ácido (definição de Brønsted-Lowry).

par inerte. Par de elétrons *s* em um átomo que tem a camada de valência com pelo menos um elétron *p*.

par ligante. Par de elétrons compartilhados entre dois átomos e constituindo uma ligação covalente (modelo da ligação de valência).

par solitário. Par de elétrons que pertence a apenas um átomo e, portanto, não é compartilhado com outro átomo (modelo da ligação de valência).

partícula alfa (α). Emissão radioativa que consiste de dois prótons e de dois nêutrons ligados na forma de núcleos de ${}^{4}_{2}He$.

partícula beta negativa (β^-). Emissão radioativa que consiste em um elétron ${}^{0}_{-1}e$. Simplesmente conhecida como *partícula beta*.

partícula beta positiva (β^+). Emissão radioativa consistindo de um pósitron ${}^{0}_{1}e$.

percentagem em massa. Unidade de concentração: 100 a massa de um componente, dividido pela massa total da mistura.

período. Série horizontal de elementos (fila) na tabela periódica.

peso. A força de atração gravitacional entre um objeto e (geralmente) a terra.

pH. O logaritmo comum negativo da concentração (ou melhor, da atividade) de íons hidrogênio (hidroxônio) numa solução aquosa.

pK. O logaritmo comum negativo da constante de equilíbrio.

pnicogênio. Membro do grupo VA da tabela periódica.

polarizabilidade. A facilidade com que as partículas de uma substância podem ser distorcidas, orientadas ou deslocadas por um campo elétrico.

polimerização por adição. Reação de formação de polímeros na qual os monômeros se combinam através de reações de adição sucessivas.

polimerização por condensação. Reação de formação de um polímero na qual uma molécula pequena é desdobrada, quando cada par de monômeros se liga.

polímero. Molécula de cadeia longa composta de muitas unidades de repetição (monômeros).

polimorfismo. A habilidade de uma substância cristalizar em diferentes estruturas.

poliol. Molécula orgânica com mais de um grupo funcional álcool (–OH).

ponte de hidrogênio. Força atrativa entre um átomo de hidrogênio ligado a um átomo eletronegativo e um átomo eletronegativo ligado a outra molécula.

ponto crítico. Temperatura e pressão acima das quais os estados sólidos e líquidos se confundem.

ponto de congelamento normal. Ponto de congelamento de uma substância a uma pressão de 1 atm.

ponto de ebulição normal. Ponto de ebulição de uma substância a uma pressão de 1 atm.

ponto de equivalência. O estágio numa titulação no qual números iguais de equivalentes dos reagentes e dos produtos foram misturados.

pósitron. Partícula que possui a mesma massa de um elétron e com uma carga da mesma magnitude, mas com sinal oposto (positivo).

potencial de decomposição. Tensão mínima que deve ser aplicada entre um par de eletrodos inertes imersos em um certo meio, a fim que haja uma reação de eletrólise.

potencial de eletrodo. Tensão associada com uma semi-reação escrita (por convenção) como redução. Também chamado *potencial de redução*.

potencial de junção líquida. Tensão produzida na junção entre dois líquidos diferentes.

potencial de oxidação. Medida da tendência de uma semi-reação de oxidação a ocorrer, expressa como uma tensão produzida por uma célula galvânica empregando a semi-reação do ânodo e usando o eletrodo padrão de hidrogênio como cátodo.

potencial de redução. Medida da tendência de uma semi-reação de redução a ocorrer, expressa como uma tensão produzida por uma célula galvânica empregando a semi-reação do cátodo e usando o eletrodo padrão de hidrogênio como ânodo.

precipitação. Formação de uma fase condensada (sólida ou líquida) durante uma reação.

precisão. O grau de exatidão ou a nitidez com que um número obtido experimentalmente é expresso.

pressão. Força exercida sobre uma área unitária de uma superfície.

pressão de vapor. Pressão de um gás quando está em equilíbrio com seu líquido.

pressão osmótica. Uma propriedade coligativa: a pressão que deve ser aplicada a uma fase da solução de um lado da membrana semipermeável, a fim de que a osmose não ocorra.

pressão parcial. Pressão exercida por um gás numa mistura sobre as paredes do recipiente, caso nenhum outro gás esteja presente.

princípio de incerteza de Heisenberg. Princípio que determina que o produto da incerteza na posição de uma partícula pelo seu momento é uma constante. É impossível determinar simultaneamente a posição e o momento de uma partícula com exatidão.

princípio de Le Châtelier. Refere-se ao comportamento de sistemas em equilíbrio: quando um sistema em equilíbrio sofre uma tensão, ele se ajustará de maneira a minimizar, se possível, o efeito da tensão.

processo Aufbau. Procedimento para a colocação de elétrons começando pelo nível de energia mais baixo (de um conjunto de níveis) até os mais altos. Processo de "construção" da estrutura eletrônica.

processo bimolecular. Processo elementar, no qual o complexo ativado se forma como resultado da colisão de duas partículas.

processo elementar. Uma etapa de um mecanismo de reação.

processo termolecular. Processo elementar no qual o complexo ativado é formado pela colisão simultânea de três partículas.

processo unimolecular. Processo elementar no qual a probabilidade de desativação colisional de um complexo ativado excede a probabilidade de decomposição, formando produtos.

produto. Substância ou espécie que se forma em uma reação química.

produto de solubilidade (K_{ps}). A constante de equilíbrio para um equilíbrio iônico de solubilidade. Também chamada *constante do produto de solubilidade*.

produto iônico. (1) Produto da concentração de íons hidrogênio (hidroxnio) e íons hidróxido em água. (2) A expressão da lei de ação das massas para o equilíbrio de solubilidade.

propriedades coligativas. Propriedade da solução que depende da concentração das partículas do soluto, mas não de sua natureza.

propriedade física. Propriedade que pode ser descrita sem se referir a uma reação química.

propriedade química. Propriedade de uma substância que é descrita referindo-se a uma reação química.

proteção catódica. Prevenção da corrosão oxidante de um metal, forçando-o a ser cátodo.

proteína. Um grande agregado de aminoácidos.

prótio. Hidrogênio comum $^{1}_{1}H$.

próton. Núcleon que transporta uma carga positiva igual em magnitude à do elétron e que é muito mais massivo que o elétron.

quantização da energia. Restrição da energia de um sistema a valores discretos.

quelato. Complexo no qual os ligantes são polidentados.

química. Ciência que estuda as composições e estruturas das substâncias e as transformações que estas sofrem.

quiralidade. *Quiral* significa "que tem mãos". Como em mão direita e mão esquerda, a molécula quiral não pode ser superposta à sua imagem especular.

radical livre. Uma molécula, em geral um intermediário de reação, com um par desemparelhado de elétrons. Uma molécula *instável*.

radioatividade. A desintegração ou decomposição de núcleos atômicos.

raio catódico. Feixe de elétrons emitidos pelo cátodo de um tubo de descarga de gás.

raio gama (γ). Radiação eletromagnética de alta energia emitida pelo núcleo.

raio x. Alta energia (baixo comprimento de onda, alta freqüência); energia eletromagnética.

reação de adição. Reação na qual uma molécula é adicionada a outra sem que nenhuma perca átomos.

reação de eliminação. Reação na qual átomos adjacentes ou grupos de átomos em uma molécula são removidos deixando uma ligação dupla ou tripla entre os átomos.

reação de neutralização. Reação ácido-base (definição de Arrhenius).

reação de óxido-redução. Reação que ocorre com transferência de elétrons.

reação de substituição. Reação na qual um átomo ou grupo de átomos são substituídos por outros numa molécula.

reação endotérmica. Reação que ocorre com absorção de calor.

reação exotérmica. Reação que ocorre com liberação de calor.

reação redox. Reação de óxido-redução ou de transferência de elétrons.

reagente. Substância ou espécie que é consumida em uma reação química.

redução. Ganho de elétrons por uma substância ou espécie durante uma reação.

refratário. Que tem um ponto de fusão muito alto.

região extranuclear. Região além do núcleo do átomo.

regra de Hund. Regra que diz que dois elétrons tendem a permanecer desemparelhados e em orbitais separados de mesma energia, ao invés de se emparelhar num mesmo orbital.

regra do octeto. Regra que diz que uma configuração com oito elétrons na camada de valência de um átomo (uma configuração ns^2np^6) é particularmente estável.

retículo cristalino. É o arranjo regular de partículas que se repetem (átomos, íons, moléculas) em um cristal.

retículo espacial. Arranjo regular e repetitivo de pontos no espaço.

sal. Composto formado a partir de íons positivos de uma base de Arrhenius, e de íons negativos de um ácido de Arrhenius.

sal ácido. Sal cujo ânion pode atuar como ácido ao perder H^+ (doando um próton, $NaHCO_3$, hidrogenocarbonato de sódio, é um sal ácido.)

saponificação. A hidrólise básica de uma gordura ou óleo formando glicerol e um sabão.

semicondutor. Substância cuja condutividade elétrica aumenta com o aumento da temperatura.

semicondutor do tipo n. Semicondutor no qual os transportadores de cargas são elétrons fracamente ligados.

semicondutor do tipo p. Semicondutor no qual o transporte da corrente é feito por meio de vazios (buracos com falta de elétrons).

semi-metal. Elemento que possui propriedades que são intermediárias entre as de um metal típico e as de um não-metal típico. Também chamados de metalóides.

semi-reação. Equação para a oxidação ou a redução; metade de uma reação de óxido-redução.

série espectroquímica. Uma lista de ligantes por ordem de sua habilidade em provocar o desdobramento dos orbitais *d* num complexo.

sistema. Porção do universo sob investigação.

sistema isolado. Sistema que não pode trocar nem matéria, nem energia com o meio externo.

sítio ativo. Local na superfície de um catalisador heterogêneo ou enzima no qual moléculas reagentes podem se combinar e reagir.

sólido amorfo. Substância que apresenta a aparência externa e outras características de um sólido, mas que possui uma estrutura interna irregular de um líquido; um líquido altamente super-resfriado; um vidro.

sólido covalente. Sólido no qual os átomos estão ligados covalentemente, formando um arranjo externo tridimensional que constitui uma molécula gigante.

sólido cristalino. Um sólido verdadeiro com uma estrutura interna regular.

sólido iônico. Sólido composto de ânions e cátions em um retículo cristalino.

sólido metálico. Sólido no qual íons positivos ocupam posições reticulares e estão ligados entre si por meio de elétrons deslocalizados.

sólido molecular. Sólido onde as moléculas ocupam os pontos do retículo cristalino e são unidas entre si por meio de forças de London ou de dipolo-dipolo.

solubilidade. Concentração de um soluto em uma solução saturada; a quantidade máxima de soluto que pode ser dissolvida pela simples adição em um solvente à temperatura e pressão constantes.

solução. Mistura homogênea.

solução ácida. Solução aquosa na qual a concentração dos íons hidrogênio (hidrônio) excede a de íons hidróxido.

solução básica. Solução aquosa na qual a concentração de íons hidróxido excede a de íons hidrogênio (hidrônio).

solução ideal. Solução cujo comportamento obedece a lei de Raoult. (Ver Seção 11.5.) Uma solução onde cada espécie age independentemente uma da outra.

solução não-saturada. Solução na qual a concentração do soluto é menor que sua solubilidade.

solução neutra. Solução aquosa na qual as concentrações de íons hidrogênio e hidróxido são iguais. A 25°C, uma solução aquosa tem pH = 7,00.

solução saturada. Solução que está, ou pode estar, em equilíbrio com um excesso de soluto.

solução supersaturada. Solução na qual a concentração de soluto é maior que sua solubilidade (um estado instável).

soluto. Componente de uma solução presente numa concentração que é baixa em relação à concentração maior do solvente.

solvatação. A interação de um soluto com um solvente; o invólucro das partículas de solvente ao redor das partículas de soluto.

solvente. Componente em maior concentração numa solução.

solvente diferenciador. Solvente que pode diferenciar a força de ácidos e bases, os quais são fortes (completamente dissociados) em água (definição de Brønsted-Lowry).

spins antiparalelos. Dois spins que possuem sentidos opostos. Dois elétrons no mesmo orbital atômico ou molecular, possuem spins antiparalelos.

spins paralelos. Spins que possuem a mesma direção.

sublimação. Conversão direta do estado sólido ao gasoso.

subnível (subcamada). Subconjunto de energias eletrônicas no átomo; designados por *s, p, d, f* ..., ou pelos valores de *l* (o número quântico azimutal): 1, 2, 3, ...

substrato. Substância ou espécie que se liga e então reage num sítio ativo na catálise heterogênea ou enzimática.

superaquecimento. O aquecimento de um líquido acima de seu ponto de ebulição, sem que ocorra ebulição.

superfície limite. Superfície de densidade de probabilidade eletrônica constante, Ψ^2.

super-resfriamento. Resfriamento de um líquido abaixo de seu ponto de congelamento, sem que haja congelamento.

tampão. Solução que contém uma concentração moderada ou alta de pares conjugados ácido-base de Brønsted-Lowry; solução cujo pH praticamente não varia quando se adiciona à mesma ácido ou base.

temperatura. Propriedade de uma substância que determina a direção do fluxo de calor para dentro ou para fora da mesma; o calor flui de uma substância de temperatura mais alta para uma substância de temperatura mais baixa. A temperatura de uma substância mede a energia cinética média de suas partículas.

temperatura de inversão. Temperatura na qual a expansão livre de um gás real não produz nem aquecimento, nem resfriamento do mesmo.

tendência de escape. Tendência mostrada por uma substância em escapar de sua fase para uma outra.

tensão superficial. Medida da energia necessária para aumentar a área superficial de um líquido.

teoria. Uma explanação proposta ou justificação de um comportamento observado em termos de um modelo.

teoria VSEPR. Teoria da repulsão do par eletrônico da camada de valência. (Ver Seção 8.6.)

termodinâmica. Estudo das mudanças ou transformações de energia que acompanham uma transformação física ou química da matéria.

titulação. A adição gradativa de uma solução de um reagente à solução de outro, até que o ponto de equivalência seja assinalado por uma mudança de cor ou outra indicação.

titulante. Substância que é adicionada lentamente durante a titulação.

torr. Unidade de pressão. Um torr é essencialmente igual a 1 mmHg, ou 1/760 atm.

trabalho. Produto da distância em que um objeto se move, vezes a força que se opõe ao movimento.

transformação adiabática. Transformação que ocorre sem que haja ganho ou perda de calor.

transformação espontânea. Transformação que pode ocorrer naturalmente, sem ajuda externa; uma transformação possível.

transformação química. Transformação na qual uma ou mais substâncias são transformadas em outras substâncias novas; uma reação química.

transmutação. Transformação de um elemento em outro.

trítio. Hidrogênio ^3_1H.

unidade de massa atômica (u). É uma unidade de massa. Definida como sendo exatamente igual a $1/12$ da massa do átomo do carbono 12.

vacância. Um ponto no reticulo cristalino que perdeu a sua partícula, também chamado *vazio*.

vazio (localização). Em um semicondutor, aonde falta um elétron.

vazio octaédrico. Numa estrutura de empacotamento denso, um espaço rodeado por seis esferas localizadas nos vértices de um octaedro.

velocidade de reação. Variação da concentração ou da pressão parcial em relação ao tempo (ou, algumas vezes quantidade) de um reagente ou produto na reação.

vidro. Um sólido amorfo.

viscosidade. A resistência ao fluxo mostrada por um fluido.

volátil. Tem alta pressão de vapor.

volume molar (V_m). Volume ocupado por um mol de substância. O volume molar de um gás ideal é 22,4 L mol^{-1} nas CNTP.

zero absoluto. Temperatura na qual todas as partículas de uma substância estão no seu estado de energia mais baixo: O K ou –273,15°C. A temperatura teórica mais baixa que pode ser atingida.

Apêndice B

UNIDADES, CONSTANTES E EQUAÇÕES DE CONVERSÃO

B.1 UNIDADES

UNIDADES SI

A versão do sistema métrico de unidades que foi aprovada pela União Internacional de Química Pura e Aplicada (IUPAC) e outros organismos internacionais é o *Système International d'Unités* ou SI. Sete *unidades básicas* servem como fundamento desse sistema:

Quantidade física	*Unidade*	*Símbolo*
Comprimento	metro	m
Massa	quilograma	kg
Tempo	segundo	s
Corrente elétrica	ampère	A
Temperatura	kelvin	K
Intensidade luminosa	candela	cd
Quantidade de substância	mol	mol

Além destas, duas unidades suplementares SI foram aprovadas. São o radiano (rad) para medidas de ângulos planos, e esteradiano (sr) para medidas de ângulos sólidos.

Muitas outras unidades são derivadas das unidades básicas SI. Algumas dessas unidades derivadas SI não têm nomes especiais. São elas:

Quantidade física	*Unidade*	*Símbolo*
Área	metro quadrado	m^2
Volume	metro cúbico	m^3
Velocidade	metro por segundo	$m\ s^{-1}$
Aceleração	metro por segundo ao quadrado	$m\ s^{-2}$
Densidade	quilograma por metro cúbico	$kg\ m^{-3}$

Outras unidades derivadas do SI apresentam nomes especiais. São as seguintes:

Quantidade física	*Unidade*	*Símbolo*	*Definição*
Força	newton	N	$kg\ m\ s^{-2}$
Energia ou trabalho	joule	J	$kg\ m^2\ s^{-2}$
Pressão	pascal	P	$kg\ m^{-1}\ s^{-2}$ (= $N\ m^{-2}$)
Carga elétrica	coulomb	C	A s
Diferença de potencial elétrico	volt	V	$J\ A^{-1}\ s^{-1}$ (= $J\ C^{-1}$)
Freqüência	hertz	Hz	s^{-1}

Muitas unidades antigas foram definidas em termos de SI e são conservadas por serem tradicionais e úteis. São elas:

Quantidade física	*Unidade*	*Símbolo*	*Definição*
Tempo	minuto	min	60 s
	hora	h	3.600 s
	dia	d	86.400 s
Ângulo plano	grau	°	(π/180) rad
	minuto	'	(π/10.800) rad
	segundo	''	(π/648.000) rad
Volume	litro	L	10^{-3} m^3 = 1 dm^3
Temperatura	grau Celsius	°C	K – 273,15

Recomenda-se que o emprego de certas unidades não SI seja gradualmente abandonado. A mais importante delas é atmosfera padrão (atm), definida como 101.325 Pa. Além disso, foi recomendado que o uso da unidade de pressão milímetro de mercúrio (mmHg), essencialmente a mesma que torr (sem abreviação), seja imediatamente deixada de lado. (1 mmHg = $^1/_{760}$ atm.) A atmosfera e o milímetro de mercúrio provavelmente desaparecerão gradativamente, mas são medidas tão convenientes que continuam a ser utilizadas. Algumas outras unidades não pertencentes ao SI desaparecerão rapidamente do uso científico, por exemplo, a caloria (cal), uma unidade de energia (1 cal = 4,184 J).

PREFIXOS MÉTRICOS

Os seguintes prefixos métricos para múltiplos a submúltiplos de unidades podem ser aplicados para unidades SI ou não SI:

Múltiplo ou submúltiplo	*Prefixo*	*Símbolo*
10^{18}	exa	E
10^{15}	peta	P
10^{12}	tera	T

(*continuação*)

Múltiplo ou submúltiplo	***Prefixo***	***Símbolo***
10^9	giga	G
10^6	mega	M
10^3	quilo	k
10^2	hecto	h
10^1	deca	da
10^{-1}	deci	d
10^{-2}	centi	c
10^{-3}	mili	m
10^{-6}	micro	μ
10^{-9}	nano	n
10^{-12}	pico	p
10^{-15}	femto	f
10^{-18}	ato	a

B.2 CONSTANTES FÍSICAS

Constante	***Símbolo***	***Valor***
Número de Avogadro	N	$6{,}022137 \times 10^{23}$ mol^{-1}
Carga do elétron	e	$-1{,}6021773 \times 10^{-19}$ C

(*continuação*)

Constante	***Símbolo***	***Valor***
Massa do elétron	m_e	$5{,}485800 \times 10^{-4}$ u $9{,}109390 \times 10^{-28}$ g
Constante de Faraday	$\mathfrak{F}$	$9{,}648531 \times 10^{4}$ C F^{-1}
Constante do gás ideal	R	$8{,}20578 \times 10^{-2}$ L atm K^{-1} mol^{-1} 8,31451 J mol^{-1}
Volume molar de um gás ideal na CNTP	V_m	22,414 L mol^{-1}
Massa do nêutron	m_n	1,008665 u $1{,}674929 \times 10^{-24}$ g
Constante de Planck	h	$6{,}626076 \times 10^{-34}$ J s
Massa do próton	m_p	1,007277 u $1{,}672623 \times 10^{-24}$ g
Velocidade da luz no vácuo	c	$2{,}99792458 \times 10^{8}$ m s^{-1} (exatamente)

B.3 EQUAÇÕES DE CONVERSÃO

Conversão	***Equação***
Unidades de massa atômica – gramas	1 u = $1{,}660540 \times 10^{-24}$ g
Calorias – joules	1 cal = 4,184 J (exatamente)
Elétron-volts – joules	1 eV = $1{,}602 \times 10^{-19}$ J
Ergs – joules	1 erg = 1×10^{-7} J (exatamente)
Angstroms – metros – nanômetros	1 Å = 10^{-10} m (exatamente)
	= 10^{-1} nm (exatamente)
Polegadas – centímetros	1 in = 2,54 cm (exatamente)
Milhas – quilômetros	1 mi = 1,609 km
Libras – quilogramas	1 lb = 0,4536 kg
Onças – gramas	1 oz = 28,35 g
Quartos – litros	1 qt = 0,9464 L
Atmosferas – pascals – quilopascals	1 atm = $1{,}01325 \times 10^{5}$ Pa (exatamente)
	=101,325 kPa (exatamente)

Apêndice C

NOMENCLATURA QUÍMICA

C.1 NOMES TRIVIAIS

Muitas substâncias são conhecidas, ao longo dos anos, por seus nomes triviais ou comuns. De fato, algumas substâncias são muito mais conhecidas pelos seus nomes comuns do que pelos seus nomes sistemáticos. Por exemplo, a *água* raramente é denominada óxido de hidrogênio. Alguns nomes triviais são utilizados em aplicações específicas. Então, o tiossulfato de sódio é o *hipossulfito* dos fotógrafos, e os mineralogistas conhecem o sulfeto de zinco por *esfalerita*. Alguns nomes comuns devem ser usados com cuidado. O álcool, por exemplo, é um nome trivial para um composto específico, e é também um nome usado para uma classe geral de compostos. A lista seguinte mostra alguns exemplos de nomes triviais e sistemáticos:

Fórmula	*Nome(s) trivial(is)*	*Nome sistemático*
NH_3	amônia	nitreto de hidrogênio
Al_2O_3	alumina	óxido de alumínio
CH_3CH_2OH	álcool; álcool de cereais	etanol
CH_3OH	álcool de madeira	metanol
NaOH	lixívia; soda cáustica	hidróxido de sódio

(*continuação*)

Fórmula	***Nome(s) trivial(is)***	***Nome sistemático***
KOH	potassa cáustica	hidróxido de potássio
NaCl	sal; sal de cozinha	cloreto de sódio
CaO	cal; cal viva	óxido de cálcio
$Ca(OH)_2$	cal apagada	hidróxido de cálcio

C.2 NOMENCLATURA SISTEMÁTICA INORGÂNICA

As regras seguintes obedecem a maior parte das recomendações da União Internacional da Química Pura e Aplicada, IUPAC, salientando a prática comum norte-americana quando as alternativas permitirem estas recomendações.

ELEMENTOS

Os nomes dos elementos algumas vezes variam de uma para outra língua, mas os símbolos químicos são universais. Cada símbolo consiste de uma, duas ou três letras do nome do elemento (em geral, inglês ou latim). A primeira letra das duas ou três letras do símbolo é maiúscula, mas a segunda e a terceira são minúsculas. Os elementos podem se apresentar em dois ou mais alótropos moleculares, e são denominados sistematicamente pelo uso de um prefixo indicativo do número de átomos por molécula. (Estes prefixos são também utilizados na denominação de alguns compostos.) Os prefixos e os números que eles representam estão a seguir:

mono	1	penta	5	nona ou ênea	9
di	2	hexa	6	deca	10
tri	3	hepta	7	undeca ou hendeca	11
tetra	4	octa	8	dodeca	12

(As alternativas dadas para 9 e 11 são derivadas das formas do latim e do grego, respectivamente.)

O uso destes prefixos para denominar os elementos são ilustrados a seguir:

Fórmula	*Nome sistemático*	*Nome comum*
O_2	dioxigênio	oxigênio
O_3	trioxigênio	ozônio
P_4	tetrafósforo	fósforo branco
S_8	octaenxofre	enxofre
H	monohidrogênio	hidrogênio atômico

CÁTIONS

CÁTIONS MONOATÔMICOS

Quando um elemento forma apenas um cátion monoatômico, o íon é denominado a partir do nome do elemento (não modificado) precedido pela palavra "íon". Exemplos:

Na^+	íon sódio
Ca^{2+}	íon cálcio
Al^{3+}	íon alumínio

Quando um elemento puder formar mais de um cátion monoatômico (com diferentes estados de oxidação), cada íon é denominado de uma forma diferenciada dos outros íons. Há duas maneiras de se denominar tais íons: o *sistema Stock* e *sistema oso-ico*. O sistema Stock é o mais explícito dos dois, e é recomendado pela IUPAC. De acordo com este sistema, o estado de oxidação do elemento é indicado por meio de um número em algarismos romanos entre parênteses imediatamente (sem espaço) após o seu nome. Alguns exemplos desta denominação de cátions são mostrados na Tabela C.1.

O sistema *oso-ico* é sistema mais antigo, ainda aceito pela IUPAC. Pode ser utilizado quando o elemento formar dois cátion diferentes, empregando os sufixos *-oso* e *-ico* na seqüência da raiz do nome do elemento para indicar os *estados de oxidação menor e maior*, respectivamente. A raiz é em geral formada retirando o *-um* ou *-ium*, do nome do elemento em inglês ou, algumas vezes, em latim. Se o nome do elemento não terminar em *-um* e *-ium*, em geral a última sílaba é retirada para formar a raiz. Por exemplo, *manganoso* e *mangânico* são provenientes de *manganese*. (Os íons da Tabela C.1 foram redenominados na Tabela C.2.)

Os sistema Stock é usualmente preferível ao sistema *oso-ico*, porque evita qualquer ambiguidade. Embora o sistema *oso-ico* não forneça de maneira explícita o estado de oxidação, permanece em uso comum, sendo considerado um sistema prático se usado com cuidado. *Nota*: Nem o sistema Stock e nem o sistema *oso-ico* são usados quando o íon apresenta "com certeza" apenas um nome; "o íon sódio", por exemplo, significa unicamente Na^+. (O sistema IUPAC subentende um certo conhecimento de química, o sódio costuma exibir apenas um estado de oxidação : +1.)

Tabela C.1 O sistema Stock para denominação de cátions.

Elemento	*Estado de oxidação*	*Fórmula do cátion*	*Sistema Stock nome do cátion*
Cobre	+1	Cu^+	íon cobre(I)
	+2	Cu^{2+}	íon cobre(II)
Estanho	+2	Sn^{2+}	íon estanho(II)

Tabela C.1 O sistema Stock para denominação de cátions. (*continuação*)

Elemento	*Estado de oxidação*	*Fórmula do cátion*	*Sistema Stock nome do cátion*
	+4	Sn^{4+}	íon estanho(IV)
Crômio	+2	Cr^{2+}	íon crômio(II)
	+3	Cr^{3+}	íon crômio(III)
Ferro	+2	Fe^{2+}	íon ferro(II)
	+3	Fe^{3+}	íon ferro(III)
Cobalto	+2	Co^{2+}	íon cobalto(II)
	+3	Co^{3+}	íon cobalto(III)
Titânio	+2	Ti^{2+}	íon titânio(II)
	+3	Ti^{3+}	íon titânio(III)
	+4	Ti^{4+}	íon titânio(IV)

Tabela C.2 O sistema *oso-ico* para a denominação de cátions.

Elemento				
Nome em inglês	*Nome em latim*	*Estado de oxidação*	*Fórmula do cátion*	*Nome oso-ico do cátion*
Copper	cuprum	+ 1	Cu^{+}	íon cuproso
		+ 2	Cu^{2+}	íon cúprico
Tin	stannum	+ 2	Sn^{2+}	íon estanoso
		+ 4	Sn^{4+}	íon estânico
Chromium	—	+ 2	Cr^{2+}	íon cromoso

Tabela C.2 O sistema *oso-ico* para a denominação de cátions. (*continuação*)

Elemento				
Nome em inglês	***Nome em latim***	***Estado de oxidação***	***Fórmula do cátion***	***Nome** oso-ico **do cátion***
		+ 3	Cr^{3+}	íon crômico
Iron	ferrum	+ 2	Fe^{2+}	íon ferroso
		+ 3	Fe^{3+}	íon férrico
Cobalt	—	+ 2	Co^{2+}	íon cobaltoso
		+ 3	Co^{3+}	íon cobáltico
Titanium	—	+ 2	Ti^{2+}	—
		+ 3	Ti^{3+}	íon titanoso
		+ 4	Ti^{4+}	íon titânico

CÁTIONS POLIATÔMICOS

Cátions com mais de um átomo são denominados de várias maneiras, dependendo do tipo. Os cátions que consistem de um ou mais átomos de oxigênio ligados a um átomo de um segundo elemento são denominados com os sufixo *-ilo*. Exemplos:

UO_2^{2+} íon uranilo(VI)

NO^+ íon nitrosilo

Alguns cátions poliatômicos são denominados universalmente de um modo tradicional, não sistemático. O *íon amônio*, NH_4^+, é um bom exemplo. O nome IUPAC para H_3O^+ é *íon oxônio*, embora nos Estados Unidos o nome *íon hidrônio* ainda é utilizado. Finalmente, o íon diatômico Hg_2^{2+} é denominado de íon mercúrio(I) ou íon mercuroso, exatamente como se este íon fosse monoatômico.

Os cátions complexos serão discutidos em *Complexos* mais adiante.

ÂNIONS

ÂNIONS MONOATÔMICOS

Os ânions monoatômicos são denominados pela adição dos sufixos *-eto* e *ido*, à raiz do nome do elemento precedida pela palavra "íon". Exemplos de alguns ânions monoatômicos são listados na Tabela C.3.

Tabela C.3 Nome de alguns ânions monoatômicos.

Fórmula	*Nome*	*Fórmula*	*Nome*
F^-	íon fluoreto	O^{2-}	íon óxido
Cl^-	íon cloreto	S^{2-}	íon sulfeto
Br^-	íon brometo	Se^{2-}	íon seleneto
I^-	íon iodeto	N^{3-}	íon nitreto
H^-	íon hidreto	P^{3-}	íon fosfeto

ÂNIONS POLIATÔMICOS

Por causa de uma prática adotada por um longo tempo, alguns ânions poliatômicos são denominados com os sufixos *-eto* e *-ido*, como se fossem monoatômicos. Exemplos:

CN^-	íon cianeto	OH^-	íon hidróxido
S_2^{2-}	íon dissulfeto	O_2^{2-}	íon peróxido
I_3^-	íon triiodeto	O_2^-	íon superóxido

OUTROS ÂNIONS POLIATÔMICOS: OXOÂNIONS

Os ânions de oxoácidos (ácidos que contém oxigênio) podem ser denominados de modo sistemático, considerando estes ânions como se fossem íons complexos em que os íons óxidos atuam como ligantes. (Ver o Capítulo 22.) Na prática, contudo, os nomes tradicionais para estes íons são quase sempre usados, e são aprovados pela IUPAC. Quando o átomo central formar apenas um ânion comum, o sufixo *-ato* é usado. *Exemplos*:

CO_3^{2-}	íon carbonato
SiO_4^{4-}	íon silicato

Os sufixos *-ito* e *-ato* são usados na distinção entre dois oxoânions que têm o mesmo átomo central com diferentes estados de oxidação:

Estados de oxidação	*sufixo*
maior	-ato
menor	–ito

Exemplos:

NO_2^-	íon nitrito	NO_3^-	íon nitrato
SO_3^{2-}	íon sulfito	SO_4^{2-}	íon sulfato
AsO_3^{3-}	íon arsenito	AsO_4^{3-}	íon arsenato

Quatro diferentes estados de oxidação podem ser diferenciados pelo uso do prefixo *hipo-* para indicar um menor estado de oxidação do que o de *-ito*, e o prefixo *per-* para indicar um maior estado de oxidação do que o de *-ato*.

Estado de oxidação	*Prefixo*	*Sufixo*
o maior	per-	-ato
o segundo maior	—	-ato
o segundo menor	—	-ito
o menor	hipo-	-ito

Exemplo:

Fórmula	*Estado de oxidação do Cl*	*Nome*
ClO^-	+ 1	íon hipoclorito
ClO_2^-	+ 3	íon clorito
ClO_3^-	+ 5	íon clorato
ClO_4^-	+ 7	íon perclorato

Alguns ânions contêm um ou mais "hidrogênios ácidos". Estes se formam quando um ácido poliprótico é *parcialmente* neutralizado, isto é, quando ao menos um de seus hidrogênios removíveis permanece no ânion após a neutralização. Tais ânions são denominados com a palavra *hidrogeno* e, se necessário, usa-se um prefixo. (Embora a recomendação da IUPAC seja para não haver espaço após a palavra "hidrogeno", nos Estados Unidos é comum introduzir-se um espaço.) Se mais de um "hidrogênio ácido" estiver presente, o prefixo apropriado deverá ser incluído.

Exemplos:

HS^-	íon hidrogenossulfeto
HCO_3^-	íon hidrogenocarbonato
HO_2^-	íon hidrogenoperóxido
HSO_4^-	íon hidrogenossulfato
$H_2PO_4^-$	íon diidrogenofosfato

Nota: Existe um sistema mais antigo que, apesar de ilógico, ainda é comumente utilizado na denominação destes íons, quando eles contêm somente um hidrogênio. Este sistema usa o prefixo *-bi* para representar o hidrogênio. Exemplos:

HCO_3^-	íon bicarbonato
HSO_3^-	íon bissulfito
HSO_4^-	íon bissulfato
HS^-	íon bissulfeto

As origens deste sistema são muito antigas, e o uso de *bi-* para designar um átomo de hidrogênio é pelos menos mal empregado. Contudo, o "íon bicarbonato" é um velho amigo para muitos químicos. Originalmente, $CaCO_3$ foi denominado carbonato de cálcio, e $Ca(HCO_3)_2$ bicarbonato de cálcio, por causa da diferença na razão de cálcio-para-carbono nos dois compostos. Os técnicas analíticas na época foram inadequadas para detectar a presença de hidrogênio no segundo composto.

Conhecer os nomes dos ânions poliatômicos pode apresentar a muitos estudantes alguma dificuldade. Alguns dos mais importantes destes ânions estão listados na Tabela C.4.

Tabela C.4 Nomes de alguns ânions poliatômicos comuns.

Ânion	*Nome*
CN^-	íon cianeto
OCN^-	íon cianato
SCN^-	íon tiocianato
CO_3^{2-}	íon carbonato
HCO_3^-	íon hidrogenocarbonato; íon bicarbonato
$C_2O_4^{2-}$	íon oxalato
$HC_2O_4^-$	íon hidrogenooxalato; íon binoxalato
CrO_4^{2-}	íon cromato
$Cr_2O_7^{2-}$	íon dicromato
MnO_4^-	íon permanganato
MnO_4^{2-}	íon manganato
NO_2^-	íon nitrito
NO_3^-	íon nitrato
OH^-	íon hidróxido
PO_4^{3-}	íon fosfato
HPO_4^{2-}	íon hidrogenofosfato

Tabela C.4 Nomes de alguns ânions poliatômicos comuns. (*continuação*)

Ânion	*Nome*
$H_2PO_4^-$	íon diidrogenofosfato
SO_3^{2-}	íon sulfito
HSO_3^-	íon hidrogenossulfito; íon bissulfito
SO_4^{2-}	íon sulfato
HSO_4^-	íon hidrogenossulfato; íon bissulfato
$S_2O_3^{2-}$	íon tiossulfato

Também:

XO^-	hipo*hal*ito	onde X representa Cl, Br, I ou At, e *hal* representa *clor*, *brom*, *iod*, ou *astat*. (A existência de alguns destes íons é incerta.)
XO_2^-	*hal*ito	
XO_3^-	halato	
XO_4^-	per*hal*ato	

SAIS, ÓXIDOS E HIDRÓXIDOS

SAIS

O nome de um sal consiste do nome de seu ânion seguido pelo nome de seu cátion. (Os dois nomes são separados pela preposição de.) Os prefixos tais como *di-* e *tri-* não são normalmente usados. Alguns exemplos de sais e seus nomes são dados na Tabela C.5.

Tabela C.5 Nomes de alguns sais.

Fórmula	*Nome*
KCl	cloreto de potássio
$CaBr_2$	brometo de cálcio
NH_4NO_3	nitrato de anômio
$Ba_3(PO_4)_2$	fosfato de bário
NaH_2PO_4	diidrogenofosfato de sódio
Na_2HPO_4	hidrogenofosfato de sódio
Na_3PO_4	fosfato de sódio
$Ca(OCl)_2$	hipoclorito de cálcio
$LiBrO_2$	bromito de lítio
$Al(IO_3)_3$	iodato de alumínio
$Ti(ClO_4)_4$	perclorato de titânio(IV)
Na_2O_2	peróxido de sódio
$CuCO_3$	carbonato de cobre(II); carbonato cúprico
$Co(HCO_3)_3$	hidrogenocarbonato de cobalto(III); bicarbonato cobáltico
$Sn(CN)_2$	cianeto de estanho(II); cianeto estanoso
$Sn(SCN)_4$	tiocianato de estanho(IV); tiocianato estânico
$FeCrO_4$	cromato de ferro(II); cromato ferroso
$Fe_2(Cr_2O_7)_3$	dicromato de ferro(III); dicromato férrico

ÓXIDOS

Os óxidos de metais são denominados do mesmo modo que os sais.

Exemplos:

Fórmula	*Nome*
Na_2O	óxido de sódio
CaO	óxido de cálcio
SnO	óxido de estanho(II); óxido estanoso
SnO_2	óxido de estanho(IV); óxido estânico

Os óxidos de não-metais são denominados de acordo com o método geral de denominação de compostos binários não-metal-não-metal. (Ver a seguir.)

HIDRÓXIDOS

Um *hidróxido* é um hidroxi-composto de um metal. (Um hidroxi-composto contém o grupo —OH.) A nomenclatura dos hidróxidos é análoga à dos sais. A palavra hidróxido é citada primeiro, seguida pela preposição *de* e pelo nome do íon do metal. *Exemplos*:

Fórmula	*Nome*
NaOH	hidróxido de sódio
$Ca(OH)_2$	hidróxido de cálcio
$Fe(OH)_2$	hidróxido de ferro(II); hidróxido ferroso
$Fe(OH)_3$	hidróxido de ferro(III); hidróxido férrico

ÁCIDOS

ÁCIDOS BINÁRIOS

Os compostos binários que se comportam como ácidos de Arrhenius podem ser denominados pelo uso do nome do ânion do ácido, seguido pela preposição *de* e pela palavra "hidrogênio". O nome resultante é comumente utilizado para o composto quando este for puro, e não é aplicado quando este estiver dissolvido em água. *Exemplos*:

HCl	cloreto de hidrogênio
HF	fluoreto de hidrogênio
H_2S	sulfeto de hidrogênio

Uns poucos ácidos, não binários, (e que não são oxoácidos) são similarmente denominados. *Exemplo*: HCN é chamado *cianeto de hidrogênio*.

Em solução aquosa, os ácidos binários são freqüentemente denominados pelo uso da palavra *ácido* seguida da raiz do nome do ânion e o sufixo-*ídrico*. *Exemplos*:

Fórmula	*Nome*
HF	ácido fluorídrico
HCl	ácido clorídrico
HBr	ácido bromídrico
HI	ácido iodídrico

(Este método é, em comum, restrito aos haletos de hidrogênio em solução. Mas alguns ácidos também recebem esta denominação, como por exemplo o ácido sulfídrico, H_2S.)

OXOÁCIDOS

Cada um dos hidrogênios ionizáveis em um oxoácido está ligado a um átomo de oxigênio, e desse modo os oxoácidos são classificados como compostos hidroxi-ácidos. Raramente são denominados de acordo com o modelo "nome do ânion + *de* + hidrogênio". (Por exemplo, H_2SO_4 é poucas vezes chamado de sulfato de hidrogênio.) Em vez disso, são denominados pela eliminação do *-ito* ou *-ato* do nome do ânion, e pela adição de *ácido-oso* ou *ácido-ico*, respectivamente. Assim, *-oso* indica que o átomo central na molécula do ácido está no menor estado de oxidação, e *-ico* indica que ele está no maior estado. *Exemplos*:

Fórmula	*Nome*
H_2CO_3	ácido carbônico
H_2SO_3	ácido sulfuroso
H_2SO_4	ácido sulfúrico

Este método também é usado na presença de prefixos que indicam os números de oxidação relativos, como mostrado a seguir.

Fórmula	*Estado de oxidação do Cl*	*Nome*
HClO	+ 1	ácido hipocloroso
$HClO_2$	+ 3	ácido cloroso
$HClO_3$	+ 5	ácido clórico
$HClO_4$	+ 7	ácido perclórico

(Compare estes nomes com o dos ânions correspondentes, citados anteriormente.)

OUTROS COMPOSTOS INORGÂNICOS

Muitos compostos inorgânicos, particularmente aqueles constituídos apenas por não-metais, são denominados considerando-se primeiro o(s) nome(s) do(s) elemento(s) mais eletronegativo(s) modificando a terminação para *-ido* ou *-ito*, seguido pelo(s) nome(s) do(s) elemento(s) mais eletropositivo. Os prefixos (*di-*, *tri-*, etc) são usados quando necessários. (*mono-* é freqüentemente omitido.) Este sistema é pouco usado para compostos do tipo metal-não-metal. Por exemplo, embora a IUPAC não proíba, raramente o $FeCl_3$ é chamado de "tricloreto de ferro"; nomes tais como: cloreto de ferro(III) ou cloreto férrico são bem mais comuns. Os nomes de alguns compostos de não-metal-não-metal são dados na Tabela C.6

Tabela C.6 Nomes de alguns compostos não-metal-não-metal.

Fórmula	*Nome*
SO_2	dióxido de enxofre
SO_3	trióxido de enxofre
SF_6	hexafluoreto de enxofre
CO	óxido de carbono; monóxido de carbono
SiC	carbeto de silício
NO	óxido de nitrogênio; monóxido de nitrogênio
N_2O_5	pentóxido de dinitrogênio
PCl_5	pentacloreto de fósforo

COMPLEXOS

Um complexo é constituído por um átomo central, ou principal, circundado por e ligado a um ou mais ligantes, os quais podem ser átomos, íons ou moléculas. (Ver o Capítulo 22.)

NOMES DE LIGANTES

Ligantes aniônicos. O sufixo no nome do ânion é algumas vezes modificado quando o ânion atua como um ligante:

-eto, em geral, torna-se *-o*

-ido, em geral, torna-se *-o*

-ato e *-ito* são mantidos desta forma

Alguns exemplos de ânions e seus nomes como ligantes são mostrados na Tabela C.7.

Tabela C.7 Ligantes aniônicos.

Fórmula	*Nome como um ânion*	*Nome como um ligante*
Cl^-	cloreto	cloro
Br^-	brometo	bromo
OH^-	hidróxido	hidroxo
CN^-	cianeto	ciano
O^{2-}	óxido	oxo
H^-	hidreto	hidro
CO_3^{2-}	carbonato	carbonato
SO_4^{2-}	sulfato	sulfato
SO_3^{2-}	sulfito	sulfito
HSO_3^-	hidrogenossulfito	hidrogenossulfito
$C_2O_4^{2-}$	oxalato	oxalato
SCN^-	tiocianato	tiocianato (–SCN) isotiocianato (–NCS)
$S_2O_3^{2-}$	tiossulfato	tiossulfato
NO_2^-	nitrito	nitrito (–ONO) nitro (–NO_2)

Ligantes Neutros. O nome de uma molécula neutra que atua como um ligante geralmente permanece inalterado. Contudo, há algumas exceções importantes:

H_2O	*aquo*
NH_3	*amin*
CO	*carbonilo*
NO	*nitrosilo*

FÓRMULAS DE COMPLEXOS

Na fórmula de um complexo escreve-se primeiro o átomo central, seguido pelos ligantes aniônicos em ordem alfabética de suas fórmulas. Os ligantes neutros são listados a seguir, também em ordem alfabética. A IUPAC recomenda que a fórmula completa do complexo esteja entre colchetes, com a carga total do lado superior direito. Alguns exemplos incluem:

$[NiF_6]^{2-}$

$[Ag(S_2O_3)_2]^{3-}$

$[CoCl_4(NH_3)_2]^-$

$[Al(OH)(H_2O)_5]^{2+}$

$[CoBr_3(H_2O)_3]$

$[Co(NCS)(NH_3)_5]^{2+}$

NOMES DE COMPLEXOS

Os complexos são denominados especificando-se primeiro os ligantes, que estão listados em ordem alfabética desprezando-se a carga. Os prefixos *di-*, *tri-*, *tetra-*, *penta-*, *hexa-* etc., são úteis para indicar o número de ligantes no complexo. Quando o nome do próprio ligante contém tais prefixos, então se usa *bis-* (duas vezes), *tris-* (três vezes), *tetraquis-* (quatro vezes) etc. (Contudo, os prefixos são ignorados na ordem alfabética.) Se todo o complexo for um ânion, o sufixo *-ato* é adicionado; se o complexo total for um cátion ou for neutro, nenhum sufixo é adicionado. O estado de oxidação do átomo central ou principal é indicado pelo uso de algarismos romanos conforme o sistema Stock. (O número arábico 0 é utilizado para o zero, e o sinal de menos é usado com um algarismo romano, no caso de um estado de oxidação negativo.) Alguns exemplos de complexos e seus nomes são mostrados na Tabela C.8

Tabela C.8 Alguns complexos.

Fórmula	*Nome*
$[Cr(H_2O)_6]^{3+}$	íon hexaaquocrômio(III)
$[CrCl_2(H_2O)_4]^{+}$	íon diclorotetraaquocrômio(III)
$[CrCl_3(H_2O)_3]$	íon triclorotriaquocrômio(III)
$[CrCl_4(H_2O)_2]^{-}$	íon tetraclorodiaquocromiato(III)
$[CrCl_6]^{3-}$	íon hexaclorocromiato(III)
$[Fe(CN)_5NO]^{2-}$	íon pentacianonitrosiloferrato(III)
$[AuCl_4]^{-}$	íon tetracloroaurato(III)
$[CoCO_3(NH_3)_5]^{+}$	íon carbonatopentamincobalto(III)
$[Ni(H_2O)_2(NH_3)_4]^{2+}$	íon tetramindiaquoníquel(II)

Abreviações. Quando a fórmula de um ligante for longa, freqüentemente será abreviada. Um exemplo comum é do ligante etilenodiamina, que é biodentado e tem a estrutura

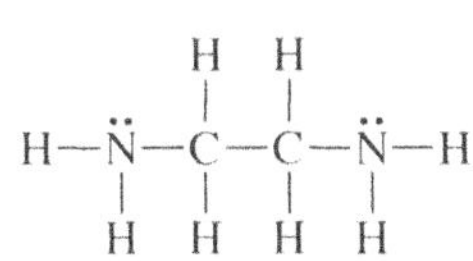

Nas fórmulas, este ligante, é costumeiramente abreviado para *en*. Desse modo, temos

$[CoCl_4(en)]^{-}$	íon tetracloro(etilenodiamina)cobaltato(III)
$[CoCl_2(en)_2]^{+}$	íon diclorobis(etilenodiamina)cobalto(III)

SAIS CONTENDO ÍONS COMPLEXOS

Para a denominação de um sal, é de uso prático o nome do ânion preceder o do cátion, separados pela preposição *de*. Alguns exemplos são dados na Tabela C.9.

Tabela C.9 Alguns sais contendo íons complexos.

Fórmula	*Nome*
$K_2[Pt(NO_2)_4]$	tetranitroplatinato(II) de potássio
$[Cr(OH)(H_2O)_5]Cl_2$	cloreto de hidroxopentaaquocrômio(III)
$K[Co(CN)_3(CO)_2(NO)]$	tricianodicarbonilonitrosilocobaltato(II) de potássio
$Na_3[Ag(S_2O_3)_2]$	ditiossulfatoargentato(I) de sódio
$[Co(en)_3]_2(SO_4)_3$	sulfato de tris(etilenodiamina)cobalto(III)

C.3 NOMENCLATURA SISTEMÁTICA ORGÂNICA

(Ver também o Capítulo 23.)

HIDROCARBONETOS

ALCANOS NORMAIS

Os nomes IUPAC da maioria dos alcanos normais (de cadeias retas, não ramificadas) são derivados de palavras gregas, para designar o número de átomos de carbonos presentes, seguidas pelo sufixo *-ano*. *Exceções*: Os quatro primeiros alcanos normais têm nomes especiais: metano, etano, propano e butano. A Tabela C.10 mostra as fórmulas e os nomes dos dez primeiros alcanos normais.

Tabela C.10 Alcanos normais e grupos alquilas.

Nº de átomos de C	*Alcanos*		*Grupos alquilas*	
	Nome	*Fórmula*	*Nome*	*Fórmula*
1	metano	CH_4	metila	CH_3^-
2	etano	CH_3CH_3	etila	$CH3CH_2-$
3	propano	$CH_3CH_2CH_3$	propila	$CH_3CH_2CH_2-$
4	butano	$CH_3(CH_2)_2CH_3$	butila	$CH_3(CH_2)_2CH_2-$
5	pentano	$CH_3(CH_2)_3CH_3$	pentila	$CH_3(CH_2)_3CH_2-$
6	hexano	$CH_3(CH_2)_4CH_3$	hexila	$CH_3(CH_2)_4CH_2-$
7	heptano	$CH_3(CH_2)_5CH_3$	heptila	$CH3(CH_2)_5CH_2-$
8	octano	$CH_3(CH_2)_6CH_3$	octila	$CH_3(CH_2)_6CH_2-$
9	nonano	$CH_3(CH_2)_7CH_3$	nonila	$CH_3(CH_2)_7CH_2-$
10	decano	$CH_3(CH_2)_8CH_3$	decila	$CH_3(CH_2)_8CH_2-$

GRUPOS AQUILA NORMAIS

Os nomes IUPAC do(s) grupo(s) dos hidrocarbonetos formados pela remoção de um hidrogênio do átomo de carbono terminal de um alcano normal é obtido pela modificação do sufixo *-ano* por *-ila.* O grupo resultante é denominado um *grupo alquila normal.* A Tabela C.10 também mostra as fórmulas e os nomes dos primeiros 10 grupos alquilas normais.

ALCANOS DE CADEIA RAMIFICADA

Os alcanos de cadeias ramificadas são denominados pela adição do(s) nome(s) do(s) grupo(s) substituinte(s) hidrocarbônico(s) como um prefixo (ou prefixos) para o nome da cadeia hidrocarbônica contínua e mais longa. A posição de cada grupo substituinte é indicada com um número localizador, e a cadeia mais longa é enumerada a partir da extremidade que resultar nos menores números localizadores para os grupos substituintes.

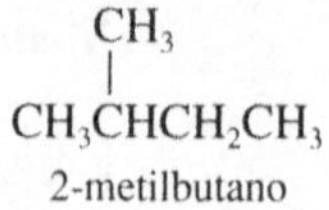

2-metilbutano

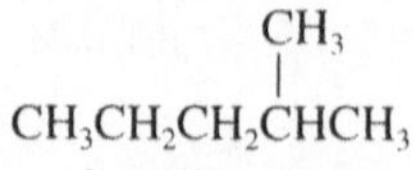

2-metilpentano

Os prefixos *di-*, *tri-*, *tetra-* etc., são usados para indicar a presença de mais de um substituinte.

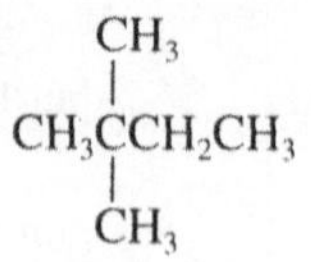

2,2-dimetilbutano

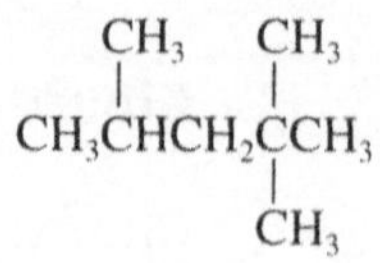

2,2,4-trimetilpentano

GRUPOS ALQUILA DE CADEIA RAMIFICADA

Os nomes IUPAC (e entre parênteses, os nomes comuns) são dados a seguir para vários grupos hidrocabônicos.

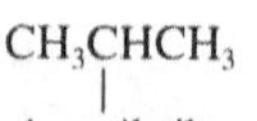

1-metiletila
(isopropila)

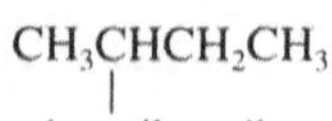

1-metilpropila
(sec-butila)

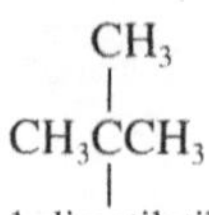

1,1-dimetiletila
(terc-butila)

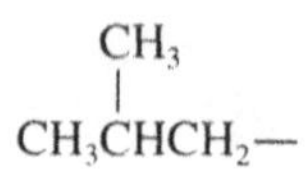

2-metilpropila
(isobutila)

Quando grupos hidrocarbônicos diferentes estão ligados à cadeia hidrocarbônica mais longa, estes são listados em ordem alfabética. (Os prefixos *di-*, *tri-* etc., são ignorados.)

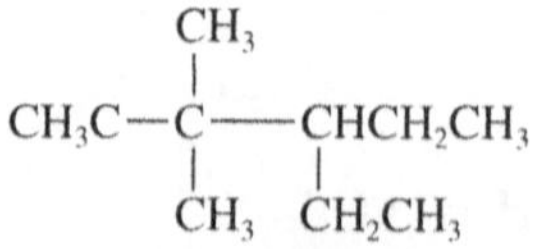

3-etil-2,2-dimetilpentano

ALCENOS E ALCINOS

Os alcenos, hidrocarbonetos com ligações duplas carbono-carbono, são denominados pela substituição no nome do correspondente alcano, do sufixo *-ano* por *-eno*. (Se duas ligações duplas estão presentes, o novo sufixo é *-adieno*, se três estão presentes, atrieno.) Os alcinos, hidrocarbonetos com ligações triplas carbono-carbono, são denominados pela substituição no nome do correspondente alcano, do sufixo *-ano* pro *-ino*. (se duas ligações triplas estão presentes, o novo sufixo é *-adiino*, se -três estão presentes, *-atriino*.) A cadeia hidrocarbônica mais longa é enumerada pela extremidade que resulta nos menores número localizadores para o carbono, iniciando pelas ligações múltiplas.

$CH_3CH_2CH{=}CH_2$
1-buteno

$CH_3C{\equiv}CCH_3$
2-butino

$CH_2{=}CHCH{=}CH_2$
1,3-butadieno

$CH{\equiv}CCH{=}CHCH_3$
3-penten-1-ino

CICLOALCANOS

Os cicloalcanos são denominados pela adição do prefixo *ciclo-* no nome do alcano com o mesmo número de átomos de carbono.

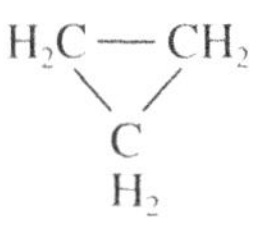
ciclopropano

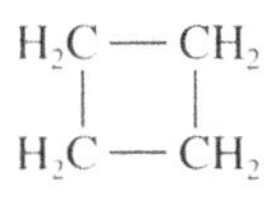
ciclobutano

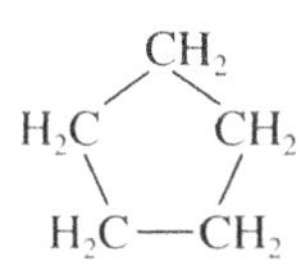
ciclopentano

HIDROCARBONETOS AROMÁTICOS

Os nomes de muitos hidrocarbonetos aromáticos podem ser simplesmente memorizados. Exemplos destes compostos incluem:

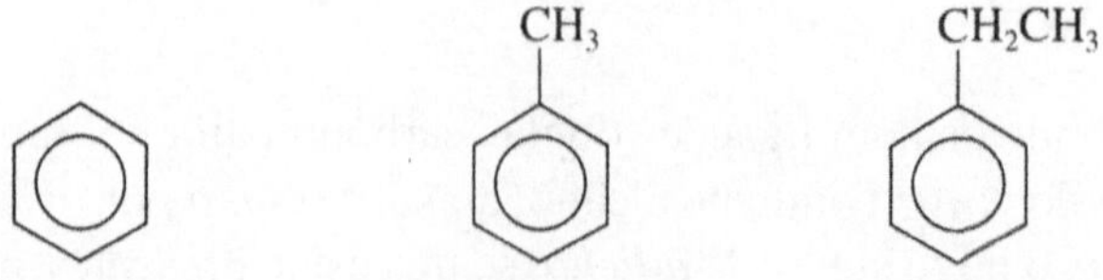

benzeno | metilbenzeno (tolueno) | etilbenzeno

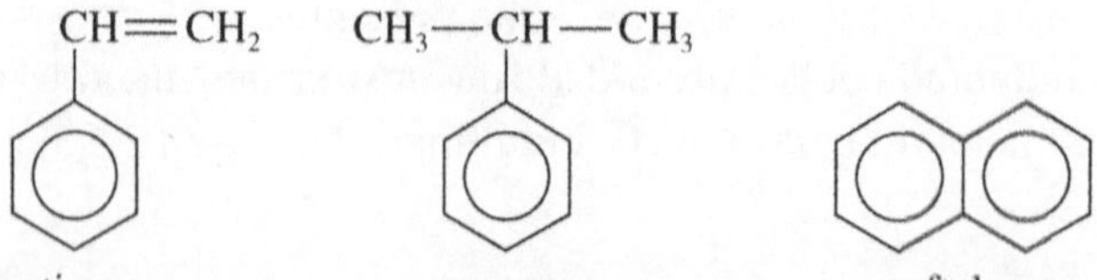

estireno | cumeno | naftaleno

Quando dois substituintes hidrocarbônicos estão presentes no anel benzênico suas posições são indicadas pelo uso de números localizadores ou dos prefixos *o*- (de *orto*-), *m*- (de *meta*-), ou *p*- (de *para*-).

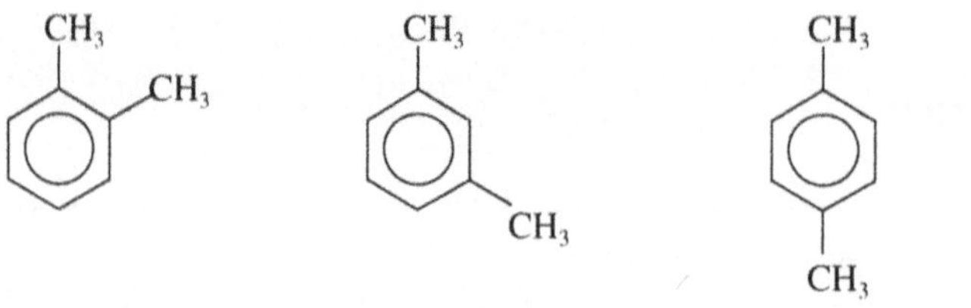

1,2-dimetilbenzeno (*o*-xileno) | 1,3-dimetilbenzeno (*m*-xileno) | 1,4-dimetilbenzeno (*p*-xileno)

DERIVADOS DE HIDROCARBONETOS

Alguns derivados hidrocarbônicos são denominados com um prefixo indicativo do grupo funcional, mais o nome do hidrocarboneto principal. Os grupos funcionais assim denominados incluem —F (*fluoro*), —Cl(*cloro*), —Br (*bromo*), —I (*iodo*), e —NO_2 (*nitro*).

CH_3F	CH_2Cl_2	CH_3CH_2Br
fluorometano	diclorometano	bromoetano
CH_3NO_2	$CH_3CH_2CH_2I$	$CH_3CH(I)CH_3$
nitrometano	1-iodopropano	2-iodopropano

Outros derivados de hidrocarbonetos são mais comumente denominados pelo uso de um sufixo para indicar o grupo funcional. Nestes o *o* do nome de hidrocarboneto principal é substituído pelo sufixo apropriado. Algumas classes de compostos denominados desse nodo são:

Classe	*Grupo funcional*	*Sufixo*
Álcoois	$—OH$	*-ol*
Aldeídos	$—C(=O)—H$	*-al*
Cetonas	$—C(=O)—$	*-ona*
Ácidos carboxílicos	$—C(=O)—OH$	*ácido-óico*

Alguns exemplos do uso destes sufixos estão a seguir. (Os nomes comuns estão entre parênteses.)

$CH_3—OH$	$CH_3—C(=O)—H$	$CH_3—C(=O)—CH_3$
metanol (álcool metílico)	etanol (acetaldeído)	propanona (acetona)
$CH_3—C(=O)—OH$	$CH_3CH_2CH_2OH$	$CH_3CH(OH)CH_3$
ácido etanóico (ácido acético)	1-propanol (álcool *n*-propílico)	2-propanol (álcool isopropílico)

As **aminas** têm o grupo funcional $—NH_2$. As aminas primárias, $R—NH_2$, são mais habitualmente denominadas pela adição do sufixo *-amina* ao nome do grupo alquila a ela ligado.

$$CH_3{-}NH_2 \qquad\qquad CH_3CH_2{-}NH_2$$

metilamina   etilamina

As aminas secundárias, R—NH—R', e as aminas terciárias, $\begin{array}{c} R'' \\ | \\ R - N - R' \end{array}$, são denominadas como os derivados *N-substituídos* da *amina* da cadeia carbônica mais longa. (O prefixo *N*-mostra que o grupo menor está ligado ao átomo de nitrogênio.)

$$\begin{array}{c} H \\ | \\ CH_3CH_2CH_2{-}N{-}CH_3 \end{array} \qquad \begin{array}{c} CH_3 \\ | \\ CH_3CH_2{-}N{-}CH_3 \end{array}$$

N-metilpropilamina   *N*, *N*-dimetiletilamina

Os **éteres** têm o grupo funcional —O— e são mais comumente denominados especificando-se os grupos alquilas presentes na molécula. Quando ambos os grupos são os mesmos, o prefixo *di*- é algumas vezes omitido.

$$CH_3{-}O{-}CH_3 \qquad CH_3{-}O{-}CH_2CH_3$$

éter dimetílico ou éter metílico   etilmetiléter

Os **ésteres** são derivados dos ácidos carboxílicos e têm a fórmula geral $\begin{array}{c} O \\ \| \\ R - C - O - R' \end{array}$. São denominados especificando-se o grupo alquila ligado ao átomo de oxigênio e modificando o nome *ácido -óico* do ácido carboxílico por *-ato*.

$$\begin{array}{c} O \\ \| \\ CH_3{-}C{-}O{-}CH_2CH_3 \end{array} \qquad \begin{array}{c} O \\ \| \\ CH_3CH_2{-}C{-}O{-}CH_3 \end{array}$$

etanoato de etila (acetato de etila)   propanoato de metila (propionato de metila)

Os **derivados aromáticos** são usualmente denominados não sistematicamente ou semi-sistematicamente.

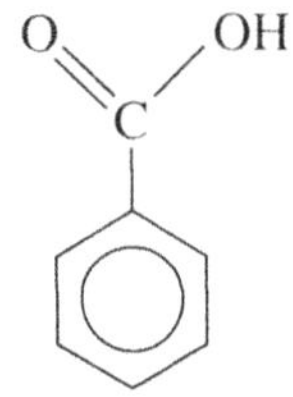

ácido benzóico

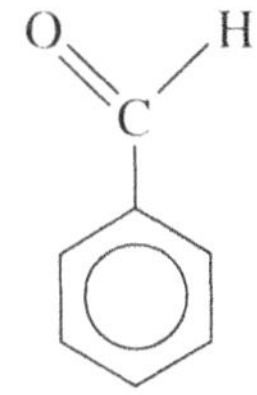

benzaldeído

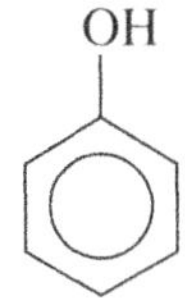

fenol

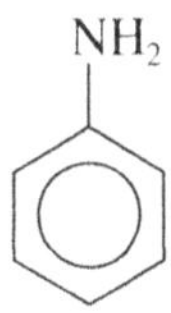

anilina

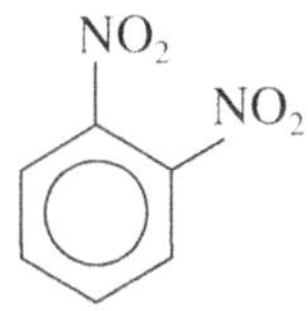

1,2-dinitrobenzeno
(*o*-dinitrobenzeno)

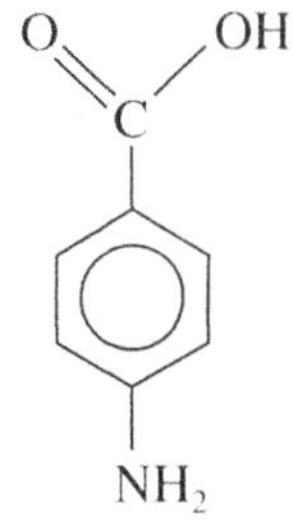

ácido 4-aminobenzóico
(ácido p-aminobenzóico)

Apêndice D

OPERAÇÕES MATEMÁTICAS

D.1 EQUAÇÕES LINEARES E SEUS GRÁFICOS

Uma equação da forma

$$y = mx + b$$

onde b é uma constante e m é qualquer constante diferente de zero, é denominada *equação linear*. Quando pares de valores de x e y relacionados pela equação acima, forem colocados em um gráfico usando-se as coordenadas cartesianas bidimensionais (retangular) convencionais, o resultado é um conjunto de pontos que obedecem uma linha reta. O *coeficiente angular* da linha reta corresponde ao valor de m na equação anterior; ele pode ser obtido do gráfico pela escolha de dois pontos quaisquer da reta, por exemplo, $(x_1;y_1)$ e $(x_2;y_2)$, sendo calculado pela relação

$$m = \frac{y_2 - y_1}{x_2 - x_1},$$

O *intercepto y* (coeficiente linear), ou seja, o ponto onde a linha reta cruza o eixo vertical y, é dado pelo valor de b. O *intercepto x* (eixo horizontal) é dado pelo valor de $-b/m$.

Supondo que um certo experimento foi realizado com a finalidade de fornecer um valor numérico de alguma quantidade A, quando qualquer outra quantidade, digamos a temperatura T, tem um valor conhecido. Agora, supondo que o experimento seja realizado em uma série de temperaturas, de modo a obter uma série de valores de A, cada um obtido em uma temperatura diferente. A seguir, considere que os pares de dados (A, T) sejam colocados em um gráfico, com A no eixo y e T no eixo x, encontrando-se que os dados obedecem, ou resultam, em uma linha reta, Isto evidencia que as quantidades A e T estão algebricamente relacionadas pela equação

$$A = mT + b$$

Agora suponha que num segundo experimento uma série de medidas seja realizada fornecendo valores diferentes de uma quantidade B a várias temperaturas T. Se um gráfico de pontos (B, T) não resulta em uma linha reta, isto evidencia que a relação algébrica entre B e T não é simplesmente uma relação linear. Contudo, considere que se os valores de B forem colocadas num gráfico, no eixo y, em função do *recíproco* da temperatura, isto é, $1/T$, no eixo x, e que desta vez os pontos resultem em uma linha reta. Este resultado evidencia que B e $1/T$ estão relacionados linearmente, isto é, que

$$B = m\left(\frac{1}{T}\right) + b$$

D.2 EQUAÇÕES QUADRÁTICAS

Uma equação que pode ser escrita na forma

$$ax^2 + bx + c = 0$$

onde b e c são constantes e a é qualquer constante diferente de zero, é denominada de equação quadrática. Cada equação quadrática tem duas raízes,

$$x = \frac{-b \pm \sqrt{b^2 - 4ac}}{2a}$$

onde o sinal de "mais" do "mais-ou-menos" é usado para uma raiz, e o sinal de "menos" para outra raiz. A relação é conhecida como *fórmula quadrática.*

Assim, para resolver a equação

$$\frac{(x)\,(x)}{0{,}2 - x} = 1{,}6 \times 10^{-2}$$

inicialmente a rearranjamos para a forma $ax^2 + bx + c = 0$:

$$x^2 + (1{,}6 \times 10^{-2})\,x - 3{,}2 \times 10^{-3} = 0$$

Nesta equação, $a = 1$, $b = 1{,}6 \times 10^{-2}$, e $c = -3{,}2 \times 10^{-3}$. Substituindo na fórmula quadrática, obtemos:

$$x = \frac{-1{,}6 \times 10^{-2} \pm \sqrt{(1{,}6 \times 10^{-2})^2 - 4(1)(-3{,}2 \times 10^{-3})}}{2(1)}$$

da qual obtemos as raízes

$$x = \frac{(-1{,}6 \times 10^{-2}) + 0{,}114}{2} = 4{,}9 \times 10^{2}$$

ou

$$x = \frac{(-1{,}6 \times 10^{-2}) - 0{,}114}{2} = -6{,}5 \times 10^{-2}$$

Ainda que cada uma destas raízes resolva a equação original, se esta equação descrever uma situação física real, pode ser que apenas uma das raízes dê uma solução que seja de fato significativa. (Um exemplo de uma raiz que não apresenta um significado físico é aquele que corresponde a uma concentração negativa.)

D.3 LOGARITMOS

O logaritmo de um número N é a potência exponencial x, a qual um número b, uma base, deve ser elevado para resultar N. Em outras palavras, se

$$b^x = N$$

então

$$x = \log_b N$$

onde $\log_b N$ é lido "logaritmo de N na base b".

Embora os logaritmos possam ser expressos em qualquer base, duas bases são especialmente comuns em ciência. Estas são 10, a base dos *logaritmos comuns*, e e, a base dos *logaritmos naturais*. (e é um, número irracional, 2,71828....) Os logaritmos comuns são freqüentemente representados pelo símbolo log, e os logaritmos naturais por ln. Em outras palavras,

$$\text{logaritmo comum de } N = \log_{10} N = \log N$$

$$\text{logaritmo natural de } N = \log_e N = \ln N$$

Os logaritmos comuns e naturais estão relacionados pela equação simplificada:

$$\ln N = 2{,}303 \log N$$

Os logaritmos naturais e comuns dos números podem ser facilmente obtidos por meio de uma calculadora de bolso que tenha estas funções. (Eles também podem ser encontrados em tabelas.)

Algarismos significativos e logaritmos. A regra para manipular os algarismos significativos nos cálculos envolvendo logaritmos é importante:

O mínimo de dígitos *após a vírgula decimal* no logaritmo de um número de algarismos significativos do próprio número. Esta regra é aplicada tanto aos logaritmos naturais como para os comuns. *Exemplos*:

$$\log(\underline{7{,}32} \times 10^{-17}) = -16{,}\underline{136}$$

↑ três algarismos significativos — ↑ três dígitos após a vírgula decimal

$$\ln(\underline{2{,}33646}) \times 10^{3}) = 7{,}\underline{756392}$$

↑ seis algarismos significativos — ↑ seis dígitos após a vírgula decimal

Apêndice E

MÉTODO DE CLARK PARA REPRESENTAR A ESTRUTURA DE LEWIS

O Capítulo 8 apresenta uma aproximação para esboçar as estruturas de Lewis que é útil para muitas moléculas pequenas e íons poliatômicos. Um método mais sistemático, particularmente útil para estruturas complexas, foi projetado pelo químico americano T. Clark. O **método de Clark** consiste das seguintes etapas:

1. Efetuar uma contagem de elétrons (Ver seção 8.2).
2. Avaliar a quantidade de $6y + 2$, onde y é número total de átomos, sem considerar o hidrogênio na molécula ou íon.
3. Comparar o número de elétrons obtidos da contagem de elétrons com o valor de $6y + 2$.

   (a)Se os dois são *iguais*, todos os átomos no agregado obedecem a regra do octeto, e não há ligação múltiplas.

   (b)Se o número de elétrons for *maior que* $6y + 2$, então o átomo central tem uma *camada de valência expandida*.

   (c)Se o número de elétrons for *menor que* $6y + 2$, então

   (i) Há ligações múltiplas na estrutura (uma deficiência de 2 indica a presença de uma ligação dupla; uma deficiência de 4 indica a presença de uma ligação tripla ou duas ligações duplas, ou

(ii) Um átomo do grupo IA, IIA, ou (mais provavelmente) IIIA tem *menos que um octeto* de elétrons de valência. (A falta em elétrons é dada pela diferença.)

4. Escolher o átomo central e então esquematizar o esqueleto da estrutura para o agregado, omitindo temporariamente qualquer átomo de hidrogênio.

5. Adicionar os elétrons da etapa 1 para o esqueleto da estrutura. Começar com os elétrons para alguma ligação múltipla prevista na etapa 3*c*(*i*), localizá-los entre o átomo central e um átomo periférico. Em seguida completar os octetos para os átomos periféricos. Finalmente, some os elétrons que permanecem no átomo central. *Nota*: Neste evento, esta etapa conduz a mais uma estrutura além daquela esquematizada, assim, uma comparação pode ser feita posteriormente.

6. Adicionar os átomos de hidrogênio na estrutura. *Nota*: Novamente, se isto puder ser feito por mais de uma maneira, escreva abaixo cada estrutura possível.

7. Se duas ou mais estruturas foram esquematizadas neste ponto, indicar as cargas formais para todos os átomos em cada estrutura, e então selecionar a estrutura que tem o menor número de átomos com qualquer carga formal (diferente de zero) e que minimiza as intensidades destas cargas formais. Também, tente evitar selecionar uma estrutura com cargas formais que sejam inconsistentes com a eletronegatividade.

O procedimento de Clark é útil por permitir-nos prever características de uma estrutura de Lewis (ligações múltiplas, uma camada de valência expandida etc.) antes de esquematizá-la. Em adição, em alguns casos complicados ajuda-nos a selecionar a mais provável estrutura de Lewis para várias estruturas aparentemente corretas.

Exemplo E.1

Esboce a estrutura de Lewis para $COCl_2$ (cloreto de carbonilo), também chamado fosgênio.

Solução:

Seguindo o procedimento de Clark, encontramos

1. O número total de elétrons de valência mostrados como pontos é 4 + 6 + 2(7), ou 24.

2. $6y + 2 = 6(1 + 1 + 2) + 2 = 26$

3. $24 < 26$ e assim, espera-se uma ligação múltipla; desde que $26 - 24 = 2$, haverá *uma ligação dupla.*

4. Escolhemos o átomo de carbono como átomo central devido a apenas um C estar presente e também devido a C pertencer ao grupo IVA. (Ver seção 8.2) O esqueleto da estrutura é então

O
Cl C Cl

5. A ligação dupla poderia localizar-se entre o átomo de carbono e oxigênio ou entre o carbono e o cloro. Esboçamos a estrutura de Lewis para cada possibilidade:

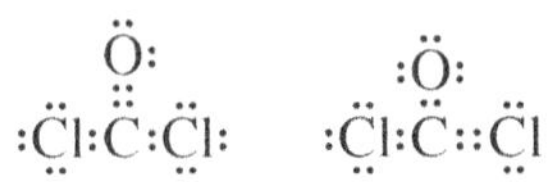

I II

Note que cada estrutura usa todos os 24 elétrons e obedece à regra do octeto.

6. Não há hidrogênio a serem adicionados.

7. Em seguida escolhe-se a estrutura I ou II, indicando as cargas formais, como segue

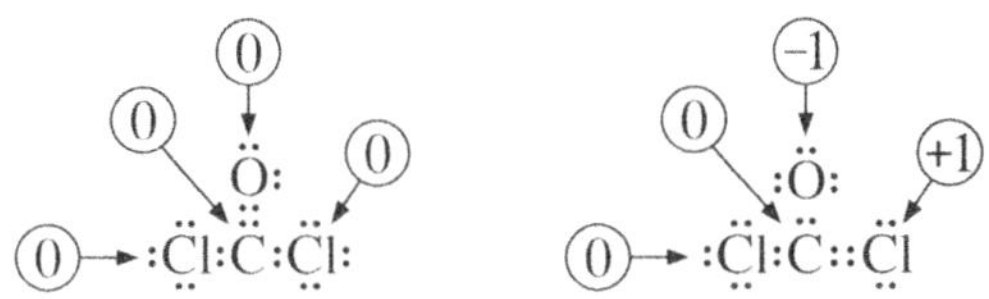

I II

Devido a estrutura II apresentar cargas formais diferentes de zero, esta é prevista ser menos estável que a estrutura I, e assim escolhemos a I como a estrutura de Lewis preferida. Na realidade, a estrutura I e as duas formas de ressonância que correspondem a estrutura II, ambas contribuem para uma estrutura ressonante híbrida. Contudo, a estrutura I tem a principal contribuição.

Problema Paralelo

Esboce a estrutura de Lewis para ClF_3, trifluoreto de cloro. **Resposta:**

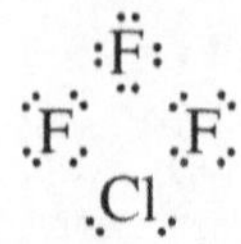

Exemplo E.2

Esboce a estrutura de Lewis para C_3H_4.

Solução:

1. O número total de elétrons de valência é 3(4) + 4(1), ou 16.
2. $6y + 2 = 6(3) + 2 = 20$
3. 16 < 20, e assim uma ligação múltipla é esperada; a falta de 4 indica uma tripla ou 2 duplas ligações.
4. Desde que um átomo de hidrogênio pode formar apenas uma ligação, os três átomos de carbono devem estar ligados um com o outro. O esqueleto da estrutura é

   C C C

5. Há uma tripla ligação entre dois carbonos, ou cada ligação C—C é uma dupla ligação. As possibilidades conduzem as estruturas:

I II

6. Adicionando-se os quatro átomos de H, obtemos

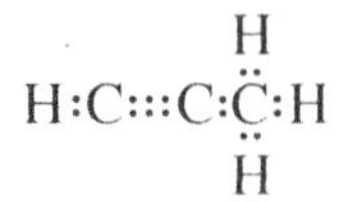

I

II

Note que cada estrutura usa todos os 16 elétrons de valência e obedece à regra do octeto.

7. Em cada uma destas estruturas, cada átomo tem uma carga formal de zero, e assim ambas estruturas são prováveis. De fato, elas são estruturas estáveis de dois diferentes compostos, cada um com uma fórmula molecular C_3H_4. A estrutura I representa a molécula do propino, também chamada metilacetileno. A estrutura II, representa o propadieno, também chamada aleno.

Problema Paralelo

Esboce a estrutura de Lewis do CHOCl, cloreto de formila. *Resposta:*

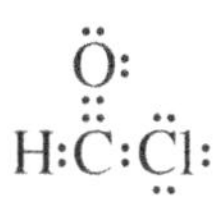

Apêndice F

PRESSÃO DE VAPOR DA ÁGUA

	Pressão		
Temperatura °C	*mmHg*	*atm*	*kPa*
−10	2,15	$2{,}83 \times 10^{-3}$	0,287
−5	3,16	$4{,}16 \times 10^{-3}$	0,425
0	4,58	$6{,}03 \times 10^{-3}$	0,611
1	4,93	$6{,}49 \times 10^{-3}$	0,657
2	5,29	$6{,}96 \times 10^{-3}$	0,705
3	5,69	$7{,}49 \times 10^{-3}$	0,759
4	6,10	$8{,}03 \times 10^{-3}$	0,813
5	6,54	$8{,}61 \times 10^{-3}$	0,872
6	7,01	$9{,}22 \times 10^{-3}$	0,935
7	7,51	$9{,}88 \times 10^{-3}$	1,00
8	8,04	$1{,}06 \times 10^{-2}$	1,07

(*continuação*)

Temperatura °C	***Pressão***		
	mmHg	***atm***	***kPa***
9	8,61	$1,13 \times 10^{-2}$	1,15
10	9,21	$1,21 \times 10^{-2}$	1,23
11	9,84	$1,29 \times 10^{-2}$	1,31
12	10,52	$1,384 \times 10^{-2}$	1,403
13	11,23	$1,478 \times 10^{-2}$	1,497
14	11,99	$1,578 \times 10^{-2}$	1,599
15	12,79	$1,683 \times 10^{-2}$	1,705
16	13,63	$1,793 \times 10^{-2}$	1,817
17	14,53	$1,912 \times 10^{-2}$	1,937
18	15,48	$2,037 \times 10^{-2}$	2,064
19	16,48	$2,168 \times 10^{-2}$	2,197
20	17,54	$2,308 \times 10^{-2}$	2,338
21	18,65	$2,454 \times 10^{-2}$	2,486
22	19,83	$2,609 \times 10^{-2}$	2,644

Temperatura °C	***Pressão***		
	mmHg	***atm***	***kPa***
23	21,07	$2,772 \times 10^{-2}$	2,809
24	22,39	$2,926 \times 10^{-2}$	2,985

(*continuação*)

Temperatura °C	**Pressão**		
	mmHg	***atm***	***kPa***
25	23,76	$3{,}126 \times 10^{-2}$	3,168
26	25,21	$3{,}317 \times 10^{-2}$	3,361
27	26,74	$3{,}518 \times 10^{-2}$	3,565
28	28,35	$3{,}730 \times 10^{-2}$	3,780
29	30,04	$3{,}953 \times 10^{-2}$	4,005
30	31,82	$4{,}187 \times 10^{-2}$	4,242
35	42,18	$5{,}550 \times 10^{-2}$	5,624
40	55,32	$7{,}279 \times 10^{-2}$	7,375
45	71,88	$9{,}458 \times 10^{-2}$	9,583
50	92,51	0,1217	12,33
55	118,04	0,15532	15,738
60	149,38	0,19655	19,916
65	187,54	0,24676	25,003
70	233,7	0,3075	31,16
75	289,1	0,3804	38,54
80	355,1	0,4672	47,34
85	433,6	0,5705	57,81
90	525,76	0,69179	70,095
95	633,90	0,83408	84,513
100	760,000	1,00000	101,325

(*continuação*)

	Pressão		
Temperatura °C	***mmHg***	***atm***	***kPa***
105	906,07	1,1922	120,80
110	1074,56	1,41389	143,262
115	1267,98	1,66839	169,050

Apêndice G

ALGUMAS PROPRIEDADES TERMODINÂMICAS A 25°C

Calor padrão de formação (entalpias), ΔH_f°, entropia absoluta padrão, S°; e energia livre de Gibbs padrão de formação, ΔG_f°

Substância	ΔH_f°, ***kJ mol***$^{-1}$	S°, ***J K***$^{-1}$ ***mol***$^{-1}$	ΔG_f°, ***kJ mol***$^{-1}$
$H_2(g)$	0	130,6	0
		Grupo IA	
Li(s)	0	28,0	0
LiCl(*s*)	– 408,8	55,2	–383,7
$Li_2O(s)$	– 595,8	37,9	–560,2
Na(*s*)	0	51,0	0
NaCl(*s*)	– 410,9	72,4	–384,0
$Na_2O(s)$	– 415,9	72,8	–376,6
NaOH(*s*)	– 425,6	64,5	–379,5

(*continuação*)

Substância	ΔH_f°, **kJ mol^{-1}**	S°, **J K^{-1} mol^{-1}**	ΔG_f°, **kJ mol^{-1}**
$NaNO_3(s)$	– 466,7	116,3	–365,9
$K(s)$	0	63,6	0
$K_2O(s)$	– 361,5	94,1	– 318,8
$KOH(s)$	– 424,8	78,9	– 379,1
$KCl(s)$	– 435,9	82,7	– 408,3
		Grupo IIA	
$Mg(s)$	0	32,5	0
$MgCl_2(s)$	– 641,8	89,5	– 592,3
$MgO(s)$	– 601,8	26,8	– 569,6
$Ca(s)$	0	41,6	0
$CaCl_2(s)$	– 795,8	104,6	– 748,1
$CaO(s)$	– 635,1	39,7	– 604,2
$Ca_3(PO_4)_2(s)$	– 4137	236,0	– 3899
		Grupo IIIA	
$B(s)$	0	6,5	0
$B_2O_3(s)$	– 1264	54,0	– 1184
$Al(s)$	0	28,3	0
$AlCl_3(s)$	– 705,6	109,3	– 630,1
$Al_2O_3(s)$	– 1676	51,0	– 1576

(*continuação*)

Substância	ΔH_f°, **kJ mol**$^{-1}$	S°, **J K**$^{-1}$ **mol**$^{-1}$	ΔG_f°, **kJ mol**$^{-1}$
		Grupo IVA	
C(diamante)	1,90	2,38	2,87
C(grafite)	0	5,74	0
$CH_4(g)$	– 74,8	187,9	– 50,8
$CH_3OH(l)$	– 239,0	126,3	– 166,5
$C_2H_2(g)$	226,8	200,8	209,2
$C_2H_4(g)$	52,3	219,5	68,1
$C_2H_6(g)$	– 84,6	229,5	– 32,9
$C_2H_5OH(g)$	– 277,6	160,7	– 174,8
$C_2H_6(l)$	49,00	173,3	124,3
$CO(g)$	– 110,5	197,6	– 137,2
$CO_2(g)$	– 393,5	213,6	– 394,4
$CCl_4(l)$	– 139,5	214,4	– 68,7
$HCN(g)$	130,5	201,1	120,1
$Si(s)$	0	18,7	0
SiO_2(quartzo)	– 859,4	41,8	– 805,0
		Grupo VA	
$N_2(g)$	0	191,5	0
$NH_3(g)$	– 46,1	192,3	– 16,5
$NH_4Cl(s)$	– 314,4	94,6	– 202,9

(*continuação*)

Substância	ΔH_f°**, *kJ mol***$^{-1}$	S°**, *J K***$^{-1}$ ***mol***$^{-1}$	ΔG_f°**, *kJ mol***$^{-1}$
$NO(g)$	90,4	210,6	86,7
$NO_2(g)$	33,8	240,4	51,8
$N_2O(g)$	81,5	220,0	103,6
$HNO_3(l)$	−173,2	155,6	−79,9
P_4(branco)	0	44,0	0
$P_4O_{10}(s)$	−2940	228,9	−2675
		Grupo VIA	
$O_2(g)$	0	205,1	0
$O_3(g)$	143	237,6	163,2
$H_2O(g)$	−241,8	188,7	−228,6
$H_2O(l)$	−285,8	69,9	−237,2
$H_2O_2(l)$	−187,6	92	−120,4
S_8(rômbico)	0	255,1	0
S_8(monoclínico)	2,4	261	0,80
$SO_2(g)$	−296,8	248,1	−300,2
$SO_3(g)$	−395,7	256,6	−371,1
$H_2S(g)$	−20,6	205,7	−33,6
$H_2SO_4(l)$	−814,0	156,9	−690,1

(continuação)

Substância	ΔH_f°, ***kJ mol***$^{-1}$	S°, ***J K***$^{-1}$ ***mol***$^{-1}$	ΔG_f°, ***kJ mol***$^{-1}$
		Grupo VIIA	
$F_2(g)$	0	203,3	0
$HF(g)$	–268,6	173,5	–270,7
$Cl_2(g)$	0	222,9	0
$HCl(g)$	–92,3	186,8	–95,3
$Br_2(g)$	0	152,3	0
$I_2(s)$	0	116,7	0
$HI(g)$	25,9	206,3	1,72
		Grupo 0	
$He(g)$	0	126,1	0
$Ne(g)$	0	144,1	0
$Ar(g)$	0	154,7	0
$Kr(g)$	0	164,0	0
$Xe(g)$	0	169,6	0
$Rn(g)$	0	176,2	0
		Elementos de transição	
$Ag(s)$	0	42,5	0
$AgCl(s)$	–127,1	96,2	–109,8
$AgNO_3(s)$	–124,4	141	–33,5
$Co(s)$	0	30,0	0

(*continuação*)

Substância	ΔH_f°, *kJ mol*$^{-1}$	S°, *J K*$^{-1}$ *mol*$^{-1}$	ΔG_f°, *kJ mol*$^{-1}$
$CoSO_4(s)$	–888,3	118	–782,4
$CoSO_4 . 6H_2O$	–2684	367	–2236
$CoSO_4 . 7H_2O$	–2980	406	–2474
$Cr(s)$	0	23,7	0
$CrCl_3(s)$	–556,5	123	– 486,2
$Cr_2O_3(s)$	–1135	81,2	–1053
$Cu(s)$	0	33,3	0
$CuCl(s)$	–137,2	86,2	–119,9
$CuCl_2(s)$	–205,9	108,1	–161,9
$CuO(s)$	–155,2	43,5	–127,2
$Cu_2O(s)$	–166,7	100,8	–146,4
$CuSO_4(s)$	–769,9	113,4	–661,9
$CuSO_4 . 5H_2O$	–2278	305,4	–1880
$Fe(s)$	0	27,2	0
$FeCl_2(s)$	–341,8	117,9	–302,3
$FeCl_3(s)$	–399,5	142,3	–334,1
$FeO(s)$	–272,0	60,8	–251,5
$Fe_2O_3(s)$	–824	90,0	–741,0
$Fe_3O_4(s)$	–1121	146,4	–1014
$Hg(l)$	0	77,4	0
$HgCl_2(s)$	–230,1	144	–185,8

(*continuação*)

Substância	ΔH_f°, ***kJ mol***$^{-1}$	S°, ***J K***$^{-1}$ ***mol***$^{-1}$	ΔG_f°, ***kJ mol***$^{-1}$
$Hg_2Cl_2(s)$	–264,9	195,8	–210,7
HgO(vermelho)	–90,7	72,0	–58,5
HgO(amarelo)	–90,2	73,2	–58,4
$Mn(s)$	0	31,8	0
$MnCl_2(s)$	– 481,3	118,2	– 440,5
$MnSO_4(s)$	–1065	112	–957,4
$MnO_2(s)$	–519,6	53,1	– 466,1

Apêndice H

CONSTANTES DE EQUILÍBRIO A 25°C

H.1 CONSTANTES DE DISSOCIAÇÃO DE ÁCIDOS FRACOS

Nome	*Fórmula*	K_a
Ácido acético	$HC_2H_3O_2$	$1,8 \times 10^{-5}$
Ácido ascórbico	$H_2C_6H_6O_6$	$K_1 = 5,0 \times 10^{-5}$ $K_2 = 1,5 \times 10^{-12}$
Ácido bórico	H_3BO_3	$6,0 \times 10^{-10}$
Ácido carbônico	H_2CO_3 $(CO_2 + H_2O)$	$K_1 = 4,2 \times 10^{-7}$ $K_2 = 5,6 \times 10^{-11}$

(*continuação*)

Nome	*Fórmula*	K_a
Ácido cloroso	$HClO_2$	$1{,}1 \times 10^{-2}$
Ácido pirofosfórico	$H_4P_2O_7$	$K_1 = 3{,}0 \times 10^{-1}$ $K_2 = 4{,}4 \times 10^{-3}$ $K_3 = 2{,}5 \times 10^{-7}$ $K_4 = 5{,}6 \times 10^{-10}$
Ácido fluorídrico	HF	$6{,}7 \times 10^{-4}$
Cianeto de hidrogênio (ácido cianídrico)	HCN	$4{,}0 \times 10^{-10}$
Íon hidrogenossulfato (íon bissulfato)	HSO_4^-	$1{,}2 \times 10^{-2}$
Sulfito de hidrogênio (ácido sulfídrico)	H_2S	$K_1 = 1{,}1 \times 10^{-7}$ $K_2 = 1{,}0 \times 10^{-14}$
Ácido hipocloroso	HOCl	$3{,}2 \times 10^{-8}$
Ácido nitroso	HNO_2	$5{,}0 \times 10^{-4}$
Ácido oxálico	$H_2C_2O_4$	$K_1 = 5{,}4 \times 10^{-2}$ $K_2 = 5{,}0 \times 10^{-5}$

(*continuação*)

Nome	*Fórmula*	K_a
Ácido fosforoso	H_2PHO_3	$K_1 = 1,6 \times 10^{-2}$ $K_2 = 7 \times 10^{-7}$
Ácido fosfórico	H_3PO_4	$K_1 = 7,6 \times 10^{-3}$ $K_2 = 6,3 \times 10^{-8}$ $K_3 = 4,4 \times 10^{-13}$
Ácido sulfuroso	H_2SO_3 $(SO_2 + H_2O)$	$K_1 = 1,3 \times 10^{-2}$ $K_2 = 6,3 \times 10^{-8}$

H.2 CONSTANTES DE DISSOCIAÇÃO DE BASES FRACAS

Nome	*Fórmula*	K_b
Amônia	NH_3	$1,8 \times 10^{-5}$
("hidróxido de amônio")	(NH_4OH)	
Cafeína	$C_8H_{10}N_4O_2$	$4,1 \times 10^{-4}$
Etilamina	$CH_3CH_2NH_2$	$5,6 \times 10^{-4}$
Hidroxilamina	NH_2OH	$9,1 \times 10^{-9}$

(*continuação*)

Nome	*Fórmula*	K_a
Metilamina	CH_3NH_2	$4{,}4 \times 10^{-4}$
Nicotina	$C_{10}H_{14}N_2$	$K_1 = 7{,}4 \times 10^{-7}$ $K_2 = 1{,}4 \times 10^{-11}$
Fosfina	PH_3	1×10^{-14}

H.3 PRODUTOS DE SOLUBILIDADE

Compostos	K_{ps}
	Brometos
AgBr	$5{,}0 \times 10^{-13}$
Hg_2Br_2	9×10^{-17}
$PbBr_2$	$4{,}0 \times 10^{-5}$
	Carbonatos
$MgCO_3$	$2{,}1 \times 10^{-5}$
$CaCO_3$	$4{,}7 \times 10^{-9}$
$SrCO_3$	$7{,}0 \times 10^{-10}$
$BaCO_3$	$1{,}6 \times 10^{-9}$

(*continuação*)

Compostos	K_{ps}
Ag_2CO_3	$8,2 \times 10^{-12}$
	Cloretos
AgCl	$1,7 \times 10^{-10}$
Hg_2Cl_2	$1,1 \times 10^{-18}$
$PbCl_2$	$1,6 \times 10^{-5}$
	Cromatos
$CaCrO_4$	$7,1 \times 10^{-4}$
$SrCrO_4$	$3,6 \times 10^{-5}$
$BaCrO_4$	$8,5 \times 10^{-11}$
Ag_2CrO_4	$1,9 \times 10^{-12}$
$PbCrO_4$	$2,0 \times 10^{-16}$
	Fluoretos
MgF_2	$7,9 \times 10^{-8}$
CaF_2	$1,7 \times 10^{-10}$
SrF_2	$2,5 \times 10^{-9}$
BaF_2	$1,7 \times 10^{-6}$
PbF_2	4×10^{-8}

(*continuação*)

Compostos	K_{ps}
	Hidróxidos
$Mg(OH)_2$	$8,9 \times 10^{-12}$
$Ca(OH)_2$	$1,3 \times 10^{-6}$
$Sr(OH)_2$	$3,2 \times 10^{-4}$
$Ba(OH)_2$	$5,0 \times 10^{-3}$
$Cr(OH)_3$	$6,7 \times 10^{-31}$
$Mn(OH)_2$	2×10^{-13}
$Fe(OH)_2$	2×10^{-15}
$Fe(OH)_3$	6×10^{-38}
$Co(OH)_2$	$2,5 \times 10^{-16}$
$Ni(OH)_2$	$1,6 \times 10^{-16}$
$Cu(OH)_2$	$1,6 \times 10^{-19}$
$Zn(OH)_2$	5×10^{-17}
$Cd(OH)_2$	$2,8 \times 10^{-14}$
$Al(OH)_3$	5×10^{-33}
$Pb(OH)_2$	4×10^{-15}
$Sn(OH)_2$	3×10^{-27}

(*continuação*)

Compostos	K_{ps}
	Iodetos
AgI	$8{,}5 \times 10^{-17}$
Hg_2I_2	$4{,}5 \times 10^{-29}$
HgI_2	$2{,}5 \times 10^{-26}$
PbI_2	$8{,}3 \times 10^{-9}$
	Oxalatos
CaC_2O_4	$1{,}3 \times 10^{-9}$
SrC_2O_4	$5{,}6 \times 10^{-8}$
BaC_2O_4	$1{,}5 \times 10^{-8}$
PbC_2O_4	$8{,}3 \times 10^{-12}$
	Fosfatos
$Ca_3(PO_4)_2$	$1{,}3 \times 10^{-32}$
$Sr_3(PO_4)_2$	1×10^{-31}
$Ba_3(PO_4)_2$	$6{,}0 \times 10^{-39}$
Ag_3PO_4	1×10^{-21}
$Pb_3(PO_4)_2$	$8{,}0 \times 10^{-43}$
	Sulfatos
$CaSO_4$	$2{,}4 \times 10^{-5}$

(*continuação*)

Compostos	K_{ps}
$SrSO_4$	$7{,}6 \times 10^{-7}$
$BaSO_4$	$1{,}5 \times 10^{-9}$
$PbSO_4$	$1{,}3 \times 10^{-8}$
Ag_2SO_4	$1{,}6 \times 10^{-5}$
Sulfetos	
MnS	7×10^{-16}
FeS	4×10^{-19}
CoS	5×10^{-22}
NiS	3×10^{-21}
CuS	8×10^{-37}
Ag_2S	$5{,}5 \times 10^{-51}$
ZnS	$1{,}2 \times 10^{-23}$
CdS	$1{,}0 \times 10^{-28}$
HgS	$1{,}6 \times 10^{-54}$
PbS	7×10^{-29}
SnS	1×10^{-26}
SnS_2	1×10^{-70}
Bi_2S_3	1×10^{-96}

(*continuação*)

Compostos	K_{ps}
	Sulfitos
Ag_2SO_3	5×10^{-14}
$BaSO_3$	6×10^{-5}
$MgSO_3$	$3{,}2 \times 10^{-3}$

Apêndice I

POTENCIAIS DE REDUÇÃO PADRÃO A 25°C

Semi-reação			*ℰ°, V*
$2e^- + 2H^+(aq) + F_2(g)$	→	$2HF(aq)$	+ 3,06
$2e^- + F_2(g)$	→	$2F^-(aq)$	+ 2,866
$2e^- + O_3(g) + 2H^+(aq)$	→	$O_2(g) + H_2O$	+ 2,07
$e^- + Ag^{2+}(aq)$	→	$Ag^+(aq)$	+ 1,980
$e^- + Co^{3+}(aq)$	→	$Co^{2+}(aq)$	+ 1,81
$2e^- + 6H^+(aq) + XeO_3(s)$	→	$Xe(g) + 3H_2O$	+ 1,8
$2e^- + 2H^+(aq) + H_2O_2$	→	$2H_2O$	+ 1,776
$2e^- + 4H^+(aq) + SO_4^{2-} + PbO_2(s)$	→	$PbSO_4(s) + 2H_2O$	+ 1,691
$e^- + Au^+(aq)$	→	$Au(s)$	+ 1,69
$3e^- + 4H^+(aq) + MnO_4^-(aq)$	→	$MnO_2(s) + 2H_2O$	+ 1,679

(*continuação*)

Semi-reação			ℰ°, V
$e^- + Mn^{3+}(aq)$	$\rightarrow$	$Mn^{2+}(aq)$	+ 1,51
$5e^- + 8H^+(aq) + MnO_4^-(aq)$	$\rightarrow$	$Mn^{2+}(aq) + 4H_2O$	+ 1,507
$3e^- + Au^{3+}(aq)$	$\rightarrow$	$Au(s)$	+ 1,50
$2e^- + 4H^+(aq) + PbO_2(s)$	$\rightarrow$	$Pb^{2+}(aq) + 2H_2O$	+ 1,455
$2e^- + Cl_2(g)$	$\rightarrow$	$2Cl^-(aq)$	+ 1,358
$6e^- + 14H^+(aq) + Cr_2O_7^{2-}(aq)$	$\rightarrow$	$2Cr^{3+}(aq) + 7H_2O$	+ 1,33
$2e^- + H_2O + O_3(g)$	$\rightarrow$	$O_2(g) + 2OH^-(aq)$	+ 1,24
$2e^- + 4H^+(aq) + MnO_2(s)$	$\rightarrow$	$Mn^{2+}(aq) + 2H_2O$	+ 1,23
$4e^- + 4H^+(aq)\ O_2(g)$	$\rightarrow$	$2H_2O$	+ 1,229
$2e^- + 4H^+(aq) + MnO_2(s)$	$\rightarrow$	$Mn^{2+}(aq) + 2H_2O$	+ 1,224
$2e^- + Br_2(aq)$	$\rightarrow$	$2Br^-(aq)$	+ 1,07
$2e^- + Br_2(l)$	$\rightarrow$	$2Br^-(aq)$	+ 1,066
$2e^- + 2H^+(aq) + V(OH)_4^+(aq)$	$\rightarrow$	$VO^{2+}(aq) + 3H_2O$	+ 1,00
$3e^- + 4H^+(aq) + NO_3^-(aq)$	$\rightarrow$	$NO(g) + 2H_2O$	+ 0,957
$2e^- + 2Hg^{2+}(aq)$	$\rightarrow$	$Hg_2^{2+}(aq)$	+ 0,920
$2e^- + 4H^+(aq) + 2NO_3^-(aq)$	$\rightarrow$	$N_2O_4(g) + 2H_2O$	+ 0,80
$2e^- + Hg_2^{2+}(aq)$	$\rightarrow$	$2Hg(l)$	+ 0,800

(*continuação*)

Semi-reação			*ℰ°, V*
$e^- + Ag^+(aq)$	→	$Ag(s)$	+ 0,7991
$e^- + Fe^{3+}(aq)$	→	$Fe^{2+}(aq)$	+ 0,771
$2e^- + 2H^+(aq) + O_2(g)$	→	$H_2O_2(g)$	+ 0,695
$e^- + MnO_4^-(aq)$	→	$MnO_4^{2-}(aq)$	+ 0,558
$2e^- + I_2(s)$	→	$2I^-(aq)$	+ 0,536
$e^- + Cu^+(aq)$	→	$Cu(s)$	+ 0,521
$4e^- + 2H_2O + O_2(g)$	→	$4OH^-(aq)$	+ 0,41
$e^- + 2H^+(aq) + VO^{2+}(aq)$	→	$V^{3+}(aq) + H_2O$	+ 0,36
$2e^- + Cu^{2+}(aq)$	→	$Cu(s)$	+ 0,342
$2e^- + Hg_2Cl_2(s)$	→	$2Hg(l) + 2Cl^-(aq)$	+ 0,268
$e^- + AgCl(s)$	→	$Ag(s) + Cl^-(aq)$	+ 0,2225
$2e^- + 4H^+(aq) + SO_4^{2-}(aq)$	→	$H_2SO_3(aq) + H_2O$	+ 0,172
$e^- + Cu^{2+}(aq)$	→	$Cu^+(aq)$	+ 0,153
$2e^- + Sn^{4+}(aq)$	→	$Sn^{2+}(aq)$	+ 0,15
$2e^- + S(s) + 2H^+(aq)$	→	$H_2S(aq)$	+ 0,14
$e^- + AgBr(s)$	→	$Ag(s) + Br^-(aq)$	+ 0,07
$2e^- + 2H^+(aq)$	→	$H_2(g)$	0 (exatamente)
$3e^- + 2H_2O(aq) + CrO_4^{2-}(aq)$	→	$CrO_2^-(aq) + 4OH^-(aq)$	− 0,12

(*continuação*)

Semi-reação			$\mathcal{E}°$, *V*
$2e^- + Pb^{2+}(aq)$	$\rightarrow$	$Pb(s)$	−0,126
$2e^- + Sn^{2+}(aq)$	$\rightarrow$	$Sn(s)$	−0,138
$e^- + V^{3+}(aq)$	$\rightarrow$	$V^{2+}(aq)$	−0,255
$2e^- + Ni^{2+}(aq)$	$\rightarrow$	$Ni(s)$	−0,257
$2e^- + Co^{2+}(aq)$	$\rightarrow$	$Co(s)$	−0,28
$2e^- + PbSO_4(s)$	$\rightarrow$	$Pb(s) + SO_4^{2-}(aq)$	−0,359
$e^- + Ti^{3+}(aq)$	$\rightarrow$	$Ti^{2+}(aq)$	−0,37
$2e^- + PbI_2(s)$	$\rightarrow$	$Pb(s) + 2I^-(aq)$	−0,37
$2e^- + Cd^{2+}(aq)$	$\rightarrow$	$Cd(s)$	−0,403
$e^- + Cr^{3+}(aq)$	$\rightarrow$	$Cr^{2+}(aq)$	−0,407
$2e^- + Fe^{2+}(aq)$	$\rightarrow$	$Fe(s)$	−0,447
$3e^- + Ga^{3+}(aq)$	$\rightarrow$	$Ga(s)$	−0,560
$3e^- + Cr^{3+}(aq)$	$\rightarrow$	$Cr(s)$	−0,744
$2e^- + Zn^{2+}(aq)$	$\rightarrow$	$Zn(s)$	−0,762
$2e^- + Cr^{2+}(aq)$	$\rightarrow$	$Cr(s)$	−0,913
$2e^- + Mn^{2+}(aq)$	$\rightarrow$	$Mn(s)$	−1,185
$2e^- + V^{2+}(aq)$	$\rightarrow$	$V(s)$	−1,19
$2e^- + Ti^{2+}(aq)$	$\rightarrow$	$Ti(s)$	−1,63

(*continuação*)

Semi-reação			**ℰ°, V**
$e^- + Al^{3+}(aq)$	$\rightarrow$	$Al(s)$	– 1,67
$3e^- + Sc^{3+}(aq)$	$\rightarrow$	$Sc(s)$	– 2,1
$2e^- + Mg^{2+}(aq)$	$\rightarrow$	$Mg(s)$	– 2,372
$3e^- + La^{3+}(aq)$	$\rightarrow$	$La(s)$	– 2,522
$e^- + Na^+(aq)$	$\rightarrow$	$Na(s)$	– 2,710
$2e^- + Ca^{2+}(aq)$	$\rightarrow$	$Ca(s)$	– 2,868
$2e^- + Sr^{2+}(aq)$	$\rightarrow$	$Sr(s)$	– 2,89
$2e^- + Ba^{2+}(aq)$	$\rightarrow$	$Ba(s)$	– 2,912
$e^- + K^+(aq)$	$\rightarrow$	$K(s)$	– 2,931
$e^- + Li^+(aq)$	$\rightarrow$	$Li(s)$	– 3,040

Apêndice J

RESPOSTAS DOS PROBLEMAS NUMÉRICOS SELECIONADOS

CAPÍTULO 1

1.13 (a) 100,0 g

(b) 100,0 g

(c) 100,0 g

(d) 151,5 g

(e) 3,48 g

1.14 2,01% Na

11,3% I

77,0% O

9,62% H

1.19 (a) 21°C

(b) –3,9°C

(c) 110°C

1.21 (a) 4

(b) 4

(c) 4

(d) 4

(e) 3

(f) 3

(g) 4

(h) 3

(i) 4

(j) 3

(k) 3

(l) 3

(m) 5

(n) 1

1.22 (a) $3{,}9368 \times 10^{2}$

(b) $1{,}762 \times 10^{-1}$

(c) $1{,}4 \times 10^{6}$

	(d)	$7{,}23 \times 10^{-7}$		**(m)**	$3{,}22 \times 10^{6}$
	(e)	$7{,}00 \times 10^{-7}$		**(n)**	$1{,}87 \times 10^{4}$
	(f)	7×10^{-7}		**(o)**	$7{,}9 \times 10^{5}$
	(g)	$1{,}0070 \times 10^{2}$		**(p)**	11
	(h)	$1{,}2 \times 10^{3}$		**(q)**	$6{,}72 \times 10^{-14}$
	(i)	$1{,}200 \times 10^{3}$		**(r)**	$2{,}3 \times 10^{21}$
1.23	**(a)**	68		**(s)**	$7{,}79 \times 10^{11}$
	(b)	0,0036		**(t)**	–2,6
	(c)	0,0036 ou 0,0037	**1.30**	**(a)**	176 mm
	(d)	$9{,}3 \times 10^{-34}$		**(b)**	0,176 m
	(e)	$4{,}7 \times 10^{22}$		**(c)**	$1{,}76 \times 10^{-4}$ km
	(f)	$1{,}3 \times 10^{2}$		**(d)**	$1{,}76 \times 10^{8}$ nm
	(g)	$3{,}2 \times 10^{-21}$	**1.32**	**(a)**	5,0 g/mL
1.24	**(a)**	326		**(b)**	$5{,}0 \times 10^{3}$ g/L
	(b)	29,364		**(c)**	$5{,}0 \times 10^{-3}$ kg/mL
	(c)	30,16		**(d)**	5,0 kg/L
	(d)	–5,4		**(e)**	$5{,}0 \times 10^{3}$ kg/m^3
	(e)	66		**(f)**	$5{,}0 \times 10^{6}$ g/m^3
	(f)	$4{,}9 \times 10^{2}$	**1.34**	$3{,}0 \times 10^{1}$ mpg	
	(g)	41,7	**1.38**	0,328 g/cm^3	
	(h)	1,8	**1.50**	**(a)**	7,42 g
	(i)	3×10^{1}		**(b)**	8,16 g
	(j)	3	**1.53**	**(a)**	151,8248 g
	(k)	$6{,}1 \times 10^{9}$		**(b)**	151,8374 g
	(l)	$-1{,}2 \times 10^{5}$		**(c)**	155,069 g

(d) 166,06 g

(e) 183,3 g

(f) 249 g

1.55 (a) 95 pés/s

(b) 29 m/s

(c) $1,0 \times 10^2$ km/h

(d) $2,9 \times 10^3$ cm/s

CAPÍTULO 2

2.1 (a) 12,0 u

(b) 197 u

(c) $7,09 \times 10^3$ u.

(d) $1,46 \times 10^{25}$ u

2.2 84,2 (g/mol)

2.3 (a) 35,5 g

(b) 108 g

(c) 111 g

(d) 40,1 g

2.4 (a) $2,4 \times 10^{21}$ g

(b) $2,4 \times 10^{21}$ u

2.5 (a) $9,27 \times 10^{-23}$ g

(b) 56 g

(c) $2,69 \times 10^{-3}$ mol

(d) $1,62 \times 10^{21}$ átomos

2.7 (a) $6,02 \times 10^{23}$ átomos

(b) $2,66 \times 10^{23}$ átomos

(c) $5,02 \times 10^{23}$ átomos

(d) $3,54 \times 10^{19}$ átomos

2.8 (a) 35,5 g

(b) 70,9 g

(c) 186 g

(d) 743 g

(e) 80,0 g

2.9 (a) 1,00 mol

(b) 1,00 mol

(c) $6,24 \times 10^{-2}$ mol

(d) 0,677 mol

2.10 (a) 21,9 g

(b) 6,76 g

(c) $7,64 \times 10^{-23}$ g

2.18 (a) 1,45 mol C

(b) 4,34 mol H

(c) 0,724 mol O

2.20 $1,6 \times 10^{-2}$ mol

2.22 (a) 0,498 mol

(b) 0,124 mol

(c) 0,124 mol

(d) 0,249 mol

(e) 0,0830 mol

2.23 (a) 2,914 mol
(b) 0,7285 mol
(c) 0,7285 mol
(d) 1,457 mol
(e) 0,4857 mol

2.25 30,2% C
5,07% H
44,6% Cl
20,2% S

2.27 $KClO_3$

2.29 (a) C_3H_2Cl
(b) $C_6H_4Cl_2$

2.34 (a) 2 moléculas
(b) 54 moléculas
(c) 6 moléculas
(d) 120 moléculas

2.35 (a) 0,400 mol
(b) 1,96 mol
(c) 33,3 mol
(d) 0,521 mol

2.36 (a) 7,05 g
(b) 2,35 g
(c) 27,5 g
(d) 127 g
(e) 309 g
(f) 103 g

2.39 (a) 100 moléculas
(b) 200 moléculas
(c) 370 moléculas
(d) 185 moléculas

2.40 (a) 24,0 g
(b) 48,0 g
(c) 3,26 g
(d) 35,5 g

2.45 0,883 mol L^{-1}

2.47 98,3 cm^3

2.49 (a) 0,448 mol
(b) 1,20 mol
(c) $5,47 \times 10^{-2}$ mol

2.51 0,364 mol L^{-1}

2.53 0,175 mol L^{-1}

2.60 25,7 mL

2.61 0,100 mol L^{-1}

2.63 (a) 55,7 g
(b) 139 g
(c) 1,15 g
(d) 63,9 g

2.66 $C_6H_6O_2$

2.68 CCl_4

2.71 246,2 g CaC_2 e

138,4 g H_2O

2.72 8,0 g

2.75 1,68 mol L^{-1}

CAPÍTULO 3

3.1 (a) 10,0 kJ

(b) 10,0 kJ

(c) 0

3.2 (a) 8,0 kJ

(b) 5,0 kJ

(c) 8,0 kJ

(d) –3,0 kJ

3.3 (a) –8,0 kJ

(b) –10,0 kJ

(c) –8,0 kJ

(d) –2,0 kJ

3.7 41,0 J

3.9 71,5°C

3.11 (a) 28,6°C

(b) $1,60 \times 10^2$ J

(c) $1,60 \times 10^2$ J

3.13 $5,64 \times 10^3$ kJ mol^{-1}

3.15 $4,91 \times 10^3$ kJ mol^{-1}

3.16 $-1,3668 \times 10^3$ kJ mol^{-1}

3.19 (a) $-2,660 \times 10^3$ kJ mol^{-1}

(b) $-1,748 \times 10^3$ kJ mol^{-1}

3.20 (a) –98,9 kJ

(b) +98,9 kJ

(c) –99,0 kJ

3.25 $7,157 \times 10^3$ kJ mol^{-1}

3.32 –198,6 kJ mol^{-1}

CAPÍTULO 4

4.2 $9,65 \times 10^3$ mm (31,7 pés)

4.3 (a) 1,79 atm

(b) $1,36 \times 10^3$ mmHg

(c) $1,81 \times 10^5$ Pa

(d) $1,81 \times 10^2$ kPa

4.5 (a) 197 cm^3

(b) 197 mL

(c) 0,197 L

(d) 0,197 dm^3

4.11 121 (g mol^{-1})

4.12 (a) 22,414 L mol^{-1}

(b) 15,3 L mol^{-1}

(c) 26,9 L mol^{-1}

4.14 14,0 dm^3

4.16 2,39 atm

4.18 (a) 2,04 L

(b) 0,854 L

(c) 1,59 L

4.19 (a) 1,43 g

(b) 2,26 g

(c) 0,134 g

4.20 (a) 0,180 atm

(b) 1,05 atm

4.22 (a) 1,00 atm

(b) 0,581 atm

(c) 1,20 atm

4.23 147,1 kPa

4.25 (a) 0,714 g L^{-1}

(b) 0,736 g L^{-1}

(c) 0,591 g L^{-1}

4.26 (a) 5,88 g

(b) $1,11 \times 10^{23}$ moléculas

4.28 32,3 (g mol^{-1})

4.30 $1,10 \times 10^2$ (g mol^{-1})

4.32 (a) 8 vezes tantas moléculas de H_2

(b) $P_{H_2} = 8 \times P_{CH_4}$

(c) igual

(d) υ_{H_2} média = $= 2,8 \times \upsilon_{CH_4}$ média

4.36 2,22 L

4.38 (a) 9,66 L

(b) 5,02 L

4.40 (a) 4,11 L

(b) 4,56 L

(c) 3,76 L

4.47 (a) 437 atm

(b) $1,00 \times 10^2$ atm

4.50 (a) 12,7 L

(b) 4,46 L

(c) 3,31 L

(d) 0,155 L

4.52 24 atm

4.54 3,66 L

4.57 59,5 L

4.60 32,6% $KClO_3$

CAPÍTULO 5

5.14 (a) $+4,646 \times 10^{-18}$C

(b) +29

5.15 (a) 1,007 g

(b) $1,672 \times 10^{-24}$ g

5.16 35,45 (g mol^{-1})

5.23 24,31 (g mol^{-1})

5.25 $7{,}14 \times 10^{-4}$ m, ou 714 nm

CAPÍTULO 6

6.2 7.3×10^{-7} m, ou 0,73 nm

6.3 $1{,}2 \times 10^{-37}$m

CAPÍTULO 7

7.13 C: 2,4 g cm^{-3}

N: 1,0 g cm^{-3}

7.30 148 kJ mol^{-1} absorvidos

7.31 $\nu = 1{,}30 \times 10^{15}$ Hz e
$\lambda = 2{,}30 \times 10^{2}$ nm

CAPÍTULO 8

8.4 (a) –219 kJ mol^{-1}

(b) –572 kJ mol^{-1}

8.28 –245 kJ mol^{-1}

CAPÍTULO 9

9.8 0,115 nm

9.10 0,153 nm

9.17 0,286 nm

9.21 $7{,}54 \times 10^{-2}$ nm raio

9.41 72,1°

CAPÍTULO 10

10.12 $1{,}1 \times 10^{3}$ mmHg

10.14 70,8°

10.23 91,5 kJ mol^{-1}

10.38 9×10^{-1} kJ mol^{-1}

CAPÍTULO 11

11.9 (a) $3{,}42 \times 10^{-2}$ mol L^{-1}

(b) $1{,}02 \times 10^{-2}$ mol L^{-1}

(c) 3,64 mol L^{-1}

11.10 (a) $9{,}36 \times 10^{-2}$ *m*

(b) $9{,}36 \times 10^{-2}$ *m*

(c) 7,17 *m*

11.11 (a) 0,663

(b) 0,395

11.12 (a) 42%

(b) 3,67%

(c) 1,46 mol L^{-1}

(d) 2,12 *m*

11.13 (a) 42%

(b) 0,221

(c) 15,7 *m*

(**d**) 8,49 mol L^{-1}

11.16 (**a**) 0,15 mol L^{-1}

(**b**) 0,30 mol L^{-1}

(**c**) 0,84 mol L^{-1}

11.19 $1{,}11 \times 10^{-2}$ mol L^{-1} Na^+

$3{,}11 \times 10^{-2}$ mol L^{-1} Mg^{2+}

$6{,}00 \times 10^{-2}$ mol L^{-1} Al^{3+}

$2{,}53 \times 10^{-1}$ mol L^{-1} Cl^-

11.22 $1{,}29 \times 10^{-4}$

11.23 34,5 mL

11.30 (**a**) –0,73°C

(**b**) 100,20°C

11.31 (**a**) 23,6 mmHg

(**b**) 7,43 atm

11.32 $3{,}10 \times 10^2$ (g mol^{-1})

11.33 129 (g mol^{-1})

11.37 (**a**) $P_{benzeno} = 39{,}8$ mmHg

$P_{tolueno} = 24{,}4$ mmHg

(**b**) $P_{total} = 64{,}2$ mmHg

(**c**) $X_{benzeno} = 0{,}619$

$X_{tolueno} = 0{,}381$

11.40 0,750 mol L^{-1} Na^+

0,250 mol L^{-1} Cl^-

0,500 mol L^{-1} K^+

0,500 mol L^{-1} SO_4^{2-}

11.41 –0,47°C

11.43 $7{,}2 \times 10^4$(g mol^{-1})

11.59 8,87 mol L^{-1}

CAPÍTULO 12

12.38 (**a**) $1{,}88 \times 10^{-2}$ mol

(**b**) $1{,}88 \times 10^{-2}$ equiv

12.39 (**a**) $8{,}45 \times 10^{-2}$ mol

(**b**) $1{,}69 \times 10^{-1}$ equiv

12.40 (**a**) 80,91 g $equiv^{-1}$

(**b**) 41,04 g $equiv^{-1}$

(**c**) 32,67 g $equiv^{-1}$

(**d**) 44,49 g $equiv^{-1}$

(**e**) 56,91 g $equiv^{-1}$

(**f**) 85,66 g $equiv^{-1}$

12.41 $3{,}65 \times 10^{-2}$ mol

12.42 833 mL

12.43 146 mL

12.47 0,418 *N*

12.48 (**a**) 0,213 *N*

(**b**) 0,106 mol L^{-1}

12.49 (**a**) 0,150 equiv

(**b**) 0,450 equiv

(**c**) 0,600 equiv

(**d**) 0,750 equiv

12.50 (**a**) $0,100\ mol^{-1}$

(**b**) $6,67 \times 10^{-2}\ mol\ L^{-1}$

(**c**) $5,00 \times 10^{-2}\ mol\ L^{-1}$

(**d**) $3,33 \times 10^{-2}\ mol\ L^{-1}$

12.51 41,7 mL

12.52 34,5 mL

12.55 $526\ g\ equiv^{-1}$

12.66 (**a**) H^+

(**b**) $1,3 \times 10^{-2}\ mol\ L^{-1}$

(**c**) $8,57 \times 10^{-2}\ mol\ L^{-1}\ Na^+$

$9,86 \times 10^{-2}\ mol\ L^{-1}\ Cl^-$

12.68 $0,268\ mol\ L^{-1}\ H^+$

$0,472\ mol\ L^{-1}\ ClO_4^-$

$2,55 \times 10^{-2}\ mol\ L^{-1}\ K^+$

$0\ mol\ L^{-1}\ MnO_4^-$

$5,09 \times 10^{-2}\ mol\ L^{-1}\ Fe^{2+}$

$0,178\ mol\ L^{-1}\ SO_4^{2-}$

$2,55 \times 10^{-2}\ mol\ L^{-1}\ Mn^{2+}$

$0,127\ mol\ L^{-1}\ Fe^{3+}$

CAPÍTULO 13

13.5 $7,80 \times 10^{-3}\ mol\ L^{-1}\ s^{-1}$

13.6 $5,20 \times 10^{-3}\ mol\ L^{-1}\ s^{-1}$

13.7 51,0 mmHg (aumento)

13.8 (**a**) $6,05 \times 10^{-3}\ mol\ L^{-1}\ min^{-1}$

(**b**) $6,17 \times 10^{-3}\ mol\ L^{-1}\ min^{-1}$

(**c**) $6,32 \times 10^{-3}\ mol\ L^{-1}\ min^{-1}$

13.9 (**a**) $6,07 \times 10^{-3}\ mol\ L^{-1}\ min^{-1}$

(**b**) $1,00 \times 10^{-2}\ mol\ L^{-1}\ min^{-1}$

13.15 (**a**) $-\dfrac{d[A]}{dt} = k[A][B]^2$

(**b**) $1,08 \times 10^{-4}\ (mol\ L^{-1})^{-2}\ s^{-1}$

(**c**) $4,31 \times 10^{-6}\ mol\ L^{-1}\ s^{-1}$

(**d**) $6,47 \times 10^{-7}\ mol\ L^{-1}\ s^{-1}$

13.17 $-\dfrac{d[A]}{dt} = k[A][B]^2$

$k = 5,24 \times 10^{-4}\ (mol\ L^{-1})^{-2}\ s^{-1}$

13.19 (**a**) 1ª ordem

(**b**) $9,0 \times 10^{-2}\ h^{-1}$

13.21 $5,0 \times 10^1$ min

13.23 $6,5 \times 10^3$ s, ou 1,8 h

13.24 $2,7 \times 10^2$ s

13.32 (**a**) $53\ kJ\ mol^{-1}$

(**b**) $3,5 \times 10^2\ kJ\ mol^{-1}$

13.34 34°C

13.53 $-\dfrac{d[A]}{dt} = k[A][B]$

13.57 (**a**) $0,659\ mol\ L^{-1}$

(**b**) 8,0 h

CAPÍTULO 14

14.20 $5,85 \times 10^{10}$

14.22 $1,8 \times 10^{-4}$

14.23 $4,7 \times 10^{2}$

14.25 –185 kJ

14.26 20,1 mol L^{-1}

14.27 0,265 mol L^{-1}

14.28 24,3 mol

14.29 (a) 1,89 mol L^{-1}

(b) 1,89 mol L^{-1}

(c) 0,11 mol L^{-1}

(d) 0,11 mol L^{-1}

14.30 (a) 0,395 mol L^{-1}

(b) 0,395 mol L^{-1}

(c) $2,27 \times 10^{-2}$ mol L^{-1}

(d) $2,27 \times 10^{-2}$ mol L^{-1}

14.31 $[CO_2] = 0,378$ mol L^{-1}

$[H_2] = 0,378$ mol L^{-1}

$[CO] = 2,2 \times 10^{-2}$ mol L^{-1}

$[H_2O] = 2,2 \times 10^{-2}$ mol L^{-1}

14.32 $[CO] = 2,66 \times 10^{-2}$ mol L^{-1}

$[H_2O] = 2,66 \times 10^{-2}$ mol L^{-1}

$[CO_2] = 0,573$ mol L^{-1}

$[H_2] = 0,373$ mol L^{-1}

14.35 $6,7 \times 10^{-17}$ mol L^{-1}

14.37 $9,1 \times 10^{-4}$ mol L^{-1}

14.43 –226 kJ

14.49 $[SO_2] = 0,090$ mol L^{-1}

$[O_2] = 0,54$ mol L^{-1}

$[SO_3] = 1,9$ mol L^{-1}

14.52 0,14 g

CAPÍTULO 15

15.1 (a) 0,00

(b) 2,34

(c) 8,22

(d) 11,66

15.2 (a) $6,0 \times 10^{-3}$ mol L^{-1}

(b) $3,6 \times 10^{-5}$ mol L^{-1}

(c) $2,2 \times 10^{-7}$ mol L^{-1}

(d) $7,6 \times 10^{-13}$ mol L^{-1}

15.3 (a) $2,1 \times 10^{-10}$ mol L^{-1}

(b) $3,5 \times 10^{-8}$ mol L^{-1}

(c) $1,0 \times 10^{-10}$ mol L^{-1}

(d) $1,6 \times 10^{-11}$ mol L^{-1}

15.4 (a) 12,32

(b) 8,75

(c) 4,95

(d) 0,59

15.6 11 mL

15.8 6,63

15.10 $3,5 \times 10^{-5}$ mol L^{-1}

15.11 2,475

15.12 4,95

15.13 $5,7 \times 10^{-2}$ mol L^{-1}

15.15 (a) 2,58

(b) 4,25

15.18 $1,2 \times 10^{-7}$

15.19 $7,4 \times 10^{-4}$

15.20 $2,0 \times 10^{-4}$ mol L^{-1}

15.21 0,13 mol

15.23 (a) 11,30

(b) 12,21

15.27 (a) 9,07

(b) 11,53

(c) 5,13

15.28 (a) 10,19

(b) 12,68

15.31 9×10^{-12}

15.32 $[H_3O^+]$(ou $[H^+]$) = $1,3 \times 10^{-5}$ mol L^{-1}

$[NH_3] = 1,3 \times 10^{-5}$ mol L^{-1}

$[NH_4^+] = 0,31$ mol L^{-1}

$[OH^-] = 7,6 \times 10^{-10}$ mol L^{-1}

$[Cl^-] = 0,31$ mol L^{-1}

$[H_2O] = 55,3$ mol L^{-1}

15.33 7,00

15.34 8,86

15.36 5,10

15.38 2×10^{-3} mL

15.40 (a) 10,21

(b) 9,26

(c) 8,30

(d) 7,3

(e) 5,28

15.42 $3,9 \times 10^{-5}$

15.44 (a) 4,7

(b) 9,3

(c) 6,4

(d) 10,3

15.46 $3,1 \times 10^{-2}$ mol

15.49 (a) 2,47

(b) 4,52

(c) 4,27

15.52 (a) 5,00

(b) 9,40

(c) 9,40

(d) 11,40

(e) 0,60

15.57 $[H^+] = 8,7 \times 10^{-2}$ mol L^{-1}

$[H_2PO_4^-] = 8,7 \times 10^{-2}$ mol L^{-1}

$[HPO_4^{2-}] = 6,3 \times 10^{-8}$ mol L^{-1}

$[PO_4^{3-}] = 3,2 \times 10^{-19}$ mol L^{-1}

15.58 2,67

CAPÍTULO 16

16.1 $8,5 \times 10^{-11}$

16.3 $7,9 \times 10^{-8}$

16.6 $1,2 \times 10^{-13}$

16.7 $2,0 \times 10^{-13}$

16.11 $1,6 \times 10^{-4}$ mol L^{-1}

16.12 $2,2 \times 10^{-2}$ mol L^{-1}

16.14 9×10^{-9} mol L^{-1}

16.16 3,4 mol L^{-1}

16.19 0,68

16.25 $4,8 \times 10^{-5}$ mol L^{-1}

16.28 0,11 mol L^{-1}

CAPÍTULO 17

17.2 (a) $w = 0$

(b) $w = -912$ J

17.3 $-6,85 \times 10^{2}$ J

17.8 (a) $-w = 1,46 \times 10^{3}$ J

(b) $w = -1,46 \times 10^{3}$ J

17.10 1,84 kJ

17.11 –251 kJ

17.13 $\Delta H = 13,0$ kJ

$\Delta U = 12,4$ kJ

17.15 6,008 kJ mol^{-1}

17.18 $\Delta S_{vap} = 87,2$ J K^{-1} mol^{-1}

$\Delta S = 1,12$ J K^{-1} g^{-1}

17.23 –243,2 J K^{-1} mol^{-1}

17.27 –720,8 kJ mol^{-1}

17.29 –1226,6 kJ mol^{-1}

17.31 7×10^{24}

17.33 2×10^{12}

17.37 (a) –3139 kJ mol^{-1}

(b) $\Delta H° = -3267$ kJ mol^{-1}

$\Delta U° = -3263$ kJ mol^{-1}

17.42 284,5 J K^{-1}

17.46 $w = -3,19$ kJ mol^{-1}

$q = 33,5$ kJ mol^{-1}

$\Delta H = 33,5$ kJ mol^{-1}

$\Delta U = 30,3$ kJ mol^{-1}

$\Delta G = 0$

$\Delta S = 87,2$ J K^{-1} mol^{-1}

CAPÍTULO 18

18.15 124 mL

18.17 $6,23 \times 10^{4}$ C

18.19 1,24 g

18.21 (**a**) –0,41 V

(**b**) –0,34 V

(**c**) –1,36 V

(**d**) –1,36 V

18.22 (**a**) 1,81 V

(**b**) 0,29 V

(**c**) –0,29 V

(**d**) 0,28 V

(**e**) 0,62 V

18.26 (**a**) 1,30 V

(**b**) 3,17 V

(**c**) 1,67 V

(**d**) 0,56 V

18.29 0,42 V

18.31 1,02 V

18.32 (**a**) $-1{,}06 \times 10^3$ kJ

(**b**) –56 kJ

(**c**) +56 kJ

(**d**) $-5{,}4 \times 10^2$ kJ

(**e**) $-3{,}6 \times 10^2$ kJ

18.34 (**a**) –251 kJ mol^{-1}

(**b**) –612 kJ mol^{-1}

(**c**) –481 kJ mol^{-1}

(**d**) –54 kJ mol^{-1}

18.36 0,388 V

18.38 1

18.39 21,3 A

18.49 9,21

18.53 –0,828 V

CAPÍTULO 20

20.13 1,4137

1,03091

20.15 $2{,}0 \times 10^{-15}$

CAPÍTULO 24

24.15 0,125 g

24.16 $8{,}0 \times 10^{-4}$ anos

24.17 $3{,}7 \times 10^{-8}$ anos

24.33 4×10^{-5}

ÍNDICE ANALÍTICO

A

A (ampère), 31

Abaixamento da pressão de vapor, 526-532

Abundância isotópica, 221-222

Acelerador linear, 1248

Acetaldeído, 1206

Acetileno (etino), 1184

estrutura de Lewis do, 365-366

preparação do, 1036

Acetona, 1210

Ácido, 89, 232, 551

de Arrhenius, 551, 564-565

de Brønsted-Lowry, 566-570

de Lewis, 570-571

equivalente de um, 607

forte, 546, 568

fraco, 723-735

poliprótico, 606, 725, 767

sistema solvente, 566

Ácido acético, 1212

Ácido bórico, 1079

Ácido brômico, 998

Ácido butanóico, 1212

Ácido butírico, 1212

Ácido carbônico, 1034

Ácido carboxílico, 1211

propriedade do, 1213-1214

reações do, 1214-1215

Ácido cianídrico, 1036

Ácido clórico, 995

estrutura de Lewis do, 992

Ácido clorídrico, eletrólise de, 889

Ácido cloroso, 995

estrutura de Lewis para, 992

Ácido de Lewis, 570-571

Ácido dicarboxílico, 1212

Ácido diprótico, 606, 952

Ácido etanóico, 1212

Ácido fluorídrico, 990

Ácido fosfônico, 1026-1027

  estrutura de Lewis para o, 1027

Ácido fosfórico, 1026-1028

  estrutura de Lewis para o, 1028

Ácido fosforoso, 1026

  ácidos fracos, 580

  dissociação de, 723-735

Ácido graxo, 1216

Ácido hipobromoso, 997

Ácido hipocloroso, 992-993

  estrutura de Lewis para, 992

Ácido hipoiodoso, 1000

Ácido iódico, 1000

Ácido lático, 1213

Ácido metafosfórico, 1028

Ácido metanóico, 1076

Ácido metaperiódico, 1000

Ácido mesoperiódico, 1000

Ácido nítrico, 1021-1024

  estrutura de Lewis para o, 1021

Ácido nitroso, 1021

  estrutura de Lewis para o, 1021

Ácido ortofosfórico, 1028

  estrutura de Lewis para o, 1028

Ácido ortossilícico, 1087

Ácido oxálico, 1212

Ácido paraperiódico, 1000

Ácido perbrômico, 998

Ácido perclórico, 995-996

  estrutura de Lewis para o, 381, 992

Ácido pirofosfórico, 1028

Ácido pirossulfúrico, 1009

Ácido poliprótico, 725-726

Ácido sulfúrico, 1003, 1008-1010

  "concentrado", 1009

  diluição com água, 1010

  eletrólise da solução aquosa do, 890-891

  fumegante, 1009

Ácido sulfuroso, 1003, 1007

Ácido tiossulfúrico, 1010

Acidose, 774

Aço

  cementado, 1016

  doce, 1147

  inoxidável, 1147

Actínio, localização na tabela periódica, 300*n*

Actinóide, 300*n*

Açúcar invertido, 1225

Açúcar no sangue, 122

Adição eletrofílica, 1190

Adição nucleofílica, 1208

Adsorção

  quimissorção, 669

  física, 669

Afinidade eletrônica, 316-320

Afinidade por elétrons, 316-320

Ágata, 1086

Agente complexante, 575

Agente oxidante, 593-594
- força relativa, 901

Agente redutor, 593-594
- força relativa, 901

Água, 985-988
- aglomerados cintilantes, 985
- alta pressão, 492
- associação nos líquidos, 514
- constante de dissociação da, 741
- constante dielétrica da, 513
- diagrama de fases para a, 486-493
- dissociação da, 741-745
- dureza da, 1062-1065
- estrutura cristalina da, 985
- estrutura de Lewis da, 359
- formação de clatratos, 988
- formação de hidratos, 986
- ligação de hidrogênio, 513-516
- ligação na, 945
- polaridade da molécula de, 398-400
- pressão de vapor da, 170-172
- tabela, 171, 1339-1342
- produto iônico da, 742
- propriedades de solvente da, 513

Água de lavadeira, 994

Água dura, 1062-1065

Água régia, 1023, 1155

Águas de cristalização, 986

Águas de hidratação, 986

Alcanos, 1173
- cadeia linear, 1173
- cadeia normal, 1173
- cadeia ramificada, 1175
- cadeia reta, 1173

Alcenos, 1185

Alcino, 1188

Alnico, 1148

Alcoóis, 1197-1203
- polióis, 1200-1201
- primário, 1202
- propriedade dos, 1198
- reações dos, 1201
- secundário, 1202
- terciário, 1202

Álcool de cereal, 1200

Álcool de madeira, 1198

Álcool primário, 1202

Álcool secundário, 1202

Álcool terciário, 1202

Aldeído, 1201, 1205
- propriedades dos, 1206-1207
- reações dos, 1207-1208

Aldo-hexose, 1223

Alfa (α)
- acoplamento, 1225
- emissão, 1237
- enxofre, 1002-1003
- espiral, 1228
- estanho, 1073
- hélice, 1227-1228
- partícula, 214, 1237, 1238

Algarismos significativos, 25-27

Alotropia, 979, 1003, 1024, 1029, 1270
Alto forno, 1146
Alúmen de cromo, 410-411
Alúmens, 410-411, 1071
Alumina, 1067
Aluminato, íon, 1067, 1069
Alumínio, 1066, 1071
  alúmen, 1071
  anodização do, 1069
  compostos do, 1070-1071
  metalurgia do, 1066-1069
  ocorrência do, 1066
  propriedades e usos, 1070-1071
Aluminossilicatos, 1087
Amálgama, 991
Amálgama dentária, 1160
Amido, 1225
Amilopectina, 1225
Amilose, 1225
Aminas, 1218-1220
  propriedades das, 1219
  reações das, 1219-1220
Amina primária, 1218
Amina secundária, 1218
Amina terciária, 1218
Aminoácido, 1226
  essencial, 1226
Amolecimento da água dura, 1064-1065
Amônia, 1016-1019
  autodissociação da, 1018
  líquida, 1017-1018
Amônio, íon
  estrutura de Lewis do, 363, 366
  hidrólise do, 1018-1019
Ampère (a), 31, 900
Amplitude, 228
Analcita, 1088
Análise de diluição isotópica, 1262
Análise dimensional, 34
Análise elementar, 67-68
Análise por ativação de nêutrons, 1262
Anfibólios, 1087
Anfiprotismo, 808
Anfoterismo de hidroxi-compostos, 333, 807-809
Ângulo tetraédrico, 933
Anidrido, 980-981
Anidrido básico, 980-981
Ânion, 328-871
Anodização, 1069
Ânodo
  em células eletroquímicas, 871
  em tubos de descarga de gás, 210
Antimônio, 1091
Apatita, 1024
Aquo-complexo, 574, 576
Argilas, 1086, 1089
Argônio, 1037-1038
  célula unitária do sólido, 421
  compostos do, 1037
Arredondamento, 29
Arrhenius, Svante, 564

Arrhenius
- ácido de, 551, 564-565
- base de, 551, 564-565
- equação de, 657
- gráfico de, 659-660

Arseneto de níquel, estrutura, 433
Arsênio, 1090-1091
Arteriosclerose, 1217
Asbesto, 1087
Astato, 988
Atividade química, 725*n*, 858-860
Atividade química ou termodinâmica, 725*n*, 858-860
Atividade termodinâmica, 725*n*, 858-860
Átomo assimétrico, 1134, 1221
Átomo de Bohr, 206, 225, 232-237
Átomo de Dalton, 207
Átomo de Rutherford, 214-217
Átomo de Thomson, 213-214
Átomo marcado, 1261
Átomo, não-colapso, 224
Átomo nuclear, 213-220
Átomo(s), 52, 205-241
- massa dos, 58-59, 221-223

Atmosfera padrão (atm), 142
Austenita, 505
Auto-óxido-redução, 984
Avogadro, Amedeu, 61, 61*n*
Azul da prússia, 1151
Azul de Turnbull, 1151

B

Balança de Gouy, 1124
Balança magnética, 1124
Balanceamento
- analítico ou químico, 8
- Gouy, 1124

Balanceando equações
- por óxido-redução, 594-604
- por tentativa, 72-74

Balão, volumétrico, 85
Balmer, J. J., 228-229
Bário, 1056-1066
Barissilita, 1087
Barômetro, 142
Bartlett, Neil, 1037
Base, 89, 232, 551
- de Arrhenius, 551
- de Brønsted-Lowry, 570
- de Lewis, 570
- equivalente de, 607
- forte, 545-547
- fraca, 545-546
- sistema solvente, 566

Bases fracas, 580
- dissociação de, 735-740

Bateria, 913
Bateria de chumbo, 915-916
Bateria de níquel-cádmio, 917
Bauxita, 1066
Becquerel, H., 1237

Benitoite, 957

Benzeno, 1191

ligações no, 1191-1192

Berílio, 1056-1066

molécula diatômica hipotética do, 957

Berilato, íon, 1062

Berilo, 1057-1087

Beta (β)

acoplamento, 1226

decaimento, 1247

emissão, 1237

enxofre, 1003

estanho, 1073

partícula, 214, 1237

Bethe, Hans, 1117

Bicarbonato de sódio, 1035

Bicarbonatos, 1035

Bifuncional, 1213

Bioquímica, 1222

Bipirâmide trigonal, 386

"Bismutato de sódio", 1078

Bismuto, 1077-1078

análise qualitativa do, 1078

compostos de, 1077-1078

ocorrência do, 1077

usos do, 1077

Blenda de zinco, estrutura, 433

Bloco *d*, 304-307

Bloco *f*, 304-307

Bloco *p*, 303-304

Bloco *s*, 303-304

Bohr, Neils, 225

Boltzman, Ludwig, 651, 841

Bomba calorimétrica, 121

Borano, ligação no, 940

Boranos, 1083-1086

Boratos, 1082-1083

Bórax, 1078

Borazon, 1086

Born-Haber, ciclo de, 354

Boro, 1078-1086

compostos do, 1079-1086

elemento, 1079

hidretos de, 1083-1086

molécula diatômica do, 957

ocorrência do, 1078

usos do, 1078-1079

Boyle, Robert, 5, 146

Bragg, equação de, 415

Bragg, Lawrence, 415

Bragg, William, 415

Bravais, A., 420

Bravais, retículos de, 420

Brilho metálico, 438

Bromação, reação de, 1195

Bromato, íon, 997

Bromo, 997-998

oxoácidos de, 997

preparação do, 997-998

Brønsted, J. N., 566

Brønsted-Lowry, definição de ácido e base, 566-570

Bronze, 1073, 1156

Bureta, 90

Butano, 1173-1174

C

C (coulomb), 892

c (velocidade da luz no vácuo), 226

Cal (caloria), 121

Cálcio, 1056-1066

Cadaverina, 1219

Cádmio, 1159-1160

formação de sal fraco por, 1160

Cd (Candela), 31

Cal, 1061

Cal apagada, 1061

apagando, 1061

Cal-soda, método, 1064

Cal virgem, 1034, 1061

Calcáreo, 1034, 1066

Calcário, 1063

Calcogênios, 302, 1001-1012

Calomelano, 1161

Calor, 21, 112, 823-824

absorvido por um sistema (q), 112

de condensação (ΔH_{cond}), 476

de congelamento (ΔH_{crist}), 471

de cristalização (ΔH_{crist}), 471

de formação padrão ($\Delta H^o{}_f$) 128

de fusão (ΔH_{fus}), 471

dc ncutralização (ΔH_{neut}), 564

de reação, 126, 127-132

de solidificação (ΔH_{crist}), 471

de solução (ΔH_{sol}), 519-522

de vaporização (ΔH_{vap}), 461

e entalpia, 117-118

e primeira lei da termodinâmica, 116

e trabalho, 116, 823-824

tabela, H, Apêndice H 129

Tabela, 129, 1343-1349

Calor específico, 122*n*

Calor padrão

de formação ($\Delta H^o{}_f$), 128

de reação, 128-129

de um elemento, 128

Caloria (cal), 121

Caloria nutricional, 125

Calorimetria, 121

Calorímetro, 121

Calvin, Melvin, 1261

Camada, 248

Câmara de bolha, 1240

Câmara de Spark, 1240

Camada de valência, 303-304

Câmara de vapor, 1240

Candela, (cd), 31

Cânfora, 1210

Capacidade calorífica (C), 122-124

Capacidade calorífica molar, 122-124

Captura, K, 1241

Captura eletrônica (CE), 1241, 1250

Caráter parcial iônico e covalente, 376

Carbeto de silício, 55-57, 437, 1037, 1087
Carbohidratos, 1223
Carbonato de sódio, 1035
Carbonatos, 1035
Carbono, 1028-1037
amorfo, 1033
ativado, 1033
compostos do
inorgânicos, 1033-1037
orgânicos, 1170-1228
datação pelo, 1243
diamante, 1032-1033
formas alotrópicas do, 1029
grafite, 1032-1033
molécula de (C_2), 958
Carbono amorfo, 1033
Carbono ativado, 1033
Carborundum, 55-57, 437, 1037
Carboxiemoglobina, 1034
Carboxilato, íon, 1214
Carga da nuvem eletrônica, 275
Carga formal, 380-384
comparação com o número de oxidação, 588
Carlisle, Anthony, 208
Cassiterita, 1073
Catalisador heterogêneo, 669-670
"Catalisador negativo", 670
Catalisadores, 667
Catálise, 667-670
heterogênea, 669-670
homogênea, 668-669
"negativa", 670
Catálise homogênea, 668-669
Cátion, 323
Cátodo
em células eletroquímicas, 323, 871
em tubos de descarga de gás, 208
Cavernas de calcário, 1063
Célula
compartimentos de, 871
eletroquímica, 868
eletrolítica, 879-894
galvânica, 868-878
não-primitiva, 419
primária, 913
primitiva, 419
secundária, 915
solar, 446
unitária, 417-429
voltaica, 869
Célula, diagrama de, 873
Célula, tensão de
e espontaneidade, 877-878, 900
efeito da concentração sobre a, 905-908
energia livre e, 902-908
e princípio de Le Châtelier, 907
equilíbrio e, 902-908
Célula de Daniell, 873
Célula eletroquímica, 868
Célula não-primitiva, 417
Célula primitiva, 417

Célula solar, 446
Célula unitária, 417-420
cúbico de corpo centrado (ccc), 419
cúbico de face centrada (cfc), 419
cúbico simples, 419
da blenda de zinco, 433
da sfalerita, 433
de argônio, 421
de dióxido de carbono, 53-54
de etileno, 421
primitiva, 417
Célula unitária cúbica simples, 419
Célula voltaica, 869
Células eletrolíticas, 868, 879-883
e reação não-espontânea, 879-883
Células galvânicas, 868-878
bateria de chumbo, 915-917
bateria de níquel-cádmio, 917
Célula de Leclanché, 913-914
Célula de mercúrio, 914-915
comercial, 913-917
pilha seca, 913-914
primária, 913-915
secundária, 915-917
Celulose, 1225
Cementita, 1147
Centímetro (cm), 33-34
Centímetro cúbico, 141
Centro ativo (ou sítio ativo), 670
Centro de cor, 442
Cernc atômico, 345
Césio, 1049-1055
Ceto-hexoses, 1224
Cetonas, 1209-1211
propriedades das, 1210
reações das, 1211
Chalcocita, 1156
Charles, Jacques, 152
Chumbo, 1075-1077
análise qualitativa do, 1077
compostos de, 1075-1077
ocorrência do, 1075
usos do, 1075
toxicidade do, 1076-1077
Chumbo branco, 1077
Chumbo tetraetila, 1075
Chumbo vermelho, 1076, 1149
Chuva ácida, 1003
Cianato de amônio, 1036, 1171
Cianeto, íon, 1036
Cianeto de hidrogênio, 1036
Cianogeno
como pseudohalogênio, 786
estrutura de Lewis para o, 1035
Cianohidrina, 1208
Cicloalcano, 1182
Ciclo hexametassilicato, íon, 1087
Cíclotron, 1248
Ciências naturais, 2
Cinética química, 624-671
e equilíbrio, 698-701
Circuito externo, 872

Citral, 1207

Clatratos, 988, 1037

Clivagem em cristais, 434

Clorato, íon, estrutura de Lewis do, 996

Cloreto, íon

estrutura de Lewis para, 996

Cloreto de alumínio, 1071

Cloreto de berílio, estrutura do, 1061

Cloreto de bromo, estrutura de Lewis para, 370

Cloreto de hidrogênio

estrutura de Lewis para, 370

Cloreto de sódio

eletrólise de sais fundidos de, 886-888

eletrólise de solução aquosa de, 888-889

estrutura cristalina do, 421

Cloretos, 992

Cloro, 991-997

composto do, 991-992

ocorrência do, 991

óxidos de, 992

oxoácidos de oxoânions de, 992-997

preparação do, 1257

Cobalto, 1152-1153

compostos, 1152

propriedades e usos, 1152

Cobre, 1155-1157

compostos de, 1157

metalurgia do, 1156

ocorrência do, 1156

propriedades e usos, 1156

Cobre natural, 1156

Cobre vesiculado, 1156

cm (centímetro), 33-34

Combustão, análise, 79-80

Combustão de carvão, 132-134

Complexação, 575-577

Complexo ativado, 663-666

Complexo de baixo spin, 1117, 1120-1121

Complexo de spin alto, 1117, 1120-1121

Complexo lábil, 1135

Complexo octaédrico, 1118-1127

Complexo tetraédrico, 1127

Complexos, 1106

Composição centesimal, 67

Composto de adição, 1081

Composto estequiométrico, 52, 65-71

Composto químico, 10

Compostos deficientes de elétrons, 1083

Compostos inorgânicos, 1171

Compostos inter-halogânicos, 1000-1001

Compostos orgânicos, 1171

Compostos pseudobinários, 330

Comprimento de ligação (distância de ligação), 307

Comprimento de onda (λ), 225

Condição de equilíbrio, 694

Condição limite, 268

Condução

metálica, 438

semi-, 444

Condução metálica, 40

Configurações eletrônicas dos átomos, 248-249

Congelamento, 470-471

Contador de cintilações, 1239

Contador Müller-Geiger, 1239

Contração lantanóidica, 309, 1138

CNTP (condições normais de temperatura e pressão), 165

Convenção cerne do gás nobre, 254

Constante de Boltzmann (*K*) 841

Constante de equilíbrio de pressão (K_P), 694-695

Constante de equilíbrio e concentração (K_c), 694

Constante de equilíbrio termodinâmica(K_a), 859

Constante dielétrica, 513

Constante(s) de dissociação

para a água, 741

para ácidos fracos (K_a), 723

tabelas, 724, 726, 1350-1352

para bases fracas (K_b), Tabela, 737, 1352-1353

para íons complexos (K_{diss}), Tabela, 805

Constante de dissociação (K_d), 723

Constante de dissociação cumulativa (K_{diss}), 804

Constante(s) de equilíbrio

caráter adimensional da, 696

concentração (K_c), 694-695

e energia livre, 858-860

para reações heterogêneas, 702-703

para reações homogêneas, 682-689

potencial padrão e, 907-908

pressão (K_p), 694-695

pressão de vapor de equilíbrio, 458

variação com a temperatura, 463-470

reação direta e inversa, 698-699

termodinâmica (K_a), 859

variação com a temperatura, 703-707

Constante de equilíbrio (*K*), 691-698

Constante de ionização (*Ki*), 723

Constante de Faraday (F), 789, 1301

Constante do gás ideal (R), 161-165

Constante molal da diminuição do ponto de congelamento (ΔT_c), 534, 536-538

Constante molal de elevação do ponto de ebulição (ΔT_e), 534

Constante de Planck (H), 232

Constante de Rydberg (R), 229

Constante de velocidade (*k*), 633-634

Corundum, 1070

Coulomb (C), 900

Criolita, 822, 989

Criptônio, 1037-1038

compostos de, 1037

Cristal, 410-411

perfeito, 411

Cromato, íon, 1142

Cromato de zinco, 1146

Cromito, íon, 1142-1143

Cromo, 1141-1143

compostos de, 1141-1143

de posição tripla, 1141

passivação do, 1141

propriedades e usos, 1141

Crookes, William, 208

Cúbico de corpo centrado (ccc) célula unitária, 419
Cúbico de face centrada (cfc) célula unitária, 419
Cunhagem de metais, 1155
Cuprita, 1156
Curva de aquecimento, 474-476
Curvas de resfriamento, 476-477
Curvas de titulação, 764-768
    ácido forte e base forte, 765-767
    ácido fraco e base forte, 766-767
    ácido poliprótico, 767-768
    base fraca e ácido forte, 766-768

D

Dados experimentais, 5
Dalton, John, 167, 207
Datação com urânio, 1244
Datação radioquímica, 1244
Davisson, C., 263
Davy, Humphrey, 208
dm (decímetro), 33
    de Broglie, Louis, 261-262
Debye, Peter J. W., 396*n*
Decaimento radioativo, 1241
    cinética de, 1241-1246
Decaóxido de tetrafósforo, 1026
Decímetro cúbico, 141
Defeitos de linha, 442
Defeitos, estado sólido, 441-446
    de linha, 442
    de ponto, 442-444
Defeitos do retículo, 441-442
Definição do sistema solvente de ácidos e bases, 565-566
Delta (Δ) símbolo, 115
Densidade, 40-42
    periodicidade na, 320
Densidade de probabilidade (Ψ^2), 274
Dênteron, 1248
Deposição tripla, 1141
Desdobramento de orbital *d*
    em complexos octaédricos, 1120, 1121
    em complexos, quadrado planar, 1154
    em complexos tetraédricos, 1126
Desdobramento de energia do campo cristalino (Δ), 1120
Desdobramento de energia de campo ligante, (Δ), 1120
Desintegração nuclear, 1237
    cinética da, 1241
Deslocamento, 442
    em cunha, 442, 443
    em hélice, 442-443
Deslocamento em cunha, 442, 443
Desordem e probabilidade, 835-840
Desproporcionamento, 984
Destilação fracionária, 1173
Destrógiro, 815
Desvio do comportamento de gás ideal, 189-191
Deutério, 972
Dextrose, 1223
Diagrama de contorno, 277
Diagrama de fase, 486-493

alta pressão, 492-493
para a água, 489-492
para o dióxido de carbono, 493
Diagrama de orbital, 249
Diagrama de preenchimento, 252
Diagrama de pó, 416
Diamagnetismo, 1123
Diamante, 1029-1033
Diborano, 1083
Dicromato, íon, 1147
Diferença de potencial elétrico, 872
Difração
de elétrons, 263-264
de luz, 263
de nêutrons, 1263
de raios x, 411-416
Difração de nêutrons, 1263
Difração de raios x, 411-416
descoberta da, 411-412
diagrama de Laue, 412
mecanismo da, 412-416
método do pó, 416
Difusão
de gases, 172-178
de líquidos, 455
Lei de Grahan, 172-178
Dihidrogenofosfatos, 1028
Dihidrogenofosfitos, 1028
Diluição, 87
Diminuição do ponto de congelamento, 536-538
Diodo de emissão, 446
Diodo, estado sólido, 445
fotodioto, 446
luz-emitida (LED), 446
Dióxido de carbono
diagrama de fase para, 493
estrutura cristalina do sólido, 54
estrutura de Lewis para, 396-397
geometria molecular do, 396-398
sólido, 53-493
soluções aquosas do, 1034
Dióxido de cloro
estrutura de Lewis para, 992
Dióxido de enxofre, 1003, 1107-1108
estrutura de Lewis para, 1007
Dióxido de manganês, 1149
Dióxido de nitrogênio
estrutura de Lewis para o, 1020
formação do, 1140
Dioxigênio, íon, 985, 1037
Dipolo, 395
Dispersão da luz, 227
Dissacarídeos, 1224
Distorção tetragonal, 1154
Dissilicato, íon, 1087
Dissociação, 353
da água, 741-745
de ácidos fracos, 723-735
de bases fracas, 735-740
de íons complexos, 802-807
grau de, 547-548

Dissulfeto de carbono, 1036
Doador
  dopagem, 444
  empacotamento denso duplo hexagonal, 429
Doador de próton, 566
Dolomita, 1056
Domínio ferromagnético, 1148
Dureza permanente da água, 1063
Dureza temporária da água, 1063

E

e_g orbitais de subconjunto, 1118-1120
e_g^* orbitais de subconjunto, 1129
E_k (energia cinética), 19
E_p (energia potencial), 19-20
$\mathcal{E}$ (tensão, diferença de potencial) 762
Ebulição, 459
Efeito de blindagem, 309
Efeito de gaiola, 662
Efeito de nivelamento, 568
Efeito de orientação, 653
Efeito do íon comum
  em equilíbrios ácido-base, 732
  em equilíbrios de solubilidade, 793-797
Efeito do par inerte, 1004, 1066, 1072
Efeito estérico, 653
Efeito fotoelétrico, 1055
Efeito isotópico, 972
Eficiência de empacotamento, 424
Efusão, 175
  lei de Graham da, 175
Einstein, Albert, 232, 261
Elemento químico, 10
  de transição, 300
  representativo, 299
Elementos de transição (metais de transição), 300, 1100, 1162
  propriedades químicas dos, 1103-1104
Elementos de transição interna, 169
Elementos representativos, 299
Elementos transurânicos, 1248
"Eletreto de sódio", 1054
Eletrodo(s)
  calomelano, 906-908
  calomelano saturado, 906-908
  em tubo de descarga de gás, 210
  hidrogênio, 895-896, 909-911
  hidrogênio padrão, 895-896
  inerte "oxidação-redução", 876
  íon gás, 875
  medidas de pH com, 909-911
  membrana, 876-877
  metal-ânion de sal insolúvel, 875-876
  metal-íon-metal, 874
  referência, 909
  tipos de, 874-876
  vidro, 911-912
Eletrófilo, 1189
Eletrólise, 208, 884-894
  de ácido clorídrico, 889

de ácido sulfúrico, 890-891
de cloreto de sódio aquoso, 888-889
de cloreto de sódio fundido, 886-887
de sulfato de sódio aquoso, 891
Lei de Faraday, 208, 892-894
Eletrólito(s), 543-555
dissociação de, 544-545
força de, 545-547
forte, 545-546
fraco, 545-546
iônico, 544
molecular, 545
Elétron(s)
carga de, 211-212
como raios catódicos, 212
deslocalizados, 437
difração de, 263-264
em amônia líquida, 1017, 1054
emparelhado, 357
livre, 437
massa de, 212, Apêndice B
níveis de energia, 233-234, 245-248
propriedades ondulatórias dos, 272-285
relação carga-massa dos, 212
spin do, 245-246
valência, 302
vazio, 445
Elétron deslocalizado, 437
Elétron de valência, 302
Elétron gasoso, 437
Eletronegatividade, 370-376
e número de oxidação, 588
e polaridade de ligação, 372-373
periodicidade em, 370-371
valores de, 374
Elétrons livres, 437
Eletroquímica, 868-918
e termodinâmica, 902-904
Eletrorrefino de cobre, 1156
Elevação de ponto de ebulição, 533-536
Emissão de nêutrons, 1250
Emissão de positrons, 1248, 1250
Emulsão fotográfica, uso com o detector de radiação, 1240
Emulsificação dos óleos, 1218
Empacotamento denso, 424-433
bidimensional, 425
cúbico, (edc), 427-429
eficiência de, 424-425
hexagonal (ehd) 427-429
tridimensional, 425-429
Enantiomerismo, 1134, 1221
Encontro, 662
Energia, (U), 18-21
cinética, (E_k), 19
de ativação, (E_a) 652-657
e entalpia, 118, 829-832
e massa, 16*n*, 1254-1257
eletromagnética, 226
e primeira lei da termodinâmica, 115-116, 823-824
hidratação, 520, 533
ionização, 312-316, 353

lei da conservação da, 20
mecânica, 19
potencial, (E_P), 19-20
radiante, 226
velocidade da, 227
reticular, 434-335, 439-441, 520
Energia de elétron nos átomos, 233-236, 245-248
Energia de ligação, 376-380
Energia de ligação nuclear, 902-904
Energia de ponto zero, 474
Energia eletromagnética, 226
Energia livre de Gibbs (G), 842-847
definição, 844
de reação, 852-854
e equilíbrio, 845, 855-860
e reações químicas, 852-871
e tensão de cela, 871-902
e transformação espontânea, 845-847
padrão de formação espontânea (ΔG_{f_o}), 851-852
tabela, 853, 1343-1349
Energia média de ligação, 378-380
Energia nuclear de ligação, 1254
Enstatita, 1087
Entalpia (H), 117-118, 829
definição de, 829
de formação, 128
de reação, 126, 130-131
de um elemento, 130
e energia, 118, 829-832
e processos a pressão constante, 118, 829-832
tabela, 129, 1343-1349
Entropia, (S), 841-842
e mudanças de fase, 847-848
e probabilidade, 841-842
e reações químicas, 850-851
padrão absoluto, (S°), 848-849
tabela de, 849, 1343-1349
Envenenamento de catalisadores, 671
Enxofre, 1002-1012
compostos do, 1005-1012
diagrama de fases, 1005
formas alotrópicas do, 1003-1004
ocorrência do, 1002
Enxofre amorfo, 1004
Enxofre monoclínico, 1003
Enxofre ortorrômbico, 1003
Enxofre plástico, 1004
Equação (ões)
balanceada, 72
balanceamento por tentativas, 72-74
conversão de unidades, 34, Apêndice B
de estado, 163
para o gás ideal, 163
para o gás real, 190-192
escrevendo, 577-585
iônica, 574-575
para reações de óxido-redução, 594-604
química, 71-72
significados de, 74-75

termoquímica, 117-132
Equação de Clausius-Clapeyron
e a equação de van't Hoff, 705
equilíbrio líquido-gás e, 466
equilíbrio sólido-gás e, 484
Equação de Henderson-Hasselbalch, 770
Equação de Nernst, 905-907
Equação de onda, 272
Equação de Rydberg, 231
Equação de Shrödinger, 272
Equação de van der Waals, 190-192
Equação de van't Hoff, 53
e equação de Clausius-Clapeyron, 705
e o princípio de Le Châtelier, 704-707
Equação(ões) de velocidade, 632-634
Equação iônica líquida, 574, 577-585
Equação nuclear, 1237-1238
Equações de Maxwell Boltzmann, 652
Equilíbrio, 456-463, 682-714
abordagem do, 684-685
ácido-base, 723-781
cinéticos e, 698-701
deslocamento do, 686-689
efeito de temperatura em, 703-707
Energia livre de Gibbs e, 855-860
e termodinâmica, 854-859
heterogêneo, 702-703
homogêneo, 682-698
íon complexo, 801-809
lei de, 689-698
líquido-gás, 457-459
princípio de Le Châtelier e, 480-482, 686-689
químico, 682-714
sólido-gás, 484-485
sólido-líquido, 470-474, 483-484
solubilidade, 788-797
tensão de cela e, 855-860
Equilíbrio dinâmico, 458
Equilíbrio químico, 682-714
ácido fraco, 723-735
base fraca, 735-740
abordagem do, 684-685
em soluções aquosas, 723-817
enunciado de, 694
e princípio de Le Châtelier, 686-689
equilíbrio ácido-base, 723-781
e temperatura, 703-707
e termodinâmica, 855-860
homogêneo, 682-689
lei do, 689-698
Equilíbrios simultâneos
ácido sal, 778-779
ácidos polipróticos, 725-726, 778
mistura de ácidos fracos, 775-778
solubilidade e íons complexos, 809-811
Equivalência massa-energia, 1254-1257
Equivalente
ácido-base, 607
redox, 609-611
Escala de temperatura absoluta, 146
Escala de temperatura Celsius, 21, 145

Escala de temperatura Fahrenheit, 22
Escala de temperatura Kelvin, 145
Escândio, 1102
Escória, 1147
Esfarelita, 1002
    estrutura da, 433
Esfera de hidração, primeira, 533
Esmeralda, 1057
Espatoflúor, 989
Espectro contínuo, 228-229
Espectro de linha, 229-231
Espectro eletromagnético, 226-227
Espectrocopia
    atômica, 227-232
Espectrômero de massa, 221
Estabilidade nuclear, 1249
    cinturão de, 1249
Estado da matéria, 10
    transformação do, 474-494
Estado de oxidação, 586
Estado excitado, 233
Estado fundamental, 233
Estado padrão, 128
Estados de transição, 663
Estanato, íon, 1074
Estanho, 1073-1075
    análise qualitativa do, 1074
    composto do, 1073-1075
    formas alotrópicas do, 1073
    usos do, 1073
Estanho, γ, 1073
Estanho branco, 1073
Estanho cinza, 1073
Estanho rômbico, 1073
Estequiometria, 52-100
    ácido-base, 89-90, 604-613
    ácido fraco, 723-735
    base fraca, 735-740
    composto, 52, 65-71
    equação, 52
    fórmula, 52, 65-71
    gás, 184-188
    periodicidade na, 334
    reação, 52, 74-83
    redox, 609-611
    solução, 83-92, 604-613
Éster, 1215-1217
    propriedades e usos, 1216
Estereoisomerismo, 1132
    cis-trans, 1132, 1136, 1188
    enantiomerismo, 1121, 1133, 1138
    fac-mer, 1136
Estereoquímica
    de complexos, 1132-1138
Estrôncio, 1056-1066
Estrutura cristalina
    antifluorita, 433
    argônio, 421
    arseneto de níquel, 433
    blenda de zinco, 433
    carbeto de silício, 55-57
    cloreto de sódio, 421

diamante, 1029-1030
dióxido de carbono, 54-55
esfarelita, 433
etileno, 421
fluorita, 433
grafita, 1029-1031
sal de cozinha, 1050
Estrutura de gelo, 985
Estrutura de Lewis
de composto iônico, 347-350
de íons, 346-347
e ligações covalentes, 359-364
para átomos, 343-345
regras para escrever, 359-364
Método de Clark, 1334-1338
Estrutura de Lewis para íon cianato, 383
Estrutura de proteína primária, 1227
Estrutura de proteína quaternária, 1228
Estrutura de proteína secundária, 1227
Estrutura de proteína terciária, 1228
Estrutura quiral,1134
Estudando química, 3-4
Etano, 1173-1174
estrutura de Lewis para, 363
Etanol, 1198-1199
Etapa determinante da velocidade, 666
Etapa limitante de velocidade, 666
Eteno (etileno), 1185
célula unitária, 421
estrutura de Lewis para, 932
ligação em, 932, 1185
Éter dietílico, 1204
Éter dimetílico, 1204
Éteres, 1025-1203
formação de peróxidos explosivos por, 1204
propriedades de, 1204
reações de, 1205
Etilenoglicol, 1200
Etino (acetileno), 1188
estrutura de Lewis para, 366
Evaporação, 455-456
resfriamento por, 456
Expansão da camada de valência, 385, 1334-1338
Expansão livre, 195
Exatidão, 23
Experimento da gota de óleo, 211
Experimento de Davisson-Germer, 264, 272
Experimento de Stern-Gerlach, 246
Experimentos em tubos de descarga, 206-213
Explosão nuclear, 1257
Expressão da lei da ação das massas (Q)
para reações heterogêneas, 702-703
para reações homogêneas, 689-690

F

F (faraday), 892
F centro, 442
F (constante de faraday), 902-903, 1301
Faculdade Oberlin, 1067
Faraday, Michael, 208

Fase, 11-12
Fator de freqüência (*A*), 657
Fator de probabilidade (*p*), 654
Fator estérico (*p*), 653
Fator unitário, 36-40
Feldspato, 1086, 1088
Fenolftaleína, 761-767
Ferricianeto, íon, 1112, 1151
Ferro, 1146-1152
 análise qualitativa do, 1152
 cinza, 1147
 compostos do, 1150
 corrosão do, 1148
 fundido, 1147
 gusa, 1147
 metalurgia do, 1146-1147
 ocorrência do, 1146
 passivação do, 1147
 pirofórico, 1103
 proteção contra, 1150
 ranco, 881
Ferro forjado, 1147
Ferrocianeto, íon, 1151
Ferromagnetismo, 1147-1148
Ferropirofórico, 1103
Ferrugem, 1148
Fissão espontânea, 1241
Fissão nuclear, 1241, 1252
Fissão nuclear, 1252-1254
 produto de fissão, 1253
Fluido, 989-991
Flúor, 989-991
 estrutura de Lewis para a molécula, 372
 ligação na molécula, 930, 961
 ocorrência, 989
 reações de, 990
Fluorapatita, 989
Fluoreto, 989
 estrutura cristalina, 433
Fluoreto de cálcio, estrutura cristalina, 433
Fluoreto de hidrogênio, 990
 ligação na molécula, 929-930
 estrutura de Lewis para, 360, 373
Fluoreto de oxigênio, 985
Fluorita, 989
Força de eletrólito, indicação para, 581-582
Força eletrostática, 343
"Força vital", 1171
Forças de dispersão, 435
Forças de London, 435-436
Forças de van der Waals, 435
Forças dipolo-dipolo, 435
Formação
 calor de, 128
 energia livre de Gibbs padrão de (ΔG_f°), 851-852
 padrão, (ΔH_f°), Tabela, 129, 1343-1349
 tabela, 853, 1343-1349
Formação de bolhas em líquidos em ebulição, 462
Formaldeído, 1205, 1206
Fórmula estequiométrica, 52, 65-71
 periodicidade em, 334

Fórmula química, 11, 53-57
condensada, 1173
empírica, 55-56
estrutural, 57
mínima, 55
molecular, 54-55, 70-71
significado de, 65-66
Fórmula unitária, 59
Fosfato de sódio, 1028
Fosfato trissódico, 1028
Fosfatos, 1028
Fosfitos, 1028
Fósforo, 1024-1028
branco, 1024-1026
compostos de, 1026-1028
ocorrência do, 1024
óxidos de, 1026
oxoácidos de, 1026-1028
preto, 1026
vermelho, 1025-1026
Fosgênio, 1036
Fotocela, 1055
Fotodiodo, 446
Fóton, 232-233, 261
Fotossíntese, 1261
Fração molar (X), 506-507
Frâncio, 1049-1055
Freqüência, (ν), 225
Freqüência de colisões (Z), 651
Frutose, 1223-1224, 1225
Função de onda, 274
Fusão do ferro, 1147
Fusão nuclear, 1258

G

Galena, 1002
Gálio, 1072
Gama, (γ) raio, 214
Galvanização, 1149
Galvanização com estanho, 1073
Gás de água, 975
Gás de Marsh, 1183
Gás(es), 10, 141-197
densidade, 166
estequiometria, 184-188
ideal, 141
real, 188-196
Gas(es) reais, 188-196
equação de estado para, 190-193
teoria cinético-molecular e, 193-194
Gás hilariante, 1020
Gás ideal, 141, 147, 154, 160
volume molar do, 165
Gás nobre, 254, 298, 331, 1037-1039
Gasolina com chumbo, 1075
Gasool, 1200
Gay Lussac, Joseph, 152
Geiger, H., 213
Gelo seco, 484
Geometria molecular
e método VSEPR, 384-394

e orbitais híbridos, 933-947
e pares solitários, 385
e polaridade da molécula, 396-398
Gerlach, Walther, 245
Germânio, 1090
Germer, L.H., 263
Gesso, 1062, 1065
Glicerídeos, 1217
Glicerol, 1201
Glicose, 1223-1225
Glioxima dimetílica, 1155
Goldstein, E., 212
Gordura, 1217
Gráfico de primeira ordem, 641
Gráfico de segunda ordem, 647
Grafita, 132, 1029-1033
Graham, Thomas, 172-173
Grupo (em tabela periódica), 299-300
Grupos A (tabela periódica), 299
Grupo alquila, 1177-1178
Grupos B (tabela periódica), 300
Grupo carbonila, 1205
Grupo carboxila, 1212
Grupo de transição (tabela periódica), 300
Grupo funcional, 1196-1197
Grupo hidrófilo, 1218
Grupo hidrófobo, 1218
Grupo principal (tabela periódica), 299
Grupo representativo (tabela periódica), 299
Guldberg, Maximilian, 694*n*

H

h (constante de Planck), 232-233
H (entalpia), 117-118, 829
Haber, Fritz, 354
Háfnio, 1103
Haleto, 988
Haleto alquílico, 1202
Haletos de enxofre, 1011-1012
Halita, 991, 1050
Hall, Charles Martin, 1067-1068
Halogênios, 299, 329, 988-1001
Heisenberg, Werner, 244
Hélio, 1037-1038
molécula diatômica hipotética, 955-956
Hematita, 1146
Hemoglobina, 1034, 1227
Héroult, Paul, 1068*n*
Hexaóxido de tetrafósforo, 1026
Hexose, 958-959
Híbrido de ressonância, 369-370
Hidratação, 520, 553
água de, 986
Hidrato, 986
Hidrazina
estrutura de Lewis para, 364
Hidreto de berílio, ligação no, 936-938
Hidretos, 976
covalente, 976
iônico, 976
metálico, 976-977

Hidretos de boro, 1083-1086
Hidrocarboneto insaturado, 1173, 1185
  propriedades, 1188
  reações, 188
Hidrocarboneto normal, 1173
Hidrocarboneto saturado, 1173
  propriedades de, 1182-1183
  reações de, 1183-1184
Hidrocarbonetos, 1173
  aromáticos, 1191
  "cadeia linear", 1173
  cadeia ramificada, 1175
  insaturados, 1173, 1184
  halogenados, 1185
  normal, 1173
  saturados, 1173
Hidrocarbonetos aromáticos, 1191
  fontes, 1194
  propriedades dos, 1194
  reações, 1195
Hidrocarbonetos halogenados, 1184
Hidrocarbonetos ramificados, 1175
Hidrogênio, 329, 971-977
  compostos de, 975-977
    distância de ligação de, 356-357
  elementar, 971-972
    energia de dissociação de ligação de, 358, 376
  estrutura de Lewis para, 359
  isótopos de, 219-220, 972
    ligado em, 356-358, 928 929, 955
  molécula de
    preparação de, 973-975
Hidrogênio, íon, 554
Hidrogênio frágil, 977
Hidrogeniocarbonatos, 1035
Hidrogenofosfato, 1028
Hidrogenofosfitos, 1028
Hidrogenofosfonado, 1028
Hidrogeno-molécula íon, 956
Hidrólise, 745-757
  ânion, 745-751
    constantes para, 748-751
  cátion, 751-757
    constantes para, 752-753
  de sais, 756-757
  e pH, 755-756
  mecanismo de, 753-755
Hidrólise do ânion, 745-757
  constantes, 748-751
Hidroxiapatita, 990
Hidroxi-compostos, 332-334
Hidróxido de alumínio, 1070
Hidróxido de amônio, 736-737, 1018
Hidróxidos, 982
Hidroxilamina
  estrutura de Lewis para, 1019
Hidroxilamônio, íon, 1019
Hipobromito, íon, 997
Hipoclorito, íon, 995-996
  estrutura de Lewis para, 363, 996

Hipoidito, íon, 1000
Hipótese, 6

I

Imagem especular, 1133-1134
Impulso, 188
Indicadores ácido-base, 90, 757-768
    tabela de, 762
Índio, 1072
Inércia, 8
Influência da concentração
    na tensão de cela, 904-905
    nas velocidades de reação, 633-634
Influência da velocidade de reação com a temperatura, 657-662
Inibidor, 670
Insolubilidade, 573
Insulina, 1227
Intermediários de reação, 666
Interstício, 505
Interstícios reticulares, 442
Inversão da molécula de amônia, 1018
Iodato, íon, 1000
Iodo, 998-1000
    ácidos oxigenados de, 999-1000
    tintura de, 998
Íon(s), 89, 213
    complexos, 571, 801-809, 1106-1111
    em solução aquosa, 553-555
    estrutura de Lewis dos, 346-350
    hidratação de, 553
    negativo(s), 213
    positivo(s), 213
Íons complexos, 571, 575, 1106-1111
    alto spin, 1117, 1120-1121
    baixo spin, 1117, 1120-1121
    bipirâmide tetragonal, 1154
    cor de, 1106, 1125-1126
    dissociação de, 802-807
    estereoisomerismo em, 1133-1134
    cis-trans, 871, 1133
    enantiomerismo, 1133-1134, 1221-1222
    fac-mer, 1136
    ligações em, 1112-1132
    linear, 1132
    nomenclatura dos, 1108-1111
    números de coordenação em, 1132-1138
    octaédrico, 1113-1116, 1136-1138
    ótica, 1133
    propriedades espectrais dos, 1125-1127
    propriedades magnéticas dos, 1123-1124
    quadrado planar, 1115-1116, 1132-1133, 1154
    teoria do campo cristalino, 1117-1122
    teoria do campo ligante, 1129-1132
    teoria dos orbitais híbridos, 1112-1117
    teoria dos orbitais moleculares, 1129-1132
    tetraedro, 1116-1117
Íon de carga oposta, 343
Íon espectador, 582

Ionização de eletrólitos, 543*n*
Irídio, 1103, 1155
Isomeria
  cis-trans, 1188
  de cadeia, 1181
  de estrutura, 1181
  enantiomeria, 1133-1134, 1221
  estereoisomeria, 1133-1134
  fac-mer, 1136
  ótica, 1133
Isomeria *cis-trans*
  em alcenos, 1188
  em íons complexos, 1133, 1136
Isomeria ótica
  em compostos inorgânicos, 1221-1222
  em íons complexos, 1133-1136
Isômero, 1133
Isótopo, 219-220
Ítrio, 1102
IUPAC, 1306

J

J (joule), 32, 112
Jadeíta, 1087
Joule, (J), 32

K

k (constante de velocidade), 634
K (constante de equilíbrio), 691-698
K_a (constante de dissociação de ácidos), 723
K_{diss} (constante de dissociação), 723-805
Kelvin (K), 31, 145-146
kg (quilograma), 31
K_{hid} (constante de hidrólise), 748-750
kJ (quilojoule), 112
K (Kelvin), 31
K_{ps} (produto de solubilidade), 789
K_w, (constante de dissociação da água), 741

L

Lama do ânodo (borra), 1156
Lâmpada negra, 1259
Lantânio, localização na tabela periódica, 300*n*
Lantanóide, 300, 300*n*
Latões, 1156
Lavoisier, A. L., 16, 1014*n*
Le Châtelier, Henry, 478
Lei da composição definida, 17, 207
Lei da conservação da massa, 16, 207
Lei da conservação de energia, 20
Lei das proporções definidas, 17
Lei de Boyle, 5, 146-152, 182
Lei de Charles, 152-159, 182
Lei de Dalton das pressões parciais, 167-169, 182-183
Lei de Gay Lussac da combinação dos volumes, 160
Lei de Graham, 172-177
Lei de Henry, 524-525

Lei de Hess, 126-127

Lei de Mariotte, 147*n*

Lei de Raoult, 527-532

desvio da, 532-533

Lei do equilíbrio químico, 694

Lei do gás ideal, 160-167, 184

Lei natural, 5

Lei periódica, 296-299

descoberta, 296-297

descrição moderna da, 298-299

Lei(s) da termodinâmica, 822

primeira, 115, 823-829

segunda, 832-842

terceira, 848-849

Leis de Faraday, 208, 892-894

Leis de Graham da difusão e efusão, 172-177

Levógiro, 1221

Ligação covalente, 355-369

coordenada, 366, 1107

e estruturas de Lewis, 359-366

e orbitais híbridos, 933-947

normal, 366

teoria e ligação de valência (VB) 927-932

teoria e orbital molecular (MO), 927, 948-963

Ligação de hidrogênio, 513-516

em água, 513-515

em soluções água-álcool, 516

no gelo, 985

simétrica e não-simétrica, 515

Ligação de três centros, 1083

Ligação dupla, 365, 931

Ligação iônica, 342-355

energia na, 350-355

estruturas de Lewis e, 347-350

Ligação não-polar, 372

Ligação peptídica, 1227

Ligação pi (π), 931

Ligação polar, 372-373

Ligação química, 53, 341-402

coordenada, 366

covalente, 355-369, 927-964

iônica, 342-355

múltipla, 365-366

não-polar, 372

normal, 366

pi (π), 931

polar, 372-373

sigma (σ), 928

Ligação simples, 928

Ligação σ, 931

Ligação sigma (σ), 928

Ligação tripla, 931

Ligações, 341-402, 927-964

covalentes, 355-369, 927-964

em complexos, 1112-1132

em sólidos, 434-439

iônicas, 342-355

metálicas, 437-439

múltiplas, 930-932

Ligância, 1107

Ligante, 576, 1107

polidentado (multidentado), 1136
Ligante de campo forte, 1121
e a série espectroquímica, 1126-1127
Ligante de campo fraco, 1121
e a série espectroquímicas, 1126-1127
Limonita, 1146
Líquido, 417
Líquido associado, 514
Líquido(s), 10, 454-474
associados, 514
propriedades gerais dos, 454-455
superaquecimento do(s), 461-463
Lítio, 1049-1055
molécula diatômica de, 957
L (litro), 33, 141
l (número quântico azimutal), 286
Lobo, orbital, 280
Logaritmos, Apêndice D-3
London, Fritz, 435
Lowery, T. M., 566
Lutécio, 1103

M

m (metro), 32
m (molalidade), 509-510
m_l (número quântico magnético), 287
mL (mililitro), 33, 141
mmHg (milímetro de mercúrio), 142
m_s (número quântico de spin), 287
M (molaridade), 508-509
Magnésio, 1056-1066
Magneson, 1062
Magnetita, 1146
Manganato, íon, 1146
Manganês, 1144-1146
compostos de, 1144-1146
propriedades e usos, 1144
Manômetro, 143-144
Mariotte, Edme, 146
Marsden, E., 214
Massa, 8
atômica, 58-59
crítica, 1257
e energia, 16*n*, 1254
de fórmula, 59
lei da conservação da, 16, 207
molecular, 59
Massa atômica, 58-59, 221-223
Massa crítica, 1257
Massa de fórmula, 59
Massa equivalente, 608
Massa molecular, 59
e abaixamento da pressão de vapor, 529-531
e densidade do gás, 540-542
e diminuição do ponto de congelamento, 536-538
e elevação do ponto de ebulição, 533-536
e pressão osmótica, 540-542
e velocidade de efusão de um gás, 175-176

Matéria, 8-10
- classificação da, 14
- microestrutura da, 53-55
- tipos de, 10-14

Matéria viva, 1227
Max, Born, 354
Maxwell-Boltzmann, distribuição de, 657
Maxwell, James Clerk, 652
Mecânica, 243-244
- falhas na mecânica clássica, 243-244
- quântica, 243

Mecânica quântica, 243
Mecanismo de dissolução, 511-513
Mecanismo(s) de reação, 631, 666-667
Meia-vida, 643, 1244
Mendeleev, Dimitri, 296
Mercúrio, 1160-1162
- amálgamas, 1160
- formação de sais fracos de, 1161
- poluição ambiental causada pelo, 1162
- propriedades e usos do, 1160
- toxicidade, 1160, 1161

Metaboratos, 1083
Metais, 322-328, 437-439
- brilho dos, 438
- condutividade dos, 437
- de transição, 1099-1164
- na tabela periódica, 322-328
- representativos, 1049-1078

Metais alcalinos, 298, 326-327, 1049-1055
- análise qualitativa dos, 1054-1055
- compostos dos, 1054-1055
- energias de ionização dos, 1051
- potenciais padrão de redução dos, 1051
- preparação dos, 1050-1051
- reações dos, 1051-1054
- testes de chama dos, 1055
- usos dos, 1055

Metais alcalino-terrosos, 302, 327, 1056-1066
- análise qualitativa dos, 1062
- compostos dos, 1060-1062
- energias de ionização dos, 1058-1060
- potenciais padrão de redução dos, 1059-1060
- preparação dos, 1057-1058
- reações dos, 1058-1060
- testes de chama dos, 1062
- usos dos, 1065-1066

Metais da família da platina, 1155
Metais de pós-transição, 325
Metais nobres, 298
Metalóides, 321, 1049-1078-1092
Metanal, 1206
Metano, 1173-1174
- estrutura de Lewis do, 361, 934
- estrutura tetraédrica do, 933-935, 941-942
- ligação no, 941-942

Metanol, 1198-1199
Metassilicatos, 1087
Metilbenzeno, 1193
Método científico, 4-7
- método da meia-vida (cinética)

para reações de primeira ordem, 646
Método da repulsão dos pares eletrônicos da camada de valência (VSEPR), 384-394
Método da velocidade inicial
para reações de primeira ordem, 635-640
para reações de segunda ordem, 644-645
Método de Clark para escrever as estruturas de Lewis, 1334-1337
Método gráfico (cinética)
para reações de primeira ordem, 635-640
para reações de segunda ordem, 644-645
para reações de ordem zero, 649-650
Método LCAO, 949
Metro (m), 31
Meyer, Lothar, 296
Micas, 1086-1089
Mililitro (mL), 33, 141
Milímetro de mercúrio (mmHg), 142
Millikan, Robert A., 211-212
Mistura, 10-12
Mistura heterogênea, 12-15
Mistura homogênea (solução), 12
Modelo
bolas e varetas, 54
espacial, 54
Modelo bolas e varetas, 54
Modelo de Laue, 412
Modelo de preenchimento, 54
Modificações estruturais por irradiação, 1262-1263
Mol (mol), 31, 61, 93
Molalidade (*m*), 509-510
Molaridade (*M*), 84, 508-509
Molécula
estrutura da, 943-944
estrutura de Lewis da, 361, 366, 384
inversão da, 1018, 1019
ligação na, 943-944
soluções aquosas da, 736-737, 1019
soluções de metais na, 1017-1018, 1054
Molécula(s), 53
formas da(s), 36, 394
ímpar(es), 1020-1021
polaridade da(s), 394-400
Molécula não-polar, 395
Molécula polar, 394-400
Molecularidade, 650-651
Moléculas diatômicas heteronucleares, 963
Moléculas diatômicas homonucleares, 234
Moléstia do estanho, 1073
Molibdênio, 1102
Momento, 244*n*
Momento de dipolo, 395-396
Momento dipolar, 395-396
Monossacarídeo, 1223
Monóxido de carbono
como um ligante, 1033
estrutura de Lewis para, 1033
na carboxiemoglobina, 1034
propriedades do, 1033
Movimento de onda, 225-227
Muscona, 1210

N

Não-eletrólito, 543
Não-metal, 320, 328-332
Naftaleno, 1194
Nagaoka, H. 215
Neônio, 1037-1038
 molécula diatômica hipotética do, 963
Nernst, Walther, 905
Neutralização, 89-90, 564, 763
Nêutron, 217
Newton (N), 32
N-nitrosoamina, 1220
Nicholson, William, 208
Nióbio, 1102
Níquel, 1153-1155
 compostos do 1154-1155
 em deposição tripla, 1153
 preparação pelo processo de Mond, 1152
 propriedades e usos, 1153
Nitrato, íon
 estrutura de Lewis do, 394, 1023-1024
 teste do anel castanho para o, 1023
Nitratos, 1015, 1023
Nitreto de boro
 cúbico (borazon), 1086
 hexagonal, 1085
Nitreto de lítio, 1054
Nitreto de sódio, 1014-1015
Nitreto, íon, 1016
Nitrito, íon
 estrutura de Lewis, 1021
Nitritos, 1015
Nitrogênio, 1014-1024
 compostos de, 1016-1024
 elementar, 1014-1016
 habilidade oxidante do, 1020
 ocorrência, 1014-1015
 preparação do, 1015
Nó, 277
 angular, 280
 esférico, 277
 planar, 280
 radial, 277
Nó angular, 270, 280
Nó esférico, 277
Nó planar, 280
Nó radial, 277
Nobre, 254
Nome trivial, 1303-1304
Nomenclatura inorgânica, 1304-1322
Nomenclatura química, 1303-1329
Normalidade (*N*), 608-609
Notação científica, 22
Notação espectroscópica, 251
Notação exponencial, 23-24
Núcleo atômico, 217
 composto, 1247
 energia de ligação do, 1255-1257
 estabilidade do, 1249
Núcleo composto, 1247
Nucleófilo, 1202

Núcleon, 217

Nuclídeo filho, 1238

Nuclídeo pai, 1238

Número atômico (*Z*), 219

Número de Avogadro, 61-62

Número de coordenação, 1107

Número de hidratação, 553

Número de massa (*A*), 219

Número de oxidação, 586-589

- comparação com as cargas formais, 587
- obtenção a partir das estruturas de Lewis, 588
- obtenção por meio de regras, 588-589

Número estérico, 385

Número localizador, 1176

Número quântico azimutal (*l*), 286

Número quântico de spin, (ml), 287

Número quântico magnético, (m_l), 287

Número quântico principal (*n*), 248, 285-286

Número(s) quântico(s), 285-290

- azimutal (*l*), 286
- magnético (ml), 287
- nó e, 288-290
- principal (*n*), 248, 285-286

Números aproximados, 23-24

Nuvem de carga eletrônica, 275

O

Observações em ciência, 4

Observações qualitativas, 4-5

Octaedro, 388

Octano, 1174

Octeto de elétrons, 304

Óleo, 1216-1217

Oleum, 1009

Olivina, 1087

Onda

- corrente, 265
- de água, 226
- eletromagnética, 225-227
- estacionária, 265-272

Onda eletromagnética, 227

- velocidade de, 226

Onda estacionária, 265-272

- antinó em, 268
- bidimensional, 265-271
- modos de vibração, 269
- nós em, 270
- quantização em, 271
- tridimensional, 272
- unidimensional, 265-269
- modos de vibração, 265-267
- nós em, 268

Ondas correntes, 265

Opalina, 1087

Operações matemáticas

- algarismos significativos, 25
- análise dimensional, 28
- equações lineares, 1330-1331
- logaritmos, 1332-1333

notação exponencial, 22

Orbital antiligante, 949

Orbital *d*, 282-283, 1113

Orbital deslocalizado, 1029-1030, 1193

Orbital *f*, 242, 283-284

Orbital π, 950

Orbital *s*, 274

Orbital σ, 950

Orbital(is)

σ, 950

σ^*, 950

π, 950

π^*, 950

antiligante(s), 949

atômico(s), 245

energias do(s), 951-953

formas do(s), 948

híbrido(s), 933-947

ligante(s), 949

molecular(es) 948-963

Orbitais híbridos, 933-947, 1113-1117

Orbitais ligantes, 949

Orbitais moleculares, 948-963

antiligantes, 949

energias dos, 951-953

ligantes, 949

preechimento dos, 954-963

Orbitais não-ligantes, 1131

Ordem de ligação, 956

Ordem de reação, 634

determinação da, 635-650

Ortoclásico, 1088

Ortossilicato, íon, 1086

Ósmio, 1103, 1129

Osmose, 539

inversa, 542-543

Ouro, 1103

Ouro dos tolos, 1145

Oxidação, 592

Óxido ácido (anidrido), 981

Óxido anfótero (anidrido), 980

Óxido básico, 980

Óxido de dinitrogênio

estrutura de Lewis, 1020

propriedades de, 1020

Óxido fosfórico, 1025

Óxido fosforoso, 1025

Óxido nítrico

configuração eletrônica MO do, 1020

estrutura de Lewis para o, 1020

formação do, 1020

Óxido de nitrogênio

configuração eletrônica MO para o, 1020

estrutura de Lewis para o, 1020

formação do, 1020

Óxido nitroso

estrutura de Lewis para o, 1020

propriedades do, 1020

Óxidos, 980-981

Oxigênio, 331, 977-985

alotropia do, 977-978

composta de, 980-985
dioxigênio, 977-978
elementar, 977-989
estrutura de Lewis para o, 368-369, 978
geometria e ligação, 368-369, 978
ligação, 368-369, 978
ligação no, 961, 977-978
paramagnetismo do, 978
preparação do, 979-980
tetraoxigênio, 978
trioxigênio (ozônio), 978-979
Oxihemoglobina, 1034
Oxoácidos, 982
Oxônio, íon, 554-555
Ozônio, 979
estrutura de Lewis do, 368-369, 978
geometria e ligação, 368-369, 978

P

Paládio, 974, 1155
Paralelepípedo, 417
Paramagnetismo, 247, 1123
Par compartilhado, 358
Par conjugado ácido-base, 567
Par de elétrons, 570
Par iônico, 343
Pares solitários, 359
Pascal, Blaise, 142*n*
Pascal (*Pa*), 32, 142
Passivação dos metais, 1177
Pauling, Linus, 374
Pechblenda, 1057
Pedra, 1086
Pedra de limpeza, 1003
Pedras de ebulição, 463
Pedras de ebulição, politetrafluoroetileno, 463
Peltro, 1073
Pentacloreto de fósforo
estrutura de Lewis para o, 367
Pentano, 1174
Pentóxido de diodo, 999
Pentóxido de fósforo, 1026
Peptídeo, 1227
Perbromatom, íon, 997
Percentagem em massa (% em massa), 67, 510
Percentagem em mol (mol%), 507
Perclorato, íon
estrutura de Lewis para o, 996
Periodicidade nas propriedades físicas, 320-322
Periodicidade nas propriedades metálicas, 322-334
Periodicidade química, 296-336
Período (na tabela períodica), 300
Permanganato, íon, 1145
Peróxido de cromo, 1143
Peróxido de hidrogênio, 982-984
Peróxido de sódio, 1053
Peróxidos, 982-984, 1053
explosivos, obtenção a partir de éteres, 1205

Peso, 8
pH, 743-745
de soluções de sais, 756-757
indicadores e, 758-761
hidrólise e, 755-756
medida eletroquímica do, 909-912
pH metro, 911-912
Pi (π), 950
Pilha de Leclanché, 913
Pilha seca, 913
Pinturas anti-ferrugem, 1148
Pipeta, 86
Pirâmide tetragonal, 1038-1039
Pirâmide trigonal, 385-389
Piritas de ferro, 1002, 1146
Piroxenos, 1087
Pirolusita, 1145
Pisossilicato, íon, 1087
pK, 744
Planck, Max, 232, 261
Plaster de Paris, 1065
Platina, 1103, 1155
Pnicogênio, 78
Polaridade de ligação, 372-376
Polarímetro, 1135
Polarizabilidade, 513
Polimorfismo, 492-493
Poliol, 1200
Polissacarídeos, 1225
Polissulfeto, íon, 1006
Ponte salina, 872
Ponto crítico, 485
Ponto de congelamento normal, 471
Ponto de congelamento (T_c), 471
Ponto de ebulição, 459
Ponto de ebulição normal, 459
Ponto de equivalência, 90, 761
Ponto final, 767
Ponto de fusão (T_{fus}), 471
periodicidade no, 320
Ponto de fusão normal, 471
Ponto triplo, 145, 485, 489
Potassa cáustica, 1055
Potássio, 1049-1055
Potencial de decomposição, 700
Potenciais padrão de eletrodo, 894-902
Tabela de, 898, 1359-1363
Potencial de junção líquida, 872
Potencial de ionização, 312*n*
Potencial de oxidação, 896
Potencial(is) de eletrodo padrão, 894-902
tabela, 897
Potencial(is) padrão de redução, 896-902
tabela, 898
Potencial(is) de redução, 896
padrão, Tabela, 898
Povidona, 998
Prata, 1158
compostos de, 1158
propriedades e usos, 1158

Precipitação, 572-574, 798, 801
de sulfetos insolúveis, 812-816
previsão de, 799-801
Precisão, 23, 27
Prefixos métricos, 33, 1299-1300
Pressão, 32, 142
de vapor, 170
osmótica, 538-542
parcial, 169
Pressão crítica (P_c), 486
Pressão de sublimação, 484-485
Pressão de vapor, 458
abaixamento, 526-527
da água, 169
Tabela, 171, 1339-1342
variação com a temperatura, 463-470
Pressão no estado padrão, 128
Pressão osmótica, 538-542
Pressão parcial, 167
Primeira esfera de hidratação, 553
Primeira lei da termodinâmica, 116, 823-824, 842
Princípio da incerteza de Heisenberg, 244-245
Princípio de Avogadro, 161
Princípio de exclusão de Pauli, 288
Princípio de Le Châtelier
efeito do íon comum e, 732, 793-797
equação de Nernst e, 905
equação de van't Hoff e, 704-707
equilíbrio físico e, 478-480
equilíbrio químico e, 686-689
e tensão de cela, 905
grau de dissociação e, 547
solubilidade e, 522-524
Princípio do gargalo, 666*n*
Probabilidade
e desordem, 835-842
e entropia, 841-842
termodinâmica, 840
Probabilidade, densidade do elétron, 274
Probabilidade termodinâmica (*W*), 841
Procedimento Aufbau, 252
Processo adiabático, 194
Processo Bayer, 1066-1067
Processo de contato, 1008
Processos elementares, 650
Processos energeticamente desfavoráveis, 352
Processos energeticamente favoráveis, 351
Processo Frasch, 1002
Processo Haber, 1016
Processo Hall, 1067-1068
Processo Héroult, 1068*n*
Processo Mond, 1033, 1153
Processo Ostwald, 1022
Produto de reação, 15, 684
Produto de solubilidade (K_{ps}), 788-793
Produto iônico
em equilíbrio de solubilidade, 795
da água, 741
Propano, 53, 1173-1174
Propriedades ácido-base, 89
Propriedades atômicas

afinidade eletrônica, 316-320
eletronegatividade, 370-376
energia de ionização, 312-316
tabela, 375
raio atômico, 307-311
tendências periódicas nas, 307-320
Propriedades coligativas, 526
Propriedades magnéticas
de complexos, 1123-1124
diamagnetismo, 1123
ferromagnetismo, 1147
paramagnetismo, 247, 1123
Propriedades químicas, comportamento periódico, 322-334
Proteção catódica, 1150
Proteínas, 1014, 1226-1228
estrutura primária, 1227
estrutura quaternária, 1228
estrutura secundária, 1227
estrutura terciária, 1228
Prótio, 972
Próton, 217, 566
Pseudo-halogênio, 1035
Psi (ψ), 274
Putrescina, 1219

Q

q (calor absorvido pelo sistema), 112, 823
Quantização da energia do elétron, 233
Quantum, 261
Quartzo, 410, 1086, 1088
Quartzo fundido, 1088
Quelatos, 1136
Quilograma (kg), 33
Quilojoule (kJ), 112
Química de coordenação, 1107
Química descritiva, 969
Química orgânica, 1170-1229
Quimissorção, 669
Quociente de reação (*Q*)
para reações heterogêneas, 702-703
para reações homogêneas, 689-690

R

Radical livre, 1020
Rádio, 1056-1066
Radioatividade, 237-238, 1237-1241
aplicação da, 1260-1263
induzida (artificial), 1247
medida da, 1249
natural, 1237-1239
Radioatividade induzida, 1247
Radioatividade natural, 1237
Radônio, 1037-1038
Raio atômico, 307-311
Raio canal, 212
Raio (gama) (γ), 1237
Raios catódicos, 211-212
Raios x, 1237
Razão estequiométrica, 81

Razão nêutron-próton, 1249

Reação bimolecular, 651

em fase gasosa, 651-655

em solução líquida, 662

Reação controlada por difusão, 662

Reação de adição, 1189

Reação de cloração, 1195

Reação de desidratação, 1203

Reação de desidratação intermolecular, 1203

Reação de desidrogenação, 1201

Reação de eliminação, 1189

Reação de esterificação, 1214

Reação de formação, 127

Reação de hidrogenação, 1217

Reação de nitração, 1195

Reação de ordem fracionária, 649

Reação de ordem zero, 649-650

Reação de substituição, 1195

Reação de troca, 803, 1260

Reação direta, 685

Reação endotérmica, 126

Reação exotérmica, 126

Reação inversa, 685

Reação(ões)

ácido-base, 89, 564-571

balanceamento de equações de, 594-604

de adição, 1189

de adição nucleofílica, 1208

de bromação, 1195

de cloração, 1195

de desidratação, 1203

de desidrogenação, 1201

de eliminação, 1189

de esterificação, 1214

de hidrogenação, 1217

de hidrólise, 745-757

de multietapas, 700-701

de neutralização, 89-90

de nitração, 1195

de ordem zero, 649-650

de ordem negativa, 649

de óxido-redução, 592-604

de precipitação, 572-574, 798-801

de primeira ordem, 635-643

meia-vida de, 643

de segunda ordem, 644-648

meias-vidas, 648

de substituição, 1195

de substituição nucleofílica, 1202

de terceira ordem, 648

de transferência de elétrons, 591-604

de troca, 802, 1260

elementar, 650

endotérmica, 126

exotérmica, 126

formação, 127

método da semi-reação, 602-604

método do número de oxidação, 594-595, 598

nuclear, 1247-1249

ordem fracionária, 648

redox, 592-594

termonuclear, 1259
tipos de, 578-581
unimolecular, 651, 655-656
Reações de terceira ordem, 648
Reações elementares, 650-651
Reações em multietapas, 700-701
Reações espontâneas, 868-874
Reações nucleares, 1247-1249
Reações nucleares em cadeia, 1257
Reações redox, 592-604
balanceamento de equações para, 594-604
Reação química, 15
Reação termita, 1073-1074
Reação termolecular (trimolecular), 651, 655-656
Reação termonuclear, 1259
Reação unimolecular, 651, 655-656
Reagente de Grignard, 1211
Reagente de magnésio, 1062
Reagente de Tollens, 1208
Reagente em excesso, 81
Reagentes, 15, 685
limitantes, 81
Reator nuclear, 1257
R (constante dos gases ideais), 161-165, Apêndice B
R (constante de Rydberg), 229-230, 1301
Receptor
par eletrônico, 570
próton, 566
Rede (grade) de difração, 264
Redução, 590
Reforma catalítica, 1195
Refração da luz, 277-278
Região de estabilidade, 1249-1250
Região extranuclear, 217
Regra da adição-subtração, 28
Regra da multiplicação-divisão, 29
Regra de Hund, 251, 1120
Regra de Markovnikov, 1190
Regra do octeto, 304
exceções, 367
Regras de solubilidade, 579
Reid, A., 263
Rênio, 1103
Repulsão de pares eletrônicos, 384-394
Repulsão entre pares, 384
Resfriamento
por evaporação, 456
por expansão de gás, 194-196
Resolução de problemas numéricos, 34-40
Ressonância, 368-369
Retículo, 429
Retículo cristalino, 416-423
cúbico de corpo centrado (ccc), 419
cúbico de face centrada (cfc), 419, 429
empacotamento denso cúbico (edc), 427-429
empacotamento denso hexagonal (edh), 427-429
empacotamento denso hexagonal duplo, 429
espaço, 416

Retículo espacial, 416
Retículo intersticial, 442
Retificador de estado sólido, 445
Ródio, 1102, 1155
Romboedro, 419
Röntgen, W., 1237
Rubi, 1070
Rubídio, 1049-1055
Rutênio, 1102, 1155
Rutherford, Ernest, 214, 223
Rutílio, 1139

S

σ (sigma), 950
s (segundo), 31-32
Sabão, 1217
Safira, 1070
Sal, 553
    fraco, 1076, 1161
Sangue, sistemas tampão no, 772-774
Saponificação, 1217
Segunda lei da termodinâmica, 832-842
Segundo (s), 31-32
Selênio, 1092
Semicélula, 871
Semicondutor, 445
Semicondutor tipo n, 445
Semicondutor tipo p, 445
Semiligação, 169
Semimetal, 321, 1049, 1078-1092
Semi-reação, 602, 870-871
Séries de Balmer, 231
Séries de decaimento radioativo
    traçadores radioativos, 1260
Séries de Lyman, 231
Séries de Paschen, 231
Série espectroquímica, 1126-1127
Shrödinger, Erwin, 272
Siderita, 1146
Sigma esqueleto, 1185, 1191
Silanos, 1086
Sílica, 1086, 1088
Sílica vítrea, 1088
Silicatos, 1086-1089
Silício, 1086-1089
    compostos de, 1086-1089
    ocorrência do, 1086
Silicona, 1086-1089
Silvita, 991, 1050
Símbolo químico, 10
Síncrotron, 1248
Sistema, 111
Sistema de unidades métricas, 31-34, 1297-1301
Sistema isolado, 841-842
Sistema oso-ico, 325
Sistema Stock, 325
Sobreposição de orbitais, 928
Sobreposição de orbitais atômicos, 928
Soda cáustica, 1055
Sódio, 1049-1055

Solda, 1073
Sólido(s), 408-447
amorfo, 409
atômico, 437
covalente, 437
cristalino, 409
definição, 409
formação dos, 353
ideal, 411
iônico, 434-435
ligações nos, 434-435
metálico, 437-439
molecular, 435-436
perfeito, 411
propriedades do(s), 410
Solubilidade, 518
definição, 518
de sólidos iônicos, 788-797
efeito do íon comum e, 793-797
e pressão, 524-525
e temperatura, 522-524
precipitação e, 799-801
regras de, 578-593
Solução(ões), 12, 502-556
ácida(s), básica(s) e neutra(s), 332-333, 742-745
calor de, 519
concentrada, 87-88
diluída, 87-88
gás, 503
ideal, 527, 532
insaturada, 517, 797
líquida, 504
mecanismo de formação, 511-513
propriedades gerais, 502
saturada, 517, 798
sólida, 504-505
supersaturada, 518
unidades de concentração, 84
Soluções aquosas, 543-555
equilíbrio ácido-base em, 723-781
equilíbrio de solubilidade em, 788-797
reações em, 564-614
tipos de, 578
Soluto, 84
Solúvel infinitamente, 519
Solvatação, 520
Solvente diferenciador, 570
Solvente(s), 83-84
não-polar, 512
polar, 512-513
Spin (m_s), 287
Spins antiparalelos, 247
Stern, Otto, 245
Subcamada, 247
estabilidade de subcamada preenchida ou semipreenchida, 258
Subgrupo (tabela periódica), 300
Sublimação, 484-485
Sublimado corrosivo, 1161
Substância pura, 9
Substituição nucleofílica, 1202

Sucrase, 938

Sucrose, 938

Sulfato, íon, 1011

Sulfetos, 1005-1007

de metais

precipitação, 812-816

solubilidades, 1005-1007

Sulfeto de hidrogênio, 1006

Sulfeto de zinco

como fosforescente, 208

Sulfeto, íon, 1006

Superaquecimento, 461

Superfície-limite, 276

Superóxidos, 985, 1053

Super-resfriamento, 472-473, 476

T

T (temperatura), 21-22, 145-146

t_{2g}, subsérie de orbitais, 1118, 1129

Tabela, 792, 1353-1358

Tabela de constantes físicas, 1300-1301

Tabela periódica, 301, 303

Tabela periódica

de Mendeleev, 296

forma convencional, 303

forma expandida, 301

moderna, 299-302

Talco, 1086, 1089

Tálico, 1072

Tampão (solução tampão), 768-774

em sistemas biológicos, 772-774

Tântalo, 1103

Tecnécio, 1102

Teflon, 463

Telúrio, 1092

Temperatura (*T*), 21, 145

de inversão, 197

unidades de, 21-22

Temperatura crítica (T_c), 486

Temperatura e pressão em condições normais (CNTP), 165

Tendência à desordem, 833-835

Tendência ao escape, 458, 526

Tensão, célula galvânica, 872

espontaneidade, 877-878, 900

sinal, 877-878

variação da energia livre de Gibbs, 902-908

Tensão superficial, 455

Teoria, 6

Teoria cinético-molecular, 177-184

e gases ideais, 184

e gases reais, 193-194

premissas, 178

sucesso da, 182-184

Teoria da ligação de valência (VB), 927-932

e íons complexos, 1112-1117

Teoria da velocidade absoluta de reação, 663-666

Teoria das colisões, 650-662

Teoria do campo cristalino, 1117-1122

Teoria do campo ligante, 1129
Teoria do estado de transição, 663-666
Teoria do orbital híbrido, relacionada com a teoria VSEPR, 946
Teoria dos orbitais moleculares (MO), 946, 963
  e íons complexos, 1129-1132
  e molécula diatmicas heteronucleares, 963
  e moléculas diatmicas homonucleres, 951-963
  método LCAO, 949
  ordem de ligação, 956
Terceira lei da termodinâmica, 848-849
Termodinâmica, 822-861
  e eletroquímica, 902-904
  e equilíbrio, 855-860
  primeira lei da, 116, 823-824, 842
  química, 822-861
  segunda lei da, 832-842
  terceira lei da, 848-849
Termoquímica, 101-136
Terra (termo alquímico), 1056
Terras raras, elementos, 300*n*
Terras raras, elementos pesados, 300*n*
Teste de anel para nitratos, 1023
Testes de chama, 1055
Tetracloreto de carbono, 1036
  estrutura de Lewis para o, 362
Tetraedro, 386, 388
Tetrafluoreto de enxofre
  estrutura de Lewis para, 385
Tetraóxido de dinitrogênio, 1020-1021
Thomson, G. P., 263
Thomson, J. J., 209, 213
Thortveitita, 1087
Tintura de iodo, 998
Tioacetamida, 1005
Tiocianato, íon, 1036
Tioestanato, íon, 1074
Tiossulfato, íon, 1010-1011
  estrutura de Lewis do, 1011
Titanilo, íon, 1140
Titânio, 1139-1140
  compostos de, 1139-1140
  propriedades e usos, 1139
Titulação(ões), 90, 757-768
  ponto de equivalência de uma, 761
  ponto final de uma, 767
Titulante, 761
TNT (trinitrotolueno), 1196
Tolueno, 1193
Torr, 143
Torricelli, Evangelista, 143*n*
Trabalho, 18-19
  de expansão, 825-829
  e primeira lei da termodinâmica, 116, 823
  realizado sobre o sistema (w), 112-114, 823-829
Trabalho mecânico, 19, 825
Traçador radioativo, 1260-1261
Transformação
  de estado, 474-477

física, 15

leis da, 16

química, 15

Transformação espontânea, 821, 833-835, 842-847

e células galvânicas, 879-873

e energia livre de Gibbs, 842-847

em sistema isolado, 841-842

Transformação não-espontânea, 822, 833-835, 844-847

e células galvânicas, 879-883

Transição *d-d*, 1125-1126

Transição proibida de spin, 1126

Transistor, 446

Transmutação, 1247

Tríade do ferro, 1153

Tridimita, 1086

Triestearato de glicerila, 1216

Triestearina, 1216

Tricloreto de arsênio, estrutura de Lewis para o, 385

Trifluoreto de boro, estrutura de Lewis para, 367

Trifluoreto de cloro, estrutura de Lewis para, 391

Trifosfato, íon

estrutura de Lewis do, 1064

Triiodeto, íon, 999

Trióxido de enxofre, 1008-1010

estrutura de Lewis para, 1009

Trióxido de fósforo, 1026

Trítio, 972

Tubos de Crookes, 208-213

Tubo de descarga de gás, 208-213

Tungstênio, 1103

U

u (unidade de massa atômica), 58

U (energia), 18-22, 115-116, 823-824

e entalpia, 829-832

União Internacional de Química Pura e Aplicada (IUPAC), 1306

Unidade de massa atômica (u), 58

Unidades de concentração, 505-511

fração molar (*X*), 506-507

molalidade (*m*), 509-510

molaridade (*M*), 84, 508-509

normalidade (*N*), 608-609

percentagem em massa (% em massa), 510

percentagem por mol (mol %), 507

Unidades SI, 31-32, 1297-1299

Uréia, 1035, 1171

Ustulação, 1075

V

Vacância (vazio)

elétron, 445

retículo, 442

Vale de Gibbs, 855-858

Valência, 303-304

Valores de pH de substâncias comuns, 747

Van der Waals, J. D., 435
Vanádio, 1140-1141
compostos, 1140-1141
propriedades e usos, 1140
Vanadilo (IV), íon, 1140
teoria cinético molecular e, 193-194
Vanilina, 1207
Vaporização, 455
calor de (ΔH_{vap}), 461
Vazio
em semicondutor, 445
octaédrico, 432
tetraédrico, 432
Vazios reticulares, 442
Velocidade da luz (*c*), 226
Velocidade da luz no vácuo, (*c*), 226
Velocidade de reação, 624-631
efeito de catalisadores sobre, 667-670
em solução líquida, 662
influência da concentração a, 633-634
influência da temperatura na, 657-662
instantânea, 627-629
média, 624-627
medida de, 632-633
Velocidade instantânea, 627-629
Velocidade média, 624-627
Velocidade(s) de reação, 624-630
média, 624-627
Vermelho de clorofenol, 758-763
Vermelho de metila, 758, 762
ν (freqüência), 225
Vibração de uma corda, 265-269
Vibração do couro de um tambor, 269-271
Vida, 1222
Vidros de borossilicatos, 1079
Vidro (sólido amorfo), 409, 911-912
Viscosidade, 454
Volt (V), 896-897
Volume molar de gás ideal, 165
Volume (V), 32, 34
de um gás, 141
von Laue, Max, 411-412
VSEPR (repulsão dos pares eletrônicos da camada de valência) método, 384-394
relação com a teoria do orbital híbrido, 946
V (volt), 872

W

Waage, Peter, 694*n*
w (trabalho realizado sobre o sistema), 111-114, 823-829
Wöhler, Friedrich, 1036, 1171

X

Xenônio, 1037-1039
compostos de, 1038-1039
Xilenos, 1194

Z

Zeólito, 1088
Zero absoluto, 146, 154
Zinco, 1158-1159
galvanização, 1149
reação com ácido, 761
Zircônio, 1102, 1139
Zirconita, 1087